Politik erleben

Sozialkunde

herausgegeben von
Wolfgang Mattes

erarbeitet von
Birgit Ackermann, Karin Herzig,
Wolfgang Mattes

Best.-Nr. 023824 X

Schöningh

Umschlaggestaltung: INNOVA, Borchen; Foto: Sandrine Mattes

Illustrationen, so weit im Bildquellenverzeichnis nicht anders aufgeführt: Reinhild Kassing, Kassel

Website
www.schoeningh.de

E-Mail
info@schoeningh.de

Druck: westermann druck GmbH, Braunschweig

Druck 6 5 Jahr 05 04 **Aktualisierter Nachdruck 2004**

ISBN 3-14-023824-X

Dieses Werk folgt der reformierten Rechtschreibung und Zeichensetzung.

Inhaltsverzeichnis

Inhaltsverzeichnis

4

Aufgaben der Massenmedien 90

5

Jugendliche in der Gesellschaft 118

6

Berufswahlunterricht – Ich plane meine berufliche Zukunft 139

Inhaltsverzeichnis

7

Wirtschaft und Umwelt 164

8

Die politische Ordnung in der Bundesrepublik Deutschland 194

9

Recht und Rechtsprechung 242

Inhaltsverzeichnis

10

Der Prozess der europäischen Einigung 274

11

Friedenssicherung als Aufgabe internationaler Politik 308

Verzeichnis der Methodenkarten

Sozialkunde: Was ist das für ein neues Fach?

Sozial heißt *gemeinschaftlich* und -kunde hat mit *erkunden* zu tun. Sozialkunde heißt also, dass ihr in diesem neuen Fach wichtige Fragen des Zusammenlebens der Menschen in der Gemeinschaft erkundet.
Warum sollt ihr das tun? Weil zum Beispiel Sachen wie diese passieren:

> Freitag, 6. Stunde, Mathematikunterricht in der Klasse 8a: Die Lehrerin, Frau Zeiger, weist noch einmal darauf hin, dass am kommenden Montag die seit einer Woche angekündigte Mathearbeit geschrieben wird. Da meldet sich Paul und bittet darum, die Arbeit um eine Woche zu verschieben. Am Wochenende fände ein Fußballturnier statt, an dem acht Jungen aus der Klasse in einer Mannschaft teilnähmen. Sie könnten so unmöglich für die Arbeit am Montag üben. Sofort gibt es Protest von einigen Mitschülerinnen und Mitschülern. Sandra meldet sich und sagt, dass in einer Woche bereits eine Englischarbeit anstünde. Die Mehrheit in der Klasse sei froh, dass die Mathearbeit endlich geschrieben werde und damit vom Tisch sei. Jetzt greift die Klassensprecherin Ariane in die Diskussion ein. Sie bittet Frau Zeiger darum, die Schülerinnen und Schüler über die Verlegung der Arbeit abstimmen zu lassen. Frau Zeiger ist verärgert. Sie weist darauf hin, dass sie die Arbeit rechtzeitig angekündigt habe und dass es nicht in der Macht der Klasse stünde, ihr die Termine für Klassenarbeiten vorzuschreiben. Was soll man tun?

Die Situation zeigt, dass Menschen oft verschiedene Interessen haben. Manchmal sind sie auf sich alleine gestellt (wie hier die Lehrerin), oft handeln sie in verschiedenen Gruppen. Hier steht die Person der Lehrerin der Klasse 8a gegenüber. Innerhalb der Klasse steht die Gruppe der Fußballspieler gegen die Gruppe, welche die Mathearbeit schreiben will. Aus den unterschiedlichen Interessen können Probleme oder gar Konflikte entstehen. Konflikte sind Situationen, in denen verschiedene Ansichten aufeinander prallen, die auf den ersten Blick nicht unter einen Hut zu bringen sind. Wie findet man eine Lösung für diesen Konflikt? Und – vor allem – wie findet man eine Lösung, die möglichst niemanden in Ärger oder gar Zorn versetzt? Das ist schwierig. Und weil das so schwierig und auch so wichtig ist, gibt es ein eigenes Schulfach, das sich mit den Fragen des Zusammenlebens der Menschen beschäftigt: Sozialkunde eben.
Sozialkunde hat auch mit Politik zu tun, denn das griechische Wort „Polis“, das in Politik steckt, heißt im übertragenen Sinne „Gemeinschaft“. Politik beschäftigt sich damit, wie die Menschen in der Gemeinschaft miteinander leben können – und zwar friedlich, sicher und frei. Dazu gehört auch, dass sie möglichst vernünftige Lösungen für ihre Probleme finden. Was die Politik angeht, so möchte eigentlich niemand, dass ihr einmal so werdet wie Holger Schlaufuchs.
Könnt ihr euch denken, warum?

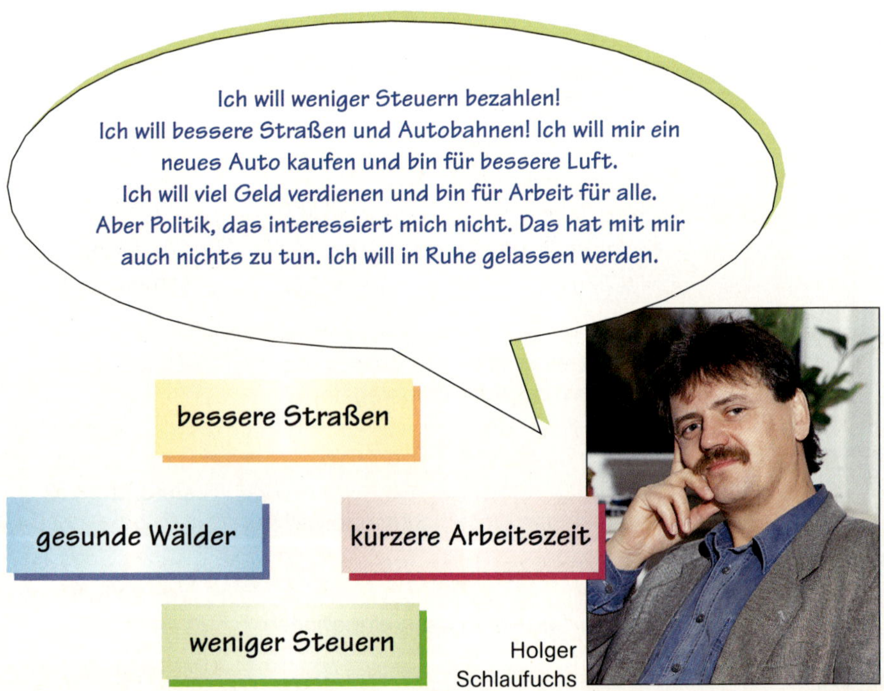

Holger Schlaufuchs

Zum Umgang mit „Politik erleben“

Diese Neuausgabe von *Politik erleben* enthält eine Reihe von Elementen, die immer wieder vorkommen und jeweils eine bestimmte Funktion erfüllen.

5

Jugendliche in der Gesellschaft

Selbst erwachsen werden heißt, dass man seinen eigenen Weg in die Zukunft finden muss. Viele bedeutsame Entscheidungen stehen an. Manchmal ist es hilfreich für die eigene Orientierung, wenn man sieht, wie andere es machen. In diesem Kapitel kommen Jugendliche zu Wort, mit deren Lebensweise und deren Denken ihr euch vergleichen könnt. Es werden Fragen behandelt, mit denen sich jeder Jugendliche irgendwann einmal auseinander setzt: Lebensziele, soziales Engagement, Gefährdung durch radikale Gruppen, Interesse an Politik. Das Kapitel soll zum Nachdenken anregen über den eigenen Standort, den jeder von euch in der Gesellschaft einnehmen will.

- Wie wollen Jugendliche ihr Leben gestalten? Führt dazu ein Einstiegsgespräch.

118

Alle Kapitel beginnen mit einer *Aufmacherseite*. Sie führt mit Bild und Text in das neue Thema ein und ermöglicht ein Einstiegsgespräch. Überlegt zusätzlich jeweils zu Beginn einer neuen Unterrichtsreihe:

- Was interessiert uns daran?
- Was möchten wir gerne erfahren?
- Was wissen wir schon darüber?

Die *Methodenkarten* stellen fachlich und allgemein bedeutsame Arbeitstechniken und Methoden vor. Sie regen dazu an, die jeweils vorgestellte Methode mit den Materialien aus dem betreffenden Kapitel einzuüben. Für die Methodenkarten gibt es ein spezielles Inhaltsverzeichnis. Ihr könnt sie so auch getrennt von den einzelnen Kapiteln erarbeiten, und zwar immer dann, wenn die betreffende Methode im Unterricht benötigt wird. Alle Me-

Methodenkarte 2

Arbeitsteilige Gruppenarbeit

Worauf muss man besonders achten?

Thema: Wie leben Familien in anderen Kulturen?

Arbeitsteilige Gruppenarbeit: Was ist das?

Man teilt die Arbeitsmaterialien so in der Klasse auf Schülergruppen auf, dass jede Gruppe einen bestimmten Teil des Stoffgebietes bearbeitet. Dieses Vorgehen hat den Vorteil, dass ein Thema schneller bearbeitet werden kann. Man hat auch die Möglichkeit auszuwählen.

Ein Nachteil ist, dass nicht alle Schülerinnen und Schüler die gleichen Informationen zur Verfügung haben. Um diesen Nachteil auszugleichen, ist es bei arbeitsteiliger Gruppenarbeit besonders wichtig, dass jede Gruppe eine gute Präsentation ihrer Arbeitsergebnisse vorbereitet.

Welche Regeln machen sie erfolgreich?

1. Die Gruppenbildung verläuft friedlich.

Für das Thema stehen auf den folgenden Seiten drei unterschiedliche Beispiele zur Bearbeitung an. Ihr könnt zum Beispiel sechs Gruppen bilden. In dem Falle arbeiten zwei Gruppen parallel. Bildet die Gruppen so, dass alle Themen mit etwa gleich großer Schülerzahl besetzt sind.

2. Der Ablauf der Gruppenarbeit wird gemeinsam besprochen.

Die Gruppenarbeit beginnt mit einer gemeinsamen Besprechung der Aufgabenstellung. Die Arbeitsaufträge findet ihr auf der nächsten Seite. Nach der Besprechung beginnen die Gruppen zügig mit der Bearbeitung und achten darauf, dass sie in der vereinbarten Zeit ein Ergebnis vorweisen.

3. Zu Beginn wird das Material aufmerksam gelesen.

Jedes Gruppenmitglied liest zunächst einmal alleine und still das Material durch. Notiert euch Dinge, die ihr beim ersten Lesen nicht verstanden habt, damit ihr sie gemeinsam in der Gruppe klären könnt.

4. Jedes Gruppenmitglied übernimmt eine Aufgabe.

Niemand wird ausgeschlossen, niemand reißt alleine die Arbeit an sich. Wichtige Arbeitsergebnisse werden von allen notiert. Jeder in der Gruppe übernimmt Verantwortung für das Gelingen. Die Ergebnispräsentation wird sorgfältig vorbereitet.

5. Die Ergebnispräsentation wird im Team durchgeführt.

In einer teamorientierten Präsentation übernimmt jedes Gruppenmitglied eine Aufgabe. Zum Beispiel kann ein Schüler einen Tagesablauf in der Familie vorstellen, ein anderer erklärt die verschiedenen Rollen, zum Beispiel von Mutter, Vater, Töchtern, Söhnen usw.

Achtet bei der Präsentation darauf,

- dass ihr die Aufmerksamkeit des Publikums herstellt,
- dass ihr möglichst frei mit Blickkontakt zur Klasse sprecht,
- dass ihr sicherstellt, dass die Ergebnisse bei den übrigen Teilnehmern angekommen sind.

Diese fünf Regeln lassen sich auf jede Art von Gruppenarbeit anwenden.

34

thodenkarten zusammengenommen sollen euch helfen zu geübten Lernern zu werden, die genau wissen, wie man am besten lernt.

Ganz wichtig sind die Seiten, die mit diesem Logo versehen sind:

Sie kommen mehrfach in jedem Kapitel vor und sind *Trainingsplätze für selbstständiges Lernen*. Sie enthalten sehr unterschiedliche Inhalte und Arbeitsaufträge, ihre Funktion ist aber stets ähnlich: Schülerinnen und Schüler arbeiten hier weitestgehend eigenverantwortlich. Häufig wird für die Bearbeitung der Trainingsplätze Gruppenarbeit empfohlen, manchmal auch Partner- oder Einzelarbeit. Die Trainingsplätze setzen in der Regel voraus, dass die vorausgehenden Seiten der betreffenden Einheit vorher bearbeitet wurden.

Informationsseiten enthalten kurz gefasst das, was man unbedingt über ein Thema wissen muss. Die Fragen dazu beziehen sich nur auf das Textmaterial. Da Sozialkunde ein Fach ist, in dem die Unterrichtszeit immer sehr knapp bemessen ist, können diese Informationsseiten auch gut als Hausaufgaben bearbeitet werden.

INFORMATION

Bedeutung, Grenzen und Gefahren der Pressefreiheit

Bedeutung

Pressefreiheit bedeutet, dass die Presse über alles, was sie erfährt, uneingeschränkt und unbeaufsichtigt berichten kann. Pressefreiheit und Meinungsfreiheit gehören zusammen. Jeder, der etwas veröffentlicht, hat auch das Recht seine persönliche Meinung zu einer Sache und auch einer Person zu äußern. Meinungsäußerungen genießen in einer Demokratie besonderen Schutz, auch wenn die geäußerten Meinungen manchmal unangenehm sind oder nur die Meinung einer Minderheit darstellen. Die große Bedeutung der Presse- und Meinungsfreiheit besteht darin, dass Demokratie ohne diese Rechte einfach nicht funktionieren kann.

Grenzen

Grenzenlose Pressefreiheit könnte dazu führen, dass grenzenlos in der Presse Lügen verbreitet und Geheimnisse ausgeplaudert würden. Nach dem Artikel 5, Absatz 2 des Grundgesetzes finden die Meinungs- und Pressefreiheit „ihre Schranken in den allgemeinen Gesetzen, in den Gesetzen zum Schutz der Jugend und in dem Recht der persönlichen Ehre.“ Wer zum Beispiel jemanden verleumdet, kann sich nicht auf die Meinungs- und Pressefreiheit berufen. Auch hierbei muss man sich an die bestehenden Gesetze halten.

Oft ist es allerdings schwierig, die Grenzen der Meinungsfreiheit zu bestimmen. Das betrifft besonders die Berichterstattung über die Prominenz aus Adel, Showbranche, Sport und Politik. Einerseits haben diese Menschen – wie alle anderen auch – ein Recht auf Schutz ihrer Privatsphäre, andererseits gesteht das Bundesverfassungsgericht in einem Urteil der Öffentlichkeit ein Informationsinteresse bei Personen des öffentlichen Lebens zu.

Nach den Pressegesetzen der einzelnen Bundesländer können sich Betroffene gegen falsche Berichterstattungen mit Schadensersatzklagen und Gegendarstellungen wehren.

Gefahren

Wir können in der Regel nicht überprüfen, ob die Informationen, welche die Massenmedien uns liefern, der Wahrheit entsprechen oder nicht. Nach Ansicht von Journalisten kommt die dreiste Lüge in den Massenmedien eher selten vor. Es gibt sie, aber sie wird auch oft – und dann zum Schaden des Senders oder der Zeitung – als Falschmeldung entlarvt. Viel häufiger ist die Übertreibung, das Aufbauschen eines eher alltäglichen Ereignisses zu einer Sensation. Ein normales Unwetter kann sehr schnell zu einem zerstörerischen Orkan werden. Unter dem Konkurrenzdruck und dem Erfolgszwang neigen die Medien dazu, sensationeller und publikumswirksamer zu berichten als die Konkurrenz. Als eine der größten Gefahren der Massenkommunikation gilt die Manipulation des Lesers, Zuschauers oder Zuhörers. Darunter versteht man die geschickte Beeinflussung und Lenkung von Menschen, ohne dass diese es bemerken. Die Benutzer der Medien werden in ihrem Denken von den Machern in die von ihnen gewünschte Richtung gelenkt. Zur Manipulation gibt es viele Möglichkeiten. Im Zeitalter der Computertechnik macht sie auch vor dem Bild nicht halt. Schon lange können Fotos und Filme beliebig bearbeitet und verfälscht werden. Wer ein Foto sieht oder einen Filmbericht betrachtet, neigt aber immer noch dazu, das Gesehene für die reine Wahrheit zu halten. Schließlich hat man es ja mit eigenen Augen gesehen.

Fährt die Umweltorganisation Greenpeace auf den Abgrund zu? Die Computeranimation zeigt wie Bilder manipuliert werden können.

1. Warum ist Demokratie ohne Presse- und Meinungsfreiheit undenkbar?
2. Könnt ihr erklären, warum Manipulation zu den größten Gefahren der Pressefreiheit zählt?

103

Mit dem Logo *Memo* findet ihr am Ende jedes Kapitels einige Arbeitsaufträge, die sich zur Gesamtwiederholung eignen, und ein Quiz, das die wichtigsten Grundbegriffe sichert.

Das Buch schließt mit einem recht ausführlichen *Glossar*. Das ist eine Sammlung und Erklärung der wichtigen Grundbegriffe. Wenn ihr nach einer Definition sucht, die euch zum Verständnis der Materialien fehlt, könnt ihr also immer im Glossar nachschauen, ob der Begriff dort erklärt ist.

Verlag und Autoren wünschen euch nun viel Erfolg beim Umgang mit diesem Buch.

Der Einzelne
und

Schule:
Wie lehrreich kann Gruppenarbeit sein?

Freizeit:
Wie wichtig ist die Clique?

Die Menschen gehören in der Regel verschiedenen Gruppen an. Besonders für Jugendliche scheint das Leben in der Gruppe eine besondere Bedeutung zu haben. Manche Gruppen hat man sich selbst ausgesucht. In manche ist man nicht freiwillig hineingeraten. Manche Gruppen sind einem sehr wichtig, andere weniger. Viele Gruppenzugehörigkeiten haben positive Einflüsse auf die Entwicklung eines Menschen, andere gelten als gefährlich. Welchen Eindruck vermitteln dir die Fotos über die Bedeutung von Gruppen für Jugendliche? Wie wichtig sind welche Gruppen für dich?

die Gruppe

Arbeitswelt:
Azubis lernen in Teams

Fußballfans:
Was suchen Jugendliche in Hooligangruppen?

Sammelt möglichst alle Gruppen, denen Jugendliche angehören können. Dazu könnt ihr eine Übersicht nach dem nebenstehenden Muster anfertigen. Überlegt, welche Gruppen für euch persönlich die wichtigsten sind. Stellt die Aufstellungen in der Klasse vor.

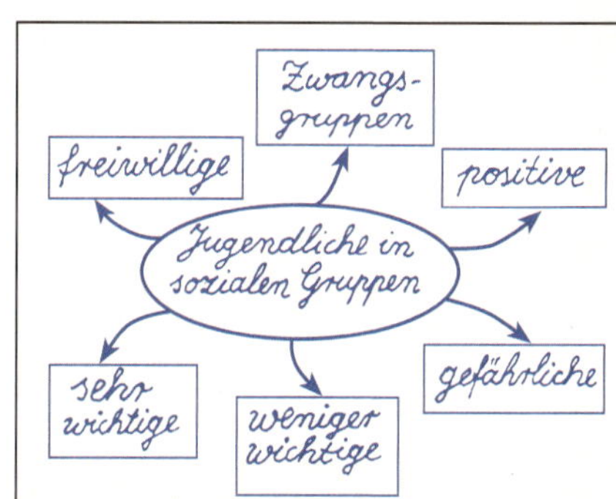

Können Menschen auch alleine leben?

Wie wäre das, wenn man auf einer Insel lebte, möglichst unter südlicher Sonne, mit einsamen Stränden, Palmen, alleine mit sich und der Natur? Vielleicht habt ihr euch das schon einmal vorgestellt. In dem Buch des amerikanischen Autors Scott O'Dell „Insel der blauen Delphine" wird das Leben eines einzelnen Menschen alleine auf einer Insel vorgestellt. Lest den Ausschnitt aus dem Buch und versetzt euch dabei in die Situation des Mädchens. Worunter leidet es? Worauf hofft es? Was macht ihr Angst?

Ein junges Mädchen lebt mit seinen Eltern und seinem Stamm auf einer von Kormoranen und Seeelefanten bevölkerten Insel. Als fremde Otterjäger auf die Insel kommen, muss der ganze Stamm fliehen. Nur das Mädchen bleibt zurück. Lange Zeit hofft sie, dass die Mitglieder ihres Stammes zurückkommen um sie zu holen. Achtzehn Jahre verbringt sie allein auf der Insel.
Das Buch beruht auf einer wahren Begebenheit. Das Mädchen lebte von 1835 bis 1853 auf einer Insel in der Nähe Kaliforniens. Schließlich wurde es entdeckt und kam zurück zu den Menschen. Das Buch von Scott O'Dell erhielt den deutschen Jugendbuchpreis.

Der Sommer ist die beste Zeit auf der Insel der blauen Delphine. Die Sonne scheint am wärmsten, und die Winde wehen sanfter, bisweilen aus dem Westen, manchmal aus dem Süden. Das Schiff konnte nun jeden Tag zurückkommen. Ich verbrachte diese Zeit meist auf dem Felsblock, den Blick nach Osten gerichtet, nach der Richtung, wo das Land lag, das meine Leute aufgesucht hatten. Ich schaute und schaute hinaus aufs Meer, das nirgends ein Ende nahm.
Einmal sah ich in der Ferne etwas, das ich für ein Schiff hielt.
Aber ich täuschte mich. Ein Wasserstrahl schoss in die Luft, ich wusste, dass es ein Walfisch war.
Außer diesem Walfisch gab es in jenem Sommer nichts mehr zu sehen. Mit dem ersten Wintersturm hörte die Hoffnung auf. Wenn das Schiff der weißen Männer nach mir ausgeschickt worden wäre, so hätte es in der guten Jahreszeit kommen müssen. Jetzt blieb mir nichts übrig als zu warten, bis der Winter vorbei war. Wer weiß, vielleicht dauerte es noch länger.
Mit einem Mal fühlte ich mich sehr verlassen. Ich dachte daran, wie viele Sonnen über dem Meer auf- und niedergehen würden, während ich mutterseelenallein auf dieser Insel lebte. Es war ein ganz neues und beängstigendes Gefühl. Bisher hatte ich ja stets gehofft, das Schiff werde irgendwann zurückkommen, wie Matasaip gesagt hatte. Jetzt musste ich diese Hoffnung begraben. Ich war allein. Allein. Ich aß wenig, und wenn ich schlief, träumte ich von schrecklichen Dingen.
Der Sturm kam aus dem Norden. Er warf mächtige Wellen gegen die Insel, und die Winde waren so stark, dass ich nicht länger auf dem Felsen schlafen konnte. Ich nahm meine Seegrasbündel und schichtete sie am Fuße des Steinblocks auf. Und damit die wilden Hunde mich in Ruhe ließen, zündete ich ein Feuer an, das die ganze Nacht hindurch brannte. So verbrachte ich fünf Nächte.

(Aus: Scott O'Dell: Insel der blauen Delphine, dtv-junior, München [25]1998, deutsch von Roswitha Plancherel-Walter, S. 48/49, © Walter-Verlag, Olten/Freiburg)

1. Was würdest du als Erstes tun, wenn du auf einer einsamen Insel ankämest und dort eine längere Zeit deines Lebens verbringen müsstest?
2. Bei welchen Tätigkeiten und in welchen Situationen würdest du besonders spüren, dass dir die Hilfe anderer Menschen fehlt?
3. Menschen brauchen andere Menschen, weil ... Sammelt und notiert möglichst viele Gründe dafür, warum wir einzelnen Menschen andere Menschen brauchen.

Methodenkarte 1

Gruppenarbeit

Wie wird sie zum Erfolg?

Thema: Konflikte zwischen Gruppen lösen

Warum ist Gruppenarbeit eine wichtige Methode?

Wenn man in einer Gruppe lernt, ist man nicht alleine. Viele Aufgabenstellungen und Probleme lassen sich besser lösen, wenn man es gemeinsam tut. Das sind wahrscheinlich die zwei wichtigsten Gründe, warum Gruppenarbeit bei den Schülerinnen und Schülern zu den beliebtesten Unterrichtsmethoden zählt. Außerdem: Im späteren Leben, in der Arbeitswelt, wird heute fast überall von jungen Leuten erwartet, dass sie die Fähigkeit zur Teamarbeit gelernt haben. Da man Teamfähigkeit am besten praktisch lernt, ist es wichtig, dass man sich in der Schule darin übt.
Allerdings: Gruppenarbeit bietet nicht nur Chancen, sondern auch Risiken. Arbeitet eine Gruppe nicht gut zusammen, wird auch kein vernünftiges Gruppenergebnis dabei herauskommen. Angenehm und erfolgreich wird Gruppenarbeit, wenn alle Teilnehmerinnen und Teilnehmer sich an bestimmte Regeln halten.

Wie funktioniert Gruppenarbeit gut? 10 Regeln:

1. Jede Gruppe richtet umgehend ihren Arbeitsplatz ein. Falls Tische und Stühle umgestellt werden müssen, geschieht das leise und schnell.
2. Alle notwendigen Arbeitsmaterialien werden zurechtgelegt (Heft, Stifte, Textmarker), sodass die Gruppe zügig mit der Arbeit beginnen kann.
3. Die Gruppenarbeit beginnt mit der gemeinsamen Besprechung der Aufgabenstellung. Wenn etwas unklar ist, wird die Lehrerin, der Lehrer nur in der Anfangsphase gefragt.
4. Der Arbeitsablauf wird organisiert. Man kann sich die Arbeit teilen oder man kann gemeinsam alle Arbeitsergebnisse notieren.
5. Alle achten darauf, dass alle Gruppenmitglieder gleichberechtigt an der Arbeit beteiligt werden. Niemand wird von der Arbeit ausgeschlossen. Niemand reißt die Arbeit nur an sich.
6. Wenn Schwierigkeiten auftreten, versucht die Gruppe zunächst einmal, diese selbst zu lösen, und ruft nicht sofort nach dem Lehrer.
7. Nicht nur ein Gruppenmitglied notiert die wichtigen Arbeitsergebnisse, sondern alle machen sich Notizen. So kann es nicht passieren, dass eine Gruppe hilflos dasteht, wenn in der nächsten Stunde beim Gruppenvortrag ein Mitglied fehlt.
8. Die Gruppe geht rücksichtsvoll miteinander und mit den anderen Gruppen um, die im gleichen Raum arbeiten.
9. Der Vortrag der Ergebnisse wird sorgsam vorbereitet. Alle fühlen sich für die Qualität der Arbeit verantwortlich, helfen und unterstützen sich gegenseitig.
10. Wenn eine Gruppe ihr Ergebnis vorträgt, hören die anderen aufmerksam zu. Sie beschäftigen sich dann nicht mehr mit den eigenen Ergebnissen und legen so lange ihre Notizen zur Seite.

Die zehn Regeln können auch als Grundlage für die Erteilung von Gruppennoten gelten.
Versucht nun, die Aufgabenstellung auf der nächsten Seite in Gruppen zu bearbeiten. Jeder in der Gruppe macht einen Vorschlag zur Lösung des Problems. Alle diskutieren mit und machen sich Notizen.

Warum brauchen wir die Gruppe?

Gemeinsames Frühstück in der Klasse 8c: Wie wichtig ist ein gutes Zusammengehörigkeitsgefühl?

Der Mensch ist ein soziales Wesen. Das heißt, er lebt in Gemeinschaft mit anderen Menschen und ist auf sie angewiesen. Bei einem Neugeborenen sehen wird das ganz deutlich. Ohne die Zuwendung durch andere Menschen ist es nicht lebensfähig. Menschen leben in Gruppen und sie brauchen die Gruppe. Innerhalb von Gruppen und – vor allem – zwischen verschiedenen Gruppen kann es allerdings sehr leicht zu Rivalitäten kommen. Warum ist das so? Diese Frage untersuchte ein amerikanischer Psychologe mithilfe des folgenden Experiments.

Ein Experiment im Ferienlager

Ein amerikanischer Psychologe hat mit etwa zwölfjährigen Jungen ein [...] Experiment durchgeführt:

Stufe I: Ungefähr zwei Dutzend Jungen, die sich vorher nicht kennen, treffen sich in einem Ferienlager. Nach drei bis vier Tagen werden, wie üblich, einige Freundschaften geschlossen.

Stufe II: Nun teilt man die Jungen in zwei Gruppen ein, wobei man die Freunde bewusst auseinander reißt, was zunächst etwas Protest auslöst. Nach einigen weiteren Tagen verstehen sich die Jugendlichen innerhalb ihrer Gruppe recht gut. Die einen nennen sich die „Bulldoggen", die anderen die „Roten Teufel". Jeder glaubt in der Gruppe zu sein, die tüchtiger, sportlicher und kameradschaftlicher ist.

Stufe III: Jetzt lässt der Psychologe die beiden Gruppen bei sportlichen Wettkämpfen gegeneinander antreten, so etwa beim Tauziehen. Es kommt zur offenen Feindschaft zwischen den „Bulldoggen" und den „Roten Teufeln". Jeder hält den anderen für unfair und schließlich prügelt man sich. Später kommt es zu Überfällen auf die jeweils andere Unterkunft. Man befragt die Jugendlichen, was sie von den beiden Gruppen halten. Wie erwartet: Die „Wir-Gruppe" ist die kameradschaftlichere, tapferere und nettere; die andere, die „Fremdgruppe", ist die unsportliche, die spielverderbende usw.

Stufe IV: Der Leiter des Experiments möchte die Beziehungen der beiden Gruppen wieder in Ordnung bringen und überlegt sich folgende Vorschläge:

A Er erinnert sich, wer anfangs befreundet war, und setzt die „Bulldoggen" und „Roten Teufel" dementsprechend neu zusammen.

B Eine Mannschaft aus beiden Gruppen trägt ein Fußballspiel gegen eine fremde Mannschaft aus.

C Man bietet einen spannenden Spielfilm an; weil er viel Geld kostet, greift man auf beide Gruppenkassen zurück.

D Der Psychologe erklärt allen das Experiment und bittet darum, sich zu vertragen.

E Durch einen „Zufall" bricht die Wasserversorgung für die beiden Gruppen zusammen und nur mit gemeinsamen Anstrengungen gelingt es, Wasser zu beschaffen.

F Man unternimmt einen gemeinsamen Ausflug in ein Naturschutzgebiet.

(Aus: Zeitlupe Nr. 21, Vorurteile, Bundeszentrale für politische Bildung, Bonn 1988, verf. von Wolfgang Redwanz)

Was ihr in der Gruppe tun könnt:

1. Wie entsteht hier das Zusammengehörigkeitsgefühl und der Streit zwischen den „Bulldoggen und den „Roten Teufeln"? Jeder gibt der Reihe nach Antwort auf diese Frage. Dann notiert die Gruppe eine gemeinsame Antwort.
2. „Ich halte den folgenden Vorschlag des Psychologen für den besten, weil..."
Jeder gibt dazu seine Meinung ab. Alle hören einander zu und unterbrechen sich nicht gegenseitig. Am Ende notiert die Gruppe die besten Vorschläge und eine Begründung für die Wahl.
3. Warum brauchen wir die Gruppe? Zu dieser Frage formuliert die Gruppe einen kurzen Text.

Drei Sprecherinnen bzw. Sprecher tragen am Ende der vereinbarten Zeit die Antworten vor der Klasse vor.

Was kann man besser alleine?

Was kann man besser in einer Gruppe?

1 Das Zusammenleben in der Schulklasse

1. Warum braucht man Regeln?

Ein Tag im Leben der Schülerin Petra ...

1. Hat Petra Recht?
2. Welche Regeln sind notwendig und vernünftig?

Der Fall: Braucht die Montessori-Schule eine strengere Hausordnung?

In der Montessori-Schule ging es bisher recht freiheitlich zu. Z. B. wurden die Klassenräume in den großen Pausen nicht abgeschlossen. Die Schülerinnen und Schüler sollten sich zwar bei schönem Wetter auf den Pausenhof begeben, in Ausnahmefällen war es aber erlaubt, den eigenen Klassenraum aufzusuchen um dort das vergessene Pausenbrot oder eine warme Jacke zu holen. Man musste nur einen der Aufsicht führenden Lehrer um Erlaubnis fragen.

Seit einigen Wochen passieren merkwürdige Dinge, die den Schulfrieden stören: An mehreren Tagen lagen nach der Pause im Klassenraum der 6a Hefte, Bücher und Schreibmaterialien wild durcheinander auf dem Boden herum. In Schulmöbel waren tiefe Kerben eingeritzt.

In der 9c fand ein Schüler seinen Zirkelkasten und eine Schülerin ihren Atlas nicht mehr.

In der Gesamtkonferenz der Schule diskutiert man nun das Problem. Auf dem Tisch liegt ein Antrag zur Änderung der Hausordnung. Am Ende der Konferenz soll darüber abgestimmt werden, ob die alte Hausordnung in Kraft bleiben kann oder durch die neue Fassung geändert werden muss.

Aus der gültigen Hausordnung:

§ 6: In den großen Pausen verlassen die Schüler in der Regel das Gebäude und begeben sich auf den Schulhof. In Ausnahmefällen dürfen sie mit Genehmigung der Aufsicht führenden Lehrer ihren Klassenraum aufsuchen. Die Klassenräume bleiben unverschlossen.

Der Vorschlag für die Neufassung:

§ 6: In den großen Pausen haben alle Schüler das Gebäude zu verlassen und sich auf den Hof zu begeben. Ausnahmen sind nicht erlaubt. Jeweils zu Beginn der großen Pause schließen die Lehrer die Klassenräume ab. Am Pausenende werden diese durch die Lehrer wieder geöffnet.

Einige Beiträge aus der Gesamtkonferenz:

Der Schulleiter:
„Ich möchte, dass die Jungen und Mädchen zu verantwortungsbewusstem Handeln erzogen werden. Dazu gehört auch, dass man lernt frei zu entscheiden. Die alte Hausordnung enthält wenige Verbote und viele Freiräume. Sie kann helfen, dass wir alle uns wohl fühlen in der Schule. Ich wäre froh, wenn wir das Problem ohne Änderung der Ordnung lösen könnten."

Eine Aufsicht führende Lehrerin:
„Die Zustände in den Pausen sind unhaltbar geworden. Ständig flitzen Schülerinnen und Schüler durch das Gebäude um irgendetwas aus den Klassenräumen zu holen. Wir dürfen Freiheit nicht mit Chaos verwechseln. Man verliert ja die Kontrolle und nachher passieren dann solch schlimme Sachen. Zum Schutz für uns alle sollten wir der Neufassung zustimmen."

Die Schülersprecherin:
„Ich sehe nicht ein, dass ein neues Verbot eingeführt werden soll, bloß weil sich ein paar Leute nicht an die Regeln halten. Es war wirklich angenehm, dass man in der Pause mal eben in die Klasse gehen konnte. Wir sollten die alte Ordnung nicht ändern und gemeinsam darauf achten, dass so etwas nicht mehr passieren kann."

Der Schulelternsprecher:
„Ich halte es für vernünftig, dass alle Schüler während der Pausen auf dem Schulhof bleiben. Sie sollen sich bewegen und frische Luft schnappen. Wenn keiner ins Gebäude darf, gibt's auch keine Beschädigungen, die ja letztlich wir Eltern bezahlen müssen. Zum Nutzen aller darf man beruhigt auch Verbote aussprechen. Ich bin für die Änderung der Hausordnung."

1. Wie würdest du entscheiden: Soll die Hausordnung geändert werden oder nicht?
2. Welche der vier abgedruckten Meinungen hältst du für die vernünftigste, welche gefällt dir am wenigsten?
3. **Tipp:** Rollenspiel
   Spielt die Diskussion zwischen Schulleiter, Aufsicht führender Lehrerin, Schülersprecherin und Schulelternsprecher vor der Klasse vor.
   Besprecht das Rollenspiel:
   - Wer hat gut argumentiert?
   - Wie fair waren die einzelnen Diskussionsteilnehmer?

Die Bedeutung von Regeln in der Schule

Warum braucht man Regeln?

Menschen brauchen Regeln, um vernünftig miteinander leben zu können. Das ist so in der Familie, im Freundeskreis, im Verein und natürlich auch in der Schule. Schulen geben sich eine Hausordnung, in der Regeln für das Zusammenleben aller Beteiligten in der Schule festgelegt sind. Eine Regel ist eine Vorschrift, an die jeder sich halten muss. Manchmal ärgern wir uns über Vorschriften, weil sie Verbote enthalten und damit unsere Freiheit einschränken. Andererseits schützen Verbote uns vor rücksichtslosem Verhalten anderer.
Es wäre schön, wenn alle Menschen sich an Regeln hielten, ohne dass man Strafen für die Missachtung einer Regel androhen müsste. Da wir alle keine Engel sind, ist dies leider nicht möglich. Zwangsmaßnahmen sind mitunter notwendig, um die Einhaltung der Regeln zu gewährleisten. Solche Zwangsmaßnahmen, die immer die Einsicht der davon Betroffenen fördern sollen, nennt man Sanktionen.

Was muss eine Hausordnung leisten?

Eine gute Hausordnung soll die Interessen aller Beteiligten angemessen berücksichtigen und mit vernünftigen Regeln ein geordnetes Zusammenleben ermöglichen. Vernünftig sind Regeln immer dann, wenn sie das, was erlaubt sein darf und das, was verboten sein muss, in ein ausgewogenes Verhältnis zueinander bringen. Allerdings gehen die Meinungen darüber, was verboten und was erlaubt sein soll, oft auseinander. Wie freiheitlich oder wie streng eine Hausordnung sein darf, hängt auch davon ab, wie vernünftig oder unvernünftig die Personen sind, für die sie gemacht wird.
Eine Hausordnung wird nicht von oben verordnet, sondern sie entsteht aus der Diskussion und der Abstimmung über verschiedene Vorschläge. Wenn möglichst viele an einer Entscheidung beteiligt sind, lässt sich am ehesten gewährleisten, dass die vereinbarten Regeln von allen akzeptiert werden. In der Schule entscheidet die Gesamtkonferenz über die Einführung einer neuen oder die Änderung einer bestehenden Hausordnung. Über die Schülervertretung (SV) sind die Schülerinnen und Schüler an diesem Prozess beteiligt.

Warum beschäftigen wir uns in Sozialkunde mit Regeln?

Im sozialen Zusammenleben der Menschen steht die Frage nach den Regeln immer im Mittelpunkt. Das ist in der Schule und auch in der großen Politik so. Auch die Menschen in einem Staat müssen sich an Regeln halten, damit ein friedliches und geordnetes Zusammenleben möglich ist. Sie dürfen eine Straße nicht überqueren, wenn die Ampel rot zeigt, müssen sich an Abmachungen und Verträge halten, dürfen keinen Diebstahl und keine Körperverletzung begehen und vieles andere mehr. Im Staat heißen Regeln Gesetze. Sie werden von gewählten Volksvertretern in einem Parlament verabschiedet. Die große Politik funktioniert ganz ähnlich wie die Organisation des Zusammenlebens in einer Schule.
Im Fach Sozialkunde wird der Umgang mit Regeln in der Schule behandelt, weil man so lernen kann, die eigenen Rechte wahrzunehmen und die Rechte anderer zu achten.

1. Sammelt aus dem Text: Was sind die Merkmale einer guten Hausordnung?
2. In welchen Fällen sind Sanktionen notwendig? Findet Beispiele aus dem Schulalltag.

Eine Hausordnung, die alle schätzen

3. Mithilfe der vier Überschriften in dem Karteikasten könnt ihr selbst Bestimmungen für eine Hausordnung formulieren. Dabei könnt ihr wieder die Methode Gruppenarbeit anwenden (siehe Methodenkarte auf Seite 13).

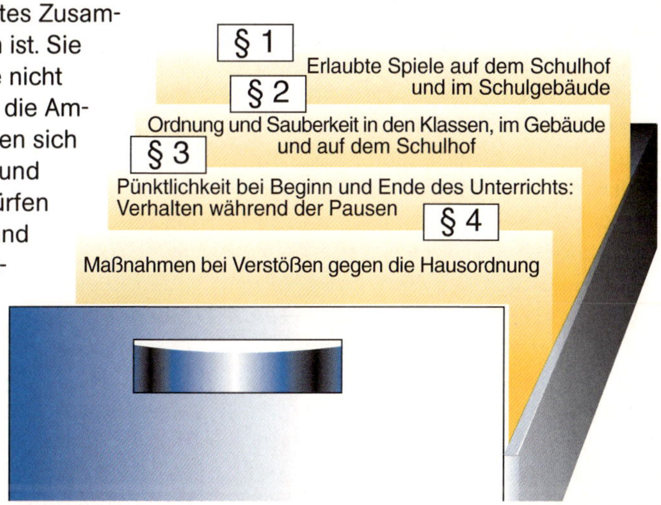

2. Wie kann man Konflikte in der Klasse lösen?

Unser neuer Schüler

Steffi erzählt: Bis vor wenigen Wochen waren wir 22 Schüler in der 8c, zehn Mädchen und zwölf Jungen. Dann, an einem Montag, kam Erwin dazu. Mein erster Eindruck, als er in der Tür stand: Er war kleiner als die meisten von uns, viel kleiner, aber topmodisch gekleidet: Markenstrickweste, tolle Hose, Markenschuhe – alles passend und richtig teuer. In den Haaren hatte er gefärbte blonde Strähnen und um den Hals trug er sogar eine Krawatte. „Einen Schlips trägt hier kein Schüler", dachte ich bei mir, und als Erwin zu reden anfing, musste ich wirklich kichern. „Guten Tag, ich bin Erwin Schmiedemann aus Gelsenkirchen. Wir sind hierher umgezogen. Mein Vater ist Pilot und fliegt Jumbo-Jets." Erwin sprach feinstes Hochdeutsch, wie es keiner aus unserer Klasse kann, und als er „Gelsenkirchen" sagte, da klang es wie „Gelsenkiiierchen". Sandra, meine beste Freundin, stieß mich an: „Der hat wohl'n Rad ab. Erzählt uns gleich, dass sein Vater Pilot für Jumbo-Jets ist, so'n blöder Angeber." Antonio, unser Stärkster, muss sofort irgendwie sauer auf Erwin gewesen sein. In der großen Pause packte er ihn und zog ihm seinen Schlips so fest um den Hals, dass Erwin ganz rot anlief im Gesicht. „So einen wie dich haben wir hier gerade noch gebraucht", meinte Antonio. Erwin riss sich den Schlips vom Hals, atmete dreimal tief durch und rief: „Ich habe fünfzehn Computerspiele und im Sommer fliege ich mit meinem Vater auf die Malediven zum Tauchen." Daraufhin klatschte ihn Torsten, Antonios bester Freund, mit der flachen Hand auf den Kopf und die Sache schien erledigt. Von nun an hieß Erwin nur noch „Schniedelmann".
Er ging uns in den nächsten Tagen ziemlich auf die Nerven. Im ITG-Unterricht schaffte er als Erster die Computeraufgabe und beim Lehrer Freis in Deutsch konnte er sogar erklären, was ein „finaler Nebensatz" ist. Antonio sagte jetzt „Schmied-Schleimer" zu ihm und wir natürlich auch. Mit der Zeit ließen wir ihn ziemlich links liegen. Wenn er sich im Unterricht mal wieder zu oft gemeldet hatte, versteckten wir seine Schultasche oder er bekam von Torsten eine geknallt.
Letzten Dienstag war es, da sah ich ihn nachmittags zufällig im Hallenbad. Ich tat natürlich so, als ob ich ihn nicht bemerkt hätte, aber nachher an der Bushaltestelle stand er neben mir und wir mussten ziemlich lange warten. „Na, Schmied-Schleimer, haste auch deine blonden Haarsträhnen nass gemacht?", begann ich eine Unterhaltung. „Ach hör auf! Ich bin kein Schleimer und ich will auch nicht mehr in eure blöde Schule gehen. Ich hau ab." „Quatsch, kannst doch nicht einfach abhauen!" Wir fuhren im selben Bus und saßen nebeneinander.
„Ich bin kein Schleimer", murmelte er immer wieder, „wenn ich etwas weiß, kann ich es auch sagen. Aber von euch kann mich niemand leiden. Das finde ich total ungerecht."
„Was musst du auch immer so angeben mit deinem tollen Vater und dass der Jumbo-Jets fliegt und so."
„Mein Vater wohnt nicht mehr bei uns, aber Pilot ist er wirklich!" Und dann fing „Schmied-Schleimer" – ich meine Erwin – zu weinen an und hörte die ganze Fahrt über nicht mehr auf.
„Hast du auch so einen Hunger?", fragte ich, als wir aus dem Bus ausgestiegen waren und an der Bäckerei vorbeikamen.
„Soll ich uns zwei Weck kaufen?" Was denn ein Weck sei, fragte er zurück und ich zeigte sie ihm im Schaufenster. „Ach so, Brötchen meinst du", stellte Erwin fest und ich sagte: „Wir sagen hier Weck dazu."
„Darf ich dich dazu einladen?", fragte er und seine blonden Haarsträhnen sahen irgendwie lustig aus.
Im Geschäft wollte er unbedingt selbst bestellen und als die Verkäuferin kam, sagte er: „Ich hätte gerne vier Weck."
Und dabei konnte er ein bisschen lächeln.

1. Welche Erklärung hast du für das Verhalten von Erwin und seinen Mitschülern?
2. Wie lässt sich die Klassengemeinschaft dieser 8c verbessern?
3. Nach dem Zusammentreffen mit Erwin hat Steffi ein schlechtes Gewissen. Abends telefoniert sie mit Sandra, ihrer besten Freundin. Wie könnte das Gespräch verlaufen?
4. Die Geschichte kann man in ein kleines Theaterspiel umschreiben und dann aufführen. Die Fortsetzung muss noch geschrieben werden.

Können Verträge Konflikte in der Klasse lösen?

Wir diskutieren einen Vorschlag einer neunten Klasse

In der Stefan-Andres Realschule in Schweich beschäftigten sich die Schülerinnen und Schüler einer neunten Klasse mit dem Thema „Konflikte in der Schulklasse“. In ihrer Schülerzeitung „Cactus“ schlugen sie vor, dass in den einzelnen Klassen Verträge abgeschlossen werden sollten mit dem Ziel, das Zusammenleben zwischen Schülern und Lehrern angenehmer zu machen. Arbeitet das Material durch und stellt dann vor der Klasse eure Meinung vor.

1. Was haltet ihr insgesamt von der Idee Verträge abzuschließen?

2. Wie bewertet ihr die einzelnen Vorschläge?

☺ = Der Vorschlag ist gut, weil …

☹ = Der Vorschlag wird nichts bringen, weil …

3. Was haltet ihr von der Einführung der Bonuspunkte?

Liebe Mitschülerinnen und Mitschüler,

wie wäre es, wenn wir Verträge aufstellen würden, die das Zusammenleben von Lehrern und Schülern leichter machen? Hier stellen wir unser Beispiel für einen Vertrag vor:
Wir sind übereinstimmend der Auffassung, dass wir netter miteinander umgehen sollten. Wir finden es unangenehm, wenn wir uns gegenseitig anschreien, den anderen beschimpfen, ihn schlagen oder ärgern! Wir sind aber auch der Meinung, dass die Lehrer schimpfen und kritisieren. Wir verpflichten uns deshalb zu Folgendem:

Die Schülerinnen und Schüler

- sprechen nur noch in normal lautem Ton miteinander, ☺ ☹
- benutzen keine beleidigenden Schimpfwörter mehr, ☺ ☹
- ärgern sich nicht mehr gegenseitig, ☺ ☹
- lachen andere nicht mehr aus, ☺ ☹
- machen sich nicht mehr lustig über Mitschüler, die eine falsche Antwort im Unterricht gegeben haben, ☺ ☹
- halten ihre eigenen Sachen in Ordnung und zerstören fremde Sachen nicht, ☺ ☹
- unterlassen jede tätliche Auseinandersetzung. ☺ ☹
- Jeder Einzelne sorgt dafür, dass sich die anderen an diese Regeln halten. ☺ ☹

Die Lehrerinnen und Lehrer

- loben die Schüler wieder häufiger, ☺ ☹
- äußern keine abwertende Kritik, sondern formulieren eher Ratschläge, ☺ ☹
- nehmen sich öfter mal Zeit, über anstehende Probleme mit der Klasse zu sprechen. ☺ ☹

Nach Vertragsabschluss erhält die Klasse pro Unterrichtsstunde jeweils einen Bonus von 10 Punkten. Nach Abschluss der Stunde wird kurz diskutiert, ob die Klasse alle Regeln gut eingehalten hat und dafür alle 10 Bonuspunkte erhält oder ob es Abzüge geben muss, weil das Vertragsziel entweder nicht oder nur teilweise erreicht worden ist. Werden mindestens 80 Prozent der erreichbaren Punkte nach 14 Tagen erworben, wird ein hausaufgabenfreier Tag eingeführt. Dieser Vertrag gilt bis zum Schuljahresende. Dann wird über die Erfahrung diskutiert und eventuell ein neuer Vertrag aufgesetzt.“

(Nach: Schülerzeitung „Cactus“, Ausgabe 2, 1997/98, S. 11)

3. „Erst schlagen, dann reden?“ Können wir lernen, Gewalt zu vermeiden?

An vielen Schulen sind Schülerinnen und Schüler Opfer von Gewalt. Sie erleben Aggressionen ihrer Mitschülerinnen und Mitschüler im Klassenzimmer, auf dem Schulhof, im Bus oder auf dem Heimweg. Hier könnt ihr euch mit Erfahrungen anderer Jugendlicher beschäftigen und anschließend überlegen, wie Gewalt in der Schule vermieden werden kann.

„Meine Freundin und ich kamen gerade von der Snack-Bar, da hat mir auf einmal ein großer Kerl eine Schreckschusspistole in den Nacken gehalten und abgedrückt. Das war ein ganz schön lauter Knall und ich habe mich total erschrocken.“ *(Matthias, 16)*

Körperliche Gewalt: Sieht so der Alltag auf unseren Schulhöfen aus?

„Eine Zeit lang haben mir jeden Tag nach der Schule auf dem Nachhauseweg ein paar Jungs aufgelauert. Sie haben mir Stöcke in die Speichen gesteckt und mich mit dem Fahrrad in die Dornenbüsche geschubst. Meine Eltern haben dann gesagt, dass ich woanders langfahren sollte. Doch das hat auch nichts gebracht. Sie haben mich immer wieder erwischt.“ *(Andreas, 13)*

„Wenn es Zeugnisse gibt, ist es im Bus besonders schlimm. Hat man dann mal Glück und kriegt einen Platz, dann kommen diese Typen und nehmen einem den Platz weg. Sie schubsen mich einfach von meinem Platz, wenn ich nicht freiwillig abhaue.“ *(Anna, 14)*

„In der Schule ist es viel gewalttätiger geworden. In den kurzen Pausen gibt es fast jedesmal Rangeleien. Die Schwächeren werden von den Stärkeren so lange provoziert, bis sie sich auf eine Rangelei einlassen. Die Lehrer reagieren ganz unterschiedlich darauf. Aber fast alle reagieren viel zu inkonsequent.“ *(Jan, 15)*

Seelische Gewalt: Wie stark leiden Kinder, die ausgeschlossen oder ausgelacht werden?

„Meine Freundin und ich spielen immer an der Tischtennisplatte. Einmal kam so eine von der Nachbarschule und hat mir einfach ins Gesicht geschlagen, ohne Grund. Ich fragte, was das denn soll. Sie sagte, ich hätte sie doof angeglotzt.“ *(Gepa, 14)*

(Aus: Sie haben mich immer wieder erwischt. Schülerstatements. in: Schüler '95, GewaltLösungen, Friedrich Verlag, Velber 1995, S. 6f.)

1. Welche der dargestellten Situationen (Fotos und Texte) empfindet ihr als besonders schlimm und warum?
2. Habt ihr selbst schon einmal solche oder ähnliche Auseinandersetzungen beobachtet? Berichtet und macht eine Liste der häufigsten Gewalttätigkeiten.
3. Könnt ihr Gründe finden, warum andere Menschen oder auch man selbst zur Gewaltanwendung neigt?

Wie können wir vermeiden, dass Gewalt entsteht?

Wir suchen für einen Streitfall nach einer Gewinner-Gewinner-Lösung

Fast alle Schülerinnen und Schüler wünschen sich eine Schule, in der es keine Gewalt gibt. Viele Gespräche mit gewaltbereiten Kindern und Jugendlichen zeigen, dass auch die Täter eher unglücklich sind. Sie würden lieber Konflikte anders als mit Gewalt lösen, aber es fehlen ihnen die Mittel dazu. Gewaltfreie Stresslösung kann man lernen.

→ Entwickelt zu den drei Lösungsmöglichkeiten je eine Fortsetzungsgeschichte. Berichtet diese vor der Klasse oder spielt sie in Rollenspielen vor. Testet mehrere Gewinner-Gewinner-Lösungen.

Fall Tintenklecks:

Linda öffnet ihr neues Schulheft, weil der Lehrer die Klasse aufgefordert hat das Tafelbild ins Heft zu übernehmen. Ihr Nachbar Tobias will eine neue Patrone in seinen Füller stecken. Dabei fuchtelt er ungeschickt mit der geöffneten Patrone in der Luft herum. Sie rutscht ihm aus der Hand und landet auf Lindas Heft. Die erste Seite des neuen Heftes ist nun mit hässlichen Tintenklecksen versehen. Linda packt die Wut. Sie rammt dem zwar gleichaltrigen, aber viel kleineren Tobias den Ellenbogen mit Wucht in die Seite. Der Füller fliegt Tobias aus der Hand auf die Hose, hinterlässt auch hier Flecken und landet dann auf dem Boden. Tobias zieht nun Linda so fest er kann an deren Haaren. Daraufhin kriegt er einen Schlag auf den Hinterkopf von Tatjana, der Freundin von Linda. Der Lehrer fühlt sich erheblich durch den Zwischenfall gestört und ermahnt Linda, Tobias und Tatjana.

Drei Möglichkeiten einen Streit zu lösen:

A Die Verlierer-Verlierer-Lösung

Der Streit wird immer heftiger und geht gewaltsam weiter. „Aus einer Mücke wird ein Elefant." Die Streitenden bleiben „auf ewig" verfeindet.

B Die Gewinner-Verlierer-Lösung

Hier wird der Streit mit Gewalt ausgetragen, und am Ende gibt es Sieger und Opfer. Oft verbünden sich auch mehrere gegen ein Opfer. Bei dieser Lösung besteht die Gefahr, dass – einerseits – einzelne Personen auf Dauer zum Opfer werden und dass – andererseits – die Sieger gewalttätig bleiben, weil sie in einer bestimmten Situation mit Gewaltanwendung erfolgreich waren. Diese Sieger werden oft erst sehr viel später zu Verlierern: im Privatleben, im Beruf, im Umgang mit den Gesetzen.

C Die Gewinner-Gewinner-Lösung

Hier wird der Streit so ausgetragen, dass beide Seiten am Ende mit der Lösung einigermaßen zufrieden sein können und wieder vernünftig miteinander umgehen. Weil diese Lösung besonders schwierig ist, soll man sich einige Regeln angewöhnen:

1. Dampf ablassen	Linda sagt, dass sie stinksauer ist.
2. Zeit gewinnen	Linda und Tobias vertagen den Streit bis zur nächsten großen Pause.
3. Nachdenken	Beide überlegen für sich, wie sie sich eine Lösung des Problems vorstellen.
4. Miteinander reden	Linda und Tobias sagen, wie sie den Streit sehen und worüber sie sich ärgern.
5. Vereinbarung treffen	Linda und Tobias finden eine Lösung und überlegen, wie sie Streit in Zukunft vermeiden.

4. Was würdest du tun, wenn du Lehrer wärest?

Zu Beginn des neuen Schuljahres hat die 8b eine Klassenversammlung mit ihrem Klassenlehrer Herrn Hilbig durchgeführt. Dabei haben sich die Schüler von ihrem Klassenlehrer gewünscht, dass er sich Zeit für ihre Sorgen nehmen soll, dass er gerecht ist und niemanden benachteiligt oder bevorzugt. Im Laufe des Schuljahres passieren einige Vorfälle in der Klasse, die es Herrn Hilbig schwer machen, den Wünschen der Schüler zu entsprechen. Versetzt euch in seine Lage: Was würdet ihr als Lehrer Klaus Hilbig tun?

1. Herr Hilbig merkt in einer seiner ersten Unterrichtsstunden, dass die Schülerin Julia die gestellte Aufgabe aus dem Schulbuch nicht bearbeitet. Julia erklärt daraufhin, dass sie ihr Schulbuch nicht dabei hat. Das ist bei ihr schon mehrfach vorgekommen.

A Herr Hilbig bittet die Nachbarin Isabell darum, Julia mit in ihr Buch schauen zu lassen.

B Julia erhält eine Sonderaufgabe, weil das schon mehrfach vorgekommen ist.

C Herr Hilbig schenkt dem Vorfall keine besondere Beachtung, fragt aber Julia nach der Stunde, was los sei und ob er Kontakt mit ihren Eltern aufnehmen soll.

2. Nach der großen Pause befindet sich Herr Hilbig auf dem Weg in seine Klasse. Er will die Deutschstunde unbedingt zur Vorbereitung auf die anstehende Klassenarbeit nutzen. Vor der Klasse spricht der Schüler Harald ihn an: „Sie haben mir in der Mitarbeit in Deutsch nur eine Vier gegeben. Das finde ich ungerecht. Ich arbeite mindestens so gut mit wie Kathrin und die hat eine Zwei. Können wir darüber reden?"

A Herr Hilbig nimmt sich Zeit für das Gespräch mit Harald und lässt die Klasse warten.

B Er weist Harald darauf hin, dass seit der Notengebung schon vier Tage vergangen sind. Es sei nun zu spät für eine Beschwerde.

C Er bittet Harald darum, jetzt seinen Platz in der Klasse einzunehmen. Er vereinbart mit Harald einen Termin für ein Gespräch.

3. Christian beteiligt sich regelmäßig am Unterricht und gibt gute Antworten. Er hört aber seinen Klassenkameraden selten zu und macht sich lustig über sie. In der mündlichen Note (Epochalnote) möchte er eine Eins haben.

A Herr Hilbig gibt ihm die Eins, denn Christian arbeitet viel und gut mit.

B Christian bekommt eine schlechtere Note, weil er seinen Mitschülerinnen und Mitschülern nicht zuhört und sich über sie lustig macht.

C Er bekommt keine Note. Herr Hilbig bittet ihn, sein Verhalten zu ändern. Dann könne er die erwartete Eins bekommen.

4. Nach einigen Wochen des Unterrichts kommt die Klassensprecherin Mareike vor einer Stunde zu Herrn Hilbig und bittet ihn darum, mit der Klasse ein Gespräch zu führen: „Es gibt zwei verfeindete Cliquen in der Klasse" sagt sie. „Die einen werfen den anderen vor, sie hätten Schulsachen mutwillig zerstört und fingen ständig Prügeleien an. Die andere Clique streitet das ab. Sie wirft den anderen vor, streberhaft zu sein und rücksichtslos Schüler bei Lehrern zu verpetzen. Bitte nehmen Sie sich Zeit für ein Gespräch."

A Herr Hilbig nimmt den Vorschlag an und opfert seine Unterrichtsstunde.

B Er weist Mareike darauf hin, dass er jetzt seinen vorbereiteten Unterricht halten muss. Er bietet die nächste Stunde für ein Gespräch an.

C Er erklärt den Schülerinnen und Schülern, dass sie lernen müssen, eigene Probleme selbst zu lösen. Er rät ihnen dazu, sich in ihrer Freizeit zusammenzusetzen.

Pflichten des Lehrers:

Jeder Lehrer ist verantwortlich dafür, dass die Schule ihre Bildungsaufgaben erfüllen kann. Das Unterrichten stellt dabei seine wichtigste Aufgabe dar. Einerseits muss der Lehrer die für seine Fächer erforderlichen Kenntnisse und Fertigkeiten vermitteln, andererseits muss er die allgemeine Begabung der Schüler fördern und sie zu verantwortungsbewussten und demokratischen Staatsbürgern erziehen. Lehrer beraten die Schüler und Eltern in Fragen schulischer Erziehung. Sie beurteilen die Leistungen der Schüler und sind verpflichtet ihre Beurteilungskriterien Schülern und Eltern gegenüber zu begründen (falls dies gewünscht wird).
Lehrer sind an viele Gesetze und Verordnungen gebunden. Sie gestalten zwar den Unterricht frei und in eigener pädagogischer Verantwortung, müssen aber die für ihre Fächer geltenden Lehrpläne erfüllen. Die Anzahl der schriftlichen Klassenarbeiten ist ihnen vorgeschrieben. Lehrer sind an dienstliche Weisungen (z. B. durch den Schulleiter) und an Konferenzbeschlüsse gebunden. Hat z. B. die Gesamtkonferenz mit Mehrheit beschlossen, dass eine Mitteilung an die Eltern erfolgt, wenn ein Schüler dreimal seine Hausaufgaben vergisst, so kann sich ein einzelner Lehrer diesem Beschluss nicht entziehen. Lehrer können zu einer Vielzahl von Sonderaufgaben herangezogen werden. Dazu gehören die Übernahme einer Klassenleitung, die Aufsichtspflicht, die Betreuung von Sammlungen und Büchereien. Lehrer müssen Fach- und Klassenkonferenzen einberufen und leiten und sich um die Bestellung von Lehr- und Lernmitteln kümmern. Lehrer sind verpflichtet sich in angemessener Weise fortzubilden. Die Teilnahme an Konferenzen und an anderen wichtigen schulischen Veranstaltungen gehört ebenfalls zur Dienstpflicht des Lehrers.

Pflichten des Schülers:

Der Besuch der Schule ist keine freiwillige Angelegenheit. Schüler sind zum Schulbesuch verpflichtet und müssen regelmäßig und in angemessener Pünktlichkeit an den verbindlichen Schulveranstaltungen teilnehmen. Ist ein Schüler krank oder aus anderen Gründen verhindert, muss er, solange er minderjährig ist, eine schriftliche Entschuldigung der Eltern vorlegen. Schulgesetz und Schulordnung verpflichten die Schüler zur Mitarbeit im Unterricht und zur Erbringung eigener Leistungen – z. B. in Form von Klassenarbeiten oder Hausaufgaben. Der Schüler muss so die Grundlagen für seine Beurteilung selbst erbringen. Versäumt ein Schüler ohne ausreichende Begründung eine angekündigte Klassenarbeit, so kann ihm nach der Schulordnung die Note „ungenügend" erteilt werden. Schülerinnen und Schüler müssen sich an die geltenden Schul- und Hausordnungen halten. Sie dürfen keine Gewalt gegen Personen oder Sachen anwenden und fremdes Eigentum weder beschädigen noch entwenden.

?
- → Das ist mir alles viel zu streng.
- → Das ist schon in Ordnung so.
- → Die Bestimmungen sind recht locker.

Wir basteln uns einen prima Schüler und einen idealen Lehrer

Aktivität
Höflichkeit
Laute Stimme
Humor
Fleiß
Fröhlichkeit
Größe und Stärke
Ordnungssinn
Zuverlässigkeit
Gutes Benehmen
Hilfsbereitschaft
Gute Laune
Zuhören können
Zurückhaltung
Flotte Sprüche
Gerechtigkeitssinn
Ehrlichkeit
Strenge
Klugheit
Lockerheit
Pünktlichkeit
Viele Kenntnisse
Gute Vorbereitung
Durchsetzungsvermögen

Welches sind nach deiner Meinung die fünf wichtigsten Pflichten eines Lehrers und die fünf wichtigsten Pflichten eines Schülers? Wähle aus dem Baukasten aus.

5. Wer hat das Zeug zur Klassensprecherin oder zum Klassensprecher?

Das neue Schuljahr hat begonnen. Nachdem sich die Klasse nach den langen Sommerferien wieder zusammengefunden hat und die neuen Schüler einigermaßen bekannt sind, soll die Klassensprecherwahl stattfinden.
Frau Eichhorn, die Klassenlehrerin, behandelt die Wahl nicht als lästige Pflicht. Sie ist der Meinung, dass ein Klassensprecher eine wichtige Aufgabe erfüllt und dass die Wahl gut vorbereitet sein muss.
„Der Klassensprecher vertritt die Schüler gegenüber dem Klassenleiter, den sonstigen Lehrern und dem Schulleiter", heißt es im Schulgesetz.
Eine Woche vor der Wahl bittet Frau Eichhorn die Schüler sich Gedanken zu machen und Gespräche zu führen.

Christa meint:
„Ich werde Günter vorschlagen. Der ist groß und stark – sieht toll aus und wird von fast allen bewundert. Ich wäre auch gerne in seiner Clique. Er kann sich in Diskussionen gut ausdrücken. Ich glaube, das imponiert den Lehrern."

Peter denkt nach:
„Ich glaube, die Katja ist gut geeignet. Jedenfalls kann ich sie prima leiden. Sie weiß das natürlich nicht. Mir gefällt, dass sie den Mut hat, den Mund aufzumachen, wenn's mit den Lehrern Probleme gibt. Trotzdem hat sie 'ne nette Art mit Leuten umzugehen. Sie hat sich schon oft kameradschaftlich für andere Schüler eingesetzt."

Tanja meint:
„Ich würd's gerne selbst machen. Ich würde mir Zeit nehmen für die Probleme der anderen. Ich könnte helfen Streit zu schlichten. Mir würde es auch Spaß machen, in der Klassensprecherversammlung mitzuarbeiten. Wenn man mich dort zur Schülersprecherin wählen würde, könnte ich versuchen für unsere gesamte Schule etwas auf die Beine zu stellen."

Thomas ist überzeugt:
„Der Elmar – der hat was drauf. Interessiert sich für alles, für Umweltschutz, Kriegsdienstverweigerung und so. Dem ist keine Arbeit zu viel. Er ist auch nicht so aggressiv wie viele andere. Neulich war ich zwar ein bisschen sauer, als er mir lang und breit erklärte, warum ich mein Butterbrotpapier vom Schulhof aufheben sollte, aber solche Leute braucht man."

Auch die Klassenlehrerin macht sich ihre Gedanken:
„Hoffentlich wählen meine Schüler nicht nur den schönsten, sportlichsten oder stärksten Schüler in der Klasse, sondern jemanden, der vernünftig ist und vertrauensvoll mit mir zusammenarbeiten will."

1. Welche der hier vorgeschlagenen Schülerinnen und Schüler sind eurer Meinung nach für das Amt des Klassensprechers geeignet? Nennt die Gründe.
2. Vor der eigenen Wahlentscheidung in der Klasse könnt ihr wichtige und unwichtige Eigenschaften für einen guten Klassensprecher untersuchen und dann gemeinsam eine Liste erstellen. Die Vorschlagsliste auf der nächsten Seite kann euch dabei helfen.

Welche Eigenschaften muss ein Klassensprecher oder eine Klassensprecherin haben?

Mithilfe des folgenden Fragebogens könnt ihr wichtige Eigenschaften für das Amt des Klassensprechers ermitteln. Arbeitet den Fragebogen durch und notiert die Eigenschaften in eurer Heft,
a) die ihr für unbedingt notwendig haltet ☺,
b) die wünschenswert, aber nicht unbedingt erforderlich sind 😐,
c) die euch sinnlos erscheinen ☹.
Den Fragebogen sollte jeder von euch in Einzelarbeit ausfüllen.
Erstellt dann gemeinsam eine Liste: „Was erwarten wir von guten Klassensprechern?“

Eine Klassensprecherin oder ein Klassensprecher soll ...

1. besonders stark sein. ☺ 😐 ☹
2. zu den Stars in der Klasse gehören. ☺ 😐 ☹
3. sich höflich benehmen können. ☺ 😐 ☹
4. die Mitschülerinnen und Mitschüler bestrafen können. ☺ 😐 ☹
5. für Ruhe sorgen, wenn kein Lehrer da ist. ☺ 😐 ☹
6. sich Zeit für die Sorgen und Probleme einzelner Mitschüler nehmen. ☺ 😐 ☹
7. Ideen zur Verbesserung der Klassengemeinschaft haben. ☺ 😐 ☹
8. das Verhalten der Lehrer möglichst oft kritisieren. ☺ 😐 ☹
9. bei Streitfällen auch einmal zuschlagen können. ☺ 😐 ☹
10. in der Klasse beliebt sein. ☺ 😐 ☹
11. immer das tun, was die Lehrerinnen und Lehrer von ihm fordern. ☺ 😐 ☹
12. bei Streitigkeiten als Streitschlichter auftreten können. ☺ 😐 ☹
13. die kleineren und schwächeren Schüler besonders beschützen. ☺ 😐 ☹
14. den Tafeldienst überwachen. ☺ 😐 ☹
15. die Schülerinnen und Schüler ermahnen, wenn die Klasse in einem unsauberen Zustand ist. ☺ 😐 ☹
16. zur Schulleitung gehen, wenn in der Klasse etwas nicht klappt. ☺ 😐 ☹
17. die Klasse über wichtige schulische Dinge informieren. ☺ 😐 ☹
18. immer nur seine eigene Meinung vertreten. ☺ 😐 ☹
19. in möglichst vielen Fächern ein guter Schüler sein. ☺ 😐 ☹
20. immer der Chef sein wollen. ☺ 😐 ☹
21. den Klassenlehrer beim Einsammeln von Geld, Formularen usw. unterstützen. ☺ 😐 ☹
22. auf den Klassensprecherversammlungen den Mund aufmachen. ☺ 😐 ☹
23. auf gepflegte Kleidung achten. ☺ 😐 ☹
24. immer seine Hausaufgaben gemacht haben. ☺ 😐 ☹
25. sich gut ausdrücken können. ☺ 😐 ☹
26. bereit sein, mehr Zeit als andere in der Schule zu verbringen. ☺ 😐 ☹
27. sich in eine Gruppe gut einordnen können. ☺ 😐 ☹
28. verschwiegen sein, wenn ihr oder ihm Mitschüler etwas anvertrauen. ☺ 😐 ☹
29. nur die Meinung seiner besten Freunde vertreten. ☺ 😐 ☹
30. die SV-Ordnung und die Hausordnung besonders gut kennen. ☺ 😐 ☹

6. Wie können Schülerinnen und Schüler das Schulleben mitgestalten?

Die Rolle der Schülervertretung

Die Klassenversammlung tagt:

Stefan bemüht sich Ruhe in die aufgebrachte Runde zu bringen. Seine Mitschüler bestürmen ihn mit Vorwürfen:
„Unser Aufenthaltsraum für Schüler ist in einem katastrophalen Zustand.“ „Es stehen nur ein paar vergammelte alte Tische und Stühle darin.“ „Du musst etwas unternehmen!“
Stefan ist Klassensprecher in einer neunten Klasse und zugleich gewählter Schülersprecher. Seine Mitschüler sind unzufrieden mit ihm, denn er hatte vor seiner Wahl zum Schülersprecher versprochen sich für eine Verschönerung des Schüleraufenthaltsraumes einzusetzen. Das war vor drei Monaten und bis jetzt ist noch nichts geschehen.

„Leute, lasst mich auch mal zu Wort kommen“, beginnt er seine Verteidigungsrede, „ich habe das Thema auf der letzten Klassensprecherversammlung vorgetragen und die anderen Klassensprecher darum gebeten, Vorschläge für die Gestaltung des Raumes zu sammeln. Das war vor vier Wochen. Bis jetzt hat noch niemand einen Vorschlag bei mir abgegeben.“

„Du musst die Schulleitung auffordern Geld für die Anschaffung von Möbeln und Spielen zur Verfügung zu stellen“, unterbricht Klaus.
In der nächsten Woche werde ich ein Gespräch mit der Schulleitung haben. Unsere Verbindungslehrerin, Frau Carstens, wird ebenfalls daran teilnehmen. Sie unterstützt unser Vorhaben, ist aber der Meinung, dass ohne die Bereitschaft der Schüler zu aktiver Mitarbeit nichts laufen kann.“

1. Warum wird Stefan mit Vorwürfen bestürmt?
2. Wie beurteilst du die verschiedenen Ansichten der Mitschüler?

Aufgaben und Möglichkeiten der Schülervertretung (SV)

Wozu ist die SV da?

Das Schulgesetz gibt den Schülerinnen und Schülern das Recht, ihre eigenen Interessen vertreten zu können und das Schulleben mitzugestalten. Dieses Mitgestaltungsrecht wird vor allem durch die SV wahrgenommen. Nicht nur im Unterricht, sondern im schulischen Leben insgesamt sollen die Schülerinnen und Schüler mitgestalten und dabei Fähigkeiten einüben können, die man später im Berufsleben und in der Gesellschaft benötigt. Dazu gehört zum Beispiel, dass man lernt,

- eine eigene Meinung zu vertreten,
- in einer Gruppe mitzuarbeiten und Aufgaben zu übernehmen,
- Verhandlungsgespräche zu führen mit Personen, die eine andere Meinung haben als man selbst,
- Lösungen zu entwickeln,
- Kompromisse zu akzeptieren,
- nicht alles hinzuschmeißen, wenn man sich mit einem Vorschlag nicht hundertprozentig durchsetzen konnte.

Woraus besteht die SV?

Die Schülervertretung besteht aus der Klassenversammlung, der Klassensprecherversammlung und der Schülerversammlung.

→ Die Klassenversammlung besteht aus den Schülern der Klasse. Der Klassenlehrer nimmt in der Regel an der Klassenversammlung teil und informiert die Klasse über alle Angelegenheiten, die für die Schüler von Bedeutung sind.

Die Klassenversammlung hat die Aufgabe, alle Fragen, welche die Klassengemeinschaft und einzelne Schüler betreffen, zu beraten und mit dem Klassenlehrer nach Lösungen zu suchen. Sie wählt die Klassensprecherin bzw. den Klassensprecher.

→ Die Klassensprecherversammlung besteht aus den Klassensprechern aller Klassen der Schule. Sie ist für alle Fragen der Schülermitverantwortung in der Schule zuständig. Der Schulleiter unterrichtet die Klassensprecherversammlung über wichtige Angelegenheiten, die für die Gemeinschaft der Schüler von Bedeutung sind. Die Klassensprecherversammlung wählt den Schülersprecher mit bis zu zwei Stellvertretern. Außerdem wählt die Klassensprecherversammlung einen oder mehrere Verbindungslehrer. Diese haben die Aufgabe, die Schüler in Fragen der SV zu beraten und zu unterstützen.

→ Der Schülersprecher kann eine Schülerversammlung einberufen. Als Vollversammlung besteht sie aus allen Schülern der Schule. Sie kann auch als Teilversammlung (zum Beispiel nur für die Unter-, Mittel- oder Oberstufe) einberufen werden. Hier können Angelegenheiten beraten werden, die für alle Schüler von Bedeutung sind.

Die Schüler haben das Recht, eine Schülerzeitung zu veröffentlichen. Dabei können sie selbst entscheiden, ob sie dies in alleiniger Verantwortung oder mit der Unterstützung eines Lehrers tun wollen. Wird die Schülerzeitung eigenverantwortlich herausgegeben, so müssen die Schüler nach den bestehenden Pressegesetzen auch die Gesamtverantwortung übernehmen.

Warum sind so wenige Schüler zur Mitarbeit in der SV bereit?

In den letzten Jahren scheint die Bereitschaft der Schüler zu Mitarbeit in der SV nachzulassen. Viele Schüler sagen. „Man kann ja doch nichts ändern." „Dazu ist mir meine Freizeit zu schade." oder: „Die Lehrer machen ja doch, was sie wollen." Manche Schüler verspotten die SV sogar als eine unnütze Einrichtung, die nichts bewirken kann.
Andererseits gibt es eine Menge erfolgreicher Projekte, welche von Schülervertretungen an verschiedenen Schulen durchgeführt werden.

1. Notiert die wichtigsten Aufgaben der verschiedenen Schülervertretungen?
2. Diskutiert miteinander: „Die Mitarbeit der Schülerinnen und Schüler in der SV empfinde ich als wichtig – lohnenswert – mühsam – chancenlos?
3. Betrachtet das Bild. Überlegt, wo die Grenzen der Mitbestimmung durch die Schüler liegen müssen.

Schülervertretung organisiert Schülerpatenschaften: Ist das eine gute Sache?

Eine Patenschaft in der Schule ist eine Verbindung zwischen einem älteren und einem jüngeren Schüler. Solche Patenschaften gibt es mittlerweile an zahlreichen Schulen. Der Pate übernimmt dabei über einen längeren Zeitraum die Aufgabe, seinem Patenkind bei der Gewöhnung an die neue Schule behilflich zu sein. Er berät ihn, hilft bei Sorgen und nimmt sich Zeit für sein Patenkind. Ob solche Patenschaften gelingen oder nicht, hängt davon ab, ob die Sache gut organisiert ist und ob man genügend Paten findet, die bereit sind, solch eine verantwortungsvolle Aufgabe für einen längeren Zeitraum zu übernehmen. Der folgende Bericht über die Einrichtung von Schülerpatenschaften stammt aus der Schülerzeitung einer Schule in Neumagen. Was haltet ihr von diesem SV-Projekt?

In einer großen Pause fragt ein Fünftklässler seine Patin um Rat.

In einer SV-Sitzung der Realschule Neumagen im Herbst wurde angeregt, dass Schülerinnen und Schüler der neunten und der zehnten Klassen Patenschaften für Fünftklässler übernehmen sollten. Nach einigen Vorbereitungen kamen alle an einer Patenschaft interessierten Schüler am Montag im Musiksaal zusammen.

Doch ging es aufgrund des gewaltigen Andrangs sehr lebhaft zu. Aber am Ende der Sitzung hatte nahezu jedes Kind seinen Paten. Auch für diejenigen, die leer ausgegangen waren, konnte in den nächsten beiden Tagen ein Pate gefunden werden.
Es wurde beschlossen, dass sich die Paten mit ihrem Patenkind einmal pro Woche immer zur gleichen Zeit auf dem Schulhof treffen, um über eventuelle Probleme zu sprechen. Zudem wurden Telefonnummern ausgetauscht, damit bei Fragen ein Ansprechpartner greifbar ist.
Nach drei Monaten führten wir von der SV eine schriftliche Befragung unter den Fünftklässlern durch. Wir wollten wissen, ob die Patenschaften funktionieren. Die Fünftklässlern erklärten, dass sie sehr froh darüber seien, einen Schülerpaten zu haben. Sie waren jedoch der Meinung, dass ein Pate zu Beginn eines Schuljahres viel wichtiger gewesen wäre. Sie hätten damals gerne gewusst,

- wie die Lehrer sind und ob sie viele Hausaufgaben aufgeben,
- worauf man bei verschiedenen Lehrern besonders achten muss und wie man mit ihnen umgehen soll,
- wo die Fachräume sind,
- was es mit dem Vertretungsplan auf sich hat.

1. Was haltet ihr von diesem SV-Projekt „Schülerpatenschaften"?
2. Kannst du dir vorstellen, dass du für die Zeit eines Schuljahres eine Patenschaft für einen Fünftklässler übernimmst?
3. **Tipp:** Ihr könnt einen Plan erstellen, wie man (a) Schülerpatenschaften vorbereiten kann, (b) wie sie durchgeführt werden und (c) welche Aufgaben und Verpflichtungen ein Pate übernehmen muss.

Soll der Schülersprecher von der Klassensprecherversammlung oder von der Schülervollversammlung gewählt werden?

Zu Bearbeitung dieses Themas sollte sich jeder von euch in die Rolle einer Klassensprecherin oder eines Klassensprechers versetzen. Ihr alle sitzt in einer Klassensprecherversammlung und diskutiert über die Wahl des neuen Schülersprechers. Das Schulgesetz sieht dafür zwei Möglichkeiten vor. Ihr sollt nun eine Entscheidung herbeiführen. Wofür entscheidest du dich?

Bis jetzt haben sich zwei Schüler gemeldet und folgende Meinung vertreten:

Thomas sagt:

Ich bin dafür, dass wir den neuen Schülersprecher durch die Schülervollversammlung wählen lassen. So kann jeder Schüler an unserer Schule mitentscheiden und den Kandidaten seiner Wahl direkt wählen. Wenn alle gefragt werden und alle wählen dürfen, ist das die demokratischste Art, wie ein Schülersprecher gewählt werden kann.

Petra meldet sich zu Wort:

Ich bin nicht sicher, dass die beste Kandidatin oder der beste Kandidat Schülersprecher wird, wenn sie oder er von allen Schülern gewählt wird. So eine Schülerversammlung kann doch leicht in einem Chaos enden. Gewählt wird dann derjenige, der die beste Show abziehen kann. Ich bin dafür, dass wir als Klassensprecherversammlung den neuen Schülersprecher wählen. Wir sind doch die gewählten Sprecher unserer Klassen. Wir kennen die Bewerber durch die gemeinsamen Sitzungen und können besser beurteilen, wer für die Aufgabe geeignet ist und wer nicht.

Nun bist du an der Reihe. Welche Meinung vertrittst du?

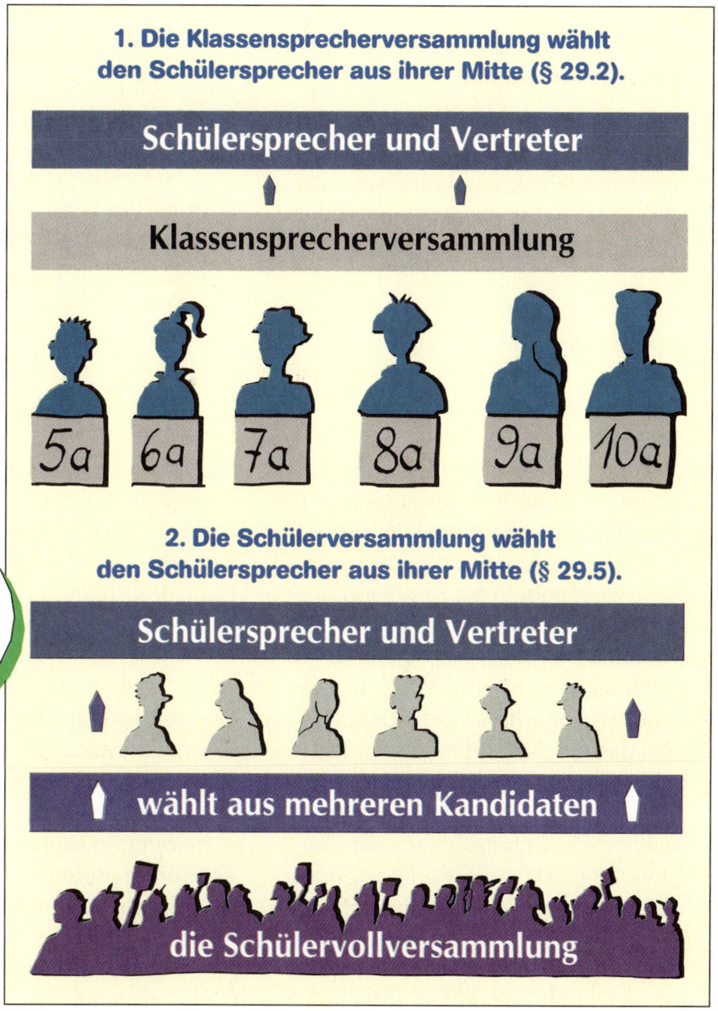

1. Bevor ihr mit der Diskussion beginnt, solltet ihr euch den Text auf der folgenden Seite durchlesen. Vielleicht wirkt er sich auf eure Entscheidung aus?
2. Spielt dann die Klassensprecherversammlung und führt am Ende eine Probeabstimmung durch. Die echte Klassensprecherin oder der echte Klassensprecher eurer Klasse wird bei Gelegenheit eure Mehrheitsmeinung in der echten Klassensprecherversammlung vortragen können.

INFORMATION

Die grundlegende Bedeutung von Wahlen

Was unterscheidet die beiden Möglichkeiten zur Wahl des Schülersprechers?

Die Möglichkeit der Wahl des Schülersprechers durch die Klassensprecherversammlung ist diejenige, die im Schulgesetz als Normalfall vorgesehen ist. Hier wählen die Klassensprecher aller Klassen in ihrer Klassensprecherversammlung den Schülersprecher. Demokratisch ist diese Form der Entscheidung, weil die Klassensprecher aus Wahlen hervorgegangen sind, an der alle Schülerinnen und Schüler beteiligt waren. Sie handeln im Auftrag und stellvertretend für die gesamte Schülerschaft. Man kann auch sagen: Sie handeln als Repräsentanten, das heißt als Vertreter aller Schüler. Die Klassensprecherversammlung ist hierbei mit einem gewählten Parlament vergleichbar.
Bei der Möglichkeit zwei, nämlich der Wahl des Schülersprechers durch die Schülervollversammlung, wählen alle Schülerinnen und Schüler direkt ihren Kandidaten zum Schülersprecher. Im Unterschied zur Wahl durch die Klassensprecherversammlung üben hierbei die Schülerinnen und Schüler eine direkte Mitentscheidung aus. Man nennt diese Form der Mitentscheidung direkte Demokratie. Sie ist die älteste Form der Demokratie, die wir kennen. Die alten Griechen haben sie vor über 2500 Jahren erfunden.

Was haben Wahlen in der Schule mit der großen Politik zu tun?

Die zwei Möglichkeiten zur Wahl des Schülersprechers zeigen zwei Formen von Demokratie. Beide Formen gibt es auch in der großen Politik.
In einer Gemeinde wählen die Bürgerinnen und Bürger aus der Stadt oder dem Dorf ihren Bürgermeister in regelmäßigen Abständen in direkter Wahl. Das ist eine Form direkter Demokratie, wie sie der Wahl des Schülersprechers durch die Schülervollversammlung entspricht. Bei Bundestagswahlen wählt das Volk die Abgeordneten, die in den Deutschen Bundestag einziehen. Sie sind die Repräsentanten des Volkes. Da hier die Vertreter des Volkes im gewählten Parlament die politischen Entscheidungen treffen, nennt man diese Form parlamentarische Demokratie oder repräsentative Demokratie.
Mit den beiden Möglichkeiten zur Wahl der Schülersprecherin oder des Schülersprechers lernen wir zwei Formen von Demokratie kennen:
die repräsentative Demokratie und die direkte Demokratie.

Warum sind Wahlen wichtig?

Die Möglichkeit wählen zu können, gehört zu den grundlegendsten Rechten, die es in einer Demokratie gibt. Gewählt wird in der Schule, in Vereinen, in Betrieben und in der Politik und anderswo. Ohne Wahl gibt es keine Demokratie, denn Demokratie heißt wörtlich übersetzt „Herrschaft des Volkes“. In einem großen Staat wie es die Bundesrepublik Deutschland ist – kann das Volk nicht direkt selbst die Herrschaft ausüben. Es wählt seine Vertreter als Repräsentanten des Volkes in das Parlament. Die Bundesrepublik Deutschland ist also eine repräsentative Demokratie.

Stellvertretender Schülersprecher Dirk, Klasse 9c

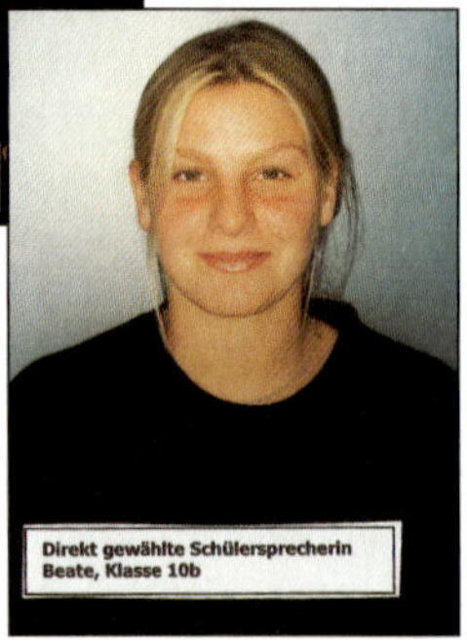
Direkt gewählte Schülersprecherin Beate, Klasse 10b

1. Bei der Wahl des Schülersprechers gibt es die Möglichkeit zwischen repräsentativer und direkter Demokratie zu entscheiden. Erkläre, wie das funktioniert und warum das so ist.
2. Bundeskanzler und Schülersprecher: Wer findet Gemeinsamkeiten zwischen beiden Ämtern? (Weitere Informationen zum Thema Wahlen findet ihr auf den Seiten 214ff.)

Memo

Wähle dein Thema

Ich erkläre
oder formuliere

Ein Thema aus 6

- an einigen Beispielen, warum Menschen Regeln brauchen und was diese leisten müssen.
- wie man einen Konflikt als Gewinner/Gewinner löst.
- welche Eigenschaften eine gute Klassensprecherin/ein guter Klassensprecher haben soll.
- welche Einrichtungen und Aufgaben die SV hat.
- was die Wahl eines Schülersprechers mit der großen Politik gemeinsam hat.
- wie wichtig Wahlen sind.

Quiz

1. Weil der Mensch die Gemeinschaft mit anderen braucht, gilt er als …
2. So bezeichnet man eine Zwangsmaßnahme, die bei der Missachtung von Regeln angewendet werden kann.
3. Sie enthält Regeln über das Zusammenleben in einer bestimmten Schule.
4. So nennt man eine von einem Parlament verabschiedete Regel, die Gebote und Verbote enthält.
5. Sie gilt als die erfolgreichste Art, einen Konflikt zu bewältigen.
6. Hierzu ist jede Schülerin und jeder Schüler verpflichtet.
7. Sie berät über wichtige Fragen der Klassengemeinschaft.
8. Sie gilt als die wichtigste Aufgabe der Schülervertretung.
9. Alle Klassensprecherinnen und Klassensprecher (plus Stellvertreter) nehmen daran teil.
10. Sie oder er unterstützt und berät die SV.
11. Sie kann vom Schülersprecher einberufen werden.
12. So nennt man gewählte Volksvertreter in der Politik.
13. Das bedeutet das Wort Demokratie in wörtlicher Übersetzung.
14. Dieses Prinzip muss bei allen demokratischen Wahlen gelten.
15. Sie ist die häufigste Form von Demokratie in großen Staaten.

A Hausordnung	**B** Mitgestaltung des Schullebens	**C** Klassensprecherversammlung
D Gesetz		**E** Repräsentanten
F soziales Wesen		**G** Sanktion
H Mitarbeit im Unterricht		**I** Mehrheitsprinzip
J Gewinner-Gewinner-Lösung	**K** Herrschaft des Volkes	**L** Klassenversammlung
M Verbindungslehrer/in	**N** Repräsentative Demokratie	**O** Schülervollversammlung

2 Erziehung und soziales Lernen in der Familie

Familie? Das ist das Wichtigste in meinem Leben.

Darin sind sich die meisten Jugendlichen einig. Bei einer Umfrage 1999 unter Jugendlichen zwischen 15 und 25 Jahren landete die Familie auf Platz 1 der Hitliste. Familie – das ist der Ort, wo wir geliebt werden, wo wir unsere Probleme besprechen können, wo wir Trost bei Enttäuschungen finden. Es ist aber auch ein Ort, wo gestritten wird, wo Probleme entstehen können, die das Zusammenleben erschweren, ja unmöglich werden lassen. Auch davon wird in diesem Kapitel die Rede sein. Was bedeutet deine Familie für dich?

1. Wie leben Familien in aller Welt?

Familien gibt es überall auf der Welt. Betrachtet die Bilder: Was haben sie gemeinsam, was unterscheidet sie von einer Familie in Deutschland?

① Eine jüdische Familie, welche die alten Traditionen pflegt – ② Eine thailändische Familie beim Essen – ③ Eine mexikanische Familie, ermüdet vom Einkaufen – ④ Eine afrikanische Familie in Mali mit ihrem gesamten Besitz vor sich.

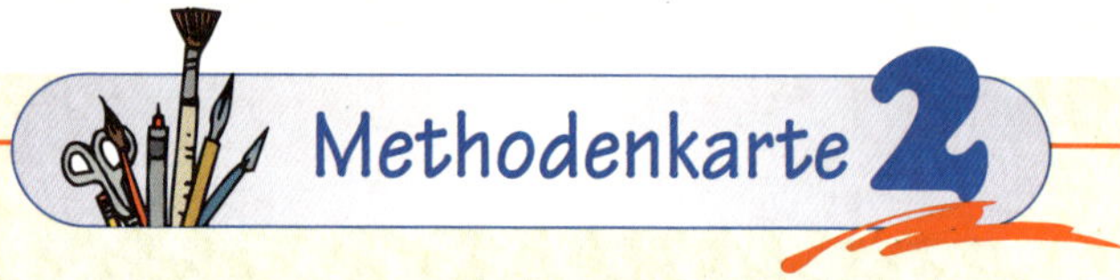

Arbeitsteilige Gruppenarbeit

Worauf muss man besonders achten?

Thema: Wie leben Familien in anderen Kulturen?

Arbeitsteilige Gruppenarbeit: Was ist das?

Man teilt die Arbeitsmaterialien so in der Klasse auf Schülergruppen auf, dass jede Gruppe einen bestimmten Teil des Stoffgebietes bearbeitet. Dieses Vorgehen hat den Vorteil, dass ein Thema schneller bearbeitet werden kann. Man hat auch die Möglichkeit auszuwählen.
Ein Nachteil ist, dass nicht alle Schülerinnen und Schüler die gleichen Informationen zur Verfügung haben. Um diesen Nachteil auszugleichen, ist es bei arbeitsteiliger Gruppenarbeit besonders wichtig, dass jede Gruppe eine gute Präsentation ihrer Arbeitsergebnisse vorbereitet.

Welche Regeln machen sie erfolgreich?

1. Die Gruppenbildung verläuft friedlich.

Für das Thema stehen auf den folgenden Seiten drei unterschiedliche Beispiele zur Bearbeitung an. Ihr könnt zum Beispiel sechs Gruppen bilden. In dem Falle arbeiten zwei Gruppen parallel. Bildet die Gruppen so, dass alle Themen mit etwa gleich großer Schülerzahl besetzt sind.

2. Der Ablauf der Gruppenarbeit wird gemeinsam besprochen.

Die Gruppenarbeit beginnt mit einer gemeinsamen Besprechung der Aufgabenstellung. Die Arbeitsaufträge findet ihr auf der nächsten Seite. Nach der Besprechung beginnen die Gruppen zügig mit der Bearbeitung und achten darauf, dass sie in der vereinbarten Zeit ein Ergebnis vorweisen.

3. Zu Beginn wird das Material aufmerksam gelesen.

Jedes Gruppenmitglied liest zunächst einmal alleine und still das Material durch. Notiert euch Dinge, die ihr beim ersten Lesen nicht verstanden habt, damit ihr sie gemeinsam in der Gruppe klären könnt.

4. Jedes Gruppenmitglied übernimmt eine Aufgabe.

Niemand wird ausgeschlossen, niemand reißt alleine die Arbeit an sich. Wichtige Arbeitsergebnisse werden von allen notiert. Jeder in der Gruppe übernimmt Verantwortung für das Gelingen. Die Ergebnispräsentation wird sorgfältig vorbereitet.

5. Die Ergebnispräsentation wird im Team durchgeführt.

In einer teamorientierten Präsentation übernimmt jedes Gruppenmitglied eine Aufgabe. Zum Beispiel kann ein Schüler einen Tagesablauf in der Familie vorstellen, ein anderer erklärt die verschiedenen Rollen, zum Beispiel von Mutter, Vater, Töchtern, Söhnen usw.
Achtet bei der Präsentation darauf,

- ✔ dass ihr die Aufmerksamkeit des Publikums herstellt,
- ✔ dass ihr möglichst frei mit Blickkontakt zur Klasse sprecht,
- ✔ dass ihr sicherstellt, dass die Ergebnisse bei den übrigen Teilnehmern angekommen sind.

Diese fünf Regeln lassen sich auf jede Art von Gruppenarbeit anwenden.

Wie leben Familien in anderen Kulturen?

Keine Familie ist so wie die andere. – Trotzdem haben zum Beispiel Familien aus Europa Gemeinsamkeiten, die sie von Familien aus Asien oder Afrika unterscheiden. Wie eine Familie lebt, hängt nämlich auch von der Kultur des Heimatlandes ab. Stellt euch die drei Familien, deren Leben auf den nächsten Seiten beschrieben wird, gegenseitig vor. Zur Vorbereitung könnt ihr im Heft eine Übersicht anlegen, die ihr dann in den Gruppen ausfüllt und als Vorlage für euren Gruppenbericht verwendet.

Name der Familie, Herkunftsland	1. Personen, Berufe	2. Besitzverhältnisse	3. Wie sind die Rollen in der Familie verteilt?	4. Was ist den Familien wichtig?	5. Glaubt ihr, dass die Familien mit ihrem Leben zufrieden sind?

Beispiel Nr. 1: Familie Getu, Äthiopien

Das ist Familie Getu. Sie lebt in Äthiopien, einem der ärmsten Länder der Welt. Sie besteht aus den Eltern und ihren fünf Kindern im Alter von acht Monaten bis zu zehn Jahren.
Ihr wertvollster Besitz: Ochsen
Ihr sehnlichster Wunsch: mehr Nutztiere, Kleider zum Wechseln, besseres Saatgut, Ackergerät, Frieden im Land und in der Welt.
Der Fotograf berichtet: „Es gibt hier weder fließendes Wasser noch Gas noch Elektrizität. Das wenige, das sie hatte, hat die Großfamilie freundlich mit mir geteilt. Wenigstens dreimal pro Tag hat man mich in eines ihrer Häuser gebeten und mir Kaffee und geröstetes Getreide angeboten. Eines Abends war ich bei Getu und Zenebu zu Gast, als wir draußen jemanden rufen hörten. Ein einsamer Wanderer hatte sein Ziel vor Einbruch der Dunkelheit nicht erreicht und suchte einen Schlafplatz. Getu hieß den „Sonnenuntergangsgast", wie man so jemanden hier nennt, in seinem Haus und an seinem Feuer willkommen. – Tagsüber gab es zu dieser Zeit für die Männer nicht viel auf den Feldern zu tun. Nur ein Verwandter hütete das Vieh der Großfamilie. Für die Frauen allerdings gibt es keine ruhige Jahreszeit. Sie holen Wasser, kochen, säubern die Pferche, formen Dung zu Brennmaterial – und immer essen sie erst nach den Männern, trinken ihren Kaffee, wenn die Männer fertig sind. Wenn ich ausgetrunken hatte, wurde eine der Frauen herbeigerufen, mir Kaffee oder Tee nachzugießen, selbst wenn die Kanne in Griffweite stand. Das war mir immer peinlich. Am stärksten beeindruckt war ich von Getus Botschaft an die Welt. Er, der manchmal Hunger leidet, wünschte sich geradezu leidenschaftlich Frieden auf der Welt."
Bau- und Brennholz sind äußerst knapp. Deswegen sammelt Zenebu jeden Morgen Dung im Pferch und vermischt ihn mit Stroh. Ein Teil davon wird zum Verputzen der Hauswände benutzt. Auch die Kinder werden in die tägliche Arbeit mit eingespannt. Getu und Zenebu sind der Meinung, dass ihre Kinder auf lange Sicht als Bauern keine Überlebenschancen haben. Nach ihrer Überzeugung ist eine gute Ausbildung von allergrößter Bedeutung. Deshalb schmerzt es sie besonders, dass ihre Kinder nicht die örtliche Schule besuchen können. Der Unterricht ist zwar kostenlos, doch für Schulkleidung und Lernmittel müsste die Familie etwa ein Drittel ihres Jahreseinkommens aufwenden. So ist es nicht verwunderlich, dass in dieser Region, in der 10 000 Menschen leben, nur 100 Kinder die Dorfschule in Moulo besuchen.

Beispiel Nr. 2: Familie Delfoart in Haiti

Familie Delfoart lebt in Haiti in der Karibik.
Zahl der Familienmitglieder: 6
Ihr wertvollster Besitz: nichts
Arbeitszeit pro Woche: 60 Stunden – Vater; 55 Stunden – Mutter; 30 Stunden – Kinder
Vater Dentes ist 54 Jahre alt und erwartet für sein Leben keine großen Veränderungen mehr. Durch Gelegenheitsarbeiten verdient er ab und zu etwas Geld. Dann kauft die Familie, was gerade besonders nötig ist. Schon wegen der ständig steigenden Preise kann Dentes sich eine bessere Zukunft für seine Kinder nicht vorstellen. An besonders drückenden Tagen gibt ihr baptistischer Glaube der Familie Kraft. Sie betet vor den Mahlzeiten und beherbergt manchmal einen der vielen haitianischen Wanderprediger. Die warmen Mahlzeiten werden in der Küchenhütte gekocht. So hat man Qualm und Ruß aus dem Wohnbereich verbannt.

Alle Schulbücher sind im Laufe der Jahre durch viele Hände gegangen. Die Seiten von Soifettes Lesebuch für die dritte Klasse sind so abgegriffen, dass sie nahezu durchsichtig sind. Doch für ihn ist dieses schäbige Schulbuch ein kostbarer Schatz. Im einzigen Klassenzimmer der Schule werden Schüler im Alter von sechs bis 18 Jahren unterrichtet. Die Schulbücher sind auf Französisch, der zweiten offiziellen Landessprache. Drei der Delfoarts-Kinder können die Sprache schon ein wenig. Ihre Eltern sprechen nur Kreolisch. Die 14-jährige, leicht lernbehinderte Fifi geht nicht in die Schule. Statt dessen hilft sie zu Hause, stampft Getreide im Mörser, holt Wasser vom Brunnen und scheuert die Kochtöpfe mit Sand.
Jeden Donnerstag ist Markttag. Bevor das Ehepaar sich auf den Weg macht, bringt Dentes auf dem Hof des Hauses die allwöchentliche Trockenrasur mithilfe einer Rasierklinge hinter sich. Dann streift er sich seinen besten Pullover über und setzt einen Strohhut auf. Seine Frau trägt Hirse und Bananen zum Verkauf oder auch zum Tausch in die Stadt. Auf dem großen, gut organisierten Markt ist Raum für die verschiedensten Aktivitäten – auch für das Glücksspiel, das die jungen Männer magisch anzieht.

Beispiel Nr. 3: Familie Balderas, Mexiko

Familie Balderas lebt in Guadalajara in Mexiko.
Familienmitglieder: 6
Arbeitszeit pro Woche: 36 Stunden – Vater (Gelegenheitsarbeiten nicht mitgerechnet); 60 Stunden – Mutter, im Haushalt
Der wertvollste Besitz: Fernsehgerät (ganze Familie), Stereoanlage (Vater), Bibel (Mutter), Fahrrad (älterer Sohn)

Ambrosio Castillo Balderas geht gegen vier Uhr morgens zur Arbeit und ist froh, wenn er den Abend einmal mit der Familie vor dem Fernseher verbringen kann. Er ist ständig auf den Beinen. Wenn er nicht an seinem Haus baut, verdient er sich nach Feierabend noch etwas als Schweißer dazu. Tagsüber arbeitet Ambrosio auf dem Großmarkt, wo er Lastwagen mit Karotten, Chillies, Eiern und Tomaten belädt. Die Kinder besuchen die Grundschule der „Mexikanischen Helden", benannt nach einer Gruppe von Kindern, die während der Revolution von 1910 gefallen sind. Carmen ist Hausfrau. Sie ist sehr ordnungsliebend und hat mit dem Haushalt genug zu tun. Mit ihren Kindern geht sie am Sonntag zu einem Gottesdienst der Zeugen Jehovas, denen die Familie angehört.
In dem von einer hohen Mauer umgebenen Hof der Familie Castillo Balderas spielt sich ein Großteil des Familienlebens ab. Dort stehen auch Ambrosios Arbeitsgeräte und Carmens Waschmaschine. Und hier gibt es das Trinkwasser aus einem Gartenschlauch, der provisorisch an eine Wasserleitung angeschlossen ist. Überdies ist der Hof für die Kinder ein sicherer Spielplatz in einer unsicheren Gegend. Cruz bespritzt gerade seine Schwestern mit einer Wasserpistole.

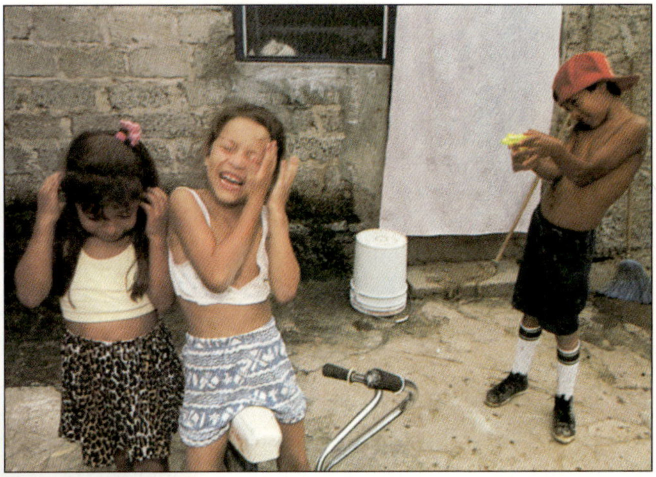

(Alle Beispiele aus: So lebt der Mensch, hrsg. von Peter-Matthias Gaede, Gruner & Jahr, Hamburg 1998)

2. Was soll Erziehung leisten?

Für euch ist es vielleicht selbstverständlich, in einer Familie aufzuwachsen – umgeben von Menschen, die sich um euch kümmern und euch versorgen. Was passiert, wenn Kinder ohne Eltern aufwachsen? Die folgenden Texte berichten von zwei berühmten Beispielen.

1. Was war auffällig an diesen Kindern? Beschreibe körperliche Merkmale, Motorik, geistige Fähigkeiten, Sprache, Art und Weise des Umgangs mit anderen Menschen.
2. Was sagen die Beispiele über die Bedeutung der frühkindlichen Erziehung aus?

1. Beispiel: Kaspar Hauser

Am 26. Mai 1828 kommt ein junger Mann nach Nürnberg, der sehr ärmlich gekleidet ist. Der Fremdling hat einen Brief in der Hand: „Dieser Knabe will seinem König dienen. Seine Mutter hat ihn bei mir niedergelegt." Ich habe ihn keinen Schritt aus dem Haus gehen lassen [...] Das Kind ist getauft und heißt Kaspar. [...]
Trotz seines Alters spielt Kaspar mit Spielsachen, die für Kleinkinder sind. Er benimmt sich merkwürdig. Er sitzt nur auf dem Boden; wenn es dunkel wird, schläft er ein, im Morgengrauen erwacht er. Er isst am liebsten trockenes Brot, trinkt klares Wasser. Sprechen kann er fast nichts. [...]
Schließlich nimmt ein Arzt ihn zu sich. Nach und nach lernt Kaspar sprechen. Er hat Angst vor Sonnenschein und lauten Geräuschen. Nach drei Jahren kann er in die Schule. Mit viel Geduld lernt Kaspar schreiben und zeichnen. Aber immer noch ist er sehr ängstlich. Er kann nicht verstehen, warum er keine Familie hat. Er möchte später gerne eine Frau, doch kann er sie sich nicht als Partnerin, sondern eher als Haushälterin vorstellen. Kaspar hat nicht gelernt zu lieben. Er erinnert sich, dass er als Kind in einem Loch gelebt hat und nur Wasser und Brot bekam. Ein Wesen brachte ihm zwar Nahrung, liebkoste ihn aber nie. Die Menschen in Nürnberg mögen ihn nicht. Einem Mordanschlag kann er entgehen, aber im Jahr 1833 tötet ihn ein Nürnberger mit einem Dolchstoß. An der Stelle, an der er starb, wurde ein Denkmal errichtet.

2. Beispiel: Amala und Kamala – die Wolfskinder

Am 9. Oktober 1920 tauchen im indischen Dschungel zwei seltsame Wesen auf. Die Bauern können die beiden Mädchen, die drei und fünf Jahre alt sind, fangen. Man bringt sie zu einer Missionsstation, deren Leiter, Mr. Singh, sich um die beiden kümmert. Man nennt sie Amala und Kamala. Die Mädchen haben breite Schultern, lange Arme und eine gerade Wirbelsäule. An den Handballen haben sie dicke Hornhaut. Die Zungen lassen sie aus dem Mund hängen; sie keuchen heftig und sperren ihre Kiefer manchmal weit auf. Sie stoßen wolfsähnliche Laute aus. Nahrung wird mit hängendem Kopf aufgenommen. Die Mädchen sind menschenscheu und aggressiv. Amala stirbt sehr schnell aus ungeklärter Ursache. [...] 1926 kann Kamala gehen und man kann erkennen, dass ihre ursprünglich vierfüßige Fortbewegung nur dem Fehlen einer normalen Schulung zu verdanken war. Nach einem Jahr ihrer Schulzeit wird sie langsam zutraulicher und nähert sich Mrs. Singh. Am liebsten spielt sie mit zwei Ziegen, mit denen sie auch spricht. Nach drei Jahren fürchtet sie sich vor der Dunkelheit und nähert sich nachts anderen Menschen [...] 1926 hat sie einen Wortschatz von 30 Wörtern. Anweisungen versteht sie gut. Mit einem Wortschatz von 50 Wörtern kann sie am Ende ihres Lebens mit den Ärzten sprechen. Es deutet nichts darauf hin, dass sie von Geburt an behindert gewesen sei. Im Gegenteil, ihre geistige Reife als Siebenjährige zeigt, dass ihr trauriges Los nur auf den Mangel einer Familie in frühester Kindheit zurückzuführen war. Acht Jahre, nachdem sie ins Waisenhaus kam, stirbt sie genauso rätselhaft wie ihre Schwester.

(Beide Texte aus: Lucien Malson u. a.: Die wilden Kinder, Suhrkamp, Frankfurt a.M. 1976, S. 72ff.)

INFORMATION

Was braucht ein Kind für einen guten Start ins Leben?

Der Mensch – ein Nesthocker

Jedes Baby, das auf die Welt kommt, ist zunächst einmal vollkommen hilflos: Es braucht die Mutter, die ihm Nahrung gibt. Es braucht aber auch Zuwendung und die Liebe seiner Eltern und der Menschen in seiner Umgebung. Anders als viele Säugetiere benötigen Menschen eine langjährige Reife- und Entwicklungszeit, bis sie selbstständig ihr Leben meistern können und zum „funktionierenden Mitglied" der Gesellschaft heranwachsen. Man nennt diesen Prozess Sozialisation. Wie der Vorgang für den Einzelnen verläuft, hängt von vielen Faktoren ab. Am wichtigsten ist dabei die Familie; aber auch Verwandte, Freunde und die Umgebung – z. B. ob man auf dem Land oder in der Stadt aufwächst, ob die Familie wohlhabend oder arm ist – beeinflussen die Sozialisation.

Warum brauchen Kinder Liebe und Zuwendung?

In den ersten Lebensjahren hat die Familie, besonders die Mutter als feste Bezugsperson, eine wichtige und verantwortungsvolle Aufgabe im Entwicklungsprozess des Kindes: Hier knüpft das Kind die ersten Kontakte zu anderen Menschen. Die dabei gewonnenen Erfahrungen können bedeutsam dafür sein, wie es sich in seinem späteren Leben anderen Menschen gegenüber verhält: ob es anderen Menschen aufgeschlossen, ängstlich oder misstrauisch begegnet. Im Idealfall vermittelt die Familie dem Kind das Gefühl geborgen zu sein und geliebt zu werden. Man nennt dieses Gefühl Urvertrauen. Es wirkt sich positiv auf die weitere körperliche, geistige und gefühlsmäßige Entwicklung des Kindes aus. Auch geistige Fähigkeiten und spezielle Begabungen entwickeln sich in den ersten vier Lebensjahren. Wissenschaftler haben herausgefunden, dass Intelligenz nicht nur eine Sache der Gene ist. Etwa die Hälfte der Intelligenz, die man an einem 17-Jährigen messen kann, wird in den ersten vier Lebensjahren erworben. In der Zeit vom vierten bis sechsten Lebensjahr bewirken liebevolle Zuwendung und Förderung, dass das Kind ein gesundes Selbstvertrauen entwickeln kann.

Wozu dient Erziehung?

Alle Eltern wollen, dass ihre Kinder das Leben später als Erwachsene gut meistern und glücklich und zufrieden werden. Tag für Tag erleben sie in ihrer Umgebung, welche Fähigkeiten und welche Verhaltensweisen dieses Ziel fördern.
Natürlich haben auch ihre eigene Erziehung und Kindheit ihre Vorstellung davon geprägt, was für ihr Kind am besten ist. Das alles versuchen sie ihren Kindern zu vermitteln und ihr Verhalten bewusst zu beeinflussen, z. B. durch Lob, eigenes Vorbild, aber auch durch Tadel und Strafe. Man bezeichnet dies als Erziehung.

Andere Zeiten – andere Erziehung?

Wie man seine Kinder erzieht, hat etwas mit dem zu tun, was man durch Erziehung erreichen möchte – mit den Erziehungszielen. Wichtig ist heute vielen Eltern ihre Kinder zu Selbstständigkeit, Verantwortungsbewusstsein und Rücksichtnahme zu erziehen. Bei der Generation unserer Großeltern standen Erziehungsziele wie Ordnung, Sauberkeit und Pünktlichkeit mehr im Vordergrund. In ähnlicher Weise haben sich auch die Ansichten über geeignete Erziehungsmittel verändert: Galt die Prügelstrafe vor fünfzig Jahren noch als selbstverständliches Vorrecht der Eltern, so wird sie heute zunehmend abgelehnt.

1. Drei wichtige Schlüsselbegriffe im Text sind …
   Sie bedeuten …
2. Viele Wissenschaftler bezeichnen die Sozialisation als „zweite Geburt des Menschen". Kannst du erklären, warum?
3. Auf welches Problem weist die Karikatur hin? Welche Antwort hätte sich der kleine Junge wohl von seinem Vater gewünscht?

Wie erzieht man Kinder richtig?

Zwei Fälle – viele Meinungen

Fall A: Florian will nicht nach Hause

Drei junge Leute, Markus, Nadine und Sandra, kommen zufällig auf Kindererziehung zu sprechen:

MARKUS: Vorhin habe ich unsere Nachbarin mit ihrem kleinen Florian auf dem Spielplatz beobachtet. Als die Frau nach Hause gehen wollte, machte der vierjährige Knirps ein Riesengeschrei. Die Frau war völlig hilflos. Ich hätte dem Bengel den Hintern versohlt, damit er lernt seinen Eltern zu gehorchen.

NADINE: So ein Quatsch! Der Kleine wollte doch nur weiterspielen. Ich hätte ihm gesagt: „O.K., du kannst jetzt noch ein wenig spielen, aber dann müssen wir nach Hause gehen." Es ist doch in Ordnung, wenn ein Kind lernt seinen Willen durchzusetzen.

SANDRA: Ein Kind zu schlagen halte ich für absolut steinzeitlich. Allerdings muss der Kleine lernen, dass er nicht ständig machen kann, was er will. Schließlich muss er begreifen, dass man Rücksicht nehmen muss. Ich hätte ihn irgendwie abgelenkt und gesagt: „Komm, wir schauen, ob der Bäcker noch ein schönes Brot für uns hat." Wahrscheinlich hätte er sein Geschrei schnell vergessen und wäre mitgekommen.

MARKUS: Und so verwöhnt man die Kids und erzieht sie zu Egoisten. Die Mutter hat es ja noch nicht mal geschafft, dass der Knabe seine Förmchen aufräumt. Sie selbst hat seine Spielsachen eingesammelt. Wenn ich sein Vater wäre, hätte er seine Sachen zusammengeräumt. Wie soll ein Kind sonst einen Sinn für Ordnung entwickeln?

NADINE: Ist wahrscheinlich besser für das Kind, dass du nicht sein Vater bist. Ich finde, die Eltern können einem Kind ruhig unangenehme Aufgaben abnehmen. Wenn der Kleine dann sieht, dass man ihm hilft, entwickelt er Vertrauen zu anderen Menschen.

SANDRA: Da bin ich anderer Meinung. Wie soll ein Kind Verantwortung und Selbstständigkeit entwickeln, wenn man ihm alle unangenehmen Dinge abnimmt. Ich hätte ihm ein Wettspiel vorgeschlagen: „Wer zuerst die Förmchen in den Spieleimer gesteckt hat …"

1. Welche Meinung scheint dir in Fall A und B am vernünftigsten? Begründe.
2. Die Sprecher schlagen für Florian Erziehungsmittel vor (z. B. Florian muss aufräumen), von denen sie sich bestimmte Erziehungsziele versprechen (z. B. Ordnungssinn). Listet weitere, im Text genannte Erziehungsmittel und -ziele auf. Wie bewertet ihr diese jeweils?
3. Welche Ziele sind eurer Meinung nach besonders wichtig? Ein Meinungsbild in der Klasse könnt ihr so ermitteln: Übertragt die Ziele im Kasten auf die Tafel. Jeder Schüler erhält drei (Klebe)punkte und markiert damit die ihm wichtigsten Ziele. Auf diese Weise könnt ihr eine Hitliste der Erziehungsziele erstellen. Mit welchen Mitteln können diese am besten erreicht werden? Diskutiert darüber in der Klasse.

Welche Erziehungsziele sind besonders wichtig?

Ordnungsliebe	Fleiß	Hilfsbereitschaft
Selbstständigkeit	Höflichkeit	Aufgeschlossenheit
Pünktlichkeit	Durchsetzungsvermögen	Gemeinschaftssinn
Rücksichtnahme		Mut
Sparsamkeit	Gehorsam	Bescheidenheit
Ausdauer	Kritisches Denken	Selbstvertrauen

Fall B: Darf Marie in die Disko?

„Warum musst du denn unbedingt in die Disko?" Maries Mutter ist sauer. Am Mittwoch findet im Jugendtreff der Gemeinde eine große Disko statt und ihre Tochter Marie (14 Jahre) will auf jeden Fall dorthin gehen. Dabei hat sie am Donnerstag Schule und ausgerechnet an diesem Tag wird die letzte Mathearbeit geschrieben. Seit einer Viertelstunde streiten sich die beiden schon über dieses Problem. „Hör mir doch wenigstens ein einziges Mal zu! Ich kann mich ja mittags gut vorbereiten, dann werde ich das Ding schon schaukeln", entgegnet Marie.

„Ich kenn das doch, du vertrödelst doch immer nur deine Zeit. Nein Marie, du wirst nicht dorthin gehen. Du weißt genau, auf diese Arbeit kommt es an. Du machst, was ich sage, und bleibst zu Hause."

„Immer hast du was an mir herumzunörgeln. Ich gehe doch, denn ich habe bei allen Vorbereitungen mitgeholfen. Außerdem hast du ja keine Ahnung von Mathe – das ist doch superleicht."

„Nein Marie, Schule geht vor. Du kannst in deinem Leben noch oft genug in die Disko gehen. Kein Wort mehr, sonst kannst du am Samstag auch die Fete bei Christian vergessen."

Marie bricht in Tränen aus und schreit: „Lass mich doch in Ruh. Du hast ja keine Ahnung von mir und wie wichtig diese Disko gerade für mich ist!" Wütend und enttäuscht knallt sie die Tür hinter sich zu …

Maries Meinung: „Ich lerne am Dienstag mit der Katrin für die Arbeit. Sie ist die Beste in Mathe, die kann mir noch mal alles super erklären."
Vaters Meinung: „Du bleibst nur bis 20 Uhr in der Disko, dann bist du am nächsten Morgen fit für die Arbeit."
Mutters Meinung: „Du willst doch schon lange ins Disneyland. In den Ferien fahren wir an einem Wochenende hin. Dafür verzichtest du auf die Disko."

(Nach: Bernd Werdich, in: Zeitlupe, Familie, hrsg. von der Bundeszentrale für politische Bildung, März 1999, S. 10)

3. Warum haben sich die Familienverhältnisse im Laufe der Zeit verändert?

Fragt man ältere Menschen nach ihrer Kindheit und Jugend, geraten sie gerne ins Schwärmen und erzählen von der „guten alten Zeit", als die Familien noch zusammenhielten. War das Familienleben früher wirklich schöner? Hättet ihr selbst vielleicht lieber vor 100 Jahren gelebt? Dieser Frage könnt ihr anhand der folgenden Beispiele nachgehen.

Lest zunächst die Texte. Legt eine Tabelle an, in der ihr die Unterschiede zur Familie heute auflistet. Geht dann Punkt für Punkt auf eurer Liste durch. Wie bewertet ihr die Veränderungen jeweils – positiv oder negativ?

Tipp: Ihr könnt auch arbeitsteilig vorgehen.

Unterschiede	
Familie früher	Familie heute
Arbeit	
Freizeit	
...	

Eine Familie auf dem Lande: Die Bäuerin Anna Wimschneider erinnert sich

Anna Wimschneider (1919–1993) wuchs auf einem Bauernhof in Bayern auf.

Im Landkreis Rottal-Inn steht an einem leichten Osthang ein Bauernhof mit neun Hektar Grund. Drinnen wohnen Vater und Mutter und der Großvater, das war Mutters Vater, und dazu noch acht Kinder. Wir Kinder hatten ein fröhliches Leben. Die Eltern waren fleißig, der Großvater arbeitete auch noch mit. [Die Mutter starb bei der Geburt des neunten Kindes.]

Es kam die Ernte und die meiste Arbeit war da, die Feldarbeit. Da dachte der Vater, ich muss mir selber helfen. Es blieb ihm nichts anderes übrig, als die Kinder arbeiten zu lassen. Der Älteste war der Franz, noch nicht dreizehn Jahre, dem hat die Nachbarin das Melken gelernt, der Zweitälteste war der Michl, elf Jahre, der musste den Stall misten. Eine andere Nachbarin kam, um mir das Kochen und Flicken zu lernen und wie ich mit den kleineren Kindern umgehen muss. Ich war acht Jahre. Um fünf Uhr war Aufstehen. In einer Stunde war das Futter mit dem Schubkarren eingebracht, die Kleinsten haben noch geschlafen. Franz hat die beiden Kühe gemolken ... ich hab Feuer gemacht und die Milch gekocht, in die Schüssel gegeben, ein wenig Salz dazu und dann Brot eingebrockt. Ich konnte mich erst zur Schule fertig machen, wenn der Vater von der Stallarbeit kam. Oft kam ich erst an, wenn die erste Pause war. Da lachten mich die anderen Kinder aus. Nach der Schule kam die Meieredermutter, um mir das Kochen beizubringen. In meinem Beisein sagte der Vater zu ihr, wenn sich's das Dirndl nicht merkt, haust du ihr eine runter, da merkt sie es sich am schnellsten.

Milch, Kartoffeln und Brot gehörten zu unserer Hauptnahrung. Abends, wenn ich nicht mehr richtig kochen konnte, weil wir oft von früh bis vier Uhr Nachmittag Schule hatten, da haben wir für die Schweine einen großen Topf Kartoffeln gekocht. Weil wir so viel Hunger hatten, haben wir so viele Kartoffeln gegessen, dass für die Schweine nicht genug übrig blieb. Da hat der Vater geschimpft.

An den Winterabenden heizten wir den Ofen fest ein, die Stube war warm. Über dem Tisch hing eine Petroleumlampe, das war recht gemütlich. Der Vater musste unheimliche Gespenstergeschichten erzählen, vom Krieg und von Mordsachen. Oft ging das Petroleum aus, je dunkler es in der Stube wurde, umso lebhafter wurden wir Kinder.

(Nach: Anna Wimschneider: Herbstmilch, Lebenserinnerungen einer Bäuerin, Piper Verlag, München 1993)

Eine deutsche Bauernfamilie 1904

Eine Arbeiterfamilie in der Stadt: Der Pfefferfresser, der die Banane brachte

Loki Schmidt wurde 1919 in Hamburg geboren. Sie war von Beruf Lehrerin. Verheiratet ist sie mit dem ehemaligen Bundeskanzler Helmut Schmidt. Auf diesem Bild ist sie mit ihren Spielkameraden und Geschwistern zu sehen: Loki ist die größte, links neben ihr Schwester Linde und Bruder Christoph.

In meiner Familie wurde jede Gelegenheit benutzt um irgendetwas zu feiern mit selbst gedichteten Theaterstücken und viel Krepp- und Seidenpapierdekoration.
Die Wohnung war Ende des vorigen Jahrhunderts gebaut – eine so genannte Terrassenwohnung – und so primitiv, dass das Wohnungsamt sie nicht vermieten konnte. Aber sie war billig. Die Sonne schien nur selten in die Vorderzimmer. In dem einen Vorderzimmer stand ein eiserner Ofen – der einzige in der Wohnung.
Im zweiten Vorderzimmer waren unsere drei Kinderbetten und ein großer Kleiderschrank untergebracht. Als wir Kinder zwischen fünf und acht Jahre alt waren, malte mein Vater einen üppigen Urwald an die Wand mit einem großen Pfefferfresser (das ist ein Vogel, der in den Urwäldern Südamerikas lebt) auf einem Zweig. Als wir das Zimmer zuerst besehen durften, lag auf jedem Bett eine Banane. Unsere Eltern erzählten, der Pfefferfresser habe sie dorthin gelegt. Wir waren glücklich, jeder hatte eine ganze Banane für sich.
Wir lebten sehr bescheiden, Fleisch gab es höchstens einmal in der Woche und dann klein geschnitten. Aber es gab viel gedünstetes Gemüse.
Meine Mutter ging tagsüber zum Nähen. Sie bekam fünf Mark pro Tag, gutes Essen und häufig noch ein paar Butterbrote. Vor allem brachte sie abgetragene Kleidung mit. So konnte sie uns drei Kindern immer etwas zum Anziehen nähen. Fertig gekaufte Kleidung gab es bei uns nicht. Alles wurde aus Altem genäht.
Als mein Vater arbeitslos wurde, fingen in unserer Familie viele Schwierigkeiten an. Mein Vater besohlte unsere Schuhe und machte alle Reparaturen, und wir halfen, wo es ging.
Meine Mutter ging weiter tagsüber zum Nähen. Ich versorgte den Haushalt, so gut es ging. Ich war seit 1929 auf der höheren Schule. Das Schulgeld wurde mir wegen unserer schwierigen finanziellen Verhältnisse erlassen. Ich hatte einen Schulweg von einer Stunde. Ich kochte, wenn ich aus der Schule kam, für meine Geschwister und mich.

(Nach: Loki Schmidt, in: Rudolf Pörtner (Hrsg.): Mein Elternhaus, Ein deutsches Familienalbum, ECON Verlag, Düsseldorf 1993, S. 224ff.).

Familie im Wandel

Früher lebten mehr Menschen in Großfamilien. Auf dem Lande zum Beispiel lebten häufig Großeltern, Eltern, Kinder und auch das Gesinde in einem Haushalt zusammen. Die Kinder erlernten von ihren Eltern die Berufe: Sie wurden Bauern oder Handwerker. Auch Großeltern, Kranke und Behinderte wurden in der Familie versorgt. Die Mehrzahl der Menschen lebte auch damals in Kernfamilien, bestehend aus Eltern und Kindern. Das lag sicherlich auch daran, dass die Menschen kürzer lebten, viele erlebten ihre Enkel gar nicht mehr. Man heiratete zudem relativ spät. Viele Kinder starben bereits in den ersten Lebensjahren.
Das änderte sich im 19. Jahrhundert: Dank der verbesserten medizinischen Versorgung ging die Kindersterblichkeit zurück und auch die Lebenserwartung stieg. Die Zahl der Familien, in denen mehrere Generationen unter einem Dach lebten, nahm daraufhin zu. Ab 1900 etwa sank dann die Zahl der Geburten pro Familie beständig. Heute hat eine Familie in Deutschland im Durchschnitt nur 1,7 Kinder.

1. Wie haben sich die Familien im Laufe der Zeit verändert? Welche Probleme ergeben sich daraus für die Gesellschaft?
2. Befrage ältere Personen in deiner Umgebung, wie sie den Alltag in ihrer Familie erlebten.

4. Welche Zukunft hat die Familie?

Eine Familie heute – was ist das eigentlich?

Diese Frage ist nicht einfach zu beantworten. Familie kann heute vielfältige Formen haben. Einige Beispiele findet ihr hier auf den Bildern. Wie würdet ihr die Frage in der Überschrift beantworten?

Eine Großfamilie

Eine allein erziehende Mutter

Ehepaar mit einem Kind

Ein homosexuelles Paar mit drei Kindern aus einer früheren Ehe

Eine multikulturelle Familie

Was denken Jugendliche über Ehe und Familie?

Die Zeitschrift FOCUS befragte sechs 17-jährige Schüler des Maximiliansgymnasiums in München über ihre Vorstellungen von Familie.

FOCUS: Möchtet ihr später heiraten und Kinder haben?

WALTRAUD: Kinder möchte ich auf jeden Fall. Ich glaube, dass sie Halt geben. Aber heiraten? Muss nicht sein.

CLAUDIA: Stimmt, heiraten will ich auch nicht unbedingt. Ob ich Kinder will, weiß ich noch nicht so genau. Vielleicht adoptiere ich welche.

MARTIN: Konkrete Vorstellungen habe ich nicht. Ich weiß nur, dass ich nicht jung heiraten möchte. Es braucht schließlich lange, bis man jemanden wirklich kennt. Ich will mir sicher sein, dass es nicht schief geht.

FOCUS: Wer ernährt die Familie?

WALTRAUD: Bevor ich Kinder kriege, will ich finanziell unabhängig sein. Wenn ich wenig verdiene, ist das egal.

LUKAS: Ich stelle mir vor, dass ich erst Kinder habe, wenn ich Geld verdiene, also nicht vor 30.

CLAUDIA: Wer den besseren Job hat, sollte arbeiten und der andere kümmert sich hauptsächlich um die Kinder – egal ob Mann oder Frau.

FOCUS: Was glaubt ihr, weshalb sich so viele Ehepaare scheiden lassen?

CLAUDIA: Sie geben sich zu wenig Mühe miteinander.

LUKAS: Stimmt, und es wird zu spontan geheiratet.

MARTIN: Ja, das finde ich auch. Alles geht viel zu schnell. Auch Kinder kommen zu schnell. Es ist schrecklich, wenn Eltern sich nicht verstehen.

FOCUS: Wie wichtig sind Geld und Karriere?

LEOPOLD: Ohne guten Job keine richtige Familie. Und wenn es in der Familie stimmt, funktioniert es auch im Job.

MARTIN: Das ist doch eine Idealvorstellung!

LUKAS: Wieso? Das sehe ich auch so. Ein Vater muss gut verdienen, um seiner Familie etwas bieten zu können.

CLAUDIA: Blödsinn. Wichtig ist, dass Eltern für ihre Kinder da sind. Deshalb könnte ich mir auch vorstellen, den Wunsch nach einer Familie zurückzustellen, wenn der Job Spaß macht. Aber so etwas kann man nicht planen.

FOCUS: Habt ihr einen Traum?

SABINE: Ich möchte mit 26 mein Studium beendet haben. Eigentlich hätte ich zwischendrin gern Kinder. Aber das funktioniert wohl nicht, also warte ich.

LUKAS: Als Rentner zufrieden zurückschauen – das wär's. Und meine Kinder zu anständigen Menschen erziehen.

MARTIN: Ich will wirklich große Dinge im Beruf bewegen, sozusagen ein wichtiges Zahnrad im Getriebe sein.

(Aus: Focus 46/1997, S. 61, Interview von Katrin Sachse)

Der Traum vom großen Glück – Liebe ist das Wichtigste im Leben. Das ist übereinstimmende Meinung fast aller Jugendlicher. Zwei von drei Jugendlichen möchten einmal heiraten und eine Familie gründen.

1. Mit welchen Antworten könnt ihr euch identifizieren, welche entsprechen nicht euren Vorstellungen?
2. Die Familie – ein Auslaufmodell? Überprüft diese Behauptung anhand der Antworten der Schüler.
3. Ihr könnt auf der Grundlage dieser Fragen eine Befragung bei Freunden und Bekannten vornehmen: Wo decken sich die Antworten eurer Freunde mit euren Vorstellungen, wo unterscheiden sie sich?

INFORMATION

Wie sieht die Familie von heute aus?

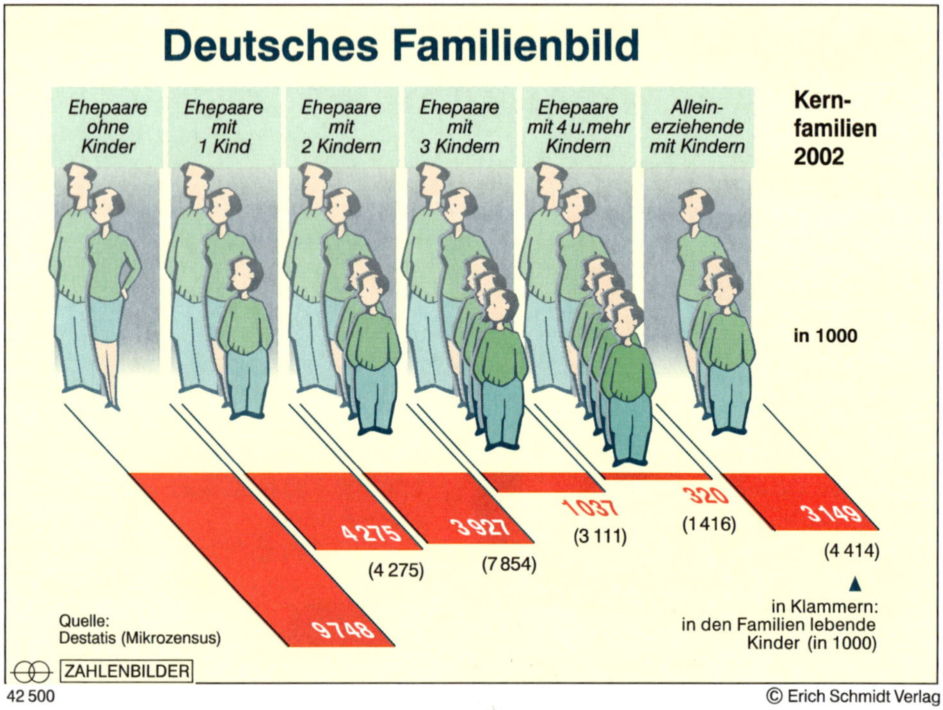

Vater, Mutter, Kinder – so stellen wir uns die „normale Familie" vor. Doch Familien sind heute so vielfältig wie unser Leben selbst: Da gibt es allein Erziehende, getrennt lebende Ehepartner, Paare mit erwachsenen Kindern, die längst einen eigenen Haushalt gegründet haben, Paare, die sich Kinder wünschen, Familien, in denen Kinder aus früheren Ehen mit gemeinsamen Kindern zusammenleben. Sie alle betrachten sich als Familie.
Wissenschaftler verstehen unter Familie eine Gemeinschaft von einem Ehepaar und einem oder mehreren Kindern. Sie bezeichnen dies als Kernfamilie, weil Eltern und Kinder sozusagen einen „Familienkern" bilden. Auch allein erziehende Mütter und Väter bilden zusammen mit ihren Kindern eine Familie.
Meistens leben Familien in einem Haushalt zusammen und bilden eine Kleinfamilie – im Gegensatz zur Großfamilie, in der mehrere Generationen unter einem Dach zusammenleben. Rechtlich gelten auch Ehepaare ohne Kinder als Familie.

Familie im Wandel

Familien haben sich in den letzten Jahren stark verändert. Am auffälligsten ist der Rückgang der Kinderzahl in Familien. Immer mehr Ehepaare entschließen sich dazu, kinderlos zu bleiben oder nur ein Kind zur Welt zu bringen. Dieser Trend ist in allen Industriestaaten zu beobachten.
Auch die Zahl allein erziehender Mütter und Väter nimmt stark zu: Sie hat sich in den vergangenen 30 Jahren mehr als verdoppelt. Eine Ursache für diese Entwicklung ist die steigende Zahl von Scheidungen. Jede dritte Ehe wird wieder geschieden. Sehr viele Geschiedene heiraten jedoch wieder und die Kinder wachsen dann in Fortsetzungsfamilien auf. So wachsen heute immerhin 85 % der Kinder in Familien mit zwei Elternteilen auf.
Umgekehrt geht die Zahl der kinderreichen Familien in den letzten dreißig Jahren ständig zurück. Kinder aufzuziehen und auszubilden ist teuer. Kinderreiche Familie sind deswegen besonders von Armut bedroht. Das ist ein wesentlicher Grund, warum sich die meisten Ehepaare nur für ein oder zwei Kinder entscheiden.
All diese Veränderungen haben dazu geführt, dass einige Wissenschaftler inzwischen die „traditionelle Familie" mit zwei Kindern als Auslaufmodell bezeichnen. Andererseits wünscht sich immer noch die überwiegende Zahl der Jugendlichen eine Familie und Kinder.

1. Drei Trends sprechen für den Wandel der Familien …
2. Zur Diskussion: Die Zahl der Einzelkinder wächst. Sind Einzelkinder gegenüber anderen Kinder benachteiligt oder eher im Vorteil?

5. Gleichberechtigung in Familie und Partnerschaft – Werden sich die traditionellen Geschlechterrollen ändern?

Ein ganz alltäglicher Streit?

„Katharina, könntest du kurz die Geschirrspülmaschine ausräumen! Ich muss noch mal einkaufen gehen, anschließend schaue ich noch schnell bei Oma vorbei – sie ist krank – und bringe ihr was zum Essen vorbei."
„Immer ich, dazu habe ich gerade wirklich keine Lust", mault Katharina, „Sebastian könnte auch mal einspringen. Der lümmelt den ganzen Nachmittag in seinem Zimmer herum."
„Nun hab dich doch nicht so! Jungen sind doch immer so ungeschickt bei solchen Arbeiten. Die Geschirrspülmaschine hast du in ein paar Minuten ausgeräumt, Sebastian hat gestern dafür den Rasen gemäht – und neulich meinen Staubsauger repariert", ermahnt Frau Sandner Katharina. „Das würde ich ja auch gerne machen. Aber ich muss immer nur ätzend langweilige Arbeiten übernehmen wie Wäsche zusammenlegen und Mülleimer raustragen." „Na, du bist ja schließlich ein Mädchen. Du musst das doch lernen. Wie willst du mal selbst später einen Haushalt führen – und dabei gleichzeitig noch berufstätig sein?" „Wenn das so wird wie bei uns, dann heirate ich nie. Papi macht ja keinen Strich im Haushalt und lässt dich alles alleine machen. Du bist doch auch halbtags berufstätig. Ich sehe doch, dass du manchmal fast nicht mehr kannst." „Na, jetzt übertreibst du aber. Am Wochenende geht Max immerhin einkaufen und er kümmert sich zusätzlich um alles Finanzielle und die Versicherungen. Schließlich hat er einen sehr anstrengenden Beruf. Wenn er nach Hause kommt, ist er total ausgepumpt. Da braucht er seine Freizeit." „Und du? Jeder braucht Freizeit." „Da dürfen wir berufstätigen Frauen nicht zu anspruchsvoll sein, es ist eben schwierig, Haushalt, Kinder und Beruf miteinander zu vereinbaren."
Als Herr Sandner am Abend nach Hause kommt, spricht ihn seine Frau sofort an: „Du, Max, wir müssen alle miteinander über die Aufgabenverteilung in unserer Familie reden. So kann das nicht mehr weitergehen."

Typisch Mann?
Nein … noch sind erst 3 % aller deutschen Männer bereit Bügelarbeiten zu übernehmen. Hausarbeit ist trotz der zunehmenden Zahl berufstätiger Mütter immer noch weitgehend Frauensache.

1. Was hättest du an Katharinas Stelle deiner Mutter geantwortet?
2. Wer übernimmt welche Aufgaben in der Familie Sandner? Findest du diese Verteilung gerecht? Begründe deine Antwort.
3. Die Sandners haben eine Liste von Aufgaben im Haushalt zusammengestellt, die künftig neu verteilt werden sollen: Pausenbrot richten, Wäsche aufhängen, einkaufen, Müll entsorgen, Staub wischen, Geschirrspülmaschine ausräumen, Rasen mähen, kleine Reparaturarbeiten im Haushalt erledigen, Auto putzen, am Sonntagmorgen Frühstück machen, den Käfig der Meerschweinchen reinigen (einmal wöchentlich). Wie sollen die Aufgaben gerecht verteilt werden? Entwerft einen Plan. Einige Arbeiten können die Familienmitglieder auch abwechselnd übernehmen. Diese Aufgabe lässt sich am besten in Gruppenarbeit bewältigen. Achtet darauf, dass in jeder Gruppe sowohl Jungen als auch Mädchen vertreten sind.

Ändert sich die traditionelle Rollenverteilung zwischen Mann und Frau?

„Ob ich ein Junge oder Mädchen bin? Mama sagt immer: Wir werden nicht als Mädchen geboren, wir werden dazu gemacht."

„Ihr müsst halb verhungert sein, ihr Ärmsten! Aber ich habe nach Dienstschluss noch Tanjas Kleid abgeholt, den Staubsauger in Reparatur gegeben. Beim Metzger war es wieder so voll [...] In zehn Minuten gibt es Abendbrot [...]"

1. Stelle einen Zusammenhang zwischen den Karikaturen und dem Text her.
2. Zur Diskussion: Sollen Eltern sich bemühen, Mädchen und Jungen völlig gleich zu erziehen?
3. Was müsste geschehen, damit Frauen Beruf und Familie besser miteinander vereinbaren können? Bitte eine berufstätige Mutter einen Wunschzettel zu dieser Fragestellung zu schreiben.

Wie sich Menschen verhalten, hängt unter anderem davon ab, welche „Rolle" ihnen von anderen zugewiesen wurde. Eine bestimmte „Rolle spielen" bedeutet, sich gemäß den Vorstellungen und Wünschen anderer zu verhalten. Die Rollenerwartungen haben sich in den letzten Jahren verändert. Früher hielten Eltern oft eine gute Schulbildung für Töchter nicht für so wichtig. Sie dachten, Mädchen sollen heiraten, Hausfrau werden und Mann und Kinder umsorgen. Jungen war dagegen die Rolle des beruflich erfolgreichen Familienernährers zugedacht. Mit dieser traditionellen Rollenverteilung in der Familie geben sich Frauen heute nicht mehr zufrieden. Sie fordern Gleichberechtigung im Beruf und in der Familie. Allerdings verändern sich die traditionellen Verhaltensmuster zwischen Frauen und Männern nur langsam. Häufig klaffen Wirklichkeit und Anspruch noch weit auseinander:

- Die Mehrzahl der Mütter (55 %) möchte heute berufstätig sein. Sie werden mit der Doppelbelastung Familie und Beruf jedoch weitgehend alleine gelassen. Es gibt weder genügend Teilzeitbeschäftigungen noch ausreichend Hortplätze oder andere Möglichkeiten der Kinderbetreuung.
- Viele Männer beschränken nach wie vor ihre Mithilfe im Haushalt auf die herkömmlichen Bereiche: Autopflege, Reparaturen und Gartenarbeit.
- Auch heute noch verdienen Frauen im Durchschnitt deutlich weniger als Männer. Dies liegt auch daran, dass Frauen ihre Berufstätigkeit – häufig sogar mehrmals – wegen der Kindererziehung unterbrechen.

INFORMATION

Der Staat und die Gleichberechtigung

Frau und Familienrecht früher: Frauenunrecht

Straßenbefragung 1998: „Ihr Mann möchte, dass Sie ganz für ihn und Ihre Familie da sind. Er kündigt Ihren Arbeitsvertrag. Was sagen Sie dazu?" Ungläubige Gegenfrage: Mein Mann meinen Arbeitsvertrag? Das geht doch gar nicht? Oder geht das? [...]
Nein, keine Frau würde heute einen solchen Eingriff in ihr Leben akzeptieren. Bis 1953 war das aber geltendes Recht. Wollte eine Frau 100 Mark von ihrem eigenen Konto nehmen, musste ihr Ehemann mitkommen, um die Abhebung zu unterschreiben. Unglaublich? Nach dem deutschen Bürgerlichen Gesetzbuch aus dem Jahre 1900 stand dem Mann die alleinige Entscheidung in allen Angelegenheiten zu, die das tägliche Leben in Ehe und Familie betrafen. Er bestimmte den Wohn- und Aufenthaltsort, verwaltete und nutzte das Vermögen – auch das seiner Frau, und wenn es schlecht ging, brachte er es durch, ohne dass sie irgendeinen rechtlichen Einfluss darauf nehmen konnte. Er ließ seine Kinder ausbilden oder auch nicht; er hatte das „Züchtigungsrecht" gegenüber seinen Nachkommen und die Mutter konnte nicht einschreiten. Praktiziertes Recht allemal bis 1958 und auch dann [...] bis weit in die siebziger Jahre hinein Grundlage des Rollenverständnisses in vielen Familien. Was nicht heißen soll, dass heute tatsächlich alles anders ist. Aber nach Recht und Gesetz ist es anders.

(Nach: Heike Mundzeck: Männer und Frauen sind gleichberechtigt, in: Frankfurter Rundschau vom 27.02.1999)

Familienrecht heute: Partnerschaft in der Ehe

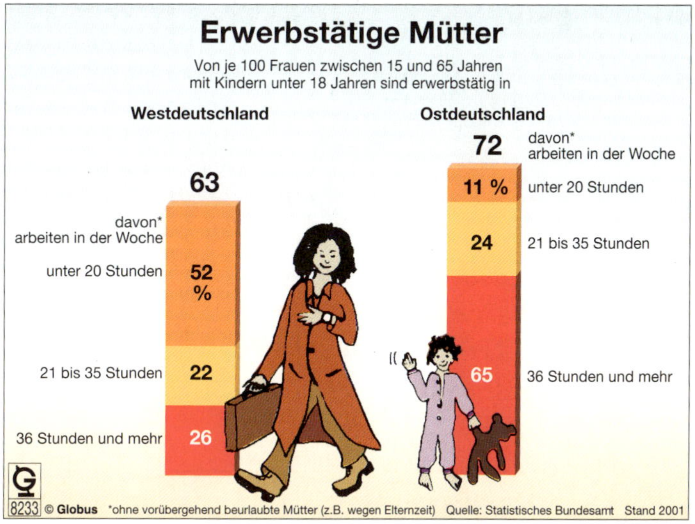

Erst seit 1977 geht das Ehe- und Familienrecht davon aus, dass beide Ehepartner alle Angelegenheiten des gemeinsamen Lebens partnerschaftlich regeln, auch die Haushaltsführung. Die Festschreibung der Ehegatten auf eine bestimmte Rolle wurde aufgehoben. In der Kindererziehung gilt das Prinzip der elterlichen Sorge. Die Ehepartner haben die Erziehung in gegenseitigem Einvernehmen zum Wohle des Kindes auszuüben. Bei Meinungsverschiedenheiten müssen sie versuchen, sich zu einigen.

Der Staat fördert die Gleichberechtigung von Mann und Frau

Seit 1994 enthält Artikel 3 unseres Grundgesetzes den Zusatz, dass der Staat die „tatsächliche Durchsetzung der Gleichberechtigung von Frauen und Männern" fördert. So können z. B. Mütter und Väter bis zu drei Jahre nach der Geburt eines Kindes die so genannte Elternzeit nehmen. Zurzeit nehmen allerdings nur ca. 1,5 % aller Männer Elternzeit in Anspruch. Jedes Kind hat seit 1997 mit drei Jahren einen Rechtsanspruch auf einen Kindergartenplatz.
Zahlreiche Schulen stellen den Unterricht auf Ganztagsbetreuung um.
In vielen Bundesländern gibt es auch eine Frauenquote. Das bedeutet, dass ein bestimmter Prozentsatz der offenen Stellen im öffentlichen Dienst für Frauen reserviert sind.
Auch in der Wirtschaft bemühen sich viele Unternehmen, für Frauen günstigere Bedingungen zu schaffen, etwa indem sie betriebseigene Horte einrichten, flexible Arbeitszeiten einführen oder Arbeitsplätze einrichten, bei denen die Frauen zu Hause arbeiten können.

1. 1911 veranstalten Frauen den ersten internationalen Frauentag in Berlin, auf dem sie gleiche Rechte für Frauen forderten. Seither ist viel geschehen. Erläutere, was sich seither für die Frauen verändert hat?
2. Sind die Frauen heute am Ziel ihrer Wünsche? Was meinst du? Befrage auch Frauen in deiner Verwandtschaft und Bekanntschaft nach ihrer Meinung.

Unsere Prognose zur Entwicklung der Gleichberechtigung

Zu einzelnen Bereichen des Zusammenlebens zwischen Frauen und Männern findet ihr auf dieser Seite Zahlen und Angaben über Entwicklungen, die sich vollzogen haben. Eine solche Entwicklung nennt man einen Trend. Trends können sich fortsetzen, gestoppt werden und sich umkehren. Niemand weiß es genau. Ihr sollt aus den Zahlen und den Trends eure persönliche Prognose entwickeln. Das ist die Vorhersage über eine zukünftige Entwicklung, wie man sie für wahrscheinlich hält.

Setzt euch also in Gruppen zusammen und beratet gemeinsam:

1. Worum geht es?
2. Gibt es einen Trend?
3. Wie sieht unsere Prognose aus?

Stellt dann eure Prognose in der Klasse zur Diskussion.

Untersuchungsergebnisse: Hier stammen die Ergebnisse aus drei vergleichenden Repräsentativerhebungen des Mannheimer Ipos-Instituts über Gleichberechtigung zwischen Mann und Frau, veröffentlicht in: Bundeszentrale für politische Bildung: Informationen, Frauen in Deutschland, Nr. 254, 1. Quartal 1997, S. 39ff.	A Thema	B Trend	C Prognose ☺ ☹
1. Junge Leute antworten zu 90%, dass sie die Erziehung der Kinder als gemeinsame Aufgabe von Frau und Mann ansehen. Je älter die befragten Frauen und Männer sind, desto höher ist der Anteil derer, die sagen, Kindererziehung sei hauptsächlich Aufgabe der Mütter.			
2. Der Anteil der Frauen, die wünschen, dass Ehefrauen wirtschaftlich selbstständig und finanziell unabhängig vom Ehemann sind, steigt. (47% West, 54% Ost). Demgegenüber steigt der Anteil der Männer, die so denken, seit 1992 nur langsam an (24% West, 35% Ost).			
3. Heute fühlen sich 32% der berufstätigen Frauen durch die Hausarbeit stark belastet, aber nur 8% der Männer. Der Grund: Die berufstätige Ehefrau erledigt immer noch bis zu 80% der Hausarbeit. Frauen geben an, dass die Belastungen durch Job und Haushalt steigen.			
4. Für Putzarbeiten, Wäsche waschen und Bügeln fühlen sich die Männer nach wie vor nicht zuständig. Nur eine Minderheit ist bereit, solche Tätigkeiten übernehmen.			
5. Väter, die in der Familie zu partnerschaftlichem Verhalten bereit sind und Aufgaben wie Putzen, Kochen, Wäschewaschen und Bügeln übernehmen (etwa 20%), werden nach wie vor von der Mehrheit der übrigen Männer verspottet.			
6. In der Kindererziehung galten bis 1954 „Gehorsam und Unterordnung" als oberste Werte, bis 1978 standen „Ordnungsliebe und Fleiß" auf Platz Eins. Seit den Neunzigerjahren stehen „Selbstständigkeit und freier Wille" oben auf der Rangliste (Quelle: Emnid)			
7. In den europäischen Ländern, in denen homosexuelle Paare heiraten dürfen, steigt die Zahl der gleichgeschlechtlich zusammenlebenden Paare an.			

6. Wenn Kinder Hilfe brauchen …

Petra braucht Hilfe

Wütend knallt Petra ihre Schultasche auf den Küchentisch. Schon wieder eine Fünf in Mathe! In letzter Zeit haben ihre Leistungen in der Schule sehr nachgelassen. Kein Wunder, denn sie schwänzte häufig den Unterricht.
Ihr Magen meldet sich. Im Kühlschrank findet sie nur ein paar vergammelte Wurstreste, Bierdosen und Katzenfutter vor. Also läuft sie schnell zum Kiosk an der Ecke und kauft sich eine große Portion Pommes mit Majo und eine Cola. Dass sie noch ein paar Schokoriegel mitgehen lässt, bemerkt der Kioskbesitzer zum Glück nicht.
Im Nebenzimmer schnarcht Mami leise. Vollständig angezogen liegt sie auf dem Bett, wahrscheinlich ist sie wieder betrunken. Seit Papa vor einem Jahr zu seiner Freundin gezogen ist, passiert das immer häufiger.
So gerne hätte sie eine Freundin. Trotzdem hat sich Petra in letzter Zeit immer mehr von den anderen Kindern zurückgezogen. Niemand in ihrer Klasse weiß von ihren Sorgen.

Sie schämt sich so wegen dieser unordentlichen Wohnung, wegen ihrer betrunkenen Mutter, wegen ihrem verwahrlosten Äußeren.
Längst wären neue Hosen, neue Schuhe und auch ein Besuch beim Friseur fällig; aber Mami scheint das gar nicht zu bemerken.
Petra ist im letzten Jahr nicht nur in die Länge gewachsen.
Richtig dick ist sie geworden. Sie kann einfach nicht aufhören zu essen; Unmengen von Süßigkeiten und Chips schlingt sie gierig hinunter. So frisst sie ihren Kummer förmlich in sich hinein.
„Mein liebes Kind, ich möchte dir so gerne eine gute Mutter sein. Ich sehe ja, wie sehr du unter dieser unseligen Situation leidest. Von heute an werde ich mit dem Trinken aufhören", hat Mami ihr schon mehrmals versprochen. Aber geändert hat sich bisher nichts, wahrscheinlich fehlt Mami einfach die Kraft dazu.
Immer wieder hat sie sich um eine Arbeitsstelle bemüht, aber die Leute merkten meist schnell, was mit ihr los war. Dabei könnten sie so dringend Geld gebrauchen. Papi unterstützt sie nur sehr unregelmäßig.
„Du gibst es ja doch wieder für deinen Alkohol aus", meint er meist, wenn Mami ihn verzweifelt um Geld bittet.
„Petra, ich finde, es ist höchste Zeit dass wir beide uns mal in Ruhe unterhalten", nimmt die Klassenlehrerin Petra nach der Stunde zur Seite. „Hast du heute nach dem Unterricht noch etwas Zeit?"
Ja, sicher, stimmt Petra zu.
(Nach einem wirklichen Fall erzählt.)

Suche dir einen Partner oder eine Partnerin in der Klasse. Schreibt auf, wie das Gespräch zwischen Petra und ihrer Klassenlehrerin verlaufen sein könnte. Ihr könnt das Gespräch auch im Rollenspiel nachspielen.

Wir überlegen Hilfsmaßnahmen

1. Ordnet die Texte den Überschriften auf der Tafel zu.
2. Was soll mit Petra geschehen? Soll der Staat eingreifen? Trefft eine Entscheidung und begründet sie.

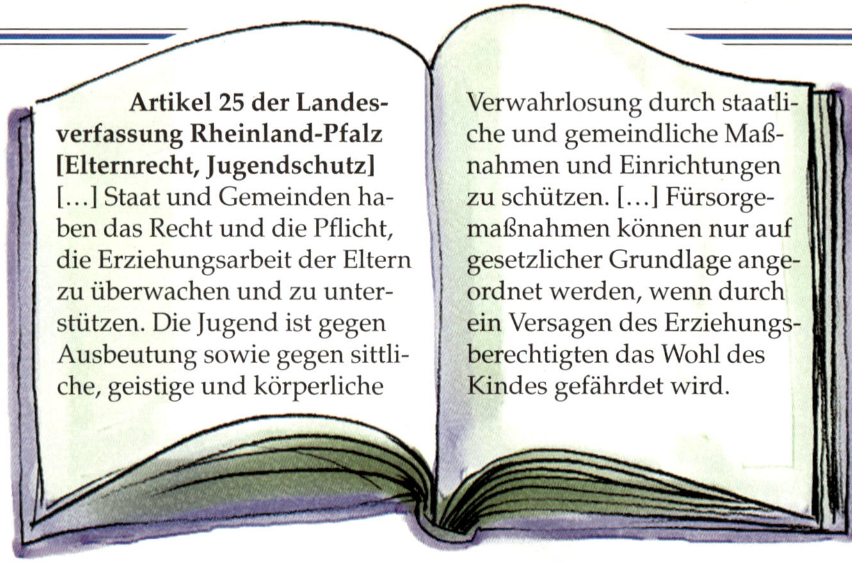

Artikel 25 der Landesverfassung Rheinland-Pfalz [Elternrecht, Jugendschutz]
[…] Staat und Gemeinden haben das Recht und die Pflicht, die Erziehungsarbeit der Eltern zu überwachen und zu unterstützen. Die Jugend ist gegen Ausbeutung sowie gegen sittliche, geistige und körperliche Verwahrlosung durch staatliche und gemeindliche Maßnahmen und Einrichtungen zu schützen. […] Fürsorgemaßnahmen können nur auf gesetzlicher Grundlage angeordnet werden, wenn durch ein Versagen des Erziehungsberechtigten das Wohl des Kindes gefährdet wird.

So kann Eltern und Kindern mit Problemen geholfen werden:

1 Säuglinge und jüngere Kinder aus „Problemfamilien" können auch in Pflegefamilien untergebracht werden.

2 Diese Telefonnummer können Kinder und Jugendliche wählen, wenn sie Probleme in der Familie oder Schule haben. Sie finden dort – ohne ihren Namen nennen zu müssen – Beratung und Hilfe.

3 Immer häufiger fühlen sich Eltern bei der Erziehung ihrer Kinder überfordert. Wie sollen sie reagieren,
- wenn ihr Kind sich ihnen gegenüber immer wieder sehr aggressiv verhält;
- wenn ein Kind nach der Scheidung der Eltern immer verschlossener wird, sich in sein Schneckenhaus zurückzieht?

Auch Kinder haben Probleme: Sie fühlen sich in der Schule nicht wohl, sie kommen mit den Klassenkameraden nicht zurecht. In solchen Fällen können sich Eltern und Kinder an eine Beratungsstelle wenden. Dort versuchen Sozialarbeiter, Pädagogen und Psychologen im Gespräch eine Lösung für ihre Probleme zu finden.

4 Sind Eltern auch mit Unterstützung von Fachleuten nicht in der Lage ihre Kinder zu versorgen und verantwortungsbewusst zu erziehen, kommt eine vorübergehende Unterbringung in einem Heim in Frage. Heute leben nur noch halb so viele Kinder in Heimen wie 1970.

5 Hier können sich Fachleute den Tag über intensiv um Kinder mit Problemen kümmern, ohne dass diese aus ihrer gewohnten häuslichen Umgebung herausgerissen werden.

6 Sind in einer Familie die Probleme besonders kompliziert, besucht ein Sozialarbeiter diese Familie über einen längeren Zeitraum. Er hilft ihr bei der Bewältigung von Alltagsschwierigkeiten, besonders in kritischen Situationen.

Wie leben Kinder und Jugendliche in Heimen?

Sandra und Fabian sind Schüler einer Realschule in Koblenz. Da sie sich dafür interessierten, wie und warum Kinder in Heimen leben, beschlossen sie, das Kinderheim in Koblenz zu besuchen und dem Heimleiter Pater Cornelius einige Fragen zu stellen.

Fußballspiel in einem Kinderheim

SANDRA: Können Sie uns ein wenig über Ihr Heim erzählen?

P. CORNELIUS: Ja, gerne. In unserem Kinderheim wohnen zurzeit 50 Kinder. Das kleinste Kind ist ein Säugling und die ältesten Heimbewohner sind schon in der Ausbildung. Die Kinder leben in Gruppen von maximal 15 Mitgliedern zusammen, die allen Altersgruppen angehören. Die Kinder und die Jugendlichen leben hier ähnlich wie in einer Familie. Jede Gruppe hat eigene Räume, eine Küche, ein Wohnzimmer und die Zimmer für die Kinder. Man isst zusammen, macht zusammen Hausaufgaben, und die meisten Gruppen machen auch gemeinsam Urlaub. Wir versuchen es so einzurichten, dass es in jeder Gruppe eine feste Bezugsperson gibt, die immer für die Kinder da ist und auch hier wohnt.

SANDRA: Aus welchen Gründen leben die Kinder in Ihrem Heim?

P. CORNELIUS: Meist sind die Kinder vernachlässigt. Die Eltern kümmern sich nicht um ihre Kinder. Die Vernachlässigung kann körperlicher und seelischer Natur sein. Die körperliche Vernachlässigung äußert sich darin, dass die Kinder z. B. nicht genug zu essen bekommen. Diese Situation kann eintreten, wenn eine Familie in materielle Not gerät. Die körperliche Vernachlässigung können wir relativ leicht abbauen, indem wir für das körperliche Wohlergehen des Kindes sorgen. Viel schlimmer ist es, wenn ein Kind seelisch vernachlässigt wurde. Ein solches Kind hat enorme Verhaltensstörungen. Es kann kaum kommunizieren. Wenn man ihm z. B. einen Ball zuwirft, um mit ihm zu spielen, behält es den Ball für sich und wirft ihn nicht zurück. Manche dieser Kinder zeigen eine extreme Anhänglichkeit, andere sind sehr scheu und wollen keine Liebkosungen.

FABIAN: Wie können Sie diesen Kindern helfen?

P. CORNELIUS: Das ist sehr schwierig. Das Urvertrauen, das in der frühkindlichen Phase aufgebaut werden muss, kann man später nicht nachholen. Hat ein Kind ein stabiles Urvertrauen aufgebaut, kann es auch Lebenskrisen relativ gut verkraften. Fehlt diese Basis, hat das Kind kaum eine Chance, aus der Misere herauszukommen.

SANDRA: Wie kommen die Kinder zu Ihnen?

P. CORNELIUS: Das geschieht über das Jugendamt. Wenn es erfährt, dass in einer Familie etwas nicht in Ordnung ist, prüft es den Fall und es kann den Eltern das Sorgerecht für die Kinder entziehen, wenn es dies für nötig hält. In den meisten Fällen erfährt man erst von der Vernachlässigung, wenn das Kind in den Kindergarten oder in die Schule kommt. Manchmal wendet sich auch ein Arzt an das Jugendamt, wenn er merkt, dass ein Kind misshandelt wurde.

FABIAN: Wie lange bleiben die Kinder bei Ihnen?

P. CORNELIUS: Das ist unterschiedlich. Wir versuchen die Kinder möglichst schnell an eine Familie zu vermitteln. Manche bleiben so lange, bis die Probleme in ihrer Familie gelöst sind und sie zurückkehren können. Die Eltern können ihre Kinder während dieser Zeit besuchen und manchmal über das Wochenende mit nach Hause nehmen.

SANDRA: Glauben Sie, dass ein Heim eine Familie ersetzen kann?

P. CORNELIUS: Das ist eine sehr schwierige Frage. Natürlich ist die Geborgenheit in einer Familie durch nichts zu ersetzen. Aber wenn eine Familie in Not gerät und dies nicht mehr leisten kann, sind wir gefragt.

1. Wie versucht das Heim den Kindern Geborgenheit zu vermitteln? Warum ist eine „feste Bezugsperson“ für die Kinder wichtig?
2. Erklärt, warum seelische Vernachlässigung so schwer zu beheben ist.
3. Überlegt, in welcher Form Petra vernachlässigt wurde.

7. Soll der Staat Familien mit Kindern stärker fördern?

Wenn das erste Kind kommt ...

Ann-Kathrin Sauer erwartet ein Baby. „Jetzt werden wir eine richtige Familie", freut sich ihr Mann Patrick. Doch beide machen sich auch Gedanken, wie es finanziell nach der Geburt des Kindes für sie aussehen wird. Ann-Kathrin arbeitet als Kauffrau für Bürokommunikation in einem Software-Unternehmen. Patrick ist in einer Elektro-Großhandlung im Verkauf tätig. Dort verdient er 1.580 Euro netto im Monat. Sie bewohnen eine Zwei-Zimmer-Wohnung und bezahlen dafür 520 Euro im Monat einschließlich aller Nebenkosten.

ANN-KATHRIN: Wenn das Baby da ist, dann möchte ich zwei Jahre lang erst mal nicht arbeiten gehen und mich ganz um das Kind kümmern. Wir bekommen ja vom Staat zwei Jahre lang Erziehungsgeld in Höhe von 300 Euro. Ach ja ... und Kindergeld in Höhe von 154 Euro bekommen wir ja auch noch.

PATRICK: Dafür fällt dein Verdienst aus. Das sind immerhin 1.150 Euro im Monat. Da werden wir uns einschränken müssen.

ANN-KATHRIN: Dabei hatte ich so gehofft, in eine größere Wohnung ziehen zu können. Wir haben doch nur die zwei Zimmer. Wo soll denn das Baby schlafen?

PATRICK: Am Anfang könnte es doch bei uns schlafen. Du hast aber Recht, es hilft alles nichts: Wir brauchen eine Drei-Zimmer-Wohnung.

ANN-KATHRIN: Das wird teuer ... Eine so große Wohnung bekommen wir nicht unter 750 Euro mit allen Nebenkosten. Aber meine Kollegin erzählte mir, dass wir dann vielleicht Wohngeld beantragen können. Dazu müssten wir im Wohnungsamt einen Antrag ausfüllen. Wenn unser Einkommen unter einer bestimmten Grenze liegt, erhalten wir einen Zuschuss zu unserer Miete. Trotzdem werden wir im Monat weniger Geld für uns beide zur Verfügung haben als jetzt. Wenn ich nur an die vielen Anschaffungen für ein Baby denke, z. B. Kinderwagen, Kleidung und vieles mehr ... Ich habe neulich gelesen, dass ein Kind etwa 400 Euro im Monat kostet – eine ganz schöne Summe.

1. Berechne das monatliche Einkommen von Ann-Kathrin vor und nach der Geburt des Babys.
2. Wie empfindest du die finanziellen Einschränkungen, die Ann-Kathrin, Patrick und Alexandra nach der Geburt eines Babys hinnehmen müssen: eigentlich normal – eigentlich unzumutbar? Sprecht darüber.
3. Welche staatliche Hilfen stehen Ann-Kathrin, Patrick und Alexandra zur Verfügung?
4. Wie stünden die Eltern da, wenn es keine staatlichen Hilfen gäbe?

Wenn man allein erziehend ist ...

Alexandra M., 29 Jahre alt, Journalistin, ist geschieden und allein Erziehende.
Als vor einem Jahr ihr Sohn Martin zur Welt kam, nahm sie Erziehungsurlaub, denn einen Hortplatz mit Ganztagsbetreuung bekam sie nicht, andererseits auch keine Teilzeitbeschäftigung in ihrem Beruf. Ihr Arbeitsplatz ist ihr allerdings für die Zeit des Erziehungsurlaubs (3 Jahre) sicher. Das garantiert der gesetzliche Kündigungsschutz. Ihr geschiedener Mann studiert noch und kann daher keinen Unterhalt zahlen. Das übernimmt als Unterhaltsvorschuss der Staat. Dieser Betrag wird dabei ebenso wie das Kindergeld und das Wohngeld, das sie erhält, verrechnet. Das Erziehungsgeld läuft nach zwei Jahren aus, also im nächsten Jahr. Danach stehen ihr rund 550 Euro im Monat zur Verfügung. Die Miete von 380 Euro übernimmt ebenfalls das Sozialamt. Außerdem zahlt es einmalige Beihilfen, z. B. für Heizkosten und Kleidung. Vor ihrem Erziehungsurlaub verdiente Kathrin 1587 Euro pro Monat.

Alexandras derzeitiges Einkommen beträgt etwa

Sozialhilfe als allein Erziehende	ca. 385 €
Sozialhilfe für das Kind	ca. 150 €
Erziehungsgeld (2 Jahre)	ca. 300 €
Gesamt	ca. 835 €

Dazu trägt das Sozialamt die Miete von 380 €.

Staatliche Familienförderung

Grundgesetz Artikel 6

„Ehe und Familie stehen unter dem besonderen Schutz der staatlichen Ordnung."

Kinder in der heutigen Gesellschaft großzuziehen ist keine einfache Aufgabe. Einerseits bereichern sie natürlich das Leben, auf der anderen Seite sind Eltern in besonderem Maße finanziellen, körperlichen und seelischen Belastungen ausgesetzt. Sie benötigen ein ausreichendes Einkommen für Ernährung und Kleidung, bezahlbare Wohnungen, Kindergärten und Schulen sowie besondere medizinische und soziale Einrichtungen. Deshalb unterstützt der Staat die Familien in besonderer Weise. Familienpolitik hat die Aufgabe, für die Gründung von Familien günstige Bedingungen zu schaffen und bereits existierende Familien bei der Bewältigung ihrer Aufgaben zu unterstützen. Ohne Familien mit Kindern hätte unsere Gesellschaft keine Zukunft. Familienpolitische Maßnahmen sollen deswegen auch den Rückgang der Geburtenzahlen stoppen.

Der Staat fördert Familien, indem er sie entweder direkt mit Geldbeiträgen unterstützt oder ihnen Steuererleichterungen gewährt:

- Alle Familien mit Kindern erhalten Kindergeld. Es beträgt für das erste, zweite und dritte Kind monatlich 154 Euro, für das vierte und alle weiteren Kinder 179 Euro. Seit 1996 können Familien wählen, ob sie das staatliche Kindergeld in Anspruch nehmen wollen oder ob sie die staatliche garantierte Steuervergünstigung, die für jedes Kind gewährt wird, bevorzugen. Eine Familie mit geringem bis durchschnittlichen Einkommen, die sowieso relativ wenig Lohnsteuer bezahlen muss, wird das Kindergeld in Anspruch nehmen. Für gut bis sehr gut verdienende Familien ist in der Regel der Steuerfreibetrag günstiger.
- Erziehungsgeld nach der Geburt eines Kindes (seit 2003 wahlweise zwei Jahre lang 300 Euro monatlich oder ein Jahr lang 450 Euro monatlich). Dieses kann entweder von der Mutter oder vom Vater in Anspruch genommen werden.
- Elternzeit bis zu drei Jahre insgesamt. Sie kann sowohl von Müttern als auch von Vätern in Anspruch genommen werden. Während dieser Zeit besteht Kündigungsschutz.
- Anerkennung von Erziehungsjahren in der Rentenversicherung.

Trotzdem zeigt sich immer mehr, dass Familien mit Kindern gegenüber kinderlosen Doppelverdienern benachteiligt sind. Zu diesem Ergebnis kam auch das Bundesverfassungsgericht, das in einem Urteil von 1998 den Staat verpflichtete, die Familien mehr zu entlasten.

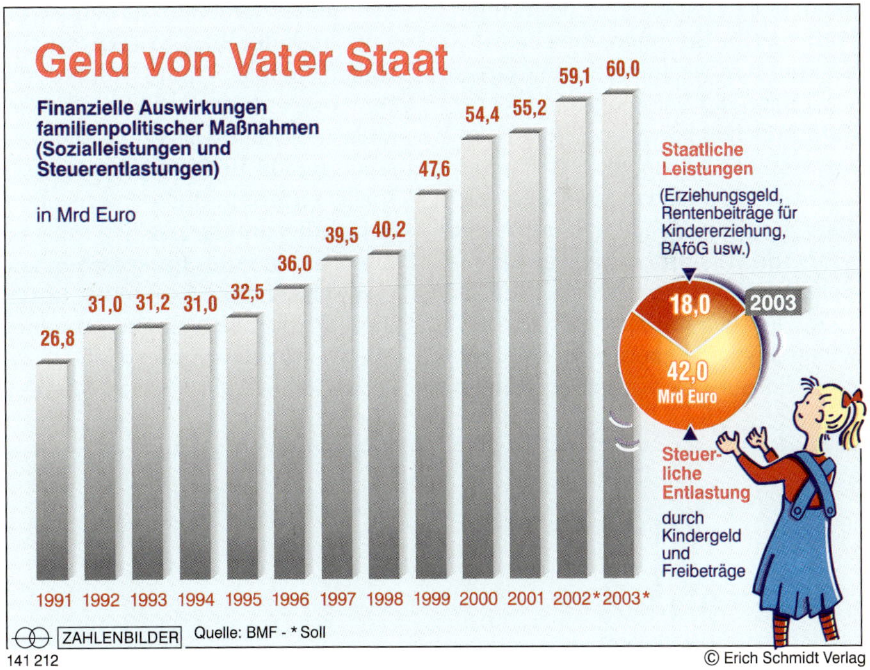

1. Zwei wichtige Aufgaben von Familienpoiltik sind …
2. „Kinder sind doch wirklich Privatsache. Wer Kinder hat, muss eben finanzielle Einschränkungen in Kauf nehmen. Es ist doch nicht Aufgabe des Staates, diese Belastungen zu mindern." Formuliere eine Gegenmeinung dazu.

Familienpolitik in der Diskussion

Sollen gut verdienende Singles und Ehepaare ohne Kinder mehr Steuern zahlen, damit bedürftige kinderreiche Familien und allein Erziehende besser unterstützt werden können?

Über diese Frage könnt ihr in der Klasse diskutieren, nachdem ihr euch die Argumente durchgelesen habt. Schaut euch auch die Entwicklung der staatlichen Einkommenshilfen für Familien an. Die Diskussionsrunde kann mit einer Abstimmung über die Problemfrage beginnen.

Wie ist die Situation für Eltern mit Kindern?
Kinder kosten Geld, sehr viel Geld sogar: Über 400 Euro im Monat pro Kind, haben Experten ausgerechnet. Wenn solche Summen von einem Einkommen bezahlt werden müssen, wird das Geld knapp, besonders bei kinderreichen Familien. Sie müssen im Vergleich zu kinderlosen Paaren auf vieles verzichten. Sie drohen zu einer gesellschaftlichen Randgruppe zu werden. Familienexperten kritisieren auch, dass besonders die Frauen in Familien mit Kindern im Alter weniger Rente bekommen, da sie weniger Berufsjahre vorweisen können als Frauen, die ihre Berufstätigkeit nicht wegen Kindern unterbrochen haben. Deshalb fordern sie, der Staat müsse Familien mit Kindern finanziell stärker unterstützen. Andererseits stößt der Staat an seine finanziellen Grenzen: Ca. 10 Milliarden Euro würde es kosten, die Familien so zu entlasten, wie es das Bundesverfassungsgericht 1998 gefordert hatte. Viele Leute sind nun der Ansicht, der Staat möge kinderlose Erwachsene, die über ein gutes Einkommen verfügen, stärker zur Kasse bitten um mit diesem zusätzlich eingenommenen Geld bedürftige kinderreiche Familien stärker unterstützen zu können.

Sollen gut verdienende Singles und Ehepaare mehr zahlen?

Ja,

sagen Familie Neumann, drei Kinder, und Susanne Baumann, allein erziehende Mutter eines Kindes:
„Wir fordern mehr Geld vom Staat. Schließlich ziehen wir die Kinder groß, ohne die ein Staat keine Zukunft hätte. Wir haben viele höhere Ausgaben. Der Staat soll uns nicht die Kinder bezahlen, aber er muss verhindern, dass wir gegenüber den vielen, die sich den Luxus der Kinderlosigkeit leisten, benachteiligt werden. Das müsste von den gut verdienenden kinderlosen Erwachsenen durch höhere Abgaben finanziert werden. Ist doch gerecht, oder?"

Nein,

sagen das kinderlose Ehepaar Huber und der Single Uwe Becker:
„Eltern wissen, dass Kinder eine finanzielle Einschränkung bedeuten, sie nehmen das aber gerne in Kauf, weil sie viel Schönes gewinnen. Viele kinderlose Ehepaare wollen Kinder, können aber keine bekommen. Sollen sie dafür auch noch vom Staat zur Kasse gebeten werden? Niemand, der sich für Kinderlosigkeit entscheidet, darf dafür bestraft werden. Auch wir sorgen mit unseren hohen Steuern, die wir dem Staat zahlen müssen, für soziale Gerechtigkeit. Schließlich finanzieren wir schon jetzt einen Teil der Sozialausgaben, die den Bedürftigen zukommen."

Wähle dein Thema

und stelle anschaulich dar,

Ein Thema aus 6

- welche Gemeinsamkeiten und Unterschiede es bei Familien in aller Welt gibt.
- welche Bedeutung die Familie in den ersten Lebensjahren eines Kindes hat.
- wie sich Familien in den letzten Jahrzehnten verändert haben.
- warum sich die traditionelle Rollenverteilung zwischen Mann und Frau wandelt.
- welche staatlichen Hilfen es für Familien mit Problemen gibt.
- warum und wie der Staat Familien mit Kindern unterstützt.

Quiz

1. Staatliche Maßnahmen, die die Familien bei der Bewältigung der vielfältigen Aufgaben unterstützen sollen
2. Während dieser Zeit können sich Mütter und Väter ganz ihren Kindern widmen. Sie genießen Kündigungsschutz.
3. Eine Verhaltensweise, die sich nach den Vorstellungen anderer Menschen richtet
4. Erziehungsmittel, das nach Meinung vieler Experten künftig verboten werden soll
5. Unvollständige Familienform, deren Zahl sich in den letzten 25 Jahren mehr als verdoppelt hat
6. Staatliche oder kirchliche Einrichtung, die Eltern und Kinder bei Problemen in der Familie berät
7. Prozess, bei dem Kinder allmählich in die Gesellschaft „hineinwachsen“
8. Früher verbreitete, heute eher seltene Form der Familie
9. Beeinflussung des Verhaltens von Kindern und Jugendlichen durch Lob, Tadel oder Strafe
10. Erziehungsziel, das heute den Eltern wichtiger ist als früheren Generationen
11. Es bildet sich in den ersten Lebensmonaten aus und beeinflusst die körperliche, geistige und seelische Entwicklung des Kindes positiv.
12. Eine Familie, bei der Kinder aus Problemfamilien vorübergehend leben
13. Gemeinschaft von einem Ehepaar und seinen Kindern
14. Erwartung, sich gemäß den Vorstellungen, die mit der Rolle verknüpft sind, zu verhalten
15. Seit 1994 ist der Staat verpflichtet die tatsächliche Durchsetzung dieses Rechts zu fördern.

A Sozialisation	**B** Gleichberechtigung	**C** Prügelstrafe
D Rolle		**E** Erziehungsberatung
F Großfamilie		**G** Urvertrauen
H Kernfamilie		**I** Selbstständigkeit
J Pflegefamilie	**K** Allein Erziehende	**L** Familienförderung
M Erziehung	**N** Rollenerwartung	**O** Elternzeit

3 Politik in der Gemeinde und im Bundesland

Teil A: Politische Beteiligung in der Gemeinde

Mit dem Begriff Gemeinde kann ein Dorf oder eine Stadt gemeint sein. Die meisten Menschen interessieren sich für das, was in ihrer Gemeinde geschieht. Viele machen auch mit – in einem Verein, in einer Bürgerinitiative oder auch als Mitglied des Gemeinde- oder Stadtrates. So ist die Gemeinde auch ein Ort, in dem Politik stattfindet, denn es gibt wichtige Aufgaben von öffentlichem Interesse zu lösen, auch Probleme und Konflikte.

- Was bedeutet die Gemeinde, in der ihr lebt, für euch. Sammelt, was euch daran gefällt und nicht gefällt, was euch interessiert und was ihr gerne noch erfahren möchtet.

1. Viele Wünsche – leere Kassen

Wir besuchen Familie Schwendler, die an einem Sonntag beim gemeinsamen Mittagstisch sitzt. Die Schwendlers, das sind die Eltern Simone und Norbert und die beiden Kinder Philipp (14) und Tanja (8). Sie wohnen in der Gemeinde Schönstadt und sie unterhalten sich oft darüber, was in ihrer Stadt los ist und welche Probleme es gibt. Diesmal ist es Philipp, der eine lebhafte Diskussion auslöst.

PHILIPP: Habt ihr gehört, die Stadt hat kein Geld mehr. Das Hallenbad soll geschlossen werden und vielleicht auch das städtische Kunstmuseum.

VATER: Na ja, Gerüchte gibt es viele, aber es wird wohl nichts so heiß gegessen, wie es gekocht wird. Aber gespart werden muss wohl ganz enorm.

TANJA: Das wäre ja total blöd, wenn wir nicht mehr schwimmen gehen könnten. Wieso kann man denn dafür kein Geld haben, wir bezahlen doch immer Eintrittsgeld?

MUTTER: Und nicht zu knapp für vier Personen. Wenigstens haben wir jetzt mehr Kindergartenplätze. Meine Freundin Susanne ist als allein Erziehende heilfroh, dass ihr kleiner Markus einen Platz gekriegt hat.

VATER: Die Erweiterung der Kindergärten hat die Stadt einiges gekostet. Die haben ja wohl auch neues Personal einstellen müssen, damit jedem Kind ein Kindergartenplatz garantiert werden kann.

PHILIPP: Moment mal, ich rede vom Schwimmbad und ihr erzählt mir was vom Kindergarten. Was hat denn das eine mit dem anderen zu tun?

MUTTER: Na ja, das sind eben alles Kosten, die in einer Stadt entstehen. Gibt man sein Geld für die eine Sache aus, ist für die andere nichts mehr übrig.

VATER: Es ist wie bei uns zu Hause. Die Ausgaben dürfen auf Dauer nicht höher sein als die Einnahmen. Ich bin mal gespannt, jetzt wird ja bald der Haushalt in Schönstadt verabschiedet.

TANJA: Fährt der Haushalt weg? Und was ist das eigentlich, ein Haushalt?

MUTTER: (lacht) In einem Haushalt schreibt man auf, welche Einnahmen man in einem Jahr hat und welche Ausgaben dem gegenüberstehen. Und verabschieden heißt hier, dass der Gemeinderat über den Haushalt abstimmt.

TANJA: Dann sollen die mal aufschreiben, dass die Teerdecke vom Radweg in unsere Schulturnhalle an vielen Stellen kaputt ist und repariert werden muss. Muss das auch die Stadt bezahlen?

PHILIPP: Keine Ahnung, aber mit deinem Radweg ist es wahrscheinlich so wie mit dem Jugendheim, das unser Oberbürgermeister mit tollen Worten versprochen hat – nichts tut sich. Haben die Stadträte keine Lust oder haben die kein Geld?

VATER: Die Kasse ist wohl ziemlich leer und trotzdem haben die Einwohner sehr viele Wünsche: Vergrößerung der Fußgängerzone in der Innenstadt, einen neuen Vorhang für das Stadttheater, bessere Busverbindungen, eine neue Musikschule und wer weiß, was noch. Da geht eben nicht alles.

MUTTER: Dem Stadtrat geht es wie mir. Es ist gar nicht so leicht, es allen recht zu machen, wenn das Haushaltsgeld knapp ist.

TANJA: Ein Mensch wie du kann vielleicht kein Geld haben, aber doch nicht eine Stadt, oder?

PHILIPP: Doch Tanja, scheint wohl so zu sein, dass Städte auch Schulden haben können. Ich hoffe jetzt nur, dass die Schönstädter nicht ausgerechnet an den Kosten für unser Stadtbad sparen. Ich jedenfalls wüsste, wo man besser sparen könnte.

TANJA: Wo kann eine Stadt denn sparen?

1. Wie in vielen anderen Gesprächen werden am Esstisch der Schwendlers Fragen gestellt, die gar nicht oder nur unvollständig beantwortet werden. Notiert diese Fragen und überlegt, ob euch in der Klasse schon einige Antworten darauf einfallen.
2. Die Stadt Schönstadt haben die Autoren dieses Buches erfunden, aber die Wünsche, die Probleme und die städtischen Aufgaben sind mehr oder weniger typisch für fast alle Gemeinden, die es in Deutschland gibt – und das sind über 16 000. Was erfährt ihr darüber in diesem Gespräch? Was wisst ihr über Probleme, Wünsche und Aufgaben, wenn ihr an euere eigene Heimatgemeinde denkt?

Zum Beispiel Freizeit: Was leisten die Gemeinden dafür? Was kostet das?

Den größten Teil ihrer Freizeit verbringen die Menschen in ihrer Heimatgemeinde. Dazu stellen die Gemeinden zahlreiche Freizeiteinrichtungen zur Verfügung. *Kommunale Freizeitpolitik* ist der Fachbegriff für alle diese Leistungen. Dazu gehören Betätigungsmöglichkeiten in Sport und Spiel, in Bildung, Erholung und Geselligkeit – für Kinder, Jugendliche, Erwachsene und Senioren.
Diese Doppelseite gibt euch einen Überblick über städtische Freizeitangebote in einer Stadt zwischen 50 000 und 100 000 Einwohnern. Erstellt eine Liste städtischer Freizeitangebote und sucht dann nach Antworten auf die folgenden Fragen:

1. Für das Wohlbefinden der Menschen und die Attraktivität der Stadt ist diese Einrichtung (A) sehr wichtig, (B) weniger wichtig, (C) unwichtig.
2. Sollte sich die finanzielle Situation der Stadt weiter verschlechtern, sollte man diese Einrichtung (A) schließen, (B) auf keinen Fall schließen, weil …
3. Wenn sich die finanzielle Situation der Stadt wieder verbessert, sollten folgende Einrichtungen mehr Geld zur Verfügung gestellt bekommen, weil …

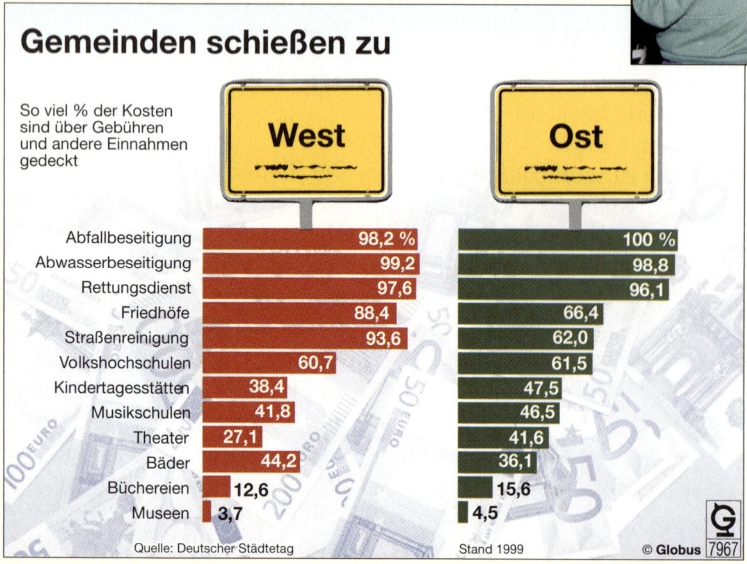

Städtische Einnahmen und Ausgaben

Die Einnahmen und Ausgaben einer Stadt werden in einem Jahreshaushalt genau aufgelistet. Hier findet ihr am Beispiel der Stadt Trier (knapp unter 100 000 Einwohner) einige wichtige Haushaltsangaben über die Einnahmen und Ausgaben für die Freizeitangebote in der Stadt. Das könnt ihr für eure Gemeinde ebenfalls in Erfahrung bringen. Fragt beim örtlichen Presseamt höflich an (Adresse bei der Stadtverwaltung und auf der Homepage im Internet). So könnt ihr euch vor Ort über die Einnahmen und Ausgaben, die freizeitpolitischen Maßnahmen und die speziellen finanziellen Probleme informieren.

Haushalt der Stadt Trier (Zahlen für 2003)

Einnahmen:	252 233 000 Euro
Ausgaben:	289 358 000 Euro
Fehlbetrag (Finanzierung über Kredite):	64 125 000 Euro
<u>ausgewählte Einnahmen</u>	
Gewerbesteuer:	36 000 000 Euro
Gemeindeanteil an der Einkommenssteuer:	20 227 000 Euro
Finanzuweisungen:	42 548 000 Euro
<u>ausgewählte Ausgaben</u>	
Theater und Konzerte:	4 477 000 Euro
Gesamtausgaben für Jugendliche:	2 597 000 Euro
Stadtbücherei:	1 140 000 Euro
Museum:	439 245 Euro
Freibäder:	354 000 Euro
Förderung des Sports:	444 000 Euro
Städtische Musikschule:	370 415 Euro
Städtepartnerschaften:	38 347 Euro
Sozialhilfe:	80 920 000 Euro

Zu den Fotos:

1. Stadttheater
2. Städtisches Museum in einem historischen Gebäude
3. Städtische Bücherei
4. Von der Stadt mitfinanzierte Sportanlage (die den Vereinen zur Verfügung gestellt wird)
5. Städtische Grünanlage mit Personal und Pflege
6. Touristeninformation (Einrichtung, Personal, laufende Kosten)
7. Hallenbad (Bau, Unterhalt, Personalkosten)

Wie kann in unserer Stadt gespart werden?

Wir treffen Entscheidungen für den Stadtrat von Schönstadt

Stellt euch die folgende Situation vor:
Die Haushaltsberatungen im Stadtrat von Schönstadt sind ins Stocken geraten. Neben den vielen großen Ausgabenposten für die städtische Verwaltung, das Personal und andere städtische Maßnahmen haben die Stadträte für das kommende Jahre einige Vorhaben auf ihre Wunschliste geschrieben, die sie gerne verwirklichen würden.
Ihr sollt entscheiden. Von den ursprünglich veranschlagten 8 Millionen Euro kann Schönstadt im nächsten Jahr höchstens 4 Millionen für die Verwirklichung seiner Wunschliste ausgeben. Was wird dem Rotstift zum Opfer fallen, was nicht? Geht dazu jede einzelne Maßnahme durch und besprecht folgende Punkte.

A
Auf diese Maßnahme soll ganz verzichtet werden.

B
Diese Maßnahme muss trotzdem verwirklicht werden.

C
Diese Maßnahme kann zum Teil oder in einem der folgenden Jahre verwirklicht werden.

Die Erarbeitung der Vorschläge kann gut in Gruppen geleistet werden. Danach stellen die einzelnen Gruppen ihre Vorschläge in der Klasse vor. Die Klasse ist dann sozusagen der Stadtrat von Schönstadt. Ihr müsst versuchen, den Stadtrat, also die gesamte Klasse, von euren Vorschlägen zu überzeugen. Denkt euch also in den Gruppen gute Begründungen für eure Vorschläge aus und macht euch Notizen für euren Gruppenvortrag. Die Klasse kann dann per Abstimmung über die einzelnen Punkte entscheiden.

Wunschliste	veranschlagte Kosten in Euro
1. Bau einer Lärmschutzmauer im Wohngebiet Schleemannstraße	1,75 Mio. Euro
2. Vergrößerung und Umgestaltung des zu klein gewordenen Fremdenverkehrsamtes	0,45 Mio. Euro
3. Erweiterung von zwei städtischen Kindergärten durch den Anbau von jeweils einem neuen Gruppenraum	0,50 Mio. Euro
4. Fortsetzung der Erschließung eines neuen Industriegebietes (Straße, Strom, Gas, Wasser, Abwasser) um die Stadt für neue Betriebe interessant zu machen	1,60 Mio. Euro
5. Anschaffung von drei komfortablen Bussen für die Beförderung der Schülerinnen und Schüler	0,60 Mio. Euro
6. Erneuerung des Daches im Gebäude eines städtischen Gymnasiums, das schon längere Zeit undicht ist	0,75 Mio. Euro
7. Ausbau des Seniorenheimes in der Stadtgartenstraße	0,25 Mio. Euro
8. Restaurierung der historischen Rathausfassade, die an einigen Stellen abzubröckeln droht	1,00 Mio. Euro
9. Anschaffung eines neuen Vorhangs und eines Teils der verschlissenen Sitze im Stadttheater	0,30 Mio. Euro
10. Neubau eines bisher nicht vorhandenen städtischen Jugendzentrums	0,50 Mio. Euro
11. Erneuerung der viel zu kleinen und mittlerweile unhygienischen Toilettenanlage an der städtischen Tennissportanlage	0,15 Mio. Euro
12. Neuanschaffung für die völlig veralteten Regalsysteme und Computeranlagen in der Stadtbücherei	0,15 Mio. Euro

zusammen: 8 Mio. Euro / finanzierbar: 4 Mio. Euro

2. Welche Aufgaben haben die Gemeinden?

Die Aufgaben einer Gemeinde sind wesentlich vielfältiger als es in der ersten Einheit dieses Kapitels deutlich werden konnte. Das zeigen zum Beispiel die beiden Fotos auf dieser Seite, aber auch ein erneuter Blick in das Alltagsleben der Familie Schwendler, die ihr ja bereits kennen gelernt habt. Die Schwendlers sind umgezogen aus einer Mietwohnung in ein eigenes Reihenhaus am Rande von Schönstadt. Davon ist auch die Stadt in ihren Aufgaben betroffen. Welche Aufgaben durch den Umzug auf die Gemeinde zukommen, sollt ihr mithilfe des Fragebogens selbst herausfinden.

Was kommt dadurch auf die Gemeinde zu?

1. Nach dem Umzug stapeln sich im Keller des neuen Hause mehrere Eimer mit Farbresten vom Anstrich des Hauses und andere Chemikalien, die entsorgt werden müssen.
2. Im neuen Haus sind alle Anschlüsse von den Firmen sauber verlegt worden, aber es fließen noch kein Wasser und kein Strom.
3. Niemand kennt bis jetzt die neue Adresse der Schwendlers. Sie wollen sich von der alten Adresse abmelden und an der neuen mit Erstwohnsitz anmelden.
4. Philipp muss jetzt einen viel weiteren Schulweg in Kauf nehmen. Er wird jetzt den städtischen Schulbus benutzen müssen und benötigt eine Monatskarte.
5. Noch führt nur ein oft matschiger Weg in die neue Siedlung, in der Schwendlers wohnen. Nachts ist es dort stockdunkel.

INFORMATION

Der folgende Informationstext informiert euch über die vielfältigen Aufgaben einer Gemeinde. Nach dem Lesen solltet ihr versuchen, die wichtigsten Textaussagen in einer Darstellungsform anschaulich aufzuzeigen, die Mindmap genannt wird.

Die Aufgaben der Gemeinden

Kommunale Selbstverwaltung

Stellt euch einmal vor, alles, was die Gemeinden in der Bundesrepublik Deutschland betrifft, würde von der Hauptstadt Berlin aus zentral entschieden werden, z.B. welche Schulen gebaut werden und welche Kläranlagen, welche Freizeitangebote gemacht würden usw. Das wäre sicherlich nicht im Interesse der Menschen, die in den vielen Dörfern und Städten leben und hier mitreden und mitgestalten wollen.
Weil es vernünftig und bürgernah ist, sieht die politische Ordnung in Deutschland etwas ganz anderes vor, nämlich dass die Gemeinden ihre Angelegenheiten vor Ort selbstständig und in eigener Verantwortung regeln können. Man bezeichnet das auch als das Recht auf kommunale Selbstverwaltung. Es ist im Grundgesetz für die Bundesrepublik Deutschland garantiert und kann den Gemeinden nicht entzogen werden.

Vielfältige Aufgaben

Aus dem Recht auf kommunale Selbstverwaltung ergeben sich eine Reihe von Aufgaben für die Gemeinden. Man kann unterscheiden zwischen

- Pflichtaufgaben,
- freiwilligen Aufgaben,
- staatlichen Auftragsangelegenheiten.

Pflichtaufgaben sind Aufgaben, welche die Gemeinde erfüllen muss. Dazu gehören zum Beispiel der Bau und Unterhalt von Schulen, Ortsstraßen und Friedhöfen, die Einrichtung einer örtlichen Feuerwehr, die Versorgung der Bevölkerung mit Strom, Wasser, Straßenbeleuchtung, die Durchführung der

INFORMATION

Müllabfuhr, die Einrichtung von Buslinien, aber auch der Bau von Straßen und Parkplätzen und anderes mehr. Ganz wichtig sind auch Maßnahmen zum Schutz der Umwelt wie zum Beispiel der Bau von Kläranlagen. Weil viele dieser Aufgaben einzelne Gemeinden überfordern würden, schließen sie sich oft zu Verbandsgemeinden zusammen. Mit der Durchführung einzelner Pflichtaufgaben wie zum Beispiel der Organisation der Schülertransporte oder der Reinigung der Schulen können die Gemeinden auch private Firmen beauftragen.
Bei den *freiwilligen Aufgaben* wird in der Gemeinde selbst entschieden, ob sie durchgeführt werden oder nicht. Oft geht es dabei um Baumaßnahmen, z.B. ob ein neues Stadttheater gebaut werden soll oder eine Sporthalle oder ein Parkhaus oder ob das Schwimmbad modernisiert werden soll. Daneben geht es um finanzielle Unterstützungen für Vereine und Interessengruppen, um die Pflege und um Anschaffungen für städtische Einrichtungen und um die Finanzierung der Kinder- und Jugendarbeit.
Mit der Erledigung *staatlicher Auftragsangelegenheiten* helfen die Gemeinden bei der Durchführung von Bundesgesetzen oder Landesgesetzen. Dazu zählen zum Beispiel das Ausstellen von Personalausweisen, die Mithilfe bei der Durchführung von Landtagswahlen und Bundestagswahlen, die Führung des Standesamtes oder Einwohnermeldeamtes. Ganz wichtig ist der Bereich der Sozialhilfe und die Auszahlung der Sozialhilfebeträge durch das städtische Sozialamt. Bei den staatlichen Auftragsangelegenheiten haben die Kommunen keinen Entscheidungsspielraum.

Die Finanzen der Gemeinden

Die Einnahmen der Gemeinden kommen zu etwa je einem Drittel aus folgenden Quellen:
Sie ziehen *Steuern* ein. Zwei wichtige Gemeindesteuern sind die Gewerbesteuer und die Grundsteuer. Die Gewerbesteuer wird von den ortsansässigen Gewerbebetrieben bezahlt und die Grundsteuer von den Eigentümern landwirtschaftlichen gewerblichen und privaten Grund und Bodens. Daneben gibt es noch kleine Gemeindesteuern wie die Getränke, Hunde- und Vergnügungssteuer. Über die Höhe dieser Steuern können die Gemeinden entscheiden. Daneben erhalten sie noch einen Anteil an der vom Bund erhobenen Lohn- und Einkommenssteuer.
Eigene Einnahmequellen der Gemeinden sind auch die *Gebühren* und *Beiträge* zum Beispiel für Eintrittsgelder oder für die städtische Müllabfuhr. Auch gibt es *Einkünfte* aus Vermietungen oder dem Verkauf von Gebäuden und die *Erträge* der örtliches Verkehrsbetriebe, des Wasserwerkes usw.
Damit viele Gemeinden ihre Aufgaben überhaupt finanzieren können, erhalten sie vom Bund und von den Bundesländern so genannte Finanzzuweisungen. Das sind Gelder, über welche die Gemeinden frei verfügen können, und solche, die nur für die Finanzierung einer bestimmten Maßnahme, zum Beispiel für den Bau einer bestimmten Sportanlage, verwendet werden dürfen.

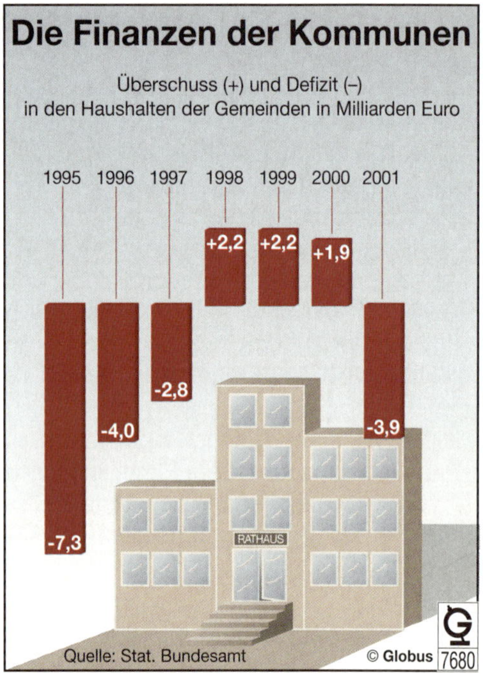

Schulden

Mit dem Geld beginnen oft die Probleme, denn das Geld ist sehr knapp in fast allen Gemeinden. Viele sind hoch verschuldet, sodass auf jeden Bürger in der Stadt einige tausend Euro Schulden angehäuft sind. Schulden entstehen meist durch Kredite, welche die Gemeinde zur Finanzierung von Maßnahmen aufgenommen hat. Das schränkt allerdings den Handlungsspielraum zahlreicher Gemeinden ein und darunter leiden die Bürger.
Einer der Gründe für die Verschuldung liegt in der hohen Arbeitslosigkeit in den vergangenen Jahren, durch die zahlreiche Menschen von der Sozialhilfe abhängig geworden sind. Die Kosten für Sozialhilfemaßnahmen verschlangen so einen immer größeren Anteil an den gemeindlichen Ausgaben. Manche Gemeinden haben sich auch in wirtschaftlich guten Zeiten zu aufwändige „Prachtbauten“ geleistet und können nun die Folgekosten nicht mehr aufbringen. In solchen Fällen droht der Verkauf oder die Schließung städtischer Einrichtungen.

Methodenkarte 3

Mindmap

Wozu und wie gestaltet man sie?

Thema: Aufgaben der Gemeinde

Mindmap: Was ist das?

Eine Mindmap ist eine Darstellung von Arbeitsergebnissen oder Planungsüberlegungen, bei der man das Thema auf die Mitte eines Blattes setzt und dann die weiteren Ergebnisse drumherum platziert. Man entwickelt eine Landkarte (= Map) aus Gedanken oder Arbeitsergebnissen (= Mind). Mindmapping ist eine Methode, mit der man ein Thema so erarbeiten kann, dass man nicht auf eine strenge Reihenfolge im Arbeitsablauf angewiesen ist (wie das bei der Beantwortung von Fragen oder dem Ausfüllen von Tabellen der Fall ist). Auch kann man sie gut zu zweit oder in Gruppen entwickeln. Mindmaps prägen sich gut im Gehirn ein und eignen sich als Grundlage für einen mündlichen Vortrag von Arbeitsergebnissen vor der Klasse.

➜ Versucht einmal den Text „Die Aufgaben der Gemeinden" mithilfe einer Mindmap zu veranschaulichen.

Wie macht man das?

Erster Schritt: Thema im Zentrum platzieren

Bei der Gestaltung einer Mindmap geht man immer von einem Zentrum aus. Im Zentrum steht das Thema. Eigentlich braucht man nur ein leeres Blatt und ein Schreibgerät. Hilfreich können einige farbige Stifte sein.

Zweiter Schritt: Hauptstränge anlegen

Der wichtigste Schritt bei der Erstellung ist die Formulierung von Gliederungspunkten, die man in Form von Strängen darstellt. Hiermit bringt man Ordnung und Struktur in das Vorhaben. Beim Thema Gemeinde bietet sich je ein Strang für die Pflichtaufgaben, die freiwilligen Aufgaben und die staatlichen Auftragsangelegenheiten an. Als weitere Stränge können noch *Finanzen* und *Schulden* aufgenommen werden.

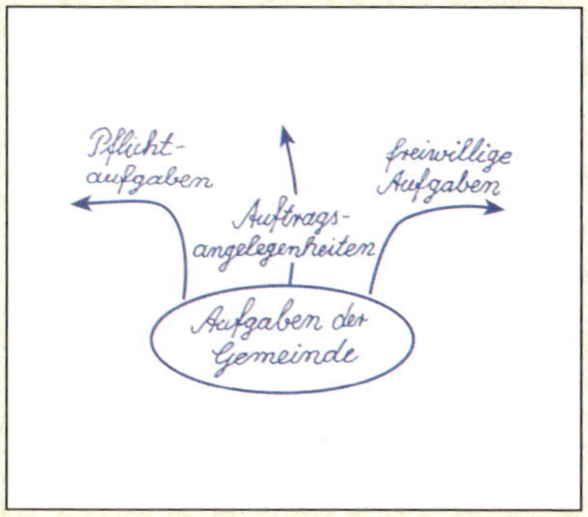

Dritter Schritt: Nebenstränge anlegen

Jetzt beginnt der vorteilhafteste Teil des Mindmappings. Sie wird nach und nach vervollständigt. Dabei kann man die Informationen immer dann an den passenden Hauptstrang anbinden, wenn man sie findet. Die Informationen und Erkenntnisse zu den Gliederungspunkten werden in Form von Nebensträngen angelegt.

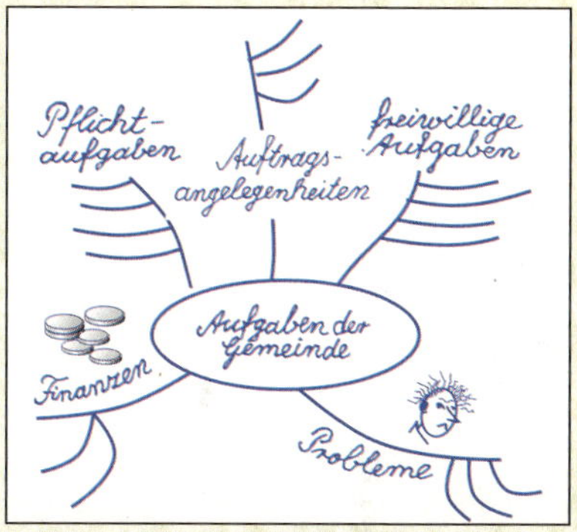

Vierter Schritt: Mindmap abschließend gestalten

Am Ende sollte die Mindmap überarbeitet werden. Soll noch ein weiterer Strang hinzugefügt werden? Gibt es Verbindungslinien zwischen Haupt- und Nebensträngen? Besonders anschaulich werden Mindmaps, wenn sie mit kleinen Zeichnungen versehen werden.

Fünfter Schritt: Mindmap benutzen

Die fertige Mindmap kann als Grundlage für eine Ergebnispräsentation genutzt werden. Wenn ihr das Mindmapping immer wieder mit Texten übt, werdet ihr über eine Methode verfügen, die das Speichern von Informationen sehr erleichtern kann.

3. Wie arbeiten Gemeinderäte und Bürgermeister?

Sitzung des Stadtrates der Stadt Mainz am 27. September 2000
im Ratssaal, Rathaus

Einlasskarten erhalten interessierte Bürgerinnen und Bürger an der Rathauspforte.
Schulklassen können telefonisch angemeldet werden.

Tagesordnung – öffentlicher Teil (Auszüge)

1. Schaffung eines Fußgängerüberwegs in der Schillerstraße
2. Beschlussfassung über den Antrag zur Beschilderung des Radwegenetzes
3. Beschlussfassung über den Lärmminderungsplan für die Innenstadt
13. Stand der Baumaßnahmen für den Kindergartenneubau in Gonsenheim
15. Umsetzung des gemeinsamen Erlasses gegen Fremdenfeindlichkeit und Rassismus in der Stadt Mainz
17. Vergleich der Sozialhilfeausgaben der Stadt Mainz mit denen anderer Städte im Land
21. Beschlussfassung über verbilligte Nutzung des öffentlichen Personennahverkehrs für ältere Bürgerinnen und Bürger, die freiwillig ihren Führerschein abgegeben haben
27. Beschlussfassung über die Bildung eines Ausländerbeirates der Stadt
28. Festsetzung der Eintrittsgelder für das Gutenberg-Museum

Aufgaben eines Stadtrates

Der Rat ist das von den Bürgern gewählte oberste Organ der Stadt. Er entscheidet über alte wichtigen Angelegenheiten, wie z.B. über die Einnahmen und Ausgaben der Stadt im laufenden Jahr (Haushalt), über die Aufstellung von Bebauungsplänen, und er verabschiedet den Stellenplan für die städtischen Bediensteten. Vorsitzender des Rates ist der Oberbürgermeister. [...]
Die Ratsmitglieder üben ein freies Mandat aus. Ihre Tätigkeit ist ehrenamtlich. Sie erhalten lediglich eine Aufwandsentschädigung. [...] Stadtratssitzungen sind grundsätzlich öffentlich. In nicht öffentlichen Sitzungen werden z.B. Personalangelegenheiten oder Grundstücksfragen behandelt.
Wer den Rat bei seiner Arbeit beobachtet, wird feststellen, dass die meisten Beratungen auf eine Beschlussfassung durch Abstimmung hinauslaufen. Der Beschluss ist somit wichtigstes Instrument der Arbeit des Rates. Dadurch beauftragt und ermächtigt er die Stadtverwaltung zum Handeln; diese braucht also den Beschluss des Rates. [...]
Die vielfältigen umfangreichen Aufgaben in einer Stadt können vom Rat selbst nicht bis ins letzte Detail bearbeitet werden. Deshalb bildet er so genannte Ausschüsse, die beratende oder auch beschließende Funktionen haben.

(Aus einer Broschüre der Pressestelle der Stadt Trier: Rat und Verwaltung unserer Stadt Trier 2000)

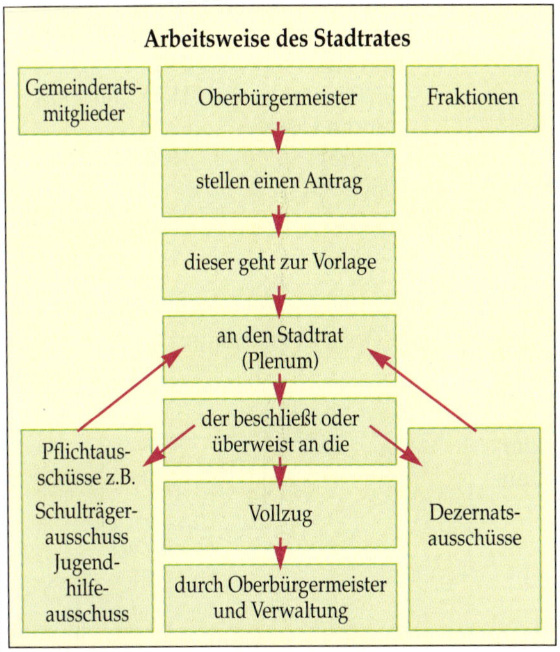

Vielfältige Regelungen in Deutschland

Die Rechte und Pflichten der Gemeinderäte und der Bürgermeister sind in den Gemeindeordnungen festgelegt. Da die Landesparlamente über die Gemeindeordnungen entscheiden, gibt es Unterschiede von Bundesland zu Bundesland.
Allen Gemeindeordnungen ist gemeinsam, dass die gewählte Vertretung der Bürger das oberste beschließende Organ ist. Sie trägt unterschiedliche Bezeichnungen:
Gemeinderat, Stadtrat, Gemeindevertretung, Stadtverordnetenversammlung.
Unterschiedlich sind auch die Stellung und Funktionen des (Ober)Bürgermeisters. Wichtig ist, ob er direkt vom Volk gewählt wird. Das ist in Baden-Württemberg, Bayern, Brandenburg, Hessen, Mecklenburg-Vorpommern, Niedersachsen, Nordrhein-Westfalen, Rheinland-Pfalz, Sachsen, Sachsen-Anhalt, Thüringen und im Saarland der Fall.
Unterschiede von Bundesland zu Bundesland gibt es auch in der Dauer der Wahlperioden. In Thüringen zum Beispiel werden Oberbürgermeister für sechs Jahre gewählt, in Sachsen für sieben, in Rheinland-Pfalz für 8 und im Saarland für 10 Jahre.
Für die Gemeinderäte schwankt die Wahlperiode zwischen 4 Jahren (Hessen und Schleswig Holstein), 5 Jahren in Rheinland-Pfalz, Saarland, Sachsen, Thüringen und mehreren anderen und 6 Jahren in Bayern.
In den meisten Bundesländern hat der Oberbürgermeister zwei wichtige Funktionen: Er ist Vorsitzender des Stadtrates und Chef der Verwaltung. In einigen Bundesländern sind diese Funktionen auf zwei Personen verteilt.

1. Für wen handelt der Stadtrat? Schaut euch dazu die Tagesordnung der Sitzung des Mainzer Stadtrates an und notiert, welche Gruppen in der Stadt von den einzelnen Punkten profitieren können.
2. Welche Gemeinsamkeiten und welche Unterschiede in der Stellung der Gemeinderäte und der Oberbürgermeister in Deutschland könnt ihr feststellen?
3. Bedeutung, Aufgaben, Arbeitsweisen, Rolle der Ratsmitglieder könnt ihr auch in einer Mindmap darstellen.

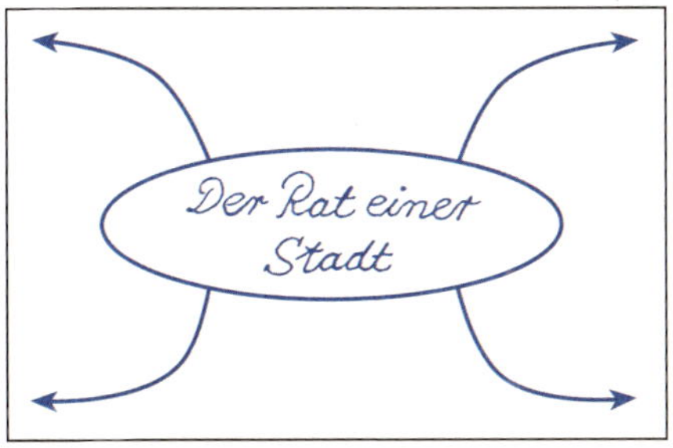

Die Rolle des Bürgermeisters in der Gemeinde

Mit dem folgenden Text stellt sich der Oberbürgermeister einer größeren Stadt seinen Bürgern im Internet auf der Homepage seiner Gemeinde vor:

„Sie, liebe Mitbürgerinnen und Mitbürger, haben mir in der Direktwahl Ihr Vertrauen geschenkt. Dafür bedanke ich mich bei Ihnen.
Sie wissen, dass die Aufgaben eines Oberbürgermeisters sehr vielseitig sind. Einmal ist er Chef der Verwaltung und zum anderen Vorsitzender des Stadtrates. Er bereitet die Sitzungen des Stadtrates vor, beruft sie ein, leitet sie und führt die Stadtratsbeschlüsse aus.
Ich werde mich darum bemühen, den Anforderungen zu Ihrer Zufriedenheit gerecht zu werden und das in mich gesetzte Vertrauen nicht zu enttäuschen – zum Wohle unserer Stadt."

Mit dem folgenden Text könnt ihr (a) Aufgaben, (b) Amtszeiten (hier für Rheinland-Pfalz), (c) Wahl und (d) die Bedingungen, die an einen Oberbürgermeisterkandidaten gestellt werden, genauer herausarbeiten und notieren.

Wer wird Bürgermeister?

Beispiel Rheinland-Pfalz: Der Bürgermeister ist Vorsitzender des jeweiligen Rates und hat für die Ausführung der gefassten Beschlüsse zu sorgen. In größeren Gemeinden ist er auch Chef der Verwaltung. Außerdem schließt er als „erster Bürger"' Verträge im Namen der Gemeinde ab und repräsentiert die Gemeinde nach außen. In kleinen Gemeinden amtiert der Bürgermeister ehrenamtlich. In Verbandsgemeinden, im Kreis und in großen Städten sind die Bürgermeister bzw. Landräte oder Oberbürgermeister hauptamtlich.
Die Amtszeit der ehrenamtlichen Bürgermeister dauert wie die Legislaturperiode der Räte 5 Jahre; sie werden also gleichzeitig mit den Räten gewählt. Die Amtszeit der hauptamtlichen Bürgermeister dauert hingegen 8 Jahre, d.h. sie werden alle 8 Jahre in gesonderter Urwahl gewählt, sofern sie nicht während ihrer Amtszeit zurückgetreten sind oder abgewählt wurden; dann ist die Urwahl eines neuen Bürgermeisters sofort gefordert.

(Aus: Kieser Journal 1/1994: Die Neuordnung des Kommunalwahlrechts in Rheinland-Pfalz, Kieser Verlag, Neusäß, S. 2, verf. von Alfons Axmann)

Wahl der Bürgermeister
(nach § 53 der Gemeindeordnung für Rheinland Pfalz)

- Der Bürgermeister wird von den Bürgern der Gemeinde in allgemeiner, gleicher, geheimer, unmittelbarer und freier Wahl gewählt.
- Gewählt ist, wer mehr als die Hälfte der gültigen Stimmen erhält.
- Erhält kein Bewerber diese Mehrheit, so findet eine Stichwahl unter den zwei Bewerbern statt, die bei der ersten Wahl die höchsten Stimmenzahlen erhalten haben.
- Wählbar zum Bürgermeister ist jeder Deutsche, der am Tag der Wahl das 25. Lebensjahr vollendet hat.
(Er muss die deutsche Staatsangehörigkeit seit mindestens 1 Jahr besitzen.)

Bei der Bürgermeisterwahl haben die Wählerinnen und Wähler nur eine Stimme.
Was würde bei folgendem Wahlergebnis geschehen?

Franziska Klein (CDU)	2200 Stimmen
Hubert Schalk (SPD)	2000 Stimmen
Karl Jost (FDP)	1100 Stimmen
Sandra Dorn (Grüne)	1100 Stimmen
Klaus Polz (PDS)	500 Stimmen

1. Erklärt und veranschaulicht die Rolle eines Bürgermeisters.

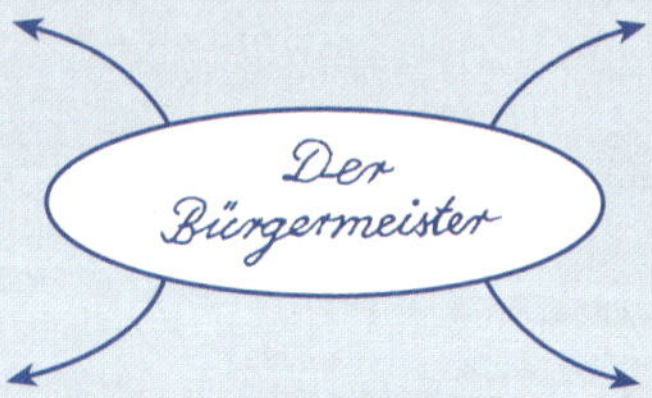

www.unsere-Gemeinde.de

Wir erkunden unser Dorf, unsere Verbandsgemeinde, unsere Stadt im Internet

Fast alle Gemeinden in Deutschland, egal ob groß oder klein, sind mittlerweile mit einer Homepage im Internet vertreten. Mit dieser Homepage könnt ihr wichtige Informationen über euren Stadtrat, euren Bürgermeister oder eure Bürgermeisterin und über die Verwaltung in eurer Gemeinde (und natürlich auch über vieles andere) herausfinden. Die Arbeit mit dem Internet ist in diesem Falle ganz einfach und eignet sich besonders gut für Internet-Einsteiger.

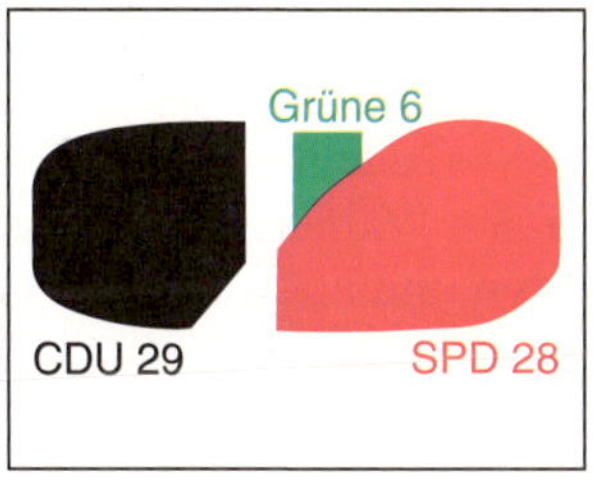

Wir stellen vor:

- Einwohnerzahl unserer Gemeinde (und weitere interessante Zahlen)
- Der Bürgermeister, die Bürgermeisterin (Name, Partei, seit wann im Amt; weitere Infos ...)
- Unser Gemeinde- bzw. Stadtrat (Zahl der Mitglieder, Parteien und Fraktionen; Fraktionen sind die Gruppen der Ratsmitglieder aus einer Partei.)
- Einige wichtige Ausschüsse beim Rat (Hier solltet ihr eine Auswahl treffen.)
- Wichtige Ämter in unserer Gemeinde (Was bekommt man wo?)
- Weitere interessante Informationen aus dem Internet über unsere Stadt

☞ **Das ist euer Auftrag:**

Ihr sucht nach Informationen über eure Heimatgemeinde: den Stadtrat, die Bürgermeisterin oder den Bürgermeister und die örtliche Verwaltung. Ihr bearbeitet sie und stellt sie in der Klasse in einem kleinen Vortrag vor. Das kann auch zu zweit oder in einem Team gemacht werden.

☞ **So wird es gemacht:**

Ihr gebt einfach den Namen eurer Heimatgemeinde in die Adressenspalte ein und setzt www. davor und .de dahinter, z.B. www.mainz.de. Auf der Homepage klickt ihr die Links an, die euch zu den Bereichen Politik oder Stadtrat oder Bürgermeister führen. Vielleicht müsst ihr hier ein wenig suchen. Fündig werdet ihr bestimmt.

☞ **Darauf solltet ihr achten:**

Sobald ihr alle Seiten aufgerufen habt, die ihr für eure Erkundung benötigt, speichert ihr sie ab und bearbeitet sie offline. So spart ihr Kosten. Vereinbart eine bestimmte Zeit für die Suche im Internet.

4. Mitwirkung in der Politik durch die Wahlen zum Gemeinderat

Wie alle fünf Jahre wählen die Bürger von Schönstadt morgen einen neuen Gemeinderat. Bei Familie Schwendler kommt man am Vorabend auf die Wahlen zu sprechen. Diesmal ist es die achtjährige Tanja, die mit dem Gespräch beginnt.

TANJA: Wird morgen in unserer Stadt der oberste Chef gewählt?
VATER: Nein, kein oberster Chef, aber der Gemeinderat. Das ist eine Gruppe von Leuten, die fünf Jahre lang bestimmen wird, was in unserer Stadt politisch geschieht.
PHILIPP: Wie wird man eigentlich Ratsmitglied?
MUTTER: Du musst Bürger dieser Stadt sein. Wenn du Mitglied einer Partei bist, musst du schauen, dass du als Kandidat aufgestellt wirst, möglichst oben auf der Kandidatenliste.
VATER: Du kannst aber auch in einer freien Wählergemeinschaft kandidieren und auch als Einzelkandidat auftreten. Dann brauchst du allerdings eine bestimmte Anzahl Unterschriften von Leuten, die deine Kandidatur unterstützen.
TANJA: Ich will auch gerne wählen. Wann darf ich endlich mitwählen, Mama?
MUTTER: Wenn du älter bist, mein Schatz. Zurzeit liegt das Wahlalter in unserem Bundesland bei 18 Jahren. Vielleicht kannst du bis dahin schon mit 16 wählen.
TANJA: Das wäre klasse. Ich will mit 16 wählen.
PHILIPP: Wir haben in der Schule darüber diskutiert. Viele wollen gar nicht mit 16 wählen dürfen, ich eigentlich schon. Mein Freund Rekim hat gesagt, dass sein Vater sauer ist, dass er nicht mitwählen darf. Die Pelazonis leben jetzt schon 15 Jahre in Schönstadt, zahlen hier ihre Steuern und die Eltern haben ein Geschäft.

MUTTER: Aus welchem Land kamen denn die Pelazonis?
PHILIPP: Aus Pakistan. Warum dürfen Ausländer in der Stadt, in der sie leben, nicht mitwählen?
VATER: Das dürfen sie ja, allerdings nur, wenn sie aus einem Land der Europäischen Union zu uns gekommen sind. Bei Pelazonis ist das anders. Die Eltern müssten erst einen Antrag auf Einbürgerung stellen. Hoffentlich machen wir morgen alles richtig, wenn wir wählen gehen. Die Sache ist ja gar nicht so einfach.
MUTTER: Wieso? Für mich ist das kein Problem. Ich werde kumulieren.
TANJA: Was ist das denn?
MUTTER: Das heißt anhäufeln. Ich werde meine Stimmen auf Frau Schuster anhäufeln. Frau Schuster kümmert sich ganz toll um die neu zugezogenen Familien hier in unserer Siedlung. Sie steht aber als Kandidatin ihrer Partei ziemlich hinten auf der Kandidatenliste. Von meinen 44 Stimmen kumuliere ich so viel ich darf, nämlich drei Stück, auf sie. Damit verbessere ich ihre Chancen, in den Rat einzuziehen. Es gibt auch einen Kandidaten, von dem ich gar nichts halte. Den werde ich von der Liste streichen. Auch das darf man.
PHILIPP: Ich kumuliere mir jetzt mal noch von dem Gemüse auf meinem Teller, damit verbessere ich meine Chancen, möglichst viel davon zu kriegen.
VATER: Ich glaub, du hast es begriffen. Ich werde noch eine andere Möglichkeit des Wahlrechtes nutzen. Ich werden panaschieren.
TANJA: Was ist denn das jetzt schon wieder?
VATER: Pass auf! (Er verteilt Erbsen auf seinem Teller.) Jeder Wähler von Schönstadt hat morgen 44 Stimmen. Das sind genauso viele wie unser Gemeinderat Mitglieder hat. Und genauso viele Erbsen liegen jetzt hier auf meinem Teller. Ich kann diese 44 Erbsen, ich meine natürlich Stimmen, alle einer Partei geben. Ich kann sie aber auch auf Kandidaten aus verschiedenen Parteien verteilen. Ich gebe einige Erbsen den Wahlvorschlägen von Partei A, einige an B usw. Panaschieren heißt, man mischt seine Stimmen.
MUTTER: Was machst du denn für einen Matsch auf deinem Teller, Tanja?
TANJA: Ich mach's wie Papa. Ich panaschiere mein Gemüse, mein Pürree, meine Soße und meinen Schokoladenpudding.

1. Tanja stellt eine Menge wichtiger Fragen in diesem Gespräch. Sucht darauf nach Antworten, die ihr euch gut einprägen könnt.
   Zum Wahlrecht ab 16 findet ihr ein Diskussionsangebot auf den Seiten 220f. in diesem Buch, zum Wahlrecht für Ausländer auf der Seite 73.

Wie wird gewählt?

> **Gemeindeordnung**
>
> **§ 29:** Der Gemeinderat besteht aus den gewählten Ratsmitgliedern und dem Vorsitzenden. Die Ratsmitglieder werden von den Bürgern der Gemeinde in allgemeiner, gleicher, geheimer, unmittelbarer und freier Wahl auf die Dauer von fünf Jahren gewählt.
> **§ 30:** Die Ratsmitglieder üben ihr Amt unentgeltlich nach freier, nur durch die Rücksicht auf das Gemeinwohl bestimmter Gewissensüberzeugung aus; sie sind an Weisungen oder Aufträge ihrer Wähler nicht gebunden.
> (aus der Gemeindeordnung für Rheinland-Pfalz)

So kann man *kumulieren.*

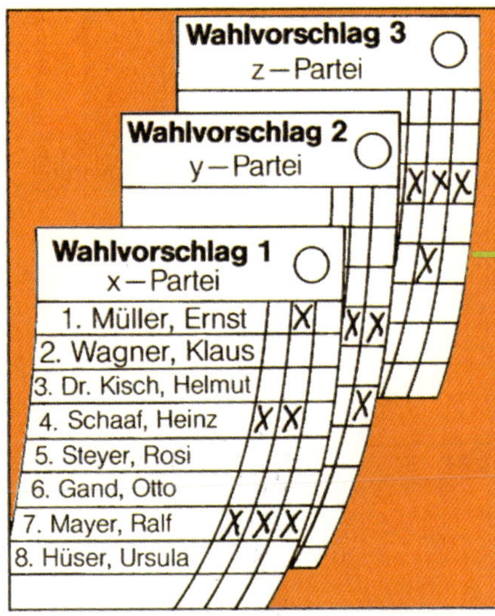

So kann man *panaschieren.*

Direktwahl, kumulieren, panaschieren: Was soll das?

Bei keiner anderen Wahl als bei der Kommunalwahl ist die Chance für die Wählerinnen und Wähler so groß, direkt Einfluss zu nehmen. Man kann nicht nur Einfluss auf die Mehrheitsverhältnisse in den Räten nehmen, sondern durch die Direktwahl auch auf die Auswahl der Bürgermeister und Landräte. Kumulieren und Panaschieren ermöglichen es über Parteigrenzen hinweg, die nach Meinung der Wählerinnen und Wähler geeignetsten Bewerber auszuwählen. Kandidaten von den hintersten Plätzen können die „Stars" auf den vordersten Positionen durch Wählerwillen verdrängen. Einzelbewerber haben auf der kommunalen Ebene deutlich verbesserte Chancen.

(Nach: Peter Malzkorn: 1994: Rheinland-Pfalz hat die Wahl, in: Wochenschau Sonderausgabe „Wahlen", April 1994, Sonderdruck für die Landeszentrale für politische Bildung, Rheinland-Pfalz)

Geht das oder geht das nicht?

FRAU M.: Kann ich durch meine Stimmen helfen, dass mehr Frauen in den Gemeinderat kommen?
HERR A.: Ich halte den fünften Kandidaten auf der Liste für ungeeignet. Ansonsten bin ich mit der Bewerberliste zufrieden. Ob ich ihn einfach streichen darf, ohne dass meine Stimmabgabe ungültig ist?
HERR F.: Ich möchte so wie früher wählen und nur die Liste ankreuzen.
FRAU K.: Einige Kandidaten in den verschiedenen Wahlvorschlägen halte ich für besonders fähig in den nächsten fünf Jahren bürgernahe Gemeindepolitik zu betreiben. Kann ich erreichen, dass ihre Chancen auf einen Sitz im Gemeinderat steigen?

Man kann aber auch auf kumulieren und panaschieren verzichten und eine *Liste ankreuzen.*

2. Bei keiner anderen Wahl haben die Wählerinnen und Wähler so viele Einflussmöglichkeiten wie bei den Kommunalwahlen. Erklärt, warum das so ist.

Ein Schaubild verdeutlicht die politische Mitwirkung in der Gemeinde

So wie auf dem Schaubild auf dieser Seite funktioniert die Politik in der Gemeinde in Rheinland-Pfalz, im Saarland, in Sachsen, in Thüringen und in einigen anderen Bundesländern. Ihr sollt das Schaubild erklären.

- Dazu solltet ihr zuerst den Infotext durchlesen und die Informationen daraus in eure Erklärung einbauen.
- Stellt dann das Schaubild vor, indem ihr auf die Punkte auf dem Stichwortzettel eingeht.

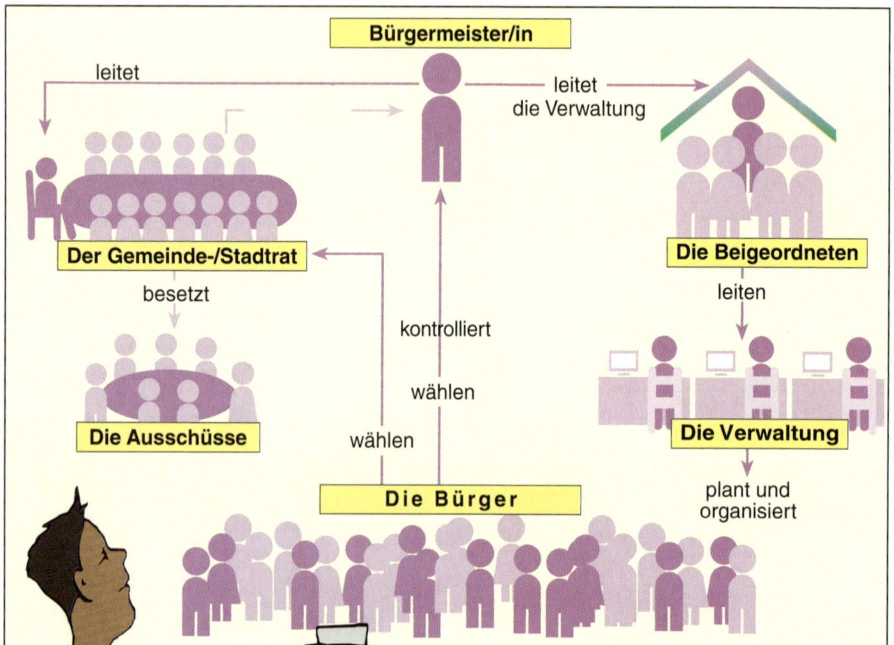

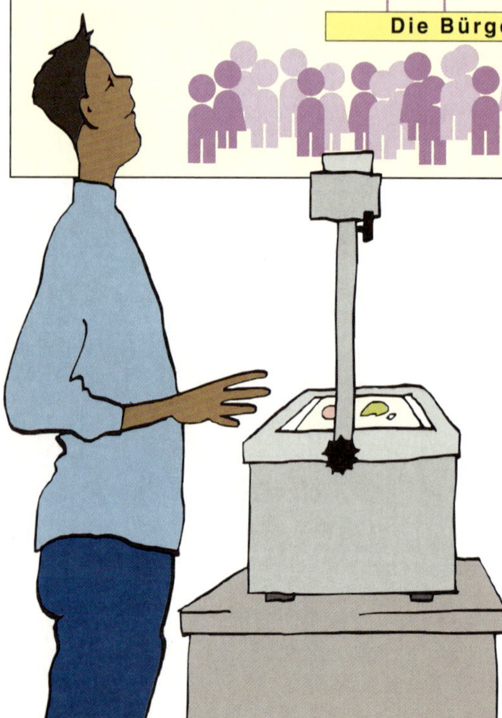

Mein Stichwortzettel:
Das muss ich erklären ...

- Zwei Wahlmöglichkeiten der Bürger
- Zwei Aufgaben des Bürgermeisters
- Zwei Funktionen des Gemeinderates
- Aufgaben der Beigeordneten und der Verwaltung

INFORMATION

Die Verwaltung

Die Verwaltung einer Stadt sorgt dafür, dass alle amtlichen Angelegenheiten der Bürgerinnnen und Bürger vom Einwohnermeldeamt über das Standesamt, das Sozialamt, das Finanzamt, das Jugendamt usw. ordnungsgemäß erledigt werden. Darüber hinaus bereitet die Verwaltung die Beschlüsse des Stadtrates vor. Zum Beispiel sind viele Berechnungen und Pläne notwendig, wenn die Stadt die Einrichtung eines neuen Industriegebietes oder dergleichen beschließen möchte. Nach dem Beschluss sorgt die Verwaltung für deren ordnungsgemäße Ausführung.
Der Oberbürgermeister einer Stadt kann die Leitung der Verwaltung nicht alleine leisten. Deshalb teilen sich die Oberbürgermeister die Leitung der Verwaltung mit ihren hauptamtlichen Beigeordneten, die auch als Dezernenten bezeichnet werden. Die Zahl der Dezernenten hängt von der Größe der Gemeinde ab. Es gibt zum Beispiel Beigeordnete für kulturelle, soziale und wirtschaftliche Angelegenheiten in der Stadt. Bürgermeister und Beigeordnete zusammen bilden den Stadtvorstand.

Sollen Ausländerinnen und Ausländer die Gemeinderäte mitwählen dürfen?

Wir diskutieren pro und kontra

Jeder Grieche, Spanier, Portugiese, Italiener, Ire, Däne und jeder andere ausländische Mitbürger aus einem Land der Europäischen Union darf in der Gemeinde, in der er in Deutschland lebt, an Kommunalwahlen teilnehmen. Das gleiche Recht haben Deutsche, wenn sie in einem Land der EU wohnen. Anders geht es den Ausländerinnen und Ausländern, die seit langem in Deutschland leben, aber aus der Türkei, aus Vietnam, aus Pakistan, aus dem Iran oder aus einem anderen Nicht-EU-Land gekommen sind. Sie leben oft seit vielen Jahren hier und haben kein Wahlrecht an Kommunalwahlen. Daher fühlen sie sich oft mit ihren Familien hier als Bürger zweiter Klasse. Sie müssen zwar Steuern, Solidaritätsbeitrag und Versicherungsbeiträge wie alle anderen bezahlen, aber von der politischen Mitbestimmung sind sie ausgeschlossen. Ist das gerecht?
Soll man allen ausländischen Mitbürgern das Recht gewähren, an ihrem Wohnort mitzuwählen und gewählt zu werden? Darüber könnt ihr in der Klasse miteinander diskutieren.

1. Lest zunächst die Pro- und Kontra-Argumente durch.
2. Danach sollten einer oder einige von euch als Anwälte für die Pro- oder Kontra-Seite auftreten und die Argumente vortragen.
3. Dann wird in der Klasse diskutiert, wobei ihr darauf achten müsst, dass jeder das Recht auf seine eigene Meinung hat.
4. Am Schluss könnt ihr in der Klasse eine Abstimmung durchführen.

Ja, ein Wahlrecht für alle Ausländer in den Gemeinden wäre eine gerechte Sache.

Viele ausländische Mitbürger aus zahlreichen Ländern leben bereits seit langer Zeit als geachtete Bürger in unseren Dörfern und Städten. Sie sind Geschäftsleute, Restaurantbesitzer, Wissenschaftler, Ärzte, Handwerker, Arbeiter usw. Ihre Kinder gehen mit deutschen Kindern gemeinsam in die Schule.
Es interessiert sie genauso, was in ihrer Stadt geschieht, wie es die Inländer interessiert. Warum sollen sie nicht die Möglichkeit haben, aktiver mitzuwirken in der Politik? Es ist überhaupt nicht einzusehen, dass man Franzosen, Engländern, Italienern und allen anderen Ausländern aus den Staaten der EU das aktive und passive Wahlrecht gewährt und das gleiche Recht anderen Menschen aus anderen Ländern strikt verwehrt. Hier unterscheidet man zwischen Menschen erster und zweiter Klasse. Und das ist nicht gerecht. Das Kommunalwahlrecht für Ausländer, die schon lange in einer deutschen Gemeinde leben, wäre ein wichtiger Schritt zu einem besseren Verständnis und Miteinander.

Nein, ein Wahlrecht für alle Ausländer in Deutschland kann es nicht geben!

In den letzten Jahren wurde viel für die Eingliederung von Ausländern in die Gemeinden in Deutschland getan. So dürfen alle Ausländer aus Ländern der EU bei Kommunalwahlen wählen und gewählt werden. In allen Gemeinden ab einer bestimmten Einwohnerzahl gibt es Ausländerbeiräte, die von den ausländischen Mitbürgern gewählt werden. Sie beraten und vertreten dort ihre Interessen und können auf den Gemeinderat einwirken. Das sind sehr weitgehende Regelungen, mit der alle ausländischen Mitbürger zufrieden sein sollten.
Das Recht an einer politischen Wahl teilnehmen zu können steht nach dem Grundgesetz ausschließlich deutschen Staatsbürgern zu. Ausländer, welche das aktive und passive Wahlrecht im Einwanderungsland unbedingt erhalten wollen, können ja unter bestimmten Voraussetzungen einen Antrag auf Einbürgerung stellen.
Ein allgemeines Kommunalwahlrecht für alle Ausländer, die in einer Stadt leben, sollte nicht eingeführt werden.

5. Park oder Parkhaus? Ein Planspiel zur Bürgerbeteiligung in der Gemeinde

In der Sitzung des Schönstädter Stadtrates geht es heute hoch her: Soll das von vielen so ersehnte neue Parkhaus in der Nähe der Fußgängerzone nun gebaut werden oder nicht?
Ungefähr die Hälfte der Stadtratsmitglieder setzt sich für den Bau ein, weil die Parkplatznot rund um die Fußgängerzone geradezu unerträgliche Ausmaße angenommen hat. Der andere Teil des Rates ist dagegen, zumal der Antrag einer Bürgerinitiative mit dem Namen „Rettet Schönstadt“ auf dem Tisch liegt. Diese Bürgerinitiative will mit allen Mitteln den Bau des Parkhauses verhindern.

Am Rande der Fußgängerzone liegt eine noch unbebaute Grünfläche, die sich im Besitz der Stadt befindet (siehe Stadtplan). Die Stadtgärtnerei hat hier Wiesen, Blumenbeete, einen Spielplatz und einen kleinen Teich angelegt, sodass die Schönstädter jetzt schon von ihrem Park in der Innenstadt sprechen, der sich bei den Kindern und den Erwachsenen großer Beliebtheit erfreut. Sollte der Stadtrat den Bau des neuen Parkhauses durch die Firma Carport genehmigen, wäre damit natürlich Schluss.
Die Kleinstadt ist ein beliebtes Einkaufszentrum für die Menschen aus den umliegenden Dörfern. Die meisten von ihnen fahren mit ihren privaten Autos in die Stadt und müssen dort in der Nähe der Einkaufs- und Fußgängerzone sehr lange nach einem Parkplatz suchen. Dadurch entstehen Staus, Lärm und große Abgaskonzentrationen über dem Innenstadtbereich. So sehen die Befürworter im Parkhausneubau auch eine Maßnahme für den Umweltschutz.
Ein Problem ist, dass der kleine Park das einzige freie Grundstück zu sein scheint, das in Frage kommt. Ein Parkhausbau an einer anderen Stelle weiter außerhalb der Innenstadt wäre auch weitaus weniger attraktiv für die Besucher.
Im Stadtrat wird an diesem Abend noch kein Beschluss gefasst. Man einigt sich darauf, eine Einwohnerversammlung einzuberufen, auf der die verschiedenen Gruppen ihre Pro- und Kontra-Argumente vortragen sollen.
Zu den Befürwortern gehört die **Organisation der Einzelhandelsgeschäfte** in der Innenstadt. Sie fordern massiv den Parkhausbau, weil sie befürchten, dass sonst immer weniger Kunden von außerhalb nach Schönstadt kommen. Immerhin ist der Umsatz der Geschäfte in der Fußgängerzone im letzten Jahr um 15 Prozent zurückgegangen. Zwei Bekleidungshäuser mussten bereits schließen.
Für den Bau ist natürlich die **Parkhausgesellschaft Carport**. Sie möchte der Stadt das Gelände abkaufen und dort in eigener Regie den Bau errichten und das Parkhaus verwalten. Von den späteren Einnahmen soll die Stadt dann einen laufenden Anteil von zwanzig Prozent erhalten.
Der Verkauf des Gundstückes sowie die Beteiligung an den Einnahmen würde die knappe Stadtkasse um spürbare Mehreinnahmen auffüllen.
Demgegenüber steht die **Bürgerinitiative „Rettet Schönstadt“**. Für sie ist in der heutigen Zeit der Bau eines Parkhauses in einer Innenstadt alles andere als eine Maßname zum Umweltschutz. Sie möchte den kleinen Park als eine lebensnotwendige grüne Lunge und Erholungszone in der Innenstadt unbedingt erhalten. Parkmöglichkeiten sollten viel weiter außerhalb des Innenstadtbereiches zur Verfügung stehen.
Unterstützt wird die Bürgerinitiative auch von einer **Gruppe von Eltern kleiner Kinder**, die im Innenstadtbereich wohnen. Für sie ist der Park die einzige Spielfläche innerhalb des Zentrums, die auf keinen Fall den Autofahrern geopfert werden darf.
Der **Stadtrat** wird nach der Anhörung der Gruppen entscheiden müssen.

Was ist zu tun?
Auf diese Frage sollt ihr in einem Planspiel eine Lösung finden.

Das sind eure Rollen im Planspiel

Stadtrat

Ihr habt eine Sonderrolle, denn ihr müsst nicht unbedingt alle die gleiche Ansicht vertreten. Auch müsst ihr in der Einwohnerversammlung den Eindruck vermeiden, dass eure Entscheidung pro oder kontra Parkhaus bereits feststeht. Sammelt und notiert in der Gruppe alle Gründe, die für und alle, die gegen den Parkhausneubau sprechen. Lasst euch nicht auf eine zu teuere andere Lösung ein, denn die Stadt ist knapp bei Kasse. Ihr könnt die Gruppen zu Gesprächen empfangen. Tragt die Pro- und Kontra-Parkhaus-Gründe am Beginn der Versammlung vor und beteiligt euch alle mit Beiträgen und Fragen an die Gruppen an der Diskussion.

Pro

Geschäftsleitung der Parkhausgesellschaft Carport

Ihr wollt das Parkhaus unbedingt bauen und seid davon überzeugt, dass es gut für die Stadt ist. Die Argumente der Eltern und der Bürgerinitiative müsst ihr aber ernst nehmen und versuchen, diese Gruppen zu überzeugen. Eventuell könnte für euch ein anderer Standort in Frage kommen. Dieser müsste aber genauso attraktiv sein. Für euch geht es auch um Gewinn und um die Erhaltung von Arbeitsplätzen in eurer Firma.

Organisation der Einzelhandelsgeschäfte

Für euch Geschäftsinhaber aus der Innenstadt ist der Bau des Parkhauses sozusagen eine Überlebensfrage. Wenn nicht gebaut wird, seht ihr die Gefahr, dass immer weniger Kunden nach Schönstadt zum Einkaufen kommen, sodass noch mehr Geschäfte Pleite machen werden.
Überlegt euch gut, wie ihr die Argumente der Eltern und der Bürgerinitiative entkräften könnt.

Kontra

Bürgerinitiative „Rettet die Innenstadt"

Ein Parkhaus im Zentrum der Innenstadt, das ist für euch der Ausdruck einer total veralteten Politik, in welcher der Umweltschutz keine Rolle gespielt hat. Ihr müsst die anderen davon überzeugen, dass Autos in einer lebenswerten Innenstadt in Zukunft nichts mehr zu suchen haben und dass die Gesundheit der Menschen – vor allem der Kinder – Vorrang vor dem Geldverdienen haben muss. Sucht auch nach einer neuen Lösung, die der Rat akzeptieren kann.

Elterngruppe in der Innenstadt

Ihr wollt den Park in der Innenstadt unbedingt erhalten, weil ihr für eure Kinder keine andere Spielmöglichkeit seht. Ihr seht die Gefahr, dass Familien mit Kindern immer weiter hinaus aus den Städten getrieben werden, wenn nur noch das Geldverdienen eine Rolle spielt. Eurer Ansicht nach wird Schönstadt für Besucher von auswärts noch attraktiver werden, wenn die Stadt den Park schöner gestaltet und Parkplätze an einer anderen Stelle schafft.

So verläuft das Planspiel:

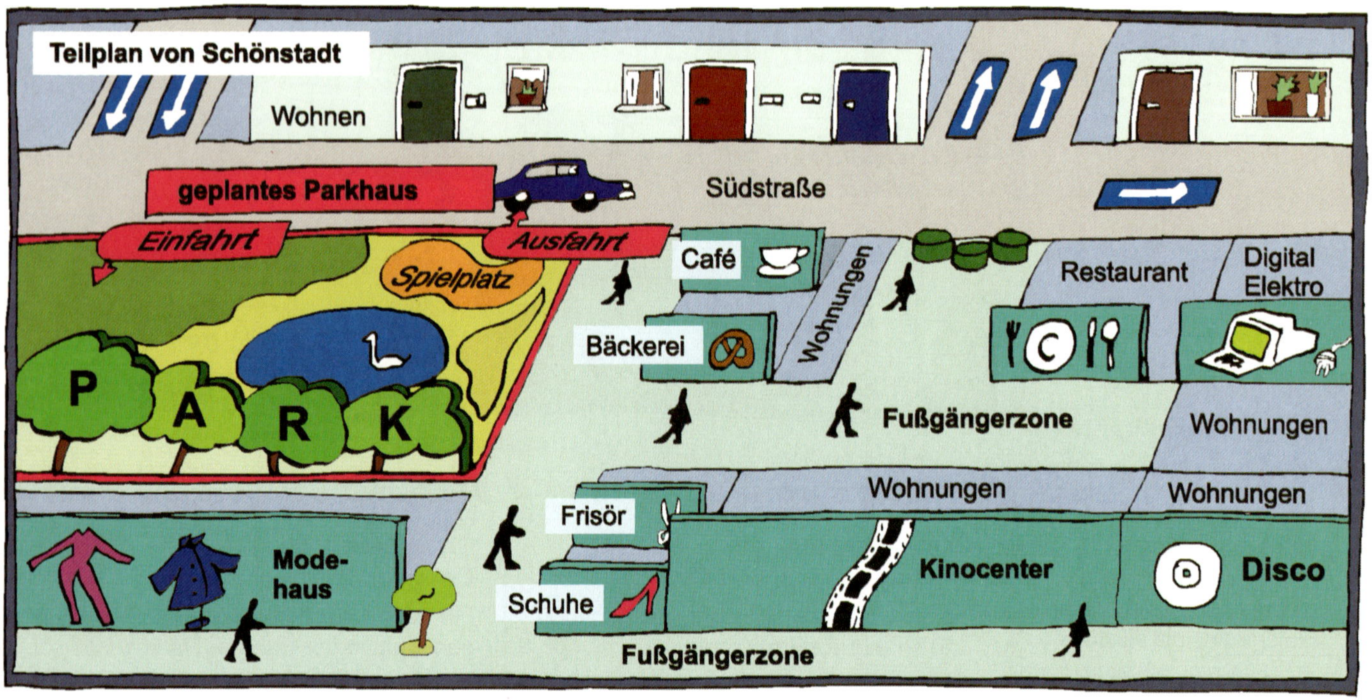

Protokoll

Gruppe: ....

....

Unser Ziel:

....

....

Unsere Argumente:

....

....

Brief

Mitteilung an Gruppe: ....

von: ....

Vorschlag:

....

....

Termin für ein Gespräch:

....

Erste Phase: Vorbereitung der Einwohnerversammlung

1. Bildet in der Klasse die fünf beteiligten Gruppen.
2. Schreibt auf, wie eurer Meinung nach die Lösung in diesem Konflikt aussehen soll.
3. Sucht nach möglichst vielen Argumenten, mit denen ihr in der Einwohnerversammlung den Stadtrat und die übrigen Teilnehmer überzeugen wollt und notiert sie.
4. Nehmt mit anderen Gruppen per Brief Kontakt auf, mit denen ihr euch vielleicht verbünden könnt oder denen ihr einen Vorschlag zu machen habt.
5. Einigt euch auf euer Vorgehen in der Versammlung und überlegt, wer welche Argumente vortragen wird.

Zweite Phase: Durchführung der Versammlung

- Die Diskussionsleiterin bzw. der Diskussionsleiter eröffnet die Sitzung und begrüßt die Teilnehmer.
- Der Stadtrat informiert die Versammlung über den Stand der Überlegungen.
- Alle weiteren Gruppen tragen der Reihe nach ihre Ansichten vor.
- Die Versammlung diskutiert.
- Der Stadtrat zieht sich zur Beratung zurück.
- Der Stadtvorstand teilt der Versammlung den Beschluss des Rates mit, begründet die Entscheidung und informiert über die Abstimmungsverhältnisse im Rat.

INFORMATION

Mitwirkungsmöglichkeiten in der Gemeindepolitik

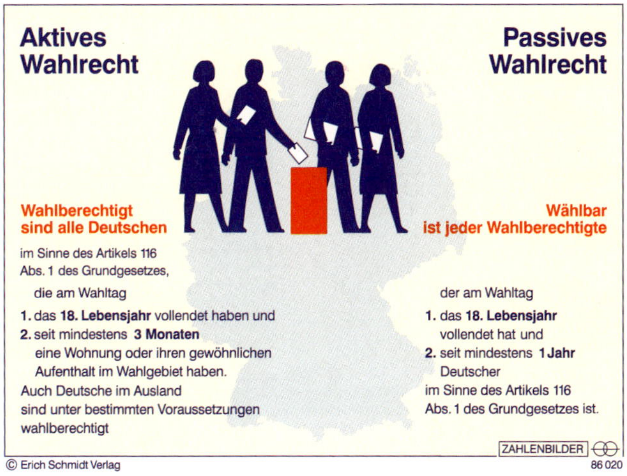

Rechtlich garantierte Beteiligungsmöglichkeiten

Allen wahlberechtigten Bürgern in der Gemeinde steht das aktive und passive Wahlrecht zu. Sie können also an Wahlen teilnehmen und sich als Kandidaten für die Wahl der Ratsmitglieder zur Verfügung stellen. Wer zum Bürgermeister gewählt werden will, muss zum Zeitpunkt der Wahl mindestens 25 Jahre alt sein.
Das Grundgesetz garantiert den Bürgern die Versammlungs- und Vereinigungsfreiheit. Daraus leitet sich auch das Recht ab, an friedlichen Demonstrationen oder Bürgerversammlungen teilnehmen zu können.
Eine wichtige Form der Bürgerbeteiligung auf Gemeindeebene ist auch die Mitarbeit in einer Partei. Parteimitglieder können hier direkt Einfluss auf die politischen Entscheidungen im Ort nehmen.
Die Gemeindeordnungen in den verschiedenen Bundesländern garantieren ihren Bürgern auch das Recht des *Bürgerbegehrens* mit dem darauf folgenden *Bürgerentscheid.* In einem Bürgerbegehren können die Menschen in einer Gemeinde vom Stadtrat fordern, dass ein bestimmtes Thema im Gemeinderat verhandelt und beschlossen wird. Wenn der Gemeinderat dann zu einem anderen Ergebnis kommt als die Bürger, die sich mit ihrer Unterschrift am Bürgerbegehren beteiligt haben, so kommt es zu einem Bürgerentscheid. Darin entscheiden die Bürger per Abstimmung über ein Problem und können sich über eine Entscheidung des Gemeinderates hinwegsetzen.
Unter verschiedenen Bezeichnungen wie Einwohnerantrag, Bürgerantrag oder auch Petitionsrecht haben auch einzelne Bürger in der Gemeinde die Möglichkeit, sich an die Gemeindevertretung zu wenden und die Behandlung eines bestimmten Themas zu verlangen.
Über die rechtlich garantierten Möglichkeiten hinaus haben die Einwohner einer Gemeinde auch zahlreiche andere Möglichkeiten der politischen Einflussnahme.
Sie können sich an die örtliche Presse wenden, die Gemeinderatsmitglieder direkt ansprechen, Veranstaltungen organisieren und vieles mehr.

Mitarbeit in einer Bürgerinitiative

Wenn Bürger mit einer Planung in der Gemeinde unzufrieden sind oder Maßnahmen verhindern oder durchsetzen wollen, schließen sie sich oft in einer Bürgerinitiative zusammen. Sie können so Druck auf die Gemeinderatsmitglieder ausüben und diesen dazu zwingen, sich mit ihrem Anliegen zu befassen.

Beteiligungsmöglichkeiten für Jugendliche

Schleswig-Holstein hat 1995 damit begonnen, Jugendlichen ab 16 Jahren das Wahlrecht bei Kommunalwahlen zu garantieren. In den meisten Bundesländern liegt das Wahlalter aber noch bei 18 Jahren.
Ab 16 Jahren können Jugendliche Anträge und Beschwerden an den Gemeinderat richten. Auch können Jugendliche ab 16 mit einem Ehrenamt beauftragt werden.
In zahlreichen Bundesländern gibt es auch so genannte Jugendräte oder Jugendgemeinderäte. Die Mitglieder werden von den Jugendlichen in der Gemeinde gewählt und vertreten die Interessen der Gemeindejugend gegenüber dem Gemeinderat.

1. Erstellt eine Übersicht (oder Mindmap über die politischen Beteiligungsmöglichkeiten der Bürger in einer Gemeinde.
2. Erklärt den Unterschied zwischen aktivem und passiven Wahlrecht (Schaubild).
3. Nehmt Stellung zur Einrichtung eines Jugendgemeinderates: Könnt ihr euch vorstellen darin mitzuarbeiten oder nicht?

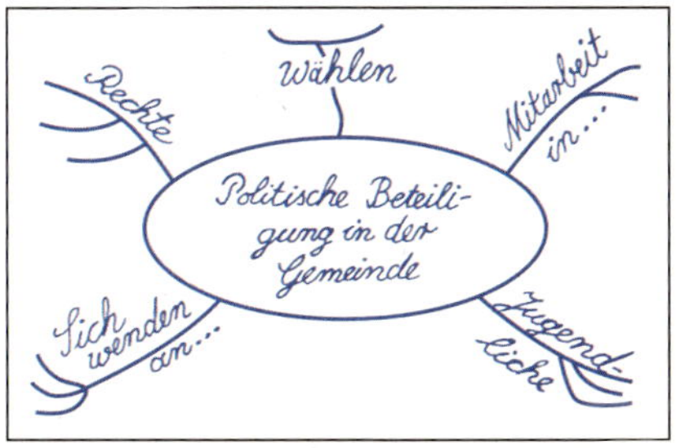

Wähle dein Thema

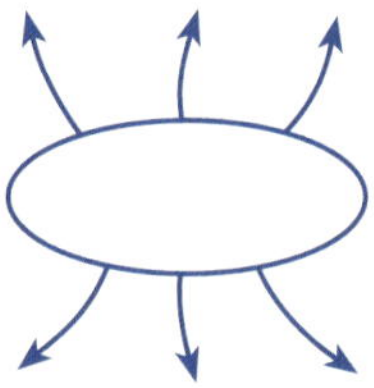

Ich entwickle eine anschauliche Mindmap zum Thema:

- Freizeitangebote in der Gemeinde
- Staatliche Aufgaben in einer größeren Stadt
- Aufgaben und Arbeitsweise eines Stadtrates
- Mitwirkungsmöglichkeiten der Menschen in der Gemeinde
- Wahlen zum Gemeinderat

Quiz

1. So bezeichnet man das Recht der Gemeinden ihre Angelegenheiten selbst zu regeln.
2. Gemeinden erfüllen Pflichtaufgaben, staatliche Auftragsangelegenheiten und … ?
3. Das sind Einnahmen, die den Gemeinden vom Bund oder vom Land überwiesen werden.
4. Das ist eine der wichtigen Einnahmequellen einer Gemeinde.
5. Weil nicht alle Aufgaben in einer Stadt vom Stadtrat selbst erledigt werden können, bildet er …
6. Hierin stehen die Rechte und Pflichten der Gemeinderäte.
7. In vielen Bundesländern sind die Oberbürgermeister die Vorsitzenden im Stadtrat und … ?
8. So nennt man es, wenn Wählerinnen und Wähler bis zu drei Stimmen auf einen Kandidaten anhäufeln.
9. Wählerstimmen auf mehrere Listen zu verteilen nennt man … ?
10. Sie stehen dem Oberbürgermeister bei der Leitung der Verwaltung zur Seite.
11. Das ist das grundlegendste Mitwirkungsrecht in einer Demokratie.
12. Damit können sich die Bürgerinnen und Bürger über eine Entscheidung des Stadtrates hinwegsetzen.
13. Darin schließen sich Menschen oft zusammen, wenn sie ein bestimmtes politisches Ziel erreichen wollen.
14. Damit fordern die Bürger, dass sich der Stadtrat mit einem bestimmten Thema befasst.
15. Diesem Ziel muss die Politik des Gemeinderates und des Bürgermeisters verpflichtet sein.

A kumulieren	**B** Ausschüsse	**C** Gewerbesteuer
D Wahlrecht		**E** Bürgerentscheid
F Recht auf kommunale Selbstverwaltung		**G** freiwillige Aufgaben
H Finanzzuweisungen		**I** panaschieren
J Bürgerbegehren	**K** städtische Beigeordnete	**L** dem Gemeinwohl
M Bürgerinitiativen	**N** in der Gemeindeordnung	**O** Chefs der Verwaltung

Teil B: Politik in den Bundesländern

Quiz für Einsteiger

16 Bundesländer:
Welcher Ländername, welche Hauptstadt, welche Fläche und welche Einwohnerzahl (Angaben in Millionen) gehören zusammen? Findet die Kombinationen heraus und notiert sie.

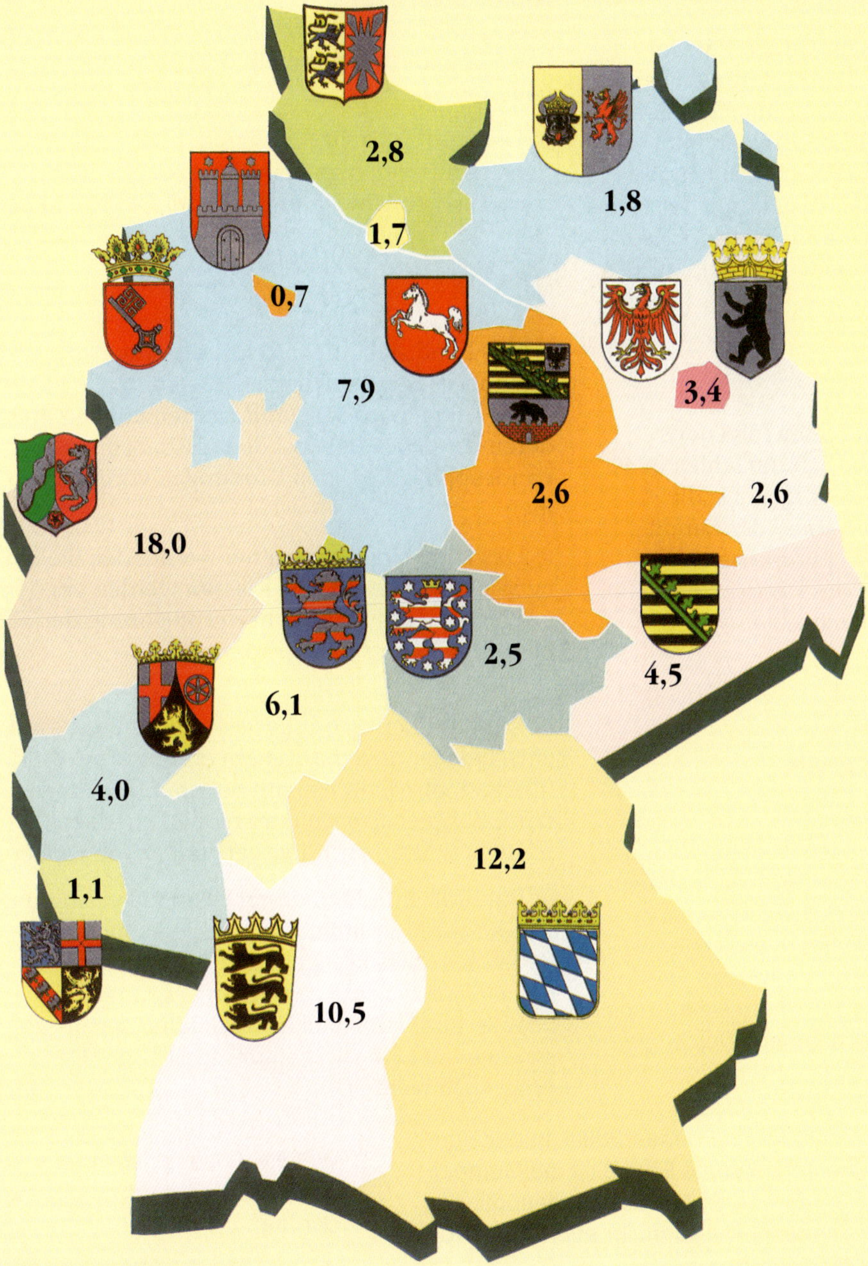

Baden-Württemberg
Freistaat Bayern
Berlin
Brandenburg
Freie Hansestadt Bremen
Freie und Hansestadt Hamburg
Hessen
Mecklenburg-Vorpommern
Niedersachsen
Nordrhein-Westfalen
Rheinland-Pfalz
Saarland
Freistaat Sachsen
Sachsen-Anhalt
Schleswig-Holstein
Thüringen

Dresden
Düsseldorf
Erfurt
Hannover
Kiel
Magdeburg
Mainz
München
Potsdam
Saarbrücken
Schwerin
Stuttgart
Wiesbaden

1. Wie wird in einem Bundesland Politik gemacht? Beispiele Rheinland-Pfalz und Saarland

Auf welchen Ebenen findet in Deutschland Politik eigentlich statt?

Beispiel 1: in der Gemeinde

Beispiel Stadtentwicklung:

Im **Stadtrat** von Schönstadt haben die gewählten Räte folgendes Problem: Die kleine Stadt lebt zu einem großen Teil vom Tourismus. Es gibt viele Hotels, Restaurants, Sehenswürdigkeiten, aber auch eine hohe Arbeitslosigkeit. Nun will sich eine Papierfabrik am Stadtrand ansiedeln. Die Leitung der Fabrik erwartet, dass der Rat für die Ansiedlung der Fabrik ein städtisches Grundstück zur Verfügung stellt. Wie sollten die Politiker im Stadtrat von Schönstadt entscheiden?

↖ Sie stellen der Papierfabrik das Grundstück zur Verfügung, weil dadurch Arbeitsplätze entstehen werden und die Stadt mehr Steuereinnahmen erhalten wird.

↙ Der Stadtrat stellt das Grundstück nicht zur Verfügung, weil man keine Fabriken in der touristisch schönen Umgebung ansiedeln will. *Oder?*

Beispiel 2: im Bundesland

Beispiel Schulpolitik:

Im **Landtag** haben die Landtagsabgeordneten folgendes Problem: Nach Schätzungen werden die Schülerzahlen in Deutschland noch mehrere Jahre lang ansteigen. Da die Schulpolitik Sache der Bundesländer ist, muss der Landtag entscheiden, ob mehr Lehrerinnen und Lehrer eingestellt werden sollen, obwohl die Einnahmen des Landes für die Bezahlung zusätzlicher Lehrer nicht ausreichen werden. Wie soll entschieden werden?

↖ Das Land stellt mehr Lehrkräfte ein. Dazu müssen höhere Schulden gemacht werden, die in besseren Zeiten zurückgezahlt werden können. In anderen Bereichen (z.B. bei den Ausgaben für die Landespolizei) werden Kürzungen vorgenommen.

↙ Das Land stellt nur bei frei werdenden Stellen neue Lehrkräfte ein. Die Klassen werden vergrößert und die Unterrichtsverpflichtung der eingestellten Lehrer wird erhöht. *Oder?*

Beispiel 3: in der Hauptstadt Berlin für die gesamte Bundesrepublik

Beispiel Steuerpolitik:

Im **Deutschen Bundestag** haben die Abgeordneten folgendes Problem: Die Staatsschulden steigen unaufhörlich an. Jedes Jahr müssen viele Milliarden Euro neue Schulden gemacht werden, damit alle bundesstaatlichen Leistungen weiter finanziert werden können. Durch neue Staatsschulden werden vor allem die jungen Leute belastet werden, denn sie müssen später die Schulden von den Alten übernehmen. Welche politische Entscheidung ist vernünftig?

↖ Die Politiker im Bundestag und im Bundesrat entscheiden, dass die Steuern erhöht werden. Man überlegt, ob Menschen mit hohem Einkommen (zum Beispiel ab 4000 Euro monatlich) dabei besonders kräftig zur Kasse gebeten werden sollen.

↙ Bundestag und Bundesrat beschließen ein staatliches Sparprogramm. Zum Beispiel können Kindergeld, Arbeitslosengeld und Arbeitslosenhilfe gekürzt werden; die staatlichen Leistungen für Schüler und Studenten (BAföG) können ganz gestrichen oder auf rückzahlungspflichtiges Darlehen umgestellt werden. *Oder?*

Die drei Beispiele zeigen, auf welchen verschiedenen Ebenen Politik in der Bundesrepublik Deutschland stattfindet. Die überschaubarste Ebene ist die Gemeinde- oder Kommunalpolitik. Die nächsthöhere Ebene ist die der Landespolitik in den 16 Bundesländern. Mit der Ebene der Landespolitik könnt ihr euch in den folgenden Einheiten beschäftigen.

1. Welche Lösung ist jeweils die beste? Sprecht in der Klasse darüber.

Welche Aufgaben hat der Landtag?

Die Schlagzeilen in dem Kasten befassen sich mit Themen der Landespolitik aus Rheinland-Pfalz. Ordnet sie dem jeweils passenden Link auf der rechten Seite zu. Ihr erhaltet so einen Überblick über Themen, mit denen sich Abgeordnete im Landesparlament beschäftigen.

Landesgartenschau mit finanzieller Förderung durch das Land voll geglückt

Land, Wirtschaft und Schulträger arbeiten beim Programm „Schulen ans Netz" eng zusammen

Opposition im Landtag bezeichnet die Schulpolitik der Landesregierung als verfehlt

Änderung des Landesschulgesetzes stärkt die Stellung der Elternbeiräte

Landesregierung plant Landesgesetz zum Schutz von hervorgehobenen Bauwerken und Plätzen vor gewaltbereiten Demonstranten

Land bewilligt zusätzlich 11 Millionen Euro zur Behebung der Winterschäden auf den Landstraßen

Landtag diskutiert über den neuen Waldschadensbericht für Rheinland-Pfalz – Baumbestand hat sich merklich erholt

Änderung der Landesverfassung tritt am 18. Mai 2000 in Kraft
Möglichkeit des Volksbegehrens wurde erleichtert

Land will Landwirtschaft, Weinbau und Tourismus stärker unterstützen und finanziell besser fördern

Steuerreform des Bundes führt zu Einnahmeverlusten im Landeshaushalt

Gesetzgebung
Haushaltsfragen
Landwirtschaft
Rechtspolitik
Schulpolitik
Tourismusförderung
Umweltpolitik
Verkehrspolitik

Der Landtag in Mainz,
die gewählte Volksvertretung von Reinland-Pfalz

INFORMATION

Der Landtag und sein Auftrag

Der Landtag von Rheinland-Pfalz ...

ist das oberste Organ der politischen Willensbildung im Land. Seine 101 Mitglieder werden alle fünf Jahre vom Volk gewählt.
Die wichtigsten Aufgaben des Landtags sind:

- die öffentliche Diskussion der unterschiedlichen Interessen der Bevölkerung,
- die Wahl des Ministerpräsidenten und die Bestätigung der Landesregierung,
- die parlamentarische Kontrolle der Landesregierung und der ihr nachgeordneten Verwaltung,
- die Festlegung des Landeshaushalts und die Landesgesetzgebung.

Die wichtigsten Gebiete, auf denen das Land Gesetze erlassen kann, sind:

- Polizei,
- Bildung,
- Kultur,
- Rundfunk,
- Recht der Kommunen (Gemeinden, Städte und Landkreise),
- Organisation der Verwaltung

Einmal im Monat tagt der Landtag zwei oder drei Tage als Ganzes (Plenum), um Gesetze und Anträge zu beraten und zu beschließen, aktuelle Themen zu erörtern und Fragen an die Regierung zu stellen.
(entnommen aus der Internet-Präsentation des Landes Rheinland-Pfalz, Stand Frühjahr 2001)

Was enthält eine Landesverfassung?

Eine Verfassung enthält die grundlegenden Regeln über den Staatsaufbau in einem Land. Staat und Bürger müssen sich an diese Regeln halten. Das Grundgesetz für die Bundesrepublik Deutschland enthält die Regeln, die im gesamten Staatsgebiet gelten. Darüber hinaus hat jedes der 16 Bundesländer auch eine eigene Landesverfassung. Sie enthält die Regeln für den Staatsaufbau im eigenen Bundesland. Der Verfassungsgerichtshof in einem Bundesland, den ihr auf den Schaubildern seht, wacht darüber, dass die Gesetze und Maßnahmen, die das Land beschließt, der Landesverfassung nicht widersprechen.

Rheinland Pfalz und Saarland im Schaubild: Wer wählt im Land wen?

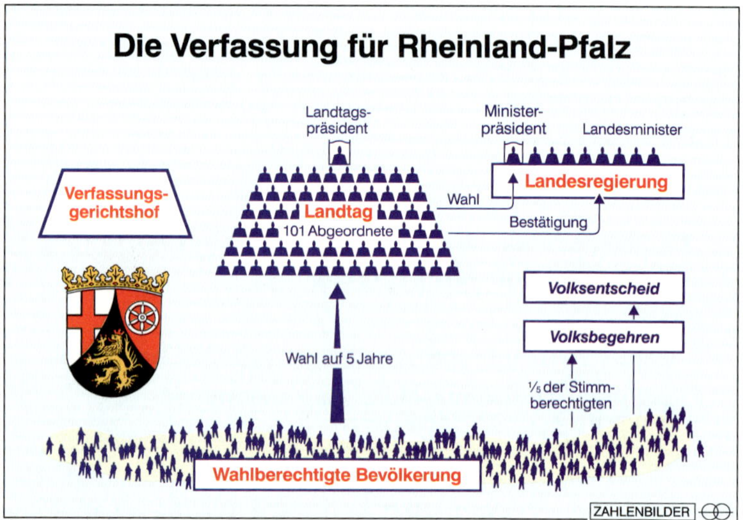

© Erich Schmidt Verlag 72 610

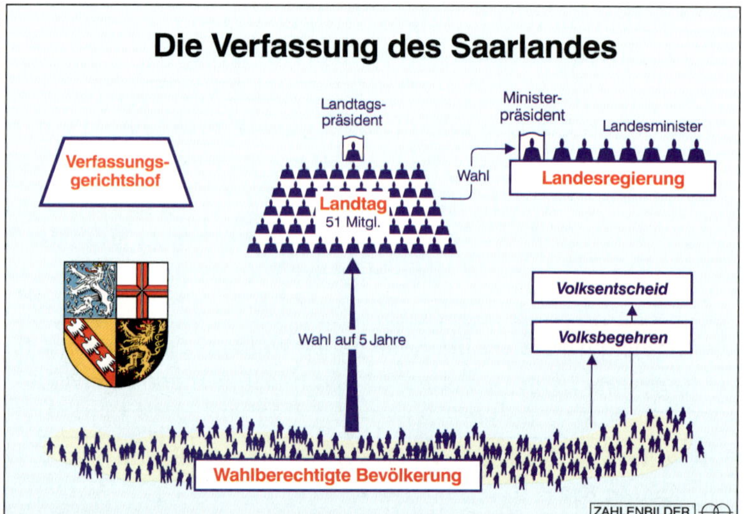

© Erich Schmidt Verlag 73 450

1. Fasst die Aufgaben, die Themengebiete und die Arbeitsweise eines Landtages anschaulich zusammen, z.B. mit einer Mindmap.
2. Erklärt mit den beiden Schaubildern den Staatsaufbau in den Bundesländern Rheinland-Pfalz und Saarland. (Geht dabei von der wahlberechtigten Bevölkerung aus.) *Volksbegehren* und *Volksentscheid* könnt ihr im Glossar nachschlagen.

Der Bundesrat als Vertretung der Bundesländer: Alle getrennt und doch gemeinsam?

Das Verhältnis zwischen der Landes- und der Bundespolitik in Deutschland lässt sich mit der Situation in einer Schule vergleichen. Es gibt die einzelnen Schulklassen, die ihre eigenen Klassensprecher wählen und ihre inneren Angelegenheiten selbstständig regeln. Die Klassensprecherinnen und Klassensprecher wiederum treffen sich in der Klassensprecherversammlung, in der die Angelegenheiten, die für alle Klassen wichtig sind, besprochen werden.
In der Landespolitik entsprechen die einzelnen Bundesländer den Schulklassen und die Klassensprecher den gewählten Ministerpräsidenten. Gemeinsam treffen sich die 16 Ministerpräsidenten (vergleichbar mit den Klassensprechern) im Bundesrat (vergleichbar mit der Klassensprecherversammlung). Was tun sie dort?
Ein Beispiel erfahrt ihr auf dieser Seite.

Bundesländer im Bundesrat gemeinsam gegen rechte Gewalt

Was geschah in diesem Saal am 29. September 2000?

Nach der Sommerpause 2000 trafen sich die Ministerpräsidenten der 16 Bundesländer in Berlin, um über einen gemeinsamen Länderantrag zur Änderung des Versammlungsgesetzes zu beraten.
Den Hintergrund für diese Gesetzesinitiative hatte ein Aufmarsch von Rechtsextremisten in Berlin am Brandenburger Tor vom Januar 2000 geboten. Nach der Meinung der überwiegenden Mehrheit sollte eine solche Provokation durch Rechtsextremisten an einem geschichtlich so bedeutsamen Ort in Zukunft nicht mehr möglich sein.
Der rheinland-pfälzische Ministerpräsident Kurt Beck begründete das gemeinsame Vorgehen der Bundesländer: „Als am 29. Januar 2000 erstmals seit Kriegsende mehrere hundert Rechtsextremisten mit wehenden Fahnen durch das Brandenburger Tor zogen, wurden Bilder aus der schlimmsten Epoche der deutschen Geschichte wach." Weiter sagte er, der Aufmarsch der Rechtsextremisten sei eine bewusste und gezielte Provokation gewesen. Und dies sei kein Einzelfall. Deshalb sei es notwendig, die herausragenden Orte mit großer geschichtlicher Bedeutung vor „Veranstaltungen mit jedwedem extremistischen Charakter" in Zukunft zu schützen. Die Ministerpräsidenten der Bundesländer wollten die nächste Sitzung des Bundesrates am 29. September 2000 dazu nutzen, einen Vorschlag für die Änderung des Bundesversammlungsgesetzes auf den Weg zu bringen. Danach soll jedes einzelne Bundesland in Zukunft für sich die bedeutsamen Orte im eigenen Land festlegen können, an denen Versammlungen unter freiem Himmel und Demonstrationen grundsätzlich verboten sind. Wenn eine Gruppe trotzdem an einer solchen Stätte eine Veranstaltung plant, so muss sie dies bei der zuständigen Stelle schriftlich beantragen. Wenn es sich um eine friedliche und im demokratischen Sinne positive Veranstaltung handelt, soll die Behörde vom Verbot eine Ausnahme machen können.
Diese Gesetzesinitiative des Bundesrates könne garantieren, dass die einzelnen Bundesländer eine gemeinsame Linie gegen Provokationen durch politische Extremisten verfolgen und gleichzeitig für sich selbst entscheiden, welche Orte im Land besonders geschützt werden müssen.
Der Bundesrat ist die Vertretung der Bundesländer, durch welche diese an der Gesetzgebung des Bundes teilnehmen können. Er hat das Recht, Bundesgesetze vorzuschlagen und auf den Weg zu bringen. (Näheres zum Bundesrat siehe Glossar und Seite 232 im Buch.)

(Aus: StaatsZeitung, Rheinland-Pfalz, Nr. 31/54. Jahrgang vom 18.9.2000, S. 1)

1. Nimm einmal an, du wärest Mitglied in der Landesregierung deines Bundeslandes und hättest das Recht, als eines der 69 festen Mitglieder im Bundesrat an der oben erwähnten Sitzung teilzunehmen: Hättest du die gemeinsame Initiative der Bundesländer zur Änderung des Versammlungsgesetzes unterstützt oder abgelehnt?
2. Wie kann man das Verhältnis zwischen Landespolitik und Bundespolitik erklären?

2. Fünf neue Bundesländer stellen sich vor

Straße in Halle
im Abstand von einigen Jahren

Auf den nächsten fünf Seiten werden die Bundesländer Brandenburg, Mecklenburg-Vorpommern, Sachsen, Sachsen-Anhalt und Thüringen vorgestellt.
Wenn ihr in einem dieser Länder zur Schule geht, könnt ihr „eure“ Seite benutzen um damit eine Präsentation eures Bundeslandes vor der Klasse vorzubereiten.
Wenn ihr in einem anderen als den hier vorgestellten Bundesländern zur Schule geht, könnt ihr eine Präsentation der fünf neuen Bundesländer vorbereiten, sodass sie den übrigen Schülerinnen und Schülern bekannter und vielleicht vertrauter werden.
Natürlich können auch alle anderen Bundesländer auf diese Art und Weise von euch präsentiert werden. Dabei hilft euch wieder das Internet. Alle 16 Bundesländer und Stadtstaaten präsentieren sich unter ihrem Landesnamen mit vielfältigen Informationen in eigenen Homepages.

☞ Gebt die Internetadresse eures gewählten Bundeslandes ein – zum Beispiel www.thueringen.de.
Ermittelt
(A) die aktuellen Mehrheitsverhältnisse im Landtag mit der entsprechenden Sitzverteilung,
(B) den Namen und die Partei des amtierenden Ministerpräsidenten,
(C) die weitere Zusammensetzung der Landesregierung,
(D) weitere politische Informationen, die ihr für die Vorstellung des Bundeslandes für wichtig haltet.

Den fünf Vorstellungen der neuen Bundesländer könnt ihr folgende Informationen entnehmen:

1. Die Sehenswürdigkeiten und Schönheiten des Bundeslandes
2. Die wirtschaftliche Situation
3. Die politischen Verhältnisse im Land
4. Weitere aktuelle Informationen aus dem Internet

Brandenburg: Land mit langer Tradition

Der rote Adler auf silbernem Grund ist seit 1156 das Wappentier der Markgrafen von Brandenburg.
Flagge: Rot-Weiß

Das Land im Überblick

Das Kernland des alten Preußens ist flächenmäßig das größte neue Bundesland. Seine 2,6 Millionen Einwohner leben seit Herbst 1990 in einem Gemeinwesen mit langer Tradition, die Mehrzahl der Bürger fühlt sich wieder als Brandenburger. Darauf ist man stolz. Und deshalb wollte man 1996 keine Fusion mit dem Land Berlin. In einem Volksentscheid (5.5.1996) fand der Staatsvertrag in Brandenburg nicht die erforderliche Mehrheit. Landespolitiker in Berlin und Brandenburg haben es dennoch nicht aufgegeben, ein gemeinsames Land anzustreben. Dafür sprechen vor allem wirtschaftliche Gründe. [...]
Das Land ist reich an Attraktionen: Zwischen Uckermark und der Lausitz laden mehr als 5000 Schlösser und Herrenhäuser sowie 200 Museen zur Besichtigung ein, das Land verfügt über rund 3000 Seen ... Tourismus wird also groß geschrieben an Havel, Spree und Oder. Und im Süden des Landes entstehen seit 1990 neue Erholungslandschaften aus sanierten Braunkohle-Tagebauten. Zugleich gelang es Land und Bund, wenigstens einige industrielle Kerne in diesem Gebiet zu erhalten. [...]
Politische Sorgen machen seit 1990 rechtsradikale Aktivitäten. Übergriffe auf Ausländer sind leider keine absolute Ausnahme, sondern kommen immer wieder vor. Ein kleiner Teil junger Menschen verfügt offenbar über keinerlei humanistisch-ethische Normen. [...] Bei den Landtagswahlen im Herbst 1999 konnte die DVU mit knapp über fünf Prozent in den Landtag einziehen.

(Aus: Peter Joachim Lapp: Kurzportrait Brandenburg, in: Das Parlament, hrsg. von der Bundeszentrale für politische Bildung, Nr. 37-38 vom 8./15.9. 2000, S. 12)

Im Land der Sorben: Die Verfassung schützt die sorbische Minderheit

Der Landtag in Potsdam

Brandenburg politisch

Die Landesverfasung wurde am 14. Juli 1992 verabschiedet. Sie verpflichtet die Landespolitik dazu, „im Rahmen ihrer Kräfte für eine Politik der Vollbeschäftigung und Arbeitsförderung und für die Verwirklichung des Rechts auf Arbeit zu sorgen."
Breiten Raum nimmt in der Landesverfassung der Schutz der natürlichen Lebensgrundlagen ein. Ein eigener Verfassungsartikel ist dem Schutz der sorbischen Minderheit gewidmet.
Der Landtag besteht aus 88 Abgeordneten. Sie werden auf fünf Jahre gewählt. Bei der Sitzverteilung werden nur jene Parteien, politische Vereinigungen oder Listenverbindungen berücksichtigt, die mindestens fünf Prozent der gültigen Zweitstimmen oder mindestens in einem Wahlkreis ein Direktmandat gewonnen haben. Diese Sperrklausel gilt nicht für politische Vertretungen der Sorben.
Der Landtag wählt den Ministerpräsidenten, der die Richtlinien der Regierungspolitik bestimmt und die Minister ernennt und entlässt.
Die Bürger Brandenburgs machen regen Gebrauch von direktdemokratischen Verfahren, welche die Landesverfassung ihnen garantiert. Schon 20 000 Unterschriften (cirka 1 Prozent) reichen aus eine Volksinitiative durchzuführen. Dabei haben auch ausländische Bürger das Recht mitzuwirken. Mit einem Volksbegehren können die Brandenburger den Landtag dazu zwingen, einen Volksentscheid über wichtige politische Fragen durchzuführen. Bis zum Jahr 2000 gab es in Brandenburg bereits 18 Volksinitiativen, 4 Volksbegehren und 2 Volksentscheide.

Mecklenburg-Vorpommern: Tourismus an Seen und Küste

Das Wappen ist zweigeteilt und zeigt links den mecklenburgischen Stier und rechts der pommerschen Greif auf Silber. Die Version eines viergeteilten Landeswappens mit den gleichen Symbolen verwenden der Landtag und die obersten Landesbehörden.
Flagge: Blau-Weiß-Gelb-Weiß-Rot

Das Land im Überblick

Die Einwohner Vorpommerns im Osten des Landes […] fühlten sich zu DDR-Zeiten über Jahrzehnte diskriminiert und ausgegrenzt. Seit der Neugründung des Landes […] bemühten sich die Verantwortlichen in der Landeshauptstadt Schwerin – gelegen im äußersten Westen – zwar, die vorpommersche Region im Westen nicht mehr zu vernachlässigen, doch stießen sie dabei sogleich auf mehr oder weniger objektive Hindernisse. Die wirtschaftlichen Kerne lagen und liegen eher im mecklenburgischen Landesteil, in und um die alten Hansestädte Wismar und Rostock mit ihren Werften und Zulieferindustrie. Diese Werften konnten nach 1990 nach Schwierigkeiten, unter anderem mit der EU-Kommission in Brüssel, abgespeckt und modernisiert überleben. […]

Alter Hafen von Wismar: viele touristische Sehenswürdigkeiten vor einem strukturschwachen Hinterland

Mecklenburg-Vorpommern ist immer primär ein Agrarland gewesen; Landwirtschaft und Nahrungsmittelindustrie, bis 1990 von der DDR-Planwirtschaft stark gefördert, sind nach wie vor tragende Säulen des Bruttoinlandsprodukts. Vom Fremdenverkehr leben zunehmend mehr Einwohner des Landes an der Ostsee. Kein Wunder bei der Schönheit der Küste mit den Inseln Rügen und Usedom, mit einer Landeswaldfläche von gut 20 Prozent, mit einem Gewässeranteil von über 5 Prozent […]. Rechtsextremistische Vorfälle haben […] immer einmal wieder dem Image von Mecklenburg-Vorpommern schweren Schaden zugefügt; immerhin konnten aber rechtsradikale Parteien auch bei der letzten Landtagswahl im Gegensatz zu den Nachbarländern Sachsen-Anhalt und Brandenburg nicht ins Landesparlament gelangen.

(Aus: Peter Joachim Lapp: Kurzportrait Mecklenburg-Vorpommern, in: Das Parlament, hrsg. von der Bundeszentrale für politische Bildung, Nr. 37-38 vom 8./15.9. 2000, S. 12)

Mecklenburg-Vorpommern politisch:

Im November 1990 setzte der Landtag eine Kommission für die Erarbeitung einer Landesverfassung ein. Diese Verfassung knüpft an die Werte und Zielvorstellungen der friedlichen Revolution von 1989 an. Sie bekennt sich zu den Grundrechten der Würde und Freiheit des Menschen als Rechten, die ihm von Natur aus zustehen und die der Staat deshalb zu schützen hat. Auch die Formulierung der Grundrechte und Staatsziele atmet den Geist der friedlichen Revolution von 1989/90. So ist in Artikel 3 etwa formuliert: „Parteien und Bürgerbewegungen wirken bei der politischen Willensbildung des Volkes mit."
In Artikel 20 wird die Zahl der Abgeordneten im *Landtag* auf mindestens 71 festgelegt.
Volksinitiative, Volksbegehren und Volksentscheid sind als direktdemokratische Elemente in den Artikeln 59 und 60 der Landesverfassung verankert. Das Volk kann in einem Volksentscheid selbst über einen Gesetzesentwurf abstimmen, wenn die Mehrheit der Abstimmenden, mindestens aber ein Drittel aller Wahlberechtigten zugestimmt hat.
Die Verfassung wurde am 14. Mai 1993 vom Landtag beschlossen. Am 12. Juni 1994 stimmten die Bürgerinnen und Bürger über die Annahme der Verfassung in einem Volksentscheid ab. 60,1 % votierten für die Verfassung.

Das Schweriner Schloss: Sitz des Landtages

(Nach: Heinrich-Christian Kuhn: Mecklenburg-Vorpommern, in: Hans-Georg Wehling (Hrsg.): Die deutschen Länder, Verlag Leske und Budrich, Leverkusen 2000, S. 155ff.)

MECKLENBURG-VORPOMMERN

Sachsen: Bedeutendes Land mit aufstrebender Wirtschaftskraft

Das Wappen von Sachsen zeigt fünf schwarze Balken auf goldenem Grund, belegt mit einem grünen Rautenkranz. Es ist das historische Wappenbild des Hauses Sachsen-Wittenberg und ist schon im 12. Jahrhundert entstanden.

Blick auf die Kulturstadt Dresden: viel besucht, viel bewundert, viel beneidet.

Das Land im Überblick

Mit 4,5 Millionen Einwohnern ist der Freistaat das mit Abstand bevölkerungsreichste neue Bundesland. Und auch wirtschaftlich und kulturell hat Sachsen mehr zu bieten als andere: Das Land mit seinen Zentren Dresden, Leipzig und Chemnitz verfügt über wichtige Industrie- und Handelsunternehmen, die Leipziger Messe – nunmehr auf neuem Gelände – ist weltberühmt, die Landesuniversitäten sind über die Grenzen des Freistaates hinaus bekannt, die Kulturstätten, vor allem in der Landeshauptstadt Dresden (Zwinger, Grünes Gewölbe, Frauenkirche, Hofkirche und Schloss Pillnitz) sind weltweit ein Begriff und werden jährlich von Millionen Menschen besucht; die Semperoper muss jeder aufgesucht haben, der ein paar Tage in Dresden war.
Nach der deutschen Einheit eröffnete der VW-Konzern bei Zwickau eine völlig neue Automobilfabrik, in Dresden entsteht ein weiteres Werk für Edelkarossen. Fahrzeug- und Maschinenbau, Textilindustrie und Mikroelektronik haben Tradition im Lande. An diese kann seit 1990 angeknüpft werden, nirgendwo anders wurden die wirtschaftlichen Aussichten von Anfang an so positiv bewertet wie in Sachsen. Das hat sich inzwischen im Wesentlichen bestätigt, wenn auch die Arbeitslosigkeit mit 18 Prozent (2000) immer noch recht hoch ist. […]
Der Freistaat hat sich seit 1990 überall Respekt verschafft, zum Teil wird er beneidet, wegen seiner relativen Wirtschafts- und Finanzstärke […].
Leipzig darf stolz sein auf seine Rolle bei Wende und Ende der DDR: Die Montagsdemos lösten die friedliche Oktoberrevolution aus, die Demonstranten der Messestadt bewirkten mit den Rufen „Wir sind das Volk“ und „Wir sind ein Volk“ den Aufbruch in eine neue Zeit, die unserem Land die Einheit brachte. […]

(Aus: Peter Joachim Lapp: Kurzportrait Sachsen, in: Das Parlament, hrsg. von der Bundeszentrale für politische Bildung, Nr. 37-38 vom 8./15.9. 2000, S. 13)

Sachsen politisch:

Die sächsische Verfassung enthält einen vollständigen Katalog von Grundrechten. Einige Artikel darin drücken aus, dass sich die leidvollen Erfahrungen der Menschen zu DDR-Zeiten nicht mehr wiederholen dürfen. So enthält Artikel 33 eine besondere Betonung des Datenschutzes, damit Überwachungen Andersdenkender, wie es durch die ehemalige Staatssicherheit in der DDR der Fall war – für immer ausgeschlossen werden. Im Artikel 16, 2 heißt es: „Niemand darf grausamer, unmenschlicher oder erniedrigender Behandlung oder Strafe und ohne seine freiwillige und ausdrückliche Zustimmung wissenschaftlichen oder anderen Experimenten unterworfen werden.“
Das Recht Gesetze zu verabschieden hat in Sachsen – wie in allen anderen Bundesländern auch – der Landtag, aber auch unmittelbar das Volk. Das ist eine Besonderheit von direkter Demokratie durch das Volk. Die Sachsen können in einem Volksbegehren die Verabschiedung eines Gesetzes durch den Landtag beantragen und in einem Volksentscheid selbst über ein Gesetz abstimmen und somit sogar den Landtag überstimmen. Der sächsische Landtag setzt sich aus 120 Abgeordneten zusammen, die auf die Dauer von fünf Jahren gewählt werden.

Blick in den modernen und als Gebäude preisgekrönten Landtag von Sachsen

Thüringen: Das „grüne Herz" Deutschlands schlägt wieder

Die sieben silbernen Sterne stehen für die sieben Kleinstaaten, aus denen Thüringen 1920 gebildet wurde. Der achte Stern wurde eingefügt, als Erfurt 1945 wieder zu Thüringen hinzukam. Flagge: Weiß-Rot

Das Land im Überblick

Goethe und Schiller in der Kulturstadt Weimar

Das flächenmäßig kleinste neue Bundesland mit 2,5 Millionen Einwohnern ist heute wieder das grüne Herz Deutschlands. Der Freistaat Thüringen, 1990 ins Leben gerufen, wurde 1920 als Zusammenschluss von sieben kleineren Staaten gegründet (dazu kam später noch der ehemals preußische Regierungsbezirk Erfurt).
Landschaftlich und kulturell ist Thüringen außerordentlich reizvoll und interessant. Der Thüringer Wald lädt zum Wandern ein, die „Wartburg" in Eisenach und die Stadt Weimar mit ihrem Goethe- und Schillerhaus gehören zum Weltkulturerbe und werden jährlich von Millionen Touristen besucht. Zum Besuchsprogramm sollte auch ein Aufenthalt in der Gedenkstätte des KZ Buchenwald oberhalb von Weimar auf dem Ettersberg gehören, in der an die Opfer der Nazi-Barbarei und des sowjetischen „Spezriallagers" (1945–1950) erinnert wird.
Wirtschaftlich ist und war Thüringen Heimat bedeutender, weltbekannter Unternehmen, die wenigstens teilweise – wenn auch personell stark verdünnt – Wende und deutsche Einheit überleben und erhalten werden konnten. Dazu gehören Teile des alten VEB Karl Zeiss Jena, aus dem die „Jenoptik" wurde, für die der frühere Ministerpräsident des Landes Baden-Württemberg verantwortlich zeichnet.
In Eisenach eröffnete Opel ein großes Automobilwerk, das auf Mitarbeiter zurückgreifen konnte, die zu DDR-Zeiten den „EMW" und den „Wartburg" produzierten. Eine Reihe von Forschungs- und Technologiezentren konnte ebenfalls den gesellschaftlichen Umbruch überstehen und ihre Existenz neu geordnet bewahren. […] Es mag mit der Mentalität der Thüringer zusammenhängen, dass man in diesen Breiten Neuem gegenüber besonders aufgeschlossen ist und durchaus Experimente wagt. Zahlreiche innovative Klein- und Mittelbetriebe sowie Handwerksgeschäfte, die seit 1990 aufmachten, sind ein Beleg dafür. […]
Die amtliche Arbeitslosenquote des Landes liegt um die 15 Prozent, und damit niedriger als in den andern neuen Bundesländern (mit Ausnahme Sachsens).

Mahnmal gegen die Nazi-Barbarei im ehemaligen KZ Buchenwald

Thüringen politisch:

Die Landesverfassung entstand aus dem Wissen um die Gefahren, die Diktaturen für das demokratische Staatswesen bergen. In der Präambel (dem Vorwort) wird unmittelbar auf die „leidvollen Erfahrungen mit überstandenen Diktaturen" und auf die „friedlichen Veränderungen im Herbst 1989" hingewiesen. In Rechten und Pflichten ist der Freistaat den anderen Ländern der Bundesrepublik Deutschland gleichgestellt.
Die Thüringer Verfassung formuliert in ausführlicher Form Ziele staatlichen Handelns. Dazu zählen unter anderem der Schutz für Menschen mit Behinderung, die Möglichkeit durch frei gewählte und dauerhafte Arbeit den Lebensunterhalt zu verdienen, der Schutz von Tieren, das Angebot angemessenen Wohnraums.

(Nach: Antonio Peter: Thüringen, in: Hans Georg Wehling (Hrsg.) Die deutschen Länder, Verlag Leske und Budrich, Leverkusen 2000, S. 271ff.)

Der Thüringer Landtag besteht aus 88 Abgeordneten, die für fünf Jahre gewählt werden. Als Merkmale direkter Demokratie sind Bürgeranträge, Volksbegehren und Volksentscheide vorgesehen.

Sachsen-Anhalt: Land mit Kontrasten

Das Wappen des neu gegründeteten Landes vereinigt die Wappen der früheren preußischen Provinz Sachsen und des Landes Anhalt. Aus Anhalt stammt der Bär, der über eine rote Zinnenmauer schreitet. Oben rechts sieht man den preußischen Adler.
Flagge: Gelb-Schwarz

Das Land im Überblick

Die knapp drei Millionen Einwohner des Landes, das im Oktober 1990 gegen mancherlei Widerstände gegründet wurde, bilden keine einheitliche, typische Bevölkerung, sondern betrachten sich in erster Linie verschiedenen Regionen verbunden, die nur – mehr oder weniger künstlich – zu einem Land zusammengefügt wurden. Es gibt also praktisch keine „Sachsen-Anhaltiner"', sondern nur Hallenser, Mansfelder, Harzer, Anhaltiner und Altmärker […]
Sachsen-Anhalt ist ein Land der Kontraste und Widersprüche. Und das macht es interessant. Wohl eher für Außenstehende. Landschaftlich nicht eben ein Fremdenverkehrsziel, hat es doch Gebiete, die schöner und abwechslungsreicher nicht sein können: Städte wie Tangermünde im Norden, Wernigerode und Quedlinburg im Harz, Naumburg an der Saale im Süden, die herbe Schönheit der Altmark, das Tal der Unstrut im Süden mit seinen Weinbergen. […]
Darüber hinaus lohnen Besuche in den Lutherstädten Eisleben und Wittenberg; im heutigen Sachsen-Anhalt nahm die Reformation ihren Anfang. Industrielle Kerne sind heute praktisch nicht mehr vorhanden; die alte Chemieindustrie ist inzwischen weitgehend stillgelegt worden. Nur wenige neue, modernisierte Einrichtungen mit erheblich weniger Personal sind in Betrieb gegangen, so eine größere chemieorientierte Erdölraffinerie. Der Chemiestandort konnte also erhalten werden. Weniger Glück hatten Schwermaschinenbaubetriebe in Magdeburg und Umgebung – sie mussten aufgeben.
Altmark und „Magdeburger Börde" werden nach wie vor intensiv landwirtschaftlich genutzt. […] Die Arbeitslosigkeit im Lande liegt derzeit über 20 Prozent (2000) und ist damit die höchste in einem neuen Bundesland."

(Aus: Peter Joachim Lapp: Kurzportrait Sachsen-Anhalt, in: Das Parlament, hrsg. von der Bundeszentrale für politische Bildung, Nr. 37-38 vom 8./15.9. 2000, S. 12)

Denkmäler der Reformatoren Philipp Melanchton und Martin Luther auf dem Marktplatz in Wittenberg

Sachsen-Anhalt politisch:

Wie in allen neuen Bundesländern standen die politisch Verantwortlichen auf allen Ebenen vor einer Fülle von Aufgaben und Problemen. Jahrzehnte des ökologischen und ökonomischen Raubbaus hatten die Region an den Rand des Ruins gebracht. Die Umstrukturierung der Wirtschaft, […] die Schaffung einer modernen Infrastruktur und vieles andere mehr mussten in Angriff genommen werden. Die Fortschritte, die bei der Bewältigung dieser Aufgaben erzielt wurden, sind unübersehbar. Größtes und vorrangiges Problem bleibt aber weiterhin die Schaffung von neuen und zukunftssicheren Arbeitsplätzen. […]
Der Landtag von Sachsen-Anhalt besteht aus 99 Abgeordneten, die für vier Jahre gewählt werden. Der Ministerpräsident wird vom Landtag in geheimer Wahl ohne Aussprache gewählt.
Die 101 Artikel umfassende Verfassung enthält im ersten Teil einen Katalog von Grundrechten. Als Staatsziele werden u.a. der Umweltschutz, die Gleichstellung von Mann und Frau sowie der Minderheitenschutz genannt. Den Forderungen nach politischer Machtkontrolle und Bürgernähe trägt die Landesverfassung durch die direktdemokratischen Instrumente der Volksinitiative, des Volksbegehrens und des Volksentscheids Rechnung.

(Nach: Wilfried Welz: Sachsen-Anhalt, in: Hans-Georg Wehling (Hrsg.): Die deutschen Länder, Verlag Leske und Budrich, Leverkusen 2000, S. 155ff.)

SACHSEN
ANHALT

4 Aufgaben der Massenmedien

Zu den Massenmedien zählt man die gedruckten Medien (Zeitungen und Zeitschriften) und den Rundfunk (Radio und Fernsehen). Hinzu kommt das Internet, das im Zeitalter von Multimedia immer größere Bedeutung erlangt.
Alle Massenmedien verbreiten Informationen mithilfe von Technik. Viele Menschen nutzen sie zur Unterhaltung und zum Zeitvertreib. Sie haben aber auch eine wichtige Bedeutung für die Politik und das Leben in einer Demokratie. Vor allem um diese Bedeutung geht es im folgenden Kapitel.

Überlegt in der Klasse, welche Bedeutung die verschiedenen Massenmedien in eurem Alltag haben.

1. Welche Aufgaben haben die Massenmedien in der Demokratie?

1. Warum ist dies ein Alptraum?
2 Was verrät diese Geschichte über die Aufgaben der Massenmedien in der Wirklichkeit?

Eine Geschichte zum Nachdenken: Massenmedien verboten

Ich hatte einen Traum. Gut gelaunt stand ich auf und frühstückte. Bevor ich mich auf den Schulweg machte, wollte ich noch einen Blick in die Zeitung werfen. An diesem Morgen war jedoch keine Zeitung geliefert worden. Na ja, dachte ich, vielleicht ist der Zeitungsträger krank und kein Ersatz da.
Ich schaltete das Frühstücksfernsehen ein und zappte mich durch die Programme. Doch auch hier – ich konnte es kaum glauben – gab es nur Geflimmer in allen Kanälen.
Während der Fahrt fiel mir auf, dass der Kiosk, an dem sonst immer eine Menge Leute ihre Zeitungen und Zeitschriften kaufen, geschlossen war. Auch der Zeitungsverkäufer auf dem Marktplatz hatte heute anscheinend Urlaub. Komischerweise gab's diesmal im Bus auch keine Nachrichten aus dem Radio. In der Schule mussten sich alle Schülerinnen und Schüler um zehn Uhr in der Aula versammeln. Der Schulleiter hatte eine wichtige Meldung zu verkünden. „Gestern sind alle Zeitungs- und Zeitschriftenverlage und alle Rundfunk- und Fernsehanstalten von der Regierung verboten worden. In wenigen Tagen, in denen wichtige Veränderungen erfolgen sollen, werden sie wieder wie gewohnt erscheinen."
Die wenigen Tage wurden zur Ewigkeit. Kein Mensch wusste, was im Lande vorging. Hinter vorgehaltener Hand wurde gemunkelt, die Regierung mache sich die Massenmedien zu Eigen, um ihre fehlgeschlagene Politik zu vertuschen.
Als die Medien wieder erschienen, war ich heilfroh und zunächst fiel mir überhaupt kein Unterschied zu früher auf. Im Fernsehen gab es wieder meine Lieblingstalkshow und meine tägliche Serie. Es zogen wieder 15 Leute in einen Container ein, um sich Tag und Nacht bei allem, was sie taten, filmen zu lassen. Es gab auch Nachrichtensendungen und die Tageszeitung erschien auch wieder. Aber genau hier war plötzlich alles ganz anders geworden.
In jeder Nachricht und in jedem Kommentar war nur von den großartigen Leistungen der Regierung die Rede. Es schien in unserem Land keine Probleme mehr zu geben: keine Arbeitslosigkeit und keine Umweltverschmutzung.
Einige Tage später verkündete eine Sprecherin im Fernsehen, dass die Regierung es von nun an als eine wichtige Aufgabe ansehe, die Massenmedien zu kontrollieren und das Volk gut zu unterhalten.
Alle Reporterinnen und Reporter, die früher die Regierung kritisiert hatten, wurden daraufhin fristlos entlassen.
An dieser Stelle meines Traumes wurde ich schweißgebadet wach.

Die politische Bedeutung der Massenmedien

In den Texten auf dieser Doppelseite geht es um die Frage nach der politischen Bedeutung der Massenmedien in der Demokratie. An den Stellen, die mit einem Fragezeichen (?) gekennzeichnet sind, könnt ihr nach einer passenden Zwischenüberschrift suchen. Wie groß ist die politische Bedeutung der Massenmedien? Formuliert dazu eine Stellungnahme.

Nach der Textbearbeitung solltet ihr zunächst die folgenden Fragen beantworten:

1. Welche wichtigen Garantien für die Meinungs- und Pressefreiheit gibt es in Deutschland?
2. Was unterscheidet die öffentlich-rechtlichen von den privaten Sendestationen?
3. Warum werden die Medien auch als „vierte Macht im Staat" bezeichnet?

(?) Staatsbesuch in der Bundesrepublik Deutschland: Fernsehteams, Journalisten und Rundfunkreporter sind natürlich dabei, als das Flugzeug mit dem hohen ausländischen Gast an Bord langsam auf dem Flughafen einschwebt. Ein roter Teppich ist ausgerollt und das Musikkorps der Bundeswehr spielt die Nationalhymnen. Gemessen schreitet das Staatsoberhaupt die Gangway herab, schüttelt Hände und wird von Reportern und Fotografen umringt. Abends kann man die Ankunft des Politikers in den Fernsehnachrichten sehen, am nächsten Tag sind die Fotos in den Tageszeitungen.
Jeder Staatsbesuch ist ein Medienereignis. Über jeden Schritt der Besucher werden wir durch Presse, Radio und Fernsehen informiert. […] Die Medien begleiten uns durch den Alltag: zum Frühstück die Nachrichten aus dem Radio, in der U-Bahn ein schneller Blick in die Tageszeitung und abends die Fernsehbilder des Tages. Medien und Politik sind eng miteinander verknüpft. Seit es die Medien gibt, gehört es zu ihren Aufgaben, über die Ereignisse des Tages, also vor allem über Politik, zu berichten.

(?) Schon immer versuchten die Herrschenden Druck auf die Presse auszuüben, denn sie wussten, dass die Wahrheit manchmal auch gefährlich für sie sein konnte: Sie übten Zensur aus, das heißt, sie bestimmten, was in einer Zeitung gemeldet werden durfte und was nicht. In den vergangenen Jahrhunderten war das sehr einfach. Der Landesherr konnte eine Zeitung sogar verbieten, wenn sie ihm nicht passte. Auch heute noch werden in Diktaturen die täglichen Meldungen zensiert oder im Sinne der Politiker manipuliert, das heißt verfälscht.
Bei uns ist die Meinungs- und Pressefreiheit im Grundgesetz garantiert. In Artikel 5 heißt es:
(1) Jeder hat das Recht seine Meinung in Wort, Schrift und Bild frei zu äußern und zu verbreiten und sich aus allgemein zugänglichen Quellen ungehindert zu unterrichten. Die Pressefreiheit und die Freiheit der Berichterstattung durch Rundfunk und Film werden gewährleistet. Eine Zensur findet nicht statt.
(2) Diese Rechte finden ihre Schranken in den Vorschriften der allgemeinen Gesetze, den gesetzlichen Bestimmungen zum Schutze der Jugend und in dem Recht der persönlichen Ehre.

(?) Man nennt die Medien manchmal die „vierte Macht im Staat" (neben Regierung, Parlament und Rechtsprechung). Denn sie deckten in der Vergangenheit eine ganze Reihe von politischen Skandalen auf: Regierungsbeschlüsse, die gegen die Verfassung verstießen, Minister, die sich aus der Staatskasse bedienten, oder Parteien, die unrechtmäßig Millionenbeträge einstrichen.
Zeitungen, Zeitschriften, Hörfunk und Fernsehen sind also auch Kontrollorgane der Politiker. Deshalb fürchten Politiker, aber auch die Parteien, es könnte über Dinge berichtet werden, die unangenehm für sie sind oder die in der Öffentlichkeit eine negative Meinung fördern könnten.

(?) Die so genannten Printmedien, zu denen Zeitungen und Zeitschriften zählen, sind durchweg in privaten Händen. Sie sind im Besitz von Verlagen.
Die beiden großen Fernsehsender der ARD (Arbeitsgemeinschaft der öffentlich-rechtlichen Rundfunkanstalten der Bundesrepublik Deutschland) und ZDF (Zweites Deutsches Fernsehen) sowie die Radioprogramme der ARD (zum Beispiel WDR) sind öffentlich-rechtlich organisiert:
Diese Sender gehören weder einem Privatbesitzer noch dem Staat. Noch bis 1945 waren die Sendeanstalten staatlich. Weil die Nationalsozialisten aber während des Dritten Reiches das Radio als Propagandamittel eingesetzt hatten, beschlossen die Besatzungsmächte, die Rundfunkanstalten vom Staat unabhängig zu machen. Deshalb bekommen die Sender auch kein Geld aus der Staatskasse, sondern werden über Fernseh- und Hörfunkgebühren, die jeder Zuschauer und Hörer bezahlen muss, finanziert. Eine weitere Einnahmequelle ist die Werbung.

SPIEGEL-Titel: „Hintergründe der Politikverdrossenheit"

Immer wieder üben Zeitungen, Zeitschriften und auch einige Fernsehmagazine Kritik am Verhalten von Politikern, Wirtschaftsbossen und anderen prominenten Personen. Die Aufdeckung von Skandalen wird als „Enthüllungsjournalismus" bezeichnet. Diese Art der Berichterstattung findet nicht nur Zustimmung. Oft gerät die Meinungs- und Pressefreiheit in Konflikt mit dem Anspruch einzelner Personen auf den Schutz ihrer persönlichen Ehre. Während die einen von persönlichkeitsverletzendem „Schweinejournalismus" reden, sprechen andere von einer unverzichtbaren Leistung der freien Presse für die Demokratie:

- Soll die Presse Kritik üben und Skandale aufdecken?
- Welche Grenzen muss es geben?

(?) Die Politiker achten vor allem im Wahlkampf sehr genau darauf, dass nicht über eine Partei länger berichtet wird als über eine andere. Wenn zum Beispiel ein Fernsehbericht über die schlechten Wohnverhältnisse von Asylbewerbern läuft und das anschließende Interview mit der SPD-Vertreterin eine Minute länger dauert als das Interview mit einem CDU-Politiker, dann fühlt sich die CDU benachteiligt. Genauso ist es natürlich auch umgekehrt. […] Während des Wahlkampfs müssen alle Rundfunk- und Fernsehanstalten den Parteien kostenlos Zeit für Wahlkampfspots zur Verfügung stellen. Die Zeit wird für alle Parteien genau festgelegt, damit nicht eine Partei begünstigt wird.

(?) Es gibt auch Fernseh- und Rundfunksender, auf die die Parteien keinen direkten Einfluss haben – die Privatsender oder die unzähligen privaten Radiostationen.
[…] Die privaten Sender sind Geschäftsunternehmen, die Gewinne erzielen müssen. Die Gewinne kommen aus der Werbung, denn die Fernsehgebühren der Zuschauer sind allein für die öffentlich-rechtlichen Anstalten bestimmt. Also wird fast jeder Film, fast jede Sendung in den Privatsendern durch Werbespots unterbrochen. Je mehr Zuschauer eine Sendung verfolgen, um so mehr Geld können die Sender für Werbeeinblendungen verlangen.

(Alle Textauszüge nach: F. Bedürftig, D. Winter, B. Rieger: Das Politikbuch, Ravensburger Buchverlag 1994, S. 71ff.)

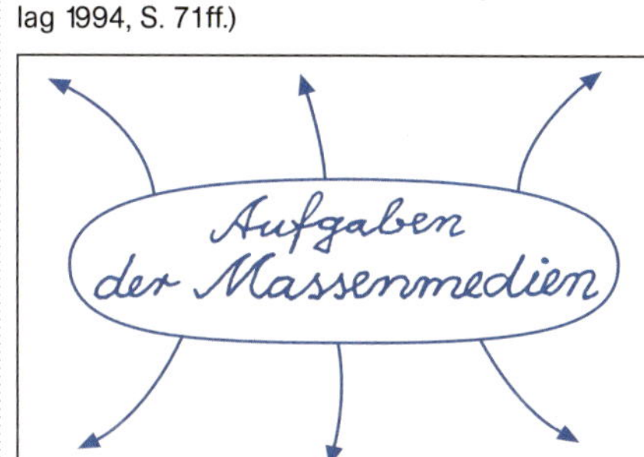

Soll die Presse berichten oder nicht?

Wir treffen Entscheidungen

Wenn die Redakteure einer Schülerzeitung von massiver Kritik an einem Lehrer erfahren, können sie in einen Konflikt geraten. Sollen sie von ihrem Grundrecht auf Pressefreiheit Gebrauch machen und über die Kritik öffentlich berichten oder hat das Recht des betroffenen Lehrers auf Schutz seiner Person, seiner Ehre und Würde Vorrang? Zwischen der Pressefreiheit und den Grenzen dieser Freiheit kann es zu Konflikten kommen, in denen von Fall zu Fall entschieden werden muss. Untersucht die fünf angenommenen Fälle und entscheidet für jedes Beispiel:

- Muss in diesem Fall das Grundrecht auf Meinungs- und Pressefreiheit ungehindert gewährleistet werden?
- Werden hier die Grenzen der Meinungs- und Pressefreiheit unzulässig überschritten?

Die Beispiele können in Gruppen besprochen werden. Die Entscheidungen werden dann in der Klasse vorgestellt und diskutiert.

Angenommen, dass...

1 Ein Fernsehteam interviewt Passanten über das „Ansehen des Lehrers in der Öffentlichkeit". Ein Schüler äußert, dass einige viel zu streng und ungerecht seien. Abends wird diese Reportage im Fernsehen gesendet. Am nächsten Morgen wird dieser Schüler sofort zum Schulleiter bestellt: Er wird getadelt, da er die Schule in einen schlechten Ruf gebracht hat.

Artikel 5

(1) Jeder hat das Recht, seine Meinung in Wort, Schrift und Bild frei zu äußern und zu verbreiten und sich aus allgemein zugänglichen Quellen ungehindert zu unterrichten. Die Pressefreiheit und die Freiheit der Berichterstattung durch Rundfunk und Film werden gewährleistet. Eine Zensur findet nicht statt.

(2) Diese Rechte finden ihre Schranken in den Vorschriften der allgemeinen Gesetze, den gesetzlichen Bestimmungen zum Schutze der Jugend und in dem Recht der persönlichen Ehre.

2 Abgeordnete verschiedener Bundestagsfraktionen sind in einen Finanzskandal verwickelt. Reporter, die Licht in diese Sache bringen wollen, stoßen auf eine Barriere des Schweigens. Ein Politikwissenschaftler, der im Fernsehen einen Kommentar zu diesem Sachverhalt abgegeben hat, wird sofort entlassen. Rundfunk- und Fernsehanstalten dürfen nichts mehr darüber berichten.

3 In einer von der Polizei durchgeführten Verkehrskontrolle wurde zwei Personen die Fahrerlaubnis entzogen, da sie zu viel Alkohol getrunken hatten. Die Lokalzeitung berichtet am folgenden Tag: „Eine Fahrzeugkontrolle am gestrigen Nachmittag hat gezeigt, dass es immer noch unverbesserliche Verkehrssünder gibt, die eine Gefahr für die Bevölkerung darstellen. So konnte gestern die Polizei Anton Müller und Manfred Klein den Führerschein vorläufig wegen Trunkenheit am Steuer entziehen."

4 In einer saarländischen Zeitung erschien ohne Nennung von Namen ein Bericht über einen Ehemann, der angeklagt worden war, weil er Gewalt gegenüber seiner Ehefrau und seinen Kindern ausgeübt hatte. Die Ehefrau war mit den Kindern aus der gemeinsamen Wohnung geflohen und hatte Anzeige wegen Körperverletzung erstattet. Der Ehemann wollte nun seinerseits die Zeitung verklagen, weil diese seine persönliche Ehre verletzt habe.

5 Schüler einer 9. Klasse haben im Kunstunterricht Plakate zum Thema „Gefahr durch Rüstung" entworfen, die in der ganzen Schule, bei Lehrern und Eltern große Anerkennung fanden. In der Schülerzeitung erscheint ein Bericht über die Aktion und über die Gefahren der Rüstung. Zufällig fällt der Bericht einem Staatsanwalt in die Hände. Er ärgert sich darüber und will die Polizei dazu veranlassen, die Schülerzeitung zu beschlagnahmen.

2. Informationstexte besser verstehen lernen: Wie können wir uns informieren?

In einer großen Umfrage wurden 3000 Personen in Deutschland unter anderem gefragt, wie stark sie die Massenmedien zur Information über aktuelle Politik nutzen. Das Ergebnis zum Themenbereich ‚Interesse an Fernsehnachrichtensendungen durch Jugendliche' veranlasste den Leiter der Untersuchung, Professor Dr. Horst W. Opaschowski zu dem folgenden Kommentar.
Hat er Recht?

TV-Nachrichten, nein danke?

Nachrichten verlieren immer mehr Anhänger bei der jungen Generation. Diese Entwicklung kann Gesellschaft und Politik nicht gleichgültig lassen. Fast zwei Drittel der Jugendlichen In Deutschland (66 %) haben am gestrigen Fernsehabend keine einzige Nachrichtensendung gesehen. Jugendliche „bewältigen" also ihre Informationsflut auf eine ganz besondere Weise. Sie verweigern sich und wählen Nachrichtensendungen im Fernsehen eher ab als aus. „TV-Nachrichten, nein danke!" – eine Herausforderung für die Demokratie, die politische Bildungsarbeit und vor allem für neue Ideen der verantwortlichen Produzenten.

(Aus: Prof. Horst W. Opaschowski: Die multimediale Zukunft, hrsg. vom Freizeit-Forschungsinstitut der British-American Tobacco, Hamburg 1996, S. 22)

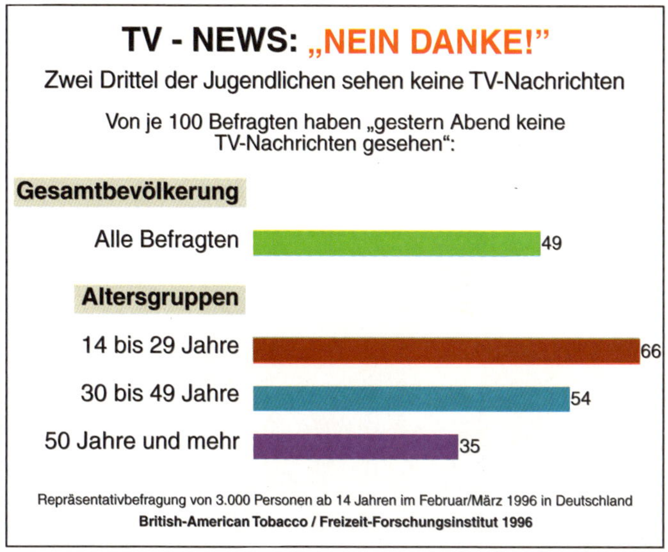

Diskutiert die unten stehenden Thesen in der Klasse und formuliert am Ende eine Zusammenfassung darüber, wie ihr in der Klasse das Maß an Interesse der Jugendlichen zur politischen Information des Fernsehen seht.

Das abgedruckte Befragungsergebnis lässt eine Reihe von Schlussfolgerungen zu. Welche haltet ihr für zutreffend, welche nicht?	**Diese Erklärung trifft zu/trifft nicht zu**
1. Jugendliche schauen keine Nachrichtensendungen, weil sie an den aktuellen Ereignissen aus der Politik kein Interesse haben.	
2. Jugendliche schauen sich Nachrichten im Fernsehen an, allerdings nicht jeden Tag.	
3. Jugendliche würden häufiger Nachrichten im Fernsehen anschauen, wenn diese nicht zu unverständlich dargeboten würden.	
4. Nachrichtensendungen sind den Jugendlichen zu langweilig.	
5. Die Erwachsenen haben Unrecht, wenn sie behaupten, dass sich die Jugendlichen nicht für politische Informationen interessieren.	

Methodenkarte 4

Textentschlüsselung

Wie kann man schwierige Texte erarbeiten und verstehen?

A Fernsehnachrichten verstehen durch die Protokollmethode

Sprecher in einer Nachrichtensendung: zu schnell, zu unverständlich, zu viel?

Auf der vorangegangenen Seite war zu lesen, dass 66 Prozent aller Jugendlichen keine TV-Nachrichten ansehen. Als Grund dafür äußerten viele Schülerinnen und Schüler, dass TV-Nachrichten für sie zu schwierig zu verstehen seien: Die Informationen folgen zu schnell aufeinander, die Sprache ist zu kompliziert und voller Fachbegriffe, die Meldungen können nicht gut behalten werden. Übrigens: Diese Schwierigkeiten haben nicht nur Jugendliche. Auch Erwachsene können sich oft schon nach kurzer Zeit nur noch an wenige gesendete Nachrichten erinnern. Um Fernsehnachrichten als Informationsquelle besser zu nutzen, solltet ihr es mit der Protokollmethode versuchen. Ihr könnt zu Hause üben, aber auch im Unterricht mithilfe eines Video-Mitschnittes. Vier Schritte zum Verhalten während und nach der Sendung solltet ihr euch einprägen.

A Während der Sendung:

Erster Schritt: Zahl der Nachrichten durchnummerieren
Während des Betrachtens zählt ihr die Nachrichten durch und verseht jede mit einer Ziffer auf dem Protokollblatt. So wird die Gesamtzahl der Nachrichten ermittelt.

Zweiter Schritt: Thema der Nachricht notieren
Versucht so weit es geht, das Thema der Nachricht nach jeder Ziffer zu notieren, z.B. „Bundeskanzler in USA“ oder „Vulkanausbruch in Neuguinea“.

B Nach der Sendung:

Dritter Schritt: Wichtige Meldungen auswählen
Niemand kann sich alle gesendeten Nachrichten einprägen. Wählt daher eine oder einige wenige Nachrichten aus, die ihr euch längere Zeit einprägen wollt. Wiederholt für euch selbst den Inhalt dieser Meldungen und notiert auf dem Protokollblatt dazu einige Stichworte. Hilfreich ist, wenn ihr euch stets auf eine feste Zahl einigt, z.B. „Die drei Topmeldungen dieser Sendung waren …“

Vierter Schritt: Zur Top-Nachricht weitere Informationen besorgen
Wählt eine der gesendeten Nachrichten aus, zu der ihr euch weitere Informationen besorgen werdet, zum Beispiel über eine Zeitung, über das Internet. Sucht dazu auch den ein oder anderen Kommentar aus, damit ihr euch mit verschiedenen Meinungen zu dieser Nachricht kritisch auseinander setzen könnt.

Wendet diese Übung häufiger auf Nachrichtensendungen im Fernsehen an. Ihr werdet sehen, dass euch das Verständnis mit der Zeit leichter fällt.

B Schwierige Texte verstehen durch die Texteinsammelmethode

Texteinsammelmethode: Was ist das?

Viele Menschen haben Probleme, einen anspruchsvollen Pressetext so zu lesen, dass sie ihn verstehen und sich die wichtigsten Aussagen einprägen können. Das Problem dabei ist, dass sie von vielem ausgeschlossen bleiben, was für das öffentliche Leben in der Gesellschaft von Bedeutung ist.

„Schwierige Texte zu lesen macht keinen Spaß", behaupten Schülerinnen und Schüler oft. Das gilt erfahrungsgemäß nur so lange, wie man es nicht kann. Wenn es dir bisher schwer gefallen ist, einen theoretischen Text durchzuarbeiten, solltest du es mit der folgenden Texteinsammelmethode versuchen. Diese Methode geht davon aus, dass man nicht jedes einzelne Wort in einem Text auf Anhieb verstehen muss, um die wichtigen Aussagen zu erfassen. Man sammelt nach und nach Bekanntes ein.

Wie macht man das?

Erster Schritt: Gesamtaussage einsammeln

Beginne nicht sofort mit dem Lesen, sondern wandere mit den Augen über den gesamten Text. Deine Augen werden bestimmte Wörter und Satzanfänge erfassen und am Ende kannst du sagen und aufschreiben, wovon dieser Text insgesamt handelt. Mit der Aussage: „Der Text handelt von …" kannst du dir die Gesamtaussage einprägen.

Zweiter Schritt: Teilaussagen einsammeln

Beginne nun mit dem Lesen des Textes, wobei es besser ist, laut als leise zu lesen. Konzentriere dich dabei auf jeden einzelnen Satz und lege nach jedem Satzende eine kurze Denkpause ein. Fasse nach einem erkennbaren Abschnitt den gelesenen Inhalt in einer Aussage zusammen. Gehe so den gesamten Text durch. Am Ende liest du die Zusammenfassungen aufmerksam durch und verbesserst sie, wenn es nötig ist. Mit diesem Vorgehen hat man in der Regel über die Hälfte des Textes verstanden.

Dritter Schritt: Textbesonderheiten einsammeln

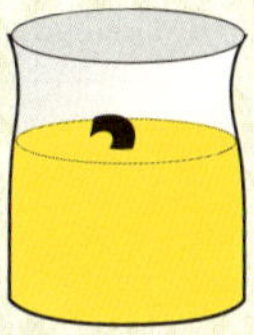

Wandere noch einmal mit den Augen über den Text und suche nach Aussagen und Begriffen, die dir besonders bedeutsam erscheinen. So genannte Schüsselbegriffe und besonders wichtige Textaussagen solltest du markieren und/oder herausschreiben. Achte aber darauf, dass du höchstens 10 bis 20 Prozent des Textes markierst. Die markierten Aussagen liest du noch einmal durch. Nun hast du alle Textaussagen eingesammelt, die du verstehen konntest. Erst jetzt solltest du dich dem unverstandenen Rest zuwenden.

Vierter Schritt: Letzte Unklarheiten klären

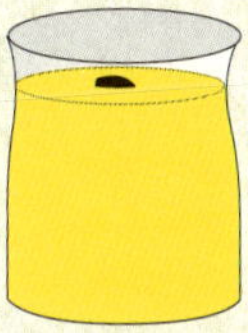

Je nachdem, wie schwierig ein Text ist, wird es ganze Sätze oder einzelne Begriffe geben, die unverständlich geblieben sind. Markiere diese – am besten mit einem Rotstift. Nun wirst du ein Wörterbuch zur Hand nehmen oder jemanden um Rat fragen müssen.

Fünfter Schritt: Textverständnis überprüfen

Es nützt nicht viel, wenn man einen Text nur bearbeitet, ohne darüber zu sprechen. Fasse am Ende den Text zusammen, am besten laut gegenüber deinen Mitschülern. Wenn du dabei feststellst, dass dir noch einiges unklar geblieben ist, kannst du noch einmal nachschauen.

1. Wendet die fünf Schritte auf die beiden Presseberichte auf der nächsten Seite an. Das kann in einer Partnerübung geschehen. Partner eins übernimmt den ersten Text, Partner zwei den zweiten.
2. Wendet die Texteinsammelmethode auch auf aktuelle Presseberichte an.

Partnerübung

Wir wenden die Texteinsammelmethode auf zwei Presseberichte an

Zwei Presseberichte beschäftigen sich mit verschiedenen Problemen des Themas Umweltschutz. Wendet die fünf Schritte der Texteinsammelmethode auf die beiden folgenden Texte an. Erstellt dazu eine Kopie und bearbeitet das Material mit Textmarker und Rotstift. Stellt euch nach der Bearbeitung eure Texte gegenseitig vor.

Beispiel 1:

Haben Fischstäbchen noch eine Zukunft?

Eine Fischerei, die systematisch die Meere leer fischt und keinen Raum mehr für die Reproduktion lässt, kann keine langfristige Zukunft haben.
Das Problem der Meere ist die Effektivität der Fischerei. High-Tech-Großschiffe zum Stückpreis von 30 Mio. Euro, die mit Echolot, Radar und Satellitenüberwachung den Fischschwärmen folgen und mit ihren Netzen von anderthalb Kilometer Länge 20 bis 30 Tonnen Fisch nach oben holen, lassen den Tieren keinen Raum mehr zur Regeneration.
Die Weltfischerei steckt ökonomisch und ökologisch in der Krise. Die Fischindustrie diktiert aus Marktzwängen heraus niedrige Preise, die in keiner Weise den sich abzeichnenden Knappheiten entsprechen. Nur dank staatlicher Subventionen können viele Fischer überhaupt noch überleben.
Die teilweise, zum Beispiel in der EU, eingeführten Fangquoten haben die Probleme nicht gelöst, sondern dazu geführt, dass nur noch der am besten verwertbare Fang behalten wird. Mindestens 27 Prozent des Fangs gehen als unerwünschter Beifang wieder über Bord. Millionen Fische, aber auch Delphine, Tümmler oder Seevögel, werden durch diese Form der Fischerei sinnlos getötet.
Für viele Menschen in der Dritten Weit ist der Fisch eine zentral wichtige Nahrungsquelle. Gerade deshalb ist eine die Bestände schonende Fischerei ein zentrales, internationales Zukunftsanliegen.

Beispiel 2:

Gehört die Zukunft der Energie-Sparschule?

An vielen Schulen unseres Landes haben Lehrer/innen und Schüler/innen damit begonnen, ihren Lernort auf den Verbrauch von Energie und anderen Ressourcen hin zu untersuchen und durch überwiegend sehr einfache und wenig kostenintensive Maßnahmen in erheblichem Maße Einsparungen vorzunehmen. Damit sind nicht nur die erwünschten ökologischen Vorteile verbunden, sondern es können auch erhebliche finanzielle Mittel umgewidmet werden.
Wie in den Haushalten, so wird auch in den Schulen in erheblichem Maße Energie vergeudet. Es bietet sich an, den Energieverbrauch unter Federführung der Physikfachlehrerinnen und unter Hilfestellung der örtlichen Elektrizitätswerke/Stadtwerke einer gründlichen Untersuchung zu unterziehen. Dabei sollte der jeweilige Verbrauch (der Heizungsanlage wie auch der Stromverbrauch der Schule und einzelner Geräte) genau erfasst werden. Eine Untersuchung der sonstigen Bedingungen (wie Wärmedämmung, Heizleistung, Benutzungsdauer und -häufigkeit) gehört ebenso zur Energiebilanz wie eine Erfassung der jeweiligen Benutzergewohnheiten (Wer schaltet ein oder aus? Wie sind die Verantwortlichkeiten geregelt?)
Die Chance der „Energiespar-Schule" besteht gerade in der Aktivierung der Schülerinnen und zumindest eines Teils des Kollegiums. Die Energie-Sparschule wäre ein konkreter Versuch, in Teilbereichen einen anderen, bewussteren Umgang mit den knappen Ressourcen einzuüben.

(Beide Texte nach: Entwicklungsland Deutschland, Peter Hammer Verlag, Wuppertal 1997, S. 49 und 153)

Warum soll man zwischen Nachricht und Kommentar unterscheiden?

Aus den Zeitungsmeldungen weniger Tage ...

Bundesverfassungsgericht verbietet Käfighaltung
Karlsruhe, 7. Juli:
Das Bundesverfassungsgericht hat entschieden, dass die Käfighaltung von Legehennen ein Verstoß gegen das Tierschutzgesetz ist und zukünftig verboten wird. Damit dürfen ab sofort keine neue Legebatterien mehr gebaut werden. Bis zum Jahr 2012 haben alle Legebatterien in der Hühnerhaltung zu verschwinden.

Europäische Union verabschiedet Richtlinie zum Schutz der Tiere beim Transport
Brüssel: Die Landwirtschaftsminister der EU haben die EU-Bestimmungen für Tiertransporte geändert. In Zukunft muss garantiert sein, dass Tiere während eines längeren Transports angemessen versorgt und in regelmäßigen Abständen auf Krankheiten untersucht werden. Auch muss es regelmäßige Ruhepausen geben, in denen die Tiere die Fahrzeuge verlassen können. Diese EU-Richtlinie kann erst in Kraft treten, wenn die Parlamente der Mitgliedsländer sie in nationale Gesetze umwandeln.

Wichtiger Tag im Kampf für den Tierschutz
von Philipp Hau, Berlin:
Das Bundesverfassungsgericht hat eine kluge Entscheidung getroffen. Dieser Beschluss setzt der größten Tierquälerei von Nutztieren in den letzten Jahrzehnten endlich ein Ende. Bleibt nur zu hoffen, dass sich das Verbot der Käfighaltung von Hennen auch in den anderen europäischen Ländern durchsetzen wird. Bis dahin ist es allerdings noch ein weiter Weg.

Keine Besserung in Sicht
von Christa Stein: Die EU-Bestimmungen für Tiertransporte wurden verändert, aber verbessert hat sich an der Situation der Tiere nichts. Noch immer werden Schlachttiere unter unzumutbaren Bedingungen über riesige Entfernungen hinweg transportiert. Warum müssen Rinder, Schweine und Schafe in Lkws eingepfercht drei Tage und Nächte lang lebend von Portugal nach Deutschland transportiert werden, damit sie hier getötet werden? Die Käufer von Fleischprodukten sollten darauf bestehen, dass das Tier nicht länger als vier Stunden auf seinem Weg zum Schlachthof zurücklegen musste, auch wenn die Ware dadurch etwas teurer wird.

Nachrichten und Kommentare

Der redaktionelle Teil einer Zeitung besteht zum großen Teil aus Nachrichten. Eine Nachricht ist die Mitteilung einer Neuigkeit, die für eine große Zahl von Lesern interessant und bedeutsam ist. Sie soll kurz sein, sachlich geschrieben und leicht verständlich. Da die Leser ein Anrecht darauf haben, möglichst wahrheitsgetreu informiert zu werden, soll eine Nachricht objektiv sein, also keine Meinung des Journalisten zum Ereignis enthalten. Nachrichten sollen Antwort geben auf sechs W-Fragen: Was geschah? Wann geschah es? Wie geschah es? Wo geschah es? Wer war daran beteiligt? Warum geschah es? Eine andere Form des Zeitungstextes ist der Kommentar. Hierin drücken Journalisten ihre eigene Meinung über Ereignisse und Sachverhalte aus. Im Unterschied zur Nachricht ist der Kommentar subjektiv. Er hat die Funktion, zur Meinungsbildung des Lesers beizutragen. Meinungen dürfen in den Medien nicht fehlen, denn in einer freien Presse sollen unterschiedliche Ansichten über wichtige Fragen zum Ausdruck kommen.
Ein Kommentar sollte mit dem Namen des Verfassers versehen sein. Eine seriöse Tageszeitung macht so dem Leser deutlich, dass es sich hier um eine persönliche Stellungnahme und nicht um eine objektive Nachricht handelt.

1. Zwei Nachrichten – zwei Kommentare: Woran erkennt man die Unterschiede?
2. Kannst du begründen, warum Nachricht und Kommentar klar getrennt sein sollen?
3. Verfasse zum Verbot der Käfighaltung von Legehennen einen eigenen Kommentar.

3. Werden wir wahrheitsgetreu informiert?

Wer kennt das nicht: Man erzählt von einem Erlebnis und bleibt nicht so ganz bei der Wahrheit. Man übertreibt, schmückt aus, versucht, die Sache spannender und interessanter zu machen. Mit den Massenmedien kann es ähnlich sein, denn auch sie werden von Menschen gemacht. Das Problem ist: Einerseits haben die Menschen einen Anspruch darauf, sachlich und wahrheitsgetreu informiert zu werden über alles, was in der Welt geschieht, andererseits gibt es immer wieder Beispiele, in denen übertrieben und sogar gelogen wurde. Können wir glauben, was in den Zeitungen steht? Können wir unseren Augen noch trauen, wenn wir etwas im Fernsehen anschauen? Um diese und andere Fragen geht es in dieser Einheit.

1. In diesem Comic macht ein Junge schlechte Erfahrungen mit der Vertreterin der Presse. Hat er mit seiner Schlussfolgerung Recht oder nicht?

Lügen die Medien wie gedruckt?

Zwei von zwölf verschiedenen Titelbildern mit Stephanies Sohn: mal kahl, mal blond, mal mit Segelohren …

Ein Baby mit zwölf Gesichtern

Weil die so genannten deutschen „Regenbogenzeitschriften" nicht abwarten wollten, bis der zu erwartende Sohn von Prinzessin Stephanie von Monaco wirklich auf die Welt kam, präsentierten sie ihren staunenden Leserinnen das stolze Mutterglück schon vorab, mal kahl, mal blond, mal mit Segelohren. Schnellster Geburtshelfer war „Die Aktuelle" gewesen, die das Kind kurz nach der Zeugung und mehr als fünf Monate vor der Niederkunft schon den Leserinnen bildlich vorstellte.

(Nach: Spiegel Spezial: Die Journalisten, Nr. 1, 1995, S. 125f.)

Schmerzensgeld wegen erfundener Interviews

Prinzessin Caroline von Monaco erhält 180 000 Mark [entspricht ca. 90 000 Euro] Schmerzensgeld vom Burda-Verlag. Dies entschied das hanseatische Oberlandesgericht in Hamburg am Donnerstag in vierter Instanz. In Deutschland ist dies die höchste Geldentschädigung, die in einer presserechtlichen Auseinandersetzung festgesetzt wurde. Bisher lagen die Schmerzensgelder bei höchstens 50 000 Mark [entspricht ca. 25 000 Euro].
In dem Fall ging es unter anderem um ein Exklusiv-Interview mit der Prinzessin 1992 über „Traurigkeit, Hass auf die Welt und ihre Glückssuche" in der Bunten, das aber erfunden war. Das Blatt hatte das Interview von einer österreichischen Agentur gekauft. Die Burda-Zeitschrift Glücksrevue hatte mit einer Fotomontage, die die Prinzessin im Brautkleid zeigte, deren angebliche Hochzeit angekündigt. Auch der Bunte-Titel: „Ich habe wieder eine Familie" war erfunden.

(Aus: Süddeutsche Zeitung Nr. 171, 1996, S. 27, dpa-Meldung)

Landschaften, die nicht existieren

Eine Nachrichtensendung für das Fernsehen wird produziert. Der Reporter steht in einem blauen Raum. Computertechnik wird ihn dann in eine reale Landschaft außerhalb des Studios versetzen. So lassen sich Bilder erfinden, die nur in der virtuellen, d.h. in der künstlichen Welt der Bildschirme existieren. Andererseits halten noch immer viele Menschen das Fernsehen für das Medium, das besonders wahrheitsgetreu informiert. Schließlich kann nicht falsch sein, was man mit eigenen Augen sieht.

2. Welche Antworten auf die Überschrift lassen sich aus den drei Beispielen ableiten?

Welche Nachrichten sind wichtig, welche nicht?

Hier schreibt der erfahrene Berufsreporter Eckart Spoo über die Themen, die von den Zeitungsmachern als wichtig bzw. als unwichtig empfunden werden. Im Text wurden die Wörter *wichtig* und *unwichtig* und einige andere weggelassen. Bereitet euch auf das Vorlesen des Textes vor und setzt – nach eurer Einschätzung – die passenden Wörter ein. Nach dem Vorlesen könnt ihr das Buch umdrehen und mit der vollständigen Fassung vergleichen.

Es geschieht viel in der Welt. Nicht alles ist wichtig. Was wichtig ist und was nicht, entscheiden wir Journalisten. Nach welchen Kriterien?
Das verletzte Knie eines Bundesliga-Fußballers ist zweifellos *(wichtig, unwichtig?)*.
Die Schwangerschaft der zeitweiligen Geliebten des Vaters einer Weltklasse-Tennisspielerin war so *(wichtig, unwichtig?)*, dass darüber monatelang berichtet wurde.
Der Tod eines Obdachlosen bei Frost im Stadtwald ist *(wichtig, unwichtig?)*. […]
Der Krieg in Angola ist *(wichtig, unwichtig?)*. Über ihn berichten wir *(nicht?)*, obwohl er seit Jahren so viele Menschenleben kostet wie kaum ein anderer. […]
Verstöße gegen die Menschenrechte sind *(wichtig, unwichtig?)*, je nachdem, wem sie anzulasten sind. Das gilt auch für Korruption und Verschwendung. […]
Politiker sind *(wichtig, unwichtig?)*. Wir sind in der Lage, sie zu ungeheurer *(Wichtigkeit, Unwichtigkeit?)* aufzublasen. Zu Dutzenden erscheinen wir bei bloßen Show-Veranstaltungen von Berufspolitikern. Wenn zwei Fernsehanstalten präsent sind, dürfen die anderen nicht fern bleiben. Je mehr Journalisten bei einem Ereignis anwesend sind, desto *(wichtiger, unwichtiger?)* muss es sein.

(Aus: Eckart Spoo: Was ist wichtig?, in: Spiegel Spezial „Die Journalisten", 1/1995, S. 121)

1. Erstellt eine Übersicht: (A) Welche Themen werden als wichtig behandelt? (B) Welche Themen sollten wichtig sein?
2. Diskutiert: An wem liegt es, dass ziemlich unbedeutende Themen in den Medien aufgebauscht werden und viele bedeutende Themen nicht vorkommen: an den Besitzern von Zeitungen und Zeitschriften, die eine hohe Auflage erzielen wollen, an den Besitzern privater Fernsehanstalten, denen es nur um die „Quote" (= Zuschauerbeteiligung) geht, an den Journalisten oder an der Leserschaft bzw. am Publikum?

Es geschieht viel in der Welt. Nicht alles ist wichtig. Was wichtig ist und was nicht, entscheiden wir Journalisten. Nach welchen Kriterien?
Das verletzte Knie eines Bundesliga-Fußballers ist zweifellos wichtig.
Die Schwangerschaft der zeitweiligen Geliebten des Vaters einer Weltklasse-Tennisspielerin war so wichtig, dass darüber monatelang berichtet wurde.
Der Tod eines Obdachlosen bei Frost im Stadtwald ist unwichtig. […]
Der Krieg in Angola ist unwichtig. Über ihn berichten wir nicht, obwohl er seit Jahren so viele Menschenleben kostet wie kaum ein anderer. […]
Verstöße gegen die Menschenrechte sind wichtig oder unwichtig, je nachdem, wem sie anzulasten sind. Das gilt auch für Korruption und Verschwendung. […]
Politiker sind wichtig. Wir sind in der Lage, sie zu ungeheurer Wichtigkeit aufzublasen. Zu Dutzenden erscheinen wir bei bloßen Show-Veranstaltungen von Berufspolitikern. Wenn zwei Fernsehanstalten präsent sind, dürfen die anderen nicht fern bleiben. Je mehr Journalisten bei einem Ereignis anwesend sind, desto wichtiger muss es sein.

(Aus: Eckart Spoo: Was ist wichtig?, in: Spiegel Spezial „Die Journalisten", 1/1995, S. 121)

INFORMATION

Bedeutung, Grenzen und Gefahren der Pressefreiheit

Fährt die Umweltorganisation Greenpeace auf den Abgrund zu? Die Computeranimation zeigt wie Bilder manipuliert werden können.

Bedeutung

Pressefreiheit bedeutet, dass die Presse über alles, was sie erfährt, uneingeschränkt und unbeaufsichtigt berichten kann. Pressefreiheit und Meinungsfreiheit gehören zusammen. Jeder, der etwas veröffentlicht, hat auch das Recht seine persönliche Meinung zu einer Sache und auch einer Person zu äußern. Meinungsäußerungen genießen in einer Demokratie besonderen Schutz, auch wenn die geäußerten Meinungen manchmal unangenehm sind oder nur die Meinung einer Minderheit darstellen. Die große Bedeutung der Presse- und Meinungsfreiheit besteht darin, dass Demokratie ohne diese Rechte einfach nicht funktionieren kann.

Grenzen

Grenzenlose Pressefreiheit könnte dazu führen, dass grenzenlos in der Presse Lügen verbreitet und Geheimnisse ausgeplaudert würden. Nach dem Artikel 5, Absatz 2 des Grundgesetzes finden die Meinungs- und Pressefreiheit „ihre Schranken in den allgemeinen Gesetzen, in den Gesetzen zum Schutz der Jugend und in dem Recht der persönlichen Ehre." Wer zum Beispiel jemanden verleumdet, kann sich nicht auf die Meinungs- und Pressefreiheit berufen. Auch hierbei muss man sich an die bestehenden Gesetze halten.
Oft ist es allerdings schwierig, die Grenzen der Meinungsfreiheit zu bestimmen. Das betrifft besonders die Berichterstattung über die Prominenz aus Adel, Showbranche, Sport und Politik. Einerseits haben diese Menschen – wie alle anderen auch – ein Recht auf Schutz ihrer Privatsphäre, andererseits gesteht das Bundesverfassungsgericht in einem Urteil der Öffentlichkeit ein Informationsinteresse bei Personen des öffentlichen Lebens zu.
Nach den Pressegesetzen der einzelnen Bundesländer können sich Betroffene gegen falsche Berichterstattungen mit Schadensersatzklagen und Gegendarstellungen wehren.

Gefahren

Wir können in der Regel nicht überprüfen, ob die Informationen, welche die Massenmedien uns liefern, der Wahrheit entsprechen oder nicht. Nach Ansicht von Journalisten kommt die dreiste Lüge in den Massenmedien eher selten vor. Es gibt sie, aber sie wird auch oft – und dann zum Schaden des Senders oder der Zeitung – als Falschmeldung entlarvt. Viel häufiger ist die Übertreibung, das Aufbauschen eines eher alltäglichen Ereignisses zu einer Sensation. Ein normales Unwetter kann sehr schnell zu einem zerstörerischen Orkan werden. Unter dem Konkurrenzdruck und dem Erfolgszwang neigen die Medien dazu, sensationeller und publikumswirksamer zu berichten als die Konkurrenz. Als eine der größten Gefahren der Massenkommunikation gilt die Manipulation des Lesers, Zuschauers oder Zuhörers. Darunter versteht man die geschickte Beeinflussung und Lenkung von Menschen, ohne dass diese es bemerken. Die Benutzer der Medien werden in ihrem Denken von den Machern in die von ihnen gewünschte Richtung gelenkt. Zur Manipulation gibt es viele Möglichkeiten. Im Zeitalter der Computertechnik macht sie auch vor dem Bild nicht halt. Schon lange können Fotos und Filme beliebig bearbeitet und verfälscht werden. Wer ein Foto sieht oder einen Filmbericht betrachtet, neigt aber immer noch dazu, das Gesehene für die reine Wahrheit zu halten. Schließlich hat man es ja mit eigenen Augen gesehen.

1. Warum ist Demokratie ohne Presse- und Meinungsfreiheit undenkbar?
2. Könnt ihr erklären, warum Manipulation zu den größten Gefahren der Pressefreiheit zählt?

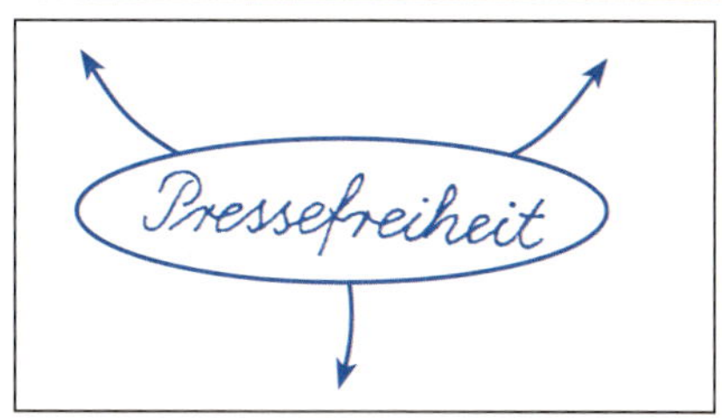

4. Woher erhalten die Medien ihre Informationen?

Ein Erdbeben in Südamerika, Präsidentschaftswahlen in den USA, politische Unruhen in Afrika, Überschwemmungen in Asien, ein Tennisturnier in Australien, die Eröffnung einer Kunstausstellung in Paris – wenn sich irgendwo auf der Welt etwas ereignet, wird häufig noch am

selben Tag im Radio und im Fernsehen und am folgenden Tag in der Zeitung darüber berichtet. Voraussetzung ist aber, dass die Medien das Ereignis zur Kenntnis nehmen. Nicht jedes wichtige Ereignis wird zur Nachricht.
Auch die größten Zeitungen und Fernsehanstalten können nicht überall auf der Erde Berichterstatter haben. Zeitungen, Rundfunk und Fernsehanstalten sind auf die Meldungen von Nachrichtenagenturen angewiesen. Das sind private Unternehmen, die Nachrichten sammeln und an die Redaktionen der verschiedenen Massenmedien liefern.

Die weltweite Übermittlung von Meldungen geschieht heute problemlos per Mail über die elektronischen Medien. Im Zeitalter des Internet können Nachrichten von jedem Ort per Text und Bildübertragung in Sekundenschnelle an jeden anderen Ort übermittelt werden. Neben der Geschwindigkeit nimmt auch die Menge der übertragenen Informationen rasant zu.

Die Nachrichtenagenturen arbeiten mit einem weltweit gestreuten Netz von Korrespondenten. Diese wiederum haben überall ihre Informanten. Trotzdem ist es oft immer auch Zufall, ob ein Ereignis von den Medien wahrgenommen wird oder nicht. Die Korrespondenten einer Nachrichtenagentur sammeln in einer bestimmten Region oder weltweit Informationen und melden sie ihrer Agentur.

Diese trifft aus der Fülle der einlaufenden Informationen eine Vorauswahl, wobei in der Regel vier von fünf Meldungen aussortiert werden. Die Agentur gibt die übrig gebliebenen Meldungen weiter an die Zeitungs-, Rundfunk- und Fernsehanstalten. Wenn die Redaktion einer Tageszeitung zum Beispiel der Deutschen Presseagentur angeschlossen ist, erhält sie täglich etwa 300 Seiten oder 100 000 Wörter aktuelle Meldungen nur über diesen einen Nachrichtendienst. Große Zeitungen haben oft drei bis vier Nachrichtendienste abonniert.
Man kann sich vorstellen, dass von den vielen Meldungen, die tagsüber in einer Zeitungsredaktion eintreffen, nur ein sehr kleiner Teil in die Zeitung vom nächsten Tag hineinpassen. Die Redakteure treffen in der täglichen Redaktionskonferenz wieder eine Auswahl. Sie überlegen, was wichtig ist und was nicht, was ihre Leser besonders interessiert usw. Zu den Meldungen, die die Nachrichtenagenturen liefern, kommen noch Berichte und Ereignisse hinzu, bei denen die Reporter einer Zeitung oder einer Rundfunkanstalt selbst anwesend waren.

Würde eine Redaktion im Fernsehen alle eingetroffenen Nachrichten eines Tages senden wollen, so dauerte die Sendung mehrere Stunden und eine Tageszeitung wäre so dick wie ein Buch.

1. Haltet die Stationen vom Ereignis bis zur Nachricht im Fernsehen oder in der Zeitung stichwortartig fest.
2. Wie viele Chancen hat ein Ereignis irgendwo auf der Welt, auch tatsächlich zur beachteten Nachricht zu werden? Sucht dazu die Stationen heraus, in denen Ereignisse aussortiert werden.
3. Wie lässt es sich erklären, dass ein Krieg in Asien oder eine Hungersnot in Afrika nicht zum Medienereignis wird, dafür aber die Hochzeit eines prominenten Paares?

Welches Ereignis taugt zur Nachricht?

Als vor wenigen Jahren in dem afrikanischen Land Sudan eine Hungersnot ausbrach, berichteten große Zeitschriften und zahlreiche Fernsehbeiträge darüber und riefen zu Spendenaktionen auf. Viele Kinder konnten so vor dem Hungertod gerettet werden. Auch in anderen Teilen der Erde verhungern täglich Menschen, werden Opfer von Kriegen oder erleiden sonst ein schreckliches Schicksal. Der Unterschied: Wenn die Massenmedien nicht darüber berichten, nimmt die Weltöffentlichkeit die Ereignisse nicht zur Kenntnis.

Journalisten als Schleusenwärter

Nur ein Bruchteil dessen, was den Medien an Informationen und Meinungsäußerungen zur Verfügung steht, kommt beim Leser, Zuhörer und Zuschauer an. Nicht alle Meldungen, die von Nachrichtenagenturen, Korrespondenten und Redakteuren beschafft werden, können veröffentlicht werden. Man kann daher „Journalisten als Schleusenwärter" oder „Torhüter" bezeichnen, d. h. sie können entscheiden, welche Informationen aus dem Nachrichtenstrom durchgelassen werden. Nachrichten werden also gesiebt, gefiltert, bearbeitet, gemacht.

(Aus: Paul Ackermann: Bürgerhandbuch, Wochenschau Verlag, Schwalbach i. Taunus 1998, S. 42)

Blick in die Zentralredaktion der Deutschen Presse-Agentur in Hamburg (dpa). Aus Tausenden von Meldungen aus aller Welt werden hier diejenigen ausgewählt und bearbeitet, die an die Medien weitergeleitet werden. Warum sind Redakteure „Schleusenwärter"?

Bedingungen einer Nachricht

Aus dem Leitfaden der Deutschen Presseagentur, dpa, mit Sitz in Hamburg:

Liebe Kolleginnen und Kollegen, Sie sind Nachrichtenredakteur bei der deutschen Presseagentur, die nahezu alle Zeitungen und die Rundfunk- und Fernsehstationen in der Bundesrepublik sowie Auslandskunden in über 70 Ländern der Weit mit aktuellen Diensten beliefert. Unsere Aufgabe ist es, die Bezieher zuverlässig, schnell, ausgewogen und vollständig über das Zeitgeschehen zu informieren. […]

Jeder ist auf Informationen angewiesen, um danach sein eigenes Handeln einzurichten. […]

Wenn eine Nachricht dafür geeignet sein soll, dass man sich „nach ihr richten" kann, muss sie einige Bedingungen erfüllen:

Sie muss so aktuell wie möglich sein und sie muss über das Geschehen, das ihr zugrunde liegt, so unmittelbar wie möglich berichten, d. h. auf fundierten Quellen und nicht auf Hörensagen beruhen.

Sie muss für den Empfänger bedeutsam sein oder muss zumindest seine Anteilnahme und sein Interesse wecken.

(Nach: Werner Meyer: Journalismus von heute, Percha 1988, Nachricht-Bericht, S. 55)

Alles nur Zufall?

Nachrichtenjournalismus bedeutet in erster Linie Reagieren: Die Ereignisse, über die berichtet werden muss, bestimmen den Arbeitsablauf. Der Zeitfaktor entscheidet, ob eine Nachricht den Leser noch erreicht. […] Irgendwann ist der berühmte Redaktionsschluss, dann geht nichts mehr, und wenn der Himmel einstürzt. Der Journalist – und nicht nur der Nachrichtenredakteur – braucht neben allem Können auch Glück.

(Aus: Peter Blechschmidt: In Windeseile eine letzte Nachricht", in: Beilage zur Süddeutschen Zeitung vom 6.10.1995, S. 18)

4. Was muss passieren, damit ein Ereignis von den Medien aufgegriffen und zur Nachricht wird?
5. Stimmt die Meinung der Person auf dem Sofa?

5. Fördern Gewaltdarstellungen in den Medien die Gewaltbereitschaft von Kindern und Jugendlichen?

Der Fall James Bulger: Trieb ein Horrorfilm Kinder zum Mord?

London. Horrorvideos machte der Richter in seiner Urteilsverkündung mitverantwortlich für den grauenvollen Mord an dem zweijährigen James Bulger in Liverpool. Und selbst hartgesottene Polizisten bezeichneten die elfjährigen Mörder Robert Thompson und John Venables als „boshaft und kaltblütig". Ihr „kaltes und grausames Grinsen" habe ihnen Schauder über den Rücken laufen lassen. Weder Ärzte noch Polizisten wissen bisher, was das Motiv der jüngsten Mörder in der britischen Justizgeschichte war, die am Donnerstag ihre Haftstrafe auf unbestimmte Zeit angetreten haben.
Doch die Parallele zwischen Realität und Film ist grauenvoll: Drei Wochen vor dem Mord hatte Vater Meil Venables das Horrorvideo „Child's Play 3" ausgeliehen. In dem Video wird eine Puppe zum Leben erweckt, während eines Kriegsspiels wird ihr blaue Farbe ins Gesicht gespritzt. Auch dem kleinen James haben die Mörder vor seinem Tod gestohlene blaue Farbe ins Gesicht geschüttet. In dem Video wird eine Entführung dargestellt – James ist von seinen Mördern aus einem Einkaufszentrum verschleppt worden. In dem Video wird das Puppenkind von zwei Jungen im Geisterzug ermordet, das Gesicht furchtbar verstümmelt. James wurde gesteinigt, am Kopf schwer verletzt und mit einer Eisenstange erschlagen an einem Bahndamm gefunden. Der grauenvolle Streifen, der dritte einer Serie von populären Videos, sollte sogar am Freitag auf einem Satellitenkanal ausgestrahlt werden. Doch Minuten nach dem Urteil forderten Parlamentarier Sofortmaßnahmen gegen Horrorvideos. Später setzte die Fernsehgesellschaft Sky TV den bereits zweimal gesendeten Film ab und gab zur Begründung den Kommentar des Richters an.

(Aus: Westfälischer Anzeiger vom 26.11.1993)

Die Videoüberwachung im Liverpooler Einkaufszentrum dokumentiert die Entführung des kleinen James Bulger. Sie war ein wichtiger Hinweis bei der Suche nach den Mördern.

1. „Nachdem ich diesen Text gelesen habe, fühle ich mich schockiert, wütend, traurig, nicht sonderlich erstaunt ..."?
2. Forscher sind sich nicht einig, welche Auswirkungen Gewalt auf der Mattscheibe auf den Zuschauer hat. Wie denkst du über die folgenden beiden Meinungen?

Nicht schädlich
Gewalt im Fernsehen ist nicht unbedingt schädlich für die Zuschauer. Es ist eher ein Nervenkitzel. Kinder, die Gewalt im Fernsehen sehen, können dabei ihre eigene Wut loswerden und fühlen sich nachher besser. Gewalttätig werden sie deswegen nicht.

Schädlich
Gewaltdarstellungen im Fernsehen können sehr schädlich für Kinder sein, wie das Beispiel von Liverpool ganz deutlich zeigt. Man wird dazu angeregt, die Gewalt, die man gesehen hat, nachzuahmen. Wenn ein Kind sowieso schon aggressiv ist, dann nimmt diese Streitsüchtigkeit durch das Anschauen von Gewaltdarstellungen noch zu.

Welche Wirkung haben Gewaltdarstellungen auf Kinder?

Versucht einmal an die Zeit zurückzudenken, als ihr noch Kinder wart. Wie hat Gewalt im Fernsehen und in Filmen damals auf euch gewirkt? Hat sie euch aggressiv gemacht, habt ihr euch dabei entspannt oder hatte sie keine Wirkung auf euer Verhalten? Lest den folgenden Forschungsbericht und diskutiert dann über die Auswirkungen von Gewaltdarstellungen auf Kinder.

Schon früher, so argumentieren die Verantwortlichen der Sender, wurden die Kinder mit Gewalt konfrontiert. Beispielsweise beinhalten Märchen oft Grausamkeiten. Entscheidend ist aber, dass diese Märchen den Kindern in der Regel erzählt oder vorgelesen wurden, sodass die Kinder mit dem Erzähler in Kontakt treten konnten. [...] Die Begegnung mit Gewalt im Fernsehen ist aber eine andere: Oft sitzen Kinder und Jugendliche allein oder mit Gleichaltrigen vor dem Fernseher: Die Bilder rasen in schnellen Schnitten an ihnen vorbei, untermalt von bedrohlicher Musik und Schreien. Die Gewaltszenen werden genüsslich ausgeschmückt, der Fantasie sind selten Grenzen gesetzt. Die Zuschauer werden total in den Bann der Bilder gezogen ...

Aggressionen bauen sich auf und müssen früher oder später abgelassen werden. Nicht selten passiert dies durch Schreien, Toben und manchmal sogar durch „Kämpfe“ mit den Geschwistern oder Freunden.

Wissenschaftler glauben, dass überfallartige, Ekel erregende Darstellungen von Gewaltszenen zu einer seelischen Verwundung führen können, die von Kindern und Jugendlichen nicht angemessen verarbeitet werden können. Schlaflosigkeit und Angstzustände können eine mögliche Folge davon sein. Werden zu viele dieser Filme gesehen, kann es dazu kommen, dass über Gewalt, ihre Ursachen und Folgen nicht mehr nachgedacht wird. Gewalt wird als gegeben hingenommen und sogar als Möglichkeit eigenen Verhaltens gesehen. Brutalität auf dem Bildschirm kann dazu anregen, sich auch aggressiv zu verhalten. Wer viele Gewaltdarstellungen sieht, kann sich schnell an Gewalt gewöhnen und gerät in die Gefahr, bei Konflikten auch Gewalt als Lösungsmöglichkeiten einzusetzen. Da in Filmen die Folgen der Gewalt in der Regel nicht gezeigt werden, kann es dazu kommen, dass man auch über die Folgen eigener Gewalttaten oder die Taten anderer nicht mehr nachdenkt.

Das führt dazu, dass man Gewalttätigkeiten zuschaut, ohne darauf zu reagieren.

(Aus: Klaus Peter Vogel, in: Zeitlupe Nr. 31 Fernsehen, Bundeszentrale für politische Bildung, 1995, S. 23)

Bilder aus dem Fernsehen: Wird die Gewalt genüsslich ausgeschmückt?

3. Gewalt im Märchen, Gewalt im Fernsehen: Gibt es Unterschiede?
4. Wie beurteilen Wissenschaftler die Folgen von Gewalt im Fernsehen auf Kinder?

Gewalt im Fernsehen und in der Wirklichkeit: Bauen sich Aggressionen auf, die dann abgelassen werden müssen?

6. „Neue Medien“: Wie stark verändern sie das Leben?

Berlin

„Neue Medien“ – Mit diesem Sammelbegriff werden die vernetzten Computersysteme bezeichnet, die nicht nur einseitige Massenkommunikation ermöglichen, sondern auch dem Benutzer die Möglichkeit bieten, selbst Informationen auszusenden, Kontakte herzustellen usw.

Internet heißt dabei das Zauberwort: Grenzenlos miteinander über Bildschirme von jedem Ort der Welt aus kommunizieren im internationalen Netz.

Wie immer, wenn neue Techniken entwickelt werden, gibt es Menschen, die davon begeistert sind, und andere, die auf die Gefahren hinweisen.

„Die Menschen werden zunehmend vor den Bildschirmen vereinsamen“ sagen die einen.

„Die Menschen werden die neuen Möglichkeiten dazu nutzen, ein angenehmeres Leben zu führen“ meinen andere.

Wie seht ihr die Veränderungen, die von den neuen Medien ausgehen werden: eher positiv oder eher negativ oder von beidem etwas?

Die Fotos zeigen Menschen in Internet Cafés an verschiedenen Orten in der Welt:

Was erzählen sie über die Möglichkeiten der neuen Medien?

Moskau

Teheran

Dubai

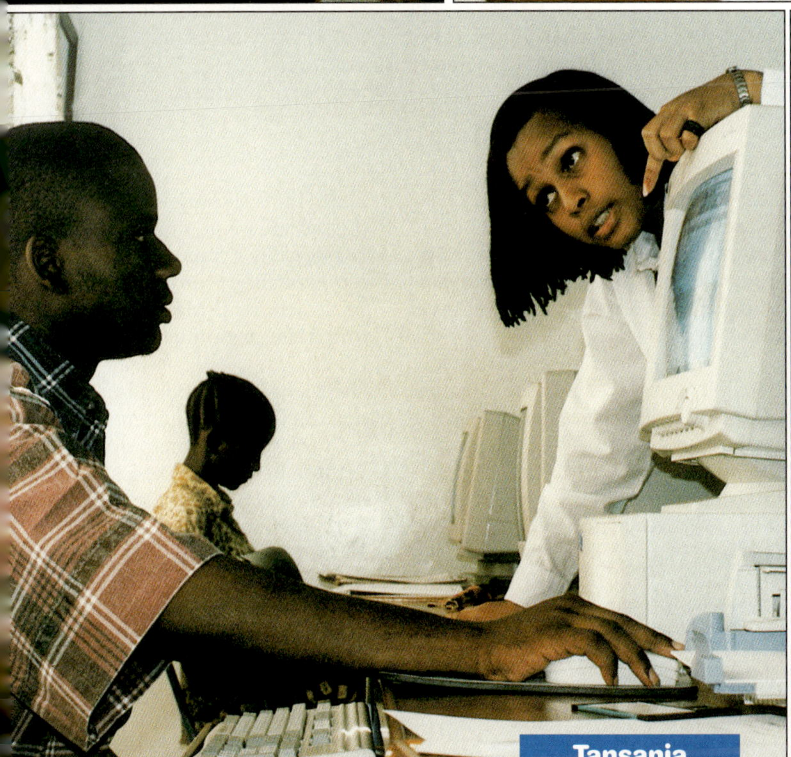

Tansania

New York

Welche Prognose ist wahrscheinlich?

Es ist keine Frage, dass die neuen Medien unser aller Leben verändern werden, allerdings gibt es viele verschiedene Antworten auf die Frage: „Wie werden diese Veränderungen aussehen?“ Entwickelt dazu selbst eine Zukunftsprognose. Das ist eine Vorhersage einer künftigen Entwicklung. Prognosen sind keine Spinnerei. Man bezieht sich bei der Vorhersage auf aktuelle Daten und überlegt, wie sich eine bereits bekannte Entwicklung weiter fortsetzen wird.

1. Geht den Fragebogen durch und notiert zu den Stichwörtern eure Prognose. (Das kann man auch in Partnerarbeit erledigen.)
2. Stellt eure Prognosen in der Klasse vor und besprecht sie miteinander.
3. Wie wäre es, wenn ihr ein Zukunftsbild über die Entwicklung der Multimedia-Gesellschaft in Form einer Zeichnung oder einer Ezählung entwerft? (Lest dazu auch den Informationstext.)

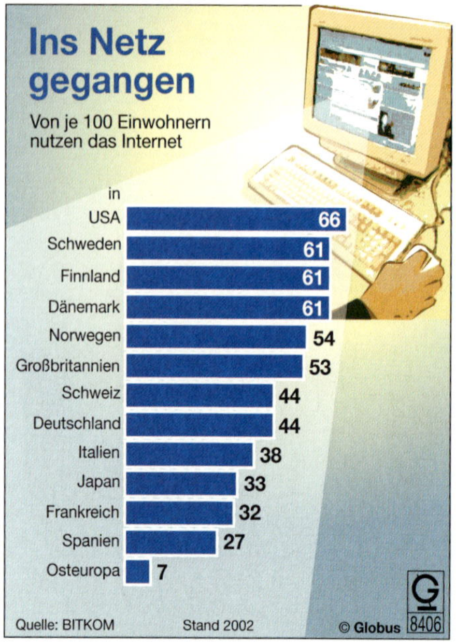

Die bekannten Fakten und aktuellen Trends	Prognose A	Prognose B
1. Stichwort Internet Im Jahr 2002 gehörten 44 % der Deutschen zwischen 14 und 69 Jahren zu den regelmäßigen Surfern im Internet. Trotzdem gehört Deutschland zu den Internet-Muffeln und belegt einen hinteren Platz in Europa. In Schweden zum Beispiel nutzten zu diesem Zeitpunkt schon 61 Prozent der Bevölkerung regelmäßig die Möglichkeiten des Internet.	In Deutschland sind die Menschen eher skeptisch gegenüber neuen Techniken eingestellt. Ein Teil der Bevölkerung wird auch in Zukunft mit dem Internet nichts anfangen können.	Surfen im Internet wird in Zukunft für alle Menschen eine Selbstverständlichkeit sein. Niemand wird es sich leisten können, keine Ahnung zu haben, wie es funktioniert.
2. Stichwort E-Mail Ende 2000 nutzte jeder Zweite in Deutschland seinen Internetanschluss dazu, private elektronische Post (E-Mails) zu versenden und zu empfangen. Online-Treffen in chatrooms werden ebenfalls immer beliebter, besonders bei jungen Leuten.	Diese Entwicklung wird dazu führen, dass sich die jungen Leute kaum noch persönlich treffen. Statt dessen werden sie alleine vor ihren PCs sitzen und immer einsamer werden.	Diese Entwicklung führt dazu, dass junge Leute immer mehr persönliche Kontakte zu anderen herstellen werden. Man wird sich per E-Mail verabreden und dann persönlich treffen.
3. Stichwort E-Commerce Shopping über das Internet wird immer beliebter. Als besonders attraktiv hat sich das Ersteigern von Produkten aller Art über spezielle Internetanbieter erwiesen.	Shopping per Internet wird die normale Form des Einkaufens werden, egal ob für Lebensmittel, Kleidung, Bücher und CDs usw. Die Zentren der Städte werden veröden, weil immer mehr Geschäfte pleite machen werden.	Die Menschen werden immer noch in Geschäfte gehen und die Einkaufszentren in den Städten besuchen. Die Lust am Einkaufen in einem Geschäft wird eher zunehmen.
4. Stichwort UMTS Universal Mobil Telekommunikations-System: Das sind ab 2004 neue Netze, die die Übertragung riesiger Datenmengen möglich machen. Texte, Bilder, Videos, Musik etc. können dann mit speziellen UMTS-fähigen Handys empfangen werden.	Die meisten Menschen brauchen die vielen Möglichkeiten, die das neue Handy bietet, gar nicht. Deshalb werden sich diese Handys nur langsam durchsetzen.	Alle, die bisher ein Handy benutzt haben, werden sich rasch ein neues UMTS-Handy zulegen. Niemand kann es sich leisten, ohne neues Handy zu sein.

(Alle Zahlen und Fakten nach Globus-Kartendienst, Stand 2000)

INFORMATION

Die multimediale Gesellschaft

Multimedia: Was ist das?

Das Leben ist zunehmend *multimedial*. „Multi“ heißt „viel“ und Multimedia heißt, dass ein Medium, nämlich der Computer, die Funktion vieler Medien übernimmt, die früher nebeneinander existiert haben.
Zur Multimediawelt gehört die Möglichkeit der *interaktiven Nutzung*. Konnte man früher Informationen aus den Massenmedien nur passiv empfangen, so kann man sich jetzt aktiv in das Medium einschalten und selbst Informationen aussenden, Dienstleistungen abrufen oder anbieten usw. Der interaktive Nutzer ist Sender und Empfänger zugleich. Voraussetzung ist der Zugang zum *Internet*. Das ist das weltweit größte Netz aus Computern, die über unzählige Leitungen miteinander verbunden sind.

Veränderungen

Multimedia verändert alle Lebensbereiche.
Besonders groß sind Veränderungen im Arbeitsleben. Die Zahl der Firmen, die ihre Dienste ausschließlich über das Internet anbieten, wächst explosionsartig, ebenso die Zahl der Computerarbeitsplätze. 2003 wurde in Deutschland mehr Geld mit Multimediatechnik umgesetzt als in der gesamten Automobilindustrie. Es wird immer mehr *Telearbeitsplätze* geben. Das sind solche, bei denen die Beschäftigten ihre Arbeit zu Hause erledigen und über Computer mit der Firma vernetzt sind.
Auch die Politik wird von Multimedia nicht unberührt bleiben. Bürgerinnen und Bürger können sich über E-Mails gezielt an Parteien, politische Einrichtungen, einzelne Politikerinnen und Politiker oder auch an die städtische Verwaltung wenden und sich so spontaner als bisher einmischen, Proteste und Zustimmung verbreiten, Informationen abfragen.
Politische Meinungsumfragen sind schnell und unkompliziert möglich und vieles andere mehr.

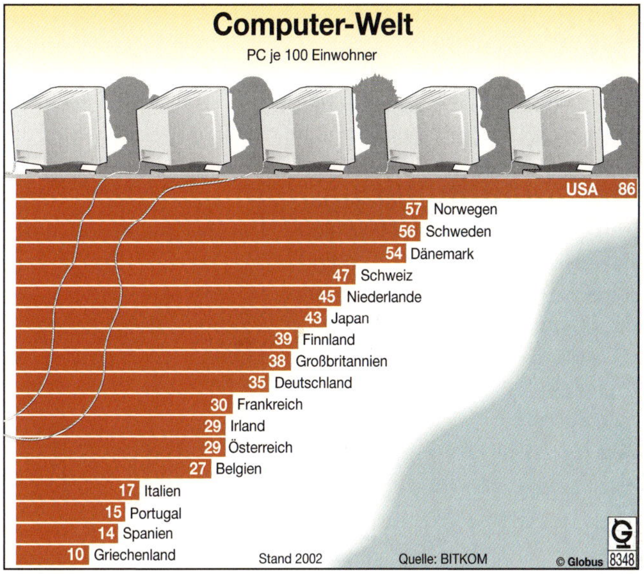

Die multimediale Welt wird zunehmend *virtuell* sein. Das heißt, die Bilder, die wir über die Bildschirme sehen, existieren z. T. nicht wirklich, sondern nur scheinbar. Man kann auch sagen, dass virtuelle Bilder eine eigene Realität erschaffen, die nur in der Welt der Computer existiert.

Chancen und Risiken

In allen Entwicklungen der multimedialen Gesellschaft stecken Chancen und Risiken. Einerseits bietet zum Beispiel das Internet Chancen der Information, andererseits können rechtsradikale Gruppen, Anbieter von Kinderpornographie und andere gefährliche Gruppierungen das Medium für ihre Zwecke nutzen. Einerseits sind Telearbeiter nicht mehr auf feste Arbeitszeiten, lange Wege zum Arbeitsplatz angewiesen, andererseits klagen die Betroffenen oft über ihre soziale Isolation. Viele, besonders ältere Menschen, haben Angst, von der Entwicklung überrollt zu werden und nicht mehr Schritt halten zu können. Als eines der größten Risiken gilt, dass die Gesellschaft sich spaltet in zwei Klassen, nämlich diejenigen, die Zugang zum Internet haben, und diejenigen, die keinen Zugang und keine Kenntnisse haben und damit von allen bedeutenden Entwicklungen in der multimedialen Gesellschaft abgeschnitten sind.

1. Erklärt die *kursiv* gedruckten Begriffe im Text in jeweils einem klaren Satz.
2. Multimedia verändert alle Lebensbereiche. Begründet diese Aussage mit möglichst vielfältigen Beispielen.

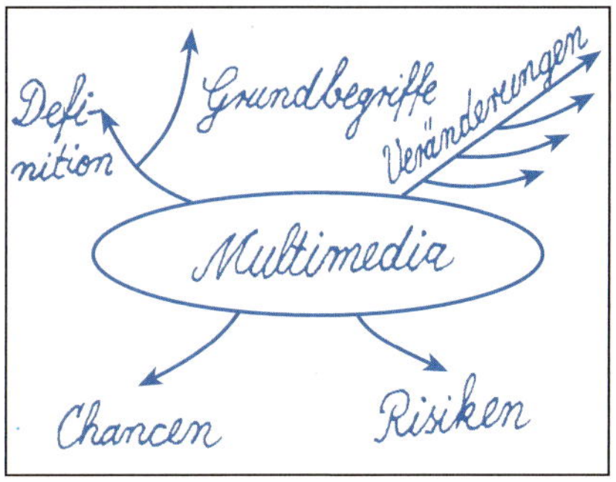

Problem: Treiben Handys und Internet junge Leute in die Schuldenfalle?

Rund 80% der 12- bis 19-Jährigen haben in Deutschland inzwischen ein Handy. Fürs Telefonieren geben sie nach Angaben der Verbraucher-Zentrale Baden-Württemberg monatlich rund 72 Millionen Euro aus. Wie ein Handy-Vertrag zur Schuldenfalle werden kann, zeigt das folgende Fallbeispiel.

Seit Jahren träumte Chris von einem eigenen Handy. Seine Eltern verweigerten ihm jedoch die Anschaffung. Kaum 18 geworden, sucht Chris den nächstgelegenen Handy-Laden auf. Dort ist der Vertrag bereits unterschrieben. Der Mobilfunkfirma ist Chris mit seiner Ausbildungsvergütung als angehender Industriekaufmann finanzkräftig genug für einen Vertragsabschluss. Das hochmoderne Handy ist super günstig zu bekommen, es kostet nur 19 €. Die erste Rechnung über 475 € lässt er einfach unbeachtet. Jetzt droht die Handy-Firma mit Vertragskündigung. Für diesen Fall hat Chris' guter Freund Vinzi einen heißen Tipp parat: „Du musst dich schnell um einen neuen Vertrag bemühen, bevor du bei der Schufa als kreditunwürdig gemeldet wirst!" (Bei der Schutzgemeinschaft für allgemeine Kreditsicherung können Kreditgeber erfragen, ob jemand schon einmal zahlungsunfähig gewesen ist.)
Den zweiten Vertrag holt sich Chris dreist von derselben Handy-Firma, bei der er den ersten Vertrag unterschrieben hat. So beginnt das ganze Spiel mit Verschuldung, Sperrung, Kündigung von vorn.
Und die Handy-Firma spielt bereitwillig mit. Nach nicht einmal vier Monaten ist die Handy-Zeit für Chris ganz zu Ende. Seine Schuldenbilanz: Aus dem ersten Vertrag kommt eine zweite Rechnung über 225 €. Mit dem zweiten Vertrag vertelefonierte Chris weitere 1.100 €. Für sein Telefonieren hat er insgesamt 1.800 € zu zahlen.
Dazu kommen aber weitere Kosten: Die Mobilfunkfirma fordert aus beiden Verträgen einen Schadensersatz für den Zuschuss zum preisgünstig abgegebenen Handy in Höhe von 300 €. Eine Inkassofirma wird beauftragt, die offenen Beträge bei Chris einzutreiben. Dadurch entstehen aber weitere Kosten von fast 700 €. Da die Gläubiger ihre Forderungen verzinsen lassen dürfen, kommen noch 200 € Zinsen dazu. Insgesamt sind das 3.000 € Schulden.
Heute sieht Chris ein, dass er sich mit dem Handy völlig übernommen hat. Er meint: „Am besten hätte ich gar nicht erst damit angefangen. Ich bin schon geschockt, wie schnell man sich verschulden kann." Die späte Einsicht hilft nur nicht. Die Handy-Firma besteht – ebenso wie alle anderen Gläubiger – auf vollständige Rückzahlung der Schulden. Chris' Eltern wollen ihm nicht mit Geld helfen. Schließlich habe er das Ganze gegen ihren Willen gemacht. Die Schuldnerhilfe hat bei den Gläubigern immerhin bewirken können, dass sie mit der Zahlung auf das Ende der Ausbildung von Chris warten und keine weiteren Zinsen auftürmen. Wenn Chris dann einen Arbeitsplatz bekommt, kann er die Schulden in angemessenen Monatsraten abbezahlen. Damit wird er aber einige Jahre zu tun haben …

(Nach Gregor Witt: Per Handy in die Krise, Bundeszentrale für politische Bildung (Hg.): Jugendkalender zur politischen Bildung 2000/01)

1. Wie groß ist eurer Ansicht nach die Gefahr, mit einem Handy in die Schuldenfalle zu geraten: sehr groß oder eher gering?
2. Wenn du Vater oder Mutter wärest: Ab welchem Alter würdest du deinen Kindern ein Handy erlauben?

Diskussion im Klassenzimmer:
A Die These:
Handys in der Schule müssen verboten werden.
B Eure Meinung
☺ stimme voll zu; 😐 stimme teilweise zu, ☹ stimme nicht zu.
C Diskussion plus Abstimmung

Pro- und Kontra-Diskussion: Kontrolle gegen Nazi-Hass im Internet?

Vor dem Hintergrund der zunehmenden rechtsradikalen Angebote im Internet wird diskutiert, ob es eine Kontrolle im Internet geben muss, die bislang noch nicht existiert. Vorstellbar wäre, dass in Computer Filtersysteme eingebaut werden, welche die rechtsradikalen Angebote erkennen und den Zugang sperren. Kinder und Jugendliche könnten so mit diesen Angeboten der Extremisten nicht in Kontakt kommen.
Soll es eine Kontrolle im Internet geben?

Pro

Ja, Ich bin für eine Kontrolle im Internet.

Es muss alles getan werden, damit Schluss mit den Naziparolen ist. Wer zu Verbrechen aufruft, hat die Grenzen des Rechtes zur Meinungsfreiheit überschritten. Der Staat muss die Menschen vor gefährlichen Extremisten schützen.

Kontra

Nein, ich bin gegen eine Kontrolle.

Hass lässt sich nicht durch Verbote und Kontrolle bekämpfen. Nazis werden immer Wege finden, ihre Ansichten unters Volk zu bringen. Man muss positive Beispiele dagegensetzen.

Der Fall:

Der Autor war ein Spinner, aber sein Treiben im Internet kein Spaß. „Tötet Frank S.!", forderte er anonym im Namen von Davids Kampfgruppe auf seiner Website. Unter Nennung der Daten des als „linke Zecke" titulierten Opfers bot er ein Kopfgeld von 10 000 Mark [ca. 5 000 Euro] gegen die Lieferung eines Tötungsbeweises an eine Postfachadresse. Begründung: Er „hetzt gegen Nazis und hängt mit Russen und anderem Gesindel rum".

Hintergrund:

Mit wachsender Intensität nutzen rechtsradikale Gruppen das Internet, um Ausländerhass und die Hatz auf politische Gegner zu propagieren. Seit 1995, so ermittelte das Simon-Wiesenthal-Center, wuchs die Zahl der rassistischen Websites von 10 auf über 2000, davon mehr als 300 von deutschen Rechtsextremisten. Mehr als alles Gedruckte habe das Internet zu ihrer Vereinigung beigetragen, frohlockt „Blood & Honour", eine internationale Skinhead-Gruppe.

(Aus: Harald Schumann: Der Klick zum Waffenbruder, in: Der Spiegel, Nr. 26/2000, S. 56)

So könnt ihr in der Diskussion vorgehen:

1. Macht eine Abstimmung in der Klasse und notiert die Stimmen pro bzw. kontra Kontrolle.
2. Teilt euch in Pro- und Kontra-Gruppen auf und bereitet in Kleingruppen die Begründung eurer Ansicht in Form einer mündlichen Argumentation vor.
3. Aus jeder Gruppe nimmt ein Mitglied entweder als Pro- oder Kontra-Anwalt vor der Klasse Platz (wichtig: die Zahl der Pro- und Kontra-Anwälte sollte gleich sein, evtl. zwei Mitglieder aus einer Gruppe nehmen).
4. Jeder der Anwälte trägt seine Begründung vor.
5. Dann wird in der Klasse diskutiert.
6. Am Ende können die Pro- und Kontra-Anwälte noch einmal ihre wichtigsten Argumente zusammenfassen.
7. Es folgt eine neue Abstimmung und Auszählung.

Methodenkarte 5

Internetrecherche

Wie sucht man gezielt nach Informationen im Internet?

Thema: Massenmedien

Internetrecherche: Was ist das?

Wer Zugang zum Internet hat, kann Informationen aus der gesamten Welt anfordern und nutzen und kann zusätzlich eigene Informationen in die ganze Welt aussenden. Die Fülle der Informationen im Internet ist unvorstellbar groß und sie wächst von Tag zu Tag. Die Suche nach einer bestimmten Information ist daher mit der Kunst vergleichbar, in einem riesigen Heuhaufen eine winzige Stecknadel zu finden.

Eine *Recherche* ist eine gezielte Suche nach Informationen zu einem bestimmten Thema. Im Rahmen dieser Unterrichtsreihe und auch für alle anderen Kapitel in diesem Buch könnt ihr das Internet gezielt dazu nutzen, aktuellstes Informationsmaterial zu finden. Hier bieten sich zum Beispiel die Themen Gewalt in den Medien, Zukunft der multimedialen Gesellschaft, Situation der Pressefreiheit in der Welt u.a.m. an. Wer die Internetrecherche beherrscht, ist in der Lage, aus den riesigen Informationsmengen diejenigen herauszufinden, die für seine Arbeit oder sein Vorhaben von Bedeutung sind. Sie oder er verfügt damit über eine Schlüsselqualifikation, die zukünftig im beruflichen und privaten Leben immer unverzichtbarer sein wird.

Zahlreiche Einrichtungen, Organisationen und Verlage stellen sich mit Homepages vor. Suchmaschinen beschaffen Informationen aus aller Welt.

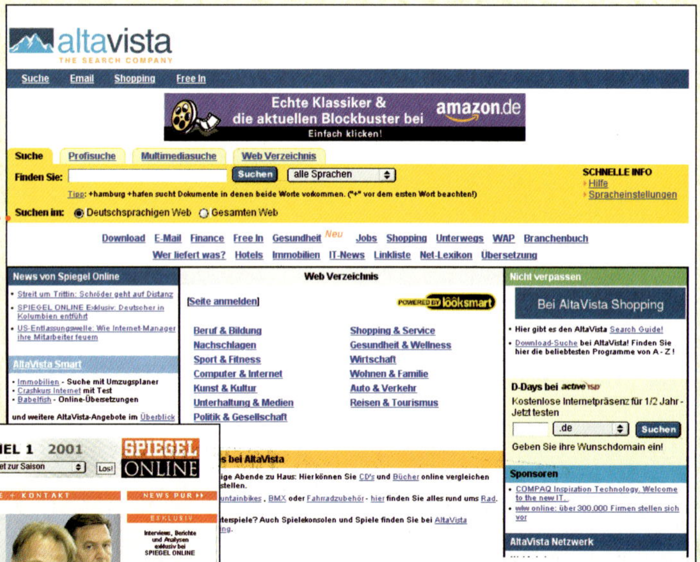

Wie macht man das?

Erster Schritt: Thema eingrenzen und Forschungsfrage formulieren

Man muss genau wissen, was man will, sonst verliert man leicht die Orientierung im Internet. Verständigt euch also über eure Interessen, zum Beispiel: „Mich interessieren Nachrichten und Kommentare zum Thema Jugend und Massenmedien oder Tierschutz in Deutschland oder Wirkung von Gewaltdarstellungen in Film und Fernsehen usw. Geht dann mit eurem Forschungsauftrag gezielt „online" und lasst euch davon möglichst nicht ablenken.

Zweiter Schritt: Informationsquellen auswählen

Man kann auf verschiedene Art und Weise auf die Suche nach Informationen im Internet gehen.

- Die erste davon ist das Surfen ohne einen bestimmten Plan. Man gibt einen Suchbegriff ein und wartet ab, ob man fündig wird. Dazu eignen sich Namen von Orten, Einrichtungen und Organisationen wie Parteien (z.B. www.mainz.de; www.bundestag.de; www.cdu.de).
- Die zweite Möglichkeit ist die Suche über **Kataloge** wie zum Beispiel yahoo, web, lycos, dino-online, wissen und viele andere mehr. Diese Kataloge sind von Redakteuren zusammengestellt und liefern zu eingegebenen Stichwörtern alle einsortierten Informationen.
- Die dritte Möglichkeit ist die Benutzung von **Suchmaschinen**. Hier erfasst nicht ein Mensch, sondern ein Computer die Informationen, speichert sie und stellt sie zur Verfügung. Für die Suche nach fachlichen Informationen ist der Weg über Suchmaschinen recht Erfolg versprechend. Wenn ihr www.suchmaschinen.de anklickt, liefert euch euer Computer einen Überblick über das derzeit aktuelle Suchmaschinenangebot.

Darüber hinaus könnt ihr auch in Bibliotheken fündig werden und bei speziellen Bildungseinrichtungen:

www.schulweb.de; www.dbs.schule.de; www.bildung-rp.de; www.zum.de)

Dritter Schritt: Suchmaschinen gezielt nutzen

Die Suche am Bildschirm durch das Anklicken von Internetadressen ist ein zeitaufwendiger Prozess, der auch Geld kostet. Speichert gefundene Informationen sofort ab, damit ihr sie online und ohne Kosten bearbeiten könnt. Lasst euch nicht von eurer Forschungsfrage ablenken. Wenn ihr bei der Suche ungenaue oder zu allgemeine Suchbegriffe eingebt wie z.B. nur „Medien", so wird euch eine solche Fülle von Informationen angeboten werden, die ihr nicht überblicken könnt. Gebt ihr dagegen „Medien + Meinungsfreiheit + international" ein, ist die Wahrscheinlichkeit groß, dass ihr gezielt Informationen angeboten bekommt, die etwas über die Situation der Pressefreiheit in der Welt aussagen. Bei der Verknüpfung von Begriffen müsst ihr darauf achten, dass die Suchmaschinen verschiedene Systeme zur Verknüpfung anbieten.

Vierter Schritt: Nur eine begrenzte Menge von Material ausdrucken

Oft kommen Schülerinnen und Schüler mit einer ungeheuren Blätterzahl von Materialien in die Schule und freuen sich darüber, dass sie so viel ausgedruckt haben. Diese Art des Vorgehens nützt aber gar nichts. Druckt daher nur solche Materialien aus, die sich genau auf eure Forschungsfrage beziehen und deren Menge ihr auch durcharbeiten könnt.

Fünfter Schritt: Material bearbeiten

Das Internet liefert uns zahlreiche Materialien, aber es arbeitet sie nicht für uns durch. Ohne die eigene Bearbeitung der Texte, Statistiken, Bilder etc. bleibt die Recherche sinnlos. Eine besonders wichtige Aufgabe besteht darin, wertloses von wertvollem Material zu unterscheiden. Schließlich kann ja jeder seine Informationen ins Internet eingeben. Es geben auch radikale und gefährliche Gruppen, ja sogar „Spinner" ihre Meinungen und Aufrufe zu allen möglichen Themen in das Internet ein.
Achtet darum immer auf folgende Fragen:

- *Wer hat das Material verfasst?*
- *Verfolgen die Autoren ein bestimmtes Interesse?*
- *Welche wichtigen Informationen zur Forschungsfrage stecken im angebotenen Material?*

Benutzt dann die Internetmaterialien, um daraus ein eigenes Produkt zu erstellen.

Der Fragebogen wurde von einer Gruppe von Lehrerinnen und Lehrern erstellt. Er listet 15 Computerfähigkeiten auf, die Schülerinnen und Schüler am Ende ihrer Schulzeit beherrschen sollten. Seht euch die Qualifikationen an und notiert – am besten jeder für sich – in eine Tabelle.

Das kann ich schon.	Das möchte ich noch lernen.	Das ist mir nicht so wichtig.

Lernen mit dem Computer
Was sollen Schülerinnen und Schüler am Ende ihrer Schulzeit können?

Bereich A: Texterstellung

1. Einen Text mithilfe des PC erstellen und abspeichern
2. Einen Text grafisch gestalten und Tabellen, Diagramme und Schaubilder einfügen
3. Ein Bild in einen laufenden Text einscannen

Bereich B: Üben und Wiederholen

4. Mathematikaufgaben, Rechtschreib-, Grammatikübungen u.a. mit einem Computerprogramm lösen
5. Selbstständig mithilfe einer Lernsoftware Geschichte, Erdkunde usw.) Aufgabenstellungen am PC lösen
6. Ein Computerlexikon benutzen

Bereich C: Gestalten und Layouten

7. Texte und Fotos für die Schülerzeitung mithilfe eines Layout-Programms (z.B. Publisher) grafisch gestalten
8. Für eine Präsentation von Arbeitsergebnissen Folien entwickeln (z.B. auch mit Powerpoint)
9. Eine Homepage einrichten

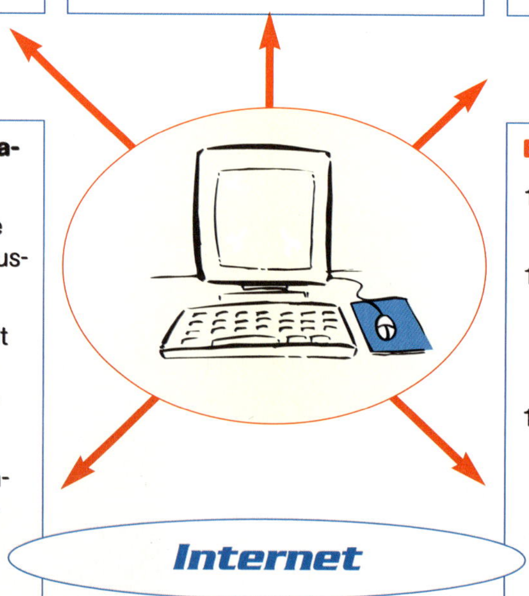

Bereich D: Suche nach Informationen

10. Mithilfe des Internet aktuelle Nachrichten erfragen und ausdrucken
11. Über Suchmaschinen gezielt Informationen zu einem bestimmten Themengebiet zusammenstellen
12. Herausfinden, wer welche Information mit welchem Interesse in das Internet eingestellt hat

Bereich E: Kont@kt aufnehmen

13. E-Mails senden können und empfangen
14. Mit Jugendlichen in anderen Orten, Ländern oder Staaten in Chatrooms Kontakt aufnehmen und pflegen
15. Kontakte zu Behörden und Organisationen herstellen und Broschüren, Prospektmaterialien und anderes bestellen

- Tragt nach der Bearbeitung des Fragebogens in der Klasse zusammen: Was gehört heute unbedingt zur Computergrundbildung dazu? (Einigt euch dabei auf die zehn bis zwölf wichtigsten Qualifikationen.)

Wähle dein Thema

Ich …

Ein Thema aus 6

- verdeutliche an konkreten Beispielen die Unterschiede zwischen Nachrichten und Kommentaren.
- veranschauliche Aufgaben der Massenmedien in einer Demokratie.
- erkläre die Bedeutung, Grenzen und Gefahren der Pressefreiheit.
- stelle vor, wie ein Ereignis zur Nachricht in den Massenmedien wird.
- erläutere die möglichen Folgen von Gewaltdarstellungen im Fernsehen für Kinder und Jugendliche.
- spreche über die wichtigsten Veränderungen in der multimedialen Gesellschaft.

Quiz

1. Zeitungstext, in dem eine Person ihre persönliche Meinung zu einem Ereignis ausdrückt.
2. Nach Artikel 5 des Grundgesetzes darf das nicht stattfinden.
3. Diese Funktion haben die Massenmedien gegenüber der Politik und den Politikern.
4. So bezeichnet man die Aufdeckung von Skandalen durch die Massenmedien.
5. Davon leben die privaten Fernsehsender.
6. Dieses Recht darf auch durch die Meinungs- und Pressefreiheit nicht verletzt werden.
7. Eine Beeinflussung von Menschen, ohne dass diese es merken.
8. So heißen Unternehmen, die Nachrichten sammeln und an die Medienredaktionen weiterleiten.
9. Der Begriff drückt aus, dass ein Medium Funktionen übernimmt, die früher von mehreren Medien getrennt ausgeführt wurden.
10. Bezeichnung für das weltweit größte Netz von Computern, die miteinander verbunden sind.
11. Hierzu zählen Zeitschriften, Zeitungen, Radio, Fernsehen und das Internet.
12. Sie existieren nur in der Welt der Computer.
13. Eine Form der Arbeit, die in der „Online-Gesellschaft“ zunehmen wird.
14. Neben der Meinungs- und Pressefreiheit wird sie in Artikel 5 des Grundgesetzes garantiert.
15. Sie helfen bei der gezielten Suche nach Informationen aus dem Internet.

A Manipulation	**B** Massenmedien	**C** Kontrollfunktion
D Zensur		**E** Informationsfreiheit
F Werbeeinnahmen		**G** Telearbeit
H Nachrichtenagenturen		**I** Multimedia
J virtuelle Bilder	**K** Das Recht der persönlichen Ehre	**L** Enthüllungsjournalismus
M Kommentar	**N** Internet	**O** Suchmaschinen

5

Jugendliche in der Gesellschaft

Selbst erwachsen werden heißt, dass man seinen eigenen Weg in die Zukunft finden muss. Viele bedeutsame Entscheidungen stehen an. Manchmal ist es hilfreich für die eigene Orientierung, wenn man sieht, wie andere es machen. In diesem Kapitel kommen Jugendliche zu Wort, mit deren Lebensweise und deren Denken ihr euch vergleichen könnt. Es werden Fragen behandelt, mit denen sich jeder Jugendliche irgendwann einmal auseinander setzt: Lebensziele, soziales Engagement, Gefährdung durch radikale Gruppen, Interesse an Politik. Das Kapitel soll zum Nachdenken anregen über den eigenen Standort, den jeder von euch in der Gesellschaft einnehmen will.

- Wie wollen Jugendliche ihr Leben gestalten? Führt dazu ein Einstiegsgespräch.

1. Lebensziele: Was wollen Jugendliche?

Stellvertretend für viele Tausende kommen hier zwei Jugendliche zu Wort, deren Familien nicht aus Deutschland stammen: Arben aus dem Kosovo und Zehra aus Istanbul.

- Was ist ihnen wichtig?
- Welche Vorstellungen haben sie von ihrer Zukunft?

Arben Ramaj: Hauptschüler, 17 Jahre alt

Meine Eltern kommen aus dem Kosovo, ich selbst bin in Deutschland geboren. Das Kosovo kenne ich bisher nur aus Urlaubsreisen. Nach meinem Hauptschulabschluss fange ich im September eine Lehre als Kfz-Mechaniker an. Ich kann mir durchaus vorstellen, dass ich ins Kosovo zurückkehre, wenn ich meinen Meister habe. Mein Traum ist, dort eine kleine Autowerkstatt aufzumachen. Ich glaube, dass das Leben im Kosovo nicht so anstrengend ist wie hier. Die Menschen sind freundlicher, das Leben ist familiärer.
Ich bin kein Typ, der sich in der Öffentlichkeit besonders präsentieren muss. Das Mode- und Markenbewusstsein vieler Altersgenossen mache ich nicht mit. Wichtig für mich sind Freunde. Die suche ich mir genau aus. Freundschaft bedeutet für mich, dass man sich nicht im Stich lässt, dass man sich gegenseitig hilft. So wie beim Fußball. Damit verbringe ich die meiste Freizeit. Mein Trainer meint, dass ich Talent besitze. Mit viel Training versuche ich mir jetzt einen Stammplatz in einer Jugendmannschaft zu erkämpfen.
(Aus: Die Woche vom 23. Juli 1999, S. 29)

Das Kosovo ist eine Provinz in Jugoslawien und ein europäisches Krisengebiet. 1999 gab es hier Krieg zwischen den verschiedenen Bevölkerungsgruppen, bei dem die NATO und die Vereinten Nationen eingriffen. (Anmerkung des Herausgebers)

1. Wie denkt Arben über sich, seine Zukunft und über das Leben in Deutschland?
2. Was seht ihr für euch selbst ähnlich, was seht ihr anders?

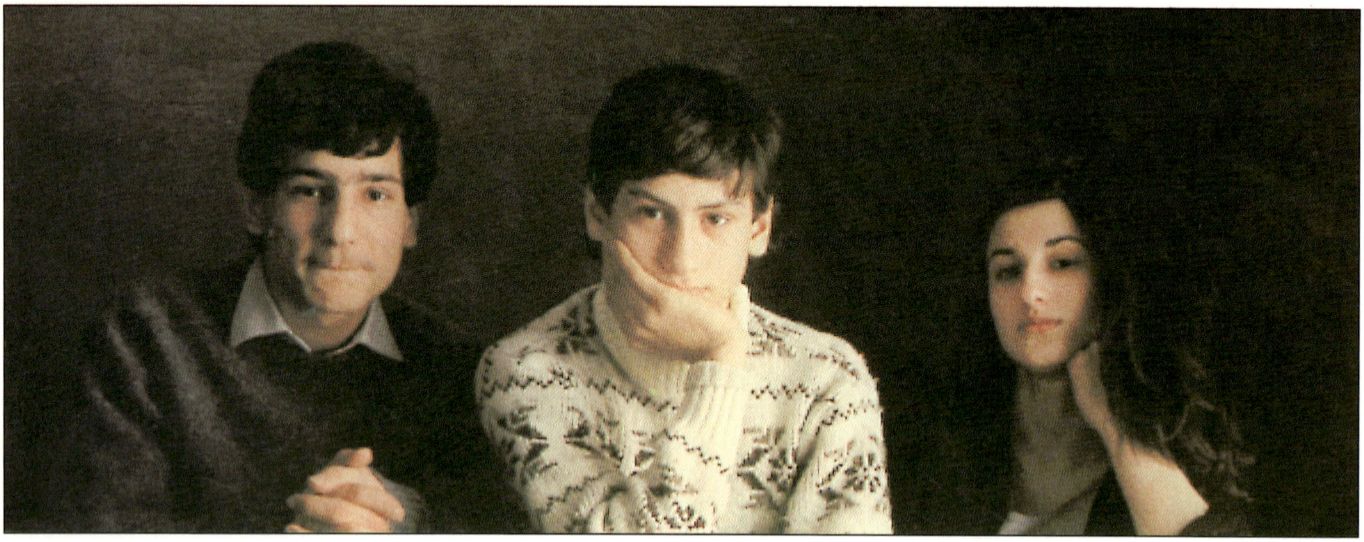

Das Foto zeigt Zehra mit ihren Brüdern Ümit und Metin.

Zehra aus Istanbul erzählt

Ich bin 14 und komme aus Istanbul in der Türkei. Ich bin jetzt schon zehn Jahre in Deutschland. An meine Heimat kann ich mich nicht genau erinnern, aber meine Eltern erzählen viel davon. Ich spreche auch türkisch, aber nicht so gut wie mein ältester Bruder Ümit. Er ist 17. Ich habe noch einen jüngeren Bruder, Metin, der ist 13 Jahre alt.

Meine Lieblingsbeschäftigung ist Lesen. Ich komme leider nicht sehr oft dazu. Ich arbeite eine Menge für die Schule. Ich gehe auf die Gesamtschule in Dortmund. Wenn ich nach Hause komme, helfe ich meiner Mutter beim Essen kochen, beim Wohnungputzen und beim Einkaufen.

Am Wochenende würde ich gern rausgehen. Aber meine Eltern sagen, ich dürfte nicht alleine in eine Disko. Wenn mein Bruder Ümit mitgeht, ist das in Ordnung; doch ich möchte keinen Aufpasser. Jeden Freitag fahren wir in die Moschee in Dortmund. Dort findet unser Gottesdienst statt. Wir müssen dafür eine Menge aus dem Koran auswendig lernen.

Meine Eltern sind streng mit mir, meine Brüder haben mehr Freiheit. Wenn ich nachmittags weggehe, dann treffe ich mich meistens mit anderen türkischen Mädchen aus meiner Schule. Ich habe auch eine deutsche Freundin. Sie heißt Yvonne und ich verstehe mich sehr gut mit ihr. Neulich durfte ich mit Yvonne zu unserer Schuldisko. Da versprach ich pünktlich um 20.30 zu Hause zu sein. Das müsste es öfter geben.

Meine türkischen Freundinnen möchten nach der Klasse 10 einen Beruf ergreifen. Sie wollen Kosmetikerin, Arzthelferin oder Sekretärin werden. Ich möchte am liebsten weiterlernen oder Sozialpädagogik studieren. Ich kann mir gut vorstellen, dass ich dann in die Türkei gehe, dort heirate und eine Familie gründe.

3. Ein türkisches Mädchen in einer deutschen Stadt: Was ist anders in ihrem Leben und in ihren Vorstellungen von der Zukunft als bei einer gleichaltrigen Deutschen? Was ist vergleichbar?

Was ist dir wichtig?

In der Jugendstudie der Zeitschrift „Focus Jugend 2000" sollten die Befragten ihre persönliche Rangliste für die folgenden 10 Zukunftsziele erstellen. Erstellt und vergleicht eure persönlichen Ranglisten.

(A) eigene Kinder haben, (B) eine gute Ausbildung, (C) gute Freunde haben, (D) eine Familie gründen, (E) soziale Gerechtigkeit herstellen, (F) persönliche Freiheit genießen, (G) am politischen Leben teilnehmen können, (H) Gleichheit aller Menschen vor dem Gesetz erreichen, (I) sich selbst verwirklichen können, (J) im Alter gut versorgt sein.

Ergebnis der Focus Umfrage im Heft 12/2000 vom 20. März, S. 63: 1 (A) 2 (E) 3 (B) 4 (D) 5 (H) 6 (C) 7 (F) 8 (I) 9 (J) 10 (G)

Sind die Jugendlichen so, wie die Jugendforschung sie sieht?

In regelmäßigen Abständen finanziert das Jugendwerk der Mineralölgesellschaft Shell eine große Studie, in denen Meinungen, Verhaltensweisen und Lebenseinstellungen Jugendlicher ermittelt werden. Die folgenden Auszüge sind der 13. Shellstudie aus dem Jahr 2000 entnommen.

Stichwort?

„In der Zusammenschau spricht wenig für die manchmal zu hörende Feststellung, die Jugendlichen wüssten angesichts von fortdauernder Arbeitslosigkeit, von Flexibilisierung und Globalisierung sowie vom rasanten Wandel in allen Lebensbereichen nicht mehr aus noch ein. Eher im Gegenteil. Relativ zuversichtlich und überzeugt von der eigenen Leistungsfähigkeit versuchen sie mehrheitlich, aktiv ihre Lebensperspektive vorzubereiten. Sie sind insgesamt weder verängstigt noch leichtsinnig, sondern entschlossen, die Herausforderung anzunehmen."

Stichwort?

„Die Jugendlichen gehen im Allgemeinen davon aus, dass es ihnen gelingen wird, Familie und Beruf miteinander zu verbinden. Berufs- und Familienorientierung als zusammengehöriges Paar, also nicht als widerstreitende Alternative, stehen im Lebensplan bei den Deutschen ganz eindeutig im Zentrum."

Stichwort?

„Ausländerfeindlichkeit gibt es auch unter der Jugend. Besonders in Ostdeutschland ist sie festzustellen. Sie ist aber weniger verbreitet, als oft behauptet wird. Aufs Ganze gesehen, ist nur eine Minderheit stark ausländerfeindlich eingestellt, jedoch hat uns dort die Entschiedenheit und Ausprägung dieser Einstellung überrascht. Ausländerfeindlichkeit resultiert offenbar nicht aus persönlichen Erfahrungen mit Ausländern, im Gegenteil. Gerade hochausländerfeindliche Jugendliche haben erheblich weniger Kontakte zu Nichtdeutschen."

Stichwort?

„Sie erleben mehrheitlich ihre Eltern als Partner, die sich viel Mühe geben, sie zu unterstützen und zu beraten. […] Ihre Verselbstständigung geschieht nicht im Konflikt, sondern geradezu in Absprache mit den Eltern; bei ihren Ablösungsversuchen fühlen sie sich von ihnen unterstützt."

Stichwort?

„Jugendliche leben keineswegs in einer Weit jenseits der Berufsorientierung, bereiten sich nicht auf ein Leben in der Spaß- und Freizeitgesellschaft vor. Sie nehmen das Lebensziel Beruf ernst und ihre Aufgabe, sich dafür zu qualifizieren und vorzubereiten, sehr genau. Das bedeutet natürlich nicht, dass sie von ihrer Berufstätigkeit nicht erwarten, dass sie Spaß macht."

Stichwort?

„Typisch weibliche Lebensmuster" im Unterschied zu typisch „männlichen" scheint es so nicht zu geben, zumindest nicht bei den deutschen Jugendlichen. In Bezug auf Werte, Zukunftsvorstellungen, Lebenskonzepte und biografische Planung können wir vielmehr einen Angleichungsprozess zwischen Mädchen und Jungen feststellen. […] Dennoch sind klassisch männerdominierte Bereiche wie Technik, Politik, Computerspiele, Internet, Sport und Vereinsleben auch weiterhin eine Männerdomäne geblieben."

Stichwort?

„Das politische Interesse aufseiten der Jugendlichen sinkt weiter. Das gilt für alle verschiedenen Untergruppen. Es hat damit zu tun, dass Jugendliche mit dem Begriff Politik die Landschaft von Parteien, Gremien, parlamentarischen Ritualen verbinden, der sie wenig Vertrauen entgegenbringen."

(Alle Zitate aus: Jugend 2000. 13. Shell Jugendstudie, Verlag Leske + Budrich, Opladen 2000, S. 13–21)

4. Notiert in Stichworten, was die Forscherinnen und Forscher herausgefunden haben?
5. Diskutiert dann miteinander, ob diese Ergebnisse mit euren persönlichen Einschätzungen übereinstimmen oder nicht.

Tipp: Am Ende dieser Einheit könnt ihr eure eigenen Texte verfassen und sie euch gegenseitig vorlesen:
Was mir in Leben wichtig ist …
Was ich in der Zukunft will …

2. Soziales Engagement: Sind Jugendliche bereit anderen zu helfen?

Menschen mit sozialem Engagement sind bereit sich für andere Menschen einzusetzen, auch wenn sie dafür ihre privaten Interessen ganz oder teilweise zurückstellen müssen. Entscheidet, ob ihr die beiden Fälle (A und B) arbeitsteilig oder gemeinsam bearbeiten wollt. Orientiert euch bei der Bearbeitung der Beispiele an den folgenden Fragen.

1. **Beschreibt:** Was tun die Leute? Worin zeigt sich ihr soziales Engagement?
2. **Analysiert:** Welche Motive (= Gründe für ihr Handeln) haben sie? Haben sie einen Gewinn für ihr Leben davon? Müssen sie Opfer bringen?
3. **Bewertet:** Haltet ihr dieses Engagement für nachahmenswert?

A Bastian übernimmt Verantwortung für alte Menschen

In der Münchner U-Bahn rückten die Fahrgäste von ihm ab. Ständig spürte er die missbilligenden Blicke der Mitreisenden auf dem Rücken. Mit seinen langen Rastalocken und Springerstiefeln passte der 21 Jahre alte Bastian Pohl nicht ins kleinbürgerliche Bild vom anständigen jungen Mann. Jetzt mokiert sich niemand mehr, denn die Löwenmähne ist inzwischen ab. Aber seine Überzeugungen sind geblieben: Bastian möchte einen sozialen Beruf ergreifen – vielleicht Altenpfleger werden oder mit behinderten Kindern arbeiten. „Es erfüllt mich mehr, mit Menschen zusammen zu sein und anderen zu helfen. Das fordert zwar den Einsatz meiner gesamten Person und meine gesamte Kraft. Aber da habe ich auch das Gefühl, ich werde gebraucht."
Bastian hat seinen Zivildienst in einem Altenheim auf der Pflegestation für Schwerstpflegebedürftige fast abgeleistet. Vor allem diese Erfahrung hat seinen Entschluss mitbestimmt. „Früher bin ich nur im Büro gesessen. Und da ging es immer nur darum, ein neues Produkt auf dem Markt einzuführen und zu verkaufen. Heute weiß ich: Das ist nichts für mich! Obwohl der Dienst auf der Pflegestation ein wirklich harter Job ist, macht er mich zufriedener. Für jemanden zu sorgen, Verantwortung übernehmen – das ist doch eigentlich das, was das Leben ausmacht."
Das Bedürfnis der alten Menschen nach Nähe ist groß. Viele erzählen, wie sie von ihrer Familie einfach ins Heim abgeschoben wurden. „Oft klammern sich die alten Leute einfach am Arm fest. Sie wollen einen gar nicht mehr gehen lassen. Es ist schon bitter zu sehen, wie viele Heiminsassen von niemandem besucht werden, obwohl Sohn oder Tochter in der Nähe wohnen."
„Freilich kann ich die alten Leute nicht vollkommen glücklich machen. Aber ich kann entscheiden, wie der Tag so für einen alten Menschen verlaufen soll – ob er ihn etwas fröhlicher verbringt, wenn ich ihn in den Park fahre oder mit ihm spazieren gehe. Das gefällt mir an der Arbeit. Das Gefühl ist einfach unbeschreiblich, wenn jemand auf dich reagiert, obwohl er bei anderen völlig apathisch in seinem Stuhl sitzt. Dann weiß ich, dass ich das Richtige tue. Das entschädigt mich dann für den ganzen Mist, den ich sonst am Tag erlebe, wenn einen beispielsweise andere alte Leute rumschicken und zu schikanieren versuchen. Das gibt es auch. [...] Seine Kraft nimmt Bastian vor allem aus der Musik: Musik ist für mich lebenswichtig. Sie hilft mir Energie zu tanken und Frustration abzubauen."
Anfänglich reagierten Bastians Freunde durchweg mit Ablehnung. „Was, du willst den alten Leuten den ganzen Tag den Arsch abwischen?", kommentierten sie sein soziales Engagement. Sie streben meist einen Beruf mit höherem Sozialprestige an. „Es ist auch ein politisches Problem, dass Sozialberufe häufig gesellschaftlich nicht sehr anerkannt sind. Sie fordern deine ganze Kraft und sind miserabel bezahlt", meint Bastian.

(Aus: Almuth Baron: Früher bin ich nur im Büro gesessen" in: Sozialcourage – Das Magazin für soziales Handeln, hrsg. vom Deutschen Caritasverband, Heft Nr. 4, 1996, S. 9)

B Bettina, Carsten und die anderen organisieren Hilfstransporte

zu den Bildern: Kisten, Kartons und Säcke mit Hilfsgütern werden in den LKW verladen; Bettina organisierte schon als 18-Jährige einen Hilfstransport nach Moskau; Oliver spielt mit einem Waisenkind und bespricht dabei die Route mit Bene.
Kannst du dir vorstellen, an einer solchen Aktion teilzunehmen?

Eine Jugendzeitschrift berichtet über eine Aktion des Hamburger Vereins „HumanAct“:

Seit fast sechs Stunden warten Bettina, Carsten und die anderen acht Helfer vom „Verein für humanitäre Hilfe e.V. HumanAct“ am polnisch-russischen Grenzübergang Bezledy in ihren fünf Fahrzeugen – frierend und hoffend, dass der russische Zoll sie passieren lässt. Zum achten Mal ist HumanAct mit einem Hilfstransport nach Kaliningrad in Russland unterwegs. [...]

Warum nehmen die jungen Leute aus Hamburg diese Strapazen auf sich? Es ist nicht das schlechte Gewissen ihrer Großeltern und Eltern, das sie treibt, weil im Zweiten Weltkrieg 20 Millionen Russen im Kampf gegen die Deutschen starben. Die Mitglieder von HumanAct haben keine Schuldgefühle, sie wollen einfach nur helfen, „etwas machen, etwas Sinnvolles tun“, sagt Bettina, die schon als 18-Jährige in der Schule einen Hilfstransport nach Moskau organisiert hat.

Am dritten Tag gegen Abend wird endlich das erste Ziel im tief verschneiten Kaunas in Litauen erreicht: ein Waisenheim für 150 leicht behinderte Kinder im Alter zwischen 7 und 21 Jahren. Mit System entladen die HumanActer einen halben LKW, werfen sich geschickt die kiloschweren Kartons mit Kartoffelpüree, Mehl, Würstchen und Dosengemüse zu und stapeln sie in der Vorratskammer auf. [...]

In der zweiten Einrichtung, dem Waisenkindergarten, wo gesunde und stark behinderte Kinder zusammenleben, wird alles gebraucht. Dankbar nehmen die Angestellten Lebensmittel und Kleidung, Spiele und Papier in Empfang. Bene notiert sofort die Bemerkung der Leiterin: „Eine Riesenerleichterung wären Pampers.“ Beim nächsten Besuch werden sicherlich welche im Gepäck sein. [...]

Auf dem Rückweg gerät der Konvoi drei Kilometer vor der polnischen Grenze bei Grodno in einen Schneesturm. Die fünf Wagen liegen fest. [...] Gegen Nachmittag lässt der Schneefall endlich nach. Mithilfe tatkräftiger Weißrussen sind die Fahrzeuge drei Stunden später wieder flott.

Jetzt will jeder nach Hause. An den Grenzen gibt es zum Glück keine Probleme. Um 22.07, mit nur sieben Minuten Verspätung, trifft der Konvoi in Hamburg ein. Dort werden sie von Freunden begeistert empfangen. Die Helfer sind gesund, die Autos ohne Beulen zurück. In 14 Tagen haben sie 3955 Kilometer zurückgelegt und rund neun Tonnen Medikamente, Kleidung, Lebensmittel und Spielzeug verteilt. Alle wollen weitermachen.

Der Verein für humanitäre Hilfe e.V. wurde Anfang 1993 gegründet. Hierin schlossen sich junge Leute zusammen, um in ihrer Freizeit ehrenamtlich hilfsbedürftige Menschen in Osteuropa zu unterstützen.

(Nach: Suzanne Bontemps: „Wir bringen was ins Rollen“, in: Brigitte Young Miss, Ausgabe 1/1997, S. 59)

4. Welches der beiden Beispiele beeindruckt euch stärker: Bastian, Bettina und die anderen oder beide gleich?
5. Seid ihr der Ansicht, dass heute viele junge Leute zu solcher Art von sozialem Engagement bereit sind, oder werden es nur wenige sein?

Diskussion im Klassenzimmer: Denken Jugendliche nur noch an ihr Privatvergnügen?

Viele Erwachsene haben die Sorge, dass sich die Jugendlichen von heute völlig von jedem sozialen Engagement verabschieden. Sie kümmern sich nur noch um sich selbst, wollen Spaß von morgens bis abends, möglichst viel Geld, geile Klamotten und ihr eigenes Handy. Ob es dem Nachbarn in der nächsten Umgebung schlecht geht, ob Menschen in Not oder Unfreiheit leben, ob die Umwelt weiter zerstört wird, es interessiert sie nicht.

1. So und ähnlich lauten die Vorwürfe. Setzt euch in einer Diskussion in der Klasse mit diesen Ansichten auseinander. Sind sie zutreffend?

Zwei Zeitungsartikel gehen der Frage nach: Ist soziales Engagement out? Beide kommen zu völlig unterschiedlichen Ergebnissen. Wie ist das möglich? Nach dem Lesen einzelner Aussagen empfehlen wir kurze Denkpausen 👓.

Diese Jugend steigt aus

Der Austritt eines Sängers aus einer populären Popgruppe ruft bei vielen deutschen Jugendlichen größere Bestürzung hervor als ein Massaker an zehntausend unschuldigen Menschen in einem der Krisengebiete dieser Erde. 👓
Das stellten sarkastisch und mit größtem Bedauern Jugendoffiziere in ihrem Jahresbericht fest.
Die 94 Offiziere diskutierten mit rund 1850 Schülern über Bundeswehr, NATO und Sicherheitspolitik.
Fazit: Es herrscht eine große „Ohne-mich-Bewegung".
Vorgezogen wird die Flucht in die unpolitische Privatsphäre, um sich von der problembeladenen Welt abzuschotten. 👓 In dem Report kommen die Jugendoffiziere zu dem Schluss: Jugendliche denken nicht über Politikverdrossenheit nach: Sie sind politikverdrossen. 👓
Einer der Offiziere gab die Meinung eines Schülers so wieder: „Die Jugendlichen bejahen den demokratischen Rechtsstaat, sind aber nicht bereit sich dafür zu engagieren. 👓 Für sie heißt Demokratie die ungehinderte Verwirklichung aller subjektiven Wünsche. Einschränkungen werden dabei prinzipiell abgelehnt. 👓

(Nach: Ohne-mich-Motto schockt Offiziere" von Friedrich Kuhn, dpa, 2.8.1996; in: Trierischer Volksfreund, 3/4.8.96, S.3)

Diese Jugend steigt ein

Sie nennen sich „grüne Socken" oder „Umwelt-Nervensägen"; sie säubern Bäche und Seen, bauen Insekten-Nistwände und kämpfen für billige Kinder-Bus-Tickets: Die „Greenteams von Greenpeace" sind in. Weit mehr als zehntausend Kinder und Jugendliche engagieren sich bereits in den Jugendgruppen des Öko-Konzerns, der sich vor dem Ansturm kaum noch retten kann. „Wir bieten Jugendlichen, die sich engagieren wollen, einen Rahmen" sagt Stefanie Weigel, die in der Hamburger Greenpeace-Zentrale die weitgehend selbst organisierten Jugendteams betreut. Ihre Lernziele: „Man kann etwas verändern, wenn man nur will." 👓
Von der häufig beklagten Null-Bock-Mentalität und Politikverdrossenheit spürt die 27-jährige Öko-Aktivistin denn auch wenig: „Die Jugendlichen sind nicht unpolitisch. Wenn sie das Gefühl haben, das ist ihre Sache, engagieren sie sich." 👓
Mike Corsa (40), Vorsitzender des Bundesjugendrings, hält das gestörte Verhältnis von Jugend und Politik für ein Problem der herkömmlichen Großorganisationen. „Die Jugendlichen wollen mitmachen, mitgestalten und mitentscheiden. Auf die Politik, wie wir sie kennen, haben sie keinen Bock mehr." 👓

(Nach: Kein Bock auf null Bock" von Ludwig Greven, in: Die Woche vom 22.11.1996)

2. Greift die Aussagen, die mit einer Brille gekennzeichnet sind, heraus und diskutiert einzeln darüber, ob sie zutreffend sind.
3. Wie steht es mit der Bereitschaft Jugendlicher zum sozialen Engagement: Völlig in? Völlig out? Oder keines von beiden?

Jugendliche engagieren sich –

Wer bekommt den Preis für vorbildliches Verhalten?

Angenommen, dass...
In der Schule soll ein Preis für besonders vorbildliches Verhalten verliehen werden. Eltern, Lehrer und Schüler haben sich darauf geeinigt, dass einmal jährlich für eine Aktion der Ehrenpreis verliehen werden soll; Ihr seid die Jury, die diesen Preis vergibt. Wer wird ihn bekommen?

❶ **Yvonne, Kevin und Mareike** sind Schüler der Klasse 7c. Zusammen mit einigen Lehrern haben sie in ihrer Freizeit Kontakt mit einer Sonderschule für geistig beeinträchtigte Kinder aufgenommen. Nach vielen Kontakten und Vorgesprächen haben sie – zusammen mit ihrer Klasse – eine Karnevalsfeier mit Kindern aus der Sonderschule veranstaltet. Es gab eine gemeinsame Schminkaktion, gemeinsames Essen und ein gemeinsames Programm, von dem alle begeistert waren.

❷ **Die Klasse 10c** hat im Physikunterricht mit der Unterstützung ihrer Lehrerin Helga Schmohl einen Solarofen gebaut. Man traf sich an vielen Nachmittagen in der Schule um den Bausatz, der aus unzähligen Einzelteilen bestand, zusammenzusetzen. Mit Unterstützung eines kirchlichen Entwicklungsdienstes wurde der Solarofen nach Ghana in Afrika versandt. In einer Dorfgemeinschaft leistet er nun wertvolle Dienste bei der Zubereitung von Speisen.

❸ **Die Schulband „boys and girls"** hat sich bei der Planung des letzten Sommerfestes besonders stark engagiert. Die fünf Jungen und Mädchen haben in ihrer Freizeit Teile des Schulhofes in einen „Open-Air-Konzertsaal" verwandelt. Sie haben eine Bühne organisiert, Bänke besorgt usw. Ihr Konzert war dann ein voller Erfolg. Insgesamt brachte das Schulfest einen Gewinn von 2400 Euro ein. Davon überreichte die Band einen Scheck von 1500 Euro an das städtische Kinderheim zum Kauf von Spielgeräten.

❹ **Eine Gruppe von sieben Schülerinnen und Schülern aus den Klassen 9 und 10** haben vor einem Jahr eine „Arbeitsgemeinschaft gegen Ausländerfeindlichkeit und Gewalt" gegründet. Immer wieder traf sich die Gruppe und überlegte, welchen Beitrag sie zu einem friedlichen Zusammenleben von In- und Ausländern leisten könnten. Mit Unterstützung der Schulleitung haben die Sieben dann im vergangenen Schuljahr in den Klassen fünf bis neun jeweils doppelstündige Veranstaltungen zum Thema „Friedlich miteinander leben" durchgeführt. Dabei haben sie auch manche Enttäuschung einstecken müssen.

❺ **Kai** ist mittlerweile in der elften Klasse. Als er in der neunten war, machte er sich ans Werk die eingeschlafene Schülerzeitung „Zack" wieder flottzumachen. Kai arbeitete unermüdlich. Er stellte ein Redaktionsteam zusammen, schrieb Artikel auf Artikel, in denen er Missstände in der Schule aufdeckte und für eine Verbesserung des Schulklimas warb. Auch wenn die übrigen Redakteure ihre Arbeit lustlos aufgaben, blieb Kais Engagement erhalten. Zack" erscheint seit drei Jahren wieder in regelmäßigen Abständen und dass das so ist, ist fast alleine Kai zu verdanken.

Gruppenmix

Erster Schritt: Setzt euch in Gruppen zusammen, beratet und trefft nach 10 Minuten eine Entscheidung.

Zweiter Schritt: Nun werden die Gruppen neu gebildet, indem zum Beispiel jedem in der Gruppe ein andersfarbiger Punkt auf den Handrücken geklebt wird. Die Schüler mit blauen, roten, grünen, gelben und orangen Punkten bilden nun eine neue Gruppe. Reihum wird das Ergebnis aus Schritt 1 vorgestellt, neu beraten und neu entschieden. Am Schluss werden der oder die Preisträger durch Zusammenzählen der Gruppenergebnisse ermittelt.

3. Was treibt junge Leute in religiöse Sekten?

„Immer wieder geraten Menschen in eine psychische Abhängigkeit von religiösen Gruppierungen. Die Namen sind austauschbar: Zeugen Jehovas, Mormonen, Universelles Leben, Mun-Bewegung usw. Gemeinsames Merkmal aller Gruppen ist es, dass sie den Menschen krank machen können, indem sie diese an sich binden und religiös missbrauchen."

Mit diesen Sätzen beginnt das Buch „Der Griff nach der Seele" von Olaf Stoffel. (Gütersloher Verlagshaus 1999). Der Autor war selbst 17 Jahre lang Mitglied einer religiösen Sekte und konnte sich dann unter größten Schwierigkeiten daraus befreien. Was treibt junge Leute in Sekten? Wie kann man sich selbst davor schützen? Über diese Fragen könnt ihr mithilfe der Materialien dieser Einheit diskutieren.

Satanskult schwappt über!

Schon mehr als 10 000 Jugendliche sollen bei uns in Deutschland zu den Satansjüngern gehören. Sie treffen sich in geheimen Zirkeln und beten den Teufel an. Die satanische Welle scheint überzuschwappen. Und das nicht nur in Deutschland, Frankreich, England, Norwegen, überall sind Hochburgen des Satanismus zu finden. Eine besondere Rolle spielt die satanische Bewegung in den USA. Tausende Kinder werden dort jährlich Opfer des Satanskultes; 10 Millionen Amerikaner betreiben schwarze Magie, rund 100 Millionen sind okkulten Praktiken verfallen. Geködert werden die Leute in Amerika von den Teufelssekten mit großen Versprechungen: Willst du nicht auch Jugend, Kraft, Macht, Geld, Einfluss und Spaß? Natürlich wollen sie – und sind schon in den Klauen der Satanssekte.

(Nach: Luise Mandau: Tödlicher Sektenwahn. Die teuflischen Tricks der Seelenfänger, Bettendorf 1995)

Mitgliederzahl der Sekten steigt

Ungefähr 600 Sekten und sektenähnliche Gruppen sind im Augenblick im deutschsprachigen Raum aktiv. Neben einigen wenigen sehr großen Gruppierungen, die teilweise schon seit hundert Jahren in Deutschland vertreten sind, gibt es ungezählte kleinere Gruppen, von denen die meisten bisher kaum in der Öffentlichkeit in Erscheinung getreten sind. Schätzungen gehen davon aus, dass über 1.000.000 Menschen, darunter Hunderttausende Kinder, Mitglied in den verschiedenen Sekten sind. Eine weitere Million Menschen sind durch Kurse und Produkte mit diesen in Kontakt gekommen. Fast täglich steigt die Mitgliederzahl, fast wöchentlich wird eine neue Gruppierung bekannt.

(Aus: Ulrich Rausch: Sekten, 99 Fragen, Wilhelm Heyne Verlag, München 1999, S. 13)

Tipp: Vorsicht bei Internetrecherchen!

Wenn ihr im Internet nach aktuellem Material unter dem Suchbegriff „Sekten" sucht, müsst ihr sehr genau darauf achten, von wem die Materialien mit welcher Absicht geschrieben wurden. Einerseits präsentieren sich Sekten und werben um neue Mitglieder im Internet, anderseits gibt es Materialien, die kritisch über Sekten berichten.

1. Tragt zusammen, was ihr hier über das Thema Sekten erfahrt und was ihr bereits darüber wisst.
2. Stets werben Sekten um neue Mitglieder mit größter Höflichkeit und interessanten Angeboten, die neugierig machen. Das neu geworbene Mitglied gerät dann in einen Sog von Abhängigkeiten, aus dem es nur sehr schwer wieder einen Ausweg finden kann. Habt ihr Ideen, wie junge Leute diese Gefahren erkennen und sich davor schützen können?

Der Fall Carl: Warum wurde er zum Roboter des Gurus?

Vom siebzehnten Lebensjahr an bestimmte der Sektenführer Sri Chinmoy das Leben des Medizinstudenten Carl aus Hannover (Name geändert), bis dieser sich am 20. März 1995 im Wahn die Kehle durchschnitt. Die Wochenzeitschrift *Der Stern* druckte seine Geschichte.

Als Carl R. das letzte Mal seine Mutter anruft, klingt er gar nicht traurig: „Mama, der Guru hat gesagt, ich muss am Montag sterben. Du musst jetzt zwei Tage ganz lieb zu mir sein. Ich will nach Hause kommen zum Sterben." Zwei Tage wartet die 67-jährige Frau aus Hannover vergebens auf ihren Sohn. Bis am Montag, dem 20. März 1995, das Telefon noch einmal klingelt. „Mama, hol mich ab, ich bin in Degersen", einem Dorf draußen im Landkreis. Da steht er im Schnee. Barfuß. Mit Shorts und T-Shirt. Sie nimmt ihn mit nach Hause und sagt: „Du bist krank. Ich rufe einen Doktor. Du endest noch im Wahnsinn."
Doch der Arzt kann an dem Jungen nichts Besonderes feststellen. Der 27-jährige Medizinstudent ist durchtrainiert bis in die letzte Sehne.
Schon in der Schule war Carl immer der beste Sportler. Während seines Zivildienstes in einem Krankenhaus hatte er einen Marathonläufer kennen gelernt, der ihn faszinierte. Der war Anhänger des indischen Gurus Sri Chinmoy und nahm ihn mit zu seiner Meditationsgruppe. Die Chinmoys geben sich sportlich inspiriert, nehmen nur „heilige" Nahrung zu sich: Obst, Nüsse, Gemüse, Getreide.
Als Carl seiner Mutter von seiner neuen Religion erzählte, dachte sie: „Kann ja nicht schaden, so ein bisschen Beten!" Carl wandte sich von seinen alten Freunden ab. Er wurde aggressiv, wenn jemand seinen Guru infrage stellte. Denn er befiehlt absoluten Gehorsam: „Ich will, dass ihr jeden Befehl von mir als einen göttlichen Befehl auffasst …"

Für Carl wurde der Hindu-Guru zu einem allmächtigen Gott. […]
Zehn Jahre war Carl bei der Sekte. Die Tage verliefen immer gleich. Zwei Stunden Schlafen, vier Stunden Meditieren, vier Stunden Joggen, zwei Stunden meditieren. Dann wieder Schlafen. Kein Sex. Dazu fastete er fast ständig, steckte sich sofort den Finger in den Hals, wenn er mal bei Muttern am Küchentisch „sündigte". Eines Tages sagte er: „Der Guru ist für mich alles. Der Guru wird mich in den Tod begleiten."
Carl sitzt am letzten Tag seines Lebens daheim und meditiert. Er versucht eins zu werden mit seinem Meister. Er rasiert sich den Kopf kahl, stürzt in die Küche, schnappt sich ein Kartoffelmesser und schneidet sich ein Ohr ab. „Supreme", ruft er und läuft mit dem Bild des Gurus in der Hand auf die Straße. Im nahen Wald meditiert er ein letztes Mal. Er kniet vor dem blutbespritzten Foto nieder und bringt sich mit einem Messer um.
„Das Sektentypische daran ist die totale Hingabe an den Guru", sagt Pfarrer Thomas Gandow, der seit zwanzig Jahren als Sektenbeauftragter der evangelischen Kirche in Berlin arbeitet. Durch exzessive Meditation, Schlafentzug und körperliche Erschöpfung wird der Wille des Gläubigen zerstört. Er nimmt während der Meditation an, dass der Meister tatsächlich zu ihm spricht. So wird er zum Roboter des Gurus. Genau darin liegt die Gefahr vieler Sekten.

Das Foto zeigt den mittlerweile verstorbenen indischen Sektenführer Bagwan Shree Rajneesh. Typisch für die Sekten ist die geforderte totale Hingabe an einen Guru.

1. Lest die letzten Sätze der Geschichte noch einmal: Worin genau liegt die Gefahr vieler Sekten?
2. Wie konnte es passieren, dass Carl zum „Roboter des Gurus" wurde? Haltet die Stationen auf dem Weg in den religiösen Wahn fest.

INFORMATION

Sekten in Deutschland

Wie gefährlich sind Sekten?

Menschen, die in eine Sekte hineingeraten, befinden sich in der Gefahr, dass sie unmündige, unfreie Personen werden. In der Sekte wird ihnen – meist durch einen Guru, einen Führer, mithilfe einer oft selbst entwickelten Glaubensrichtung, Theorie oder einer so genannten Wissenschaft, vorgeschrieben, was sie zu denken haben, wie sie zu handeln haben und mit wem sie Kontakt pflegen dürfen und mit wem nicht. Die Sekte baut eine geschlossene Innenwelt auf, alles, was in der Sekte geschieht, wird als „gut" und „richtig" dargestellt und alles, was draußen, außerhalb der Sekte geschieht, ist „schlecht und böse". Draußen gibt es bald keine Freunde und Familienmitglieder mehr, denen man vertrauen kann. In der Sekte wird eine eigene Sprache und ein eigenes Denksystem entwickelt, das „draußen" sowieso niemand versteht. […]

Wie werden neue Mitglieder geworben?

Sektenmitglieder gehen häufig in öffentliche Institutionen wie Schulen und Kindergärten, aber auch in Büros und Behörden, um dort immer neue Mitglieder anzuwerben. Sie sprechen Kinder und Jugendliche auf der Straße an. Sie sind meist sehr freundlich, bieten ihre Hilfe an, zum Beispiel bei den Hausaufgaben, oder sie sprechen Menschen auf ihre Probleme an, zum Beispiel mit den Eltern, Ehepartnern oder Arbeitgebern.
Sekten haben unter anderem auch deshalb großen Erfolg, weil die Menschen immer mehr auf sich alleine gestellt sind, weil sie keine Wurzeln mehr haben in ihren Familien, keinen Freundeskreis. Viele Menschen fühlen sich einsam und isoliert – in einer Sekte erleben sie ein Gemeinschaftsgefühl, eine Art Familie, die immer für sie da ist.
Menschen, die sich in einer Sekte unwohl fühlen, schaffen es kaum, einen Ausweg zu finden. Sie sind von ihrer Umwelt abgeschnitten, haben keine eigenen Gedanken und Gefühle mehr.

Sekten als Thema der Politik

Mittlerweile haben auch die Politiker erkannt, dass Sekten eine große Gefahr darstellen. Deshalb haben sie eine Kommission gebildet, die sich intensiv mit dem Thema Sekten befassen soll. In Deutschland, so rechnet man, gibt es etwa 600 Gruppierungen, die unter dem Begriff „Sekten" zusammengefasst werden, und zum Kreis der Betroffenen, das sind Sektenmitglieder und Angehörige, werden sechs bis sieben Millionen Menschen geschätzt.

(Aus: Informationstext „Sekten" für Kinder und Jugendliche, in: Frankfurter Rundschau, Nr. 215 vom 14. Sept. 1996, S. 10)

Kinder als wehrlose Opfer

Erwachsenen gesteht unsere Verfassung das Recht zu, ihre Religion frei auszuüben, sich zwölf Stunden am Tag meditierend einem Guru hinzugeben, der nahenden Apokalypse (= Weltuntergang, Anm. des Herausgebers) entgegenzuzittern oder die gesamte Freizeit der Haustür-Mission zu opfern.
Aber welchen Schaden fügen sie damit ihren Kindern zu? Längst ist eine Generation von Kindern herangewachsen, die von Geburt an nichts anderes kennen gelernt haben als das geschlossene System einer Sekte. […] Bei der Thakar-Singh-Sekte, die in Deutschland nach eigenen Angaben 25 000 Anhänger hat, werden Kindern die Augen verbunden und das rechte Ohr mit Silikon verstöpselt um sie durch Dauermeditation zu „Rettern der Menschheit" zu machen.

(Aus: Ursula Ott: Hilferufe aus dem Paradies, in: Die Woche vom 18. Jan. 1996, S. 29)

1. Was geschieht mit einem Menschen, der in eine Sekte hineingeraten ist?
2. Warum haben Sekten zunehmenden Erfolg? Tragt die Gründe zusammen.

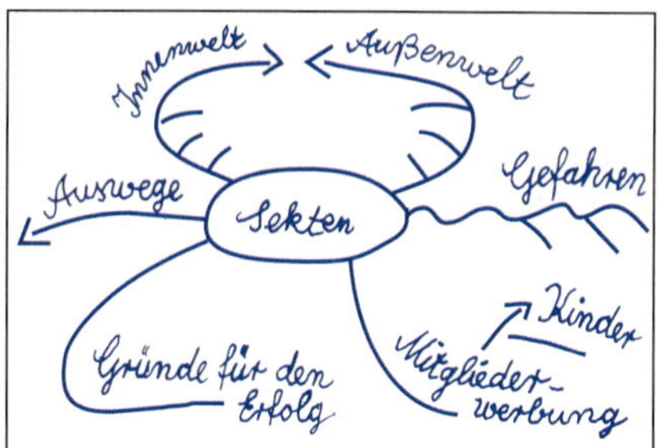

Den folgenden Fragebogen sollte zunächst jeder für sich beantworten. Überlegt am Ende der Selbstbefragung:
Habe ich eine oder mehrere Fragen mit Ja beantwortet?
Bin ich gefährdet auf die Tricks einer Sekte hereinzufallen? (Falls ja: Mit welcher Person meines Vertrauens möchte ich darüber sprechen?)
Sprecht am Ende dieser Einheit darüber, wie man sich vor radikalen Sekten schützen kann und was jeder darüber wissen sollte.

Wie kann man sich vor den Tricks der Sekten schützen?

Beratungsadressen:

- Ministerium für Kultur, Familie und Frauen des Landes Rheinland-Pfalz
  Brigitte Dewald-Koch, Mittlere Bleiche 61, D-55116 Mainz
- Ministerium für Frauen, Arbeit, Gesundheit und Soziales des Saarlandes
  Walter Burgard, Franz-Josef-Röder-Straße 23, D-66119 Saarbrücken
- Landesarbeitsgemeinschaft Kinder- und Jugendschutz Thüringen e.V.
  Ingo Weidenkaff, Johannesstraße 19, D-99084 Eisenach

	Kann mir das passieren? Ja	Nein ?
In einer Fußgängerzone wirst du sehr freundlich angesprochen. Man zeigt großes Interesse an dir und geht sehr verständnisvoll auf alle deine Äußerungen ein. Am Ende des Gespräches wirst du zu einem Treffen eingeladen. Beim ersten Treffen kümmert sich die Gruppe liebevoll um dich. Du musst versprechen, auf jeden Fall ein zweites Mal wiederzukommen.	?	?
Die verschiedenen Sekten wollen das kindliche Bedürfnis nach Liebe und Schutz vor der groben Wirklichkeit erfüllen. Dieses Verlangen, das von den ersten Tagen des Lebens nie richtig gestillt worden ist, bringt den Einsteiger in einer Sekte dazu, sich ganz auf die Gruppe einzulassen. So ist das Sektenmitglied eigentlich ein Kleinkind, das seine Mutter will.	?	?
Die eigene Person wird durch die Mitgliedschaft in einer Sekte bedeutender. Mit dem Gefühl des „Auserwähltseins“ und dem Gefühl, zu einer Art von „Elite“ zu gehören, kann der Sektenjünger dann auf die „Normalsterblichen“ herabsehen.	?	?
Die Kinder, die verwöhnt werden, die zu wenig zur Selbstständigkeit erzogen wurden, kommen einfach nicht aus den Kinderschuhen, sie suchen das „verlorene Paradies“ ihrer Kindheit. Diese jungen Leute kommen mit den Forderungen des Erwachsenenlebens nicht zurecht. Sie müssten Verantwortung übernehmen. Das können sie nicht. So suchen sie die radikale Lösung ihrer Probleme: die Flucht in die Sekte!	?	?
Viele junge Leute suchen den Sinn des Lebens. Sie haben keine Ideale und sind orientierungslos. Sie suchen die Zugehörigkeit zu einer Sache, die dem Alltag mehr Sinn gibt. Dieses Motiv, das viele Jugendliche haben, ist verständlich, natürlich und gut. Der Hunger nach dem Lebenssinn wird oft von den werbenden Sekten missbraucht. So kommen auch ganz „durchschnittliche“ Jugendliche in Sekten.	?	?

4. Warum werden Jugendliche ausländerfeindlich und rechtsradikal?

In den vergangenen Jahren nahmen in Deutschland die Straftaten mit ausländerfeindlichem und rechtsradikalem Hintergrund in erschreckender Weise zu. Gemeinsam ist den jugendlichen Tätern oft der Hass auf alles Fremde und die Begeisterung für ein Deutschtum, das sein Vorbild im Nationalsozialismus und in der Figur Adolf Hitler sieht.

Aktion Gegen Rechts! Initiative gegen Rassismus und Diskriminierung im Internet

Die Zeitschrift Stern eröffnete im Sommer 2000 eine „Aktion gegen rechte Gewalt". Darin stellten die Journalisten zwei Fälle von Jugendlichen vor, die stolz darauf sind, Neonazis und ausländerfeindlich zu sein.

1. Wo können die Ursachen für deren Verhalten liegen?
2. Wie bewertet ihr das Verhalten dieser Jugendlichen?

Ausländische und deutsche Grundschulkinder: Sie gehen friedlich miteinander um und kennen weder Ausländerfeindlichkeit noch Rassismus. Warum werden Menschen ausländerfeindlich?

Tipp: Die beiden Fälle aus West- und Ostdeutschland kann man arbeitsteilig bearbeiten, sich gegenseitig vorstellen und die Unterschiede und Gemeinsamkeiten im Klassengespräch festhalten.

A Axel R., Neonazi aus Köln, will seine Feinde erschießen

Was er werden möchte? Nicht eine Sekunde braucht Axel R. zum Nachdenken. „SA-Standartenführer", sagt er. Wie zur Bestätigung streicht er langsam seine schwarze Krawatte glatt, richtet die Schulterklappen am beigen Militärhemd. [...] Seinem Vorbild ähnelt der 17-Jährige durch den scharf gezogenen Scheitel, die Körpergröße ist vergleichbar. [...]
Seine Nazi-Karriere beginnt, als er zwölf Jahre alt ist. In der Familie, auf der Straße, im Supermarkt „überall hörte ich, wie die Leute sich beschwerten. Zu hohe Steuern, wieder eine alte Frau ausgeraubt und, und, und." Da müsse man doch was gegen tun, denkt der Junge. Vielleicht sucht er auch nur eine Beschäftigung. Rumtoben auf der Straße oder Rumtoben mit den Freunden ist nicht seine Sache. Der Knirps, kleiner als die meisten Gleichaltrigen, leidet unter Gleichgewichtsstörungen, ist zuckerkrank, muss sich deshalb täglich spritzen.
Auf Rat des Vaters, damals Außendienstmitarbeiter bei einem Chemieunternehmen, schließt er sich der CDU-Jugendorganisation Junge Union an. Doch die ersten Treffen verlaufen nicht nach seinem Geschmack. „Stundenlanges Gerede ohne den Anflug eines Resultats" vermiesen ihm die Stimmung. Er bittet andere demokratische Parteien um Unterlagen. In einem Geschichtsbuch, das er in der Stadtbücherei ausgeliehen hat, findet er einen Aufkleber der NSDAP/AO.
Die verbotene Nazi-Partei reagiert am schnellsten auf sein Anschreiben. „Von dem Material, das ich dann bekommen habe, war ich begeistert", erzählt er. Die imposanten Uniformen in den Zeitschriften, die gewaltigen Aufmärsche, die nötigen ihm Respekt ab. [...] Hinzu kommt die Forderung nach Gemeinschaftssinn, nach wölfischer Kameradschaft".
Die neuen Freunde versorgen ihn mit weiteren „Informationen". Sie kümmern sich um ihn, geben ihm das Gefühl, wichtig zu sein. [...]
Mit 13 tritt er der Jugendorganisation der NPD bei. Aber auch dort ist es ihm bald zu langweilig. [...]
Gerade 15, gründet R. mit gewaltbereiten Aktivisten der verbotenen Nazi-Partei FAP die „Kameradschaft Köln". [...] Was er mit seinen Gegnern vorhat, ließ er während einer der zahlreichen Veranstaltungen wissen, bei denen er als Redner auftrat: „Die werden dann auf den Marktplatz gestellt und erschossen. Für das, was sie getan haben. In diesem Sinne: Sieg Heil!"

(Aus: Detlef Schmalenberg, in: Der Stern, Nr. 34 vom 17. August 2000, S. 31)

B Siegfried (18) will „kämpfen bis aufs Blut“

Den Namen Siegfried hat er selbst gewählt „Wenn schon ein Name in der Zeitung, dann ein guter, germanischer“. „Blut und Ehre steht auf seinem Lieblings-Shirt. Brust raus, Schultern zurück, die Arme nackt, damit man die Tatoos gut sieht. Das gefällt ihm.
Bei seinem ersten Tatoo wurde Mutti noch richtig laut und drohte mit Hausarrest, beim zweiten hat sie nur noch leise geschimpft, und als er sich schließlich „Skinhead“ über den blassen Bauchnabel sticheln ließ, da hat sie gar nichts mehr gesagt. Was soll sie auch machen? Siegfried ist fast 19. Wie er rumläuft, mag ihr nicht gefallen – „bei jeder Hitze diese Stiefel“, immer eine frische Glatze. „SS“-Totenköpfe als Gürtelschnalle und als Medaillon um den Hals. Aber dafür gammelt der Junge wenigstens nicht herum wie so viele in seinem Alter …
Seit einem Jahr ist er in der NPD, „mit der er auch auf politischer Ebene siegen wird“. Wenn es hart auf hart käme, würde Siegfried auch auf der Straße „bis aufs Blut kämpfen“. Für die Bewegung, für Deutschland und natürlich, wenn er selbst angegriffen wird. Na ja, oder wenn einer an sein Auto geht, „dann dreh ich voll ab“.
[…] Man dürfe sich von den Kommunisten nicht provozieren lassen. „Die meisten denken doch genau wie wir, trauen sich das bloß nicht zu zeigen oder zu sagen.“ […]
Die Bundeswehr hat er sich schon schweren Herzens abgeschminkt: „Wegen der Tatoos und meiner politischen Einstellung nehmen die mich bestimmt nicht.“ […] Und mit diesen ganzen Türken“ hat Siegfried seine Erfahrungen. Einer baggerte mitten in Gardelegen die Schwester seines Kumpels an. Siegfried wollte ihn zur Rede stellen und bekam statt einer Antwort nur eine Knarre an den Kopf gehalten. Da hatte er die Schnauze endgültig voll“. Da hat er aufgehört mit den alten Schulfreunden Basketball zu spielen, die heute alle „Kiffer“ sind. Schnell fand er Freunde, die auch die Schnauze voll hatten und mit ihm diskutieren, was „deutsch“ ist. […]
Seine schöne deutsche Muttersprache pflegt er im „Bistro 2000“. Im selben Gebäude ist das Gardelegener Arbeitsamt, davor dröhnt Fascho-Rock aus – Autos: „Die Härte“ singt irgendwas von brennenden Negern …

(Nach: Holger Witzel: „Kämpfen bis aufs Blut“, in: Der Stern, Nr. 24 vom 17.8.2000, S. 32f.)

Zur Diskussion: Springerstiefel in der Schule tabu?

Düsseldorf. (ddp) Schüler einer Gesamtschule im nordrhein-westfälischen Wesel dürfen nicht mehr in Springerstiefeln und Bomberjacken zum Unterricht kommen. Die Schulleitung hat radikale Embleme und militaristische Kleidung verboten – weil sich Schüler von Skinheads bedroht fühlten.

(ddp-Meldung vom 27.02.2001)

3. Vergleicht im Schaubild die Zahl der Gewalttaten mit dem Anteil der Ausländer.

Gewalt von Rechtsextremisten nimmt zu

772 Straftaten gingen im Jahr 2002 auf das Konto der (heimischen) Rechtsextremisten, die vor Körperverletzungen, Brandstiftungen und (versuchten) Tötungsdelikten nicht zurückschrecken. Nicht nur die Zahl der Straftaten von rechts hat zugenommen, auch die Zahl der gewaltbereiten Rechtsextremisten wächst. Fast die Hälfte von ihnen kommt aus dem Ostteil Deutschlands. Insbesondere der Skinhead-Szene gelingt es, die Jugendlichen anzusprechen. Wesentlich geringer ist die Liste der Gewalt von links. 385 Taten, davon allein 74 in Berlin, wurden im letzten Jahr einem linksextremistischen Hintergrund zugeordnet.

(Text zum Globus-Schaubild 8566, Globus-Kartendienst 30. Juni 2003, statistische Angaben: Verfassungsschutzbericht)

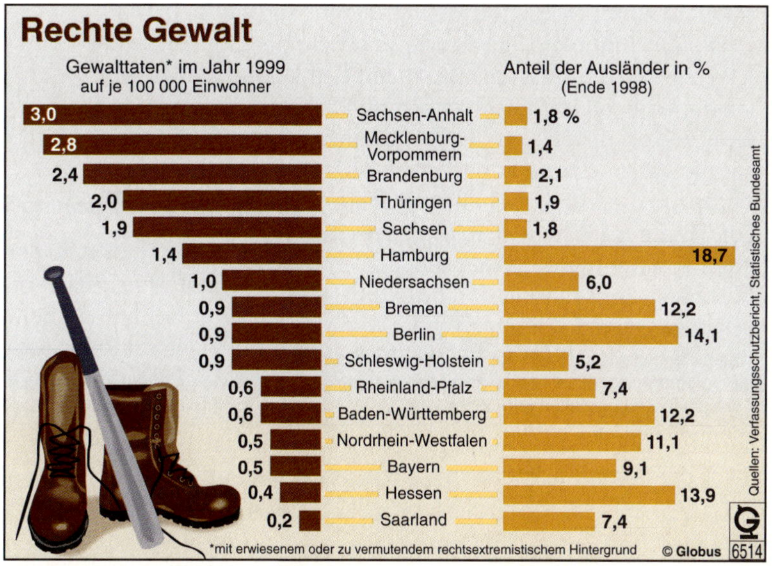

Deutsche und ausländische Jugendliche: Es geht auch anders ...

Zahlreiche Beispiele zeigen, dass Menschen verschiedener Herkunft, Rasse und Religion friedlich zusammenleben können. Schaut euch die Beispiele auf dieser Seite an. Machen sie euch zuversichtlich, dass Ausländerfeindlichkeit überwunden werden kann? Weitere Informationen im Internet unter www.netzgegenrechts.de.

4. Diskutiert miteinander über die folgenden Thesen:
   - A „In der Schule kommen die ausländischen und die deutschen Jugendlichen problemlos miteinander aus."
   - B „Jugendliche, die rechtsradikal denken, machen nur einen geringen Teil der gesamten Jugend aus."
   - C „Ich habe ein gewisses Verständnis dafür, dass es Ausländerfeindlichkeit gibt."
   - D „Ich bin dafür, dass man jede Aktion gegen Ausländerfeindlichkeit und rechte Gewalt unterstützt, so gut es eben geht."

8000 Fans beim Abschlusskonzert von „Rock gegen Rechts"

Berlin (dpa) – Mehr als 8000 Menschen haben beim Abschlusskonzert der Festivalreihe „Rock gegen Rechts" gemeinsam gefeiert. In Berlin spielten neben Altrocker Udo Lindenberg unter anderem City, Nina Hagen, Knorkator, Nena und die Söhne Mannheims. Die prominenten Künstler hatten auf ihre Gage verzichtet. Der Erlös der Konzerte in Dresden, Hamburg, Rostock und Berlin soll den Opfern rechter Gewalt in Deutschland und Aussteigern aus der Neonazi-Szene zugute kommen.

(dpa-Meldung vom 10.02.2001)

Ein Beispiel von Mut und Zivilcourage

Folgendes Beispiel meiner Freundin aus Offenburg hat mich sehr beeindruckt. Als sie eines Tages mit ihren Einkäufen heimwärts ging, sah sie, wie eine Gruppe von Skinheads sich einer jungen indischen Familie (Vater, Mutter und ein Baby im Kinderwagen) drohend in den Weg stellte und sie belästigte. Ohne die Skinheads zu beachten, ging sie auf die junge Frau zu und umarmte sie mit den Worten: „Das ist ja schön, dass ich euch nach so langer Zeit endlich wiedertreffe, was habt ihr bloß in der Zwischenzeit gemacht?" Der indische Vater schaute zunächst etwas verdutzt, die Mutter schaltete jedoch sofort und unterhielt sich im gleichen Ton mit meiner Freundin, die Skinheads ignorierend. Und die Burschen zogen tatsächlich ab.

(Diese Meldung fand sich auf der Internetseite der von der Bundeszentrale für politische Bildung herausgegebenen Zeitschrift PZ am 14.02.2001 – www.pz-net.de)

Jeder zweite deutsche Schüler hat einen ausländischen Freund

(dpa) Bonn: Jeder zweite deutsche Schüler hat einen ausländischen Klassenkameraden zum Freund. Mehr als ein Viertel begrüßen es, dass Ausländer mit ihnen gemeinsam unterrichtet werden. Das geht aus der ersten bundesweiten Repräsentativbefragung des Instituts für Schulentwicklung (IFS) der Universität Dortmund hervor. Befragt wurden 2000 Schüler aller Schulformen im Alter von 14 bis 16 Jahren. Der IFS-Schulforscher Professor Hans-Günter Rolff: „Diese ausländerfreundlichen Äußerungen stimmen optimistisch ..."

(dpa-Meldung vom 2. Januar 1996)

INFORMATION

Neonazis und Rechtsextremismus

Wer sind Neonazis und Rechtsextremisten?

„Neo“ bedeutet „neu“ und Nazismus ist eine Kurzform für Nationalsozialismus. Neonazis sind Anhänger von Parteien und Gruppen, die sich den Nationalsozialismus in der Hitlerzeit zum Vorbild nehmen. Daneben gibt es heute auch andere rechtsextreme Gewalttäter, die sich nicht mehr in der Tradition der Nationalsozialisten sehen. Ihnen genügt es, deutsch zu sein und alles, was fremd oder nur fremdartig ist, zu hassen.
Neonazis und andere Rechtsextreme weisen folgende gemeinsame Merkmale auf:

- Sie stellen die eigene Nation über alle anderen.
- Sie hassen Ausländer und Juden.
- Sie ordnen sich einem Führer unter.
- Sie sind zur Gewalt bereit.

Zu den rechtsextremistischen Gruppen zählen auch gewaltbereite Skinheads.

Was ist Menschen verachtend am rechtsextremen Denken?

- Sie sind Rassisten, d.h. sie halten die eigene Rasse allen anderen Rassen gegenüber für überlegen.
- Sie leugnen die Rechte des Einzelnen. In ihrem Denken hat sich der Einzelne voll und ganz der Gruppe oder der „Volksgemeinschaft“ unterzuordnen.
- Sie wollen die Demokratie abschaffen und treten für eine Diktatur ein, ähnlich wie es sie unter Hitler gab.
- Sie missachten den Rechtsstaat und die Schutzgarantien, welche die Gesetze dem Einzelnen zugestehen. Sie wollen die Herrschaft des Rechts durch die Herrschaft des Stärkeren ersetzen.
- Sie missachten und bekämpfen Andersdenkende.

Rassistisch denken heißt, daran zu glauben, dass die eigene Rasse allen anderen überlegen ist …

Wer sind die Täter?

Das Bundesamt für Verfassungsschutz hat aus einer Analyse von Gerichtsurteilen folgende Tätermerkmale ermittelt:

78 Prozent der verurteilten Gewalttäter sind zwischen 14 und 20 Jahren alt. Die meisten von ihnen weisen einen eher niedrigen Bildungsstand auf. 29 Prozent haben keine abgeschlossene Berufsausbildung, 22 Prozent der untersuchten Täter waren arbeitslos. Fast alle sind männlich. Skinheads entstammen häufig sozialen Randlagen. Gemeinsam fühlen sie sich stark, und Alkohol lässt sie ihre Defizite vergessen. Die Konzerte dienen als überregionale Treffgelegenheiten. Die widerlichen Texte zeugen vom Hass auf Juden, Ausländer und „Linke“. … *„Unser Hass auf Scheißkanaken, der ist unendlich groß, doch ich weiß, wenn es sein muss, geh ich bis zum Tod. Wir sind Skinheads, die SA der Neuzeit. Wir sind Skinheads, stets zum Kampf bereit, …“*

(Aus: Demokratie ist verletzlich – Rechtsextremismus in Deutschland, 1999, Broschüre des Bundesamtes für Verfassungsschutz)

1. Stellt zusammen, was Menschen verachtend am Denken und an den Aktivitäten der Rechtsextremen ist.
2. Was geht in euch vor, wenn ihr den Text der Skinheads vom „Hass auf die Scheißkanaken“ lest? Sprecht miteinander darüber.

Tipp: Entwerft ein Plakat, ein Flugblatt, einen Button gegen rechtsextremes Denken und Ausländerfeindlichkeit.

5. Haben Jugendliche kein Interesse an Politik?

Viele Politikerinnen und Politiker klagen über das fehlende Interesse der Jugendlichen an der Politik und an den Parteien. „Diese Jugend denkt nur an ihr Privatvergnügen. Politik interessiert sie nicht!" hört man häufiger. Was meinst du? Ist die Klage der Erwachsenen berechtigt? Ihr könnt dazu ein Kreisgespräch in der Klasse führen, in dem möglichst jeder von euch seine Antwort auf die Frage formuliert. Lest euch auch die Meinungen anderer Jugendlicher durch und sprecht miteinander darüber, was ihr davon haltet. Die Jugendlichen, die hier zu Wort kommen, wurden im Februar 1999 befragt.

„Ich selber habe jetzt noch nicht das große Interesse an der Politik. Bevor ich wählen gehen kann, werde ich mich aber ausführlich über Politik informieren. Die Klage der Erwachsenen halte ich insgesamt nicht für berechtigt. Jugendliche interessieren sich für sehr viele Dinge, die mit Politik zu tun haben, zum Beispiel für die Bekämpfung der Armut, den Umweltschutz, die Bekämpfung der Gewalt."

(Martin, 16 Jahre)

„Ich denke so wie die meisten Jugendlichen. Für mich ist die Freizeit sehr wichtig. Politik interessiert mich eigentlich gar nicht. Aber ein gewisses Grundwissen über Politik muss man doch schon haben, weil das in der heutigen Zeit einfach nötig ist. Wenn ich fernsehe und durch die Kanäle schalte und sehe auch eine politische Diskussion, dann schaue ich sie mir nur kurz an, weil sie nach ein paar Minuten langweilig wird."

(Tanja, 15 Jahre)

„Meiner Meinung nach ist diese Klage nicht berechtigt. Natürlich gibt es Jugendliche, die kein Interesse an der Politik haben. Die gibt es heute und die gab es früher auch. Ich glaube aber, dass sich die Mehrzahl der Jugendlichen in Deutschland für Politik interessiert. Vielleicht müssten sich die Politiker einfach klarer und verständlicher ausdrücken. Dann würden sich vielleicht noch mehr Jugendliche mit der Politik auseinander setzen."

(Verena, 16 Jahre)

Zeitreihe: Politisches Interesse
Jugendliche im Alter von 15 bis 24 Jahren (in %)

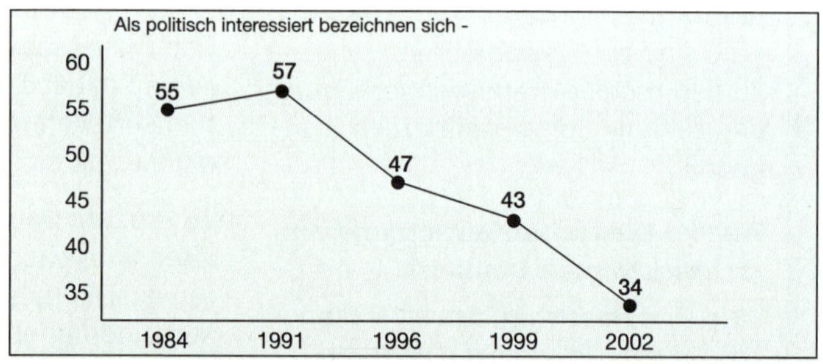

Fünfmal im Abstand von 18 Jahren wurden Jugendliche nach ihrem Interesse an der Politik gefragt

(Nach: Deutsche Shell [Hg.], Jugend 2002 – Die 14. Shell Jugendstudie, Fischer Taschenbuch Verlag, Frankfurt a. M. 2002, S. 92; leicht verändert)

1. Überrascht euch das Ergebnis aus der Shell-Studie 2000?
2. Worüber ihr noch im Kreisgespräch reden könnt:
   - Was stört euch an der Politik und an den Politikern?
   - Welche Probleme der Politik haltet ihr für wichtig, welche für nicht so wichtig?
   - Was müsste sich ändern, damit das Interesse der Jugendlichen wächst?

INFORMATION

Politik: Was ist das eigentlich?

Handeln für die Öffentlichkeit

Politik ist menschliches Handeln, aber nicht alles menschliche Handeln ist Politik. Man kann sagen, wenn Petra und Klaus sich gegenseitig sympathisch finden und „miteinander gehen" möchten, handeln sie privat, auf sich selbst bezogen und daher völlig unpolitisch. Wenn sie sich als Mitglieder in der Schülervertretung für mehr Mitbestimmung der Schülerinnen und Schüler einsetzen, wird ihr Handeln politisch. Politisches Handeln ist ein Handeln für die Öffentlichkeit mit dem Ziel, die Lebensverhältnisse zu verändern und möglichst zu verbessern.

Probleme lösen

Zum politischen Handeln gehört, dass man ein Problem lösen möchte, das mit der Art des Zusammenlebens von Menschen zu tun hat. Das kann in der Schule passieren, in einem Verein, in der Stadt, im Land, im Bund, in Europa und darüber hinaus. Zu den Merkmalen des politischen Handelns gehört, dass unterschiedliche Interessen ins Spiel kommen. Wenn Petra und Klaus sich für mehr Schülermitbestimmung in der Schule stark machen, wird es mit ziemlicher Sicherheit eine Gruppe anderer Menschen geben, die die Mitwirkungsrechte der Schülervertretung schon jetzt für völlig ausreichend hält. Fordert eine Bürgerinitiative in einer Stadt die Einrichtung einer verkehrsberuhigten Zone, wird es eine andere Gruppe geben, die dies für unnötig hält usw.

Konflikte akzeptieren

Zur Politik gehört der Konflikt, der Wettstreit der verschiedenen Meinungen. Wer sich politisch engagiert, vertritt eine Meinung und sagt, wie er oder sie sich die Lösung eines gesellschaftlichen Problems vorstellt. Wer Interessen durchsetzen will, muss auch überlegen, mit welchen Mitteln das geschehen soll und wie man Gleichgesinnte finden kann, um die eigenen Forderungen möglichst wirkungsvoll vertreten zu können. Gruppen (Parteien, Verbände, Interessengruppen) spielen daher eine große Rolle in der Politik, ebenso wie Macht. Jedes Kind und jeder Schüler hat schon die Erfahrung machen können, dass, wer machtlos ist, kaum Chancen hat, seine Interessen durchzusetzen.

Tolerant sein

Gefährlich wird die Politik, wenn diejenigen, die sie vertreten, nicht bereit sind andere Meinungen zuzulassen. Das ist bei allen radikalen politischen Ansichten der Fall: also bei den Rechtsradikalen, bei den Linksradikalen und bei den religiösen Fanatikern, die es in zahlreichen anderen Staaten gibt. Sie können es nicht ertragen, dass ein Mensch eine andere Überzeugung vertritt und auch nur anders ist als sie selbst. Demokratische Politik lebt davon, dass man sich fair mit anderen Ansichten auseinander setzen muss. Das fällt uns nicht immer leicht. Das wichtige Wort Toleranz heißt übersetzt: erdulden können. Man erduldet und akzeptiert, dass jemand eine andere Meinung hat als man selbst, und diese auch genauso offen vertritt wie man selbst. Toleranz heißt aber nicht, dass man alle anderen Meinungen gut, richtig oder gar sympathisch finden muss.

1. Politik hat sehr viel mit der Lösung von Problemen zu tun. Die Vielfalt und Bedeutung der Probleme könnt ihr euch durch eine Auflistung bewusst machen, die ihr gut in Partnerarbeit vornehmen könnt. Dabei könnt ihr euch am Alphabet orientieren (wobei es nicht unbedingt zu jedem Buchstaben ein Problem zu finden gibt). Stellt nach der Sammlung eine Rangordnung auf: Welches Problem setzt ihr auf Platz 1, 2, 3 usw.? Verfahrt so bis Rangplatz 10.
2. Versucht nun zu erklären, was Politik ist, ohne in den Text zu schauen.

Welche Probleme sind die größten?

Problem	Rangplatz
• Aids	
• Alkohol	
• Arbeitslosigkeit	
bis ?????	
• Zukunftssicherung der Erde	
• Zusammenwachsen zwischen Ost- und Westdeutschland	

Methodenkarte 6

Befragung

Wie kommt man zu repräsentativen Befragungsergebnissen?

Thema: Jugend und Politik

Will man erforschen, wie die Jugendlichen über Politik denken, muss man sie befragen. Da es viel zu aufwändig wäre, alle Jugendlichen zu fragen, begnügt man sich mit einer Stichprobe. Forscher haben herausgefunden, dass es genügt, zwischen 1000 und 2000 Personen zu befragen, um einen Querschnitt über alle Meinungen in der Bevölkerung zu erhalten. Eine solche Stichprobe ist dann repräsentativ für die gesamte Bevölkerungsgruppe.

Wie wäre es, wenn ihr an eurer Schule eine Umfrage zum politischen Interesse der Jugendlichen durchführen würdet? Ihr könnt alle Schülerinnen und Schüler, zum Beispiel ab Klasse 8, befragen, was sehr aufwändig ist. Ihr könnt euch aber auch mit einer Stichprobe begnügen. Dazu solltet ihr nicht nur die Klassensprecherinnen und Klassensprecher befragen oder die Schüler, die sich freiwillig melden, denn das ergäbe ein falsches Bild. Besser ist, wenn ihr eure Stichprobe nach dem Zufallsprinzip auswählt, zum Beispiel fünf Schüler pro Klasse. Dann ist die Wahrscheinlichkeit relativ groß, dass die Stichprobe repräsentativ für alle Schüler ist.

Wie bereitet man eine Befragung vor?

Zunächst einmal müsst ihr klären, was ihr durch eure Befragung erfahren wollt. Interessant kann zum Beispiel sein zu erfahren, wie stark sich die Mitschülerinnen und Schüler insgesamt für Politik interessieren, aber auch, was sie von Politikern und Parteien halten, ob sie sich über Politik informieren, ob sie nie, gelegentlich oder oft über Politik sprechen usw. Dann müssen die Fragen formuliert und in einem Fragebogen zusammengestellt werden. Sie müssen so eindeutig formuliert sein, dass klare Antworten möglich sind, die sich problemlos auswerten lassen. Die einfachste Form der Frage ist: Interessierst du dich für Politik, ja oder nein?

Solche Fragen haben den Vorteil, dass sie sehr leicht auszuwerten sind und den Nachteil, dass die Befragten nicht differenzierend antworten können.

Auf der rechten Seite findet ihr einen Vorrat an Fragen, aus denen ihr euren Fragebogen zusammenstellen könnt. Natürlich könnt ihr diesen Fragen weitere hinzufügen oder einige weglassen.

Wie führt man sie durch und wie wertet man sie aus?

Vor der Durchführung muss die Schulleitung über euer Vorhaben informiert werden. Am besten legt ihr den fertigen Fragebogen vor und erklärt eure Absichten. Dann müsst ihr darauf achten, dass die Befragung anonym erfolgt. Es darf also nicht erkennbar sein, wer welche Angaben gemacht hat. Das ist wichtig wegen des Datenschutzes. Die Auswertung können einzelne Gruppen übernehmen. Wenn ihr den Fragebogen im PC habt, geht das natürlich mit einem Computer viel schneller.

In welcher Form präsentiert man die Ergebnisse?

Wichtig ist natürlich, dass die Ergebnisse möglichst vielen zugänglich gemacht werden. Dazu bieten sich verschiedene Formen der Präsentation an: Plakate und Wandzeitungen können erstellt werden, es kann ein Artikel für die Schülerzeitung entstehen oder auch ein Bericht an die örtliche Zeitung. Eine kleine Ausstellung im Schulgebäude kann vorbereitet werden.

Vorschläge zur Gestaltung eines Fragebogens „Jugend und Politik“

Angaben zur Person

1. Alter: .... Jahre 2. Geschlecht: männlich ☐ weiblich ☐

Allgemeines Interesse an Politik

1. Wie stark interessierst du dich für Politik?

sehr stark ☐ einigermaßen ☐ ein wenig ☐ gar nicht ☐

Einstellungen zur Politik

2. Was trifft zu, was trifft nicht zu?	**Ja**	**Nein**
Sprichst du manchmal im Freundeskreis über Politik?	☐	☐
Sprichst du mit deinen Eltern über Politik?	☐	☐
Schaust du dir regelmäßig Nachrichtensendungen im Fernsehen an?	☐	☐
Fändest du es gut, wenn Jugendliche ab 16 an Wahlen teilnehmen dürften?	☐	☐

(und andere Ja / Nein – Fragen)

Bewertung von Meinungen

3. Welche der folgenden Meinungen hältst du für richtig, teilweise richtig oder falsch?

	richtig	**teilweise richtig**	**falsch**
a) Politik ist interessant.	☐	☐	☐
b) Jeder sollte etwas von Politik verstehen.	☐	☐	☐
c) Politik ist langweilig.	☐	☐	☐
d) Politik ist Sache der Erwachsenen.	☐	☐	☐

(und andere Fragen)

Themen

4. Für wie bedeutsam hältst du die folgenden Probleme?

	sehr	**einigermaßen**	**kaum bedeutsam**
Kriege	☐	☐	☐
Arbeitslosigkeit	☐	☐	☐
Umweltzerstörung	☐	☐	☐
Kriminalität	☐	☐	☐
Rechtsradikalismus	☐	☐	☐
Lehrstelle finden	☐	☐	☐

Themenliste kann erweitert werden.

Karikaturen zum Thema Jugend und Politik

Wählt jeweils eine Karikatur aus, die euch besonders interessant erscheint.
Stellt die gewählten Karikaturen in der Klasse vor und wendet dabei die Drei-Fragen-Deutung an:

1. Was zeigt die Karikatur?
2. Auf welches Problem will der Karikaturist hinweisen?
3. Welche Gefühle und Gedanken löst diese Karikatur in mir aus?

6 Berufswahlunterricht – Ich plane meine berufliche Zukunft

Ein Zeichner hat den Weg in den Berufseinstieg als ein Labyrinth dargestellt. In einem Weg durch ein Labyrinth muss man viel Mühe aufwenden, damit man den richtigen Ausgang findet.

- Welche Gedanken gehen dir bei dieser Art der Darstellung durch den Kopf?
- Siehst du den eigenen Berufseinstieg auch als Gang in ein Labyrinth an?

Dieses Kapitel soll euch eine Orientierungshilfe auf dem Weg in die berufliche Zukunft sein.

Meine eigene berufliche Zukunft sehe ich

A mit ziemlichem Optimismus,
B eher mit Skepsis und Sorgen.

1. Warum soll man die Berufswahl frühzeitig planen?

Isabel ist unzufrieden. Was würdest du ihr raten?

Aus Fehlern kann man lernen, wenn man es will. Aus Fehlern anderer kann man ebenfalls lernen. Das hat sogar den Vorteil, dass man die Fehler selbst nicht zu machen braucht.
Aus diesem Grund ist hier das Gespräch zwischen Lars und Isabel abgedruckt. Beide Jugendliche sind im ersten Ausbildungsjahr, Isabel, 16 Jahre alt, lernt Bürokauffrau bei der Firma Hoch-Tief, Lars, 17 Jahre alt, macht eine Ausbildung zum Kommunikationselektroniker bei der Telekom. Die beiden kennen sich aus der gemeinsamen Schulzeit. Sie treffen sich auf dem Schulhof der Berufsschule. Bei der Berufswahl von Isabel scheint einiges falsch gelaufen zu sein.

1. Lest den Text mit verteilten Rollen.
2. Ermittelt die Fehler bei der Berufswahl von Isabel.
3. Überlegt dann, wie ihr bei eurer Suche nach dem richtigen Beruf solche Fehler vermeiden könnt.

LARS: Hallo Isabel!
ISABEL: Oh Lars, hallo. Hast du etwa auch immer donnerstags Berufsschule? Ich hab dich hier ja noch nie gesehen!
LARS: Ja, ab heute immer donnerstags, das wurde jetzt verlegt.
ISABEL: Das ist ja prima. Dann können wir uns ja donnerstags immer treffen. Das ist ja mal ein Lichtblick.
LARS: Was ist denn los? Geht's dir nicht gut?
ISABEL: Ziemlich bescheiden, ehrlich gesagt, ich lerne Bürokauffrau bei der Firma Hoch-Tief.
LARS: Ja, das weiß ich. Für mich wäre das ja nichts gewesen, so immer am Schreibtisch sitzen, aber du wolltest das ja so.
ISABEL: Das ist es ja eben. Es gefällt mir überhaupt nicht! Ich bin jetzt seit drei Monaten dort und hab den totalen Frust. Weißt du, mir ist klar geworden, ich muss irgendwie mit Menschen zu tun haben. Dort sitze ich die meiste Zeit allein im Büro an meinem Computer und beschäftige mich mit Büroabrechnungen.
LARS: Ich weiß doch noch, dass du überglücklich warst, als du damals die Zusage bekommen hast.
ISABEL: Ja, das stimmt! Ich hatte mich gefreut, weil ich so lange nicht gewusst habe, was ich nach der Schule machen soll. Und dann hatte ich mich auf die Zeitungsanzeige hin auf diesen Ausbildungsplatz beworben und es hat auch gleich geklappt mit der Lehrstelle. Bürokauffrau zu werden, fand ich richtig gut, weil auch andere in der Klasse das gut fanden, wo doch die Stellen heutzutage ziemlich gefragt sind. Als ich dann mit meinen Eltern im Betrieb den Lehrvertrag unterschrieben habe, kamen mir schon die ersten Bedenken, ob das der richtige Beruf für mich ist.
LARS: Ich hatte mich, ehrlich gesagt, auch gewundert über deine Entscheidung. Ich hab dich immer für jemanden gehalten, der unheimlich hilfsbereit zu anderen Leuten ist und der ganz locker Kontakte knüpfen kann. Ich dachte, du würdest etwas machen, bei dem du Leuten helfen oder sie beraten kannst. Hast du dir das denn vorher nicht überlegt?
ISABEL: Nicht so richtig. Ich hatte ein gutes Zeugnis und meine Mutter meinte, damit bekäme ich sogar eine Stelle im Büro; und das war ja dann auch so, … leider!
Bist du denn wenigstens zufrieden? Du wolltest doch etwas Handwerkliches machen.
LARS: Ja, es gefällt mir sehr gut. Ich bin mit vielen Leuten zusammen in einer Ausbildungswerkstatt. Ich habe mich ja immer schon für technische Dinge interessiert, etwas zusammenbauen, montieren und so. Und das machen wir jetzt dort auch. Es macht mir sehr viel Spaß, aber dir geht's ja wohl nicht so gut – was willst du denn jetzt machen?
ISABEL: Ich weiß nicht, was ich jetzt machen soll. Ich bin total unzufrieden. Ich fühle mich manchmal auch körperlich richtig mies. Ich vermute, das hängt auch damit zusammen.

Spätestens anderthalb Jahre vor Schulabschluss mit der Planung beginnen

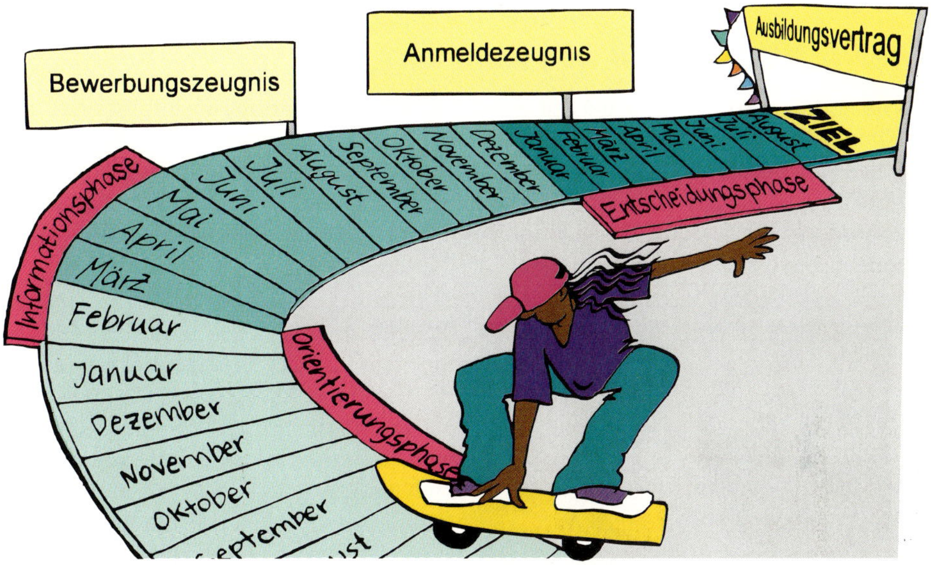

Die Berufswahl ist eine der wichtigsten Entscheidungen im Leben, ganz egal, ob man sie mit einem Haupt- oder Realschulabschluss oder erst nach dem Abitur trifft. Es gilt zwar: Arbeit ist nicht alles im Leben, aber sie doch so wichtig, dass man mit der Berufsentscheidung die Weichen in ein zufriedenes oder unzufriedenes Arbeitsleben stellt. Man kann heute nicht mehr sagen, dass die Berufsentscheidung eine einmalige Angelegenheit für das ganze Leben ist. Viele erfolgreiche Menschen wechseln im Laufe ihres Lebens ihren Arbeitsplatz mehrfach, legen Zusatzprüfungen ab, erweitern ihre Fähigkeiten, orientieren sich beruflich völlig um. Es gibt also keinen Grund, die Sache übertrieben ängstlich und verkrampft anzugehen, schließlich legt ihr euch nicht für euer ganzes Leben fest. Es gibt aber ebenso wenig einen Grund, die Entscheidung lange hinauszuzögern und darauf zu hoffen, dass es schon irgendwie klappen wird. Dazu sind die äußeren Umstände oft zu schwierig.
Die Erfahrung zeigt, dass Schülerinnen und Schüler spätestens anderthalb Jahre vor ihrem Schulabschluss mit der Planung beginnen sollten. Schließlich ist das Versetzungszeugnis in die Abschlussklasse bereits das Zeugnis, mit dem sich viele um einen Ausbildungsplatz bewerben.
In einer ersten Phase sollte jeder überlegen, was das Ziel ist. Willst du weiter zur Schule gehen oder möchtest du einen Ausbildungsplatz annehmen? Frage dich, wo deine Interessen liegen. Was kannst du gut, was willst du noch lernen?
Diese erste Phase der Berufswahl beginnt also mit einem intensiven Nachdenken über sich selbst.

Der Vorteil einer frühen Planung? Angenommen, du interessierst dich für einen technischen Beruf: Wer nicht plant, dem fallen oft nur wenige Ausbildungsberufe aus dem Bereich Technik ein. Man wird viele interessante Ausbildungsgänge in diesem Bereich gar nicht in Erwägung ziehen, weil man sie nicht kennt. Auch wird man bei der Bewerbung staunend feststellen, dass man seine Leistungen in Mathematik, Physik und Chemie hätte verbessern sollen. Aber dann ist es oft zu spät.
Angenommen, du möchtest die gymnasiale Oberstufe besuchen, dann ist es wichtig, dass du frühzeitig auf die geforderten Leistungen hinarbeitest, damit du den geforderten Notendurchschnitt sicher schaffst.
Am besten fangt ihr nach dem Lesen dieses Textes mit der Orientierungsphase an. Danach solltet ihr zwei Dinge klarer sehen:
Das Ziel: In welchem Bereich will ich später meine Berufsausbildung starten?
Der Weg: Was muss ich tun, damit ich mein Ziel erreichen kann?

1. Mario ist am Ende der neunten Klasse der Meinung, dass das Nachdenken über die Berufswahl noch Zeit hat. Überzeugt ihn davon, dass seine Einstellung problematisch ist.
2. „Mein Ziel und mein Weg dahin“: Macht euch in Ruhe Gedanken über diese beiden Dinge und schreibt eure Überlegungen dazu auf. Mit der weiteren Planung könnt ihr sie weiter vervollständigen und überarbeiten.
3. Mithilfe der Zeichnung könnt ihr für die Klasse eine Terminplanung bis zum Schulabschluss erstellen und darin notieren, was wann zu geschehen hat.

2. Was soll ich werden?

Teil A: Was will und was kann ich?

Wie findet man den Beruf, der mit den persönlichen Erwartungen, Interessen und Fähigkeiten übereinstimmt? Das ist eine der wichtigsten Fragen, die man sich im Laufe der Berufswahl stellen muss. Auf dieser Seite sind einige Jugendliche abgebildet, die mit der Wahl ihres Ausbildungsplatzes und ihres Berufsziels absolut zufrieden sind. Warum? Diese Frage könnt ihr nach dem Lesen selbst beantworten.

1. Ermittelt aus den Texten und den Fotos die Anforderungen für den gewählten Beruf und die dazu erforderlichen Fähigkeiten.
2. Könnt ihr für jedes Beispiel mindestens eine weitere Fähigkeit formulieren, die man mitbringen muss, um in diesem Beruf zufrieden und erfolgreich zu sein?

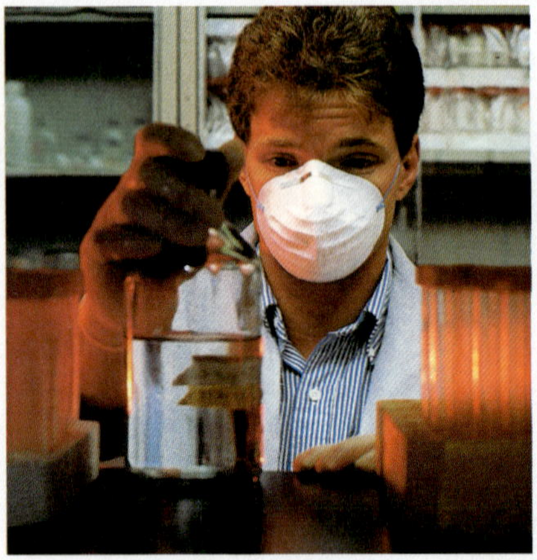

„Zu meinem 10. Geburtstag schenkte mir mein Vater einen Chemiebaukasten. Von da an hat sich mein Interesse an der Chemie immer weiter entwickelt. Bereits in der Schule stand für mich endgültig fest, dass ich im Beruf irgendetwas mit Chemie machen wollte. Jetzt mache ich eine Ausbildung zum **Chemielaboranten** in einem großen Chemiewerk." *Mario (17)*

„Ich wollte in einem helfenden Beruf arbeiten. Daher habe ich eine Ausbildung als **Altenpfleger** begonnen. Mir ist es wichtig, mich mit den Heimbewohnern intensiv zu beschäftigen, ihnen zuzuhören, mit ihnen spazieren zu gehen. Leider brauche ich oft viel Zeit für Routinearbeiten wie Waschen, Baden, Anziehen, Essen oder Medikamente reichen." *Jörg (20)*

„Ich wollte immer etwas mit den Händen arbeiten. Außerdem arbeite ich gerne mit natürlichen Materialien. Deshalb habe ich eine **Schreinerlehre** begonnen. Jetzt merke ich erst, wie vielseitig dieser Beruf ist. Ich möchte mich später darauf spezialisieren, alte Möbel zu restaurieren." *Sara (18)*

„Für mich kam nur ein technischer Beruf in Frage. Ich mache eine Ausbildung zum **Büroinformationselektroniker.** Wir reparieren defekte Computer, Faxgeräte, Telefone, Anrufbeantworter, Kopierer, usw. Besonders interessant ist es, Fehler in der Elektronik aufzuspüren. Hier arbeite ich mit modernsten Prüfgeräten. Da sich die Technik laufend ändert, werde ich mein ganzes Berufsleben lang neue Erfahrungen machen und mich ständig weiterbilden können." *Meike (19)*

Checkliste zur Berufswahl

Wir ermitteln unsere Erwartungen, Interessen, Fähigkeiten und unser Pflichtbewusstsein

Den Fragebogen sollte jeder von euch für sich selbst bearbeiten und die Zusammenfassung in ein Heft notieren. Danach könnt ihr mit einer guten Freundin oder einem guten Freund und mit den Eltern darüber sprechen, denn es ist auch wichtig herauszufinden, wie andere euch einschätzen. Im Unterricht geht das auch in einer Partnerarbeit nach dem Ausfüllen des Bogens. Bewahrt die Zusammenfassungen eures Ergebnisses auf, zum Beispiel um sie als Grundlage für ein Gespräch mit der Berufsberatung zu benutzen. In „Mach`s richtig“ und im Computerprogramm asis findet ihr weitere Materialien, mit denen ihr euren Erwartungen und Fähigkeiten auf die Spur kommen könnt. Wenn ihr euch in manchen Dingen noch nicht gut einschätzt, könnt ihr auch überlegen, was ihr bis zum Schulabschluss noch lernen wollt.

A meine allgemeinen Erwartungen

Das ist für mich — **wichtig** — **nicht wichtig**

Ich möchte im Berufsleben
- mit anderen Menschen zusammenarbeiten
- lieber alleine für mich arbeiten
- eine fest geregelte Arbeitszeit haben
- in der Nähe meines jetzigen Wohnortes bleiben
- am liebsten in einer großen Organisation oder Firma arbeiten
- gute Karrieremöglichkeiten haben

Zusammenfassung:
Meine wichtigsten allgemeinen Erwartungen sind …

B meine besonderen Interessen

Das trifft auf mich — **eher zu** — **eher nicht zu**

- Ich mache gerne Tätigkeiten, die handwerkliches Geschick verlangen
- lese Bücher und Zeitschriftenartikel
- spreche gerne mit anderen Leuten, berate und helfe
- beschäftige mich oft mit dem Computer
- bediene gerne Maschinen, untersuche und repariere sie
- schreibe und zeichne gerne etwas auf ein Blatt
- löse öfter kniffelige Rechenaufgaben
- mag Tätigkeiten, die man im Freien ausüben kann.

Zusammenfassung:
Meine wichtigsten Interessen sind …

C meine Fähigkeiten

Zur Zeit denke ich — **ja, das stimmt** — **nein, das stimmt nicht**

- Ich kann ein Möbelstück oder ein Modell mit einer Gebrauchsanweisung gut zusammenbauen
- mit etwas räumlich gut vorstellen
- selbstständig und mit Ausdauer an einer Aufgabe arbeiten
- mich körperlich gut anstrengen
- sprachlich gut ausdrücken, was ich sagen möchte
- leicht Kontakt zu anderen Menschen herstellen
- mich in eine Gruppe gut einordnen
- einfache Rechenaufgaben leicht im Kopf ausrechnen
- mein Zimmer oder meinen Schulranzen schnell in Ordnung bringen

Zusammenfassung:
Meine aktuellen Fähigkeiten sind …

D mein Pflichtbewusstsein

Ja, ich denke schon — **Nein, das fällt mir schwer**

Ich bin ziemlich …
- ausdauernd in meiner Arbeit
- gewissenhaft und pünktlich
- zuverlässig
- ordentlich und angenehm in meinem Verhalten
- bedacht auf mein äußeres Erscheinungsbild

Zusammenfassung:
Folgende Pflichten kann man mir gut übertragen …

Teil B: Welche Berufe passen zu mir?

Es kommt darauf an, dass du Berufe in die nähere Auswahl nimmst, die möglichst gut zu deinem persönlichen Profil passen. Dabei sind folgende Fragen bedeutsam:

- Welche Anforderungen werden in den verschiedenen Berufen gestellt?
- Passen meine Fähigkeiten und Erwartungen zu diesen Anforderungen?

Als Übungsbeispiele werden hier drei neue Berufe vorgestellt, die erst kurz vor dem Jahr 2000 in die Liste der Ausbildungsberufe aufgenommen wurden. Bevor ihr mit der Untersuchung beginnt, solltet ihr erklären können, warum der Beruf der Reiseverkehrskauffrau gut zu der jungen Frau passt.

Mechatronikerin/Mechatroniker
Sie arbeiten in Industriebetrieben und kennen sich sowohl in der Mechanik, in der Steuerungstechnik als auch in der Elektrotechnik aus. Sie sind deshalb in der Lage, komplexe Maschinen zu bauen und instand zu halten. In der industriellen Fertigung setzen sie elektrische, mechanische, pneumatische und hydraulische Komponenten zusammen, installieren Anlagen, prüfen Geräte und warten sie. Oft werden sie an unterschiedlichen Einsatzorten gebraucht – mal auf der Montagebaustelle, mal in Werkstätten, mal im Servicebereich. Sie müssen selbstständig und teamorientiert arbeiten, flexibel und mobil sein.

Automobilkauffrau/-mann
Sie arbeiten in Autohäusern, bei Herstellern oder Importeuren von Kraftfahrzeugen. Sie erlernen einen rundum kaufmännischen Beruf, zugeschnitten auf die Bedürfnisse der Kfz-Branche. Automobilkaufleute kümmern sich um Vertragsabschlüsse im Bereich Finanzierung, Leasing und Versicherung. Sie beobachten das Marktgeschehen, damit Werbung und Verkaufsstrategie nah an den Kundenwünschen bleiben. Zum täglichen Geschäft der Automobilkaufleute gehört das Gespräch mit den Kunden. Hier sind Einfühlungsvermögen, Überzeugungskraft, gepflegtes und sicheres Auftreten gefragt. Auch müssen Sie mit Zahlen umgehen können.

Fachfrau/-mann für Systemgastronomie
Das Arbeitsfeld ist vor allem in Gaststätten und Restaurantketten zu suchen. Ein standardisiertes und zentral gesteuertes Gastronomiekonzept bildet den Rahmen für alle Tätigkeiten: für die Beratung der Gäste, das Angebot und die Vermarktung der Produkte, für den Personaleinsatz und die Werbemaßnahmen. Fachleute für Systemgastronomie haben sicherzustellen, dass sich die Kunden in jedem Betrieb einer Restaurantkette in gleicher Weise wohl fühlen und ein Speisenangebot von stets gleicher Qualität erhalten. Sie kalkulieren die Kosten für den Wareneinkauf und sie bearbeiten Personalangelegenheiten.

3. Ermittelt die Anforderungen, die in diesen drei Ausbildungsberufen gestellt werden. Überlegt auch weitere Anforderungen, die nicht in den Kurzbeschreibungen ausdrücklich genannt sind.
4. Welche Erwartungen, Interessen, Fähigkeiten und welches Pflichtbewusstsein müssen Bewerberinnen oder Bewerber für diese Ausbildungsplätze mitbringen? Stellt sie den Anforderungen gegenüber. Ihr könnt euch dabei am Beispiel der Reiseverkehrskauffrau orientieren.

Tipp: In Dreiergruppen kann jedes Gruppenmitglied eine Kurzbeschreibung untersuchen, die ihr euch dann gegenseitig vorstellt. Wählt nun weitere Berufsbeschreibungen aus, zum Beispiel aus „Beruf aktuell“, die ihr in ähnlicher Weise untersucht. Stellt einzelne Berufe anschaulich in Form einer Wandzeitung vor (siehe Methodenkarte).

Schaubilder geben Auskunft über die Situation in verschiedenen Berufen

Bei der Berufswahl sollte man auch überlegen, wie groß die Nachfrage nach verschiedenen Ausbildungsplätzen ist. Wahrscheinlich interessiert euch auch, was man in der Ausbildungszeit verdient. Die Schaubilder auf dieser Seite können eine Orientierungshilfe sein. Sie sollen dich nicht davon abhalten, deinen Wunschberuf anzustreben. Du solltest dich allerdings darauf einstellen, dass du mit hoher Konkurrenz zu rechnen hast, wenn du einen der Klassiker auswählst, und dass deine späteren Beschäftigungschancen eher günstig oder weniger günstig sein werden, je nachdem, wofür du dich entscheidest. Schlagt hierzu auch die Seite 157 auf.

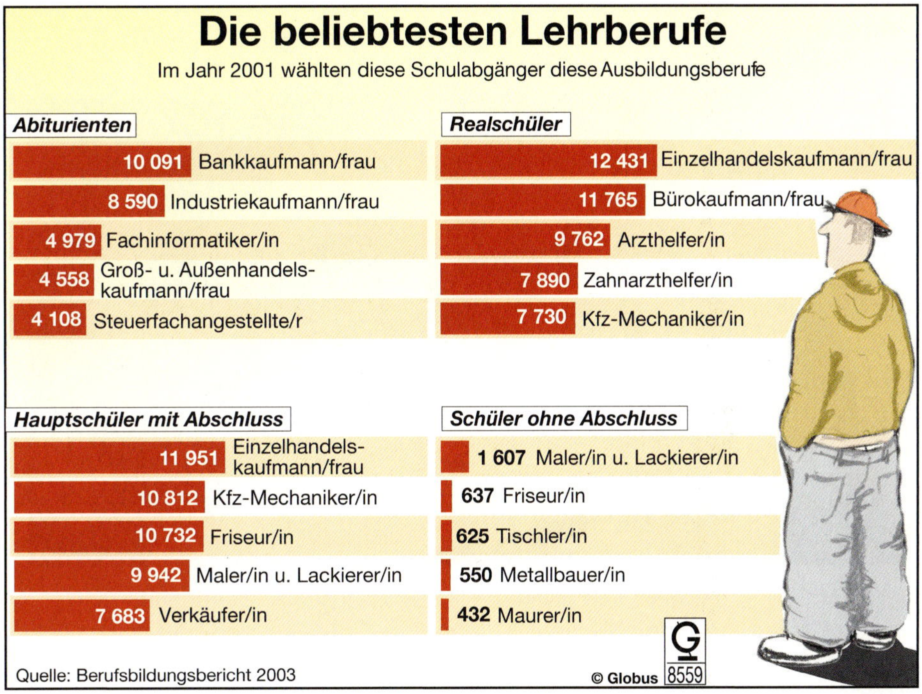

5. Gestaltet eine Übersicht (oder eine Wandzeitung), mit der ihr Schülerinnen und Schüler aus anderen Klassen über die beliebtesten Lernberufe und die Verdienstmöglichkeiten informiert. Ihr könnt auch die Berufswünsche in den neunten und zehnten Klassen eurer Schule ermitteln.
6. Wählt einen oder mehrere Berufe aus den genannten aus, über die ihr euch näher informieren wollt.

Tipp: Dazu könnt ihr Gruppen mit ähnlich gelagerten Interessen bilden und dann gemeinsam auf Informationssuche gehen (Beruf aktuell, Blätter zur Berufskunde, BIZ, Internet u.a.)

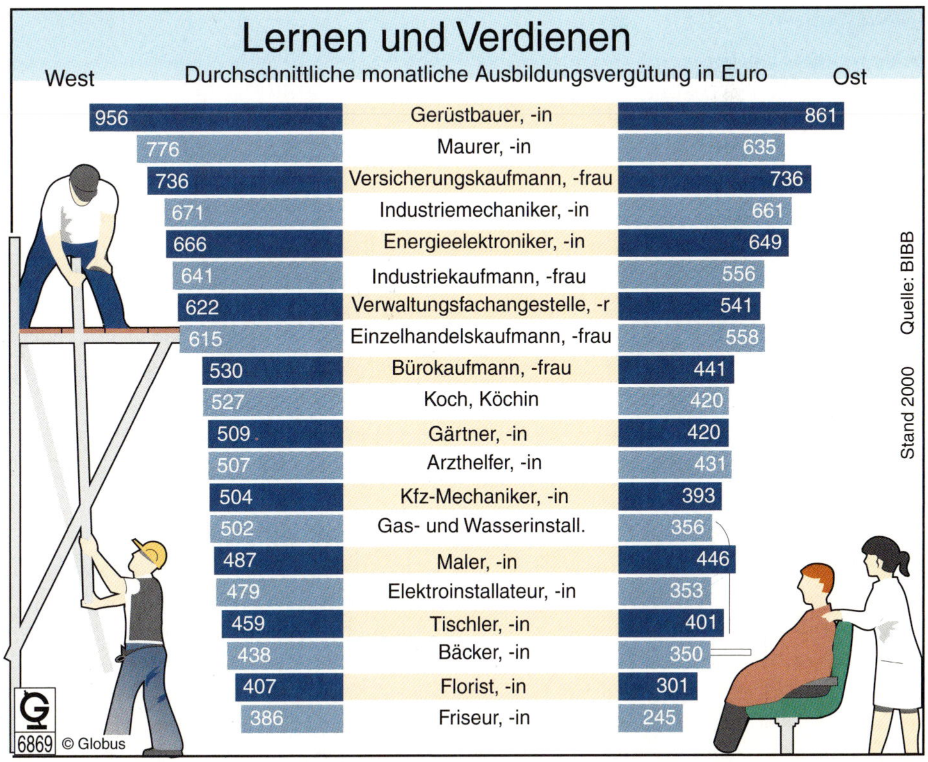

3. Wer hilft uns bei der Berufswahl?

Eine Berufsberaterin des Arbeitsamtes gibt Tipps im Interview

Für die meisten meiner Schülerinnen und Schüler ist die Entscheidung über die Berufswahl sehr schwierig. Wie sollen sie das Problem angehen?

Wichtig ist, dass man sich einen persönlichen Plan erarbeitet, nach dem man vorgehen will. Planvolles Vorgehen gibt ein Gefühl der Sicherheit, auch wenn man immer mal wieder von seinem Plan abweichen sollte. Es hilft auch, wenn man daran denkt, dass fast eine Million junger Leute jedes Jahr vor dem gleichen Problem stehen. Man steht also nicht alleine vor einer schwierigen Entscheidung.

Es heißt immer, dass man sich am Anfang über seine beruflichen Ziele Klarheit verschaffen soll. Die Frage ist nur: Wie macht man das?

Ich empfehle jedem, dass er sich zunächst einmal die neueste Ausgabe von „Beruf aktuell" vornimmt. Das Buch enthält Kurzbeschreibungen aller anerkannten Ausbildungsberufe. Das sind immerhin fast 400. Diese sind in verschiedenen Tätigkeitsbereiche unterteilt. Stellt man zum Beispiel fest, dass einem der Bereich *Bedienen und Beraten von Kunden* Spaß machen würde, dann findet man dazu alle angebotenen Ausbildungsberufe. Man kann jetzt eine Vorauswahl treffen und sich dann genauer über einzelne Berufe informieren. Dazu kann man zum Beispiel die „Blätter zur Berufskunde", von denen man zwei Exemplare kostenlos bei der Bundesanstalt für Arbeit bestellen kann. Die Bestellkarte ist in „Beruf aktuell" eingeheftet.

OK, man trifft eine Vorauswahl. Wie aber erfährt man, ob man für dieses Berufsfeld auch geeignet ist?

Dazu gibt es mehrere Möglichkeiten. Man sollte unsere Mappe „Mach's richtig" durcharbeiten. Man kommt damit seinen Fähigkeiten und seinen Interessen gut auf die Spur. Voriges Jahr saß hier eine junge Frau, die ihre Lehre zur Floristin abgebrochen hatte, weil es ihr unangenehm war, mit den Händen in Blumenerde zu wühlen. Hätte sie ihre Interessen und Fähigkeit mit „Mach's richtig" vorher selbst ermittelt, wäre diese Fehlentscheidung nicht passiert.

Wie hilft die Berufsberatung des Arbeitsamtes den Jugendlichen?

Zu unseren wichtigsten Serviceeinrichtungen gehören die Berufsinformationszentren, die jeder unter dem Namen BIZ kennt. Hier finden die Jugendlichen zu Berufen und Ausbildungswegen Bücher, Kataloge, Filme und vieles mehr. Mit dem BIZ-Computer hat man die Möglichkeit, sich selbst zu erkunden. Der Computer ermittelt aus den Erwartungen, Interessen und Fähigkeiten ein Persönlichkeitsprofil und vergleicht es mit den Anforderungen in verschiedenen Berufen. Man bekommt eine Auswahl von Berufen, für die man geeignet sein könnte. Das ist aber nur eine Vorauswahl. Oft gehen ja die Schulklassen geschlossen ins BIZ. Darüber hinaus rate ich jedem Jugendlichen, das kostenlose Angebot im BIZ so oft zu nutzen, wie er kann.
Man kann auch zu Hause im Internet das Angebot der Berufsberatung nutzen. Dazu haben wir *asis* eingerichtet, das sehr konkrete Hilfen und Tipps anbietet.

Wann soll man das persönliche Gespräch mit dem Berufsberater suchen?

Spätestens ein Jahr vor dem Schulabschluss. Vorher gibt es ja einen ersten Kontaktbesuch der Berufsberatung in der Schule und wir kommen auch zu Einzel- und Gruppenberatungen in die Schulen. Darüber hinaus sollte jeder im persönlichen Beratungsgespräch die professionelle Beratungshilfe nutzen. Wir können auch Kontakte zu Firmen herstellen und für die Bewerbung Ratschläge geben.

Müssen sich meine Schülerinnen und Schüler auf den Besuch beim Berufsberater vorbereiten?

Sie sollten es tun, denn wenn mir jemand gegenüber sitzt, der überhaupt nicht weiß, was er will, dann kann das Gespräch unbefriedigend verlaufen. Wenn aber jemand seine Hobbys, seine Lieblingsfächer, seine besonderen Interesse erklären kann, wenn jemand bereits ungefähr weiß, in welche Richtung seine Berufswahl gehen soll, dann können wir ganz konkrete Hilfen anbieten.

Sie sagten, man solle früh anfangen, über die Berufswahl nachzudenken. Sehen Sie da nicht die Gefahr, dass man sich zu früh auf einen bestimmten Ausbildungsberuf festlegt?

Ich hatte vor einem halben Jahr hier einen jungen Mann sitzen, der wollte gerne Kommunikationselektroniker werden, weil er von moderner Technik begeistert war. Leider waren seine Bewerbungen nicht erfolgreich. Es gab zu viele Bewerbungen für wenige Ausbildungsplätze. Wir haben ihn hier auf die Idee gebracht Modellbauer zu werden, denn wir kannten seine Fähigkeiten und Interessen und es gab bei zwei Firmen am Ort Ausbildungsmöglichkeiten. Er fühlt sich jetzt sehr wohl in dieser Ausbildung. Er hatte sich in der Planung gut überlegt, was er möchte, aber er hatte sich nicht starr auf einen bestimmte Ausbildung festgelegt. Wer gut plant, kann also eher vernünftig auf Veränderungen reagieren.

Lassen Sie uns auch über das Thema Jugendarbeitslosigkeit sprechen. Wem nützt die beste Planung, wenn es zu wenig Ausbildungsplätze für junge Leute gibt?

Jugendarbeitslosigkeit ist ein Problem, das sich – je nach Region – sehr unterschiedlich darstellt. Politik und Wirtschaft versuchen, das Problem zu bekämpfen und für jeden Jugendlichen einen Ausbildungsplatz zur Verfügung zu stellen. Trotzdem: Auch wenn die Zeiten besser werden, es reicht nicht für jede und jeden. Gerade deswegen sollte man aber vernünftig planen. Der sicherste Schutz vor Arbeitslosigkeit ist immer noch eine gute Ausbildung.

Meine Schülerinnen und Schüler machen zur Zeit ein zweiwöchiges Betriebspraktikum. Viele sind begeistert davon, manche sind aber auch enttäuscht, weil ihnen der Arbeitsplatz nicht gefällt. Was nützt meinen Schülern ein Praktikum, das ihnen keinen Spaß macht?

Wieder ein Beispiel, eine junge Frau wollte Köchin werden und hat in einer Hotelküche ein Praktikum gemacht. Sie hat dann gemerkt, dass dieser Beruf für sie überhaupt nicht geeignet ist. Das ist doch eine wertvolle Erfahrung. Man sollte also nicht enttäuscht sein, wenn der Praktikumsplatz nicht den Vorstellungen vom Traumberuf entspricht. Man kann eine negative Erfahrung sehr gut in die Berufsplanung einbauen.

Frau Colling, ich danke Ihnen für dieses Gespräch.

1. Welche der Antworten der Berufsberaterin findest du für dich persönlich hilfreich und interessant?
2. Erstellt eine anschauliche Liste der Tipps für die Berufsplanung, die auch für andere Mitschüler eine Hilfe sein kann.

Zahlreiche kostenlose Veröffentlichungen der Arbeitsämter geben euch aktuelle Informationen zu allen wichtigen Fragen der Berufswahl.

Besuche im nächsten BIZ gehören zur Berufswahl.

Mein Fahrplan zur Berufswahl

Ihr findet hier einen Überblick über die möglichen Schritte bis zum Abschluss des Bewerbungsverfahrens. Sie sind allerdings noch ungeordnet. Ihr sollt Ordnung schaffen, in dem ihr die Schritte in eine neue Reihenfolge bringt. Dabei geht es nicht um richtig oder falsch, sondern um eine sinnvolle Reihenfolge. (Einige Schritte können auch zeitlich parallel erfolgen.) Die fertigen Pläne solltet ihr stichwortartig verkürzen und anschaulich gestalten (Folie, Tafel, PC, Wandzeitung). Besprecht und vergleicht verschiedene Ergebnisse und überarbeitet dann die Pläne noch einmal. Nutzt den fertigen Fahrplan bei eurer weiteren Berufsplanung.
Zur Bearbeitung wird Partnerarbeit empfohlen.

Tipp: Ihr könnt eine Kopie von dieser Seite anfertigen, in Einzelteile zerschneiden und dann neu ordnen.

A Ich beginne gezielt mit der Suche nach einem Ausbildungsplatz und besorge mir Adressen von Betrieben und Einrichtungen, die interessante Ausbildungsplätze anbieten. Dazu nutze ich die persönliche Beratung im Arbeitsamt und das elektronische Stellenvermittlungssystem im Internet. **Nr. ?**

B Ich lasse mich von einer Absage nicht entmutigen, sondern bleibe weiter am Ball. Ich versuche aus Fehlern zu lernen und es beim nächsten Mal besser zu machen. **Nr. ?**

C Ich erkunde meine Erwartungen, Interessen und Fähigkeiten mithilfe von „Mach's richtig", führe Gespräche mit Eltern, Freunden und Verwandten über berufliche Möglichkeiten, die für mich geeignet erscheinen. **Nr. ?**

D Ich sammle Informationen über verschiedene Ausbildungsberufe und nutze dazu die Angebote im BIZ, „Beruf aktuell", die „Blätter zur Berufskunde" und den Ausbildungs-Stellen-Informations-Service asis im Internet. **Nr. ?**

E Ich treffe eine Vorauswahl von Wunschberufen, die für mich infrage kommen. Ich mache mir Notizen über die geforderten Einstellungsvoraussetzungen, die Anforderungen im Beruf, Dauer und Art der Ausbildung und die Einstellungschancen nach Abschluss der Ausbildung. **Nr. ?**

F Ich entscheide, ob ich nach dem Schulabschluss weiter zur Schule gehen möchte, z. B. ob ich als Hauptschüler das zehnte Schuljahr machen will oder mit Realschulabschluss auf das Gymnasium überwechseln will. **Nr. ?**

G Ich informiere mich im Anzeigenteil der Tageszeitung über offene Lehrstellen, nutze dazu auch das Heft „Wo" des Arbeitsamtes, das über das Angebot an offenen Stellen in meiner Region informiert. **Nr. ?**

H Ich bereite mich gezielt auf Einstellungstests und Vorstellungsgespräche vor. Dazu suche ich auch das Gespräch mit Leuten, die eine erfolgreiche Bewerbung hinter sich haben. **Nr. ?**

I Ich übe das Schreiben einer schriftlichen Bewerbung und eines Lebenslaufes und bringe meine Bewerbungsunterlagen in Ordnung. Dabei helfen mir die Schule, die Hefte aus „Mach's richtig" sowie zahlreiche andere Veröffentlichungen. **Nr. ?**

J Ich vereinbare einen Gesprächstermin mit der Berufsberatung des Arbeitsamtes und bereite mich gezielt auf das Gespräch vor, z.B. indem ich Fragen notiere, mir über meine beruflichen Wünsche und Ziele Klarheit verschaffe usw. **Nr. ?**

Methodenkarte 7

Wandzeitung

Wozu und wie erstellt man sie?

Thema: Berufswahl

Wozu erstellt man eine Wandzeitung?

Die Wandzeitung ist eine informative, großformatige, gut lesbare und anschaulich gestaltete Präsentationsform von Arbeitsergebnissen. Sie dient als Informationsquelle für Mitschülerinnen und Mitschüler, Lehrerinnen und Lehrer oder auch für eine breitere Öffentlichkeit. Für die Verfasserinnen und Verfasser selbst hat sie den Effekt, dass man längere Zeit auf die erarbeiteten Informationen zurückgreifen kann. Das Thema Berufswahl eignet sich besonders gut für die Erstellung von Wandzeitungen, weil so ein Markt von Informationen entstehen kann, von dem auch andere Schülerinnen und Schüler profitieren können. Ihr könnt zum Beispiel einzelne Berufe übersichtlich darstellen, auch den Fahrplan zur Berufswegplanung, Ergebnisse von Besuchen im BIZ, Tipps zur Internetrecherche, Muster für Bewerbungsschreiben und Lebensläufe und vieles andere mehr. Zusätzlich können Informationen über Lehrstellenangebote und Ausbildungsgänge öffentlich gemacht und im Schulgebäude präsentiert werden.

Wie erstellt man sie?

Nachdem man sich auf ein Thema für die Wandzeitung geeinigt hat, sollte man über die Zielsetzung nachdenken. Für welche Adressatengruppe machen wir sie? Was soll sie den Betrachtern vermitteln? Es bietet sich eine Erarbeitung in Gruppen an, wobei eine bestimmte Zeit für die Fertigstellung vereinbart werden sollte.
Eine formal übersichtliche und optisch ansprechende Gestaltung ist für die Wirkung einer Wandzeitung sehr bedeutsam. Verwendet kurze, selbst geschriebene Texte. Besonders ansprechend wirken selbst angefertigte Zeichnungen und andere Visualisierungen, die auch aus dem Computer stammen können. Auch Fotos und andere fertige Materialien können verwendet werden. Auf die Verwendung kopierter Texte solltet ihr verzichten, weil sie in der Regel von den Betrachtern nicht gelesen werden. Die Textmenge darf nicht zu umfangreich sein.

Worauf solltet ihr besonders achten?

- Schriftgröße: Als Faustregel gilt, pro Meter Abstand, aus der die Wandzeitung lesbar sein soll, ein Zentimeter Mindestschriftgröße, also drei Meter Abstand, drei Zentimeter große Buchstaben
- Schriftfarbe: Rot sparsam verwenden, grün wirkt positiv, blau beruhigend, gelb und orange signalgebend, schwarz kann unsauber wirken
- Ansprechende Überschriften
- Ausgewogenes Verhältnis von Text und Bildern
- Übersichtliche Gliederung

4. Welche Wege in den Beruf kann man gehen?

Vor dem Hintergrund der zahlreichen Möglichkeiten, die sich bieten einen Beruf zu erlernen, könnt ihr euch hier mithilfe der Übersicht über das Bildungswesen und des Informationstextes eine grundlegende Orientierung verschaffen.
Wer sich für einen bestimmten Weg in das Berufsleben entschieden hat, sollte sich um weitere Informationen bemühen. Das kann man gut auch in Gruppen tun, deren Mitglieder ähnliche Vorstellungen haben.

1. Notiere deine Berufswünsche und zeige mithilfe des Schaubildes auf, wie du sie verwirklichen kannst.
2. Beratet die Jugendlichen. Zeigt ihnen, wie sie ihre Ziele erreichen können.
   Anne (16) hat den Sekundar-Abschluss 1. Sie möchte Fotografin werden.
   Lars (15) besucht die 10. Klasse der Gesamtschule. Er möchte Tierarzt werden.
   Sonja (17) macht eine Schreinerlehre. Sie möchte jedoch später Innenarchitektin werden.
   Francesca (16) besucht das Gymnasium. Sie ist in der 9. Klasse und möchte als Beamtin im Mittleren Dienst bei der Stadtverwaltung anfangen.
   Björn (15) besucht die 10. Klasse der Realschule. Sein großes Ziel ist: Er möchte an der Fachoberschule Betriebswirtschaft studieren.
   Mehmet (16) besucht die zweijährige Berufsfachschule Elektro. Er möchte an der Universität Informatik studieren.

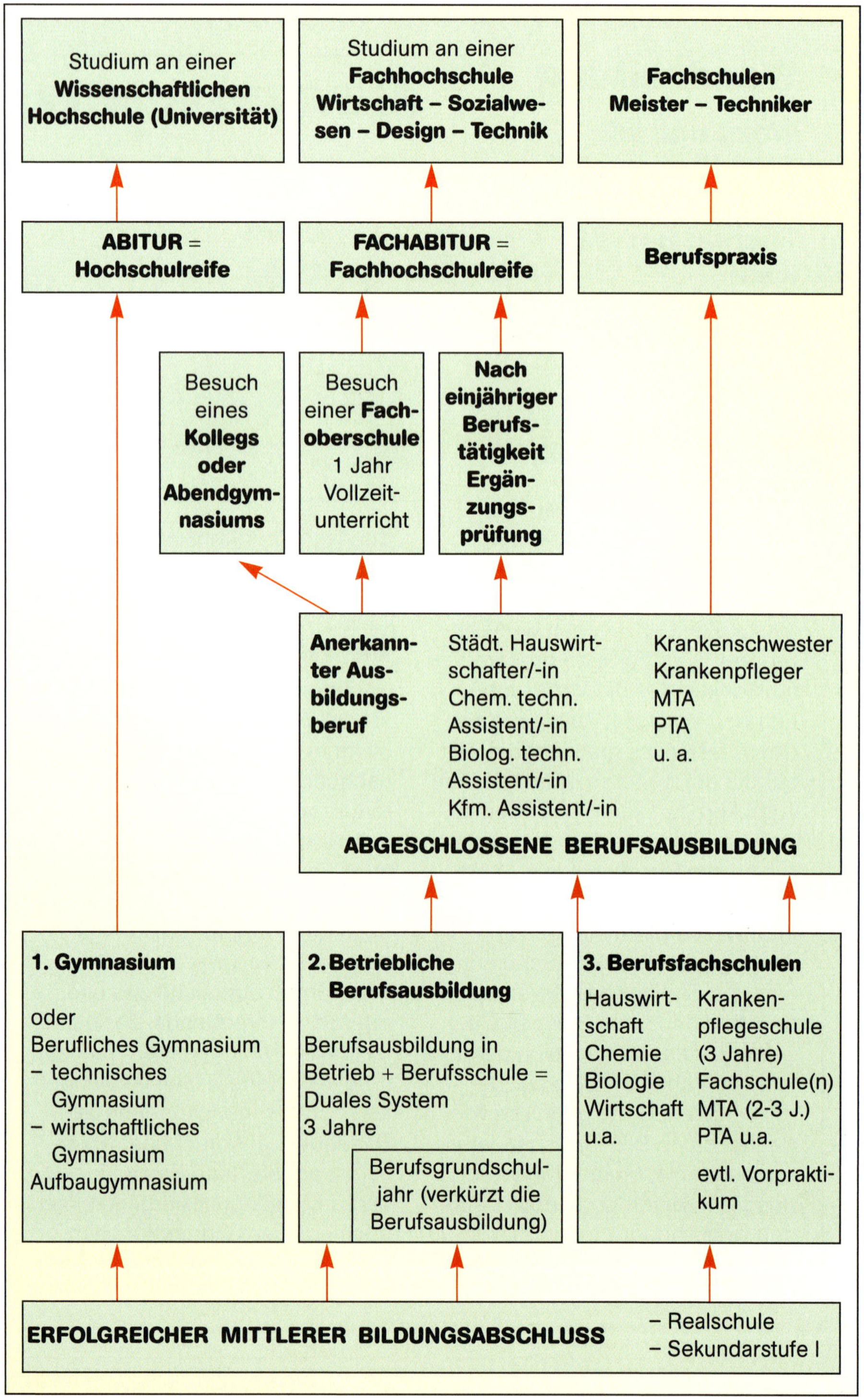

Wege in den Beruf

Welche Wege gibt es?

Eine abgeschlossene Schulausbildung an einer Haupt-, Regional- , Gesamt- oder Realschule, auch am Ende der Sekundarstufe 1 des Gymnasiums, gilt als Basis für einen erfolgreichen Start in das Berufsleben. Schulabschlüsse können erweitert und nachgeholt werden, zum Beispiel in Abendschulen. Allerdings ist es schwieriger, einen fehlenden Schulabschluss nachzuholen, als sich sofort um einen erfolgreichen Abschluss zu bemühen.
Die große Mehrzahl der Jugendlichen, rund 75 Prozent eines Geburtsjahrganges, beginnt nach der Schulzeit direkt mit der Berufsausbildung. Aus dieser großen Gruppe gehen wiederum cirka 70 Prozent in das System der dualen Berufsausbildung. Daneben stehen die beruflichen Schulen mit Ausbildungsangeboten von ein-, zwei- oder dreijähriger Ausbildungsdauer.
Für den Zugang zu einem Studium an den Fachhochschulen und Universitäten ist grundsätzlich die Vorlage des Zeugnisses der Hochschulreife erforderlich. Für besonders qualifizierte Ausbildungsgänge, zum Beispiel im Bereich der informationstechnischen Berufe, gilt das Abitur als Voraussetzung.

Ausbildung im Dualen System

Das System heißt „Dual“, weil die Ausbildung an zwei Lernorten durchgeführt wird: im Betrieb und in der Berufsschule.
Der Zugang zum Dualen System steht grundsätzlich jedem offen, der mindestens 15 Jahre alt ist. Allerdings ist es in der Praxis sehr schwierig, eine Lehrstelle zu finden, wenn man keinen Schulabschluss vorzuweisen hat. Das Duale System der Berufsausbildung zeichnet sich durch zwei charakteristische Merkmale aus:
Erstens: Die Ausbildung ist auf zwei Ausbildungsorte verteilt: Betrieb und Berufsschule.
Zweitens: Das Lernen findet zu einem großen Teil in privaten und öffentlichen Produktionsstätten und Dienstleistungsbetrieben statt. Die Ausbildungsorte Betrieb und Berufsschule, arbeiten bei der Ausbildung eng zusammen und ergänzen sich.

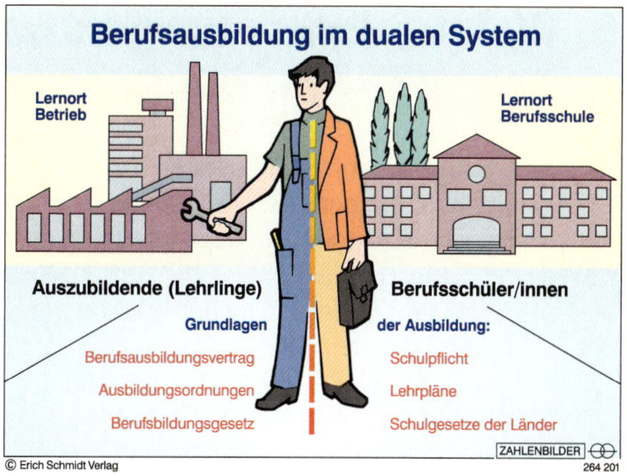

Ausbildung in Berufsfachschulen

Neben der Berufsausbildung im Dualen System gibt es die berufliche Ausbildung in berufsbildenden Vollzeitschulen. Dies sind besonders die Berufsfachschulen, die eine volle Berufsausbildung vermitteln, zum Beispiel zum Beruf des/der staatlich anerkannten Erziehers/Erzieherin, zum/zur Medizinisch-Technischen-Assistenten/Assistentin (MTA), zum/zur Pharmazeutisch-Technischen-Assistenten/Assistentin (PTA) u.a.m. Für den Besuch einer Berufsfachschule ist in der Regel der Realschulabschluss erforderlich. Oft ist ein Mindestalter von 17 oder 18 Jahren vorgeschrieben, manchmal auch ein Praktikum. Um einen Ausbildungsplatz bewirbt man sich direkt bei der Schule. Dort sollte man sich auch über die Aufnahmebedingungen und Ausbildungsschwerpunkte informieren.
Schulische Berufsausbildungen werden von privaten und staatlichen Schulen angeboten. Wichtig ist, dass es sich um eine anerkannte Ausbildungsschule handelt. Wer unsicher ist, sollte sich bei der Berufsberatung des Arbeitsamtes näher über die betreffende Schule informieren. Berufsfachschüler erhalten in der Regel keine Ausbildungsvergütung. Stattdessen müssen meist Schulgeld (zwischen 125 und 350 Euro) und Gebühren für Lehrmittel bezahlt werden. Möglich ist eine Förderung nach dem Bundesausbildungsförderungsgesetz (BAföG).

1. Erkläre, wie das Duale System funktioniert.
2. Informiere deine Mitschülerinnen und Mitschüler über die Möglichkeit der Berufsausbildung in einer Berufsfachschule.
3. Erläutere die Übersicht über das Bildungssystem (linke Seite) mithilfe von Angaben aus diesem Text.

5. Welche Erwartungen haben die Ausbilder an die Schulabgänger?

Welche Fähigkeiten müssen Auszubildende mitbringen, wenn sie ins Berufsleben einsteigen? Eine Jugendzeitschrift stellte diese Frage an Ausbildungsleiter in den verschiedensten Branchen. In den Antworten geht es um Bewerberinnen und Bewerber mit Hauptschulabschluss bis zum Abitur.
Lest die Texte und notiert anschließend die genannten Forderungen.

Susanne Ritter, Leiterin einer großen Privatbank:
„Entscheidend in der Vorauswahl sind die Noten. Je besser die sind, desto größer die Chance auf ein Weiterkommen. In dem Gruppengespräch werden acht Bewerber von vier Bankmitarbeitern beobachtet. Die Bewerber simulieren ein Verkaufsgespräch und diskutieren über aktuelle Fragen. Wir suchen kontaktfreudige, sprachlich gewandte Leute, die ein verkäuferisches Geschick haben."

Petra Mayer, Geschäftsführerin einer Werbeagentur mit 80 Bewerbungen pro Jahr:
„Aus dem Lebenslauf muss hervorgehen, was die Bewerberin außerhalb der Schule interessiert. Hat sie bzw. er bei der Schülerzeitung oder in der Foto-AG mitgearbeitet? Entwirft sie CD-Cover? Das ist für uns wichtig.
Im Gespräch wollen wir herausfinden, ob sie sich eigene Gedanken macht und ob sie die auch begründen kann. Wir brauchen intelligente, offene Leute, die selbstständig denken und arbeiten können."

Stefan Bayer, Chef einer Möbeltischlerei:
„Ich brauche wissbegierige Leute, die sich in die Techniken und Materialien einarbeiten, die Bücher lesen und sich für moderne Architektur und Design interessieren, die rechnen können, handwerklich begabt sind und verstehen, worauf es in einer Werkstatt ankommt."

Manfred Walter, Pflegedirektor in einem großen Krankenhaus, 150 Bewerbungen pro Jahr:
„Die wichtigste Fähigkeit, die man in der Krankenpflege braucht, ist soziales Empfinden. Das heißt, man darf nicht egoistisch sein, muss mit anderen für andere arbeiten können und Verantwortung übernehmen. Wir suchen mitdenkende, kritische Menschen."

(Alle vier Stellungnahmen aus: Brigitte Young Miss, Sonderheft working girl, Frühjahr 1998, S. 45 – 46)

Welche Fähigkeiten sind für ein Hochschulstudium wichtig?

Dr. Markus Ottersbach, Universität Köln: „Im Hinblick auf die Bewältigung des umfangreichen Lernstoffes sind Konzentrationsvermögen, Ausdauer, ein eiserner Wille und ein hohes Maß an Motivation als Schlüsselqualifikationen für die Studierfähigkeit anzusehen."

Professor Dr. Friedrich Abel, Fachhochschule Hannover: „Voraussetzung für die Studierfähigkeit allgemein ist die Fähigkeit zum selbstständigen, zielorientierten Lernen und Arbeiten. Darüber hinaus ist speziell für die ingenieurwissenschaftliche Ausbildung natürlich auch ein gewisses praktisch-technisches Verständnis und Interesse erforderlich."

(Aus: Bundesanstalt für Arbeit: abi, Berufswahlmagazin, 10/1996, S. 34)

Firmen klagen über schlampige Bewerber
Deutsche Unternehmen klagen zunehmend über schlampige Bewerbungen für Lehrstellen. [...] Die Bewerbungen sind oft wahllos zusammengestellt und bestehen teils aus Kopien, die gar nicht lesbar sind", sagt Rudolf Mäusle von der Industrie- und Handelskammer Frankfurt. Zudem erschienen manche Bewerber zum Vorstellungsgespräch zu spät und nicht angemessen gekleidet. Die Bewerbungsschreiben seien häufiger als früher formal, grammatikalisch und von der Rechtschreibung her fehlerhaft und unzureichend", sagte Mäusle.
(Aus: Trierischer Volksfreund vom 3.9.1996)

1. Nachdem ihr die Erwartungen herausgefiltert habt, könnt ihr eine Unterscheidung treffen zwischen (A) allgemeinen Erwartungen, (B) Erwartungen an die schriftliche Bewerbung und (C) Erwartungen an das Gesprächsverhalten.
2. Versucht, aus dem Zeitungsausschnitt über schlampige Bewerbungen positive Merkmale einer Bewerbung abzuleiten.

Wie wichtig sind Schlüsselqualifikationen?

Mit dem Oberbegriff „Schlüsselqualifikationen“ werden die Fähigkeiten eines Menschen bezeichnet, die ihm wie ein Schlüssel die Tür für ein erfolgreiches Berufsleben öffnen. Weil die Anforderungen im Arbeitsleben einem ständigen Wandel unterliegen, ändern sich auch die erwarteten Qualifikationen. Mithilfe der Sammlung auf dieser Seite könnt ihr die wichtigsten heute geforderten Schlüsselqualifikationen sammeln und darüber sprechen, wie man sie – zum Beispiel in der Schule – erreichen kann.

Handlungskompetenz ist gefordert

Neue Qualifikationen spielen eine immer größere Rolle: Nicht mehr die reinen Fachkenntnisse stehen im Vordergrund, sondern Fähigkeiten, die es dem Menschen ermöglichen, sich schnell anzupassen. Es gilt: Neue Informationen rasch und sicher aufzunehmen und zu verarbeiten; ständig neu auftauchende Probleme im Arbeitsalltag effektiv und effizient zu lösen.
Neben den als selbstverständlich erachteten Kenntnissen und Fertigkeiten (Fachkompetenz) spielen für erfolgreiche Berufsinhaber variantenreiches Können und Umstellungsfähigkeit (Methodenkompetenz) sowie Kommunikationsfähigkeit und Verantwortungsbereitschaft (Sozialkompetenz) eine entscheidende Rolle. Nur wenn Sie über alle drei Kompetenzen verfügen, besitzen Sie die notwendige Handlungskompetenz für Ihren Beruf:
Gefordert sind also Fähigkeiten wie

- Teamfähigkeit,
- Denken in Zusammenhängen,
- Flexibilität,
- Kreativität,
- Planungs- und Organisationstalent.

Solche Qualifikationen erwerben Sie vor allem durch eine gute und fundierte Ausbildung, ein Studium und durch ständige Weiterbildung. Aber bereits von Schulabgängern wird verlangt, dass sie einen Teil solcher Qualifikationen mitbringen. Das zeigen die Erwartungen der Wirtschaft an Schulabgänger.
Prüfen Sie, inwieweit Sie diesen Anforderungen, die Betriebe an Ausbildungsbewerber stellen, gerecht werden. Sollte hier und da noch Nachholbedarf sein, arbeiten Sie daran: Stillstand bedeutet Rückschritt.

(Aus: Klaus Kaden, Günter Kästner: Berufswahl leicht gemacht, Heyne Verlag, München 2000, S. 45ff.)

3. Kompetent ist, wer etwas kann. Auf dieser Seite ist von verschiedenen Kompetenzen die Rede. Könnt ihr für jede mindestens ein Beispiel finden?
4. Angenommen, es erschiene dir eine gute Fee mit den Worten: „Du darfst dir drei dieser Schlüsselqualifikationen wünschen.“ Welche wählst du warum aus?
5. Zwei Meinungen zur Diskussion:

„Schlüsselqualifikationen wie Teamfähigkeit, Flexibilität oder Kreativität kann man nicht lernen. Man hat sie oder man hat sie nicht.“

„Alle geforderten Schlüsselqualifikationen sind lernbar. Man muss es nur wollen.“

Rollentausch:

Für welchen Azubi würdet ihr euch entscheiden?

Wir spielen ein Auswahlverfahren in der Personalabteilung eines Unternehmens durch.

Bei der internationalen Speditionskette *interfracht* sind zum nächsten Einstellungstermin zwei Ausbildungsplätze als Speditionskaufmann/Speditionskauffrau frei. Zunächst hatten sich 18 Interessenten beworben. Aufgrund der Bewerbungsunterlagen, Testergebnisse und Vorstellungsgespräche kamen vier Jugendliche in die engere Wahl. Die persönlichen Daten findest du auf den Karteikarten. Wer soll die beiden Ausbildungsstellen bekommen?

Was von Speditionskaufleuten erwartet wird:

Speditionskaufleute betreuen den Transport von Waren per Lastwagen, Schiff, Flugzeug oder Eisenbahn. Deshalb müssen sie vor allem gut organisieren können, gewissenhaft arbeiten, auch unter Termindruck konzentriert bleiben und die Übersicht behalten. Um zum Beispiel die wichtigsten Verkehrswege, Tarife, Zoll- und Versicherungsbestimmungen parat zu haben, benötigen sie ein gutes Gedächtnis. Für die Gespräche mit Kunden und Geschäftspartnern in aller Welt brauchen sie Verhandlungsgeschick und gute Fremdsprachenkenntnisse.

Heike Ernst

Schulabschluss
Abschluss der Hauptschule

Zeugnisnoten
Mathematik: 3; Deutsch: 2; Englisch: 2, Durchschnittsnote der anderen Fächer: 2,6; Informatik-AG wurde erfolgreich besucht.

Bewerbungsunterlagen
Sehr ordentlich und übersichtlich; gut aufgebautes Bewerbungsschreiben.

Testergebnis
Rechnerisches Denken: 3; Aufsatz: 2,6; Rechtschreibung: 1,8; Konzentrationstest: 1,8.

Vorstellungsgespräch
Heike war ziemlich zurückhaltend und phasenweise recht unsicher, ansonsten aber freundlich und gut vorbereitet. Ihre Antworten waren sprachlich und inhaltlich überzeugend.

Gesundheitszeugnis
Heike ist für alle Berufe geeignet.

Besonderes
Heike ist bei der freiwilligen Feuerwehr aktiv.

Lutz Enders

Schulabschluss
Abschluss der Realschule

Zeugnisnoten
Mathematik: 2; Deutsch: 2; Englisch: 2; Durchschnittsnote der anderen Fächer: 2,5; Informatik-AG wurde nicht besucht.

Bewerbungsunterlagen
Sehr schöne formale Gestaltung (hat Lutz das alleine gemacht?)

Testergebnis
Rechnerisches Denken: 2,5, Aufsatz: 2; Rechtschreibung: 3; Konzentrationstest 2.

Vorstellungsgespräch
Lutz zeigte sich recht aufgeschlossen und redegewandt, stellte gute Fragen; war aber teilweise schon übereifrig!

Gesundheitszeugnis
Sportlich, für alle Berufe geeignet.

Besonderes
Lutz ist aktiver Fußballer im Verein.

Die Methode für dieses Lernspiel ist ein **Gruppenmixverfahren.** Dabei werden innerhalb einer Unterrichtsstunde die Arbeitsgruppen zweimal neu gebildet. So solltet ihr vorgehen:

1. Jeder trifft seine Vorentscheidung Vergleicht die Anforderungen an Speditionskaufleute mit dem, was die Jugendlichen zu bieten haben. Trefft eure persönliche Vorentscheidung und begründet, für welche Bewerberin oder für welchen Bewerber ihr euch entscheidet.

2. Beratung in der ersten Arbeitsgruppe Bildet Gruppen, wobei jede Gruppe die Mitarbeiterinnen und Mitarbeiter einer Abteilung der Firma *interfracht* darstellt. Diskutiert eure Bewerberauswahl und trefft nach einer vereinbarten Zeit die Gruppenentscheidung nach dem Mehrheitsprinzip und begründet sie. Jedes Gruppenmitglied erhält nun einen farbigen Punkt (oder eine Zahl).

3. Beratung in der zweiten Arbeitsgruppe Gruppenmitglieder mit dem gleichen farbigen Punkt (oder mit gleicher Zahl) setzen sich nun in neuen Gruppen zusammen. Sie bilden jetzt die nächsthöhere Ebene in der Personalabteilung des Unternehmens und treffen endgültig die Entscheidung. Zunächst stellt jeder Teilnehmer vor, für wen sich die erste Gruppe entschieden hat. Dann wird neu diskutiert.

4. Entscheidung Sprecherin und Sprecher aus den zweiten Arbeitsgruppen stellen ihre Mehrheitsentscheidung vor. Eingestellt werden die Bewerberin und / oder der Bewerber, der die meisten Gruppenentscheidungen der Zeitgruppen erhalten hat.

Anke Berger

Schulabschluss
Abitur am Heinrich-Heine-Gymnasium

Zeugnisnoten
Mathematik: 4; Deutsch: 2; Englisch: 1; Durchschnittsnote der anderen Fächer: 2,4; Informatik-AG wurde nicht besucht.

Bewerbungsunterlagen
Rechtschreibfehler, Passbild fehlt.

Testergebnis
Rechnerisches Denken: 3; Aufsatz: 1,2; Rechtschreibung: 3; Konzentrationstest: 4.

Vorstellungsgespräch
Anke hinterließ einen ausgezeichneten Eindruck: selbstsicher, flexibel, redegewandt und sehr interessiert.

Gesundheitszeugnis
Für alle Berufe geeignet

Besonderes
Anke hat in einer kirchlichen Organisation eine Jugendgruppe geleitet.

Stefan Bien

Schulabschluss
Abschluss der Realschule in Bergedorf

Zeugnisnoten
Mathematik: 1; Deutsch: 2; Englisch 3; Durchschnittsnote der anderen Fächer: 2,6; Informatik-AG mit Erfolg besucht.

Bewerbungsunterlagen
Das Bewerbungsschreiben ist sehr knapp; ansonsten guter Gesamteindruck.

Testergebnis
Rechnerisches Denken: 1,2; Aufsatz 4; Rechtschreibung: 2; Konzentrationstest: 1,5.

Vorstellungsgespräch
Stefan zeigte sich gut vorbereitet, war interessiert, blieb allerdings recht zurückhaltend und sprachlich schwach.

Gesundheitszeugnis
Stefan ist Diabetiker, verabreicht sich bei Bedarf Insulinspritzen.

6. Ist die Unterscheidung zwischen typischen Männerberufen und typischen Frauenberufen noch zeitgemäß?

Hallo Tommy! Ich mache jetzt eine Ausbildung als Zerspanungsmechanikerin oder Dreherin – wie man das früher nannte!

Wie bitte? Dreherin! Da muss ich ja lachen! Mädchen und Technik – zwei fremde Welten prallen aufeinander!

Du bist vielleicht ein Quatschkopf! Wieso sollte denn ein Mädchen für einen solchen Beruf weniger geeignet sein als ein Junge? Wir können genauso gut Maschinen bedienen, sägen, teilen, konstruieren und planen wie ihr!!!

Mmmmh, ja, stotter, aber den körperlichen Anforderungen seid ihr bestimmt nicht gewachsen!
Das musst du doch zugeben!

Da kann ich ja nur müde lächeln! Körperlich schwere Arbeiten werden doch sowieso immer mehr von Maschinen verrichtet.

Du hattest immer schon eine Vorliebe für das Extreme! Warum konntest du nicht einen normalen Beruf ergreifen? – Friseuse oder Arzthelferin?

Weil ich handwerklich begabt und interessiert bin! Ganz einfach! Außerdem drängeln sich mehr als die Hälfte der weiblichen Auszubildenden in diesen zehn typischen Lieblingsberufen! Wie nachher die Aussichten auf einen Arbeitsplatz sind, kannst selbst du dir an deinen 10 Fingern abzählen!!!

- Hat sie Recht?
- Hat sie nicht Recht?
- Was wird Tommy wahrscheinlich antworten?
- Wie würdest du an seiner Stelle reagieren?

Jungen für Technik – Mädchen für das Soziale: Bleibt alles beim Alten?

In früheren Zeiten war es üblich, dass sich die Mädchen bei der Berufswahl oft in niedriger entlohnten Berufen wiederfanden. Frau wurde Arzthelferin oder Krankenschwester, Mann wurde Arzt; Frau wurde Rechtsanwaltsgehilfin, Mann wurde Anwalt. Auch die technischen Berufe blieben weitgehend männlich. Dabei war nicht nur der Wunsch der jungen Frauen ausschlaggebend. Oft weigerten sich die Betriebe auch, Mädchen in so genannten Männerberufen zu beschäftigen, oder es wurden in technischen Betrieben nicht die Voraussetzungen für die Einstellung beider Geschlechter geschaffen. Wie steht es heute mit der Entscheidung für die typischen Frauen- und Männerberufe? Bleibt alles beim Alten oder gibt es Zeichen für Veränderungen? Deutet die Schaubilder unter dieser Fragestellung.

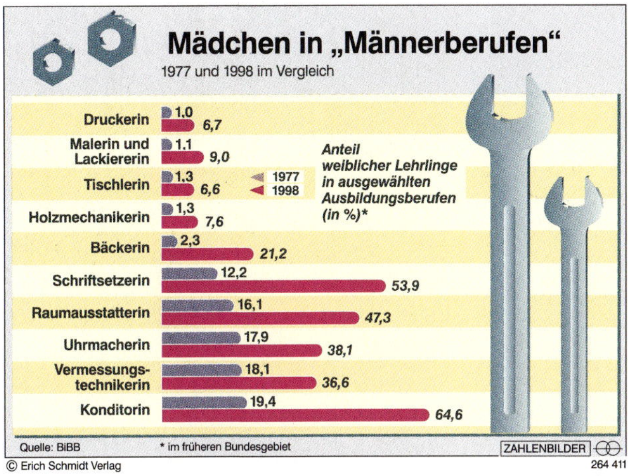

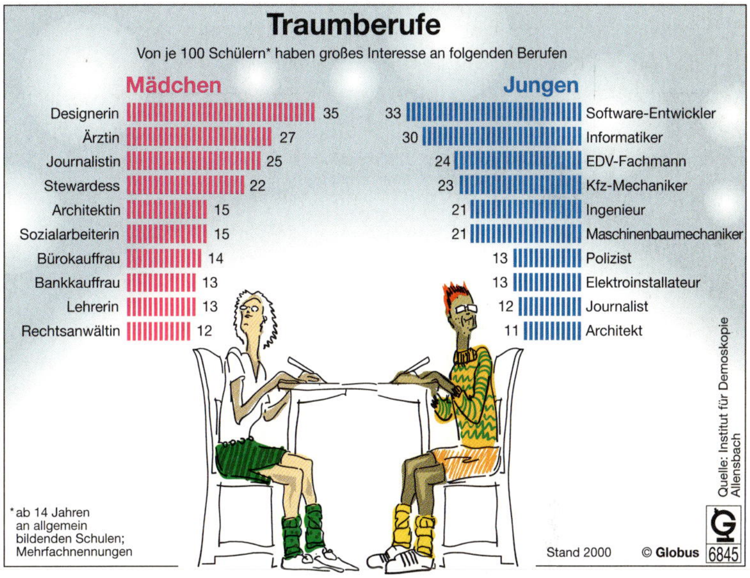

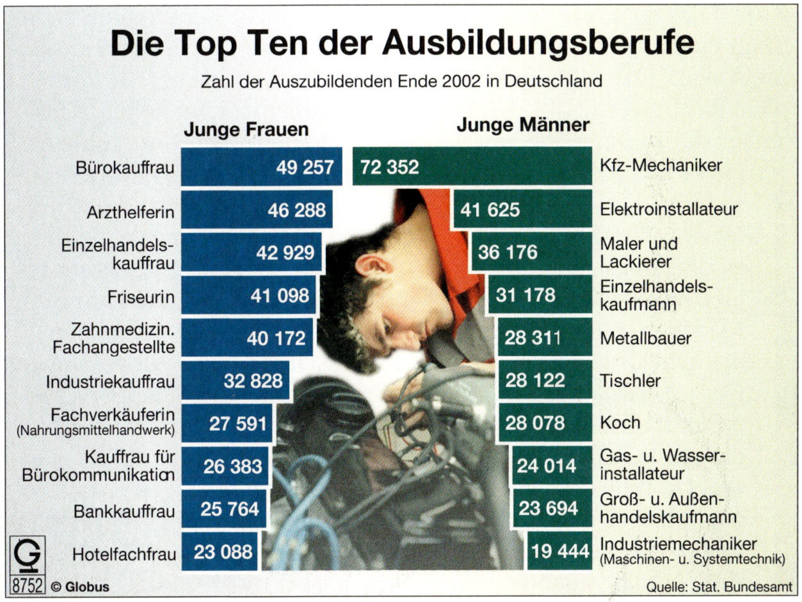

1. Welche Angaben in den Schaubildern deuten auf Veränderungen im Berufswahlverhalten von jungen Frauen und Männern hin und welche auf Stillstand?
2. Trifft es immer noch zu, dass Mädchen weniger gut bezahlte Berufe wählen?
3. Welcher Ansicht stimmt ihr eher zu?
   A „In der Arbeitswelt der Zukunft braucht es eine Unterscheidung zwischen typisch weiblichen und typisch männlichen Berufen nicht mehr zu geben."
   B „Männer für Technik – Frauen für soziale Berufe – Das wird immer so bleiben."

Frauenberufe – Männerberufe: Warum gibt es das für Heike und Jörg nicht?

Die Vorstellungen von den typischen Frauen- und Männerberufen ändern sich nur langsam in der Gesellschaft. Das wird zum Beispiel aus der Statistik über die bevorzugten Ausbildungsberufe von Mädchen und Jungen deutlich. Es gibt aber auch junge Leute, die sich anders entscheiden. Exemplarisch vorgestellt werden hier die Berufsentscheidungen von Heike und Frank. Warum gehen diese Jugendlichen neue Wege? Wie bewertet ihr solche Entscheidungen?
Für die Bearbeitung der beiden Fälle könnt ihr euch – vielleicht auch einmal nach Jungen und Mädchen getrennt – die Arbeit teilen.
Tipp: Jungen bearbeiten den ersten Fall, Mädchen den zweiten. Anschließend könnt ihr euch gegenseitig informieren.

Heike wird Prozessleitelektronikerin

„Frauenberufe? Männerberufe? Gab's für mich nie. Ich habe mich einfach schon immer für Technik interessiert", erzählt Heike Mayer. Sie ist jetzt im dritten Jahr ihrer Ausbildung zur Prozessleitelektronikerin – und froh, dass sie sich von ihrem Ziel nicht hat abbringen lassen.
Versucht haben das viele, am zähesten ihre Mutter. „Sie hatte ziemlich altmodische Vorstellungen", meint Heike. „Ihr schwebte vor, dass ich eine Ausbildung bei der Gemeindeverwaltung machen sollte, auf jeden Fall etwas im Büro, aber doch nicht in einer Industriehalle! Sie war total entsetzt."
Aber mit ihrer Berufsvorstellung stand Heike auch im Freundeskreis ziemlich allein da. Alle löcherten Heike mit Fragen: „Ja traust du dir das wirklich zu?" – „Nur mit Männern zu arbeiten – stellst du dir das nicht schrecklich vor?" „Die haben doch einen ziemlich rauen Ton drauf, macht dir das nichts aus?" Heike wurde unsicher. Noch einmal ging sie zur Berufsberatung, noch einmal zu einem Tag der offenen Tür in einem großen Industriebetrieb. Dann stand für sie fest: „Ich werde Prozessleitelektronikerin. Diese riesigen Produktionsanlagen zu kontrollieren und in der Hand zu halten, das finde ich einfach toll. Hier bin ich mitverantwortlich für einen störungsfreien und sicheren Ablauf. Das ist meine Welt und nicht das Büro." […]
Auf ihren ersten Ausbildungstag war Heike ziemlich gespannt: „Da saßen tatsächlich 95 Jungen", erzählt sie, „aber – immerhin – auch fünf Mädchen. Eine war aus meinem Ort. Mit ihr war ich damals schon zusammen beim Tag der offenen Tür gewesen. Und die drei anderen haben sich bald mit uns zusammengetan."
Am Anfang bekamen die Mädchen schon einiges ab an bissigen Bemerkungen und schlechten Witzen. „Einige unserer männlichen Kollegen meinten tatsächlich, dass Technik Männersache ist. Sie konnten sich wohl nicht vorstellen, dass da auch Frauen etwas drauf haben." Heike nahm es – wie auch ihre Kolleginnen – gelassen. Die fünf machten ihren Job und plötzlich wurden die Kollegen immer ruhiger. „Als sie gesehen haben, dass wir nicht nur in der Berufsschule, sondern auch in der Werkstatt genauso gut waren wie sie, da haben sie uns akzeptiert", erzählt Heike.

1. Frauenberufe? Männerberufe? Gab's für Heike nie. Warum?

Jörg wird Kinderkrankenpfleger

Was ist typisch männlich, typisch weiblich? Vorurteile, das ist sicher, hat jedenfalls nicht nur die eine Hälfte der Menschheit. Das spürt der Kinderkrankenpfleger Jörg in der Schule und auf der Station: „Die Frauen dort haben mir einfach nichts zugetraut. Ich habe im Zivildienst in einem Jugendzentrum mitgearbeitet und gemerkt, dass ich zu Kindern einen guten Draht habe", sagt er. „Mir war schon sehr früh klar, dass ich mit Menschen arbeiten wollte. Aber nach meinen positiven Erfahrungen als Zivi entschied ich mich für die Ausbildung zum Kinderkrankenpfleger." Ein paar Freunde machten sich lustig über den ‚Babysitter', aber das störte Jörg nicht weiter. Seine Eltern nannten seine Entscheidung, mutig'. Das wiederum fand Jörg ein bisschen komisch: „Was sollte denn daran mutig sein?" Konnten die sich nicht vorstellen, dass auch Männer Säuglinge füttern und wickeln, Kinder trösten und beruhigen oder mit ihnen spielen?" Jörg ließ sich nicht weiter beeinflussen. „Ich wusste, was ich wollte. Was die anderen darüber dachten, war mir ziemlich egal."
An seinen ersten Tag an der Krankenpflegeschule erinnert er sich dennoch mit gemischten Gefühlen. „Ich öffnete die Tür und 20 Mädchen drehten sich erstaunt nach mir um. Ich war der einzige Junge in diesem Semester." [...]
Heftiger betroffen war Jörg, als er auf der Station in der Kinderklinik anfing. „Hier arbeiteten bereits mehrere Kinderkrankenpfleger. Trotzdem hatte ich ständig das Gefühl, dass man mir den Umgang mit einem Säugling nicht genauso zutraute wie einem Mädchen. Ständig guckte mir jemand über die Schulter, ob ich das Baby auch nicht fallen lasse oder ob ich es auch richtig sauber abwische ..."
Jörg haben diese Zweifel an seinen beruflichen Fähigkeiten längere Zeit ‚echt genervt'. Aber auch er fand das beste Mittel gegen Vorurteile: sie durch gute Arbeit zu widerlegen. Von Anfang an auf seiner Seite waren die kleinen Patienten. „Kinder haben keine Vorurteile. Wenn sie Zuneigung spüren und wenn sie dich mögen, kommen sie alleine auf dich zu. Ihnen ist es völlig egal, ob du ein Pfleger oder eine Schwester bist."

(Aus: Bundesanstalt für Arbeit (Hrsg.): Was werden. Das Magazin der Berufsberatung Nr. 3, April 1996)

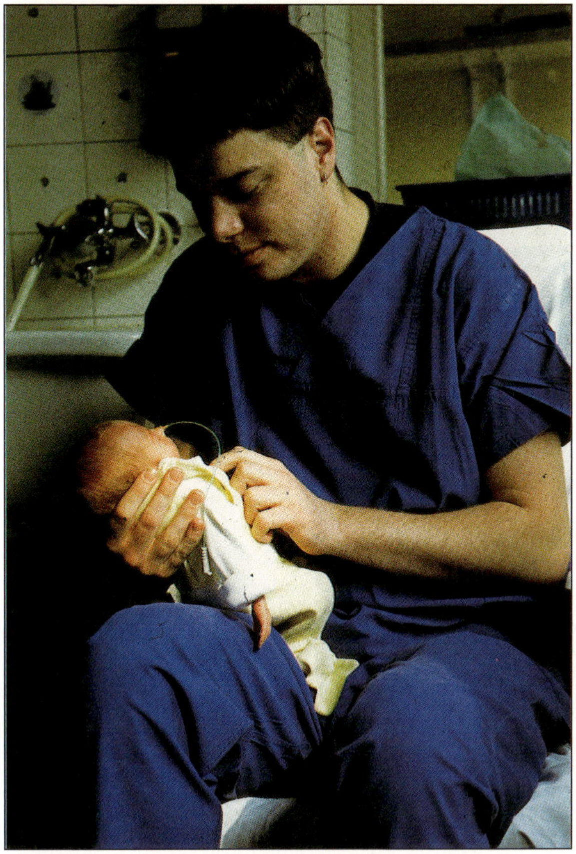

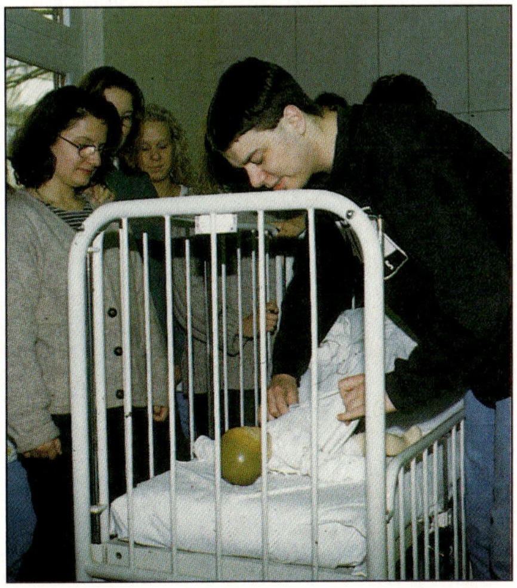

Aus dem Grundgesetz:

Artikel 3
[Gleichheit vor dem Gesetz]
(1) Alle Menschen sind vor dem Gesetz gleich.
(2) Männer und Frauen sind gleichberechtigt. Der Staat fördert die tatsächliche Durchsetzung der Gleichberechtigung von Frauen und Männern und wirkt auf die Beseitigung bestehender Nachteile hin.

2. Mit welchen Schwierigkeiten und Vorurteilen mussten sich Heike und Jörg auseinander setzen, ehe sie ihre Wunschberufe erlernen konnten?
3. Hat sich die Entscheidung für die beiden gelohnt? Welche Veränderungen im Rollenverhalten und in den Rollenerwartungen sind die Grundlage dafür, dass Männer und Frauen sich für Berufe entscheiden, die früher mit „typisch männlich, typisch weiblich" besetzt wurden?

Beim Thema Frauen und Beruf geht es immer wieder um die grundgesetzlich garantierte, aber in der Praxis noch problematische Forderung nach Gleichberechtigung zwischen zwischen Frauen und Männern. Lest euch die kurze Zeitungsmeldung durch und nehmt dann die Karikaturen zum Anlass über den Stand der Gleichberechtigung von Frauen und Männern im Arbeitsleben zu sprechen.

Karikaturenrallye zum Thema „Frauen im Beruf“

So könnt ihr vorgehen:

- Seht euch die Karikaturen in Ruhe an.
- Sucht euch dann die Karikatur aus, die euch persönlich am interessantesten erscheint.
- Stellt drei Fragen an eure Karikatur und macht euch dazu einige Notizen: (A) Was ist zu sehen? (B) Welche Problemstellung behandelt die Karikatur? (C) Welche Gedanken und Gefühle löst sie in mir aus?
- Stellt euch die ausgewählten Karikaturen und eure Kommentare gegenseitig vor.

Noch keine Gleichberechtigung

Berlin. Fast 80 Prozent der deutschen Frauen sind der Ansicht, dass es bei der Gleichstellung der Geschlechter noch erheblichen Handlungsbedarf gibt. Zu dem Ergebnis kommt eine Umfrage des Allensbach-Instituts. Speziell die Situation von Löhnen und Gehältern wird beklagt. 86 Prozent der Männer sehen hier noch keine Gleichberechtigung erreicht.

(dpa-Meldung vom 28. Juni 2000)

Sie werden einen super Job finden, Sie werden zeigen, was in Ihnen steckt, Sie werden endlich Ihre Fähigkeiten unter Beweis stellen können, Sie werden Erfolg haben, Anerkennung und eine Menge Geld.
Wollen Sie auch wissen, was Ihr Mann davon hält?

Per Mausclick zum Ausbildungsplatz: Ist das die Zukunft?

„Rucki, zucki" übers Internet zum Job

Robert Skazel ist einer, bei dem alles fix gehen muss. Seine Lehrlinge sucht er im Internet, mit Bewerbungsunterlagen will sich der Kundenberater der Firma „Die Bilderstürmer" in Dreieich bei Frankfurt nicht lange aufhalten. „Rucki, zucki" muss das gehen. „Die jungen Leute, die wir brauchen, studieren keine Stellenanzeigen in Tageszeitungen, die surfen im Internet, lesen, entscheiden und schicken eine Mail." Skazel sucht händeringend Nachwuchs, der digitale Bildbearbeitung und Kundenberatung lernen will: „Der Markt ist leer gefegt, deshalb bilden wir selber aus." Einer seiner Azubis ist Thomas H., 21. Er wird Mediengestalter, eine Mischung aus Kaufmann, Druckvorlagenhersteller und Werbegestalter. Einer der neuen Berufe, die derzeit entstehen.

(Aus: DER STERN, Ausgabe 9/2000 vom 24.2.2000, S. 218)

Was bieten die Arbeitsämter über *asis?*

Mit dem **A**usbildungs**S**tellen**I**nformations**s**ervice, kurz **asis,** hat die Berufsberatung ein weiteres Angebot für junge Leute. **asis** ist eine Datenbank, mit der sich Jugendliche über eine große Auswahl an Ausbildungsstellen informieren können. Wer einen Ausbildungsplatz sucht, kann entweder einen der Bildschirme nutzen, die in jedem Arbeitsamt extra für **asis** aufgestellt wurden. Oder sich im Internet über www.arbeitsamt.de in **asis** einklinken.

Wie kann man **asis** nutzen?

- Angenommen, du möchtest dir erst einmal einen Überblick verschaffen, wie viele freie Ausbildungsstellen es im Wohnort oder in benachbarten Städten und Gemeinden in allen Berufen gibt. Dann zeigt **asis** die aktuelle Zahl der freien Plätze für jeden Ort, der eingegeben wird.
- Angenommen, du willst dich informieren, wie viele freie Ausbildungsplätze es in deinem Wunschberuf gibt – nicht irgendwo, sondern in deiner Region. Auch dann erfährst du in **asis** die aktuelle Lage und kannst reagieren: weiter in der gleichen Richtung vorgehen oder ähnliche Berufe, die ebenfalls zu deinen Interessen und Fähigkeiten passen, in die Überlegungen einbeziehen und dir von der Berufsberatung Hinweise geben lassen.
- Angenommen, du willst zum Ziel kommen und dich in deinem Wunschberuf direkt bewerben. Dann nennt **asis** nicht nur die Adressen von Betrieben, die Ausbildungsplätze in diesem Beruf anbieten. Auf dem Bildschirm wird auch aufgeführt, welchen Schulabschluss der jeweilige Betrieb erwartet …

(Nach: was werden, hrsg. von der Bundesanstalt für Arbeit, Ausgabe Oktober 1999, S. 16)

1. Haltet fest, wie das Internet zur Ausbildungsplatzsuche genutzt werden kann.
2. Bildet Partnerschaften oder Gruppen in der Klasse, die verschiedene Angebote testen. Lest euch dazu auch die Methodenkarte „Internetrecherche" im Kapitel über Europa durch.

Blick in die Zukunft

Wichtige Internetadressen:

www.arbeitsamt.de
Bietet sehr umfassende Hilfen

www.arbeitsagentur.de
Die Bundesagentur bietet zahlreiche Informationen über Ausbildungswege an.

www.berufswelt.de
Hier findet man Stellenangebote und Vorstellungen von Bewerbern.

www.jobware.de
Stellt Firmen und Ausbildungsstellen vor und gibt Tipps für die Bewerbung.

www.jobworld.de
Die Suchmaschine untersucht Stellenmärkte über eine Stichworteingabe.

www.forum-jobline.de
Hier gibt es Firmenporträts und Stellenangebote, auf die man sich direkt bewerben kann.

Weitere Informationen findet ihr unter:

- stellenmarkt.de
- stellenboerse.de
- karrieredirekt.de
- job.de
- cesar.de
- web.de

Memo

Wähle dein Thema

Für diese Teilthemen aus der Berufswegplanung bereite ich eine anschauliche Darstellung vor:

Ein Thema aus 6

- Mein Fahrplan bis zum Abschluss des Ausbildungsvertrages
- Information und Darstellung einzelner Ausbildungsberufe
- Die verschiedenen Wege von der Schule in das Berufsleben
- Erwartungen der Ausbilder an die Schulabgänger von heute
- Das Verhalten von jungen Frauen und jungen Männern bei der Berufswahl
- Möglichkeiten der Internetrecherche bei der Suche nach der geeigneten Berufsausbildung

Quiz

1. Titel eines Buches, das Kurzbeschreibungen aller Ausbildungsberufe enthält
2. Name des Systems, in dem die Berufsausbildung stattfindet
3. Kostenlose Broschüre der Bundesanstalt für Arbeit, in der einzelne Berufe ausführlich dargestellt sind
4. Nach dem Mittleren Bildungsabschluss bietet sie die Möglichkeit einer vollständigen Berufsausbildung.
5. Ohne dieses Papier kann keine betriebliche Berufsausbildung begonnen werden.
6. Nach diesem Gesetz ist eine finanzielle Förderung der Berufsausbildung unter Umständen möglich.
7. Nach abgeschlossener Berufsausbildung kann man sich hier – zum Beispiel im einjährigen Vollzeitunterricht – auf das Fachabitur vorbereiten.
8. So lautet ein anderer Begriff für das Abitur.
9. Für Berufe der Krankenpflege gilt diese Befähigung als wichtigste Voraussetzung.
10. Sammelbegriff für alle Fähigkeiten, die für die erfolgreiche Gestaltung des Berufslebens wichtig sind
11. Unter diesem Oberbegriff werden Teamfähigkeit, Verantwortungsbereitschaft, Höflichkeit, Konfliktfähigkeit und Toleranz zusammengefasst.
12. Fähigkeit, die zu einem pflichtbewussten Arbeitsverhalten unbedingt dazugehört
13. Das Grundgesetz schützt sie in Artikel 3.
14. Bezeichnung des Online-Informationsdienstes der Arbeitsämter für Schulabgänger
15. Fähigkeiten, die als wichtige Voraussetzungen für die Aufnahme eines Hochschulstudiums gelten

A Berufsfachschule	**B** Blätter zur Berufskunde	**C** Soziales Empfinden
D Fachoberschule		**E** Konzentrationsvermögen, Ausdauer
F Schlüsselqualifikationen		**G** Beruf aktuell
H Bundesausbildungsförderungsgesetz		**I** Hochschulreife
J Duales System	**K** Berufsausbildungsvertrag	**L** asis
M Gleichberechtigung	**N** Zuverlässigkeit	**O** Soziale Kompetenz

7 Wirtschaft und Umwelt

Beim Wort „Wirtschaften“ denken viele Menschen zunächst einmal an Arbeit, Geld verdienen, Einkaufen, Wohlstand, sichere Arbeitsplätze. Der Mensch braucht eine gut funktionierende Wirtschaft, damit er sich mit all den Dingen versorgen kann, die er zum täglichen Leben braucht. Er braucht aber auch eine intakte Umwelt, in der es sich zu leben lohnt. Vernünftiges wirtschaftliches Handeln und Schutz der Umwelt: Lassen sich diese beiden Ziele miteinander vereinbaren oder nicht? Das ist eine der Fragen, um die es in diesem Kapitel geht.

- Stellt mithilfe der Bilder positive Folgen und Probleme des Wirtschaftsgeschehens einander gegenüber.

1. Wie denken Jugendliche über Wirtschaft und Umwelt?

Auf dieser Seite findet ihr zwei von Erwachsenen geschriebene Texte über Jugendliche. Sind sie so, wie sie in den Texten dargestellt werden? Schildert eure Erfahrungen und diskutiert dann über die Thesen am Ende dieser Seite.

Mit Gasmasken protestieren Schüler gegen die Luftverschmutzung

Jugend und Wirtschaft: „Kids im Kaufrausch?“

Auf sein Frühstücksbrot schmiert der Kleine grundsätzlich nur Nutella. Wenn ihm seine Mutter morgens Cornflakes anbietet, verlangt er Smacks von Kellog's, etwas anderes kommt ihm nicht auf den Teller. Bei Orangensaft bevorzugt er Punica, notfalls akzeptiert er auch Valensina, aber mit Kalzium [...]
Die Zähne putzt er mit Blendax-Antibelag Juniorstar, an seine Haare lässt er nur Wasser und das sanfte Kindershampoo von Vidal Sasson.
Unter der Windjacke trägt der Knabe ein T-Shirt mit dem Erkennungszeichen der amerikanischen Basketballmannschaft Chicago Bulls, so wie die meisten anderen in seiner Klasse auch. Und wie sie schleift er überall seinen Schulranzen hin, einen schwarzen Rucksack von Eastpack.
Kaufen und kaufen lassen, lautet die Devise der kleinen Konsumterroristen. Was die Erwachsenen zunächst für einen Modetick, eine Marotte halten, ist Folge ausgeklügelter Absatzstrategien. [...] Mit gigantischem Werbeaufwand zielt die Wirtschaft auf den jungen Kunden. Sie füttert seinen Kopf via Fernsehkanal mit all den verheißungsvollen Botschaften aus dem Reklamereich. [...]
Was hip ist, entscheidet dann nämlich die Clique. Bestimmte Statussymbole sind nicht selten die Eintrittskarte in die geschlossene Gesellschaft der Kids. Ein Nintendo-Junge etwa werde bei der SegaClique niemals landen ...

(Aus: Der Spiegel, Nr. 50 vom 13.12.1993)

Jugend und Umwelt: „Zu Opfern bereit?“

Ob sie bereit wären für verbesserten Umweltschutz auf einen Teil ihres Taschengeldes zu verzichten, wollten Wissenschaftler der Universität Bielefeld kürzlich von 600 Schülern wissen. Viele sind es. Bei immerhin 30 Prozent macht das Umweltbewusstsein selbst vor dem eigenen Geldbeutel nicht halt. [...]
So bringen heute 84 Prozent der Kids nach Partys ihre Flaschen zum Altglascontainer. 1980 machten sich nur 39 Prozent die Mühe. 70 Prozent verschmähen beim Einkaufen die Plastiktüte. Die Hälfte schreibt heute Papier beidseitig voll und 40 Prozent weisen aufwändig verpackte Ware zurück (1980: 15 Prozent).
Mehr als zwei Drittel sind bereit für die Umwelt auf die Straße zu gehen und 38 Prozent beteiligten sich an der Säuberung von Bächen und ähnlichen Einsätzen [...].
Die wichtigste Rolle bei der Förderung des Umweltbewusstseins spielt nach den Bielefelder Erkenntnissen die Schule. Vor allem, wenn konkrete Probleme mit anschließenden Aktionen auf dem Stundenplan stehen, bleibt bei den Schülern deutlich mehr hängen.

(Nach: Der Stern, Nr. 22 vom 1.6.1994)

1. Beim Einkaufen steht für Jugendliche die Marke an erster Stelle.	+2	+1	0	-1	-2
2. Fast alle Jugendlichen sind dazu bereit sich für den Umweltschutz zu engagieren.	+2	+1	0	-1	-2
3. Fast alle Kinder und Jugendlichen sind kleine „Konsumterroristen“.	+2	+1	0	-1	-2
+2 = Ich stimme voll zu; -2 = Ich bin völlig anderer Meinung; +1, 0, -1 = Zwischenwerte					

Jugendliche planen wirtschaftlich

Wie kann man ein Zeltlager vernünftig und umweltgerecht organisieren?

Versetzt euch in die folgende Situation ...

Simone, Osana, Hajo und Tom, alle 16 Jahre alt, sind ziemlich aufgeregt. Zum ersten Mal sollen sie als Gruppenleiter selbstständig ein Zeltlager über die Pfingsttage organisieren. Zelte, Kochgeschirr und die mit sanitären Einrichtungen versehene Campingwiese an einem Bach werden ihnen von der Gemeinde kostenlos zur Verfügung stehen. 16 Mädchen und Jungen zwischen zehn und dreizehn Jahren werden mitfahren können – nur mit den Gruppenleitern und mit Einverständniserklärung der Eltern. Den jungen Leuten ist klar, dass sie eine große Verantwortung übernehmen. Natürlich wollen sie, dass der Aufenthalt im Zeltlager ein voller Erfolg wird. Nach der Gruppenstunde mit den Kleinen sitzen sie zusammen und überlegen, wie der dreitägige Aufenthalt geplant werden soll. Hier ein Ausschnitt aus ihrem Gespräch:

Hajo: Wir müssen sehen, dass wir die Kosten so gering wie möglich halten. Schließlich haben wir in der Gruppe Kinder aus Familien, in denen das Geld knapp ist.

Osana: Ich schlage vor, dass wir für jedes Kind die Gesamtkosten für die drei Tage ausrechnen und dieses Geld von den Eltern einsammeln.

Simone: Wir geben dann die 16 Beiträge in eine Gesamtkasse, aus der wir alle Einkäufe und Ausgaben bestreiten können.

Tom: Und was ist mit uns? Wir müssen ja auch essen und trinken?

Osana: Jeder von uns kriegt einen Zuschuss vom Veranstalter von 13 Euro pro Tag. Die legen wir natürlich auch in die gemeinsame Kasse. Ich weiß aber nicht, ob 13 Euro pro Tag für die Versorgung der Kinder ausreichend sein werden.

Hajo: Wie kriegen wir das raus?

Simone: Wir müssen einen Plan für Frühstück, Mittag- und Abendessen erstellen. Dann schreiben wir auf, was eingekauft werden muss, und dann rechnen wir die Kosten aus.

Tom: OK, lasst uns mit einer Einkaufsliste für einen Tag beginnen. Wie rechnet man denn aus, was insgesamt 20 Leute zum Frühstück brauchen?

Osana: Lasst uns mal überlegen: Jedes Kind isst etwa zwei Scheiben Brot pro Frühstück, eine Schale Müsli und trinkt zwei Gläser Milch oder Kakao. Also müssen wir ausrechnen, wie viele Brote, wie viel Müsli, wie viel Milch und was wir sonst noch insgesamt für das Frühstück benötigen.

Hajo: So machen wir einen Speiseplan für den ganzen Tag, überlegen die Zutaten und rechnen aus, was eingekauft werden muss.

Osana: Wir müssen auch einen Müllentsorgungsplan machen.

Tom: Wir sollten einige Regeln für die Kinder aufstellen, damit sie sich umweltgerecht verhalten.

Bildet Gruppen, in denen ihr die Planung dieses Zeltlagers für die Gruppenleiter übernehmt.

1. Überlegt die Mahlzeiten für einen Tag. Erstellt eine Speisenkarte plus Einkaufsliste und rechnet die Preise aus.
2. Informiert euch mithilfe von Prospekten (oder nachmittags in Lebensmittelgeschäften) über günstige Angebote.
3. Wie viel Geld werden die Eltern pro Kind in die gemeinsame Kasse einzahlen müssen?
4. Erstellt Regeln für umweltgerechtes Verhalten, die ihr den Kindern aushändigen könnt.

Tipp: Stellt eure Gruppenpläne in der Klasse vor und ermittelt die Klassensieger für die wirtschaftlichste und umweltgerechteste Planung.

Tagesplan für unser Zeltlager:

Frühstück Mittagessen Zwischen-mahlzeit Abendessen	Zutaten Einkaufsliste 1. 2. 3. 4. usw.	Preise Einkaufs-kosten für einen Tag a) für alle b) pro Kind Gesamtkos-ten pro Kind:

INFORMATION

Grundbedingungen wirtschaftlichen Handelns

Wirtschaften als Notwendigkeit

Vielleicht kennt ihr die Geschichte vom Schlaraffenland, in dem alles, was die Menschen zum Leben brauchen, unbegrenzt vorhanden ist. In diesem Land des Überflusses brauchen die Menschen nicht zu wirtschaften.
Wenn wir über einen Markt schlendern oder durch ein Warenhaus gehen, könnte man ebenfalls meinen, dass wir im Schlaraffenland leben, denn alles, was der Mensch sich wünscht, scheint im Überfluss vorhanden zu sein. Zum Schlaraffenland gibt es allerdings zwei entscheidende Unterschiede:
Auch wenn die Regale überquellen, es besteht Knappheit an Gütern, und weil das so ist, haben sie ihren Preis, je knapper, desto teurer.
Der zweite Unterschied ist, dass wir nicht einfach zugreifen können. Wir brauchen die Mittel dazu, das Geld, und die Mittel sind bekanntlich knapp.
Menschen müssen also wirtschaften, weil sie mit ihren begrenzten Mitteln haushalten müssen und weil die Waren und die Dienstleistungen nicht in unbegrenzter Menge zur Verfügung stehen.
Dienstleistungen sind zum Beispiel der Besuch beim Arzt oder beim Frisör, die Buchung einer Urlaubsreise, der Konzertbesuch. Auch sie sind knappe Güter, weil ihr Angebot begrenzt ist und weil sie bezahlt werden müssen.

Wirtschaftliche Grundprinzipien

Der Anbieter auf einem Wochenmarkt wird versuchen, seine Waren so kostengünstig wie möglich zu erzeugen und so Gewinn bringend wie

möglich zu verkaufen. Die Kunden werden daran interessiert sein, mit den ihnen zur Verfügung stehenden Mitteln Waren von maximaler Qualität zu einem möglichst niedrigen Preis zu erstehen. Für diese Art wirtschaftlichen Handelns nennt die Lehre vom Wirtschaften zwei Prinzipien:
Das Minimalprinzip bedeutet, dass man mit einem Minimum an Aufwand (Geld, Zeit, Arbeitskraft, Einsatz von Maschinen) versucht ein bestimmtes Ziel zu erreichen.
Das Maximalprinzip bedeutet, dass man mit fest vorgegebenen Mitteln (zum Beispiel einer bestimmten Summe Geld) versucht, einen möglichst großen Nutzen oder ein maximales Ziel zu erreichen.
Minimal- und Maximalprinzip zusammengenommen bezeichnen wir als das **ökonomische Prinzip.** Danach handelt wirtschaftlich vernünftig, wer mit einem Minimum an Aufwand ein maximales Ziel erreicht. In Wirklichkeit handeln die Menschen nicht immer nach dem ökonomischen Prinzip. Oft kauft der Kunde eine Ware eher mit dem Gefühl als mit dem Verstand.
Für die Lehre vom wirtschaftlichen Handeln verwenden wir den Fachbegriff **Ökonomie** aus dem Lateinischen „haushalten". Neben der Ökonomie wird heute die Ökologie als gleich bedeutsamer Faktor wirtschaftlichen Handelns gesehen.
Ökologie ist der Fachbegriff für die Lehre vom Gleichgewicht der Kräfte in der Natur.
Dazu zählen zum Beispiel die umweltschonende Produktion einer Ware und der umweltbewusste Einkauf. Ein umweltbewusster Kunde auf dem Wochenmarkt ist dazu bereit, für chemisch unbelastetes Gemüse und für artgerecht erzeugte Tierprodukte einen höheren Preis zu zahlen als für ein ökologisch bedenkliches Produkt. Die Anwendung des **ökologischen Prinzips** bedeutet maximale Umweltschonung bei der Herstellung und dem Verbrauch von Gütern.

1. Erkläre, warum die Menschen zu wirtschaftlichem Handeln gezwungen sind.
2. Formuliere Merkmale wirtschaftlichen Verhaltens und gehe dabei auf vier Prinzipien ein.

2. Marktwirtschaft: Wie funktioniert das?

Beispiel: Firma Obelix & CO

Sicherlich kennt ihr die beiden Gallier Asterix und Obelix, die so stark sind, dass ganze römische Legionen vor ihnen zittern. Cäsar, oberster Konsul der Römer, wird darüber immer wütender. In dieser verzweifelten Situation hat Technokratus, ein junger römischer Wirtschaftsfachmann, eine blendende Idee: Man muss Obelix, der ständig Lust hat Römer zu verprügeln, von diesem Hobby ablenken und die Freundschaft der Gallier untereinander zerstören. Ab sofort wird Obelix zum Lieferanten für Hinkelsteine. Das wird ihn auf andere Gedanken bringen. Für seine Ware erhält er einen fest vereinbarten Preis. Die Sache funktioniert prima. Als einziger Anbieter für Hinkelsteine macht Obelix hohen Gewinn. Sein Erfolg erzeugt Neid und Missgunst in seinem Dorf. Die Gallier geraten in Streit untereinander und vergessen die Römer.
Der listige Asterix erahnt den Plan der Römer. Er lässt nun alle Männer und Frauen im Dorf Hinkelsteine herstellen und bietet diese den Römern zum Verkauf an. Bald quellen die römischen Lager vor Hinkelsteinen über. Der staatlich garantierte Preis kann nicht mehr gehalten werden. Da hebt Cäsar die Preisbindung auf. Von nun soll der Markt entscheiden, wie hoch der Preis für gallische Hinkelsteine sein soll. Technokratus nennt das die *Einführung der freien Marktwirtschaft*.

Wie sollen nun die Gallier für ihre Hinkelsteine bezahlt werden?
Als geschickter Werbefachmann denkt Technokratus über eine Werbekampagne zur Belebung der Nachfrage nach Hinkelsteinen nach.

Einige Wochen später …

Für Groß und Klein ein Hinkelstein und andere Werbeslogans prangen bald an allen Mauern Roms und „Werbespots“ unterbrechen die Gladiatorenkämpfe. Technokratus sprüht vor Einfällen: Freizeitkleidung mit Hinkelsteinbildern, Sonnenuhren mit Hinkelsteinzeiger, Modeschmuck in Hinkelsteinform, Hinkelsteinpartys für römische Kids – all das belebt die Nachfrage. Ohne Hinkelstein ist man plötzlich „out“ in Rom und so steigen Nachfrage und Preise.
„Moment“, denken nun die römischen Geschäftsleute. Wenn wir freie Marktwirtschaft haben, können auch wir in das Geschäft einsteigen. Bald darauf bieten mehrere von ihnen Hinkelsteine zu erschwinglichen Preisen an. Auch griechische, und ägyptische Kaufleute drängen auf den Markt. Durch das Überangebot fällt der Preis ins Bodenlose. Obelix verliert die Lust an der Hinkelsteinproduktion und will schon wieder Römer verprügeln. Cäsar schäumt vor Wut und Technokratus sinnt nach neuen Maßnahmen, um die Nachfrage nach gallischen Hinkelsteinen anzukurbeln.

1. Wie entwickeln sich in dieser Geschichte die Verkaufsbedingungen und der Preis für Hinkelsteine?

Welche Auswirkungen haben folgende Pläne des Technokratus auf Preise, Angebot und Nachfrage nach Hinkelsteinen?

1. Die griechischen und ägyptischen Hinkelsteine können mit einem Einfuhrzoll belegt werden. Beim Eintritt der Lieferungen auf dem italienischen Festland kommen auf den geplanten Verkaufspreis 20 Prozent Einfuhrzoll hinzu.
2. Es stellt sich heraus, dass die griechischen Hinkelsteine überwiegend aus Kalkgestein bestehen, das bei Feuchtigkeit leicht zerbröselt.
3. Eine neue Vermarktungsstrategie versieht die gallischen Hinkelsteine mit einer Echtheitsgarantie. Jeder Stein erhält ein Zertifikat mit der Aufschrift: „Direkt aus Gallien – nur echt mit der Kraft des Granits aus Kleinbonum“.

Superschnäppchen!!!

Entfliehen Sie den grauen Novembertagen in die Sonne der Türkei.
14 Tage im Vier-Sterne-Hotel Wonderbeach**** in Antalya, Türkei
Für sensationelle 349 Euro inklusive Flug und Vollpension.

Traum-Urlaub

an der türkischen Riviera: Antalya, Hotel Wonderbeach****, 1 Woche für 599 Euro; (inklusive Flug und Halbpension) in der Zeit vom 15. Juli bis 15. August

Unser spezielles Osterangebot:

Last Minute für schnell Entschlossene!!!
Hotel Wonderbeach**** in Antalya, Türkei, eine Woche Vollpension inklusive Flug nur 399 €

2. Urlaub in ein und demselben Hotel wird zu ganz unterschiedlichen Preisen angeboten: Wie ist das zu erklären?
3. Welche Bedeutung hat der Markt für die Wirtschaft? Findet eine Erklärung, in der die Begriffe Preis, Angebot und Nachfrage vorkommen.
4. Zu welchem Preis würdet ihr auf einem Wochenmarkt eure 100 Salatköpfe, 50 Salatgurken und 10 Kürbisse anbieten, wenn für euch als Gärtnereibesitzer die Herstellungskosten für Salat 30 Cents, für Gurken 50 Cents und für den Kürbis 1 Euro betragen? Überlegt euch Marktpreise, vergleicht sie miteinander in der Klasse und reagiert dann auf die Konkurrenzsituation am Markt.

INFORMATION

Stichwort „Markt-Wirtschaft“

Auf dem Wochenmarkt, dem Automarkt oder beim Frisör ist es immer dasselbe. Eine Ware oder Dienstleistung wird angeboten und das in der Regel gegen Geld. Märkte sind Orte, an denen sich Käufer und Verkäufer treffen um wirtschaftliche Güter gegen Geld zu tauschen. Sie müssen sich dazu nicht unbedingt persönlich gegenüberstehen. Es geht auch per Internet, per Katalog, per telefonischer Bestellung usw. Für den Abschluss eines Geschäftes spielt der Preis ein entscheidende Rolle. Der Kunde prüft unterschiedliche Angebote auf dem Markt. Stimmen Preis und Gegenleistung überein, dann wird gekauft. Deshalb heißt es auch: Der Preis einer Ware regelt sich über Angebot und Nachfrage. Eine hohe Nachfrage und ein geringes Angebot haben nach diesem Prinzip einen hohen Preis zur Folge. Und umgekehrt ist ein niedriger Preis zu erwarten, wenn ein hohes Angebot einer geringen Nachfrage gegenübersteht. So waren zum Beispiel die ersten Taschenrechner sehr teuer. Es gab wenige im Angebot und die Nachfrage war groß. Heute bekommt man Taschenrechner zum Teil geschenkt und wer einen kaufen will, muss nur wenig Geld dafür bezahlen, denn das Angebot an Taschenrechnern ist groß und die Nachfrage geht zurück.
Marktwirtschaft heißt diese Wirtschaftsordnung, weil am Markt über den Kauf und Verkauf von Waren und Dienstleistungen entschieden wird. Man spricht von der freien Marktwirtschaft, weil die Anbieter von Waren und Dienstleistungen frei in ihren Entscheidungen sind und weil die Preise frei nach Angebot und Nachfrage gestaltet werden. Damit die freie Marktwirtschaft funktioniert, muss es eine Konkurrenz unter den am Markt vertretenen Anbietern geben. Gäbe es keine Konkurrenz und nur einen Anbieter, so hätte dieser ein Monopol (das heißt Alleinverkauf) und er könnte die Preise für eine Ware nach Belieben nach oben treiben.
Die Wirtschaftsordnung der Bundesrepublik Deutschland wird soziale Marktwirtschaft genannt. Das zusätzliche Adjektiv „sozial“ drückt aus, dass der Staat in das Wirtschaftsgeschehen eingreift um grobe soziale Ungerechtigkeiten zu verhindern.

(Nach: Xaver Fiederle (Hrsg.): P wie Politik, Verlag Ferdinand Schöningh, Paderborn 2000, S. 73)

3. Wie kam es zur Entstehung der sozialen Marktwirtschaft?

Wirtschaftsordnungen haben große Auswirkungen auf die Lebensbedingungen der Menschen. Das wird deutlich, wenn wir einen Blick in die Vergangenheit werfen.

Wie es früher einmal in der Wirtschaft zuging …

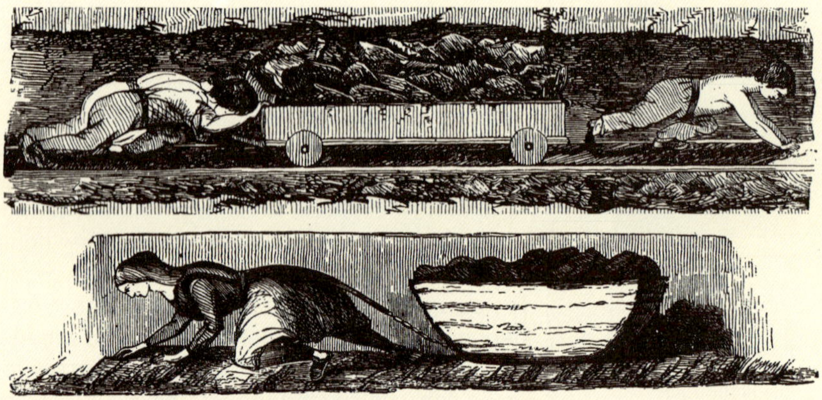

Kinderarbeit im Bergwerk. Oben: Drei Jungen befördern einen Kohlenwagen in einem niedrigen Seitenstollen. Unten: Angeschirrt wie ein Lasttier zieht ein Mädchen einen beladenen Förderwagen. (Zeichnung um 1840)

Kinderarbeit in der Krefelder Seidenindustrie:

Kinder von 5 Jahren an sitzen in der unbequemsten Lage, mit zusammengezogenen Beinen und gebücktem Rücken in überfülltem Raum am Spulrad […]. Schwächlinge, übermüdet, der Kopf grindig, die Augen triefend, die Brust schwindsüchtig, der Magen leidend; zum Militärdienst taugten sie nicht, in die Schule kamen sie nicht, und verirrte solch ein Geschöpf sich einmal dahin, so fand es wenigstens für einige Augenblicke den Schlaf und die Ruhe, welche ihm sonst die schreckliche Stimme des Werkmeisters raubten.

(Aus: Thun: Die Industrie am Niederrhein und ihre Arbeiter, 1. Teil, Leipzig 1879)

In einer Aachener Tuchfabrik:

Das Spulen war für uns Kinder eine schreckliche Marter. Da hockten wir Stunde um Stunde auf dem niedrigen Stühlchen hinter dem Spulrad bei der entsetzlich eintönigen und ermüdenden Arbeit, immer nur spulen, spulen, spulen. Der Rücken schmerzte, der rechte Arm, der das Rad drehen musste, drohte zu erlahmen, die Finger der linken Hand wurden von den scharf gesponnenen Fäden, die zur gleichmäßigen Verteilung auf die Spule geleitet werden mussten, blutig gerissen.

(Aus: L. Zietz: Aus meinem Leben, in: Die Kämpferin, Beilage, 1. Jg. 1919, Nr. 2)

Lage der Arbeiter in den Städten um 1850:

Aus den Lebenserinnerungen des Arbeiterführers Julius Vahlteich:
„Es war nur ein sehr kleiner Teil der Arbeiter, welcher die allernotwendigsten Lebensbedürfnisse einigermaßen befriedigen konnte, die ungeheure Mehrzahl war tatsächlich auf das Niveau der Arbeitstiere herabgedrückt. In den Fabriken wurde in der Regel von früh sechs bis abends acht Uhr gearbeitet. Es gab eine Mittagspause von einer halben Stunde und halbstündige Pausen für Frühstück und Vesper. Der Lohn reichte für den geschicktesten, bestbezahlten Arbeiter nicht aus, um, sofern er unverheiratet war, ein eigenes Zimmer zu mieten. […] Männliche Fabrikarbeiter waren wenig geachtet, weibliche unterlagen einer vorurteilsvollen Verachtung. […] Die Pflege des Körpers wurde genauso vernachlässigt wie die des Geistes. Die Nahrung war schlecht. Der Genuss von vielem trockenen Brot verursachte außer den anderen Übelständen besonders Sodbrennen, das man durch Kreideessen bekämpfte. Zur Reinlichkeit fehlte jede Gelegenheit; es waren keine 25 Pfennig wöchentlich übrig, um regelmäßig ein Bad zu nehmen."

(Nach: Franz Josef Furtwängler: Die Gewerkschaften, Rowohlt Verlag, Reinbek 1956, S. 12f.)

1. Versetzt euch in die Lage der im Bild und in den Texten beschriebenen Kinder und Arbeiter: Worunter litt man besonders?
2. Im 19. Jahrhundert hatte sich die Wirtschaftsordnung der freien Marktwirtschaft durchgesetzt. Frei waren darin vor allem die Fabrikbesitzer, deren Umgang mit den Arbeitskräften von keinen staatlichen Schutzgesetzen eingeschränkt war. Zu welchen Ungerechtigkeiten führt eine Marktwirtschaft ohne Eingriffe des Staates in das Wirtschaftsgeschehen?

Von der freien Marktwirtschaft zur sozialen Marktwirtschaft

Herr Trotzig möchte
- einen ihm unsympathischen Mitarbeiter auf der Stelle entlassen.
- Lehrlinge auch sonntags beschäftigen.
- den Urlaub für alle Mitarbeiter kürzen.
- einem besonders erfolgreichen Mitarbeiter eine Prämie auszahlen.
- andere Zeiten für Beginn und Ende der täglichen Arbeitszeit einführen.
- schwangere Frauen nicht weiter beschäftigen.
- zusätzliche Arbeitskräfte einstellen.

In der Zeit des Wandels von einer bäuerlichen Gesellschaft zur Industriegesellschaft im 19. Jahrhundert bildete sich in Deutschland und in anderen europäischen Staaten das *Wirtschaftssystem der freien Marktwirtschaft* heraus. Dahinter stand die Idee, dass die Abstimmung zwischen Angebot und Nachfrage am besten funktioniert, wenn man den Markt sich selbst überlässt. Der Staat griff damals so gut wie gar nicht in das Wirtschaftsgeschehen ein. Wichtigste Grundlage der freien Marktwirtschaft war das Recht mit seinem Privateigentum tun und lassen zu können, was man wollte. Tatsächlich führte die freie Marktwirtschaft zu großen sozialen Ungerechtigkeiten.
Ein Fabrikbesitzer konnte in seinem Unternehmen frei schalten und walten. Er bestimmte über die Höhe der Löhne und die Dauer der Arbeitszeit. Sein Einfluss ging so weit, dass Arbeiterinnen und Arbeiter seine Erlaubnis einholen mussten, wenn sie heiraten wollten.
In der freien Marktwirtschaft gab es lange Zeit keine Sicherung im Fall von Krankheit, Not, bei Unfällen und im Alter.
In der Zeit nach dem Zweiten Weltkrieg wurde in der Bundesrepublik Deutschland das *Wirtschaftssystem der sozialen Marktwirtschaft* eingeführt. In diesem Wirtschaftssystem sollen der freie Wettbewerb und das Recht auf Privateigentum an Produktionsmitteln erhalten bleiben. Der Staat greift aber hier mit gesetzlichen Regelungen in das Wirtschaftsgeschehen ein. Insbesondere übernimmt er eine Schutzfunktion gegenüber den Bürgern und besonders gegenüber den sozial schwach gestellten Menschen. Für die Gestaltung der Arbeitswelt wurde eine Fülle gesetzlicher Regelungen geschaffen mit der Funktion, die Arbeitnehmer zu schützen und den sozialen Frieden zu bewahren.
Einige dieser wichtigen Regelungen sind Kündigungsschutz, Mitbestimmung der Arbeitnehmer, Mutterschutz und Jugendarbeitsschutz.
In der sozialen Marktwirtschaft treibt der Staat eine aktive Wirtschaftspolitik, deren Ziele Vollbeschäftigung, Geldwertstabilität, Wirtschaftswachstum und außenwirtschaftliches Gleichgewicht sind. Zusätzlich zu diesen vier klassischen Zielen staatlicher Wirtschaftspolitik gilt heute der Schutz der Umwelt als zentrales Ziel. Die Herstellung sozialer Gerechtigkeit ist ein weiteres Ziel staatlicher Wirtschaftspolitik. Diese Zielsetzung zählt zu den großen und umstrittenen Herausforderungen, weil die Mittel zur Finanzierung sozialer Gerechtigkeit immer knapper werden.
Das Gegenmodell zur sozialen Marktwirtschaft war in den ehemaligen Staaten des Ostblocks und in der damaligen DDR das *Wirtschaftssystem der zentralen Planwirtschaft.* Hier entschied die politische Führung in einer staatlichen Planungsbehörde, welche Güter wann und wie hergestellt wurden. Fabriken waren verstaatlicht. Es gab keinen freien Wettbewerb und keine Konkurrenz. Einige planwirtschaftliche Elemente finden wir auch heute noch in verschiedenen Wirtschaftsordnungen. Insgesamt gilt das System der zentralen Planwirtschaft als überholt.

1. Sieben Wünsche hat Firmenchef Trotzig. Fünf Wunschmaßnahmen davon verbietet der Staat per Gesetz.
2. Erklärt, was man heute unter einer „aktiven Wirtschaftspolitik“ versteht.
3. Stellt wesentliche Merkmale der freien und der sozialen Marktwirtschaft einander gegenüber und erklärt dann, warum die Freie Marktwirtschaft von der sozialen Marktwirtschaft abgelöst wurde.

4. Wie wichtig ist der Schutz der Umwelt?

Seit langem haben die Meteorologen davor gewarnt, dass der Mensch dabei sei, das Klimageschehen tiefgreifend zu verändern. Trotzdem wurden immer größere Mengen Treibhausgase wie vor allem CO_2 und Methan von Industrie, Haushalten, Verkehr und Landwirtschaft in die Atmosphäre gepustet. Die Gase bilden ein Wärmepolster. Sie lassen die von der Sonne kommenden Strahlen passieren, halten aber die Wärmeabstrahlung der Erde zurück. So kommt es – wie unter einem gläsernen Treibhausdach – zum Hitzestau. Die bodennahe Luft ist seit der Erfindung des Automobils um 0,7 Grad wärmer geworden. Eine Entwicklung mit fatalen Folgen für die Umwelt, wenn nichts geschieht.

1. Sammelt beim Lesen des folgenden Berichtes die Folgen der Klimaveränderung für die Umwelt.

Welchen Zusammenhang seht ihr zwischen dieser Karikatur und dem Bericht über die Klimakonferenz in Den Haag?

Klimakonferenz will Treibhauseffekt stoppen

Vom 16. bis zum 24. November 2000 tagte im niederländischen Den Haag die sechste Weltklimakonferenz der Vereinten Nationen. Rund 5000 Delegierte aus 180 Ländern debattierten dort über die Notwendigkeit von Maßnahmen zum Schutz des Weltklimas. Über die Situation auf der Konferenz berichtete die Wochenzeitschrift „Der Stern":

Die Lage ist ernst. Die Katastrophenmeldungen allein in diesem Jahr sind dramatisch:
Die Polkappen schmelzen. Schnee- und Eisflächen der Erde sind in den vergangenen 40 Jahren um etwa zehn Prozent geschrumpft.
Hochwasserkatastrophen wie die jüngste in Italien, England oder auf dem indischen Subkontinent nehmen zu.
Das Wetter ändert sich. Orkane verwüsten ganze Landstriche, weil das regulierende Kälteloch fehlt, das vor Sturmtiefs schützt.
Das Ozonloch wächst und bedroht auch Nordeuropa. Wetterextreme, Hochwasser, Sturmschäden – alles Zeichen für die globale Klimaveränderung. Schuld an der Misere ist vor allem der Treibhauseffekt. Je mehr Abgase wir in die Luft pusten, desto wärmer wird es. Schlimmstes Übel: das Kohlendioxid (CO_2), das mindestens 50 Prozent der Erwärmung verursacht und zu 98 Prozent durch die Verbrennung von Kohlenstoff entsteht. Jeder Einzelne kann also beitragen zum Klimaschutz: weniger Auto fahren, bessere Wärmedämmung in Häusern und Wohnungen anbringen sowie Gas und Sonne nutzen. Das bringt allerdings nur etwas, wenn nicht nur die Kleinen, sondern auch die Großverbraucher mitmachen. Und die finden immer neue Schlupflöcher, um sich vor den oft teuren und aufwändigen Sparmaßnahmen zu drücken. Japan und Australien etwa rechnen ihre Wälder gegen die Emissionsmengen auf und leiten daraus zu Recht ab, mehr Dreck in die Luft schicken zu dürfen als andere Länder ohne großen Baumbestand.
In Den Haag wird es in erster Linie darum gehen, das 1997 in Kyoto beschlossene Protokoll zum Schutz des Klimas zu bewahren. Darin ist festgelegt, dass die Industrieländer ihre Treibhausgas-Emissionen von 2008 bis 2012 um mindestens fünf Prozent vermindern wollen.

Der Haken an der Sache

Wichtige Staaten wie die USA, die immer noch zu den großen Energieverschwendern gehören, zieren sich. Sie wissen genau: Für sie wird es vor allem teuer, wenn sie die Auflagen einhalten müssen. Damit das Protokoll von einer Mehrheit der Nationen ratifiziert werden kann, müssen wohl weitere Kompromisse geschlossen werden. Dadurch besteht die Gefahr, dass das Kyoto-Protokoll ad absurdum geführt wird.

„Die Erde wird sich auf jeden Fall erwärmen", sagt der Umweltforscher Hans-Joachim Schellnhuber. „Die Maßnahmen, die damals beschlossen worden sind, können den Klimaschutz nicht garantieren. Selbst wenn alles umgesetzt würde, wäre der Ausstoß an Treibhausgasen noch zu hoch, um das Weltklima dauerhaft zu stabilisieren." Der Physiker nimmt als Mitglied der deutschen Delegation an der Weltklimakonferenz teil. […]

(Aus: Der Stern, Nr. 47 vom 16.11.2000, S. 102f.)

Deutschland in der Vorreiterrolle

[…] Deutschland hat sich in Kyoto verpflichtet, zwischen 2008 und 2012 im Rahmen der EU-Lastenteilung insgesamt 21 Prozent weniger klimaschädliche Gase zu produzieren als im gemischten Basisjahr 1990/1995. Bis zum Jahr 2002 konnten die Kyoto-Gase nach vorläufigen Angaben bereits um 19,4 Prozent reduziert werden.

Im internationalen Vergleich weist Deutschland damit sehr gute Ergebnisse auf. Gemessen an dem, was nötig ist, um die globale Erderwärmung zu stoppen, ist das jedoch erst ein Anfang. Reduktionsmaßnahmen müssen alle Verursacherbereiche (Energiegewinnung, Industrie, Handel, Gewerbe und Dienstleistung, Haushalte und Verkehr) erfassen – Experten gehen davon aus, dass in den Industriestaaten Mitte des Jahrhunderts eine CO_2-Reduzierung um 80 Prozent nötig ist. Das Klimaschutzprogramm enthält zahlreiche Maßnahmen zur Erfüllung der internationalen Verpflichtungen, die Deutschland im Rahmen des Kyoto-Protokolls eingegangen ist. Der Ansatz war erstmalig sektoral bezogen, das heißt für die Bereiche Verkehr, Haushalt sowie Industrie und Energiewirtschaft wurden jeweils Minderungsziele vorgegeben. Von den 64 Maßnahmen des Programms werden von der ökologischen Steuerreform, der Selbstverpflichtungserklärung der deutschen Wirtschaft, dem Kraft-Wärme-Kopplungsgesetz und dem Erneuerbare-Energien-Gesetz am meisten erwartet. Das Klimaschutzprogramm setzt erstmals auch Ziele im Hinblick auf Technologien und Energieträger. Bis 2010 soll der Anteil erneuerbarer Energien gegenüber dem Jahr 2000 verdoppelt werden. […]

Ein weiteres Ziel des Klimaschutzprogramms ist eine Steigerung der Energieeffizienz auch auf der Bedarfsseite. Es kann und muss noch viel getan werden. Die Potenziale sind noch lange nicht ausgeschöpft.

(Aus: Deutsche Energie-Agentur GmbH (Hg.): In Zukunft gutes Klima. Eine Sonderveröffentlichung der Aktion Klimaschutz. In: Süddeutsche Zeitung Nr. 263 vom 15./16. November 2003, S. 40)

Welche Umweltprobleme sind die wichtigsten?

Die globalen Gefährdungen

- **Erderwärmung/ Klimaveränderung**
- **Zerstörung der Ozonschicht**
- **Artensterben**

Die größten Umweltsorgen der Deutschen

- **Luftverschmutzung**
- **Ozonkonzentration**
- **Waldsterben**
- **Müllproblematik**

Die unmittelbaren Umweltprobleme in der „Dritten Welt"

- **Bodenzerstörung**
- **Abholzung der Wälder**
- **Trinkwasserverschmutzung und -verknappung**

© Dritte Welt Haus Bielefeld

2. Warum sind umweltpolitische Maßnahmen zum Schutz des Klimas dringend notwendig und trotzdem so schwierig?
3. Könnt ihr den Zusammenhang zwischen Treibhausgasen (besonders CO_2) und dem Treibhauseffekt erklären?
4. Wie kann der Beitrag des Einzelnen zum Schutz des Klimas aussehen?
5. Gebt vor der Klasse – alleine oder in Teams – eine überzeugende Begründung für eine wirksame Umweltpolitik in freier Rede ab. Dazu könnt ihr auch die Übersicht auf dieser Seite benutzen.

INFORMATION

Staatliche Umweltpolitik in Deutschland

Der folgende Textauszug informiert euch über (a) die Zielsetzungen, (b) die bisher erbrachten Leistungen und (c) die offenen Probleme der staatlichen Umweltpolitik in Deutschland. Notiert diese drei Begriffe in einer Tabelle, macht an den entsprechenden Textstellen Lesepausen und notiert die wichtigsten Informationen.

Prinzipien und Ziele der Umweltpolitik in Deutschland

In dem neu geschaffenen Artikel 20a des Grundgesetzes wurde der Umweltschutz zum Staatszweck erhoben:

„Der Staat schützt auch in Verantwortung für die künftigen Generationen die natürlichen Lebensgrundlagen."

Auf Bundesebene ist das Bundesumweltministerium für den Umweltschutz zuständig. Ihm untersteht unter anderem das Umweltbundesamt in Berlin. Auch die Bundesländer haben Umweltministerien.

Drei Prinzipien leiten die Umweltpolitik der Bundesregierung:

– *das Vorsorgeprinzip:* Umweltpolitik soll so angelegt sein, dass Gefahren abgewehrt und Umweltbeeinträchtigungen so weit wie möglich vermieden werden.

– *das Verursacherprinzip:* Nicht die Allgemeinheit, sondern derjenige, der die Umwelt belastet oder schädigt, ist verantwortlich oder trägt die Kosten der Vermeidung oder Beseitigung von Umweltschäden.

– *das Kooperationsprinzip:* Bei der Lösung von Umweltproblemen beteiligt der Staat die Wirtschaft, die Bürger und die gesellschaftlichen Gruppen weitgehend, denn jeder Einzelne trägt Verantwortung für die Umwelt.

Ziel der Bundesregierung ist es, so bald wie möglich in ganz Deutschland gleichartige ökologische Lebensverhältnisse auf hohem Niveau zu schaffen. Dazu sind Investitionen in Milliardenhöhe nötig, hauptsächlich in den Bereichen Altlastensanierung, Abfallentsorgung und Ausbau und Neubau von Kläranlagen. […]

Eine besondere Aufgabe stellen die globalen Umweltprobleme wie Klimaveränderung, Abbau der Ozonschicht und der Rückgang der biologischen Vielfalt dar, die nur in gemeinsamer weltweiter Zusammenarbeit gelöst werden können. […]

Die Luftreinhaltung

Wie in anderen Industrieländern wird die Luft in Deutschland von Schadstoffen belastet, die aus dem Betrieb von Kraftwerken, von Industrie und Gewerbe, aus dem Straßenverkehr und den Wohnungsheizungen stammen. Die Umweltbelastung zeigt sich besonders deutlich an den Waldschäden. 1996 waren 37 Prozent der Bäume schwach und 20 Prozent deutlich geschädigt, lediglich 43 Prozent galten als gesund. Die menschliche Gesundheit, Böden und Gewässer müssen deshalb vor weiteren Belastungen durch verunreinigte Luft geschützt werden.

Luftverunreinigungen werden schon an der Quelle erfasst und drastisch abgebaut. So werden z.B. die Schadstoffe, die aus Kraft- und Fernheizwerken in die Luft gelangen, durch Filter bzw. Katalysatoren zum großen Teil zurückgehalten. Die Emissionen von Schwefeldioxid aus Industriefeuerungen und Kraftwerken sanken aus diesem Grund in den alten Ländern zwischen 1980 und 1994 auf weniger als ein Siebtel, die von den Stickoxiden um rund 65 Prozent. Bei den Stickstoffoxiden wurde eine Verminderung von über 70 Prozent erreicht.

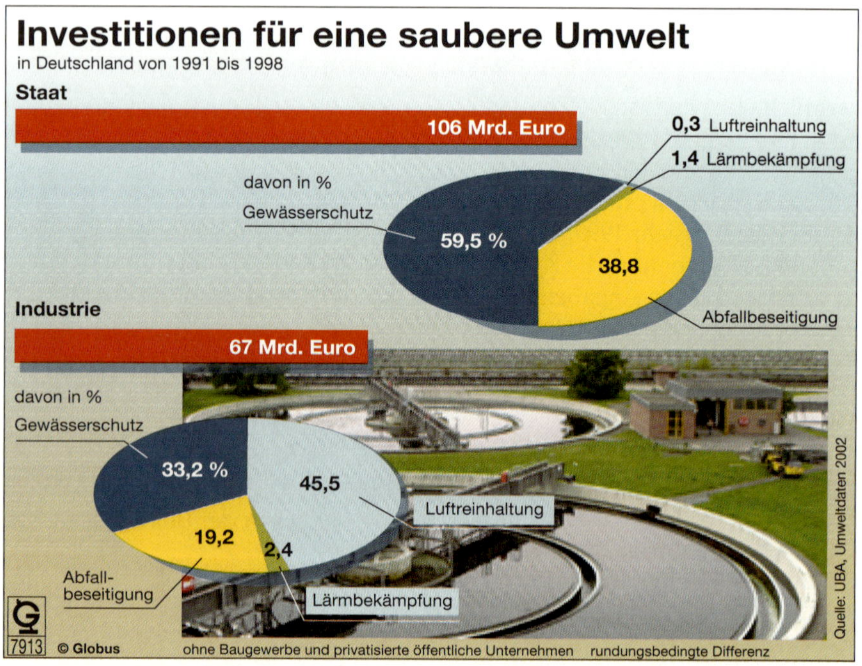

Schutz vor Lärm

Vor allem in Ballungsräumen ist Lärm, besonders Verkehrslärm, zu einer schwerwiegenden Belastung der Bevölkerung geworden. Maßnahmen zur Lärmbekämpfung sind deshalb zwingend. Für die Planung und den Bau von Wohngebieten, Verkehrs- und Industrieanlagen gibt es rechtlich verankerte Auflagen, um die Bevölkerung vor unzumutbarem Lärm zu schützen. [...]

Gewässerschutz

Entscheidende Verbesserungen wurden auch beim Schutz der Gewässer und Meere erst mit verschärften Vorschriften zur Abwassereinleitung sowie dem Bau neuer Kläranlagen, vor allem der biologischen Abwasserbehandlung durch Industrie und Gemeinden erreicht. Sie richteten sich im ersten Schritt insbesondere gegen die organische Belastung der Oberflächengewässer. War in den stark verschmutzten Flüssen wie dem Rhein oder dem Main Anfang der Siebzigerjahre der Artenreichtum drastisch zurückgegangen, so leben dort heute wieder aufgrund der verbesserten Wasserqualität zahlreiche Fischarten. Weiterer Sanierungsbedarf besteht dagegen noch trotz spürbarer Verbesserungen für viele Seen und Flüsse in den neuen Bundesländern.

Müll

Das Prinzip der Produktverantwortung wurde durch die Verpackungsverordnung erstmals rechtlich verankert. Durch sie wurden Hersteller und Vertreiber von Verpackungen verpflichtet, ihre Erzeugnisse nach Gebrauch zurückzunehmen und zu verwerten. [...] In freiwilligen Selbstverpflichtungen der Produktverantwortlichen sieht die Bundesregierung ein Instrument, das die Möglichkeiten zu rechtlichen Regelungen ergänzen kann. So haben sich 1996 die Automobilindustrie und weitere beteiligte Wirtschaftskreise gegenüber der Bundesregierung verpflichtet, die zu beseitigenden Abfälle aus der Altautoentsorgung von derzeit rund 25 Gewichtsprozenten [...] bis zum Jahr 2015 auf maximal fünf Gewichtsprozente zu verringern.

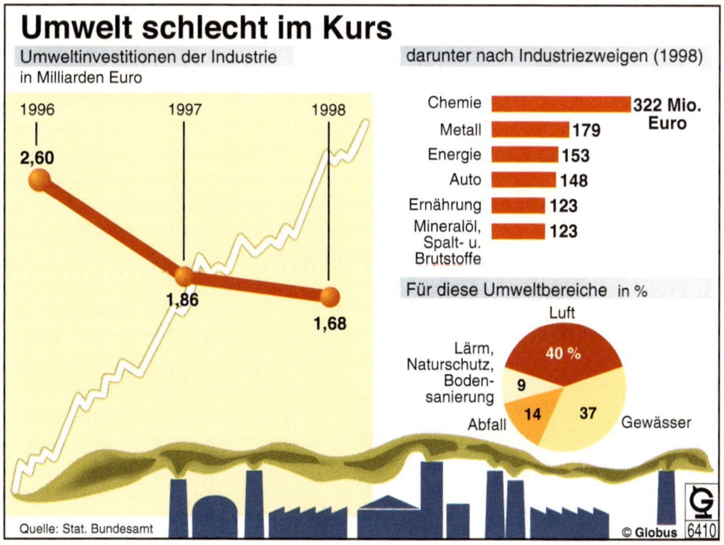

Bodenschutz

Mit dem Bodenschutzgesetz von 1998 wurden die Voraussetzungen für einen wirksamen Bodenschutz geschaffen. Die einheitlichen Anforderungen, die das Gesetz bundesweit stellt, bilden die Grundlage für ein effizientes Vorgehen der Behörden. Ziel ist es, die Funktion des Bodens nachhaltig in ihrer Leistungsfähigkeit zu erhalten oder wiederherzustellen. [...] Damit wird der Boden als Umweltmedium nicht nur mittelbar, sondern auch unmittelbar – wie die Luft oder das Wasser – durch ein Bundesgesetz besonderem Schutz unterstellt.

(Zusammengestellt aus: Arno Kappler: Tatsachen über Deutschland, Societäts-Verlag, Frankfurt/Main 1999, S. 281ff.)

1. Wenn ihr die Ziele, die Leistungen und die offenen Probleme gesammelt habt, könnt ihr Stellung nehmen zur Frage: Wie erfolgreich war bisher die deutsche Umweltpolitik?
2. „Nationale Maßnahmen allein reichen nicht aus", heißt es im Text. Welche Probleme müssen eurer Meinung nach in internationaler Zusammenarbeit (Europa oder die ganze Weit) gelöst werden?
3. Überlegt für die genannten Probleme auch welchen Beitrag jeder Einzelne zur Bewältigung beitragen kann.

Tipp: Mit der gezielten Suche nach einzelnen Bereichen der Umweltschutzpolitik könnt ihr aktuelle Materialien aus dem Internet besorgen (siehe dazu auch Methodenkarte Internetrecherche):
http://www.bmu.de (Bundesumweltministerium)
http://www.bfn.de (Bundesamt für Naturschutz)
http://www.bund.de (Bund für Umwelt- und Naturschutz)

Methodenkarte 8

Statistiken und Schaubilder

Wie liest man sie richtig?

Thema: Umwelt

Welche Bedeutung hat das Lesen von Statistiken und Schaubildern?

In einer Statistik werden komplizierte Sachverhalte, bei denen Zahlenangaben eine Rolle spielen, übersichtlich dargestellt. Beim Schaubild kommen zu den statistischen Angaben noch bildhafte Elemente hinzu, damit man sich die Angaben besser einprägen kann. Statistiken und Schaubilder sind in einer eigenen Sprache abgefasst. Nur so gelingt es, sehr komplizierte Sachverhalte auf kleinstem Raum darzustellen. Wer eine Statistik richtig lesen will, muss genau hinschauen und die Einzelheiten beachten. Ganz besonders gilt das für die Zahlenangaben. Statistiken begegnen uns überall in Zeitungen, Zeitschriften, auch im Fernsehen und im Internet. Wer sie richtig lesen kann, kann sich schnell über wichtige aktuelle Erscheinungen informieren und sich eine Meinung bilden, die sich auf konkrete Angaben stützen kann.

Wie macht man das?

Erster Schritt: Genau Hinschauen
Wandert mit den Augen über das Schaubild und findet heraus, welche Thematik es behandelt. Eventuell müssen unbekannte Begriffe mit dem Lexikon geklärt werden.

Das Schaubild auf dieser Seite behandelt den weltweiten Ausstoß von Kohlendioxid in der Zeitspanne zwischen 1970 und 2010. Kohlendioxid ist ein Gas, das bei der Verbrennung entsteht und den Treibhauseffekt mitverursacht.

Zweiter Schritt: Zahlen deuten
Achtet genau darauf, ob es sich bei den Zahlenangaben um Prozentangaben, um absolute Zahlen oder um Mengen-/Größenangaben handelt.

Angegeben ist der weltweite jährliche Ausstoß von CO_2 in Milliarden Tonnen. Demnach wird der CO_2-Ausstoß von 16,2 Milliarden Tonnen im Jahr 1970 bis zum Jahr 2010 auf 31,9 Milliarden Tonnen steigen.

Dritter Schritt: Wichtigste Informationen einprägen
Entnehmt dem Schaubild eine oder zwei Informationen, die ihr euch langfristig einprägen wollt.

Die wichtigste Information in diesem Schaubild ist, dass sich der CO_2-Ausstoß von 1970 bis zum Jahr 2010 nahezu verdoppeln wird. Allein vom Jahr 2000 an wird die CO_2-Emission bis 2010 noch einmal um knapp 6 Milliarden Tonnen zunehmen. Das ist gegenüber dem Jahr 2000 eine Zunahme von über 20 Prozent.

Vierter Schritt: Statistik und Schaubild bewerten
Versucht herauszufinden, warum das Schaubild gemacht wurde. Will das Schaubild uns informieren, will es uns zu Veränderungen im Verhalten aufrufen, will es unsere Meinung in eine bestimmte Richtung lenken?

Schaubilder erwecken leicht den Anschein, als ob sie immer die Wahrheit wiedergeben würden. Das muss aber nicht der Fall sein. Zum Beispiel kann bei einer Zukunftsprognose niemand von uns nachprüfen, ob die Prognose 2010 wirklich so eintrifft und ob die Berechnungsgrundlagen richtig sind. Deswegen: Benutzt Statistiken und Schaubilder als Informationsquelle und als Mittel zur Meinungsbildung, aber schaut auch kritisch auf die Zahlen!

Dieses Schaubild verdeutlicht, wie ungeheuer groß die Zunahme der CO_2- Emission seit 1970 war und wie groß sie in der Zukunft noch sein wird, wenn nichts geschieht. Man kann nur hoffen, dass die Berechnungen des Umweltforschungsinstitutes so nicht eintreffen werden, denn das würde eine gefährliche Zunahme des Treibhauseffektes bedeuten. Staat, Wirtschaft und Privatleute sind gefordert, darüber nachzudenken, wie man den Ausstoß von Kohlendioxid senken kann.

Wendet nun die vier Schritte auf die Statistik ❶ und die Schaubilder ❷ ❸ ❹ auf dieser Seite an. Dazu sollte die Bearbeitung so aufgeteilt werden, dass jeder in der Klasse ein Bild übernimmt und seine Deutung den Mitschülerinnen und Mitschülern vorträgt.

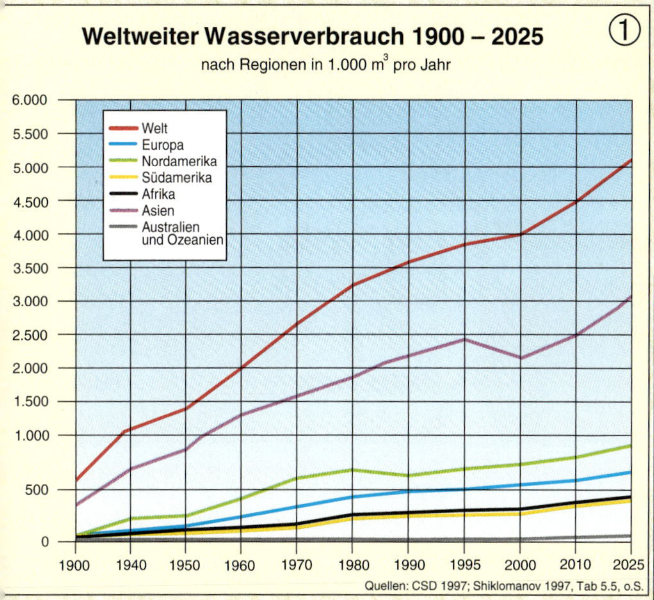

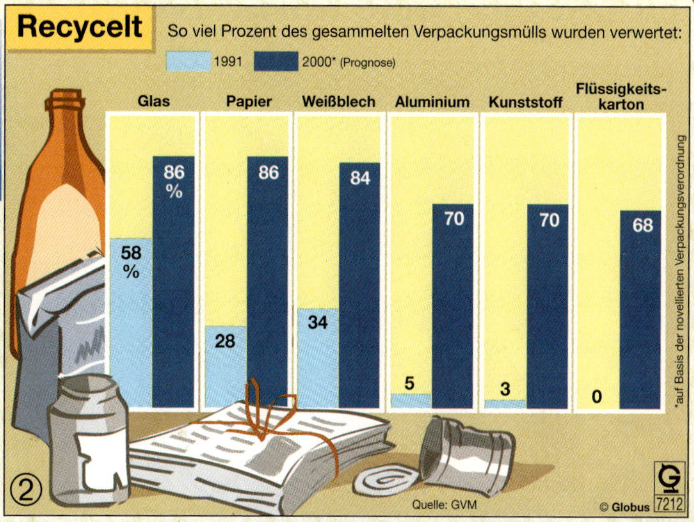

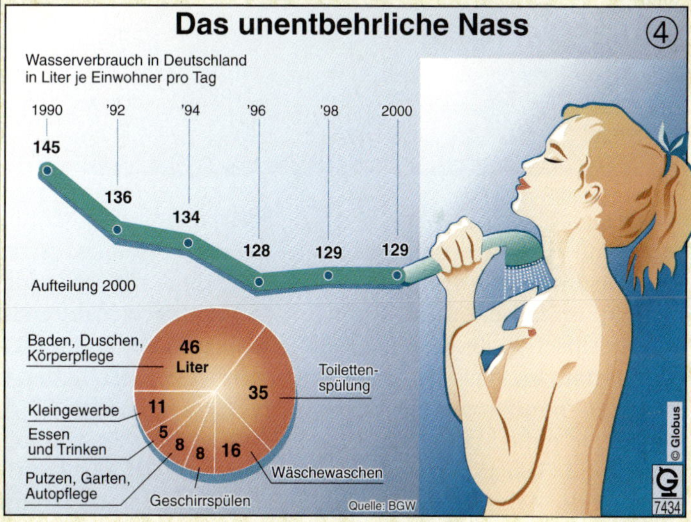

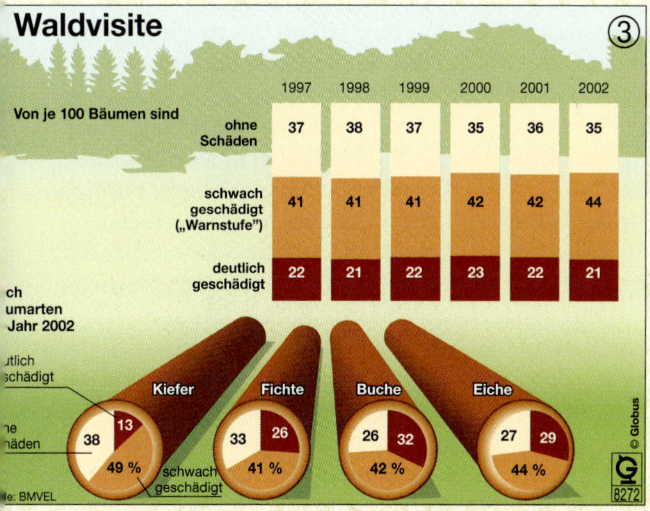

1. Hinschauen
2. Zahlen deuten
3. Informationen einprägen
4. Bewerten

Diese vier Schritte lassen sich auf alle Statistiken und Schaubilder in diesem Buch und darüber hinaus anwenden.

5. Planspiel: Arbeitsplätze für Mühlbach – Findet sich eine umweltverträgliche Lösung?

Man stelle sich Mühlbach als eine Kleinstadt mit 7000 Einwohnern vor. Die Stadt liegt inmitten von Wäldern in einem wunderschönen Tal, durch das der Mühlbach fließt. Dieser Lage ist es zu verdanken, dass viele Einwohner vom Fremdenverkehr leben können. Sie betreiben Hotels, Privatpensionen und Gaststätten.

Trotzdem ist die Arbeitslosigkeit ein großes Problem der Stadt. Sie liegt in Mühlbach weit über dem Landesdurchschnitt. Insgesamt beträgt die Zahl der arbeitslos gemeldeten Personen zurzeit 694.

Ein anderes Problem ist der Stand der Umweltschäden. Der durch die Stadt fließende Mühlbach ist stark belastet. Hauptverursacher der Wasserverschmutzung ist die Papierfabrik „Blatter". Sie beschäftigt immerhin 300 Personen und ist damit der mit Abstand wichtigste Arbeitgeber in der Stadt. Sonst existiert in Mühlbach kaum nennenswerte Industrie.

Seit einigen Wochen gibt es Unruhe in Mühlbach. Zahlreiche Arbeitslose wollen nicht länger im sozialen Abseits stehen. Sie haben die Gruppe *Job her* gegründet. Als diese Gruppe zu einer Demonstration aufrief, beteiligten sich immerhin 350 Personen daran. Auf Transparenten forderten sie: „Tut endlich etwas für die Menschen! Schafft Arbeitsplätze."

Der **Stadtrat** möchte natürlich helfen. Aber die finanziellen Möglichkeiten in der verschuldeten Kleinstadt sind äußerst knapp. In dieser Situation erhellt ein „Glücksfall" die sorgenvollen Gesichter des Stadtrates.

Dem Rat liegt der Plan der Firma **DÜMI** vor, einem Unternehmen mit mehreren tausend Mitarbeitern, das in Mühlbach ein Zweitwerk errichten möchte. Der Standort könnte außerhalb der Stadt in einem Wiesengebiet liegen, das der Stadt gehört. Dieses Gebiet müsste zum Industriegebiet erklärt werden. Dann kann der Stadtrat der DÜMI die Genehmigung zum Bau erteilen. Die Firmenleitung der DÜMI glaubt, nach einer Anlaufzeit von fünf Jahren bis zu 450 Arbeitsplätze anbieten zu können.

Die Gruppe *Job her* erfährt in der örtlichen Presse davon und setzt nun den Stadtrat erheblich unter Druck. Dieser solle die Betriebsgenehmigung lieber heute als morgen erteilen.

Bei der Produktion chemischer Düngemittel kommt es zu einer erheblichen Staubbildung. Moderne, leider auch sehr teure Filteranlagen können die nach außen entweichende Staubmenge um bis zu 90 Prozent reduzieren. Da innerhalb der Produktionsanlage Staub nicht vermeidbar ist, kann eine gesundheitliche Belastung der Arbeiterinnen und Arbeiter nicht völlig ausgeschlossen werden.

Die Firmenleitung der DÜMI ist sehr am Bau des Betriebes in Mühlbach interessiert. Man hat versprochen ein betriebseigenes Klärwerk zur Reinigung der Abwässer zu errichten, räumt allerdings ein, dass ein Rest der Kalisalze nicht geklärt werden kann und in den Mühlbach gelangen wird. Da Salze keinerlei Trübung des Mühlbaches verursachen können, ist die Firmenleitung der Ansicht, dass wegen der vielen Vorteile dieser kleine Nachteil in Kauf genommen werden könne. Man versichert, dass man als modernes Unternehmen ebenso wie alle anderen Gruppen am Umweltschutz interessiert sei. Strengstens werde man alle gesetzlichen Auflagen zum Schutz der Umwelt beachten und immer wieder an Verbesserungen arbeiten. Man warnt aber auch davor, dem Unternehmen zu hohe Kosten aufzuladen. Sonst müsse man sich nach einem anderen Standort umsehen. Für die ersten fünf Jahre möchte die DÜMI von der Zahlung der Gewerbesteuer befreit werden. Gewerbesteuer zahlen örtliche Betriebe an die Stadt. Sie stellt eine wichtige Einnahmequelle für die Gemeinden dar. Über ihre Höhe entscheidet der Stadtrat. Sollte die Stadt der Firma nicht in irgendeiner Weise finanziell entgegenkommen, überlegt die Firmenleitung, ob sie nach einem anderen Standort für den Bau des Betriebes suchen wird.
Eine Gruppe von Naturschützern kämpft entschlossen gegen den Plan der DÜMI. Man hat eine Bürgerinitiative gegründet, die sich „**Rettet Mühlbach**" nennt. Eine Bürgerinitiative ist ein Zusammenschluss von Bürgern, die sich gemeinsam für ein bestimmtes Ziel einsetzen.
Die Bürgerinitiative fordert vom Stadtrat, er solle unter keinen Umständen dem Bau einer Fabrik zustimmen. Die Zerstörung des Wiesengebietes am Bach bezeichnet man als verantwortungslos, denn hier brüten noch seltene Vogelarten und leben vom Aussterben bedrohte Schmetterlinge und andere Insekten. Chancen zum Abbau der Arbeitslosigkeit sieht die Bürgerinitiative in einem behutsam Ausbau des sanften Tourismus mit möglichst wenigen Eingriffen in die Natur. Immer mehr stressgeplagte Großstädter würden in Zukunft Ruhe und Erholung in einer intakten Landschaft suchen.
Teilweise unterstützt wird die Bürgerinitiative von der Interessengruppe der örtlichen **Hotel- und Gaststättenbesitzer.** Auch diese Gruppe kämpft gegen die Ansiedlung der DÜMI, weil sie davon überzeugt ist, dass die Stadt allmählich ihre touristische Attraktivität verlieren würde. Die Mitglieder der Gruppe sehen sich in ihrer Existenz bedroht. Ihr Motto lautet „Tourismus statt Industrie". Sie fordern vom Stadtrat den Verzicht auf die Ansiedlung von Großbetrieben. Stattdessen solle die Stadt ein Erlebnisbad am Mühlbach errichten und andere touristisch interessante Freizeiteinrichtungen fördern. Solche Maßnahmen würden dazu führen, dass die Touristen länger im Ort blieben und die Zahl der Übernachtungen zunähme. Diese Gruppe würde es gerne sehen, wenn ein Teil des jetzt noch stillen Sees zum Badegewässer erklärt würde.
In allen Bevölkerungsschichten der Stadt wird heftig diskutiert:
Ist es nicht ein Glücksfall in der heutigen Zeit, dass ein so großer Betrieb sich in Mühlbach ansiedeln will? Soll die Stadt völlig auf weitere Industrieansiedlungen verzichten? Kann man nicht die Natur erhalten und gleichzeitig Arbeitsplätze schaffen?
Das sind schwierige Fragen, auf die nun Antworten gefunden werden müssen.
Im Stadtrat ist man sich noch nicht einig, was geschehen soll. Darum hat die Stadt die verschiedenen Gruppen zu einer Versammlung eingeladen, auf der die einzelnen Vorhaben vorgestellt und diskutiert werden sollen. Im Anschluss an die Versammlung will der Rat eine „zukunftsweisende Entscheidung der Vernunft treffen" (Zitat aus einer Rede des Oberbürgermeisters).

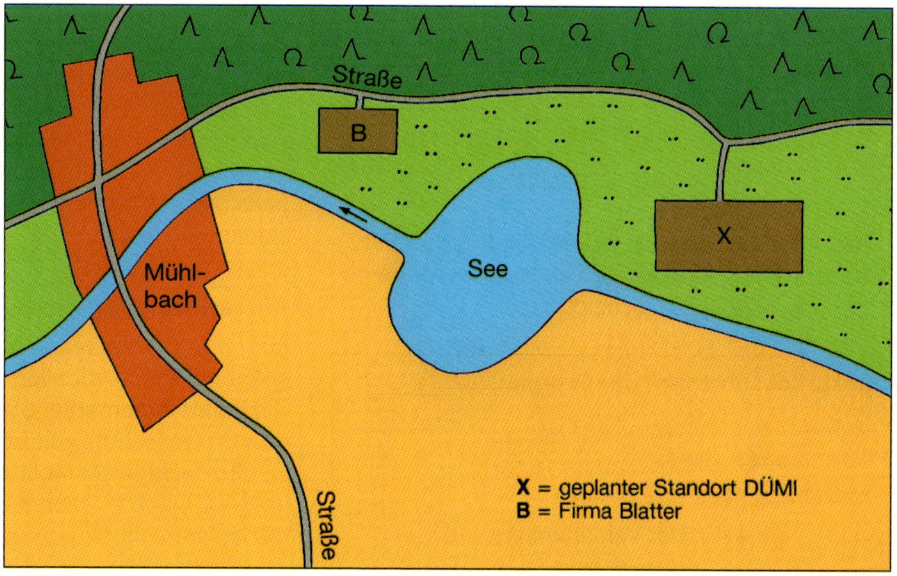

So verläuft das Planspiel:

1. Gruppenbildung
Bildet in der Klasse die fünf beteiligten Gruppen.

2. Lesephase
Lest in den Gruppen noch einmal die Problembeschreibung aufmerksam durch und sucht dabei nach Argumenten für euer Vorgehen. Bearbeitet auch den Informationstext „Umweltschutz und Wirtschaftswachstum" auf S. 181 in den Gruppen. Diese Hintergrundinformationen solltet ihr im Kopf haben.

3. Gruppenarbeit
Bereitet euch in den Gruppen auf die Versammlung vor.
Erarbeitet dazu einen Gruppenbericht. Wählt am Ende eines oder mehrere Gruppenmitglieder aus, das euren Standpunkt am Anfang der Versammlung vortragen wird.

4. Kontaktphase
Während der Gruppenarbeit können die Gruppen untereinander Kontakt aufnehmen und – wie im richtigen Leben – Absprachen über ein gemeinsames Vorgehen treffen.

5. Spiel der Versammlung
- Die Versammlung beginnt mit dem Vortrag der Standpunkte aus den Gruppen.
- Der Stadtrat spricht zum Schluss und fasst die Argumente pro und contra Firmenansiedlung zusammen, ohne allerdings jetzt schon eine Entscheidung zu treffen.
- Alle Mitglieder der Versammlung diskutieren miteinander.

6. Entscheidung
Nach der Versammlung zieht sich der Stadtrat zur Beratung zurück. Dann verkündet und begründet er seine Entscheidung.

Gesprächsprotokoll der Gruppe:

....

Was ist unser Ziel?

Was sind unsere Argumente?

Wie gehen wir in der Versammlung vor?

An diese Rollenanweisungen sollten sich die einzelnen Gruppen halten: Firmenansiedlung in Mühlbach: Ja oder nein?

Stadtrat:
Ihr müsst euch mit den Forderungen gut vertraut machen und in der Gruppe die Vor- und Nachteile der verschiedenen Gruppen diskutieren. Vielleicht findet ihr weitere Möglichkeiten zur Schaffung von Arbeitsplätzen und zum Schutz der Umwelt. Überlegt euch für die Versammlung Fragen, die ihr an die verschiedenen Gruppen richten werdet. Am Ende wird von euch eine kluge Entscheidung erwartet. Ihr müsst nicht unbedingt einer Meinung sein.

Firmenleitung DÜMI:
Sammelt alle Vorteile, die eure Betriebsansiedlung den Menschen in der Stadt bringt. Überzeugt die Versammlung davon, dass euer Betrieb umweltgerecht arbeitet. Arbeitet die anderen Standpunkte durch und findet die passenden Gegenargumente. Macht der Versammlung klar, dass es töricht wäre, auf so viele Arbeitsplätze zu verzichten.

Hotel und Gaststättenbesitzer:
Ihr befürchtet, dass die Ansiedlung eines Betriebes von der Größe der DÜMI die Stadt touristisch unattraktiv machen wird. Ihr müsst die Versammlung davon überzeugen, dass ihr euch durch die Pläne der DÜMI in eurer Existenz bedroht seht. Ihr fordert vom Stadtrat, dass mehr Geld in Freizeiteinrichtungen investiert wird.

Arbeitsloseninitiative *Job her*:
Ihr wollt endlich wieder Arbeit haben und müsst für eine Lösung kämpfen, die möglichst viele Arbeitsplätze in möglichst kurzer Zeit schafft. Ihr müsst die Versammlung von eurer Notlage überzeugen und klar machen, dass die Politik vor allem für die Menschen da sein muss. Eurer Ansicht nach werden einige neue Arbeitsplätze im Tourismus nicht ausreichen können, um das Problem der Arbeitslosigkeit befriedigend zu lösen. Da können nur Betriebsansiedlungen helfen.

Bürgerinitiative „Rettet Mühlbach":
Ihr müsst der Versammlung klar machen, dass Umweltschutz absoluten Vorrang vor allen anderen Zielen haben muss. Sammelt dazu viele Argumente. Überlegt, ob es weitere Möglichkeiten gibt, den Umweltschutz zu fördern und umweltfreundliche Arbeitsplätze einzurichten. Ihr wollt auf jeden Fall verhindern, dass die DÜMI im Wiesengebiet gebaut wird. Der Forderung nach einem Erlebnisbad steht ihr sehr skeptisch gegenüber.

Umweltschutz und Arbeitsplätze: zwei Ziele, die unvereinbar sind?

Industrie und Umwelt als Partner? Kläranlage einer Großfabrik in Leverkusen

Umweltschutz und Wirtschaftswachstum

Zu Beginn eines jeden Monats gibt die Bundesanstalt in Nürnberg die neuesten Zahlen der Arbeitslosenstatistik bekannt. Wenn die Zahl derjenigen, die keine Arbeit haben, wieder nicht gesunken oder gar gestiegen ist, dann wird als einer der Gründe das geringe Wirtschaftswachstum genannt. Neue Arbeitsplätze können nur geschaffen werden, wenn die Wirtschaft wachse, heißt es; d.h. wenn mehr Waren produziert und mehr Dienstleistungen erbracht würden, also mehr Autos, Straßen, Häuser, Waschmaschinen, Fernseher, Mountainbikes usw. erzeugt und verkauft werden.
Mehr herstellen bedeutet aber auch: Die knappen Rohstoffe werden schneller verbraucht, die Umwelt immer stärker belastet und geschädigt; Für unseren Wohlstand zahlen wir also einen hohen Preis und langfristig gefährden wir ihn, wenn es uns nicht gelingt, Ökonomie und Ökologie zu verbinden. […]
Wenn die Wirtschaft zum Beispiel Autos, Flugzeuge, Eisenbahnen und Schiffe entwickelt, die die Umwelt weniger belasten als bisherige, dann tut sie etwas für die Umwelt, für die Schaffung von Arbeitsplätzen und für die Förderung des Wirtschaftswachstums: Nicht Wirtschaftswachstum oder Umweltschutz kann die Frage für die Zukunft sein, sondern Wirtschaftswachstum und – oder sogar durch – Umweltschutz.

(Aus: Der Spiegel 16/1996)

Jobkiller Umweltschutz?

Umweltschutz sichert langfristig Arbeitsplätze. Nur durch eine ökologische Wirtschaftspolitik lassen sich die hohen Standards halten, die der deutschen Wirtschaft den Ruf eingebracht haben, weltweit technologisch führend im Umweltbereich zu sein. Gegenwärtig verdanken nach Auskunft von Wirtschaftsinstituten knapp eine Million Menschen ihren Arbeitsplatz dem Umweltschutz. Das sind etwa so viele Arbeitsplätze wie die Automobilindustrie bereitstellt. […]
Prinzipiell gibt es zwei Gebiete, die Arbeitsplätze im Umweltsektor bieten:
Zum einem sind es Beschäftigte, die unmittelbar mit Umweltschutzaufgaben betraut sind. Das sind zum Beispiel Umweltschutzbeauftragte in den Kommunen oder in Betrieben, Beschäftigte in der Entsorgungswirtschaft oder Kundenberater bei den Energieunternehmen.
Der andere Wirtschaftssektor betrifft die Herstellung und Verteilung von Umweltschutzgütern.

(Nach: Umweltschutz schafft Arbeitsplätze, hrsg. Vom Presse- und Informationsamt der Bundesregierung, Bonn 1996, S. 6)

Neuere Studien schätzen die Zahl der Arbeitsplätze im Umweltschutz sogar auf 2,5 Millionen (BUND/ÖTV 1998); Anmerkung des Herausgebers.

Es ist davon auszugehen, dass Umweltschutz gesamtgesellschaftlich mehr Arbeitsplätze schafft als er vernichtet. So richtig dies global auch ist, so macht es doch nicht die Widerstände gegenstandslos, die sich dort aufbauen, wo Umweltschutz konkrete mikroökonomische Probleme und im Extrem zur Schließung von Problemen und zur Entlassung von Arbeitskräften führt. Und dies geschieht auch: Dort wird dann wenig Verständnis zu erwarten sein für den Hinweis, dass an anderer Stelle Arbeitsplätze entstehen. Andererseits ist es kein Argument gegen Umweltschutz.

(Aus: Jörn Altmann: Umweltpolitik, Verlag Lucius & Lucius, Stuttgart 1997, S. 109f.)

1. „Umweltschutz vernichtet Arbeitsplätze." Entnehmt aus den Texten Hinweise darauf, dass diese These nicht zutreffen muss.
2. Wendet die Aussagen auf dieser Seite auf die Konfliktsituation im Planspiel Mühlbach an. Ist eine Lösung denkbar, die wirtschaftliches Wachstum in der Gemeinde bringt, Arbeitsplätze schafft und zugleich dem Umweltschutz dient?

6. Arbeitnehmer – Arbeitgeber

Wie gelingt ein fairer Ausgleich zwischen ihren verschiedenen Interessen?

„Unterstützen Sie unsere berechtigten Forderungen! Gehen Sie nicht bei den Streikbrechern einkaufen!" So hallten am Montag in mehreren Städten Lautsprecherstimmen vor den großen Kaufhäusern. Überraschend hatten die Gewerkschaften Handel, Banken und Versicherungen (hbv) und die Deutsche-Angestellten-Gewerkschaft (DAG) zum Streik aufgerufen. Statt des üblicherweise freundlichen Empfangs, verteilten die Mitarbeiter Handzettel an die Kundschaft und hielten Spruchbänder hoch. So versuchten sie die teilweise verärgerte Kundschaft von ihrer Kampfmaßnahme zu überzeugen.

Streikende Angestellte als Streikposten vor den Kaufhäusern

Sehr geehrte Kunden!

Wir bitten um Verständnis, wenn Sie im Augenblick nicht wie gewohnt bedient werden, denn

wir befinden uns im Streik.

Wir protestieren dagegen, dass die Arbeitgeber im Einzelhandel maßlose Forderungen an die Beibehaltung der vollen Lohnfortzahlung im Krankheitsfall knüpfen. Wir sind nicht bereit, dafür Kürzungen des Urlaubsgeldes und der Sonderzahlungen, wie zum Beispiel beim Weihnachtsgeld, hinzunehmen.

Sie müssen wissen:
- dass die Forderungen der Arbeitgeber für uns eine durchschnittliche Einkommenseinbuße von 162 Euro jährlich bedeuten
- dass die Nettoeinkommen im Einzelhandel bei vielen Beschäftigten mit 850 bis 1100 Euro monatlich am Ende der Gehaltsskala liegen, dass durch die Verlängerung der Ladenöffnungszeiten äußerst ungünstige Arbeitszeiten im Einzelhandel existieren.

Deshalb fordern wir:
- 100-prozentige Lohnfortzahlung im Krankheitsfall ohne Gehaltseinbußen
- eine leistungsgerechte Bezahlung
- Verbesserungen der Arbeitsbedingungen auch für Teilzeitbeschäftigte und Frauen

Unterstützen Sie uns bei unseren berechtigten Forderungen! Wir danken für Ihr Verständnis.

DAG Landesverband Rheinland-Pfalz,
Landesstreikabteilung, Mainz am Rhein

(Verkürzte Fassung eines Originalflugblattes)

1. Hättet Ihr das erbetene Verständnis? Wie würdet ihr als Kunde reagieren?
2. Was haltet ihr von den Reaktionen einiger Betroffener?

- „Ein Streik ist nicht die passende Antwort, um damit auf zähe Verhandlungen zu reagieren. Es ist anzunehmen, dass die Arbeitgeber wegen der Umsatzverluste noch weitere Stellen abbauen werden."
  Vorsitzender der Tarifkommission der Arbeitgeber
- „Unsere Kunden dürfen von Auseinandersetzungen im Tarifbereich nicht berührt werden. Ihr Recht ist es, stets ungehindert bei uns einkaufen zu können."
  Die Geschäftsleitung
- „Der Streik ist ein notwendiges Mittel der Arbeitnehmer zur Durchsetzung ihrer berechtigten Interessen." Eleonore F. Mitglied der Gewerkschaft hbv
- „Nachdem ich das Flugblatt gelesen habe, kann ich gut verstehen, dass die Leute streiken. Ich werde meine Einkäufe halt verschieben müssen." Walter K., Kunde

Der Verlauf eines Tarifkonflikts – Eine Einigung fällt oft schwer

Im Frühjahr 1997 riefen die Gewerkschaft Öffentliche Dienste, Transport und Verkehr (ÖTV) und die Deutsche Angestellten-Gewerkschaft (DAG) ihre Mitglieder unter den 35 000 Zivilbeschäftigten der amerikanischen, britischen und französischen Streitkräfte zum Streik auf. Die ÖTV forderte einen Rationalisierungs- und Privatisierungsschutzvertrag zur Sicherung der Arbeitsplätze, denn seit 1990 wurden 60 000 zivile Arbeitsplätze bei den alliierten Streitkräften abgebaut. Die Arbeitgeber lehnten dies ab.

So verlief der Arbeitskampf:

05. Februar: Die Tarifkommission der ÖTV lehnt den Vorschlag der Arbeitgeber ab. Da die Tarifverhandlungen nach dem Nato-Truppenstatut geführt werden, ist das Eingreifen eines neutralen Schlichters nicht vorgesehen.

24. Februar: In einer Urabstimmung sprechen sich mehr als 75 Prozent der in der ÖTV organisierten Zivilbeschäftigten für einen Arbeitskampf aus.

03. März: Beginn der Streiks: Die Busfahrer der Schulbusse für die amerikanischen Schulkinder fahren nicht mehr. Die Heizungen in den Wohnungen und in den Büros der ausländischen Streitkräfte fallen aus. Zivile Instandhaltungstrupps reparieren keine Haushaltsgeräte und Wasserrohrbrüche mehr. Dringende Arbeiten auf dem Flugplatzgelände bleiben liegen, weil Firmen von außerhalb keine Passierscheine vom zivilen Wachpersonal ausgestellt bekommen.

14. April: Mit Demonstrationen an mehreren Standorten wird der Druck auf die Arbeitgeber verstärkt.

16. April: Wiederaufnahme der Tarifverhandlungen. Die Arbeitgeberseite akzeptiert die Unkündbarkeit ab 15 Dienstjahren und ab 40 Lebensjahren. Sie stellt aber aus der Sicht der Gewerkschaften zu hohe Gegenforderungen.

19. April: Die Tarifverhandlungen scheitern erneut. Die Arbeitnehmer kündigen weitere Stellenstreichungen an.

23. April: Mit einer Großdemonstration in Bonn werden die Streiks verstärkt fortgesetzt. Der Druck auf die Arbeitgeber wächst.

25. April: Die Arbeitgeber und die ÖTV erzielen einen Durchbruch in den Tarifverhandlungen. Der neue Kompromiss sieht vor, dass Beschäftigte, deren Stelle gestrichen wird, Anspruch auf einen anderen gleichwertigen Arbeitsplatz haben. Als letzte Möglichkeit ist eine Abfindung für die Betroffenen vorgesehen.

28. April: Die Gewerkschaftsmitglieder entscheiden in einer Urabstimmung über die Annahme des Tarifabschlusses.

06. Mai: Der Arbeitskampf ist zu Ende. Die Gewerkschaftsmitglieder haben dem Tarifabschluss zu mehr als 79 Prozent zugestimmt.

3. Haltet die zeitliche Abfolge dieses Arbeitskampfes stichwortartig fest.
4. Vergleicht die Anfangsforderungen und das Ergebnis des Arbeitskampfes: Habt ihr Verständnis für die Kampfmaßnahmen? Hat sich der Streik gelohnt?

INFORMATION

A: Tariflohn, Tarifvertrag, Tarifpartner

Unter Tarif versteht man einen einheitlich festgelegten Preis für eine bestimmte Leistung. So ist der Tariflohn ein vereinbarter Lohn für eine bestimmte Arbeit. Tariflöhne werden zwischen Arbeitnehmern und Arbeitgebern ausgehandelt, die man auch die Tarifvertragsparteien oder Tarifpartner nennt. Ziel einer Tarifverhandlung ist die Vereinbarung eines Tarifvertrages.

In der Regel werden Tarifverträge von den Arbeitgeberverbänden und von den Gewerkschaften geschlossen. Die Arbeitgeberverbände vertreten die Interessen der Arbeitgeber, die Gewerkschaften die der Arbeitnehmer.

Tarifverträge gelten für alle Arbeitnehmer, gleichgültig ob sie der Gewerkschaft angehören, die den Vertrag abgeschlossen hat, oder nicht. Wird der Tarifvertrag von einem Arbeitgeber nicht eingehalten, haben jedoch nur Gewerkschaftsmitglieder das Recht, ihre Ansprüche durchzusetzen. In den Lohntarifverträgen werden die Löhne geregelt. In den Manteltarifverträgen wird außerdem vieles andere geregelt. Zum Beispiel Arbeitszeit, Urlaub, Altersversorgung. […]

Für die einzelnen Berufsgruppen gibt es unterschiedliche Tarifverträge: die Arbeitnehmer der Metallindustrie haben andere Verträge als die des Baugewerbes.

Tarifverträge werden für eine bestimmte Laufzeit abgeschlossen.

Die Regierung der Bundesrepublik mischt sich grundsätzlich nicht in die Tarifverhandlungen ein: Die Tarifpartner sind frei in ihren Entscheidungen und dafür verantwortlich. Diese Unabhängigkeit der Tarifpartner vom Staat wird als Tarifautonomie bezeichnet. Sie ist in einem Gesetz, dem Tarifvertragsgesetz, bestimmt.

(Aus: Hilde Kammer, Elisabeth Bartsch, Jugendlexikon Politik, Rowohlt Verlag, Reinbek 1995, S. 169)

B: Regeln im Arbeitskampf

Wenn sich die Tarifpartner in den Verhandlungen nicht einigen können, kann es zu langwierigen und schwierigen Auseinandersetzungen kommen. Ein Arbeitskampf steht vor der Tür.

Durch eine Schlichtung kann jedoch ein Arbeitskampf vermieden werden. Dazu bilden Arbeitgeber und Arbeitnehmer freiwillig einen Schlichterausschuss. Er besteht aus einem unparteiischen Vorsitzenden, dem Schlichter, und der gleichen Anzahl von Arbeitnehmern und Arbeitgebern.

In der Regel ist der Schiedsspruch, also die Entscheidung des Schlichtungsausschusses, nur eine Empfehlung. Niemand kann die Arbeitgeber und die Arbeitnehmer zwingen, den Schiedsspruch anzunehmen. Erst nach dem Scheitern eines Schlichtungsversuchs und nach einer Urabstimmung kann eine Gewerkschaft zum Streik aufrufen. In der Urabstimmung müssen 75 Prozent der Gewerkschaftsmitglieder dem Streik zustimmen, damit er durchgeführt werden kann. Ein Streik kann mehrere Tage, manchmal auch Wochen dauern. Während dieser Zeit erhalten die Streikenden eine Unterstützung von ihrer Gewerkschaft, die jedoch geringer als der normale Lohn ausfällt.

Eine mögliche Gegenmaßnahme der Arbeitgeber gegen einen Streik ist die Aussperrung. Das bedeutet, dass für eine bestimmte Zeit die Betriebe im Tarifgebiet geschlossen und die Lohnzahlungen eingestellt werden. Für die Zeit des Streiks und der Aussperrung sind die Arbeitsverhältnisse nur aufgehoben. Dadurch ist die Wiedereinstellung der Arbeitnehmer am Ende der Maßnahme garantiert.

(Nach: Hilde Kammer, Elisabeth Bartsch, Jugendlexikon Politik, a.a.O., S. 157 u. S. 167)

Gewerkschafterinnen demonstrieren zur Verteidigung des Tarif- und Arbeitskampfrechts

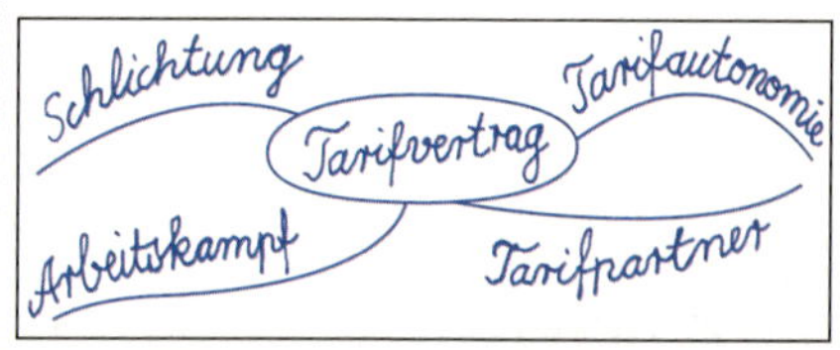

1. Was versteht man unter Tarifautonomie?
2. Wann dürfen Streik und Aussperrung im Arbeitskampf eingesetzt werden?

Spielregeln für den Arbeitskampf

Wir ordnen und füllen die Lücken

Welcher Verfahrensschritt (A bis I) gehört zu welcher Station (1 bis 9)?

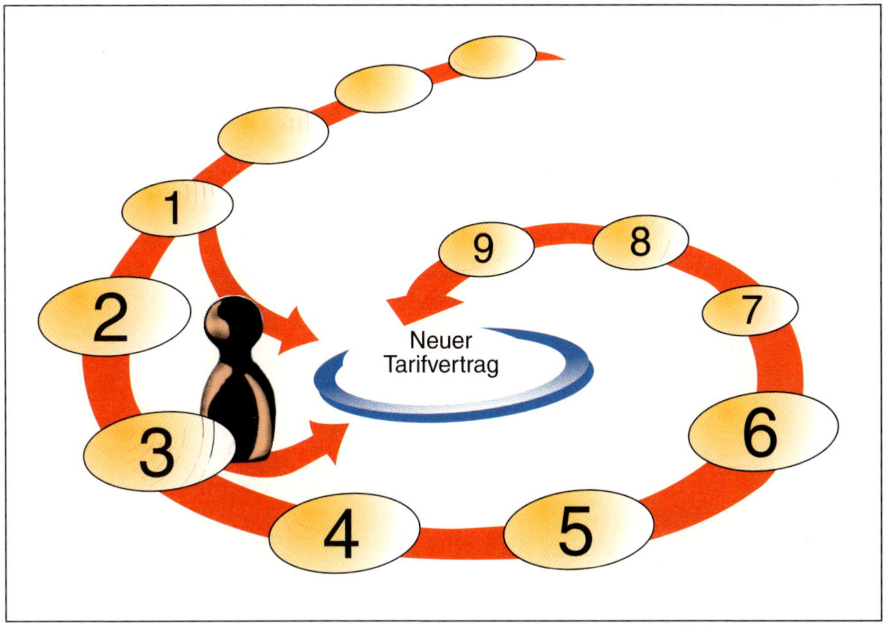

In dem folgenden Merktext sind „versehentlich" einige Begriffe geschwärzt worden.
Notiert den Text vollständig in euer Heft.
(Kampfmaßnahmen, Mitglieder, Gewerkschaften, Urabstimmung, Aussperrung, Arbeitgeber)

Bei jeder Tarifrunde ist es das gleiche Ritual. Die XXXXXXXX fordern mehr, als sie durchsetzen können; die XXXXXXXX bieten weniger an, als sie schließlich zugestehen müssen. XXXXXXXX sind nur unter ganz bestimmten Voraussetzungen möglich. Nach dem Scheitern der Schlichtung setzt die Gewerkschaft eine XXXXXXXX über einen Streik an, dem in der Regel mindestens drei Viertel der XXXXXXXX zustimmen müssen. Auf den Streik können die Arbeitgeber mit XXXXXXXX reagieren.

- A – Neue Verhandlungen
- B – Urabstimmung über Ergebnis; Streik-Ende
- C – Urabstimmung der Gewerkschaftsmitglieder über Streik
- D – Erklärung des Scheiterns Ende der Friedenspflicht
- E – Schlichtungsverfahren möglich
- F – Streik
- G – Erklärung des Scheiterns
- H – Tarifverhandlungen Gewerkschaften/Arbeitgeber oft begleitet von Warnstreiks
- I – Gegenmaßnahme der Arbeitgeber Aussperrung

7. Soziale Sicherung in der sozialen Marktwirtschaft

Warum ist Sandrine sauer auf den Staat?

Sandrine M. ist enttäuscht. In ihrem Ausbildungsvertrag zur Industriekauffrau steht, dass sie im ersten Lehrjahr 642,00 € Vergütung erhalten wird. Als dann das erste selbst verdiente Geld auf das neu eröffnete Girokonto überwiesen wird, ist die Ernüchterung groß. Gerade 509,73 € stehen auf dem Kontoauszug auf der Haben-Seite. Hat man sich in der Personalabteilung geirrt? Die Gehaltsabrechnung bringt Klarheit.

Vergütung brutto:	**642,00 EUR**		
Lohnsteuer:	0,00 EUR	Krankenversicherung:	43,34 EUR
Kirchensteuer:	0,00 EUR	Pflegeversicherung:	5,46 EUR
Solidaritätszuschlag:	0,00 EUR	Rentenversicherung:	62,60 EUR
		Arbeitslosenversicherung:	20,87 EUR
		insgesamt:	132,27 EUR
		Auszuzahlender Betrag netto:	**509,73 EUR**

Zu Hause spricht Sandrine mit ihrem Vater

SANDRINE: Warum muss ich 132,27 Euro für Versicherungen bezahlen? Ich habe doch gar nichts unterschrieben. Ich sehe auch nicht ein, dass ich mit siebzehn Jahren schon Rentenversicherung bezahlen soll. Dafür ist doch später noch Zeit genug, ich denke, ich werde das kündigen.

VATER: Du kannst keine von diesen vier Versicherungen kündigen. Du unterliegst nämlich der gesetzlichen Versicherungspflicht. Per Gesetz sind alle Arbeitnehmer dazu verpflichtet, Vorsorge zu treffen für Krankheit, Alter, Arbeitslosigkeit und für den Pflegefall.

SANDRINE: Das ist ein schöner sozialer Schutz, wenn ich alles selbst bezahlen muss.

VATER: Stimmt nicht. Die Beiträge zu den Pflichtversicherungen zahlst du nur zur Hälfte. Die andere Hälfte legt dein Arbeitgeber drauf. Die Unfallversicherung, die dich auf dem Weg zum und am Arbeitsplatz schützt, zahlt der Arbeitgeber sogar alleine. Und das alles reicht noch immer nicht aus, um die Riesensummen aufzubringen, die insgesamt in unserer Gesellschaft für die Altersversorgung, Gesundheitspflege und Arbeitslosenunterstützung aufgebracht werden müssen. Viele Milliarden müssen aus dem allgemeinen Steueraufkommen hinzugezahlt werden.

SANDRINE: Wenn ich mit siebzehn schon 132,27 Euro bezahlen muss und mein Arbeitgeber noch einmal die gleiche Summe hinzufügt, dann muss doch im Alter genug Geld da sein, dass ich sozial abgesichert bin.

VATER: Es geht nicht nur um deine Absicherung. Solltest du später einmal heiraten und Kinder kriegen, so müssen alle Familienmitglieder, die nicht berufstätig sind, mitversichert sein. Außerdem übernimmt die Gemeinschaft der Versicherten die Kosten für diejenigen, die sich aus eigener Kraft nicht helfen können.

SANDRINE: Der Staat ist also eine Einrichtung, die mir das Geld aus der Tasche zieht.

VATER: So denken viele, ich auch manchmal, aber so ganz stimmt das nicht. Der Staat nimmt zwar Geld, aber er verteilt es auch wieder. Solltest du später einmal arbeitslos werden, so hast du Anspruch auf das Arbeitslosengeld, das mit den Beiträgen aus der Arbeitslosenversicherung finanziert wird.

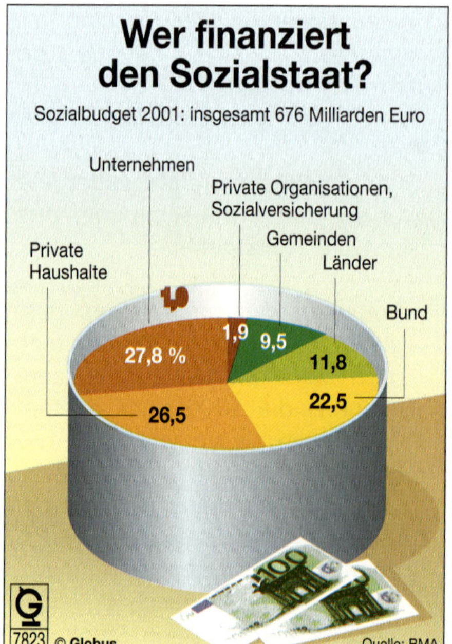

1. Sandrine unterliegt – wie jeder andere Arbeitnehmer auch – der gesetzlichen Versicherungspflicht: Notiert, welche Teilversicherungen dazu gehören und wer welchen Anteil zahlt?

Jugendliche sind skeptisch:

Nur 16 von 100 Jugendlichen zwischen 14 und 17 Jahren glauben, dass sie später einmal eine Rente erhalten werden. Das ergab eine Befragung des Emnid-Instituts im Jahr 2000. Tatsächlich ist die gesetzliche Rentenversicherung seit langem ein Sorgenkind im System der Sozialversicherungen. Bisher funktionierte diese Versicherung so: Die aktiv im Berufsleben Stehenden zahlen mit ihren Beiträgen zur Rentenversicherung die Rente für diejenigen, die jetzt im Ruhestand sind. Das eingezahlte Geld bleibt also nicht auf der hohen Kante liegen, vielmehr wird es jetzt zur Zahlung der Renten verwendet. Dafür erhalten diejenigen, die jetzt Beiträge zahlen, das Recht später einmal von der nachfolgenden Generation versorgt zu werden. Dieses System, in dem immer eine Generation für die nächste sorgt, nennt man **Generationenvertrag.** Es hat lange Zeit gut funktioniert.

Eine Ursache für die Krise der Rente hat eigentlich einen erfreulichen Hintergrund. Die Deutschen haben eine immer längere Lebenserwartung. 1950 hatten Männer eine Lebenserwartung von durchschnittlich 65 Jahren. 2000 sind es bereits 75 Jahre. Bei Frauen ist die Lebenserwartung noch um mehrere Jahre länger. Außerdem werden mit einem Schnitt von nur 1,3 Kindern pro Ehepaar in Deutschland immer weniger Kinder geboren. Das bedeutet für die Zukunft: Immer weniger Junge finanzieren die Rente für immer mehr Alte, die dazu noch eine immer längere Lebenserwartung haben.

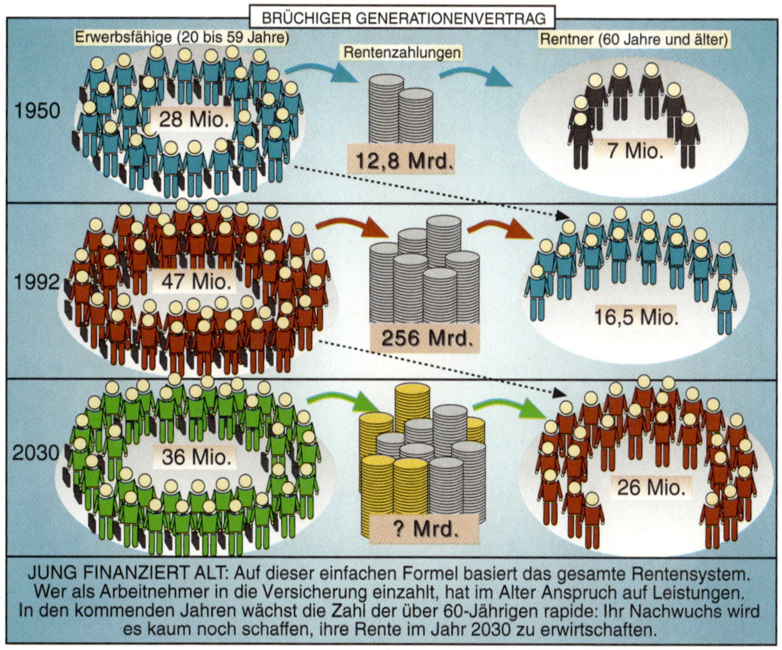

Quelle: Statistisches Bundesamt

Diese Entwicklung macht die Rentenfinanzierung zum Problem. Entweder müssen die Deutschen wesentlich höhere Beiträge zahlen oder die Renten sinken.

Im Jahre 2001 beschlossen Bundestag und Bundesrat eine Rentenreform, indem die Höhe der Rentenansprüche behutsam Jahr für Jahr bis auf etwa zwei Drittel des letzten Nettoeinkommens abgesenkt wird. Der Versicherte, also die jungen Leute heute, erhalten später einmal für ihre eingezahlten Beiträge eine gesetzlich garantierte Rente, die allerdings prozentual niedriger ausfällt als es bisher der Fall war. Darüber hinaus muss jede Arbeitnehmerin und jeder Arbeitnehmer zusätzlich private Vorsorge treffen, damit sein Lebensstandard im Alter nicht drastisch sinkt.

Ab dem Jahr 2008 sollen alle Arbeitnehmer freiwillig vier Prozent ihres Bruttoeinkommens für die private Altersabsicherung aufwenden. Dafür erhalten sie vom Staat Zuschüsse und Steuervergünstigungen. Die Rente der Jungen heute und der Alten von morgen wird also ein Mischsystem von gesetzlicher Pflichtversicherung plus freiwilliger Zusatzversicherung sein.

2. Erklärt: (A) Was ist der Generationenvertrag? (B) Welche Entwicklung zeigt das Schaubild? (C) Welche Konsequenzen wird diese Entwicklung für die gesetzliche Rentenversicherung haben?

3. Diskutiert die beiden Meinungen:
   A Der Staat muss die Sozialleistungen kürzen. Jeder muss selbst mehr Verantwortung für sich übernehmen.
   B Der Staat muss die Sozialversicherungsbeiträge erhöhen, denn lieber höhere Beiträge als weniger garantierte Absicherung.

Sozialhilfe: Wie viel soziale Gerechtigkeit ist bezahlbar?

Deutschland ist ein reiches Land. Trotzdem wächst die Zahl derer, die in soziale Not geraten und auf staatliche Sozialhilfe angewiesen sind. Über zwei Millionen Haushalte gelten als überschuldet. In Osttdeutschland lebt sogar jedes fünfte Kind unter der Armutsgrenze (Stand 2000).
Was geht in einer Familie vor, die ins soziale Abseits gerät? Tut der Staat genug, um den Armen zu helfen? Um diese Fragen geht es auf dieser Doppelseite.

Armut in einem reichen Land

Wie lebt eine arme Familie in Deutschlands reichster Stadt Hamburg?

Die Kinder
Christopher verschließt die Augen und lächelt versonnen: „Alles war so bunt", sagt er und erinnert sich an das „Allerschönste", das er je erlebte: „Diese vielen Lichter, und dann hat sich alles um uns gedreht, als wir in der Riesenkrake waren. Aber das Tollste waren die Gespenster in der Geisterbahn."
Der glanzvollste Höhepunkt seiner Kindheit war ein Besuch auf dem „Dom", Hamburgs größtem Volksfest, aber das ist nun auch schon lange her. Wenn sich das Riesenrad und die Karussells wieder drehen, dann gewiss nicht für ihn, denn so ein teures Vergnügen lassen seine Verhältnisse nur in seltenen Sternstunden zu.
Christopher, 10, weiß das, „aber Mama gibt mir immer das letzte Geld". Jennifer, 8, war einmal im Kino. Disneys Klassiker „Cinderella" wurde gezeigt. Da muss wohl geschehen sein, dass sie eins wurde mit dem armen Aschenputtel und schließlich doch in der Kürbiskutsche zum Ball des Prinzen fuhr. Das wundersame Glück, das sie nach all dem Elend stellvertretend erfuhr, wirkte so nachhaltig, dass „Cinderella" das schönste Erlebnis ihrer jungen Jahre wurde.
Die Geschwister Christopher und Jennifer verleben eine typische Armutskindheit in einem reichen Land. Insgesamt befinden sich 1,2 Millionen Kinder und Jugendliche unter 18 Jahren in Deutschland im sozialen Schatten. Ihre Eltern können sich nicht aus eigener Kraft durchbringen, das Netz der Allgemeinheit hält sie, damit sie nicht ins Bodenlose stürzen ...

Die Mutter
Annegret S., 34 Jahre alt, ist die allein erziehende Mutter von Chrischi und Jenni.
– Sie verfügt über einen guten Hauptschulabschluss.
Ihre Lehre als Frisöse musste sie wegen Allergien abbrechen.
– Als Arbeiterin in einer Kaffeefabrik wurde sie mit 17 Jahren wegrationalisiert; d.h. durch eine Maschine ersetzt.
– Mit 18 bekommt sie „in jugendlicher Torheit", wie sie heute empfindet, ein Kind ohne Anwesenheit eines Vaters.
– Sie versorgt ihr Kind und arbeitet frühmorgens und spätabends als Fahrerin für eine Reinigungsfirma.
– Früh stirbt das erste Kind.
– Annegret heiratet und kriegt zwei weitere Kinder.
– Ihr Mann lässt sie sitzen ohne Unterhalt für Christopher und Jenni zu zahlen.
– Annegret hält die Familie mit täglich acht Stunden Putzarbeit über Wasser.
Die Belastung als allein erziehende Mutter führt zu Krankheiten. Sie muss sich mehreren Operationen unterziehen.
Annegret muss den Job aufgeben und lebt nun von der staatlichen Sozialhilfe.

(Nach: Der Spiegel, Arm in Deutschland, Nr. 42 vom 17.10.1994)

1. Christopher und Jennifer schämen sich oft, wenn sie in der Schule nicht so gut angezogen sind wie andere Kinder. Wie denkt ihr darüber?
2. Zwei Fragen zur Diskussion in der Klasse:
   Ist die Armut dieser Familie selbst verschuldet oder nicht?
   Sollen Familien wie diese ein Recht auf die Hilfe derer haben, denen es gut geht?

Was leistet die Sozialhilfe?

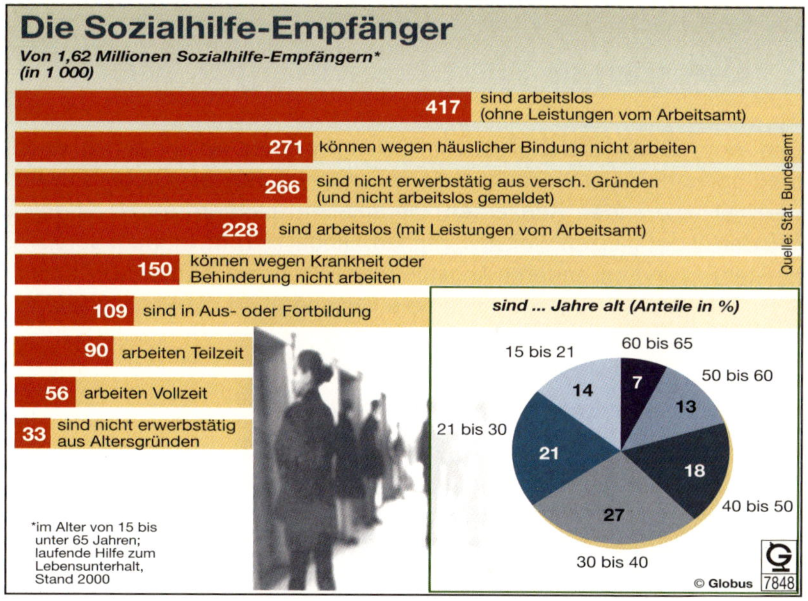

Die Bundesrepublik Deutschland ist ein demokratischer und sozialer Bundesstaat, lautet Artikel 20 des Grundgesetzes.
Damit ist festgelegt, dass Deutschland ein Sozialstaat ist, der sich zur Wahrnehmung sozialer Aufgaben verpflichtet.
Wenn Menschen – aus welchem Grund auch immer – in materielle Not geraten sind und ihren Lebensunterhalt nicht selbst bestreiten können, haben sie Anspruch auf Sozialhilfe.
Deren Aufgabe besteht in erster Linie darin, das Existenzminimum der Bedürftigen abzusichern – und zwar so, dass ein menschenwürdiges Leben in der Gemeinschaft möglich ist. […]
Die Hilfe zum Lebensunterhalt erstreckt sich auf Essen und Kleidung, Wohnung, Heizung und Hausrat, Körperpflege und persönliche Dinge des täglichen Bedarfs. […] Sie umfasst also – wenn auch nur in einem bescheidenen Rahmen – die wichtigsten Dinge, die der Mensch zum Leben braucht. Ein großer Teil davon muss aus den regelmäßigen Zahlungen der laufenden Hilfe zum Lebensunterhalt bestritten werden. […] Neben den laufenden Sozialhilfeleistungen gibt es noch einmalige Beihilfen für Ausgaben, die in größeren Zeitabständen anfallen, so z.B. für Kleidung, Hausrat, Telefonanschluss, Umzugskosten.

(Nach: Begleittext zum Zahlenbild „Sozialhilfe" 174021 – 6/2003, Erich Schmidt Verlag)

Doch was muss man einem Menschen mindestens zur Verfügung stellen, damit er ein „würdevolles Leben" führen kann?

Diese Frage ist schwer zu beantworten,
erstens: weil die Vorstellungen davon, was zu einem „würdevollen Leben" gehört, sehr unterschiedlich sind;
zweitens: weil fast alle Leistungen, die der Staat seinen Bürgern gesetzlich garantiert, große Summen an Geld erfordern;
drittens: weil in Zeiten großer Verschuldung des Staates immer höher wird und vielfach die Frage gestellt wird, ob die Sozialleistungen nicht abgebaut werden müssen.

3. Wie viel Hilfe soll der Sozialstaat gegenüber Menschen, die – aus welchen Gründen auch immer – in Armut geraten sind, übernehmen?
Bearbeitet die Vorschlagsliste. Schreibt heraus, was der Sozialstaat seinen Bürgern per Gesetz als Mindestleistungen ermöglichen muss. Überlegt für jede Maßnahme, ob sie Staat und Steuerzahler viel oder wenig kostet. Hier müsst ihr schätzen.
Tipp: Partnerarbeit

Es geht um eure Meinung: Gehört es zu den Pflichten im Sozialstaat, dass jeder Mensch ...	**Ja, das muss der Staat garantieren.**	**Nein, dazu soll er nicht verpflichtet sein.**
1. sich ausreichend mit Nahrungsmitteln versorgen kann?		
2. eine Wohnung oder zumindest ein Zimmer hat?		
3. ausreichend Kleidung – auch zum Wechseln – besitzt?		
4. in der kalten Jahreszeit vor Kälte geschützt sein muss?		
5. im Krankheitsfalle ein Recht auf ärztliche Versorgung hat?		
6. sich Kino-, Konzert- und Theaterbesuche leisten kann?		
7. eine Summe Bargeld in der Tasche hat, um sich Dinge des täglichen Lebens kaufen zu können?		
8. ein Fernsehgerät zur Verfügung gestellt bekommt?		
9. einmal im Jahr in Urlaub fahren kann?		
10. einen Arbeitsplatz garantiert bekommt, wenn er es wünscht?		

8. Globalisierung der Wirtschaft: Die ganze Welt als einziger Markt

Das Wort „Globalisierung" ist zum Schlagwort der weltwirtschaftlichen Entwicklung geworden. Immer mehr Unternehmen werden zu „Global Players", d.h. zu weltweit agierenden Konzernen, die spielend Ländergrenzen überwinden und Kunden in der ganzen Welt ansprechen. Globalisierung erzeugt bei den einen Begeisterung und bei anderen Angstgefühle. Wie denkt ihr darüber? Lest die grundlegenden Informationen, ermittelt die Chancen und die Risiken und bildet euch eine eigene Meinung.

Was ist Globalisierung?

Ein Beispiel aus der Automobilindustrie:
Wer sich in jüngster Zeit ein Auto gekauft hat, wird wahrscheinlich feststellen, dass die Airbags seines Wagens durch einen Computerchip namens Accelerometer gesteuert werden, also durch einen Sensor auf dem Chip. Dieses 50 Dollar teuere Stück ersetzt die mechanischen Sensoren, die rund 650 Dollar kosteten. Das Accelerometer wurde in Boston erfunden. In Boston wird noch immer ein großer Teil der Accelerometer produziert, die jedoch anschließend zum Testen auf die Philippinen geschickt werden. Zur Verpackung werden sie von dort nach Taiwan reexportiert, von Taiwan wiederum nach Deutschland zur Installation in einen BMW, um dann von neuem exportiert zu werden: nach Brasilien, wo jemand den PKW seiner Tochter oder seinem Sohn zum Studienabschluss schenkt. Ein Facharbeiter in Boston arbeitet mit einem unausgebildeten Arbeiter auf den Philippinen zusammen, der seinerseits mit einem halb ausgebildeten Arbeiter auf Taiwan kooperiert; und sie alle arbeiten zusammen mit der weltweit höchstbezahlten Arbeitskraft in den bayerischen BMW-Werken. Alle arbeiten für ein Teilchen, das 50 Dollar kostet. Und sie sind alle abhängig von einem Absatzmarkt in Brasilien. Das ist globale Ökonomie.

(Aus: Lester Thurow, amerikanischer Professor für Technologie, zitiert in: Wirtschaftsbericht 1999, hrsg. vom Bundesministerium für Wirtschaft und Technologie, S. 6)

Werbetafeln für westliche Produkte in Vietnam. Wirtschaftsgüter werden weltweit ge- und verkauft.

Welche Veränderungen haben die Globalisierung ermöglicht?

Im folgenden Text solltet ihr auf die Begriffe Liberalisierung und Deregulierung achten. Liberalismus bedeutet hier, dass im Außenhandel nach und nach Handelshemmnisse wie Zölle und Einfuhrbeschränkungen abgeschafft wurden. Deregulierung bedeutet den Abbau von Bürokratie und gesetzlichen Einschränkungen.

Die Welt als Markt

Faktoren der Globalisierung

Globalisierung bezeichnet einen Prozess, durch den Märkte und Produktion in verschiedenen Ländern immer stärker voneinander abhängig werden [...].
Nicht nur Güter und Dienstleistungen werden in alle Welt verkauft und eingekauft, ohne dass sie große Hürden zu überwinden hätten, sondern auch das Geld ist von nahezu allen staatlichen Fesseln befreit worden. Es findet sich überall dort ein, wo es entweder als Investition in ein Unternehmen oder auf Finanzmärkten anderer Staaten eine gute Rendite verspricht. [...]
Sprunghaft beschleunigt wurde diese weltweite Öffnung der Märkte sowohl für Waren wie für Geld durch eine ganze Reihe sehr unterschiedlicher Faktoren. An prominenter Stelle zu nennen sind die Innovationen im Bereich der Mikroelektronik und der Telekommunikation sowie Methoden zur Gewinnung, Übertragung und Speicherung von Informationen (Optoelektronik). Sie haben es möglich gemacht, die Welt mit einem dichten Kommunikationsnetz zu überspannen, das nahezu jeden Punkt der Erde in oft nur Bruchteilen von Sekunden erreichbar werden lässt. Der vergleichsweise schwerfällige Transport etwa von Papier ist durch das Internet und Satelliten in vielen Bereichen überflüssig geworden. Forschungsergebnisse oder Konstruktionspläne von Maschinen lassen sich in Sekundenschnelle an jeden Ort der Welt übertragen. Nimmt man zu den technischen Möglichkeiten, zu der außenwirtschaftlichen Liberalisierung und der innerstaatlichen Deregulierung noch die gesunkenen Transportkosten und die zunehmende Vereinheitlichung technischer Normen hinzu, dann sind zumindest die wesentlichen Faktoren, die den Prozess der Globalisierung vorantreiben, genannt.

Gesucht: Computerspezialisten aus Indien. Die Qualifikationsanforderungen an Arbeitskräfte steigen enorm an.

Reaktionen der Menschen

Die Gefühle der Menschen angesichts dieses Prozesses sind vielfältig und mitunter sehr widersprüchlich. Bei den einen löst er Aufbruchstimmung aus. Für sie ist Globalisierung eine Befreiung aus engen und überholten Grenzen. Andere urteilen dagegen zurückhaltender und empfinden gar Angstgefühle. [...] Nur in einer Hinsicht herrscht offenbar Einigkeit: Globalisierung ist nicht etwas, das wieder aufgehalten oder nach Belieben zurückgedreht werden kann. Ihre Begleiterscheinungen können allenfalls eine Zeit lang ignoriert werden, entziehen kann sich ihnen auf Dauer keiner.

(Aus: Bernard von Plate: Grundelemente der Globalisierung, in: Informationen zur politischen Bildung Nr. 263, Bonn 1999, S. 3)

1. Eine Definition, ein Beispiel und ein Foto, das Globalisierung veranschaulicht solltet ihr jetzt vorstellen können.
2. Welche Rolle spielt das Internet für die globalisierte Wirtschaft?
3. Sammelt die Faktoren, die zur Globalisierung geführt haben und erklärt, warum dieser Prozess unumkehrbar geworden ist.
4. Sprecht in der Klasse über die Frage: Müssen die Menschen Angst vor der Globalisierung haben?

Wir ermitteln Chancen und Risiken der Globalisierung

Wenn eine neue Entwicklung die gesamte Gesellschaft erfasst gibt es fast immer Gewinner und Verlierer, Chancen und Risiken. Bei der Globalisierung ist das nicht anders. Manche sehen sie als eine Horrorvision, weil die Wirtschaftsmacht der mächtigen Weltkonzerne unkontrollierbar werden wird. Andere sehen in der Globalisierung Chancen für die Überwindung sozialer Ungleichheit und für unzählige neue Existenzen und Arbeitsplätze. Auf dieser Seite werden einige der Auswirkungen der Globalisierung dargestellt. Ihr sollt selbst entscheiden, ob dabei das Positive oder das Negative überwiegt. Diskutiert am Ende die Meinung des Journalisten Nikolaus Piper.

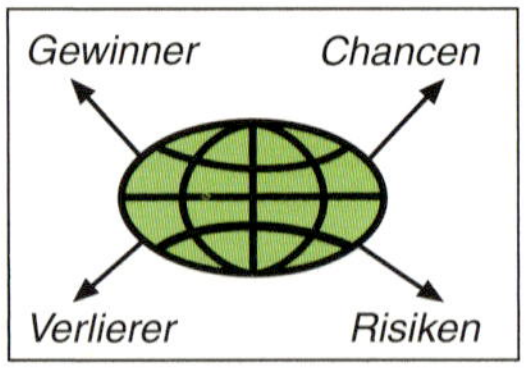

1 Grenzen spielen für die großen Unternehmen keine große Rolle mehr. Sie produzieren ihre Güter in dem Land, in dem es für sie am billigsten ist. Wird die Arbeitsstunde in Deutschland zu teuer, werden Firmenstandorte in Billiglohnländer verlegt, zum Beispiel nach Osteuropa. Nach Berechnungen von Experten werden in Deutschland durch Standortverlagerungen bis zum Jahre 2010 1,5 Millionen Arbeitsplätze verloren gehen.

2 Wer heute über einen Internetanschluss verfügt, dem steht als Kunde die ganze Welt als Markt zur Verfügung. Kaufen und Verkaufen ist an keinen Standort mehr gebunden. Kunden können weltweit Produkte ordern und Preise vergleichen. Die Zahl der Internetfirmen wächst. Das schafft mehr Konkurrenz, aber auch Chancen für hochqualifizierte Arbeitskräfte aus der ganzen Welt.

3 Seit der Konferenz von Rio über Umwelt und Entwicklung im Jahre 1992 hatte sich in der internationalen Staatenwelt die Erkenntnis durchgesetzt, dass für die globalen Umweltprobleme wie die Klimaerwärmung und die Vergrößerung des Ozonloches globale Lösungen gefunden werden müssen. Die Globalisierung der Wirtschaft kehrt diesen Prozess um. Um Kosten zu sparen werden sich große Unternehmen in den Ländern ansiedeln, in denen es die lockersten Umweltschutzbestimmungen gibt.

4 Auf den ersten Blick scheint die Globalisierung an den Entwicklungsländern vorbeizugehen. Vor allem in Afrika gibt es immer noch Armut, Hungersnöte, Unterernährung. Insgesamt hat die weltweite Beseitigung der Handelshemmnisse positive Effekte für das Wachstum der Wirtschaft in den armen Ländern. Ganz besonders profitieren so genannte Schwellenländer wie zum Beispiel Chile, Argentinien, Brasilien, Indien und viele andere. Sie bieten mittlerweile konkurrenzfähige Produkte weltweit an und erzielen dadurch Wirtschaftswachstum und neue Arbeitsplätze.

5 Niemand zahlt gerne Steuern, auch die großen Konzerne nicht. Die Staaten brauchen aber Steuereinnahmen um ihre Aufgaben wahrnehmen zu können. „Global-Player Unternehmen" können sich dieser Verantwortung entziehen. Sie schieben die Gelder zwischen ihren Niederlassungen auf der Welt hin und her. Gibt es in Deutschland höhere Steuern auf Unternehmensgewinne als anderswo, weist man hier eben nur kleine oder gar keine Gewinne aus und zahlt dementsprechend wenig oder gar keine Steuern. Die Gewinne erscheinen dann in dem Land, das darauf die geringsten Steuern erhebt.

6 Die armen Länder in Afrika, Asien und in Südamerika haben einen riesigen Nachholbedarf an sauberen technologischen Gütern. So richtete die Firma Siemens in der thailändischen Hauptstadt Bangkok im Jahr 1997 1,5 Millionen Telefonanschlüsse ein. Insgesamt verkauft Siemens seine High-Tech-Kommunikationsprodukte mittlerweile in über 120 Staaten der Welt. Das Know-how liefern die deutschen Mitarbeiter, deren Arbeitsplätze so gesichert sind. Dabei ist Siemens nur ein Beispiel von vielen.

„Wer vor der Globalisierung in Politik und Wirtschaft die Augen verschließt, spürt ihre negativen Folgen mit besonderer Wucht. Aber wer sie nutzt, kann gewinnen."
(Nikolaus Piper: Angstfaktor Weltmarkt, in: Zeit-Punkte 1/1997)

Memo

Wähle dein Thema

Diese Teilthemen fasse ich in einem Kurzbericht oder Kurzvortrag zusammen:

Ein Thema aus 6

- Grundbedingungen wirtschaftlichen Handelns und der Marktwirtschaft
- Unterscheidungsmerkmale zwischen freier und sozialer Marktwirtschaft
- Prinzipien, Ziele, Leistungen und Probleme staatlicher Umweltpolitik
- Überblick über die Bausteine im System der sozialen Sicherung
- Regeln und Stationen im Verlauf einer Tarifauseinandersetzung
- Definition, Beispiel, Chancen und Risiken der Globalisierung

Quiz

1. So heißt der Fachbegriff für die Lehre vom wirtschaftlichen Handeln.
2. Wer wirtschaftlich klug handelt, wendet diese beiden Prinzipien an.
3. Danach richtet sich in der Regel der Preis für eine Ware.
4. Wenn eine Firma als Einzige ein bestimmtes Produkt auf dem Markt anbietet, hat sie ein …
5. Ohne diese Voraussetzung kann Marktwirtschaft nicht funktionieren.
6. So heißt der Fachbegriff für die Lehre von Gleichgewicht der Kräfte in der Natur.
7. Diese Wirtschaftsordnung war ein Gegenmodell zur sozialen Marktwirtschaft.
8. Zu den vier klassischen Zielen staatlicher Wirtschaftspolitik gehören Vollbeschäftigung, Geldwertstabilität, außenwirtschaftliches Gleichgewicht und was noch?
9. Dazu gehören die Kranken-, Renten-, Arbeitslosen-, Unfall- und Pflegeversicherung.
10. Menschen die, egal aus welchen Gründen, in materielle Not geraten sind haben Anspruch auf …
11. Aus diesem Prinzip ergibt sich die Verpflichtung des Staates soziale Not zu bekämpfen.
12. Nach diesem Prinzip kommt derjenige für die Kosten von Umweltschäden auf, der dafür verantwortlich ist.
13. Nach diesem Konzept darf die Umwelt nicht über ihre Selbstregulierungskräfte hinaus belastet werden.
14. So bezeichnet man die Unabhängigkeit der Tarifpartner von staatlicher Bevormundung.
15. Sie ist eine der Faktoren, welche die Globalisierung der Wirtschaft möglich gemacht haben.

A Wirtschaftswachstum

B Ökologie

C Zentralistische Planwirtschaft

D Minimal- und Maximalprinzip

E Tarifautonomie

F Verhältnis von Angebot und Nachfrage

G Sozialhilfe

H Gesetzliche Sozialversicherung

I Konkurrenz

J Optoelektronik

K Verursacherprinzip

L Monopol

M Sozialstaatsprinzip

N Konzept der nachhaltigen Entwicklung

O Ökonomie

8 Die politische Ordnung in der Bundesrepublik Deutschland

Das Foto zeigt eine Demonstration gegen rechte Gewalt, an der am 29. Oktober 2000 etwa 25 000 Personen in Düsseldorf teilnahmen.

Die Bundeszentrale für politische Bildung veröffentlichte folgendes Ergebnis einer Meinungsumfrage in der Bundesrepublik Deutschland:

„Glauben Sie, die Demokratie, die wir in der Bundesrepublik haben, ist die beste Staatsform, oder gibt es eine andere, die besser ist?" 76 Prozent der befragten Bürgerinnen und Bürger antworteten: „Ja, die Demokratie ist die beste Staatsform". 9 Prozent zogen eine andere Staatsform vor und 15 Prozent waren unentschieden.

Wie fällt deine Antwort auf diese Frage aus?

(Umfrageergebnis veröffentlicht in: Horst Pötzsch: Die deutsche Demokratie, Verlag Leske + Budrich, Opladen 1995, S. 6)

1. In einer Demokratie leben: Welche Bedeutung hat das für dich?

Die Autoren dieses Buches befragten Schülerinnen und Schüler über deren Ansichten über das Leben in einer Demokratie. Hier einige Auszüge aus den schriftlichen Antworten:

„Für mich ist das Wichtigste in der Demokratie, dass man seine eigene Meinung haben kann und dass man reisen kann, wohin man will. Schlecht finde ich, dass es so wenig Arbeit gibt und dass man nie genügend Geld hat.“ *Marc, 17 Jahre*

„In einer Demokratie kann jeder selbst bestimmen, welche Partei er wählt. Nach den Wahlen können die Bürger aber nicht mehr so viel mitbestimmen. Ich finde, es sollte bei manchen Fragen in der Politik eine Volksabstimmung geben. Das wäre viel demokratischer.“ *Alexa, 16 Jahre*

„Ich mache mir eigentlich wenig Gedanken über die Demokratie. Ich habe ganz andere Sorgen als darüber nachzudenken. Ich will Spaß haben und etwas erleben. Beim Wort Demokratie denke ich an Politik und Politik – zum Beispiel im Fernsehen – das ödet mich total an.“ *Rouven, 17 Jahre*

„Meiner Meinung nach ist eine Demokratie die beste Art einen Staat zu führen. Eine richtige Demokratie muss so aufgebaut sein, dass die Macht aufgeteilt ist und nicht einer alles in die Hand nehmen kann. Mich stört an unserer Demokratie, dass die Polizei machtlos gegen die Kriminalität in den Großstädten ist.“

Verena, 15 Jahre

1. Welche der hier abgedruckten Antworten findest du am überzeugendsten?
2. Den Begriff Demokratie kennen alle, aber was er bedeutet und was dazugehört, ist gar nicht so leicht zu erklären. Sammelt in der Klasse alles, was ihr mit dem Begriff „Demokratie“ verbindet und notiert dann die Merkmale, die ihr für wichtig haltet.

Grundwissen Demokratie

Der Begriff Demokratie

Wörtlich übersetzt heißt das Wort „Herrschaft des Volkes“. In den parlamentarischen Demokratien, zu denen die Bundesrepublik Deutschland gehört, herrscht aber nicht das Volk direkt. Demokratie heißt hier „Herrschaft durch das Volk“. Das Volk wählt aus seiner Mitte Vertreterinnen und Vertreter, die dann für die Zeit einer Wahlperiode politische Herrschaft ausüben. In der Demokratie gilt das Prinzip der *Volkssouveränität*. Es bedeutet: Nur das Volk hat das Recht zu bestimmen, wer die politische Macht ausüben darf (und nicht wie früher in der Geschichte der Fürst, König oder Kaiser von Gottes Gnaden).

Unverzichtbare Merkmale

Das Bundesverfassungsgericht hat bereits 1952 in einem Urteil festgelegt, dass die Demokratie ein Staatswesen ist, in dem jegliche Gewalt- und Willkürherrschaft ausgeschlossen sein muss. Politische Herrschaft in der Demokratie darf nur auf der Grundlage der Selbstbestimmung des Volkes ausgeübt werden. Dieses Recht übt das Volk in freien Wahlen aus. Bei allen Wahlen ist der Wille der Mehrheit ausschlaggebend. Minderheiten müssen aber in der Demokratie besonders geschützt werden. Zentrale Werte der Demokratie sind die Freiheit des Einzelnen und die Gleichheit aller vor dem Gesetz. Weiterhin gehören vor allem folgende Merkmale zur freiheitlich demokratischen Grundordnung:

- Achtung der Menschenrechte,
- die Teilung der Staatsgewalt in Exekutive, Legislative und Judikative,
- die Bindung der Staatsgewalt an Recht und Gesetz,

Legislative	=	gesetzgebende Gewalt (Parlament)
Judikative	=	Rechtsprechung (Gerichte)
Exekutive	=	ausführende Gewalt (Regierung und Verwaltung)

(Siehe dazu auch die Seite 236.)

- die Unabhängigkeit der Gerichte,
- das Mehrparteiensystem,
- das Recht der Minderheitsparteien im Parlament die Regierung kritisieren zu können (= Schutz der Opposition).

(Der Text folgt in sprachlich vereinfachter Form dem Wortlaut der Entscheidung des Bundesverfassungsgerichtes vom 23.10.1952)

Grundlegende Verfassungsprinzipien

Die grundlegende politische Ordnung eines Staates ist in seiner Verfassung festgelegt. Die deutsche Verfassung wird auch als Grundgesetz bezeichnet. Sie enthält grundlegende Prinzipien der Demokratie in Deutschland im Artikel 20.
Demnach ist Deutschland ein Rechtsstaat. In einem *Rechtsstaat* dürfen Entscheidungen des Staates nur auf gesetzlicher Grundlage basieren. Die Bürgerinnen und Bürger sind vor willkürlichen Übergriffen des Staates zu schützen. Der Rechtsstaat orientiert sich an der Idee der Gerechtigkeit und verlangt die Gleichbehandlung aller Menschen vor dem Gesetz.
Deutschland ist ein *Sozialstaat*. Dieses Prinzip verpflichtet den Staat dazu, Lebensbedingungen zu schaffen, die den Vorstellungen von sozialer Gerechtigkeit entsprechen. Jeder Mensch, der in Not gerät, hat einen Rechtsanspruch auf staatliche Sozialhilfe.
Deutschland ist ein *Bundesstaat*. Das wird auch mit dem Fremdwort Föderalismus ausgedrückt. Garantiert wird jedem der 16 Bundesländer, dass es eine eigene Landespolitik auf der Basis einer eigenen Verfassung mit einem eigens für das Bundesland gewählten Parlament betreiben kann.
Der Begriff *Republik* drückt aus, dass die Demokratie in Deutschland auf der Freiheit und dem Willen des Volkes beruht und dass es keine Monarchie mehr geben kann.

1. Erklärt den Begriff Demokratie und die grundlegenden Verfassungsprinzipien in jeweils einem klaren Satz.
2. Notiert die wichtigsten Merkmale der Demokratie.
3. Auch Probleme und Konflikte gehören zum Wesen einer Demokratie. Welche aktuellen Probleme kommen euch in den Sinn, wenn ihr an den Zustand der Demokratie in Deutschland denkt?

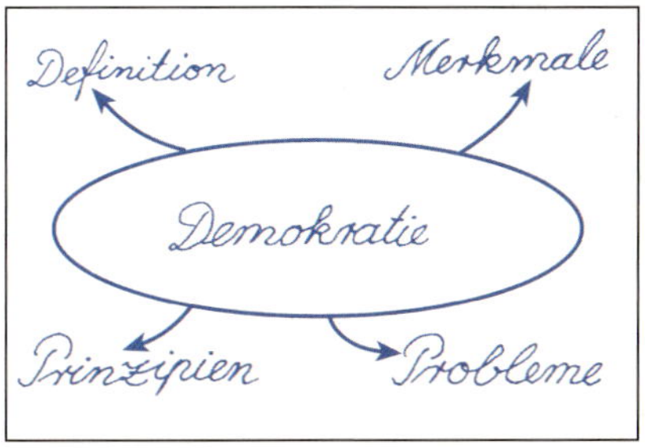

2. Wie viel Bürgerbeteiligung braucht die Demokratie?

Menschen, die politisch aktiv sind, begegnen uns oft als Berufspolitikerinnen und -politiker und als Mitglieder politischer Parteien. Daneben gibt es aber auch zahlreiche Beispiele von Menschen und Gruppen, die sich außerhalb der Parteien für bestimmte Ziele einsetzen. In dieser Einheit werden zwei solche Beispiele vorgestellt. Sie können arbeitsteilig behandelt werden. Teilt dazu die Arbeit in der Klasse auf und informiert euch nach der Bearbeitung gegenseitig:

1. Welches Problem steht im Mittelpunkt des Falles?
2. Mit welchen Mitteln beteiligen sich die Menschen an der Lösung des Problems? Sammelt die Möglichkeiten der Mitwirkung am politischen Leben.

Beispiel 1:
Bürgerinitiative kämpft für die Entfernung des Autoverkehrs aus ihrem Wohngebiet

Von Saarbrücken führt die stark befahrene Landstraße L 138 am Fluss Saar entlang nach Trier. Im letzten Teilstück, dem zwei Kilometer langen „Wiltinger Saarbogen", hört die Straße am Fluss entlang plötzlich auf und wird erst zwei Kilometer weiter an Saar und Mosel entlang fortgesetzt. Die Autofahrer überbrücken dieses fehlende Stück, indem sie die Verbindungsstraße durch die Wohngebiete der Kleinstadt Konz benutzen. Bis zu 12 000 PKW fuhren in den Neunzigerjahren täglich durch das Wohngebiet in Konz. Es ereigneten sich mehrere schwere Unfälle, wobei auch Kinder schwer verletzt wurden. Betroffene Bürgerinnen und Bürger empfanden diese Situation als unerträglich und gründeten eine Bürgerinitiative.

Ihr Ziel: Autoverkehr raus aus dem Wohngebiet! Fertigstellung des 2,1 km langen Teilstücks der L 138 entlang des Wiltinger Saarbogens.

Herr Gerhard Klein, Mitglied der Bürgerinitiative, beantwortete dazu in einem Interview folgende Fragen:

Warum sind Sie Mitglied in dieser Bürgerinitiative geworden?

Meine Kinder, meine Frau und ich, wir haben schon lange unter dem ständig fließenden Autoverkehr gelitten. Als meine kleine Tochter von einem viel zu schnell fahrenden Autofahrer um ein Haar überfahren worden wäre, da habe ich mir gesagt. Jetzt muss etwas getan werden, und so bin ich dieser Bürgerinitiative beigetreten.

Was haben die Mitglieder der Initiative unternommen?

Wir haben Unterschriftenaktionen gemacht und über 800 Unterschriften an das zuständige Ministerium in Mainz geschickt. Wir haben einen Infostand auf dem Marktplatz eingerichtet und mehrere Stellungnahmen in den örtlichen Zeitungen abdrucken lassen. Wir haben die Leute direkt angesprochen und konnten bald mit einer breiten Unterstützung rechnen. Wir haben uns direkt an den Stadtrat und an die Landesregierung in Mainz gewendet.

Die Geduld der Konzer Bürgerinitiative wurde lange Zeit auf eine harte Probe gestellt. Nach der Auffassung des Landespflegeexperten im Mainzer Umweltministerium handelt es sich bei dem Flussufer, an dem das neue Teilstück der Landstraße entlangführen soll „um ein hoch schutzbedürftiges Gebiet, dessen seltene, teils vom Aussterben bedrohte Pflanzen- und Tierwelt nicht ersetzbar oder ausgleichbar sei.

Auch der Bund für Umwelt- und Naturschutz hat sich gegen den Ausbau des Wiltinger Saarbogens ausgesprochen. Die neue Trassenführung sei mit dem Landespflegegesetz nicht vereinbar.

Auf die Frage, ob die Arbeit der Bürgerinitiative erfolglos war, antwortete Herr Klein: „Sicher, unser maximales Ziel haben wir nicht erreicht. Aber erfolglos waren wir nicht. In der Straße durch das Wohngebiet wurde Tempo 30 eingeführt, Bodenrollen und andere Hindernisse eingebaut, sodass jetzt viele Autofahrer das Gebiet großräumig umfahren. Die neue Straßenführung ist nach wie vor versprochen, aber im Moment fehlt dem Land das Geld dazu. Insgesamt hat sich die Situation entspannt. Das ist sicherlich kein grandioser Erfolg, aber das Engagement hat sich trotzdem gelohnt."

Der Wiltinger Saarbogen bei Trier: Hat sich der Einsatz der Bürgerinitiative gelohnt?

Beispiel 2:
Aktionsgemeinschaft ADAF kämpft gegen Flughafenausbau

Das folgende Interview führte „Politik erleben“ im Juli 1998 mit Irmgard K. durch, die sich seit vielen Jahren für den Schutz der Umwelt politisch engagiert.

Warum haben Sie sich engagiert?

Ich bin Diplom-Biologin und schon seit über sechs Jahren bei der ADAF aktiv. Das ist die Aktionsgemeinschaft gegen den Ausbau des Flughafens Köln/Bonn. Ich bin Mitglied geworden, weil ich über Robin Wood Leute von der ADAF kennen gelernt habe. Entstanden ist die ADAF aus dem „Bündnis für die Wahner Heide“. In einer Kartierungsaktion wurde festgestellt, dass die Wahner Heide cirka 600 Tier- und Pflanzenarten beherbergt, die auf der Roten Liste der vom Aussterben bedrohten Arten steht. Dieser Umstand und die Schönheit der Wahner Heide lässt wohl allen das Herz bluten, die mitansehen, wie das Flughafengelände immer weiter in die Wahner Heide ausgedehnt wurde. Meine emotionale Betroffenheit gibt mir die Motivation für das langjährige Engagement.

Was ist das Ziel Ihrer Aktionen?

Hauptziel unserer Aktionsgemeinschaft ist der Schutz des Naturschutzgebietes Wahner Heide, der etwa 5000 ha misst. Denn der gesetzliche Schutz reicht nach unserer Meinung bei weitem nicht aus. Anfangs hat die ADAF viel Aufsehen dadurch erregt, dass sie drei Winter lang jeweils für einige Wochen eine „Waldbesetzung“ an der Einflugschneise der Querwindbahn des Köln/Bonner Flughafens organisiert hat. Da sollten uralte Buchen der Säge zum Opfer fallen … Leider konnte unsere Aktion im Laufe der drei Jahre das Fällen der Bäume nicht verhindern, aber wir haben dadurch das Thema „Flughafenerweiterung auf Kosten der Wahner Heide“ in die Medien gebracht. Podiumsdiskussionen, Demonstrationen, Diavorträge und Heideführungen taten ihr Übriges. Mittlerweile zählen auch Mitarbeit in verschiedenen politischen Gremien zu der Arbeit des ADAF. Besonders stolz sind wir auf unser „Wahner-Heide-Informationszentrum“. Dieses kleine Fachwerkhaus haben wir selbst in Lehmbauweise auf einem Grundstück der evangelischen Kirche im alten Heidedorf Altenrath erbaut. Dort finden auch Seminare und Workshops statt. Außerdem startet hier einmal im Monat der naturkundliche politische Heidespaziergang.

Sind Sie auch manchmal enttäuscht?

Sicherlich gibt es manchmal Zeiten, wo man enttäuscht ist. Zum Beispiel als die über hundertjährigen Buchen gefällt wurden, da hätte ich heulen können. Aber wir haben auch jede Menge Erfolge gehabt. Wir haben durch unsere Arbeit erreicht, dass der Flughafen seine Ausbaupläne offen legt und für die geplanten Maßnahmen von vornherein Genehmigungsverfahren beantragt. Mit zahlreichen Aktionen haben wir die Bevölkerung für das Thema sensibilisiert.
Die Flughafen GmbH weiß jetzt, dass sie sich zur Imagepflege für die Wahner Heide interessieren muss. Immer mehr Menschen sind bereit, etwas für den Erhalt der Wahner Heide zu tun, zum Beispiel an einer Demonstration oder Unterschriftensammlung teilzunehmen oder etwas Geld zu spenden. Also, aus meiner Sicht lohnt sich das Engagement auf jeden Fall und Spaß macht es auch.

3. Wie bewertet ihr das Engagement der Menschen in diesen beiden Fällen: positiv oder negativ, wichtig oder nicht so wichtig für die Demokratie?

Methodenkarte 9

Kurzvortrag nach Stichwortzettel

Wie hält man einen guten Vortrag?

Thema: Die politische Ordnung in der Bundesrepublik Deutschland

Die weiteren Themen innerhalb dieses Kapitels können auch in Form von Kurzvorträgen bearbeitet werden. Dies kann einzeln und in Gruppen geschehen. Der Vorteil: Man teilt sich die Arbeit auf und übt eine wichtige Schlüsselqualifikation ein.

Worauf kommt es bei einem Vortrag an?

In einem Vortrag geht es darum, Informationen, die man sich alleine oder in einer Gruppe erarbeitet hat, einer Zielgruppe zu vermitteln. Ein guter Vortrag zeichnet sich besonders durch zwei Merkmale aus:

1. Verständlichkeit (Das betrifft den Inhalt des Vortrags.)

2. Anschaulichkeit (Das betrifft die Art der Darstellung.)

Die Fähigkeit zur Vorbereitung und zur Präsentation eines Kurzvortrages lässt sich üben. Man muss kein Genie sein, um seine Sache gut zu machen. Einen Kurzvortrag halten können: Das ist eine Schlüsselqualifikation, die in allen anderen Schulfächern, in jeder weiterführenden Schule, im Beruf, im Vereinsleben und natürlich auch beim Mitmachen in der Politik von grundlegender Bedeutung ist.

Vorschläge für Vortragsthemen aus dem Kapitel über die politische Ordnung:

- Die politischen Mitwirkungsmöglichkeiten in der Demokratie
- Die Bedeutung der Parteien in der Bundesrepublik Deutschland
- Bedeutung und Merkmale einer demokratischen Wahl
- Das Verfahren für die Wahlen zum Deutschen Bundestag
- Der Weg von der Wahl zur Bildung der Bundesregierung

A Die Vorbereitung des Kurzvortrages

Nach der Entscheidung für ein Thema könnt ihr euch an der folgenden Checkliste orientieren:

Checkliste

1. Lesen des Materials, jeder für sich und in Ruhe
2. Bearbeiten des Materials (Schlüsselbegriffe herausschreiben, wichtige Informationen sammeln und notieren, Unbekanntes klären)
3. Eventuell weiteres Material hinzuziehen (zum Beispiel aus Lexika, Fachbüchern, aus dem Internet)
4. Informationen zum Thema gezielt sammeln
5. Aus der Sammlung die Informationen auswählen, die zum Verständnis des Themas unverzichtbar sind
6. Informationen gliedern
7. Vortrag in Einleitung, Hauptteil und Schluss einteilen
8. Einen Stichwortzettel erstellen
9. Vortrag einmal üben (zum Beispiel in einer Gruppe)
10. Eventuell kürzen und noch einmal überarbeiten

Stichwortzettel

1. Einleitung
Thema klar formulieren
Bedeutung des Themas deutlich machen

2. Hauptteil
Überblick über die einzelnen Punkten geben
Information 1
Information 2
Information 3
Information 4

Folie
Plakat
Mindmap
Tafel

3. Schlussteil
kurze Zusammenfassung geben
Vortrag mit einem interessanten Gedanken beenden

B Die Präsentation des Kurzvortrages

Es gibt viele verschiedene Arten, wie man einen Vortrag vor einer Gruppe halten kann. Jeder sollte die Art finden, die zur eigenen Person am besten passt. Darüber hinaus gibt es Regeln, die erlernbar sind und die immer dabei helfen, dass man seine Vortragsziele erreicht.
Wichtig ist, dass die Vortragenden gut vorbereitet sind, weil das Publikum sehr schnell merkt, ob jemand von der Sache, über die gesprochen wird, etwas versteht. Darüber hinaus sollte der Vortrag gut verständlich sein, lebendig gestaltet werden und möglichst mit zusätzlichen Medien, wie einer Folie, einem Plakat, einem Schaubild, einem Tafelanschrieb, einer Mindmap usw. optisch unterstützt werden.

Die vier Interessantmacher:

1. **gute Vorbereitung**
2. **Verständlichkeit**
3. **Lebendigkeit**
4. **Anschaulichkeit**

Egal, ob ihr alleine oder im Team einen Vortrag haltet. Achtet stets auf die Einhaltung der folgenden fünf Präsentationsregeln:

1. Die Aufmerksamkeit des Publikums herstellen
Nicht in die Unruhe der Klasse hinein mit dem Vortrag beginnen, Ruhe abwarten, Blickkontakt herstellen, um Aufmerksamkeit bitten

2. Deutlich und verständlich sprechen
Ein guter Vortrag sollte nicht abgelesen werden, auf keinen Fall das Vorbereitete herunterleiern

3. Die Verbindung zum Publikum halten
Immer wieder Blickkontakt zum Publikum herstellen, nicht nur auf den Lehrer schauen oder auf eine Wand, auf der sich ein Plakat befindet oder das Bild des Overheadprojektors

4. Die wichtigsten Ergebnisse besonders herausstellen
Im Schlussteil das Gesagte in wenigen Worten zusammenfassen; einen Merktext formulieren, ein Papier vorbereiten und verteilen, das die wichtigsten Informationen enthält.

5. Überprüfen, wie der Vortrag beim Publikum angekommen ist
Fragen zum Verständnis des Vortrags an das Publikum richten, Fragen zulassen

Tipp: Die Aufregung der Vortragenden wird geringer, wenn ihr euch dazu verpflichtet, fair miteinander umzugehen. Jeder Vortrag sollte besprochen werden: Was war gut? Was kann verbessert werden? Wie stand es um die Verständlichkeit und die Anschaulichkeit?

Möglichkeiten politischer Beteiligung im Überblick

1. Wenn ihr diese Doppelseite aufmerksam durcharbeitet, könnt ihr mindestens zehn Möglichkeiten politischer Mitwirkung notieren.

In der Eingangshalle zum Deutschen Bundestag (der Lobby) treffen sich die Vertreter der Interessenverbände, die so genannten Lobbyisten, um die Interessen ihres Verbandes bei den Politikern geltend zu machen.

Politische Beteiligung kann in vielerlei Formen erfolgen. Sie setzt Urteilsfähigkeit voraus und erfordert die Bereitschaft, sich für das Gemeinwesen mitverantwortlich zu fühlen.
Am Prozess der politischen Meinungs- und Willensbildung nimmt schon teil, wer politische Nachrichten und Kommentare in Zeitungen liest, die politische Berichterstattung in Rundfunk und Fernsehen verfolgt und Gespräche über politische Themen im Familien-, Freundes- und Kollegenkreis führt.
Formen der aktiven Beteiligung reichen von der Mitwirkung bei Unterschriftenaktionen, einem Engagement in Umwelt, Menschenrechts- und Selbsthilfegruppen, der Teilnahme an Versammlungen und Demonstrationen, dem Schreiben von Leserbriefen und Schreiben an Abgeordnete, dem Besuch von Sprechstunden der Abgeordneten, Eingaben an Parlamente und den Bundespräsidenten, der Mitgliedschaft und Mitarbeit in Parteien, Verbänden und Bürgerinitiativen bis zur Teilnahme an den Wahlen zu Volksvertretungen und der eigenen Kandidatur bei diesen Wahlen.

Parteien

In der modernen Massendemokratie kann der Bürger den politischen Entscheidungsprozess auf sich allein gestellt kaum beeinflussen. Politische Beteiligung vollzieht sich in erster Linie über die Mitarbeit in den Parteien. (Siehe dazu Seite 205ff.)

Interessenverbände

Während nur verhältnismäßig wenige Bürger einer Partei angehören, sind sehr viele Mitglied eines Vereins oder eines Verbandes. 58 Millionen der über 14-jährigen Deutschen gehören einem oder mehreren Vereinen an. Interessenverbände gibt es in fast allen Bereichen der Gesellschaft. Man kann sie nach ihren Tätigkeitsfeldern in Gruppen einteilen:
– Vereinigungen im Wirtschaftsleben und in der Arbeitswelt: Dazu gehören die Unternehmer- und Selbstständigenverbände, der Bundesverband der Deutschen Industrie, die Gewerkschaften, der Beamtenbund, die Verbraucherverbände und viel andere.
– Vereinigungen mit sozialen Zielen: zum Beispiel die Arbeiterwohlfahrt, die Caritas, das Rote Kreuz, der Mieterbund und andere.
– Vereinigungen im Bereich Freizeit und Erholung: zum Beispiel der Deutsche Sportbund. [...]
– Vereinigungen mit ideellen und gesellschaftspolitischen Zielsetzungen: zum Beispiel amnesty international, Internationale Gesellschaft für Menschenrechte, Kinderschutzbund und andere. [...]
Die verschiedenen Verbände fassen die Interessen ihrer Mitglieder zusammen, formulieren konkrete Forderungen und versuchen, ihre Ziele mit wirkungsvollen Mitteln durchzusetzen. [...]
Die Geschäftsordnungen des Bundestages und der Bundesregierung sehen ausdrücklich die Mitwirkung der Interessenverbände vor. Interessenvertreter können von Ausschüssen des Bundestages um Stellungnahme gebeten werden, sie können in öffentlichen Anhörungen (Hearings) Auskunft geben.

(Aus: Horst Pötzsch: Die deutsche Demokratie, Verlag Leske + Budrich, Opladen 1995, S. 30 und 38ff.)

Das Grundrecht der Versammlungsfreiheit gewährt allen Deutschen das Recht, friedliche Demonstrationen zu veranstalten und an solchen teilzunehmen.

Bürgerinitiativen

Seit Beginn der Siebzigerjahre sind Bürgerinitiativen in Deutschland verstärkt aktiv geworden. Meist schließen sich dabei Bürger zusammen, um auf die Beseitigung eines Missstandes hinzuweisen, weil sie sich von den Behörden und Parlamenten nicht hinreichend unterrichtet und beachtet fühlen. Die meisten Bürgerinitiativen entstehen spontan. Häufig verfolgen sie ein im persönlichen Lebensbereich ihrer Mitglieder angesiedeltes Ziel. Dabei kann es um die Rettung alter Bäume gehen, die einer neuen Straße weichen sollen, um fehlende Kinderspielplätze oder um die Verhinderung eines Flughafenbaus. Oft kommt es vor, dass Bürgerinitiativen einander widersprechende Ziele verfolgen. So werden die einen für den Bau einer Umgehungsstraße zur Verkehrsberuhigung aktiv, während die anderen dasselbe Projekt aus Gründen des Naturschutzes ablehnen.
Bürgerinitiativen haben in vielen Fällen – insbesondere auf lokaler Ebene – ihre Ziele erreichen können. Sie warteten mit neuen Ideen auf, gaben Beispiele für bürgerschaftliches Engagement und zeigten dabei vielfach die Bereitschaft zum Kompromiss.

(Aus: Arno Kappler, Tatsachen über Deutschland, Societäts-Verlag Verlag, Frankfurt a.M. 1995, S. 380)

Protestplakat zum Kampf einer Bürgerinitiative gegen den Bau einer Giftmülldeponie

Zustimmung und Kritik an Bürgerinitiativen

Bürgerinitiativen haben das Verdienst, politische und soziale Probleme in das öffentliche Bewusstsein gerückt zu haben, die von den Parteien und Interessenverbänden vernachlässigt wurden. Inzwischen wurden wichtige Themen zu Programmpunkten der Parteien (Umweltschutz).
Problematisch sind die Aktionen der Bürgerinitiativen, wenn sie
– Minderheitsinteressen gegen Mehrheitsinteressen durchsetzen wollen (Beispiel: Anwohner verhindern Behindertenheim oder Spielplatz),
– Entscheidungskompetenzen beanspruchen, die demokratisch gewählten Organen zukommen,
– dabei Gewalt anwenden.

(Aus: Horst Pötzsch, a.a.O., S. 48)

Möglichkeiten direkter Demokratie

Direkte Demokratie bedeutet, dass die Bürgerinnen und Bürger direkt, also nicht über ihre gewählten Vertreter, an den politischen Entscheidungen beteiligt sind. Solche Möglichkeiten gibt es in fast allen Bundesländern auf der Ebene der Gemeindepolitik in der Form des Bürgerbegehrens und des Bürgerentscheids.
Wollen die Bürgerinnen und Bürger in einer Stadt zum Beispiel den Bau einer städtischen Kindertagesstätte lieber haben als den vom Rat geplanten Erweiterungsbau des Stadttheaters, so können sie dies mit einem schriftlich eingereichten Bürgerbegehren beim Stadtrat beantragen. Dieser Antrag muss mit einer bestimmten Mindestanzahl von Unterschriften der Einwohner ab 16 Jahren versehen sein. Die Mindestzahl hängt dabei von der jeweils gültigen Gemeindeordnung ab (z.B. Rheinland-Pfalz zwischen 2 und 5 Prozent, je nach Gemeindegröße, Thüringen 10 Prozent, Saarland und Sachsen 15 Prozent).
Nimmt der Gemeinderat dieses Bürgerbegehren nicht an, so muss innerhalb einer bestimmten Frist ein Bürgerentscheid über die Sache durchgeführt werden. Das heißt, die Bürgerinnen und Bürger entscheiden nun per Abstimmung direkt über Theaterausbau oder Kindertagesstätte. Die Abstimmung ist gültig, wenn sich ein bestimmter Anteil der wahlberechtigten Bürger daran beteiligt hat (z.B.: Rheinland Pfalz 30 %, Thüringen 25%).
Bei den politischen Entscheidungen auf der Ebene der Landespolitik gibt es die Möglichkeit direkter politischer Mitwirkung durch das Volksbegehren und den Volksentscheid. Hiermit kann die Bevölkerung eines Bundeslandes die Landesregierung dazu auffordern, ein bestimmtes Gesetz zu erlassen, zu ändern oder aufzuheben. Das Verfahren läuft dann auf Landesebene so ähnlich ab, wie auf der bereits geschilderten kommunalen Ebene.

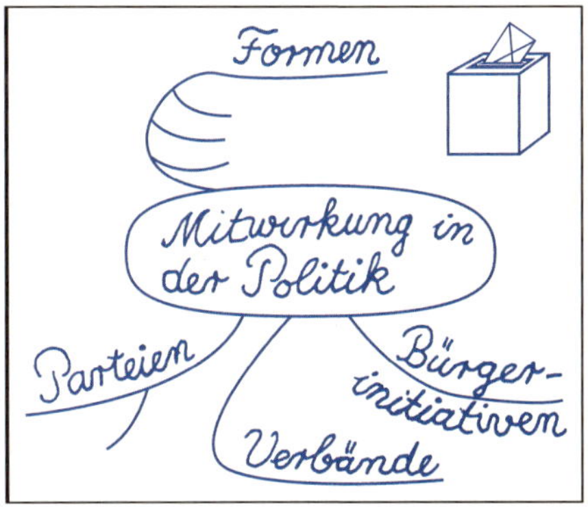

2. „Die Demokratie lebt vom Engagement ihrer Bürgerinnen und Bürger!“
Bewertet diese Aussage vor dem Hintergrund der verschiedenen Möglichkeiten politischer Beteiligung.

3 Fälle – 9 Möglichkeiten

Ordnet zu und vergleicht eure Lösungen in der Klasse.

Politische Interessen lassen sich auf verschiedene Art und Weise durchsetzen. Findet die erfolgversprechendsten für jeden der drei Fälle.

Fall 1: In Jungstadt überlegt der Stadtrat, ob das städtische Jugendzentrum geschlossen werden muss, weil die Einnahmen der Gemeinde immer stärker zurückgehen. Die Jugendlichen, bei denen das Jugendzentrum sehr beliebt ist, wollen das nicht hinnehmen und …

Fall 2: In Schulstadt soll eines von drei Gymnasien wegen zurückgehender Schülerzahlen geschlossen werden. Eltern, Schüler und Lehrer wollen den Beschluss des zuständigen Landesministeriums nicht hinnehmen und …

Fall 3: Frau Lenz und andere Mieter ärgern sich, dass ihr Vermieter das Haus mit der schönen alten Fassade immer weiter verfallen lässt, um an gleicher Stelle ein gewinnbringenderes Bürogebäude zu erstellen. Sie wollen sich das nicht gefallen lassen und …

a) wenden sich an das zuständige Amt für Denkmalpflege mit dem Antrag das Haus unter Denkmalschutz zu stellen.

b) wenden sich an die Mitglieder aller Parteien im Stadtrat und im Landtag und versuchen, diese für ihre Interessen einzuspannen.

c) schalten den Lehrerverband für die Durchsetzung ihres Protestes ein.

d) schließen sich der bestehenden Bürgerinitiative „Schützt das historische Stadtbild“ an.

e) demonstrieren in der Stadt, errichten Info-Stände und wenden sich an die Presse im gesamten Bundesland.

f) wenden sich mit einer schriftlichen Eingabe und einer Unterschriftenliste an den Gemeinderat und fordern darin, von diesem Vorhaben Abstand zu nehmen.

g) organisieren einen Tag der offenen Tür unter dem Motto: „Investitionen in die Jugendarbeit sind das beste Mittel gegen Verwahrlosung“.

h) schildern ihr Problem dem Mieterbund.

i) schreiben Leserbriefe an die örtliche Tageszeitung und rufen darin die Erwachsenen auf, sie in ihren Forderungen zu unterstützen.

3. Die Rolle der Parteien in der Demokratie

Bei Repräsentativbefragungen zeigt sich, dass nur ca. 30 Prozent der Jugendlichen im Alter zwischen 15 und 17 Jahren die Namen der im Deutschen Bundestag vertretenen Parteien richtig benennen können. Ihr könnt den Bekanntheitsgrad in eurer Klasse auf 100 Prozent erhöhen, wenn ihr aus den folgenden Puzzleteilen die Namen der großen Parteien in Deutschland richtig in euer Heft notiert.
In einem zweiten Schritt könnt ihr den sechs Begriffen, die in den Namen der Parteien eine große Rolle spielen, die jeweils richtige Definition zuordnen.

Bündnis	Deutschlands	Partei
Christlich	Die	Soziale
Christlich	Freie	Sozialdemokrati-sche
Demokratische	Grünen	Sozialismus
Demokratische	Neunzig	Union
Demokratischen	Partei	Union
Des	Partei	

Welche der Definitionen erklärt welchen Begriff aus den Namen der Parteien?

1. demokratisch	2. frei	3. Union	4. sozial	5. grün	6. sozialistisch

a) bedeutet, „nützlich für die Gemeinschaft“. Man will eine Politik machen, die mitmenschlich ist und hat dabei besonders die Schwachen bzw. Benachteiligten im Blick.

b) bedeutet „Vereinigung“ oder „Bündnis“. Gemeint ist, dass sich Parteien mit diesem Begriff im Namen als ein Bündnis für Menschen und Gruppen aus allen Schichten des Volkes verstehen. Sie wollen eine Politik verwirklichen, die sich an den religiösen Überzeugungen des Christentums orientiert.

c) Fast alle großen Parteien führten diesen Begriff im Namen und/oder fühlen sich ihm verpflichtet. Hier drückt der Begriff aus, dass sich die Parteien als Volksparteien verstehen, die sich dem Grundgesetz verpflichtet fühlen und eine Politik gestalten wollen, die – trotz aller Unterschiede – der Verwirklichung der Ziele der Verfassung dient.

d) steht für ein Parteiprogramm, das sich in besonderer Weise der individuellen Freiheit des Einzelnen verpflichtet fühlt. Die Partei, die diesen Begriff im Namen betont, tritt für weniger staatliche Eingriffe und für mehr individuelle Verantwortungsbereitschaft ein. Sie wird auch als „die Liberalen“ bezeichnet.

e) Das Wort steht für eine Idee von einer Gesellschaft, in dem der Staat für die Gleichheit aller Menschen und für soziale Gerechtigkeit sorgen muss. Diese Werte haben dabei Vorrang vor individueller Freiheit.

f) Der Begriff drückt eine besondere Verpflichtung gegenüber der Natur und dem Schutz der Umwelt aus. Neben der Ökologie steht das Adjektiv für eine Politik, die sich dem Frieden, der sozialen Gerechtigkeit, der Gleichstellung von Mann und Frau besonders verpflichtet fühlt.

100 Prozent erreicht?
Am Ende der Bearbeitung sollte jedes Klassenmitglied die Abkürzungen der im Bundestag vertretenen Parteien richtig nennen und darüber hinaus erklären, was die einzelnen Begriffe bedeuten.

Welchen gesetzlichen Auftrag haben die Parteien?

Aus den hier abgedruckten Gesetzestexten könnt ihr entnehmen:

1. Was ist eine politische Partei?
2. Was sind die wichtigsten Aufgaben der Parteien?
3. Was sagt das Schaubild über die Funktion der Parteien in der Politik aus?

Zunächst solltet ihr den Artikel 21 des Grundgesetzes vervollständigen, in dem „versehentlich" einige Begriffe fehlen (siehe Kasten).

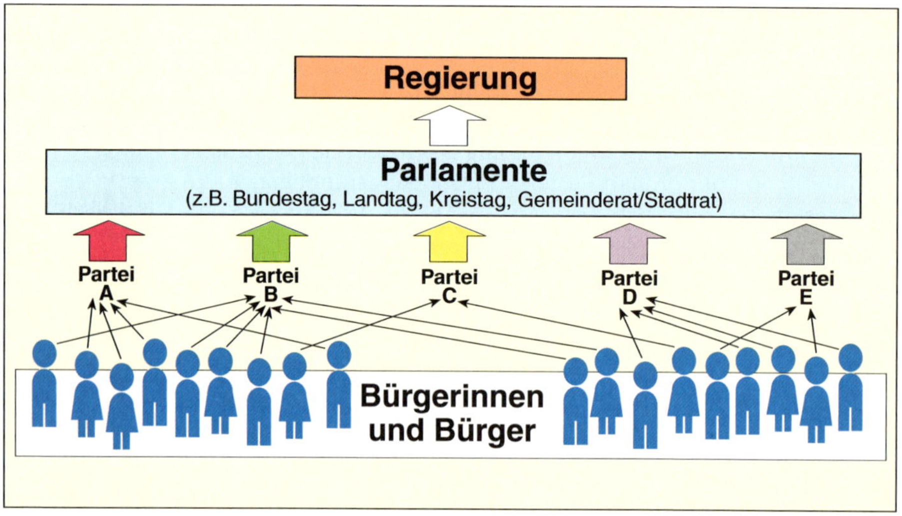

- verfassungswidrig
- frei
- Willensbildung
- Bundesverfassungsgericht
- Grundordnung
- Grundsätzen
- Rechenschaft

Artikel 21 des Grundgesetzes

(1) Die Parteien wirken bei der politischen XXX des Volkes mit. Ihre Gründung ist XXX. Ihre Ordnung muss demokratischen XXX entsprechen. Sie müssen über die Herkunft und Verwendung ihrer Mittel öffentlich XXX geben.

(2) Parteien, die nach ihren Zielen oder dem Verhalten ihrer Anhänger darauf ausgehen, die freiheitliche demokratische XXX zu beeinträchtigen oder zu beseitigen oder den Bestand der Bundesrepublik Deutschland zu gefährden, sind XXX. Über die Frage der Verfassungswidrigkeit entscheidet das XXX.

(3) Das Nähere regeln Bundesgesetze.

Aus dem Parteiengesetz

§ 1 Verfassungsrechtliche Stellung und Aufgaben der Parteien

(1) Die Parteien sind ein verfassungsrechtlich notwendiger Bestandteil der freiheitlich demokratischen Grundordnung. Sie erfüllen mit ihrer freien, dauernden Mitwirkung an der politischen Willensbildung des Volkes eine ihnen nach dem Grundgesetz obliegende und von ihm verbürgt öffentliche Aufgabe.

(2) Die Parteien wirken an der Bildung des politischen Willens des Volkes auf allen Gebieten des öffentlichen Lebens mit, indem sie insbesondere
– auf die Gestaltung der öffentlichen Meinung Einfluss nehmen,
– die politische Bildung anregen und vertiefen,
– die aktive Teilnahme der Bürger am politischen Leben fördern,
– sich durch Aufstellung von Bewerbern an den Wahlen in Bund, Ländern und Gemeinden beteiligen, […]
– und für eine ständige lebendige Verbindung zwischen dem Volk und den Staatsorganen sorgen.

(3) Die Parteien legen ihre Ziele in politischen Programmen nieder.

§ 2 Begriff der Partei

(1) Parteien sind Vereinigungen von Bürgern, die dauernd oder für längere Zeit für den Bereich des Bundes oder eines Landes auf die politische Willensbildung Einfluss nehmen und an der Vertretung des deutschen Volkes im Deutschen Bundestag oder einem Landestag mitwirken wollen, wenn sie nach dem Gesamtbild der tatsächlichen Verhältnisse, insbesondere nach Umfang und Festigkeit ihrer Organisation, nach der Zahl ihrer Mitglieder und nach ihrem Hervortreten in der Öffentlichkeit eine ausreichende Gewähr für die Ernsthaftigkeit dieser Zielsetzung bieten.

Über die Liste auf dieser Seite könnt ihr in Kleingruppen beraten und gemeinsam eine Rangordnung erstellen. Diese Rangordnung könnt ihr notieren (z.B. auf einer Folie) und so leicht mit den Ergebnissen anderer Gruppen vergleichen. Habt ihr für das ein oder andere Ziel Ideen, was eine Partei konkret zur Verwirklichung tun könnte?

Welchen Problemen sollen sich die Parteien zuwenden?

Wir erstellen die Charts wichtiger parteipolitischer Ziele

Tipp: Sucht euch ein Ziel heraus und entwickelt in der Gruppe Vorschläge für die Verwirklichung (so ähnlich wie es die Parteien in ihren Programmen tun). Stellt euch die Vorschläge gegenseitig vor.

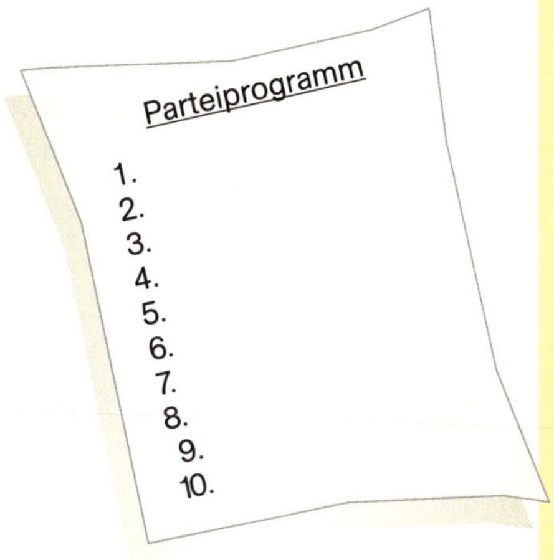

- ❐ Bekämpfung von Arbeitslosigkeit
- ❐ Lösung der Umweltprobleme
- ❐ Schaffung gleichwertiger Lebensverhältnisse in Deutschland
- ❐ Förderung der weiteren Vereinigung Europas
- ❐ Hilfe für die Dritte Welt
- ❐ Verstärkung des Kampfes gegen die Kriminalität
- ❐ Erhaltung der Wirtschaftskraft durch Technologien
- ❐ Verbesserung der Situation der Frauen
- ❐ Bekämpfung von Rechtsradikalismus und Fremdenfeindlichkeit
- ❐ Staatliche Finanzierung von Wohnungen, Kindergärten, Krankenhäusern u. a.
- ❐ Sicherung des Friedens
- ❐ Senkung der Rüstungskosten

Fallen euch weitere Themen ein, um die sich die Parteien kümmern sollten?

Was wollen die Parteien?

Mithilfe des Materials auf dieser Doppelseite könnt ihr euch einen Überblick über die Gründung, die Mitgliederzahl und die allgemeinen Ziele der großen Parteien verschaffen. Für eine genauere Information über konkrete Ziele und Unterschiede bei bestimmten Themen und Bereichen der Politik bietet das Internet die aktuellsten Informationen. Ihr könnt euch auch an die örtlichen Geschäftsstellen der Parteien wenden und zu einzelnen Themen weitere Informationen anfordern.

Legt eine Übersicht für die genannten Parteien an und vervollständigt sie.

a) wichtige Ziele	b) Gründungsdaten	c) Mitgliederzahl

Die Christlich Demokratische Union (CDU) und die Christlich-Soziale Union (CSU) wurden 1945 als christlich orientierte Parteien von Bürgern katholischen und evangelischen Glaubens gegründet. CDU und CSU sind „Schwesterparteien", d.h. die CSU beschränkt ihr Wirkungsgebiet ausschließlich auf Bayern, während die CDU im übrigen Bundesgebiet arbeitet. CDU (604 000 Mitgl.) und CSU (177 000 Mitgl.) verstehen sich als alle Schichten des Volkes umfassende soziale, liberale und konservative Strömungen vereinende Volksparteien. Sie wollen eine Politik gestalten, die auf dem christlichen Verständnis vom Menschen und auf christlichen Werten beruht. Konservativ heißt hier, dass die Partei auf die Beibehaltung bewährter Traditionen Wert legt. Die CSU betont die Eigenständigkeit der Länder noch stärker als die CDU.

Die 1945 gegründete Freie Demokratische Partei (F.D.P.) versteht sich als Partei des Liberalismus. Für sie ist die Freiheit des einzelnen Menschen und deren Sicherung vorrangiges Ziel.

Grundsatz der Partei ist, dass es ohne Bildung und ohne Eigentum auf die Dauer keine Freiheit und kein Wohlergehen für die Gemeinschaft geben kann. Die F.D.P. will, dass die Menschen mehr Verantwortung für ihre eigene Lebensplanung übernehmen und dass sich die staatliche Fürsorge auf grundlegende Aufgaben beschränkt (65 700 Mitgl.).

Die älteste der großen Parteien ist die Sozialdemokratische Partei Deutschlands (SPD). Sie wurde 1869 als Sozialdemokratische Arbeiterpartei gegründet und trägt den heutigen Namen seit 1890. Früher war die SPD (700 250 Mitgl.) eine reine Arbeiterpartei, bis sie sich nach dem Zweiten Weltkrieg in der Bundesrepublik Deutschland zu einer „linken Volkspartei" entwickelte, die auch andere Schichten und Gruppen der Bevölkerung vertritt. Heute sieht sich die SPD als Partei der „neuen Mitte", die sich an alle Bevölkerungsschichten wendet. Traditionell gilt die SPD als die „Partei der kleinen Leute" die sich in besonderer Weise der Herstellung sozialer Gerechtigkeit verpflichtet fühlt.

DIE GRÜNEN wurden als Bundespartei 1980 gegründet. Sie gingen hervor aus Bürgerinitiativen zum Schutz der Umwelt aus Anhängern der Friedens-, Anti-Atom- und Frauenbewegung. Das Bündnis 90 hatte seine Wurzeln in der Opposition gegen das SED-Regime in der ehemaligen DDR.
Um ihre Erfolgsaussichten zu vergrößern, schlossen sich die beiden Organisationen im Mai 1993 unter dem Namen Bündnis 90/DIE GRÜNEN zusammen. Die Partei versteht sich als konsequent ökologisch ausgerichtet und tritt ein für ein umweltverträgliches Wirtschaften und Zusammenleben, für Frieden und Abrüstung, für die Gleichstellung von Mann und Frau und für verbesserte Rechte von Minderheiten (46 000 Mitgl.).

(Nach: Floren u.a. Politik, Arbeitsbuch 9/10, Verlag Schöningh, Paderborn 1998, S. 177ff., Mitgliederzahlen von 2002)

Die Partei des demokratischen Sozialismus (PDS) entstand 1989 als Nachfolgepartei der Sozialistischen Einheitspartei (SED) der ehemaligen DDR. Sie versteht sich nicht als ostdeutsche, sondern als gesamtdeutsche sozialistische Partei. Sie hat sich vom Kommunismus losgesagt und sieht sich als Sammelbecken für diejenigen, die einen starken Staat wünschen, der für die Gleichheit aller Menschen sorgt. 2002 hatte die PDS 83 475 Mitglieder.

Parteien im Internet

Die Parteien legen ihre Ziele in Parteiprogrammen fest. Unterschieden werden muss dabei zwischen den Grundsatzprogrammen und den Aktions- und Wahlprogrammen. *Grundsatzprogramme* enthalten eine langfristige politische Standortbestimmung der Partei und sind zwangsläufig relativ allgemein gehalten.
Aktions- und Wahlprogramme geben über die kurzfristigen Ziele der Parteien Auskunft, z.B. für eine Wahlperiode. Sie haben die Aufgabe, die Ziele der Parteien für die Wählerinnen und Wähler zu verdeutlichen und den eigenen Parteimitgliedern eine Argumentationshilfe für den Wahlkampf zu geben.

www.gruene.de	Bündnis 90 / DIE GRÜNEN
www.cdu.de	CDU
www.csu.de	CSU
www.fdp.de	F.P.D.
www.pds-online.de	PDS
www.spd.de	SPD

Mithilfe der Webadressen der Parteien im Internet könnt ihr auf die Suche nach weiteren Programmaussagen der Parteien gehen. Als Suchbegriffe bieten sich z.B. die folgenden Themenbereiche der Politik an:

- Arbeitsmarktpolitik
- Energiepolitik
- Frauenpolitik
- Jugendpolitik
- Umweltpolitik
- Sozialpolitik

Neben den im Bundestag vertretenen Parteien sind auch zahlreiche kleine Parteien im Internet vertreten, darunter auch rechts- und linksextreme. Beachtet für die Internetrecherche auch die Methodenkarte auf den Seiten 114/115.

Der Parteispendenskandal: Nichts als Ärger mit dem Geld der Parteien?

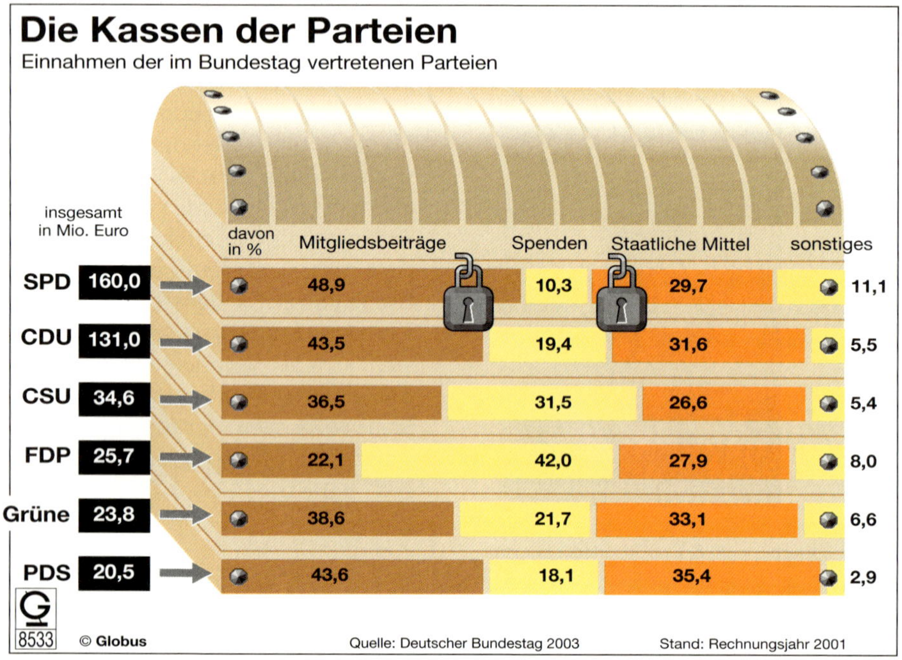

Warum brauchen die Parteien Geld?
Die rechtlichen Vorkehrungen der Parteienfinanzierung verfolgen in erster Linie das Ziel, die ordentliche Funktionserfüllung der Parteien sicherzustellen.
Neben der Freiheit der parteipolitischen Betätigung, die in Art. 21 GG zum Ausdruck kommt, ist die Chancengleichheit aller Parteien für alle Bürger bei der parteipolitischen Betätigung das zweite Hauptelement der verfassungsrechtlichen Regulierung des Parteiwesens. Alle Parteien, gleichviel, welche Kreise der Bevölkerung und welche Interessen sie vertreten, sollen im politischen Wettbewerb der verschiedenen Auffassungen und Interessen chancengleich sein. Ohne staatliche Mittel zur Parteienfinanzierung wären diejenigen Parteien, die wenig finanzkräftige Interessen vertreten, erheblich benachteiligt.
Das in Artikel 21 GG aufgestellte Öffentlichkeitsgebot für die Parteifinanzen erfasst nicht nur die öffentlichen Mittel, sondern auch die privaten Zuwendungen. Das Publizitätsgebot für die Einnahmen, hier der Spenden, soll sichtbar machen, vom wem Parteien finanzielle Zuwendungen erhalten – und wem sie deswegen möglicherweise verpflichtet sind. […]
Das Gesetz nennt zwei Bemessungsgrundlagen für die Zuerkennung staatlicher Mittel an die Parteien: Zum einen erhalten sie Staatsmittel in Abhängigkeit von den von ihnen errungenen Wählerstimmen, zum anderen wird jeder Euro, den sie aus Beiträgen und Spenden einnehmen, um 50 Cent staatlicherseits aufgestockt. Beide Ansätze beziehen sich auf den relativen Erfolg der Parteien beim Bürger. Dieser Maßstab für die Zuerkennung staatlicher Mittel ist von der verfassungsrechtlichen Chancengleichheit aller Parteien geboten.
Spenden an Parteien sind eine legitime Form der parteipolitischen Betätigung und stellen faktisch einen wichtigen Anteil an den Einnahmen der Parteien dar. Gerade deswegen bedürfen sie aber der rechtlichen Regulierung. Spenden einer Person oder einer Organisation (z.B. eines Unternehmens), die in einem Jahr 10 000 Euro insgesamt übersteigen, müssen unter Angabe von Name und Anschrift des Spenders im Rechenschaftsbericht genannt und damit öffentlich gemacht werden.
Der Rechenschaftsbericht bildet das zentrale Instrument für die Publizität der Parteifinanzen. Die Erfüllung der Rechenschaftsbelegungspflicht durch die Parteien wird dadurch gesichert, dass die rechtzeitige Abgabe eines ordnungsgemäßen Rechenschaftsberichts zur Voraussetzung für die Festsetzung staatlicher Mittel an die Parteien erhoben wird.

(Nach: Martin Morlock: Durchsichtige Taschen oder schwarze Koffer?, in: ApuZ, B 16/2000, S. 6–9)

1. Ermittelt mithilfe des Textes und des Schaubildes, wie sich das Geld der Parteien zusammensetzt.
2. Öffentlichkeitsgebot und Publizitätsgebot bedeuten, dass die Parteien über ihre Einnahmen – auch aus privaten Spenden – öffentlich Rechenschaft ablegen müssen. Warum zwingt das Gesetz die Parteien dazu, Spenden über 10 000 Euro öffentlich bekannt zu machen?
3. Im Parteispendenskandal, der 1998 begann und sich bis weit über das Jahr 2000 hinzog, wurden der CDU zwei Gesetzesverstöße vorgeworfen. Lest dazu die nächste Seite und stellt fest um welche Verstöße es sich handelt.

Was geschah im Parteispendenskandal der CDU?

Der ehemalige Bundeskanzler Dr. Helmut Kohl vor dem Untersuchungsausschuss über die Parteispendenaffäre Ende Juni 2000 in Berlin: Worüber erregt sich die Öffentlichkeit?

Bei der CDU ist, verteilt über mehr als ein Jahrzehnt, zweierlei passiert: Zum einen haben wichtige Amtsträger (Vorsitzender, Schatzmeister, Fraktionsvorsitzender) große Spenden in bar angenommen und nicht ordnungsgemäß verbucht oder gar den Eingang völlig verschwiegen. Zum anderen wurden beim Übergang zu gesetzlichen Neuregelungen Millionenbeträge einer politisch unerwünschten Offenlegung entzogen und – später ganz oder teilweise – wieder in den legalen Geldkreislauf der Partei eingeschleust. Ein ehemaliger Bundeskanzler (als Bundesvorsitzender der CDU) und ein ehemaliger Bundesminister (als Landesvorsitzender der hessischen CDU) haben jahrelang bewusst gegen ein Gesetz, ihren Amtseid und die Verfassung verstoßen.

(Nach: Karl-Heinz Naßmacher: Parteienfinanzierung in der Bewährung, in: ApuZ, B 16/2000, S. 15)

Vorwurf zweier Gesetzesverstöße

Die hessische CDU hat entgegen ihrer gesetzlichen Pflicht den Rechenschaftsbericht für das Jahr 1998 nicht ordnungsgemäß eingereicht. Er enthielt nicht das erhebliche Vermögen, welches die hessische CDU – im Ausland unterhielt und war damit wesentlich fehlerhaft. Das Gesetz macht zur zwingenden Voraussetzung für die Festsetzung staatlicher Mittel das Vorlegen eines dem Gesetz entsprechenden Rechenschaftsberichts. [...] Im Spendenbereich spielen vor allem die von Kohl zugegebenen Spenden in einer Größenordnung von knapp zwei Millionen DM[1] eine Rolle, die er von Spendern eingeworben haben will, deren Namen zu offenbaren sich der ehemalige Bundeskanzler weigert. Wegen der Nichtangabe der Spenden, die sich wohl zum größten Teil aus Beiträgen über 20 000 DM pro Jahr zusammensetzen, verliert die CDU den Anspruch auf staatliche Mittel in doppelter Höhe dieser Spenden.

(Nach: Martin Morlock: Durchsichtige Taschen oder schwarze Koffer?, in: ApuZ B16/2000, S. 12)

Helmut Kohl hatte – nach seinen eigenen Äußerungen – den Spendern sein Ehrenwort gegeben, dass er ihre Namen nicht veröffentlichen wird. „Ich kämpfe um meine Ehre: dazu gehört, dass ich ein gegebenes Wort halte." Mit diesen Worten versuchte Helmut Kohl sein für viele unverständliches Verhalten in der CDU-Spendenaffäre zu rechtfertigen. Persönliche Beziehungen, so hatte der Ex-Kanzler freimütig in einem Interview geäußert, seien ihm noch stets wichtiger gewesen, als formale Kontrollen und Gesetze.

[1] 1 DM = 0,51 €

4. Diskutiert in der Klasse über die zwei verschiedenen Meinungen Jugendlicher zum Spendenskandal:

„Solche Skandale führen bei Jugendlichen dazu, dass sie sich von den Parteien abwenden und mit ihnen nichts mehr zu tun haben wollen."

„Die Tatsache, dass einzelne Personen oder Gruppen in einer Partei gegen Gesetze verstoßen, wird nichts daran ändern, dass junge Leute Parteien für wichtig und notwendig halten."

Müssen radikale Parteien verboten werden? Der Fall NPD

„Will denn hier niemand die Notbremse ziehen?"

Deutschland nach 2000

Empört reagiert die Öffentlichkeit auf die Zunahme der rechten Gewalt. Nicht nur gegen Ausländer richtet sich der Hass der rechtsradikalen Gewalttäter, auch jüdische Einrichtungen sind fast täglich von Anschlägen aus der rechten Szene betroffen. In dieser Situation, ruft der Bundeskanzler zu einem „Aufstand der Anständigen" auf. Der rechte Sumpf müsse endlich trockengelegt werden. Nach intensiven Beratungen beschlossen Bundesregierung und Bundesrat im November 2000 beim Bundesverfassungsgericht einen Verbotsantrag für die NPD zu stellen.

Wie gefährlich ist die NPD?

Nach der Ansicht des Mainzer Politikwissenschaftlers Jürgen W. Falter gilt die NPD als die am weitesten rechts stehende Partei in Deutschland. Ihr Programm besteht aus einer Mischung von extremem Nationalismus und ausländerfeindlichen Vorstellungen. Zahlreiche Funktionsträger haben sich laut Verfassungsschutzbericht zudem offen als Verfassungsfeinde bezeichnet. Darüber hinaus zeigt die NPD klare Verbindungen ins neonazistische Lager und zur rechten Skinhead-Szene. Die NPD wurde im Herbst 1964 von ewig gestrigen Anhängern Hitlers gegründet, dümpelte nach einigen Anfangserfolgen bei Wahlen vor sich hin und machte erst seit 1997 wieder von sich reden – vor allem mit Aufmärschen in den ostdeutschen Ländern und steigenden Mitgliederzahlen. Als „Zentrum des nationalen Widerstandes" öffnete sie sich zunehmend für Skinheads und Neonazis. 2000 hatte sie rund 6000 Mitglieder.

Hohe Hürden für ein Verbot

Ein Parteienverbot ist in der Demokratie mit hohen Hürden versehen. Nur das Bundesverfassungsgericht kann eine Partei für verfassungswidrig erklären. Der Antrag für eine solche Entscheidung kann vom Bundestag, dem Bundesrat und der Bundesregierung gestellt werden. Im Artikel 21 des Grundgesetzes heißt es: „Parteien, die nach ihren Zielen oder nach dem Verhalten ihrer Anhänger darauf ausgehen, die freiheitlich demokratische Grundordnung zu beeinträchtigen oder zu gefährden, sind verfassungswidrig."

Seit der Gründung der Bundesrepublik Deutschland sind erst zwei Parteien verboten worden: 1952 wurde die „sozialistische Reichspartei" verboten, weil sie in ihren Zielen mit der NSDAP zur Zeit Hitlers übereinstimmte. Vier Jahre später war es die „Kommunistische Partei Deutschlands" (KPD).

Für ein Parteienverbot gilt ein strenger Maßstab. Nach Einschätzung von Juristen kann eine Partei nicht nur deshalb verboten werden, wenn sie die obersten Prinzipien der Verfassung nicht anerkennt. Vielmehr muss sie „eine kämpferisch aggressive Haltung gegenüber der bestehenden Ordnung einnehmen".

Das größte Risiko beim Verbotsantrag für die NPD bestand demnach darin, dass das Bundesverfassungsgericht die Gründe für das Verbot als nicht ausreichend ansehen müsste. In diesem Falle würde die rechtsradikale Partei triumphieren und möglicherweise noch populärer werden. Andererseits existierten zahlreiche Belege für die Nähe der NPD zur Gewalt gegen Menschen und Einrichtungen und zur Missachtung der Verfassung.

(Nach einer dpa-Meldung vom 3. August 2000)

1. Könnt ihr begründen, warum es in einer Demokratie hohe Hürden für das Verbot einer Partei geben muss?

Diskussion zum NPD-Verbot: Wie hättest du entschieden?

Zahlreiche Pressekommentare erschienen zum geplanten Verbotsantrag für die NPD. Dabei gab es gute und schwerwiegende Gründe für und gegen ein Verbot. Am 18. März 2003 stellte das Bundesverfassungsgericht das Verbotsverfahren gegenüber der NPD ein, weil es zahlreiche Fehler in der Art der Antragstellung sah. Damit wurde nicht über die Sache entschieden. Die Frage eines Verbots radikaler Parteien bleibt aktuell. In den Stellungnahmen auf dieser Seite sind wichtige Pro- und Kontra-Argumente zusammengefasst. Wie überzeugend erscheinen sie dir? Für welche Argumentation entscheidest du dich?

Nein, ein Verbot der NPD bringt nichts!

Wirkungsvoller als ein Parteienverbot ist ein konsequenteres Eintreten des Staates auf allen Ebenen gegen jegliche Form von Gewalt. Statt eines Verbotes brauchen wir Gesetze, die härtere Strafen gegen Gewaltanwender vorsehen.
Mit Verboten kann man das Denken in den Köpfen sowieso nicht verändern. Hier nützt nur Aufklärungsarbeit. Jugendliche müssen positive Zukunftsperspektiven haben, dann driften sie auch nicht in die rechte Szene ab.
Wenn eine extreme Gruppe verboten wird, bleiben genügend andere übrig, zu denen die Mitglieder der verbotenen Gruppe überwechseln können.
Ein Verbot drängt die extremistische Gruppe in eine Märtyrerrolle. Sie sehen sich als politisch Verfolgte. Der Zusammenhalt in solchen Gruppen wird so eher verstärkt.
Eine freiheitliche Demokratie muss auch eine radikale Partei wie die NPD aushalten können!

Ja, ein Verbot der NPD ist dringend notwendig!

Die Demokraten dürfen nicht ratlos zusehen, wie der braune Sumpf sich immer weiter ausbreitet. Den vielen markigen Worten gegen die rechte Gewalt müssen entschiedene Taten folgen.
Ein Parteiverbot ist dabei sicherlich kein Allheilmittel, aber es setzt ein wichtiges Zeichen – auch gegenüber dem Ausland – dass man sich in Deutschland den Wahnsinn der rechten Gewalt nicht länger gefallen lässt.
Den Mitgliedern in Parteien, die einem Führer folgen, Rassismus predigen und Gewalt gegen Menschen und Sachen anwenden, muss klar gezeigt werden, dass sie sich in einer kriminellen Organisation befinden.
Es geht nicht darum, ob wir ein Parteiverbot für Rechtsradikale brauchen oder strengere Gesetze. Wir brauchen beides.
Eine starke Demokratie darf sich von ihren erklärten Feinden nicht zerstören lassen!

Stichwort:
Rechts- und Linksextremismus

Neben der NPD gibt es auch andere Parteiorganisationen, die dem rechtsextremen Lager zuzuordnen sind. Dazu gehören die DVU mit 17 000 Mitgliedern und die Republikaner mit 14 000 (Stand 1999, dpa). Zu den Extremisten zählt auch eine linksradikale Szene in Deutschland, zu denen etwa 5000 Personen gezählt werden. Im Gegensatz zu den Rechten fordern zum Beispiel die linken Autonomen Revolution und Anarchie. Ihr Hass richtet sich gegen den Staat, ihre Aktionen oft gegen die Polizei. Gemeinsam ist diesen Linken und Rechten, dass sie extremistisch sind, d.h. sie sind bereit für ihre Ziele auf das Äußerste zu gehen, dulden keine andere Ansichten und lehnen die Menschenrechte als Schutzrechte für die anderen ab.

2. Die Diskussion zum Verbot der NPD kann in Form einer Pro- und Kontra-Debatte geführt werden. Stimmt dazu zunächst in der Klasse ab. Setzt euch in zwei Gruppen einander gegenüber und diskutiert miteinander. Achtet während der Diskussion darauf, dass sowohl die Argumente für und gegen dieses Parteienverbot ihre Berechtigung haben können. Geht also – auch bei Meinungsunterschieden – fair miteinander um.
3. Ja oder nein zum Verbot der NPD. Am Ende sollte jeder dazu seine Ansicht schriftlich begründen.

4. Wahlen in der Demokratie: Welche Merkmale gehören dazu?

Wahlen können sehr unterschiedlich organisiert sein. Es gibt Personenwahlen und Parteienwahlen. Man kann zwischen vielen oder wenigen Kandidatinnen und Kandidaten eine Auswahl haben. Der Abstand zwischen zwei Wahlgängen kann lang oder kurz sein. Nicht jede Wahl ist automatisch eine echte Wahl. Politische Scheinwahlen hat es in vielen Staaten gegeben und es gibt sie immer noch.

Sucht mit den Beispielen auf dieser Seite nach Antworten auf die folgenden Fragen:

1. Warum ist eine Wahl die Geburtsstunde der Demokratie?
2. Welche grundlegenden Bedingungen müssen bei einer demokratischen Wahl erfüllt sein?
3. Was ist eine politische Scheinwahl?

Wahlen – Geburtsstunde der Demokratie

Nach langen Kämpfen gab es am 29. April 1994 in Südafrika die erste echte demokratische Wahl in der Geschichte des Landes. Ein demokratisch gewähltes Parlament löste das rassistische Regime der Apartheid ab, in dem eine weiße Minderheit die schwarze Mehrheit der Bevölkerung unterdrückt und politisch entrechtet hatte.
Als der südafrikanische Bischof und Friedensnobelpreisträger Desmond Tutu (Foto) zum ersten Mal in seinem Leben seinen Stimmzettel in die Wahlurne werfen konnte, sprach er vom Beginn eines neuen Zeitalters. Zusätzlich sagte er in die Mikrofone der Pressevertreter aus aller Welt: „Wählen gehen, das ist wie wenn man sich zum ersten Mal verliebt. Ich bin glücklich und fühle mich wie auf einer Wolke.“

Bischof Tutu bei der Stimmabgabe: Warum machte ihn die Möglichkeit an einer Wahl teilzunehmen glücklich?

Wahl im Irak: 100 Prozent der Stimmen für Saddam Hussein

Saddam Hussein hat bei einer Volksabstimmung im Irak 100 Prozent der Stimmen bekommen – 0,04 Prozent mehr als vor sieben Jahren.
Mit 100 Prozent der Stimmen haben die Iraker ihren Präsidenten im Amt bestätigt. Damit ist Saddam Hussein für weitere sieben Jahre Präsident des Irak. Das teilten die irakischen Behörden am Mittwoch mit.
Wahlberechtigt waren etwa 11,5 Millionen Iraker, sie haben sich nach offiziellen Angaben alle beteiligt. Einen Gegenkandidaten gab es nicht.
Beim letzten Referendum 1995 hatte Saddam Hussein 99,96 Prozent der Stimmen erhalten. In den vergangenen Tagen hatten Baath-Partei und die Staatspresse eine große Propagandaaktion gestartet mit der Parole: Diesmal 100 Prozent.
„Dies ist eine einzigartige Manifestation der Demokratie, die allen anderen Formen der Demokratie überlegen ist“, sagte der stellvertretende Vorsitzende des Revolutionären Kommandorats, Issat Ibrahim, in Bagdad.
[…] Die USA haben das Wahlergebnis als vollkommen unglaubwürdig bezeichnet. Ohne Gegenkandidaten sei eine Wahl nicht ernst zu nehmen, sagte US-Regierungssprecher Ari Fleischer. Es sei auch unglaubwürdig, dass mehr als 11 Millionen Stimmzettel so schnell ausgezählt werden könnten, um mit Sicherheit von einem 100-prozentigem Ergebnis sprechen zu können. […]
(Aus: www.netzeitung.de vom 27.10.02)

Der Wahlzettel enthielt eine Frage, die mit Ja oder Nein beantwortet werden konnte: „Sind Sie auch der Ansicht, dass Saddam Hussein Präsident der Republik Irak sein sollte?“
2003 wurde Saddam Hussein endgültig entmachtet.

Welche Wahlbedingungen gelten bei den Wahlen zum Deutschen Bundestag?

Zuordnen und Erklären

Der Bundestag ist die gewählte Volksvertretung für die Bürgerinnen und Bürger in der Bundesrepublik Deutschland. Die Abgeordneten sind Vertreter des Volkes. Sie werden alle vier Jahre neu gewählt. Bei der Wahl zum deutschen Bundestag müssen fünf Bedingungen erfüllt sein. Diese sind im Artikel 38 des Grundgesetzes festgelegt.
Sie gelten im Übrigen für alle Wahlen, an denen wahlberechtigte Bundesbürger teilnehmen können: also auch für Kommunal- und Landtagswahlen und für die Wahlen zum Europäischen Parlament.

Artikel 38 (1) Die Abgeordneten des Deutschen Bundestages werden in allgemeiner, unmittelbarer, freier, gleicher und geheimer Wahl gewählt. Sie sind Vertreter des ganzen Volkes, an Aufträge und Weisungen nicht gebunden und nur ihrem Gewissen unterworfen.

Was passt wo?

Die Wahlen sind ?, wenn jeder Wähler ohne Druck oder Bedrohung zur Wahl gehen kann, wenn er eine Auswahl unter verschiedenen Möglichkeiten hat und wenn er nicht zur Stimmabgabe gezwungen wird.

Die Wahlen sind ?, wenn im Wahllokal dafür gesorgt ist, dass jeder Wähler seine Stimme unbeobachtet abgeben kann, und wenn niemand dazu gezwungen wird, seine Wahlentscheidung zu verraten.

Die Wahlen sind ?, wenn kein Unterschied in der Bewertung von verschiedenen Stimmen gemacht wird. Früher war es einmal so, dass die Wahlstimme eines Adeligen viel höheres Gewicht hatte als die Stimme eines Arbeiters.

Die Wahlen sind ?, wenn jeder das Wahlrecht hat, unabhängig vom Geschlecht, vom Einkommen, von der Religion und so weiter. Man muss allerdings 18 Jahre alt sein und die deutsche Staatsbürgerschaft besitzen. Man darf nicht entmündigt sein oder wegen einer Verurteilung in einem schweren Fall sein Wahlrecht verloren haben.

Die Wahlen sind ?, wenn jeder Wahlberechtigte seinen Kandidaten direkt in den Bundestag wählen kann. Anders verhält es sich bei der Wahl des Bundeskanzlers. Er oder sie wird nicht vom Volk direkt gewählt, sondern vom Bundestag. Da das Volk aber durch die Wahl die Mehrheitsverhältnisse im Bundestag bestimmt, entscheidet es indirekt darüber mit, welcher Kandidat Kanzler(in) wird und welcher nicht.

Herr Schröter ist Professor für Geschichte. Er meint: „Meine Stimme müsste mehr zählen als die anderer Leute. Schließlich bin ich viel klüger."

Die Chefin eines Betriebes will einige Leute einstellen und schreibt an die Bewerber: „Teilen Sie mir bitte in Ihrem Bewerbungsschreiben mit, welcher politischen Partei Sie Ihre Stimme geben werden. Ich muss wissen, ob Sie in unseren Betrieb passen."

Herr und Frau Schluchtig meinen: „Bei der kommenden Bundestagswahl wählen wir mit unserer Stimme den Bundeskanzler – sozusagen direkt, unmittelbar. Das ist unser gutes Recht!"

4. Welcher Text erklärt welchen Wahlgrundsatz?
5. Entwickelt zu den Wahlgrundsätzen ein anschauliches Tafelbild. Dazu müsst ihr die Erklärungen auf das Wesentliche verkürzen.

Tipp: Man kann die Entwürfe auf eine Folie für den Tageslichtprojektor übertragen.

5. Das Wahlrecht zum Deutschen Bundestag: zu kompliziert?

Mithilfe des folgenden Beispiels könnt ihr herausfinden, wie sich Wahlen auf sehr verschiedene Arten organisieren und auszählen lassen. Vor diesem Hintergrund könnt ihr dann beurteilen, ob das Wahlrecht zum Deutschen Bundestag klug gestaltet wurde oder ob es zu kompliziert ist.

Parlamentswahlen in „Fantasia“: Gleiches Wahlergebnis führt zu unterschiedlicher Sitzverteilung im Parlament

In der neu gegründeten demokratischen Republik „Fantasia“ finden zum ersten Mal Parlamentswahlen statt. Zu diesem Zweck hat man das Land in 11 Wahlkreise eingeteilt. Pro Wahlkreis wird es einen Sitz im Parlament geben. Zur Wahl stellen sich drei Parteien mit ihren jeweiligen Kandidaten (Partei A, B und C). Unter diesen drei Parteien werden die 11 Parlamentssitze aufgeteilt werden.
Man hat beschlossen, zwei unabhängige Kommissionen mit der Auszählung der Stimmen und der Verteilung der Sitze im Parlament zu beauftragen. So soll garantiert werden, dass keine Fehler vorkommen. Am Abend nach der Wahl verkünden die Vorsitzenden der Auszählkommissionen der gespannt wartenden Öffentlichkeit das Ergebnis.

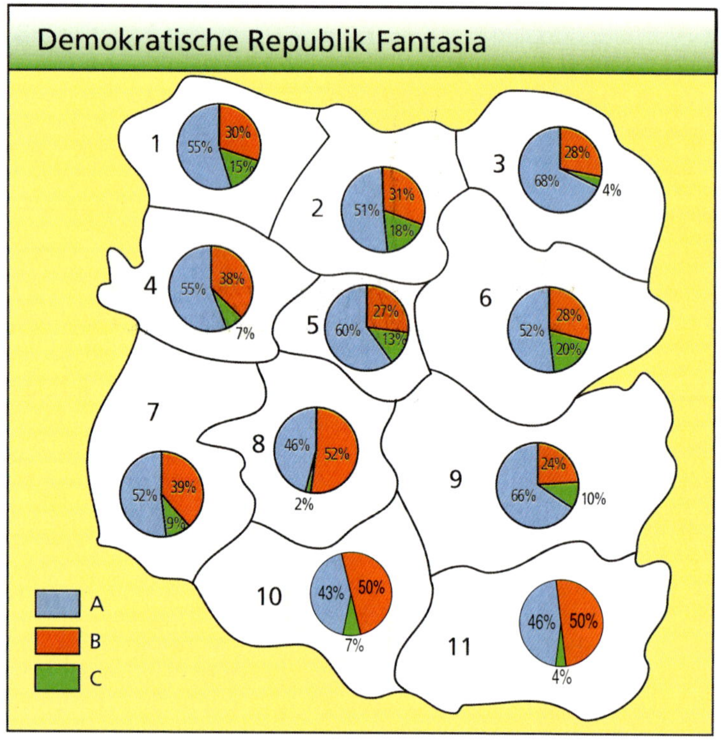

1. Politiker, Presse und Bevölkerung sind verwirrt. Welcher der beiden Sprecher hat Recht? Wie kann es zu solch unterschiedlichen Auswirkungen kommen?

Die beiden Kommissionssprecher treffen sich zu einem Gespräch

FRAU VERHÄLT: Welches Wahlsystem haben Sie bei der Auszählung der Stimmen verwendet?
HERR MEHRHEIT: Wir haben uns am Mutterland der Demokratie, Großbritannien, orientiert. Daher haben wir das Mehrheitswahlrecht angewendet.
FRAU VERHÄLT: Was bedeutet das?
HERR MEHRHEIT: Nach dem Mehrheitswahlrecht wählen die Bürger in dem Wahlkreis, in dem sie wohnen, eine Person, die entweder Partei A, B oder C angehört. Es zieht jeweils der Kandidat ins Parlament ein, der die Mehrheit der Stimmen erhalten hat. Partei A hat in 8 von 11 Wahlkreisen die Mehrheit der Stimmen erhalten, Partei B in 3 der 11 Wahlkreise. Also erhalten Partei A 8 und Partei B 3 Sitze. Da Partei C in keinem Wahlkreis die Mehrheit der Stimmen erzielen konnte, erhält sie auch keinen Parlamentssitz. Wie kommt ihre Sitzverteilung zustande, liebe Kollegin?
FRAU VERHÄLT: Wir haben nach dem Verhältniswahlrecht ausgezählt. Danach werden die Sitze im Parlament nach dem Anteil der Wählerstimmen verteilt. Bekommt eine Partei 54 Prozent der Stimmen, so stehen ihr auch 54 Prozent der Sitze im Parlament zu. Dadurch ist auch Partei C – ihrem Anteil von 10 Prozent der Stimmen entsprechend – in unserem Parlament vertreten. In vielen parlamentarischen Demokratien wendet man das Verhältniswahlrecht an, weil die Zusammensetzung des Parlaments so den politischen Willen der Bevölkerung genau widerspiegelt.
HERR MEHRHEIT: Da haben Sie durchaus Recht. Aber das Mehrheitswahlrecht schafft klare Mehrheiten im Parlament, während das Land nach ihrer Art der Sitzverteilung schwer zu regieren sein wird. Mit einer breiten Mehrheit von Abgeordneten hinter sich wird die Regierung stark sein. Das schafft klare Verhältnisse im Land.
FRAU VERHÄLT: Bei dem von Ihnen angewendeten Mehrheitswahlrecht konzentriert sich der Wähler auf die Wahl einer bestimmten Person. Beim Verhältniswahlrecht gibt man seine Stimme einer Partei.
HERR MEHRHEIT: Stimmt! Das Verhältniswahlrecht ist daher eher anonym. Das Mehrheitswahlrecht ist persönlicher, weil man seine Kandidaten kennt.
FRAU VERHÄLT: Aber es bleiben viele Wählerstimmen völlig unberücksichtigt. Da ist das Verhältniswahlrecht doch gerechter.
BEIDE: Wir müssen eine Entscheidung treffen!

2. Wie würdest du entscheiden? Formuliere deinen Ratschlag an die beiden Kommissionssprecher.
3. Mithilfe dieses Textes könnt ihr erklären, wie Mehrheitswahlrecht und Verhältniswahlrecht funktionieren und welche Vor- und Nachteile die beiden Systeme haben. Fertigt auf einem Blatt eine Übersicht an:

	Mehrheitswahlrecht	**Verhältniswahlrecht**
Funktionsweise Vorteile Nachteile		

Wahlen zum Deutschen Bundestag: Warum hat der Wähler zwei Stimmen?

Für die Wahl zum Bundestag gibt es ein Wahlsystem, das als personalisierte Verhältniswahl bezeichnet wird. Jedem Wähler stehen zwei Stimmen zur Verfügung. Mit der Erststimme wählt er den Kandidaten einer Partei im Wahlkreis (Mehrheitswahl), mit der Zweitstimme die Liste einer Partei (Verhältniswahl). Die Sitze werden entsprechend den für die Listen insgesamt abgegebenen Stimmen auf die Parteien verteilt. Ausschlaggebend für die Sitzverteilung ist also die Zweitstimme.

(Nach: Horst Pötzsch: Die deutsche Demokratie, Verlag Leske + Budrich, Opladen 1995, S. 32)

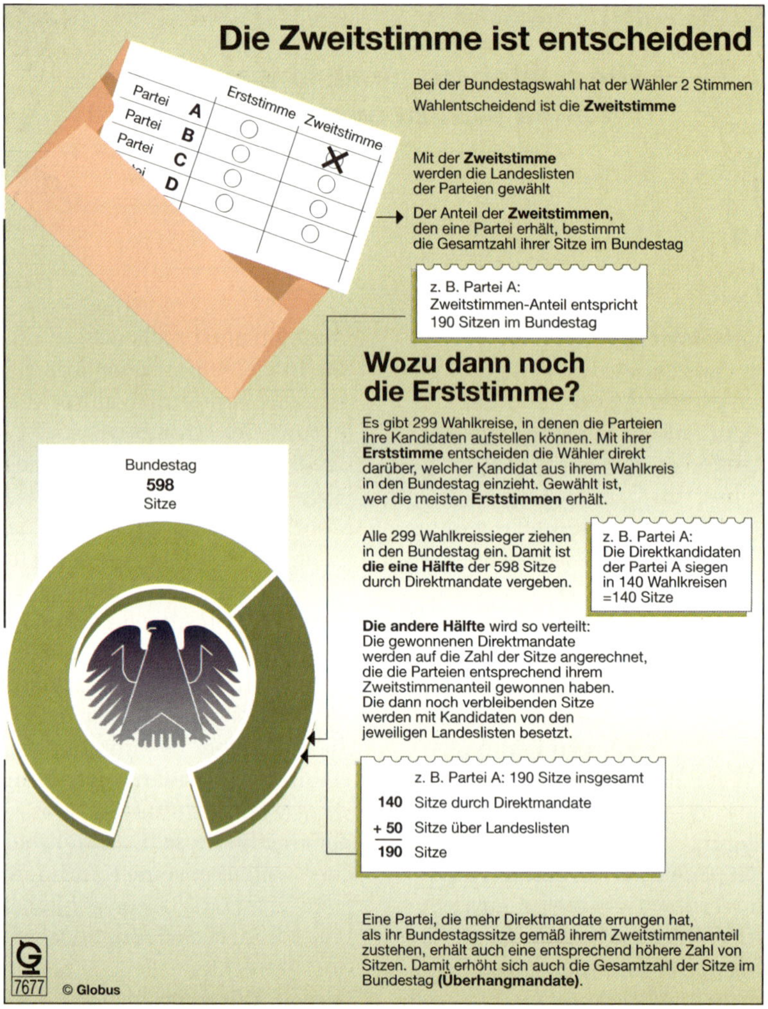

Mit dem personalisierten Verhältniswahlrecht hat man versucht, die Vorzüge der Mehrheitswahl mit den Vorzügen der Verhältniswahl zu verbinden. Der Wähler kann einer Person seine Stimme geben und er kann die Partei wählen, die er bevorzugt. Auch können die Wähler die Erst- und Zweitstimme unabhängig voneinander vergeben. Zum Beispiel ist es möglich, mit der Erststimme den Kandidaten der CDU oder SPD oder einer anderen Partei zu wählen und die Zweitstimme den Grünen oder der FDP oder einer anderen Partei zu geben. Dieser Sonderfall der Aufteilung der beiden Stimmen wird als „Stimmensplitting" bezeichnet. Einprägen muss man sich, dass die Zweitstimme die wichtigere von beiden ist. Nur sie entscheidet darüber, wie viele Sitze eine Partei im Bundestag erhält und ob sie überhaupt in den Bundestag einziehen darf. Parteien mit weniger als fünf Prozent der Zweitstimmen erhalten keinen Platz im Bundestag (= Fünf-Prozent-Klausel).

Für die Zweitstimme erstellen die Parteien vor der Wahl für jedes Bundesland eine Landesliste, auf der die Kandidaten für den Bundestag aufgelistet sind. Wer auf Platz Eins der Landesliste steht, hat die größten Chancen, nach der Wahl in den Bundestag einzuziehen.
Es kommt auch vor, dass eine Partei mehr Sitze im Parlament erhält, als ihr nach den Prozenten der Zweitstimme zusteht. Man bezeichnet diese Sitze als Überhangmandate. Sie entstehen, wenn eine Partei in einem Bundesland mehr Direktmandate gewinnt als ihr dort nach dem Zweitstimmenanteil eigentlich zustehen würde. Ein Beispiel: Partei X erringt nach ihrem Zweitstimmenanteil 20 Sitze. In 21 Wahlkreisen siegen ihre Kandidaten, die sich direkt um ein Mandat beworben haben. Folge: Partei X erhält 20 Sitze plus einen weiteren als Überhangmandat. Das Parlament wird um diesen Sitz vergrößert.

1. Erklärt mithilfe des Textes folgende Begriffe: Personalisiertes Verhältniswahlrecht Erststimme, Zweitstimme, Stimmensplitting, Fünf-Prozent-Klausel, Überhangmandate.
2. Versetzt euch in die Rolle einer Lehrerin, eines Lehrers: Wie könnt ihr mithilfe des Schaubildes und des Wahlzettels einer Klasse das Wahlsystem zum Deutschen Bundestag erklären (Kurzvortrag).

Wie werden die Sitze im Bundestag auf die Kandidaten verteilt?

Wir ermitteln die Abgeordneten für ein zwölfköpfiges Parlament

Wenn das Wahlrecht zum Deutschen Bundestag eine Kombination aus Mehrheits- und Verhältniswahlrecht ist, wie soll dann entschieden werden, welche Kandidatinnen und Kandidaten im Parlament Platz nehmen dürfen? Ganz schön kompliziert, wird mancher denken.

Mithilfe des folgenden Beispiels könnt ihr helfen und das – der Einfachheit halber erfundene – zwölfköpfige Parlament mit den nach dem personalisierten Verhältniswahlrecht gewählten Kandidaten besetzen.

- Zeichnet die Umrisse dieses zwölfköpfigen Parlaments in euer Heft.
- Schraffiert dann mit verschiedenen Farben, wie viele Sitze jeder Partei nach dem amtlichen Wahlergebnis zustehen.
- Nach der Erststimme muss jede Wahlkreissiegerin, jeder Wahlkreissieger zunächst ihren bzw. seinen Sitz erhalten.
- Die Zweitstimme entscheidet über die Gesamtzahl der Sitze. Also füllt aus den Landeslisten auf. Zwölf Plätze müssen besetzt werden.

Tipp: Partnerarbeit

Amtliches Endergebnis nach Auszählung der Zweitstimmen:

Partei A 51 = % = 6 Sitze   Partei B = 34% = 4 Sitze   Partei C = 15% = 2 Sitze

Einzelergebnisse aus den Wahlkreisen nach Auszählung aller Erststimmen:

1	Karin Otto	A	51%	2	Hermann Pit	A	45%
	Marion Jung	B	30%		Gabi Schman	B	40%
	Paul Klein	C	19%		Dirk Fuchs	C	15%
3	Brigitte Malm	A	40%	4	Volker Maus	A	60%
	Sven Holz	B	51%		Sandra Blume	B	30%
	Harald Fips	C	9%		Hans Stark	C	10%
5	Friedel Wald	A	40%	6	Anna Sachs	A	48%
	Hanna Rosch	B	45%		Kurt Hamm	B	37%
	Simone Daum	C	15%		Gerd Stein	C	15%

Landesliste der Partei A
Listenplatz:
1. Karin Otto
2. Hubert Groß
3. Petra Kuhn
4. Volker Maus
5. Theo Scholtes
6. Gudrun Land
7. Norbert Schröder
8. Anna Sachs
…

Landesliste der Partei B
Listenplatz:
1. Holger Boor
2. Margot Taucher
3. Hermann Herz
4. Nicole Schön
5. Sven Holz
6. Hanna Rosch
…

Landesliste der Partei C
Listenplatz:
1. Simone Daum
2. Gerd Stein
3. Hans Stark
4. Petra Butter
5. Dirk Fuchs
6. Paul Klein
…

Zu Beginn dieser Einheit über das Wahlrecht zum Deutschen Bundestag stand die Frage, ob es zu kompliziert sei? Was meint ihr: Ist es das oder ist es ein klug gewähltes Wahlrecht?

6. Wählen ab 16?

Ein Flugblatt als Ausgangspunkt für eine Argumentation

In der Kommunalpolitik ist das Wahlrecht ab 16 bereits Wirklichkeit. 1996 nahmen Jugendliche ab 16 Jahren an den Kommunalwahlen in Niedersachsen teil. Sachsen-Anhalt folgte 1997. Hier geht es nun um die Frage, ob 16-Jährige auch an Bundestagswahlen und allen anderen Wahlen teilnehmen sollen.

Nicht mehr ohne mich!

Mehr Demokratie muß her!

Du bist 16 Jahre alt. Du wirst die Schule verlassen. Du mußt Dich nach einer Lehrstelle umschauen. Wenn Du dann arbeitest, darfst Du Dein eigenes Konto haben und auch Steuern zahlen. Heißt im Klartext: Job auswählen und Steuern zahlen darfste, aber wählen ist nicht. Alle meinen, Du seist schließlich noch nicht alt genug.

Ich finde, das ist doch eine etwas einseitige Demokratie, die geändert werden muß.

Oliver

Politisch unreif? Quatsch!

Wieso eigentlich keine Senkung des Wahlalters? Guck Dir doch mal die Geschichte an, beim Kampf um das Frauenwahlrecht hieß es auch: Die sind politisch nicht reif, zu emotional und damit zu leicht beeinflußbar. Meinst Du auch, oder?

Also, für mich ist das ein Stück Willkür, wenn so etwas ohne richtig gute Gründe festgelegt wird. Da zählt dann auch nicht das Argument der Volljährigkeit, denn zwischen 1968 und 1974 stimmte das Wahlalter auch nicht mit der Volljährigkeit überein.

Anja

Wenn Du nicht mitredest, tun es andere für Dich!

Du willst nicht wählen? Aber damit schwimmst Du im Strom. Der Anteil der Nicht-WählerInnen ist bei den Jüngsten am größten. Durchaus verständlich, wie sich Politik im Augenblick darstellt: ideenlos, bürokratisch, bewegungslos und festgefahren.

Das wollen wir ändern. Gemeinsam mit Dir! Wir Jusos fordern deshalb mehr Transparenz in der politischen Arbeit. Politik muß endlich wieder zeigen, was Demokratie bedeutet: Integration neuer Ideen, Progressivität! Das Vorurteil „in der Politik läßt sich ja doch nichts bewegen" ist weit verbreitet und trotzdem falsch.

Junge Menschen können an Politik teilhaben, sie müssen nur wollen. Wenn Du Dich nicht einmischst, mischen andere für Dich mit – vielleicht nicht in Deinem Sinne. Dann wird für Dich entschieden, ohne wenn und aber und vor allem ohne Deine Argumente und ohne Deine Stimme. Also über Deinen Kopf hinweg.

Ist das in Deinem Sinne?

Ulf

(Flugblatt des Juso-Bezirks Ostwestfalen-Lippe vom Januar 1996)

Ein Flugblatt ergreift Partei. Es will für eine bestimmte Position werben.
Mit der **Blitzlicht-Methode** kann jeder von euch seine Meinung zum Thema dieses Flugblattes der Jusos (Jungsozialisten in der SPD) sagen und das geht so:

- Alle Schülerinnen und Schüler notieren in ein oder zwei Sätzen, was sie über dieses Flugblatt denken.
- Jeder in der Klasse trägt dann seine formulierten Gedanken vor. Alle kommen dran!
- Die vorgetragenen Meinungen werden jetzt weder kritisiert noch kommentiert.
- Wichtige Punkte sollten von der Lehrerin, vom Lehrer (oder von zwei bis drei vorher dazu bestimmten Schülern) notiert und am Ende der Runde visualisiert werden (Tafel oder Karten).
- Nach dem Blitzlicht wird diskutiert: Wie denkt die Klasse über das Flugblatt der Jusos?

Meinungen zum Thema „Wählen ab 16"

Beim Blitzlicht ist vielleicht dem ein oder anderen deutlich geworden, dass man gerne noch einige Argumente für die Begründung der eigenen Meinung in das Gespräch einbringen würde, vielleicht auch, dass man sich noch besser informieren müsste. Sammelt dazu die Pro- und Contra-Argumente auf dieser Seite.

„Wir haben an der Uni Bielefeld seit 1986 jährlich zweitausend repräsentativ ausgewählte 12- bis 17-Jährige befragt und festgestellt, dass das politische Interesse in diesem Alter bereits da ist. Es ist bei einem Drittel der 14-Jährigen vorhanden und wächst später weiter an. [...] Ein Wahlrecht für 16-Jährige halte ich aufgrund meiner Untersuchungen für sinnvoll."

(Jugendforscher Klaus Hurrelmann in: Süddeutsche Zeitung, Jugendmagazin „jetzt" vom 13.3.1995)

„Jugendliche haben nicht genug Lebenserfahrung und nicht genug Kenntnisse der Politik, um sich aktiv als Wähler an den Entscheidungen in unserem Land zu beteiligen. Wer noch zur Schule geht und bei den Eltern wohnt, dem fehlt es an Urteilskraft und eigenen Erfahrungen."

(Horst Milde, niedersächsischer Landtagspräsident im Februar 1995)

„Ich halte die Forderung nach drastischer Herabsetzung des Wahlalters für unbedacht, ja unernst. Sie gibt sich fortschrittlich, liberal, lebensnah – und bleibt ohne jegliche Mühe und Folge für den, der sie aufstellt. Hätte er auch nur hundert Jugendliche gefragt, ob sie das Wahlrecht und die damit verbundenen Pflichten überhaupt wollen, er hätte gehört, was die Mehrheit denkt: 'Wenn ihr mit euerer Politik nicht zurechtkommt, warum sollen wir da mitmachen?'"

(Der Pädagogik-Professor Hartmut von Hentig im September 1995)

„Ich finde es gut, wenn 16-Jährige wählen dürfen, denn in diesem Alter fangen Jugendliche an, sich für Politik zu interessieren. Und sie würden dann eben auch Politiker wählen, die sich für sie einsetzen. Ich würde wählen gehen, ja. Vorher würde ich Zeitung lesen, vergleichen, mir die Ergebnisse der letzten Wahl anschauen. Am wichtigsten finde ich, wie die Parteien sich einsetzen für neue Arbeitsplätze, für Lehrstellen und die Ausbildung der Jugendlichen."

(Oliver Kleyer, 15 Jahre)

„Die 16-Jährigen haben nach meiner Meinung kaum Ahnung von Politik. Sie kennen die Unterschiede der Parteien nicht und wählen daher entweder so wie ihre Eltern oder nur radikale linke oder rechte Protestparteien. Sie lassen sich zu sehr beeinflussen."

(Andreas, Schüler, 18 Jahre)

„Es heißt immer, Jugendliche sollen nicht wählen, weil sie sich nicht für Politik interessieren. Umgekehrt ist es richtig. Jugendliche interessieren sich nicht für Politik, weil sie nicht wählen dürfen. Könnten Jugendliche an Wahlen teilnehmen, dann wollten sie vielmehr wissen und lernen über Politik, Parteien, und Politiker und dann müsste sich die Politik viel besser um junge Leute bemühen. Alle könnten davon profitieren."

(Simone Schröter, Sozialkundelehrerin, 32 Jahre)

- Wer gut argumentiert, begründet seine eigene Meinung, denn Argumentation heißt „Beweisführung".
- Wer besser argumentiert, setzt sich mit den Gegenpositionen ernsthaft auseinander und widerlegt sie.

Formuliert nun eure begründete Stellungnahme zum Thema „Wählen ab 16".

Tipp: Wie wär's in Form eines Artikels für die Schülerzeitung als Anstoß zur Eröffnung einer Diskussion in der Schule?

7. Muss Wahlkampf sein?

Bei der Bundestagswahl von 1998 haben die Parteien insgesamt mehr als 50 Millionen Euro für den Wahlkampf ausgegeben. Viele halten diese Ausgaben oder gar den gesamten Wahlkampf für übertrieben. Andere betonen, dass in einer Wahl immerhin das wichtigste Mitbestimmungsrecht der Bürger zum Ausdruck kommt. Ein solcher Höhepunkt der Demokratie solle den Menschen schon etwas wert sein.

1. Warum ist es fast unmöglich herauszufinden, wie wirkungsvoll Wahlkampf ist?
2. Zur Notwendigkeit von Wahlkämpfen sind auf der nächsten Seite drei Meinungen abgedruckt. Lest sie durch, entscheidet euch für eine und diskutiert über Sinn und Unsinn von Wahlkämpfen.

Bundestagswahl 2002, Plakatwand der Parteien

Viel Lärm um nichts?

„Es gibt keinen gesicherten Anhaltspunkt, wie wirksam Wahlkampf ist“, sagt der Göttinger Politologe Peter Lösche. Zweifel sind jedenfalls angebracht: Fast 80 Prozent der Bürger, so das Ergebnis des Berliner Meinungsforschungsinstituts Forsa, lassen sich von den Kampagnen nicht beeinflussen. „Wahlkampf“, so der Mainzer Wahlforscher Jürgen Falter, „ist eigentlich nur noch eine Bestätigung vorhandener Meinungen.“ Und Forsa-Chef Manfred Güllner sagt: „Tendenzen, Trends und Meinungen können nur noch verstärkt werden.“ Während in den USA vor allem die Person des Kandidaten zählt, sind für die Deutschen immer noch Parteibindung und Programm entscheidender. Und die können nur langfristig vermittelt werden: über das aktuelle politische Geschehen und über Parteitage. „Der eigentliche Wahlkampf dauert 18 Monate.“, meint daher der Politologe Lösche.

(Aus: Jan Heidtmann, in: DIE WOCHE vom 19.12.1997, S. 5)

Drei Meinungen zum Thema Wahlkampf

Meinung 1:

Der ganze Wahlkampf ist eine riesige Verschleuderung von Steuergeldern. Die Wahlkampfkampagnen werden zunehmend von Werbeagenturen organisiert, die genauso gut für irgendein anderes Produkt werben könnten. Die Bürger werden nicht über die politischen Ziele der Parteien aufgeklärt, vielmehr präsentiert man ihnen eine Scheinwelt schöner Versprechungen, die später niemals eingehalten werden können.
Die Wählerinnen und Wähler sollen ihre Entscheidung für eine Partei oder Person nicht von deren Präsentation im Wahlkampf abhängig machen.

Meinung 2:

Ob ein Wahlkampf sinnvoll ist oder nicht, hängt letztlich davon ab, wie der einzelne Wahlberechtigte ihn nutzt. Man kann Bilanz ziehen und die bisherigen Leistungen der Parteien gegenüberstellen. Man kann sich die Veranstaltungen in den Medien und in Wirklichkeit anschauen und sich dabei ein Bild von den Kandidatinnen und Kandidaten machen. Auch kann man sich mit den Wahlprogrammen der Parteien auseinander setzen.
Auf den ganzen Aufwand mit Plakaten, Werbespots im Fernsehen und Radio könnte man allerdings verzichten.

Meinung 3:

In Wahlen entscheiden die Bürger über nichts anderes als ihre politische Zukunft. Fände der Wahlkampf nicht statt, so blieben viele Menschen noch gleichgültiger gegenüber der Politik. Heute sind zwischen 20 und 40 Prozent der Wähler vor einer Wahl unentschlossen. Um sie müssen die Parteien kämpfen. Wahlkampfzeiten sind spannende Zeiten. Niemals sonst diskutieren die Menschen so heftig und viel über Politik. Dass Wahlkämpfe Geld kosten, sollte man nicht überbewerten. Große Firmen geben schließlich auch viel Geld für Werbung aus, obwohl sie nicht genau wissen, wie ihre Werbung ankommt. Das ist in der Politik nicht anders. Wahlkampf muss sein, auch wenn einem manche Erscheinungen nicht passen. Ohne Wahlkampf würden viele Menschen die Wahl glatt vergessen.

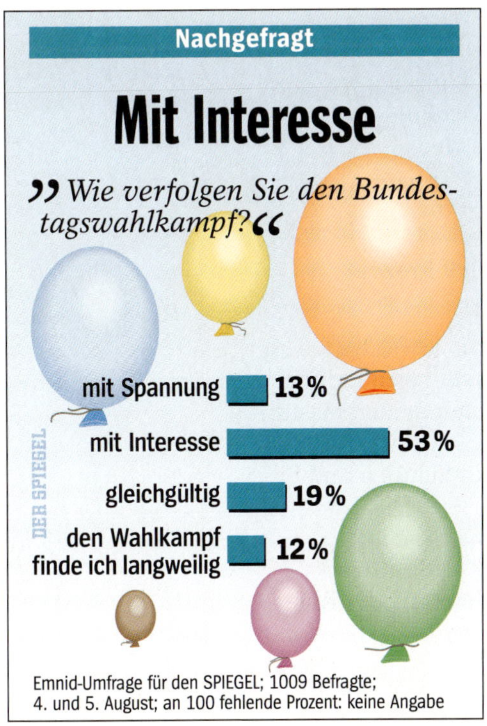

Emnid-Umfrage für den SPIEGEL; 1009 Befragte; 4. und 5. August; an 100 fehlende Prozent: keine Angabe

3. Könnt ihr die passenden Überschriften über jede der drei Meinungen formulieren?
4. Welche Antwort gibt euch das Schaubild zur Frage: Muss Wahlkampf sein?
5. Überlegt am Ende der Bearbeitung, wovon Wählerinnen und Wähler ihre Entscheidung für eine Partei oder eine Person abhängig machen sollen.

8. Wie wird nach einer Bundestagswahl die Regierung gebildet?

Angenommen, dass ...

Die Bürgerinnen und Bürger eines Landes haben fünf Parteien in das Parlament gewählt. Da keine der Parteien die absolute Mehrheit erreichen konnte, stellt sich die Frage, wie in diesem Land die Regierung gebildet werden soll. Theoretisch sind möglich:

- eine große Koalition (Regierungsbündnis aus den zwei stärksten Parteien)
- mehrere Möglichkeiten kleiner Koalitionen (eine der großen Parteien plus eine oder mehrere kleine)
- eine Minderheitsregierung (mit weniger als 50 Prozent der Sitze im Parlament hinter sich)
- eine Allparteienregierung.

Ihr sollt bei der Regierungsbildung helfen und einen Vorschlag unterbreiten.

1. Welche Parteien sollen die Regierung bilden?
2. Auf welche Zielsetzungen im Regierungsprogramm könnte man sich verständigen?
3. Welche Parteien bilden die Opposition, also die Minderheit im Parlament?

Regierungsparteien?

Oppositionsparteien?

Partei A erhielt **38 Prozent**

Wahlprogramm:
- mehr Freiheit für die Bürger
- weniger staatliche Eingriffe in die Wirtschaft
- für Einsparungen bei den Sozialausgaben
- für Senkung der Rüsungsausgaben
- für mehr Umweltschutz
- für die friedliche Nutzung der Kernenergie

Partei B erhielt **38 Prozent**

Wahlprogramm:
- mehr Freiheit und Verantwortung
- staatliche Kontrolle in der Wirtschaft
- Erhöhung der Renten
- Senkung der Rüstungsausgaben
- für mehr Umweltschutz
- für den Ausstieg aus der Kernenergie

Partei C erhielt **9 Prozent**

Wahlprogramm:
- Freiheit und Lebensqualität durch saubere Umwelt
- harte Strafen für Umweltsünder
- Tempolimit im Straßenverkehr
- Senkung der Rüstungsausgaben
- sofortiger Ausstieg aus der Kernenergie

Partei D erhielt **9 Prozent**

Wahlprogramm:
- Freiheit für die Wirtschaft, weniger staatliche Bevormundung
- Abbau zu hoher Steuerbelastungen
- mehr Geld für Schulen und Bildung
- für mehr Umweltschutz
- gegen neue Kernkraftwerke
- behutsame Senkung der Rüstungsausgaben

Partei E erhielt **5 Prozent**

Wahlprogramm:
- mehr Sicherheit für das eigene Volk
- für eine starke Armee
- für Ausweisung von Ausländern
- Arbeitsplätze nur für Inländer
- für das nationale Interesse

I N F O R M A T I O N

Der Prozess der Regierungsbildung

Von der Wahl zur Sitzverteilung

Am Abend nach einer Bundestagswahl dauert es nur wenige Minuten, bis Computer aus den gesammelten Daten Hochrechnungen ausspucken, die kaum noch vom endgültigen Wahlergebnis abweichen. Die Wahlsendungen blenden sofort die daraus folgende Sitzverteilung im neuen Bundestag ein. Auch informieren sie über die Fraktionsstärke der einzelnen Parteien.
Eine *Fraktion* ist die Gruppe der Abgeordneten einer Partei im Parlament. Sie wird geführt von einem Fraktionssprecher bzw. einer Fraktionssprecherin. Sprecher der Fraktionen nehmen eine bedeutende Rolle in den parlamentarischen Auseinandersetzungen ein.
Die Umwandlung der Prozentzahlen in Sitze erfolgt seit 1987 nach einem mathematischen Schlüssel, dem so genannten Niemeyer'schen Verfahren. Es begünstigt in der Zuteilung der Sitze ein wenig die kleinen Parteien.

Von Verhandlungen zum Koalitionsvertrag

Das Grundgesetz schreibt vor (Art. 33), dass der neu gewählte Bundestag spätestens 30 Tage nach der Wahl zusammentreten muss. Bis dahin bleibt die alte Bundesregierung im Amt. Innerhalb dieser Frist wird über die Bildung einer neuen Regierung verhandelt.
Der Prozess der Regierungsbildung wäre ganz einfach, wenn nur zwei Parteien in den Bundestag einziehen würden, von denen eine die absolute Mehrheit erreicht hätte.
Eine absolute Mehrheit gab es in der bisherigen Geschichte der Bundesrepublik nur ein einziges Mal (1957 CDU/CSU). Normal ist, dass keine der Parteien mit einer absoluten Mehrheit aus den Wahlen hervorgeht. Die Bildung einer neuen Regierung beginnt daher mit Koalitionsverhandlungen.
Eine *Koalition* ist ein Bündnis von zwei oder mehreren Parteien, um gemeinsam die Mehrheit im Parlament zu erhalten und eine Regierung bilden zu können.
In der Regel lädt die stärkste Partei diejenige Partei oder diejenigen Parteien zu Gesprächen ein, mit der oder mit denen sie glaubt für die nächsten vier Jahre eine Regierung bilden zu können.
Wenn sich die Koalitionspartner gefunden haben, handeln sie ein gemeinsames Regierungsprogramm aus, das in einem Koalitionsvertrag festgehalten wird. Diese Verhandlungen sind oft schwierig, denn die Partner müssen überlegen, auf welche gemeinsamen Ziele sie sich verständigen können und auf welche nicht.
Der vorgesehene Bundeskanzler sucht jetzt seine Fachministerinnen und Fachminister aus, die zu seiner Regierungsmannschaft gehören sollen. Sie werden nicht gewählt, sondern vom Bundespräsidenten ernannt. Obwohl der neue Kanzler formal das Recht hat, die Minister auszuwählen, überlässt er seinem Koalitionspartner die Benennung der Personen. Die Frage, wie viele und welche Ministerposten die an der Koalition beteiligten Parteien haben, spielt in den Verhandlungen oft eine große Rolle.

Wahl des Bundeskanzlers

Der Vorsitzende der stärksten Fraktion teilt dem Bundespräsidenten den vorgesehenen Kandidaten für die Wahl des Kanzlers mit, damit dieser den Kandidaten offiziell vorschlagen kann. Beim ersten Zusammentreffen des neuen Bundestages wählt dieser zunächst den neuen *Bundestagspräsidenten,* der in Zukunft – zusammen mit seinen Stellvertretern – die Sitzungen leiten wird.
In der zweiten Sitzung wählt der Bundestag den Bundeskanzler. Es folgt dessen Vereidigung und die seiner Minister. Vor dem Parlament stellt der neue Bundeskanzler seine Regierungserklärung vor. Damit hat die Arbeit der neuen Bundesregierung begonnen.

1. Haltet die Schritte bis zur Bildung einer neuen Bundesregierung stichwortartig fest.
2. Die Begriffe Fraktion und Koalition sollte jeder erklären können.
3. Die Bildung einer großen Koalition, d. h. eines Regierungsbündnisses der beiden stärksten Parteien im Bundestag (SPD und CDU/CSU) gilt als wenig erwünschter Notfall der Demokratie. Könnt ihr erklären, was problematisch ist, wenn eine große Koalition die Regierungsgeschäfte führt (siehe dazu auch das Schaubild)?

9. Wie fallen im Bundestag politische Entscheidungen?

Beispiel: Das neue Tierschutzgesetz

Die Gesetzgebung gehört zu den wichtigsten Aufgaben des Deutschen Bundestages. Aus diesem Grund wird die vierjährige Amtszeit des Parlaments zwischen zwei Bundestagswahlen auch als *Legislaturperiode* (= Periode der Gesetzgebung) bezeichnet.

Gesetze sind schriftlich formulierte Mehrheitsentscheidungen des Parlaments. Sie enthalten Gebote und Verbote, an die sich alle Staatsbürger halten müssen. Der Bundestag hat das Recht Gesetze zu beschließen, denn er handelt als Vertretung des gesamten Volkes.

In dieser Einheit wird der Weg bis zur Entscheidung über ein neues Gesetz am Beispiel des Tierschutzes behandelt. Dabei solltet ihr folgende Frage im Auge behalten:

- Ist es gut oder schlecht, dass ein neues Gesetz so viele Stationen durchlaufen muss, bis endgültig darüber abgestimmt wird?

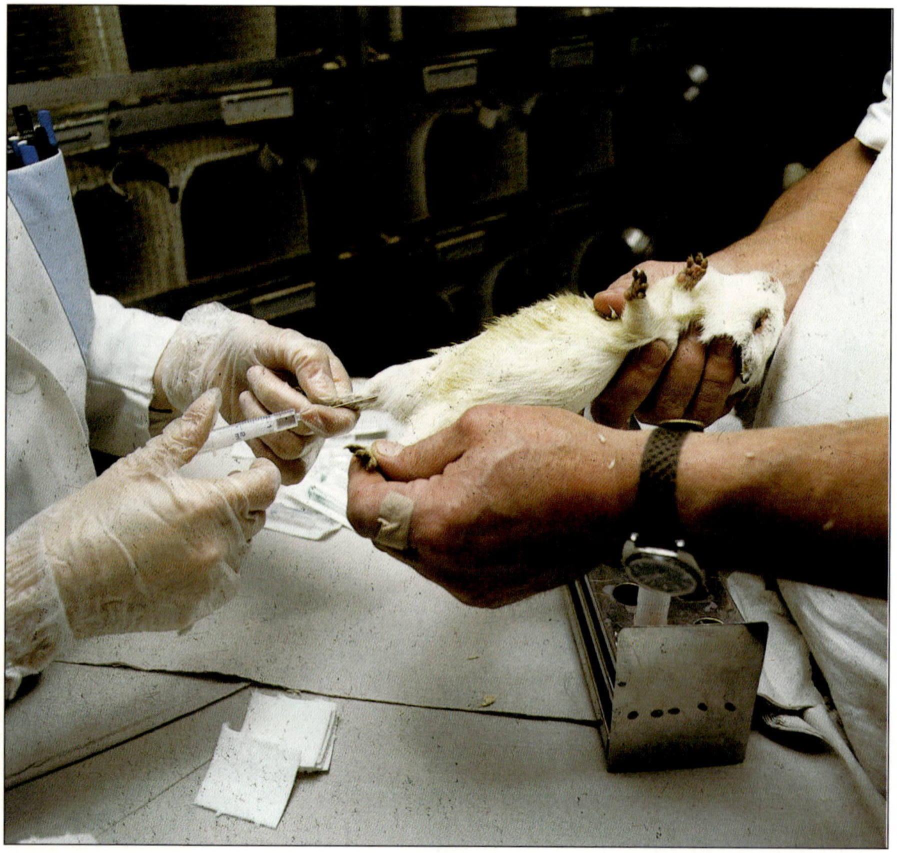

Ein neues Medikament wird an einem Meerschweinchen getestet: Gehen Tierversuche den Bundestag etwas an?

Wer Tiere quält, das heißt, ihnen mit Absicht Leid, Schmerzen oder bleibende Schäden zufügt, muss damit rechnen, angezeigt, verurteilt und bestraft zu werden. So regelt es das deutsche Tierschutzgesetz aus dem Jahr 1987. Die Bestimmungen dieses Gesetzes waren allerdings vielen Menschen zu lasch. Nicht zuletzt auf Druck der Öffentlichkeit wurde das Tierschutzgesetz mehrfach verändert und verschärft. Ab 1990 gelten Tiere nicht mehr als „Sache". 1992 beschlossen die Mitgliedstaaten der Europäischen Union gemeinsam ein Verbot von Tierversuchen zu kosmetischen Zwecken.

Diese Teilerfolge gingen vielen Tierschützern aber nicht weit genug. Sie forderten von den gewählten Volksvertreterinnen und Volksvertretern eine Verschärfung der gesetzlichen Bestimmungen.

Ist der Schutz der Tiere eine so wichtige Aufgabe, dass ein Parlament darüber entscheiden soll?

Ja, ich bin der Meinung, dass Tierschutz eine wichtige Aufgabe des gewählten Parlamentes ist.

Nein, ich bin der Meinung, dass die Gesetzgebung sich hier zurückhalten sollte. Jeder Mensch soll darüber nach seinem Gewissen entscheiden.

Wie wurde aus der politischen Forderung ein neues Gesetz?

Unter Tierschutz werden alle Maßnahmen und Einrichtungen zum Schutz des Lebens und des Wohlbefindens von Tieren verstanden. Tierschutz umfasst die Haltung, den Transport, den Handel, das Töten und Versuche mit Tieren. Wie in vielen anderen Staaten auch gilt Tierschutz in Deutschland als eine Aufgabe von großem öffentlichen Interesse. Daher ist das Parlament aufgefordert, gesetzliche Regelungen zu schaffen, die für alle Bürgerinnen und Bürger verbindlich sind.
Im Frühjahr 1998 hat der Bundestag mit der Zustimmung des Bundesrates ein neues Gesetz zum Schutz der Tiere verabschiedet.
Es schreibt vor, dass jemand, der sich einen Hund, eine Katze oder ein anderes Wirbeltier kaufen möchte, mindestens 16 Jahre alt sein muss. Vorher konnte man schon mit 14 ein solches Haustier erwerben.
Es verbietet Tierversuche zu kosmetischen Zwecken und es legt fest, dass niemand einem Tier Schmerzen, Leid oder Schaden zufügen darf, wenn dies zu vermeiden ist.
Die Entstehung des neuen Tierschutzgesetzes war von heftigen Auseinandersetzungen begleitet. Während zum Beispiel engagierte Gruppen von Tierschützern ein völliges Transportverbot für Nutztiere forderten und immer noch fordern, traten andere, zum Beispiel Ver- und Einkäufer von Fleisch, für weniger strenge gesetzliche Regelungen ein, weil – ihrer Meinung nach – die Nachfrage nach billigem Fleisch sonst nicht befriedigt werden könne.
Über den Verlauf des Gesetzgebungsverfahrens informiert der Text auf Seite 228.

Der Gang der Gesetzgebung nach den Bestimmungen des Grundgesetzes

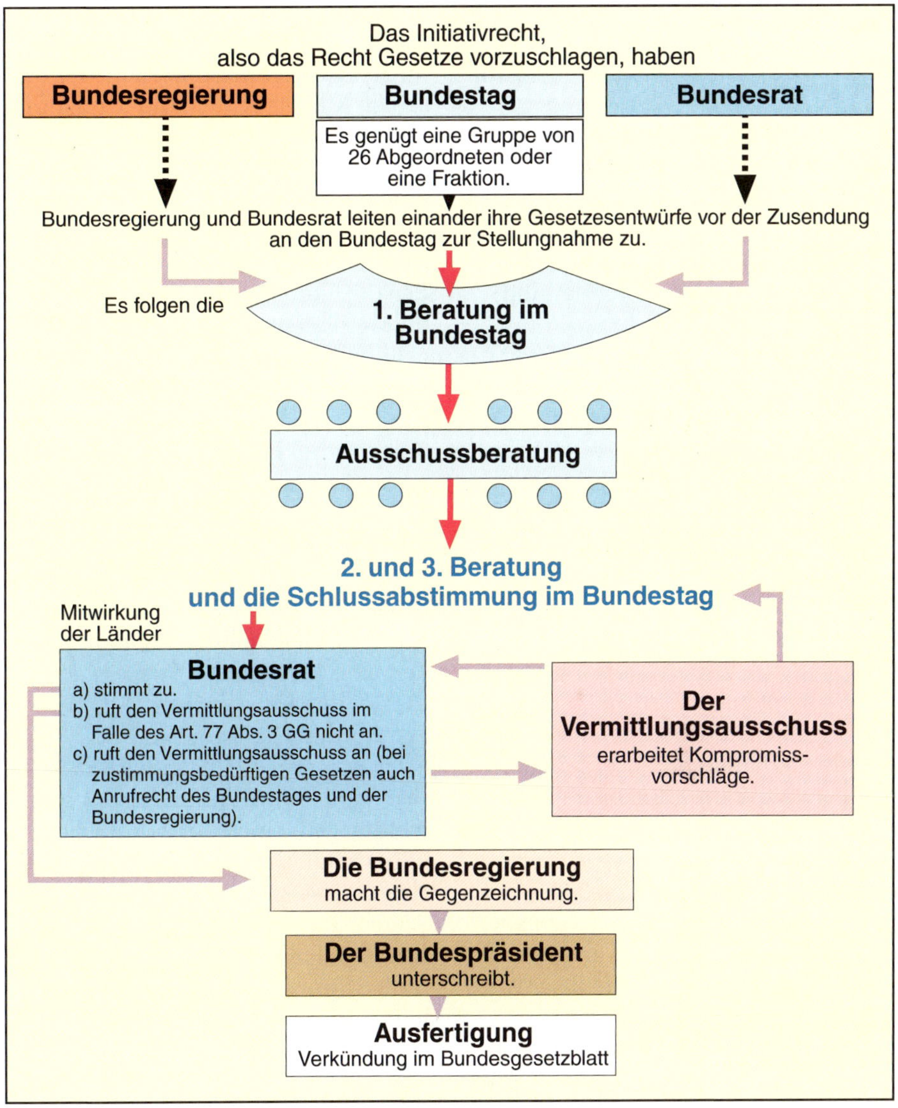

1. Wie ein Gesetz entsteht, zeigt das Schaubild auf dieser Seite. Ihr könnt die einzelnen Schritte erklären, wenn ihr den Text auf der folgenden Seite aufmerksam durchlest. Ordnet dabei die im Text genannten Schritte bei der Entstehung des neuen Tierschutzgesetzes den Stationen im Schaubild zu.

Tipp: Die Verfassung schreibt vor, wie ein Bundesgesetz zu entstehen hat. Das Verfahren wird hier nur vereinfacht dargestellt. Wenn ihr euch aus erster Quelle unterrichten wollt, müsst ihr das Grundgesetz zur Hand nehmen und besonders die Artikel 76, 77 und 78 durcharbeiten.

Die Stationen im Verfahren zum neuen Tierschutzgesetz

2. Unterteilt den folgenden Text in Einzelschritte.

Herbst 1996: Eine Gruppe von Tierärzten deckt einen Tiertransportskandal auf. 717 Rinder wurden in Nord- und Ostdeutschland in Lastwagen eingepfercht und – überwiegend ohne Pausen, Wasser und Futter – nach Italien gebracht. Von dort aus wurden sie auf Schiffe verladen. Nach fünftägiger Fahrt erreichten lediglich die Hälfte der Rinder lebend den Schlachthof im türkischen Istanbul. Zahlreiche Bürgerinnen und Bürger forderten nun – vielfach unterstützt von den Medien – ein gesetzliches Verbot solcher Art von Tiertransporten über lange Strecken.
Die Europäische Union verabschiedete kurze Zeit später eine Richtlinie, die vorsieht, dass Tiere auf Transporten angemessen versorgt werden, Ruhezeiten erhalten und in regelmäßigen Abständen auf Krankheit untersucht werden. Verabschiedet die Union der Europäischen Staaten eine Richtlinie, so muss diese in allen Parlamenten der Mitgliedstaaten in ein nationales Gesetz umgewandelt werden. Die einzelnen Schritte dazu werden im Folgenden beschrieben:
Im zuständigen Ministerium arbeiten Beamte eine **Gesetzesvorlage** aus. Im Falle des Tierschutzes ist das Landwirtschaftsministerium zuständig.
Der Vorschlag zur Änderung des Bundestierschutzgesetzes muss die Auflagen der EU-Richtlinien erfüllen.
Der Gesetzesvorschlag wird zunächst dem **Bundesrat** zugeleitet, der innerhalb von sechs Wochen dazu Stellung nimmt. Über den Bundesrat wirken die 16 Bundesländer an der Gesetzgebung des Bundes mit. Gesetzesvorschläge, die in einem Ministerium der Bundesregierung ausgearbeitet wurden, werden im **Kabinett** vom Bundeskanzler und seinen Ministerinnen und Ministern und dann dem **Bundestag** vorgelegt. Gesetzesvorschläge aus der Opposition werden direkt dem Präsidium des Bundestages zugeleitet.
Zur Beratung und Diskussion werden die Gesetzesvorschläge den Bundestagsabgeordneten zunächst vorgelesen. Man nennt daher diese Beratung über Gesetze im Parlament „Lesungen". Für jedes Bundesgesetz muss es drei Lesungen geben. Bei der **ersten Lesung** gibt es in der Regel noch mehrere unterschiedliche Meinungen zwischen den Personen und Parteien im Parlament. Die Regierungs- und Oppositionsparteien nutzen die Gelegenheit, die Öffentlichkeit über Fernsehen, Hörfunk und Presse über ihre unterschiedlichen Standpunkte zu informieren.
Nach der ersten Lesung wird das Gesetz – um geprüft und verbessert zu werden – an einen der zahlreichen **Expertenausschüsse** überwiesen. Ausschüsse sind kleine Runden von Abgeordneten aus den verschiedenen Parteien im Bundestag, die sich für bestimmte Themen spezialisiert haben.
Die Ausschüsse können weitere Experten einladen, Wissenschaftlerinnen und Wissenschaftler und Interessenvertreterinnen und Interessenvertreter. Sie veranstalten dann eine Expertenanhörung, auch **„Hearing"** genannt, um sich ein besseres Urteil zu bilden.
In der Zeit der Beratungen werden Gesetze oft stark verändert. Sind die Beratungen abgeschlossen, wird das Gesetz dem Bundestag zur **zweiten Lesung** vorgelegt. Die Opposition im Parlament hat hier die Möglichkeit, ihre Kritik und ihre Änderungswünsche vorzutragen.
Es folgt die **dritte Lesung** und danach die **Abstimmung** im Deutschen Bundestag.
Ein Bundesgesetz kann erst in Kraft treten, wenn der Bundesrat der Gesetzesvorlage ebenfalls zugestimmt hat. Kommt zwischen den zwei Kammern des Bundesparlaments, dem Bundestag und dem Bundesrat keine Einigung zustande, so wird ein **Vermittlungsausschuss** gebildet, der einen Kompromissvorschlag ausarbeitet.
Jedes neue Bundesgesetz muss vom **Bundespräsidenten** unterschrieben werden und kann erst in Kraft treten, wenn es im Bundesgesetzblatt veröffentlicht ist. Das geänderte Tierschutzgesetz trat im Frühjahr 1998 in Kraft.

3. Manche Menschen denken, der staatliche Tierschutz werde in Deutschland übertrieben, andere sind der Meinung, dass die gesetzlichen Bestimmungen gar nicht streng genug sein können. Wie denkst du?
4. Manche sind der Meinung, das Gesetzgebungsverfahren dauere viel zu lange und es durchlaufe zu viele Stationen. Andere denken, es sei in einer Demokratie wichtig, dass man sich genügend Zeit für eine Entscheidung nimmt und dass möglichst viele Gruppen daran beteiligt sind. Wie denkst du?

10. Welche Aufgaben haben wichtige Verfassungsorgane? Lernen an Stationen

Station 1
Bundesregierung

Station 2
Bundestag

Station 3
Bundesrat

Station 4
Bundespräsident

Auf den folgenden vier Seiten werden vier wichtige Verfassungsorgane der Bundesrepublik Deutschland vorgestellt. Ein Verfassungsorgan ist eine Einrichtung, deren Rechte und Pflichten in der Verfassung (also im Grundgesetz für die Bundesrepublik Deutschland) festgeschrieben ist. Gemeinsam bilden die Verfassungsorgane das **Regierungssystem**. Das ist der systematisch geordnete Rahmen, in dem sich die staatliche Politik abspielt.

Für die Bearbeitung wird die **Methode des Stationenlernens** empfohlen. Einzelne Schülerinnen und Schüler oder Schülergruppen suchen sich eine oder mehrere der Stationen 1 bis 4 zur Bearbeitung aus. Sie bereiten mündlich und schriftlich eine Ergebnispräsentation vor und stellen sich diese gegenseitig vor. Jede Präsentation gibt auf die Fragen A, B, C und D Antwort.
Um das Zusammenwirken der Verfassungsorgane zu verdeutlichen wird ihre Rolle bei der Entstehung des neuen Staatsbürgerschaftsrechtes kurz erläutert. Dieses Gesetz trat am 1. Januar 2000 in Kraft. Stellt die Rolle bei der Entstehung dieses Gesetzes auch vor.
Ihr findet auf jeder Seite einen Hinweis auf die entsprechenden Grundgesetzartikel und könnt euch so auch aus erster Quelle informieren.
Mithilfe der Internetadressen auf jeder Seite könnt ihr euch weitere Informationen zu den Fragen besorgen.
Am Ende des Stationenlernens sollte die gesamte Klasse über die wichtigsten Aufgaben der Verfassungsorgane informiert sein.

A Was ist das?

B Welche Aufgaben hat dieses Verfassungsorgan?

Beispiel 1:
Der Bundestag

C Was sollte man sonst noch darüber wissen?

D Worüber kann man diskutieren?

Grundgesetz Artikel 62 bis 69

Internet:
www.bundesregierung.de
www.bundeskanzler.de

Regierung plant neues Staatsbürgerschaftsrecht

Oktober 1998: Der Reform des Staatsbürgerschaftsrechts sind langjährige Auseinandersetzungen vorausgegangen. Trotz einiger Novellierungen des Gesetzes von 1913 blieb die doppelte Staatsbürgerschaft stets ein umstrittenes Thema. Nach der Bundestagswahl 1998 vereinbarte die neue rot-grüne Bundesregierung, ein Gesetz zu schaffen, das in Deutschland geborenen Ausländerkindern die doppelte Staatsangehörigkeit ermöglichen sollte.

Kabinettstisch der Bundesregierung: Wer nimmt hier Platz?

Im politischen System der Bundesrepublik nimmt die Bundesregierung Führungs- und Verwaltungsaufgaben für das gesamte Staatswesen wahr. Dazu verfügt sie über weitreichende Kompetenzen. Aufgrund ihres Handlungsspielraums nimmt sie im Verfassungsgefüge der Bundesrepublik eine besonders starke Stellung ein. Sie ist aber immer auch auf die grundsätzliche politische Übereinstimmung mit der sie tragenden Parlamentsmehrheit angewiesen.
Die Bundesregierung besteht aus dem Bundeskanzler und den Bundesministern. Der Bundeskanzler wird vom Bundestag auf Vorschlag des Bundespräsidenten ohne vorherige Aussprache mit der Mehrheit aller Abgeordneten gewählt und vom Bundespräsidenten ernannt. Seine Amtszeit endet spätestens mit dem Zusammentreten des nächsten Bundestages. Der Kanzler beruft einen Minister zu seinem Stellvertreter („Vizekanzler"). […]
Die Arbeitsweise der Bundesregierung wird durch drei Grundsätze gekennzeichnet:

- Nach Artikel 65 GG bestimmt der Bundeskanzler die Richtlinien der Politik und trägt dafür die Verantwortung gegenüber dem Parlament (Kanzlerprinzip).
- Die vom Kanzler festgelegten Richtlinien der Politik sind für die Bundesminister verbindlich und von ihnen in ihrem jeweiligen Geschäftsbereich selbstständig und in eigener Verantwortung zu verwirklichen (Ressortprinzip).
- Angelegenheiten von allgemeiner Bedeutung sind der Bundesregierung zur gemeinsamen Beratung und Beschlussfassung vorzulegen, darunter alle Gesetzesentwürfe, aber auch zum Beispiel Meinungsverschiedenheiten zwischen den Bundesministern (Kollegialprinzip).

Der Kanzler leitet die Geschäfte der Bundesregierung nach einer von ihr beschlossenen Geschäftsordnung. Er führt auch den Vorsitz im Bundeskabinett.
Schaltzentrale für die Regierungsarbeit ist das Bundeskanzleramt.
(Nach: So arbeitet die Bundesregierung, Erich Schmidt Verlag, Zahlenbilder Blatt 67123 II/1999)

Im Regierungssystem hat die Bundesregierung die Rolle der ausführenden Gewalt (Exekutive). Die Kontrolle der Regierung durch das Parlament wird vor allem durch die Opposition wahrgenommen. Die Oppositionsparteien im Bundestag sind der Gegenspieler der Regierung.

Zwei Meinungen zur Diskussion

↘ „In der Bundesregierung haben immer noch zu sehr die Männer das Sagen. Frauen haben es immer noch sehr schwer, wenn sie in verantwortliche Regierungsämter aufsteigen wollen."
↗ „Frauen können heute genauso gut und genauso leicht ein wichtiges Regierungsamt übernehmen wie die Männer."

Lernstation 2: Der Bundestag

Grundgesetz Artikel 38 bis 48

Internet:
www.bundestag.de

Bundestag verabschiedet neues Staatsangehörigkeitsrecht

7. Mai 1999: Der deutsche Bundestag stimmt in abschließender Lesung mit großer Mehrheit der Reform des Staatsangehörigkeitsrechts zu. Dadurch wird vor allem den in Deutschland geborenen Kindern ausländischer Eltern die Einbürgerung erleichtert. Sie können zeitlich befristet einen Doppel-Pass erhalten.

Der Bundestag ist (zusammen mit dem Bundesrat) das Parlament der Bundesrepublik Deutschland. Er setzt sich zusammen aus den Vertretern des Volkes der Bundesrepublik. Sie heißen Bundestagsabgeordnete und werden alle vier Jahre von den Bürgern der Bundesrepublik in den Bundestagswahlen gewählt. […]
Die Hauptaufgaben des Bundestages sind:
Gesetze zu beschließen, die vorher in den Ausschüssen eingehend beraten worden sind;
den Bundeskanzler zu wählen;
über die Einnahmen und Ausgaben des Bundes zu beschließen;
die Arbeit der Bundesregierung zu kontrollieren, das heißt zu beaufsichtigen und zu überwachen.
Der Bundestag hat vier Rechte, die ihm die Kontrolle über die Bundesregierung ermöglichen:
1. er bewilligt den Haushaltsplan, den ihm die Bundesregierung vorlegt. In einem Haushaltsplan sind alle Einnahmen und Ausgaben eines Staates aufgestellt, soweit man sie für ein Jahr voraussehen kann. […] Das Recht des Bundestages, den Haushalt zu genehmigen oder zu verweigern, nennt man Haushaltsbewilligungsrecht.
2. der Bundestag kann und muss auf Antrag eines Viertels seiner Mitglieder einen Untersuchungsausschuss einsetzen. Ein Untersuchungsausschuss kann unter anderem dann tätig werden, wenn ein Bundesminister seine Stellung zu seinem eigenen Nutzen missbraucht hat.
3. In kleinen und großen Anfragen können der Bundestag oder Gruppen von einzelnen Abgeordneten jederzeit Auskunft über Absichten und Handlungen der Bundesregierung verlangen. […]
4. der Bundestag kann verlangen, dass der Bundeskanzler und alle Mitglieder der Bundesregierung bei den Sitzungen des Bundestages anwesend sind.
Zu den Abgeordneten des Bundestages kann jeder Bürger gewählt werden, der selbst wählen darf. Er muss volljährig sein und seit mindestens einem Jahr die deutsche Staatsangehörigkeit besitzen. In der Regel sind Bundestagsabgeordnete Mitglieder von Parteien. Sie haben ein freies Mandat: Weder ihre Wähler noch ihre Parteien können sie zu einer Handlung zwingen.
Eine Partei hat jedoch nur dann Macht, wenn sie im Widerstreit mit anderen Parteien mit einem festen Standpunkt auftreten kann. Es wird also von den Mitgliedern einer Fraktion erwartet, dass sie sich der Entscheidung der Mehrheit in der Fraktion unterwerfen. Man nennt das Fraktionsdisziplin. […] In der Bundesrepublik darf jedoch kein Abgeordneter zur Fraktionsdisziplin gezwungen werden. Ein so genannter Fraktionszwang ist im Grundgesetz verboten.

(Aus: Hilde Kammer: Jugendlexikon Politik, rororo Handbuch, Rowohlt Verlag, Reinbek 1993)

Zwei Meinungen zur Diskussion:

↘ „Meiner Meinung sollte ein Abgeordneter im Bundestag immer frei nach seinem Gewissen entscheiden und sich keiner Partei unterordnen."

↗ „Die Abgeordneten im Bundestag sollten sich innerhalb ihrer Parteifraktionen absprechen und bei Entscheidungen gemeinsam abstimmen."

Grundgesetz Artikel 50 bis 53

Internet:
www.bundesrat.de

Die Schlacht ist geschlagen

21. Mai 1999: Nach langem Ringen: Deutschland hat ein neues Staatsbürgerschaftsrecht. Der Bundesrat stimmte der lang umstrittenen Reform am Freitag in Bonn mehrheitlich zu. [...] Das Gesetz wird am 1. Januar 2000 in Kraft treten. Dann bekommen in Deutschland geborene Kinder von Ausländern die doppelte Staatsbürgerschaft. Bis zum 23. Lebensjahr müssen sie sich allerdings für einen Pass entscheiden.
(dpa-Meldung vom 21. Mai 1999)

Die Bundesflagge in der Mitte der 16 Flaggen der Bundesländer: Symbol wofür?

Die Bundesrepublik Deutschland ist ein Bundesstaat; sie besteht aus 16 Bundesländern. Die Interessen der Bundesländer vertritt der Bundesrat; durch ihn wirken die Bundesländer bei der Gesetzgebung und bei der Verwaltung der Bundesrepublik mit. Der Zustimmung des Bundesrates bedürfen alle Gesetze, die die Verwaltung der Bundesländer betreffen, außerdem Gesetze, die das Grundgesetz ändern und Gesetze, die Verträge mit anderen Staaten enthalten. Diese Gesetze werden als Zustimmungsgesetze bezeichnet.
Gegen alle anderen Gesetze kann der Bundesrat Einspruch erheben, der aber vom Bundestag zurückgewiesen werden kann. Die vom Bundesrat abgelehnten Gesetze müssen im Bundestag erneut beraten werden.
Eine Aufgabe hat der Bundesrat also bei der Gesetzgebung, die zweite Aufgabe ist seine Mitwirkung in der Verwaltung; sie ist am deutlichsten bei den zahlreichen Rechtsverordnungen, die die Bundesregierung zur Ausführung der Bundesgesetze erlässt. Viele dieser Rechtsverordnungen bedürfen der Zustimmung des Bundesrates. (Rechtsverordnungen sind keine Gesetze. Sie müssen dennoch von jedem Bürger eingehalten werden. Sie regeln so genannte einfache Tatbestände, Anm. des Herausgebers)

Jedes Bundesland schickt wenigstens drei Vertreter in den Bundesrat. Länder mit über zwei Millionen Einwohnern schicken vier, mit über sechs Millionen schicken fünf, mit über sieben Millionen sechs Vertreter. Die Vertreter der Bundesländer sind Mitglieder der jeweiligen Landesregierung.
Sie werden nicht gewählt, sondern von ihren Regierungen in den Bundesrat entsandt. Sie müssen die Anweisungen ihrer Regierungen befolgen. Daher dürfen Bundesratsmitglieder nicht auch Mitglieder des Bundestages sein. Mitglieder des Bundesrates haben Zutritt zu den Sitzungen des Bundestages und können dort sprechen. Dagegen haben Bundestagsabgeordnete kein Recht, im Bundesrat angehört zu werden. Die Bundesregierung muss den Bundestag über ihre Handlungen und Pläne unterrichten.
Der Präsident, der Vorsitzende des Bundesrates, wird auf ein Jahr gewählt. Bundesratspräsident ist immer der Ministerpräsident eines Bundeslandes. Der Bundesratspräsident ist der Stellvertreter des Bundespräsidenten.

(Aus: Hilde Kammer: Jugendlexikon Politik, rororo Handbuch, Rowohlt Verlag, Reinbek 1993)

Zwei Meinungen zur Diskussion:

„Weil der Bundesrat den meisten Gesetzen zustimmen muss, dauert alles viel zu lange."

„Der Bundesrat garantiert die Mitwirkung der Länder bei der Gesetzgebung, außerdem kontrollieren Bundestag und Bundesrat einander. Dafür kann es ruhig etwas länger dauern, bis entschieden wird."

Grundgesetz Artikel 54 bis 61

Internet: www.bundespraesident.de

Unterschrift des Bundespräsidenten macht neues Staatsbürgerschaftsrecht rechtskräftig

Mai 1999: Nachdem der Bundestag der Reform des Staatsbürgerschaftsrechts verabschiedet hat und der Bundesrat ebenfalls seine Zustimmung gegeben hat, kann das neue Gesetz mit der Unterschrift des Bundespräsidenten und der Veröffentlichung im Bundesgesetzblatt rechtswirksam werden. Als Termin für seine Anwendung wurde der 1. Januar 2000 festgelegt. Ab dann können hier geborene Kinder ausländischer Eltern die doppelte Staatsangehörigkeit erhalten.

Bei Amtsantritt wird der Bundespräsident vom Bundestagspräsidenten vereidigt.

Der Bundespräsident ist das Staatsoberhaupt der Bundesrepublik Deutschland. Er empfängt die ausländischen Staatsoberhäupter und Botschafter und vertritt Deutschland offiziell bei Staatsbesuchen im Ausland. Im Namen Deutschlands unterzeichnet er die internationalen Verträge und die Bundesgesetze. Weiterhin gehört zu seinen Aufgaben die Ernennung und Entlassung der Bundesminister, der Richter des Bundes und der Offiziere und Unteroffiziere der Bundeswehr. Nach einer Bundestagswahl schlägt er dem Bundestag – nach Rücksprache mit den Parteien – einen Kanzler vor. Der Bundespräsident muss immer über den Parteien stehen und als Repräsentant des gesamten deutschen Volkes handeln. Stellvertreter des Bundespräsidenten ist der Bundesratspräsident.

Im Vergleich zum Bundeskanzler ist das Amt des Bundespräsidenten mit nur wenig politischer Macht ausgestattet. Mit dieser Verfassungskonstruktion zieht das Grundgesetz die Lehren aus der Vergangenheit. In der Zeit der Weimarer Republik hatte der Reichspräsident eine sehr starke Stellung. Er konnte mit so genannten Notverordnungen die Macht der Regierung und des Parlamentes außer Kraft setzen. Die Schwäche des Parlaments gegenüber dem Reichspräsidenten erleichterte den Nationalsozialisten den Weg an die Macht.

Trotz der geringen Machtbefugnisse verfügt der Bundespräsident heute jedoch über vielfältige Wirkungsmöglichkeiten. Die Art des Auftretens des Bundespräsidenten bei Staatsbesuchen im Ausland hat Auswirkungen auf das Ansehen der Bundesrepublik. Immer wieder haben die Bundespräsidenten in viel beachteten Reden und Beiträgen auf die langfristigen Probleme hingewiesen, Initiativen gegründet, Preise ins Leben gerufen, zum Beispiel in der Frage der Bekämpfung der Arbeitslosigkeit der Chancen und der Risiken der Globalisierung, des Umweltschutzes, der Fremdenfeindlichkeit, der Pflichten des Staates für die soziale Sicherung etc. Sie haben so Einfluss genommen auf die öffentliche Diskussion und Bewusstseinsbildung.

Statt selbst in die politischen Prozesse einzugreifen, sieht sich der Bundespräsident eher als unabhängiger, mahnender und ausgleichender Faktor.

Der Bundespräsident wird nicht unmittelbar durch das Volk, sondern durch die nur zu diesem Zweck einberufene Bundesversammlung gewählt. Sie setzt sich aus allen Bundestagsabgeordneten und der gleichen Anzahl von Mitgliedern zusammen, die aus den 16 Länderparlamenten nach den Grundsätzen der Verhältniswahl gewählt wurden. Die Wahlperiode dauert fünf Jahre. Die einmalige Wiederwahl ist möglich, sodass ein Bundespräsident maximal zehn Jahre im Amt bleiben kann.

Zwei Meinungen zur Diskussion:

↘ „Es wäre viel besser, wenn der Bundespräsident vom Volk direkt gewählt würde."

↗ „Es passt nicht zum Amt des Bundespräsidenten, dass die Kandidatinnen und Kandidaten in einen Wahlkampf ziehen müssen. Bundespräsidenten werden von der Bundesversammlung gewählt. Es gibt keinen Grund etwas zu ändern, was sich so gut bewährt hat."

Alles verstanden? Mit diesem Quiz könnt ihr testen, ob ihr die wichtigsten Aufgaben und Merkmale der vier Verfassungsorgane kennt. Die Lösungen lassen sich zu Merksätzen über das jeweilige Verfassungsorgan umformen.

Quiz – 4 in 16

Welches Verfassungsorgan hat welche Aufgabe?

Die Bundesregierung | **Der Bundespräsident** | **Der Bundestag** | **Der Bundesrat**

1. bildet (zusammen mit der Ländervertretung) das Parlament.
2. vertritt die Interessen der Länder bei der Gesetzgebung und Verwaltung.
3. besteht aus dem Bundeskanzler und den Bundesministern.
4. wählt den Bundeskanzler.
5. vertritt als Staatsoberhaupt die Bundesrepublik Deutschland.
6. verabschiedet nach erster, zweiter und dritter Lesung die Gesetze.
7. unterzeichnet Bundesgesetze und internationale Verträge und repräsentiert die Bundesrepublik.
8. leitet für vier Jahre die Regierungsgeschäfte.
9. wird für jeweils ein Jahr von einer Ministerpräsidentin oder einem Ministerpräsidenten geleitet.
10. repräsentiert das gesamte deutsche Volk und steht über den Parteien.
11. besteht aus mindestens drei, höchstens sechs entsandten Mitgliedern aller Landesregierungen.
12. wird aus Vertreterinnen und Vertretern der Landesregierungen gebildet.
13. ist das höchste Exekutivorgan der Bundesrepublik Deutschland.
14. hat die Aufgabe, die Arbeit der Bundesregierung zu kontrollieren.
15. wird im Abstand von fünf Jahren von der Bundesversammlung gewählt.
16. kann jederzeit Auskunft über die Absichten und Handlungen der Regierung verlangen.

11. Wie kann die staatliche Macht wirksam kontrolliert werden?

Nie mehr Diktatur in Deutschland

Tipp: Materialbearbeitung in arbeitsteiliger Gruppenarbeit

1. In dieser Einheit wird an drei Beispielen das System staatlicher Machtkontrolle für die Demokratie in der Bundesrepublik Deutschland vorgestellt. Für die Bearbeitung könnt ihr die drei Unterabschnitte (A, B und C) auf sechs Gruppen in der Klasse aufteilen.
   Jede Gruppe bearbeitet ein Teilthema und bereitet eine Präsentation für diejenigen vor, die das Material nicht bearbeitet haben. Am Ende gestaltet jeweils eine Gruppe eine Unterrichtsphase und die zweite ergänzt.
   Als Merkhilfe für die übrigen Schülerinnen und Schüler kann eine Tafelübersicht mit den wichtigsten Informationen zum bearbeiteten Thema vorbereitet werden.
   A: Gewaltenteilung, B: Bundesverfassungsgericht, C: Opposition
   1. Wie funktioniert das? 2. Welche Aufgabe hat das? 3. Welche Bedeutung hat das für die Demokratie?
   Das sind die drei Leitfragen, zu der jede Gruppe Antworten finden soll.
   In den Materialien befinden sich Schaubilder. Sie können auf Folie übertragen und im Vortrag erklärt werden. Hilfreich wird es sein, wenn in jeder Gruppe ein Grundgesetz vorhanden ist.

Vom Tag ihrer Machtergreifung im Jahr 1933 an haben Hitler und die Nationalsozialisten Deutschland in eine verbrecherische Diktatur verwandelt:

- Sie schalteten das Parlament aus.
- Sie verboten Parteien und Gewerkschaften.
- Sie duldeten keine freie Presse.
- Sie ließen das Volk durch ihre geheime Staatspolizei (Gestapo) bespitzeln und Andersdenkende in Folterkellern und Konzentrationslagern verschwinden.
- Sie beugten das Recht im Namen des Führers.
- Sie führten Deutschland in einen rassistisch begründeten Vernichtungskrieg.
- Sie ermordeten im Wahn rassischer Überlegenheit nahezu das gesamte Volk der in ihrem Herrschaftsgebiet lebenden Juden.

Vor dem Hintergrund dieser leidvollen und für die Deutschen moralisch belastenden Erfahrungen muss man die verfassungsmäßige Ordnung in der Bundesrepublik Deutschland sehen.
Die freiheitlich demokratische Grundordnung, welche die Mitglieder des Parlamentarischen Rates ab dem 1. September 1948 auf Anweisungen der westlichen Siegermächte ausarbeiteten, sollte die Schwächen der Weimarer Verfassung vermeiden und jegliche Gewalt- und Willkürherrschaft für alle Zeiten ausschließen.
Hitler hatte die Macht in seiner Person konzentriert und missbraucht. Eine staatliche Ordnung, die Konzentration und Missbrauch von Macht verhindern will, muss die Macht auf verschiedene Personen und Institutionen verteilen und ihre demokratische Kontrolle garantieren. Die Kontrolle staatlicher Macht gilt als eines der wesentlichen Elemente, ohne die eine Demokratie keinen dauerhaften Bestand haben kann.

A: Machtkontrolle durch Teilung der Staatsgewalt

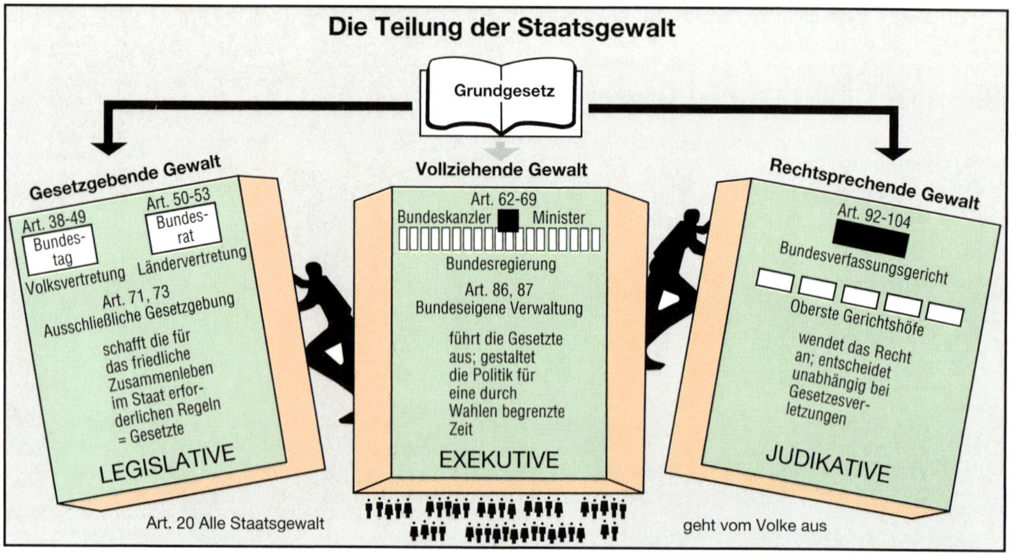

Das Stichwort: Staatsgewalt

Die Staatsgewalt ist die dem Staat zustehende höchste Befehls- und Zwangsgewalt, ohne die er seine ursprünglichen und wesentlichen Aufgaben nicht erfüllen kann: den Schutz nach außen und die Wahrung von Recht und Sicherheit im Inneren. Träger der Staatsgewalt in einer Demokratie ist das Volk. Bei ihm liegt die letzte Entscheidung über die Verfassungsordnung, in deren Rahmen sich die Ausübung der Staatsgewalt einfügen muss.
Um die Zusammenballung staatlicher Macht in den Händen eines Einzelnen oder einer gesellschaftlichen Gruppe zu verhindern, sind die verschiedenen Funktionen der einheitlichen Staatsgewalt im demokratischen Verfassungsstaat auf mehrere voneinander unabhängige Organe verteilt.

(Aus: Wirtschaftsspiegel, Deutscher Sparkassen Verlag, Stuttgart, 2/1989)

Gewaltenteilung verhindert Willkürherrschaft

In Artikel 20 Absatz 2 ist die Gewaltenteilung verankert. Durch sie soll nicht nur die Gewalt auf verschiedene Staatsorgane aufgeteilt, sondern vor allem eine Willkürherrschaft erschwert bzw. verhindert werden. Dies soll auch dadurch verhindert werden, dass die getrennten Gewalten voneinander abhängig sind, sich gegenseitig kontrollieren und in der Ausübung der Gewalt hemmen (checks and balances).
So kontrolliert das Parlament die Regierung, überprüfen die Gerichte Entscheidungen der Regierung und Verwaltung auf ihre Rechtmäßigkeit und die Gesetze auf ihre Verfassungsmäßigkeit. Unvereinbar ist es, dass ein Richter zugleich Abgeordneter oder Minister ist, sowie ein Polizeibeamter gleichzeitig Richter oder Abgeordneter. […]
Das Prinzip der Gewaltenteilung wird allerdings teilweise durchbrochen. So kann ein Abgeordneter gleichzeitig der ausführenden Gewalt, z. B. als Minister angehören.
Auch kann die stärkste Partei in einem Parlament (gesetzgebende Gewalt, Legislative, Anm. des Herausgebers) und Regierung (ausführende Gewalt, Exekutive, Anm. des Herausgebers) gleichermaßen beherrschen.

(Aus: Politik betrifft uns 8/82: Das Grundgesetz – ein Angebot an die Bürger, Bergmoser und Höller, Aachen, S. 13)

1. Auf welche politischen Institutionen ist die Staatsgewalt aufgeteilt?
2. Durch das Prinzip der Gewaltenteilung soll garantiert werden, dass …

Was geht, was geht nicht?

A Ein Bundestagsabgeordneter übt nebenbei seinen erlernten Beruf als Richter aus.

B Als Abgeordnete gehört Frau S. zur Legislative und als Frau Ministerin zur Exekutive.

C Der Bundeskanzler erklärt, im Verfassungsstreit über eine Verlängerung des Zivildienstes gegenüber dem Wehrdienst werde er selbst den Vorsitz bei Gericht übernehmen.

D Zahlreiche Abgeordnete der größten Partei im Bundestag unterstützen als Vertreter der Legislative die Exekutive, also die Regierung, wo sie nur können.

B: Machtkontrolle durch das Bundesverfassungsgericht

Die Stellung des Bundesverfassungsgerichts im Grundgesetz (Auszüge):

Artikel 93
(1) Das Bundesverfassungsgericht entscheidet:
über die Auslegung dieses Grundgesetze aus Anlass von Streitigkeiten …
(4a) über Verfassungsbeschwerden, die von jedermann mit der Behauptung erhoben werden können, durch die öffentliche Gewalt in einem seiner Grundrechte […] verletzt zu sein.

Hüterin der Verfassung

Das Bundesverfassungsgericht (BVG) mit Sitz in Karlsruhe wird als „Hüterin der Verfassung“ bezeichnet. Es hat darüber zu wachen, ob die vom Bundestag und Bundesrat verabschiedeten Gesetze mit dem Grundgesetz vereinbar sind. Es achtet darauf, dass die Regierung sich bei der Ausübung der Macht an die geltenden Gesetze hält. Schließlich kontrolliert es auch, ob Entscheidungen der Gerichte mit den Grundsätzen der Rechtsprechung vereinbar sind.
Das BVG wird nicht von sich aus, sondern nur auf Antrag tätig. Auch einzelne Bürger können in Karlsruhe Verfassungsbeschwerde einlegen, wenn sie sich in ihren Grundrechten verletzt fühlen. Dies geht allerdings erst, wenn der vorherige Rechtsweg ausgeschöpft ist.
Im System der Gewaltenteilung in der Bundesrepublik Deutschland nimmt das BVG eine herausragende Stellung ein, weil es Regierung und Parlament, also Exekutive und Legislative, kontrolliert und die Unabhängigkeit der Gerichte, also der Judikative, garantiert.
Kritiker behaupten, die Richter am BVG mischten sich mit ihren Urteilen zu stark in die Politik ein und bestimmten mehr und mehr darüber, was politisch machbar sei und was nicht.
In jüngster Zeit haben die Richter auf diese Kritik reagiert. Sie beanspruchen für sich das „Prinzip der richterlichen Selbstbeschränkung“. Demnach sehen sie ihre Aufgabe nicht darin, zu überprüfen, ob ein Gesetz gut oder schlecht, klug oder unvernünftig ist, sondern einzig und allein, ob es mit den Grundsätzen der Verfassung vereinbar ist oder nicht.

Merkzettel für die Schaubilderklärung:
- Rolle des BVG
- Zusammensetzung
- Aufgaben

3. Erklärt, warum das Bundesverfassungsgericht als die „Hüterin der Verfassung“ bezeichnet wird.

C: Machtkontrolle durch Opposition

Opposition attackiert die Regierung

Die Opposition hat am Freitag in der Bundestagsdebatte die Regierung scharf angegriffen. In ihrer Rede griff die Oppositionssprecherin Angela Merkel auch den Bundeskanzler persönlich an. Anlässlich des zehnten Jahrestages der Wiedervereinigung warf sie ihm und anderen namhaften Regierungsmitgliedern vor, bei der Wiedervereinigung versagt zu haben. Der Bundeskanzler müsse eingestehen, dass er damals die Wiedervereinigung nicht gewollt und die Lage falsch eingeschätzt habe.

(Nach: Das Parlament vom 13.10.2000, S. 1, verf. von Merle Vetterlein)

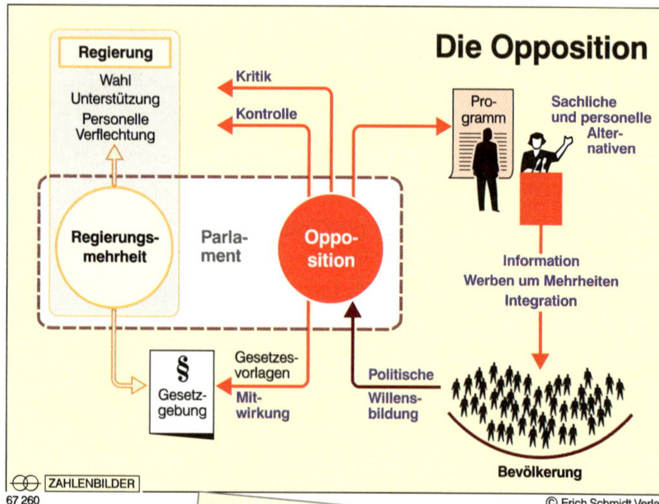

Merkzettel für die Schaubilderklärung:
1. Aufgaben der Opposition im Parlament
2. Verhältnis der Opposition zur Bevölkerung
3. Verhältnis zwischen Bundesregierung und Opposition

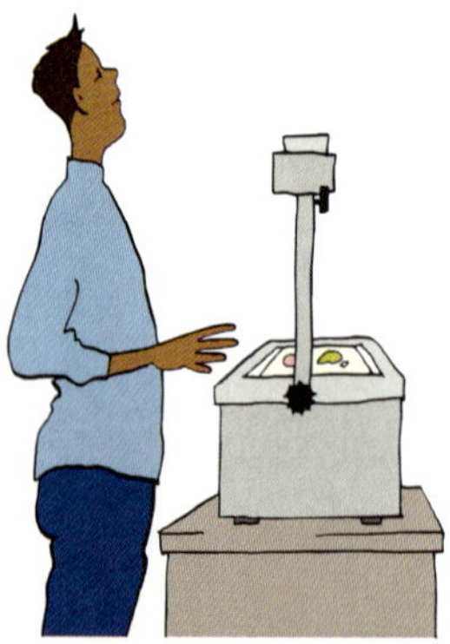

Zu den wichtigsten Aufgaben eines Parlaments gehört die Kontrolle der Regierung. In der parlamentarischen Demokratie wird diese Aufgabe aber vor allem durch die Minderheit im Parlament übernommen, während die Mehrheit in der Regel die Regierung unterstützt.
Opposition heißt Gegensatz, Widerstand und Widerspruch. […] Alle Parteien, die nicht an der Regierung beteiligt sind, bilden die „Opposition“. Sie sind Oppositionsparteien.
In der Demokratie hat die Opposition zwei entscheidende Aufgaben: Sie soll die Regierung ständig überwachen und sie kritisieren, wenn sie ihre Pläne für falsch hält; sie soll eigene Pläne entwickeln und vortragen. Erfüllt eine Opposition diese Aufgaben, kann sie die Politik der Regierung beeinflussen. Gleichzeitig nimmt sie Einfluss auf die Bürger; sie unterstützt sie, sich eine Meinung zu bilden und ihren Willen zu äußern. Überzeugen die Vorschläge der Opposition die Mehrheit der Wähler, kann sie bei einer der nächsten Wahlen die meisten Stimmen gewinnen. Sie bildet dann die Regierung und versucht, die Interessen und den Willen ihrer Wähler durchzusetzen. Die bisherige Regierungspartei geht in die Opposition.
Eine Opposition, die ihre Aufgaben wahrnimmt, schützt die Demokratie. Sie kann verhindern, dass die Gruppen in der Bevölkerung, die mit der Regierung unzufrieden sind, den Staat mit Gewalt verändern. Sie kann verhindern, dass die Regierung diktatorische, das heißt uneingeschränkte Macht ausübt.

(Nach: Hilde Kammer: Jugendlexikon Politik, Rowohlt Verlag, Reinbek 1993, Stichwort: Opposition)

4. Wie bewertet ihr die Nachricht aus dem Bundestag: Ist es vertretbar, dass die Opposition die Regierung mit scharfen Worten kritisiert?

Diskussion im Klassenzimmer: Streiten unsere Politiker zu viel?

Ja, der Meinung bin ich!

Schaltet man die Übertragung einer Bundestagsdebatte im Fernsehen ein, so bietet sich ein trauriges Bild. Unsere Politiker giften sich an und schlagen mit Worten aufeinander ein. Sie verwenden alle ihre Kraft darauf, dem politischen Gegner eins auszuwischen. Die Vertreterinnen und Vertreter aus den verschiedenen Parteien verhöhnen einander. Die Sprecher der Oppositionsparteien nörgeln an allen Maßnahmen der Regierung herum. Die Regierung und die Parteien, die die Mehrheit bilden, nehmen die Minderheit nicht ernst. Meist hören die Abgeordneten sich gegenseitig gar nicht zu. Das ist eine sehr unfaire Art miteinander umzugehen.
Die Politiker sollten mehr zusammenarbeiten um die anstehenden Probleme gemeinsam zu lösen. Sie sollten sich gegenseitig stärker respektieren. Zwischen den Politikern herrscht zu viel Streit!

Nein, der Meinung bin ich nicht!

Es muss gestritten werden in der Politik. Die Abgeordneten aus den verschiedenen Parteien müssen sich gegenseitig kritisieren und den Wählern deutlich machen, wer die bessere Politik vertritt.
Zu viel Übereinstimmung und Harmonie in der Politik ist gefährlich für die Demokratie.
Außerdem beruht die Meinung, dass zu viel Streit zwischen unseren Politikern herrsche, auf einem Missverständnis. Die Nachrichtensendungen übertragen nämlich immer nur kurze Ausschnitte aus der Politik, in denen heftig diskutiert wird und in denen es dramatisch zugeht. Tatsächlich herrscht in den langen Parlamentsdebatten meist ein Klima der Sachlichkeit und Zusammenarbeit.
Wir haben eher zu wenig Streit und zu wenig klare Gegensätze in der Politik.

1. Zu viel Streit, gerade richtig oder zu wenig Streit in der Politik? Macht eine Abstimmung in der Klasse.
2. Diskutiert das Problem. Vorher sollte jeder seine eigene Meinung kurz schriftlich formulieren. Könnt ihr Regeln für eine faire Auseinandersetzung in der Politik formulieren?

Vorstellung eines Schaubildes über die Verfassungsorgane in der Bundesrepublik Deutschland

Am Ende dieser Unterrichtsreihe solltet ihr alle wichtigen Verfassungsorgane in der Bundesrepublik Deutschland vorstellen können. Dazu eignet sich ein Kurzvortrag vor der Klasse mithilfe des Schaubildes auf dieser Seite. Bereitet euch vor, indem ihr das vorliegende Schaubild interpretiert (siehe Methodenkarte Nr. 8, S. 176f.). Sollte etwas unklar sein, könnt ihr noch einmal auf die entsprechenden Seiten zurückgreifen. Es helfen euch auch die Begriffserklärungen im Glossar dieses Buches. Den Vortrag könnt ihr einzeln oder in Teams vorbereiten und euch so die Arbeit aufteilen.
Stellt das Schaubild vor der Klasse vor und haltet euch dabei an die drei Schritte (siehe Kasten).

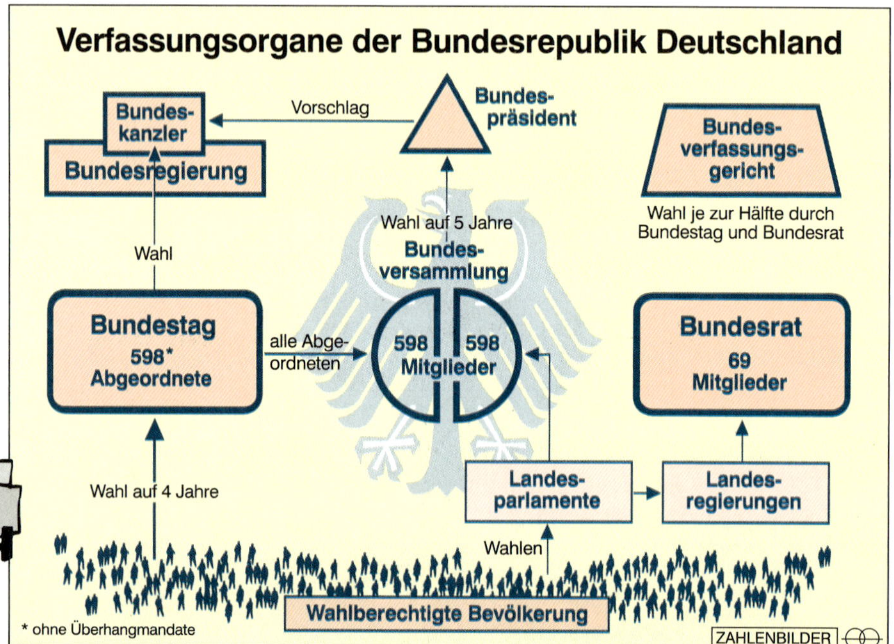

© Erich Schmidt Verlag 62 110

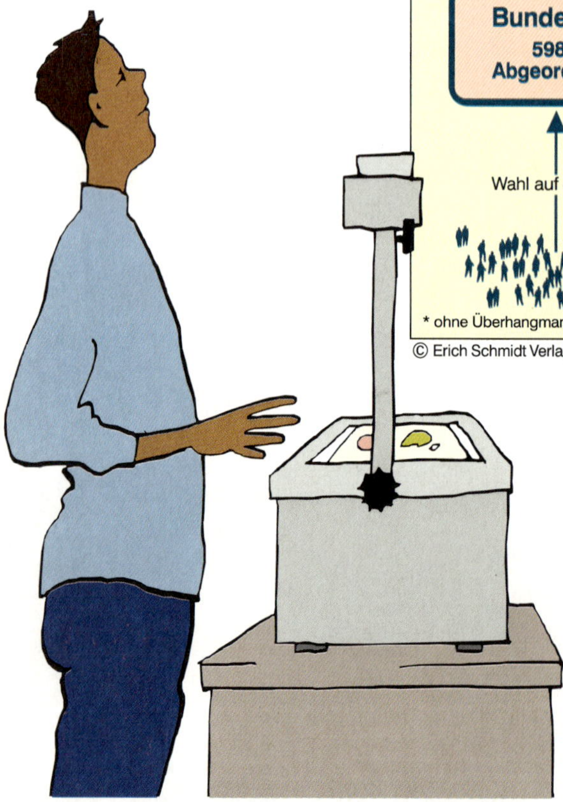

Drei Gliederungspunkte zur Vorstellung eines Schaubildes im Vortrag

1. Was zeigt das Schaubild?
2. Welche Zusammenhänge werden deutlich?
3. Welche Informationen sollte man sich langfristig einprägen?

Nicht im Schulbuch und doch wichtig

Die folgenden Fragen zur aktuellen Politik werden immer wieder in Vorstellungsgesprächen um Ausbildungsplätze gestellt. Die Antworten solltet ihr unbedingt kennen.

Fit für's Vorstellungsgespräch?

- Wie heißen der amtierende Bundeskanzler und der Bundespräsident?
- Wie heißt der Ministerpräsident deines Bundeslandes?
- Welche Parteien sind in der Landesregierung deines Bundeslandes, welche in der Opposition?
- Welche Parteien regieren im Bund und welche sind in der Opposition?
- Wie heißen die amtierenden Bundesminister für Innen- und Außenpolitik, Finanzen, Wirtschaft, Verteidigung, Justiz, Umwelt und andere?
- Wie heißt der amtierende Bürger- oder Oberbürgermeister deiner Heimatgemeinde?

Quiz

1. Nach diesem Prinzip darf nur das Volk bestimmen, wer die politische Macht ausüben darf.
2. Das sind Möglichkeiten direkter Demokratie auf der Ebene der Gemeinde- und der Landespolitik.
3. Die Aufgabe weist das Grundgesetz im Artikel 21 den Parteien zu.
4. Wahlen in Deutschland sind frei, gleich, geheim und was noch?
5. Nach diesem Wahlsystem wählt man eine Person.
6. So heißt das Wahlrecht für die Wahlen zum Deutschen Bundestag.
7. Diese Sitze erhält eine Partei im Bundestag, wenn sie mehr Direktmandate gewinnt als ihr nach dem Zweitstimmenanteil eigentlich zustehen.
8. So nennt man die Gruppe der Abgeordneten einer Partei im Bundestag.
9. Das ist ein Bündnis von zwei oder mehreren Parteien um gemeinsam eine Regierung zu bilden.
10. Er oder sie leitet die Sitzungen des Bundestages.
11. Nach dem Grundgesetz können nur sie Bundesgesetze auf den Weg bringen.
12. Dieses Verfassungsorgan tritt alle fünf Jahre zusammen und hat nur eine Funktion.
13. Diese Einrichtung wird als „Hüterin der Verfassung“ bezeichnet.
14. Seine Mitglieder vertreten Länderinteressen und haben Zutritt zu allen Bundestagssitzungen.
15. Das ist die wichtigste Aufgabe der Gewaltenteilung.

A Verhinderung von Machtmissbrauch

B Bundesversammlung

C allgemein und unmittelbar

D Bürgerbegehren und Volksbegehren

E Personalisiertes Verhältniswahlrecht

F Bundesregierung, Bundesrat und Gruppen aus dem Bundestag

G Prinzip der Volkssouveränität

H Bundestagspräsident

I Koalition

J Mehrheitswahlrecht

K Überhangmandate

L Bundesrat

M Fraktion

N Bundesverfassungsgericht

O Mitwirkung bei der politischen Willensbildung des Volkes

9 Recht und Rechtsprechung

Gerichtsverhandlung

Betrachtet die Bilder.
Was haben die Situationen mit Recht und Gesetz zu tun?

1. Wozu brauchen wir das Recht?

Darf Herr Baum sein Recht auf eigene Faust durchsetzen?

Vielleicht ist es dir auch schon einmal passiert: Dein neues Mountainbike wurde vor dem Freibad gestohlen; die Musikanlage im Jugendhaus wurde sinnlos und brutal zerstört. Wie ärgerlich! Da kommt man schnell in Versuchung, sich sein Recht auf eigene Faust zu verschaffen – wie Herr Baum (Name von der Redaktion geändert) im vorliegenden Fallbeispiel.

1. Lest den Text zunächst durch und nehmt dann Stellung:
   A) Ich finde, Herr Baum hat richtig gehandelt, weil …
   B) Ich finde das Verhalten von Herrn Baum nicht richtig, weil …
2. Überlegt dann, warum sich Herr Baum strafbar gemacht hat.

Im Autohaus Baum quellen Glückwünsche aus ganz Deutschland aus dem einzigen Faxgerät in Körbelitz bei Magdeburg. „Tolle Tat", schreibt ein Gardinenvertreter. Ein Ingenieur aus Osnabrück grüßt „in Gleichgesinntheit" und fordert neue Rechtsmaßstäbe, die sich am „Alten Testament und den USA" orientieren […]

Eckard Baum, 45, besitzt ein Citroën-Autohaus mit Werkstatt und Tankstelle, wo es bereits 30 Einbrüche und Diebstähle gab, und gilt seit wenigen Tagen als Held. Er hat einen vermeintlichen Autoknacker für knapp zwei Stunden öffentlich an den Pranger gestellt.
Zuletzt war ein alter VW Santana vom Hof geklaut worden. Am Tag darauf erfuhr Baum über „gute Drähte zur Polizei", dass ein „berüchtigter Spitzbube" aus dem eigenen 560-Seelen-Dorf mit im Auto gesessen habe.
Der 100-Kilo-Mann Baum stürmte mit fünf Mechanikern das Haus. Sie schnappten sich E., warfen den 20-Jährigen in einen Transporter und rumpelten los. „Ich habe aus Nase und Ohren geblutet", sagt der später. Vor dem Autohaus kam er an den Schandpfahl. Seine Hände wurden mit Klebeband an einen Mast gefesselt, die Beine ebenfalls, ein Strick um den Bauch verhinderte, dass er zusammensackte.
Im Schatten der Tankstelle versammelte sich das halbe Dorf. Videokameras surrten, eine Zeitung wurde informiert. Aber keiner half dem Burschen am Pranger. […]
Für den Autohändler stand E.s Schuld sofort fest, obwohl bis heute nichts bewiesen ist. „Mitgefangen, mitgehangen – der hat genug auf dem Kerbholz", sagt er, und: „Wenn ich sehe, was mit den Autoknackern passiert, habe ich keine Angst vor der deutschen Justiz."

(Aus: Holger Witzel, An den Pranger gestellt, Stern 19/1996, S. 156)

Hände und Beine mit Klebeband gefesselt wird E. für knapp zwei Stunden am Fahnenmast präsentiert.

3. Im „wilden Westen" Amerikas galt im 19. Jahrhundert das Faustrecht: Es gab in vielen Gegenden keine Polizei und auch keine Gerichte, jeder musste sein Recht selbst durchsetzen. Angenommen, dass auch in Deutschland das Faustrecht gilt: Welche Bevölkerungsgruppen wären dabei im Vorteil, welche wären benachteiligt? Welche Folgen hätte dieser Zustand für jeden Einzelnen?

INFORMATION

Rechtsordnung und Rechtsstaat

Justitia war die römische Göttin der Gerechtigkeit. Von ihr leitet sich der Begriff „Justiz“ ab. Könnt ihr euch vorstellen, warum sie stets mit verbundenen Augen dargestellt wurde?

Warum brauchen wir Gesetze?

Überall, wo Menschen zusammenleben, benötigen sie Regeln, die für alle Menschen in dieser Gemeinschaft gelten. Sonst würden die Stärkeren ihre Interessen rücksichtslos auf Kosten der Schwächeren durchsetzen. Die Gesamtheit aller Regeln und Gesetze bezeichnet man als Rechtsordnung. Grundlage der Rechtsordnung in Deutschland ist das Grundgesetz.
Niemand würde sich allerdings an Gesetze halten, wenn Gesetzesüberschreitungen ohne Folgen blieben. Deswegen haben die Polizei und die Gerichte den Auftrag, Verstöße gegen Gesetze zu verfolgen und zu bestrafen. Nur der Staat hat das Recht, die Befolgung von Gesetzen notfalls zu erzwingen (Gewaltmonopol des Staates).

Was ist ein Rechtsstaat?

Wir leben in einem Rechtsstaat. Das bedeutet, dass jeder Bürger, aber auch jede staatliche Einrichtung sich dem Recht unterordnen und in seinem Handeln die Gesetze beachten muss. Deswegen spricht man auch von der Herrschaft der Gesetze im Rechtsstaat im Gegensatz zur Willkürherrschaft in Diktaturen. Weitere Merkmale eines Rechtsstaates sind:

➢ **Rechtsgleichheit:** Die Gesetze gelten für alle Bürger gleich. Es darf in der Rechtsprechung keine Rolle spielen, wie reich oder einflussreich jemand ist; auch der Ärmste soll die Chance haben zu seinem Recht zu kommen.

➢ **Rechtssicherheit:** Gesetze müssen veröffentlicht werden, damit jeder Bürger sich darüber informieren kann, welche Folgen ein Verstoß haben kann. Außerdem dürfen Gesetze nicht rückwirkend gelten. Niemand darf also für eine Tat bestraft werden, die zu diesem Zeitpunkt nicht verboten war.

➢ **Bindung der Gesetzgebung an das Grundgesetz:** Die Gesetze werden von den Abgeordneten des Deutschen Bundestages und – in manchen Fällen – von den Vertretern der Bundesländer gemacht. Doch die Abgeordneten dürfen nicht einfach Gesetze formulieren, die ihnen gerade passen. Sie müssen sich an das Grundgesetz halten. Kein Gesetz darf gegen die Menschenwürde verstoßen. So können die Abgeordneten auch nicht einfach mit einem Gesetz die Todesstrafe einführen, denn das wäre mit dem Grundgesetz nicht vereinbar.

➢ **Rechtswegegarantie:** Jeder Bürger, der sich in seinen Rechten verletzt sieht, kann ein Gericht anrufen.

➢ **Unabhängigkeit der Richter:** Richter und Gerichte sind in ihren Entscheidungen nur an die Gesetze gebunden. Keine staatliche Behörde, kein Politiker darf ihnen Weisungen erteilen oder versuchen Einfluss auf den Ausgang eines Prozesses zu nehmen.

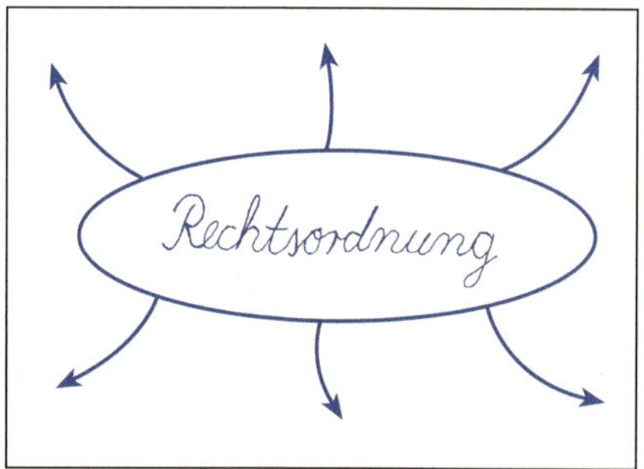

1. Erkläre, wodurch sich ein Rechtsstaat von einem rechtlosen Zustand, wie etwa im wilden Westen, unterscheidet.
2. Angenommen, Ann-Kathrin verursacht bei Glatteis einen Unfall und begeht Fahrerflucht. Bis es zu einem Gerichtsprozess wegen der Straftat kommt, vergehen 4 Monate. Einen Monat vor dem Prozess beschließt der Bundestag ein neues Gesetz, das die Höchststrafe bei Fahrerflucht verdoppelt. Ann-Kathrin Sauer wird nach dem neuen Gesetz verurteilt. Prüfe nach, ob diese Entscheidung rechtmäßig ist.

Recht und Gerechtigkeit: Ist diese Rechtsprechung gerecht?

Recht hat mit Gerechtigkeit zu tun. Rechtsprechung soll Gerechtigkeit herstellen. Doch sind Urteile immer gerecht? Darüber kann man im Einzelfall sicher streiten. Was wir als gerecht empfinden, hängt auch davon ab, in welchem Staat und in welcher Kultur wir leben. In vielen Staaten der USA wird z. B. noch die Todesstrafe praktiziert, während sie in Deutschland als barbarische und grausame Strafe verboten ist.

1. Urteilt zunächst nach eurem persönlichen Rechtsempfinden: Haltet ihr die Urteile für gerecht? Begründet schriftlich eure Entscheidung.
2. Stellt eure Entscheidung dann in der Klasse vor und diskutiert darüber.

Drei Fälle – drei Urteile

1. Straffällige Jungen auf einsame Insel verbannt

Zwei amerikanische Teenager, die 1993 einen Mann bei einem Raubüberfall beinahe getötet haben, müssen mindestens ein Jahr lang ähnlich wie Robinson Crusoe leben. Adrian Guthrie und Simon Roberts wurden getrennt auf zwei unbewohnte Inseln verbannt. Das hatte der Ältestenrat des Tlingit-Indianerstammes in Klawock (Alaska) entschieden, dem die Jugendlichen angehören. James Allendoerfer vom Obersten Gericht in Snohomish County (Bundesstaat Washington), wo das Verbrechen begangen wurde, hatte zuvor eine Bestrafung nach der alten Stammestradition gebilligt. Die Tlingits werden den Teenagern zunächst ein Überlebenstraining geben. Sie erhalten außerdem Handwerkszeuge wie Äxte und Messer sowie Essensvorräte, die ausreichen sollen, bis Guthrie und Roberts das Erlegen von Tieren beherrschen. Dann sind sie völlig auf sich allein gestellt – bis auf die wenigen Besuche von Stammesangehörigen, die sich von den Fortschritten der beiden Cousins überzeugen wollen. [Nach einem Jahr] sollen die beiden jungen Leute erneut vor Richter Allendoerfer erscheinen. Wenn sie dann – wie bisher – keine Reue und Einsicht zeigen, könnten sie trotz ihres Exils noch für zweieinhalb bis fünf Jahre hinter Gitter kommen.

(Nach einer dpa-Meldung vom 05.09.1994)

2. Auge um Auge

Bei der ersten Auge-um-Auge-Straftat in Saudiarabien seit mehr als vierzig Jahren wurden einem Ägypter sein linkes Auge chirurgisch entfernt. Der 37-jährige Abdel Moati Abdel Rahman Mohammed war überführt worden, einen Anschlag auf einen Landsmann verübt zu haben, bei dem dessen Gesicht mit Säure entstellt wurde.

Die Operation wurde in einem Krankenhaus in Medina durchgeführt – trotz Mohammeds Angebot, 800.000 Rial [ca. 240.000 Euro] Schmerzensgeld an das Opfer zu zahlen.

(Nach einer AP-Meldung vom 16.08.2000)

3. Jugendstrafen für Mord

Wegen grausamen Mordes an der 14-jährigen Stefanie aus Sachsen-Anhalt sind zwei 18 und 19 Jahre alte Männer am Dienstag in Stendal (Sachsen-Anhalt) zu je neun Jahren Jugendhaft verurteilt worden. Sie hatten das Mädchen [...] verschleppt, vergewaltigt, erdrosselt und die Leiche dann mit Benzin übergossen und angezündet. [...]

Nach dem Urteil des Landgerichts waren Hass, verletzte kindliche Eitelkeiten und Eifersucht ihre Motive gewesen [...] Danach konnten die beiden zur Tatzeit 18-Jährigen wegen fehlender Reife nicht nach dem Erwachsenenrecht verurteilt werden. Trotz der Schwere des Verbrechens seien sie Jugendlichen gleichzusetzen. Das Gericht verurteilte sie deshalb nach dem Jugendstrafrecht und blieb unter der von der Staatsanwaltschaft geforderten Höchststrafe. Nach Erwachsenenstrafrecht hätte ihnen eine lebenslange Freiheitsstrafe gedroht.

(Nach einer dpa/AP-Meldung vom 19. Juli 2000)

2. Warum gelten für Jugendliche besondere Gesetze?

„Es geht doch schließlich um mein Geld!"

Caroline (15 Jahre) trifft ihre Freundin Maren vor der Schule

CAROLINE: Hallo Maren, heute Morgen bin ich gut drauf. Ich hab' vielleicht gestern ein Schnäppchen gemacht. Du weißt doch, seit Monaten wünsche ich mir nichts sehnlicher als einen CD-Player ...

MAREN: Ja und?

CAROLINE: Da schlenderte ich gestern Nachmittag am Multimarkt vorbei und mein Wunsch-Player stand im Schaufenster – zu einem sensationell günstigen Preis. „Auslaufmodell", meinte der Verkäufer, als ich mich über den günstigen Preis wunderte.

MAREN: Was hast du dann gemacht?

CAROLINE: Ich bin sofort nach Hause gelaufen, habe meine gesamten Ersparnisse vom Taschengeld zusammengekratzt und den Player gekauft.

MAREN: ... ohne deine Eltern zu fragen?

CAROLINE: Die können mir doch nicht vorschreiben, was ich von meinem Geld kaufe. Ich bin doch schließlich kein kleines Kind mehr.

MAREN: ... Können sie doch! Sie können sogar verlangen, dass du den CD-Player zurückgibst.

1. Für die Lösung der Streitfrage sind Begriffe wie „beschränkte Geschäftsfähigkeit" und „Taschengeldparagraph" wichtig, weil ...
2. Wer hat Recht: Caroline oder Maren? Begründet eure Entscheidung.

Fast erwachsen – und noch immer bevormundet?

„Wehrlos, schutzlos, rechtlos", so hätte wahrscheinlich ein Jugendlicher Anfang des vorigen Jahrhunderts seine Situation beschrieben. Heute haben Kinder und Jugendliche viele Rechte, aber nicht die gleichen wie Erwachsene.

Von Geburt an kann jeder Mensch Eigentum erwerben, besitzen und auch erben. Die Juristen sagen dazu, er ist von Geburt an rechtsfähig. Bis zum vollendeten 7. Lebensjahr ist ein Kind jedoch nicht geschäftsfähig. Das bedeutet z. B., dass Kinder keine Kaufverträge abschließen können. Bis zum vollendeten 18. Lebensjahr benötigen Minderjährige beim Abschluss von Geschäften die Zustimmung der Erziehungsberechtigen – bis auf eine Ausnahme: „Ein von dem Minderjährigen ohne Zustimmung des gesetzlichen Vertreters geschlossener Vertrag gilt als von Anfang an wirksam, wenn der Minderjährige die vertragsgemäße Leistung mit Mitteln bewirkt, die ihm zu diesem Zweck oder zu freier Verfügung von dem Vertreter oder mit dessen Zustimmung von einem Dritten überlassen worden sind". (Diese gesetzliche Bestimmung steht in § 110 des Bürgerlichen Gesetzbuches und wird häufig als „Taschengeldparagraph" bezeichnet.) So sollen Heranwachsende vor wirtschaftlicher Ausbeutung geschützt werden.

Das Jugendschutzgesetz enthält ebenfalls eine Reihe von Bestimmungen, die Jugendliche vor gefährdenden Einflüssen und gesundheitlichen Schäden bewahren sollen. So darf z. B. an Jugendliche unter 16 Jahren kein Alkohol verkauft oder in Gaststätten ausgeschenkt werden. Für den Besuch von Kinofilmen gelten Altersschranken. Allerdings werden diese Bestimmungen in der Praxis häufig missachtet.

Das **Jugendarbeitsschutzgesetz** regelt, ab welchem Alter, wie lange und zu welchen Zeiten Jugendliche arbeiten dürfen. So dürfen z. B. Jugendliche nur in der Zeit von 6 Uhr bis 20 Uhr beschäftigt werden, und zwar nur an fünf Tagen in der Woche. Auch auf die Fragen, wie lange Arbeitspausen dauern müssen und welchen Urlaubsanspruch jugendliche Arbeitnehmer haben, findet man dort Antwort.

Mit dem Lebensalter nehmen Rechte und Pflichten zu

Sicherlich fühlt sich manch ein 14-Jähriger schon erwachsen und träumt davon, frei zu sein von Einschränkungen und lästigen Vorschriften. Erwachsen werden bedeutet jedoch auch, einen langjährigen Entwicklungs- und Reifeprozess zu durchlaufen. Der Gesetzgeber berücksichtigt dies, indem er Rechte stufenweise gewährt.

Rechte	Alter	Pflichten
	21	volle Strafmündigkeit
(Stufen)-Führerschein für schwere Motorräder (über 27 PS)	**20**	
Volljährigkeit volle Geschäftsfähigkeit Ehemündigkeit Aktives und passives Wahlrecht Führerschein für PKW (bis 7,5 t) und Motorrad bis 27 PS	**18**	Ende der Berufsschulpflicht Schadenersatzpflicht Wehrpflicht, Zivildienst Bestrafung nach Erwachsenenrecht möglich
Kinobesuch („freigegeben ab 16 Jahre") Gaststättenbesuch Eidesfähigkeit Testierfähigkeit (Testament errichten) Jugendvertreter in Betrieben Fahrerlaubnis für Mokick, Moped und Leichtkraftrad Ehefähigkeit mit Einwilligung der Eltern Ausweispflicht	**16**	Ausweispflicht
Beschäftigungserlaubnis (Arbeitsstelle) Fahrerlaubnis für Mofa (Prüfbescheinigung) Ende der allgemeinen Schulpflicht	**15**	
Mitentscheidungsrecht in familien- und sorgerechtlichen Angelegenheiten Freie Entscheidung über Religionszugehörigkeit	**14**	Strafmündigkeit nach dem Jugendstrafrecht
keine Religionsänderung ohne Zustimmung Kinobesuch („freigegeben ab 12 Jahre")	**12**	
beschränkte Geschäftsfähigkeit	**7**	beschränkte Haftpflicht (wenn Minderjähriger den Schaden hätte vorhersehen können)
Kinobesuch („freigegeben ab 6 Jahre")	**6**	Schulpflicht
Geburt §1 BGB: „Die Rechtsfähigkeit des Menschen beginnt mit der Geburt." Erbrecht, Recht an Eigentum		

Ein Lernquiz zum Jugendrecht könnt ihr leicht selbst entwickeln. Notiert einfach die Quizaufgaben auf Karteikarten, die ihr euch dann gegenseitig stellt.
Zum Beispiel: Wann beginnt die volle Strafmündigkeit?
(A) mit 18
(B) mit 20
(C) mit 21

Tipp: Zu zweit oder zu dritt hat man mehr Freude dabei.
Dazu eignet sich auch eine Freistunde.

Das ist doch nicht erlaubt oder?

Findet mithilfe der Seite 247 heraus, welche Tätigkeiten das Gesetz verbietet oder erlaubt, und stellt die Lösungen in der Klasse vor.

	erlaubt	nicht erlaubt
1 Stefan (19 Jahre) lässt sich als Kandidat für die nächste Gemeinderatswahl aufstellen.		
2 Caroline (13 Jahre) nimmt in den Sommerferien einen Ferienjob an.		
3 Uli (14 Jahre) geht von der Schule ab, weil er lieber arbeiten möchte.		
4 Timo (17 Jahre) genießt am Samstagabend in der Disko sein Bierchen.		
5 Verena (21) hat keine Lust babyzusitten und schickt deswegen die kleine Nachbarstochter (4 Jahre) zusammen mit einer Freundin ins Kino.		
6 Steffi (18 Jahre) nimmt ohne Wissen ihrer Eltern einen Kredit über 2000 Euro auf um eine Urlaubsreise zu finanzieren.		
7 Meike (17 Jahre) kauft sich ein Fahrrad für 1200 Euro und vereinbart mit dem Händler es in monatlichen Raten von 80 Euro abzubezahlen.		
8 Ann-Kathrin (12 Jahre) will gegen den Willen ihrer Eltern aus der Kirche austreten.		
9 Anja (12 Jahre) wird wegen wiederholtem Ladendiebstahl zu einem Jahr Jugendgefängnis verurteilt.		
10 Bettina vererbt ihrer Nichte Katharina (2 Jahre) ein Haus.		
11 Nicki (5 Jahre) verkauft ohne Wissen ihrer Eltern ihren wertvollen Steiff-Teddy an Markus (9 Jahre)		
12 Christopher (17 Jahre) leiht von seinem Freund Ulf (19 Jahre) dessen Auto für eine kurze Spritztour.		

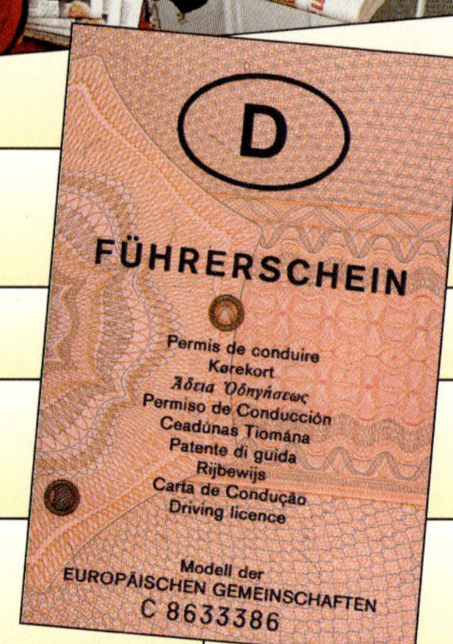

3. Wenn Jugendliche kriminell werden ...

Achtung Ladendiebe!

Auf dieser Seite lernt ihr zwei Fälle von Jugendkriminalität kennen. Beide Jugendliche haben Ladendiebstahl begangen. Die Namen wurden geändert. Was haben die Fälle gemeinsam? Wodurch unterscheiden sie sich?

1. Fall: Steve (16)

Er ist gerade zum dritten Mal wegen Ladendiebstahls verknackt worden. Einige Anzeigen hat er schon hinter sich, andere stehen noch: Ladendiebstahl, Autodiebstahl und Körperverletzung. In einem Zeitungsinterview äußert er sich zu seinen Straftaten.

STADTBLATT: Wann bis du zum ersten Mal beim Klauen erwischt worden?

STEVE: Mit 14, da hab ich im Supermarkt Zigaretten geklaut, aber das war einfach nur so. Die Anzeige ist eingestellt worden. Am Anfang kam ein Kumpel immer mit Zigaretten an, mal mit einer Schachtel, mal mit fünf. Er hat gesagt, das war ganz einfach. Der ist auch nie erwischt worden. Irgendwann dachte ich, ja, das mach ich auch.

STADTBLATT: Jetzt hast du drei CDs geklaut und bist erwischt worden. Warum hast du die geklaut?

STEVE: Na, weil man sie dann umsonst kriegen kann. Bei den CDs war ich zusammen mit meinem Kumpel im Kaufhaus, er wollte was klauen. Er hat mir dann angeboten, sie mir abzukaufen. Und dann hab ich sie mitgeklaut.

STADTBLATT: Hast du das Geld gebraucht?

STEVE: Nee, nicht richtig.

STADTBLATT: Du bist schon dreimal erwischt worden, wahrscheinlich hast du viel häufiger geklaut.

STEVE: 'Ne Zeit lang jeden Tag in der Stadt eigentlich. Zigaretten, CDs, ein paar Klamotten.

STADTBLATT: Hast du auch schon mal in der Schule oder deine Kumpel beklaut?

STEVE: Nein, Läden haben ja genug Geld, um das wieder reinzukriegen, andere Leute vielleicht nicht.

(Aus: Bielefelder StadtBlatt vom 9.01.97)

2. Fall: Martin (15) – Das ist doch im Preis drin

Martin, ein fünfzehnjähriger Ladendieb erzählt: „... da sind wir ins Kaufhaus. Der Hans-Jörg, die Bettina, die Hacki und ich. Und da haben die anderen gemeint, wir checken mal so ein bisschen, mal sehen wer sich traut, was zu klauen. Eija, die haben halt alle was geklaut – das war ganz witzig. Die Hacki hat eine knallrote Birne gekriegt, geleuchtet wie 100 Watt. Und dabei hat sie ein Gesicht gemacht, so als wenn nichts wäre. Das hat doch gar nicht zusammengepasst, das hat doch jeder gesehen, dass mit der was nicht stimmt. Und der Hans-Jörg, ne, ganz klar. Der geht hin, sucht sich was aus, checkt mal kurz, ob einer was merkt, ne, nimmt den Kassettenrekorder unter den Arm und geht raus. Verstehste? So, als wenn er den schon immer gehabt hätte, sau-cool, echt!
Was hättest du denn gemacht an meiner Stelle? Die haben mich sowieso nachher ausgelacht, weil ich die Reißzwecken geklaut hatte, weil ich mich was Richtiges nicht getraut hatte. Außerdem ist das in den Kaufhäusern sowieso im Preis drin. Da wird so viel geklaut ..."

(Nach: Siegward Roth: Die Kriminalität der Braven, Beck Verlag, München 1991, S. 64f.)

1. Steve und Martin wurden zum Ladendieb, weil ...
2. Martin sagt: „Das macht doch jeder so." Welche Konsequenzen hätte ein solches Verhalten, wenn diese Aussage stimmt a) für die Warenhäuser b) für die Verbraucher?
3. Mit welcher Strafe müssen die Täter in den vorliegenden Fällen rechnen?

Ladendiebstahl hat Folgen

Vorsicht! Hier müsst ihr die einzelnen Stationen des Strafverfahrens erst in die richtige Reihenfolge bringen.

... bei Wiederholungstätern, bei Bandenkriminalität. Neben der Schadenshöhe spielt auch das Alter der Täter bei der Strafbemessung eine Rolle. Diebe unter vierzehn Jahren sind strafunmündig, sie können nicht bestraft werden. Im Alter von 14 – ...

... Delikt vor. Im anderen Fall gibt die Polizei das Ergebnis der Untersuchung weiter an den Staatsanwalt. Dieser überprüft den Tathergang und bildet sich ein Urteil. Kommt er – anders als die Polizei – zu dem Ergebnis, ...

... freigesprochen. Auch bei etwas höheren Schadenssummen kann der Staatsanwalt das Verfahren gegen eine Auflage, z.B. 100 Euro an eine gemeinnützige Einrichtung zu bezahlen, einstellen. Nur bei einer Minderheit der Ladendiebe kommt es zu einem Gerichtsverfahren, z.B. wenn ein erheblicher Schaden angerichtet wurde: ...

Bei Ladendiebstahl erstatten die meisten Geschäftsinhaber Anzeige. Die Polizei ermittelt nun, ob tatsächlich ein Ladendiebstahl vorliegt. Kann etwa der Beschuldigte glaubhaft machen, nur aus Fahrlässigkeit nicht bezahlt zu haben, so liegt kein ...

... der Beschuldigte habe nicht mit Absicht gehandelt, so wird das Verfahren eingestellt. Ist der Schaden, den der Täter angerichtet hat, nur gering (in einigen Bundesländern unter 10 Euro), so wird das Verfahren wegen Geringfügigkeit eingestellt. Allerdings wird der Täter in das Bundeszentralregister eingetragen; er wird also nicht von dem Schuldvorwurf ...

... 18 Jahren gilt das Jugendgerichtsgesetz. Der Jugendstaatsanwalt kann die Jugendlichen zu ...

... einer gemeinnützigen Arbeit (z.B. im Jugendhaus) verurteilen. Ab 18 Jahren kann das Erwachsenenstrafrecht angewandt werden.

Information: Jugendkriminalität

Steigende Jugendkriminalität

Kriminalität leitet sich von dem lateinischen Wort „crimen“ ab, das bedeutet übersetzt „Verbrechen“. Damit bezeichnet man ein Verhalten, das gegen geltende Gesetze verstößt. Juristen sprechen allerdings erst dann von einem Verbrechen, wenn bei der Straftat mindestens eine Freiheitsstrafe von mehr als einem Jahr zu erwarten ist, sonst wird die Straftat als Vergehen bezeichnet.
Fast täglich berichten Zeitungen und Fernsehen über entsetzliche Gewaltverbrechen, spektakuläre Entführungen oder brutale Einbruchserien. Da entsteht leicht der Eindruck, die Zahl der Straftaten sei bedrohlich gewachsen. Parallel dazu nimmt in der Bevölkerung die Angst zu, Opfer eines Verbrechens zu werden.
Diesem Gefühl der Bedrohung entspricht die Entwicklung der Straftaten nicht unbedingt: Insgesamt hat sich in den letzten Jahren die Zahl der Straftaten nicht dramatisch verändert. Jedoch gibt es Formen von Kriminalität, die die Bevölkerung als besonders bedrohlich empfindet. So haben die Gewalt- und die Bandenkriminalität gerade unter Jugendlichen erheblich zugenommen. Insgesamt steigt die Kinder- und Jugendkriminalität seit Jahren an. Andere Delikte haben dagegen abgenommen: Weil z. B. immer mehr Autos mit elektronischen Wegfahrsperren ausgerüstet sind, hat die Zahl der Autoeinbrüche abgenommen.
Viele Bürger beobachten den Anstieg der Jugend- und Kinderkriminalität mit Sorge. Kriminologen sind sich einig, dass diese nicht allein mit einem verstärkten Polizeiaufgebot zu bekämpfen ist. Sie setzen eher auf gemeinsame Aktionen von Polizei und Sozialarbeitern, die versuchen, den Jugendlichen im Freizeitbereich Alternativen zu bieten, ihnen einen Ausbildungsplatz zu organisieren und ihnen eine Lebensperspektive zu vermitteln. Manche Politiker fordern allerdings drastischere Strafen für kriminelle Jugendliche.

Ursachen von Jugendkriminalität

Fachleute sorgen sich besonders um den Anstieg der Kinder- und Jugendkriminalität. Untersuchungen bei straffällig gewordenen Jugendlichen haben ergeben, dass häufig mehrere Gründe dafür zusammenkommen:
– Konsumdruck: „Haste was – biste was“ – diese Devise gilt in vielen Jugendcliquen. Das Ansehen in der Gruppe hängt davon ab, wie man sich kleidet, was man konsumiert. Da kommt manch einer in Versuchung, sich die gewünschten Dinge auf illegale Weise zu verschaffen.
– Fehlende Nestwärme: Jugendliche bekommen zu Hause nicht die Zuwendung, die sie für ihre Entwicklung brauchen – z. B. wenn sich ihre Eltern neben Beruf und Freizeitaktivitäten zu wenig Zeit für ihre Kinder nehmen. In anderen Familien belasten große Sorgen wie z. B. Scheidung, Arbeitslosigkeit oder auch Suchtprobleme das Familienleben.
– Langeweile: Jugendlichen mangelt es an sinnvollen Freizeitbeschäftigungen. Es fehlt ihnen an entsprechenden Anregungen. Aus Geldmangel werden zunehmend Jugendhäuser oder andere Freizeiteinrichtungen für Jugendliche geschlossen. Das trifft gefährdete Jugendliche besonders.
– Gruppendruck: Viele Jugendliche möchten in ihrer Clique dazugehören – um jeden Preis. Sie unterwerfen sich Gruppenritualen – auch wenn es unter Umständen bedeuten kann, eine Straftat zu begehen.

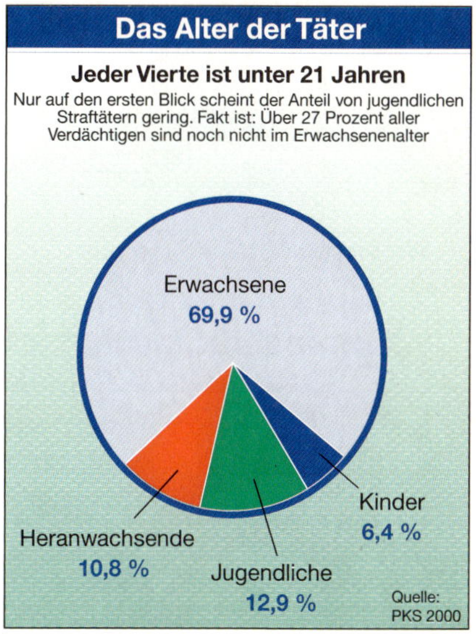

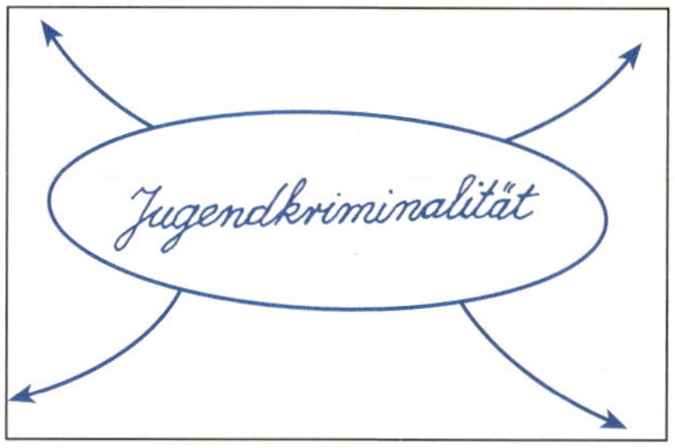

1. Formuliere eine Definition des Begriffes „Kriminalität“.
2. Warum werden Jugendliche kriminell? Notiert die Ursachen.
3. Was sollten Jugendliche beachten, um nicht kriminell zu werden? Wie kann der Staat sie schützen?

Wie hat sich die Kinder- und Jugendkriminalität entwickelt?

Wir werten Statistiken aus

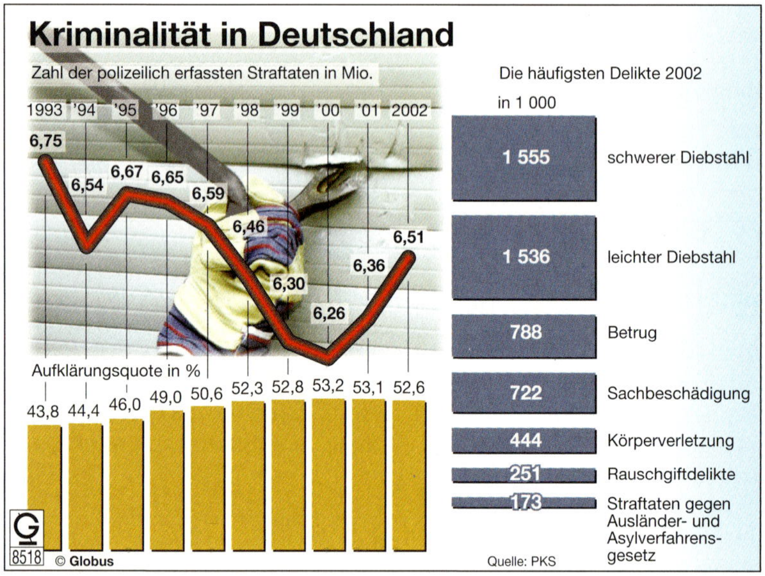

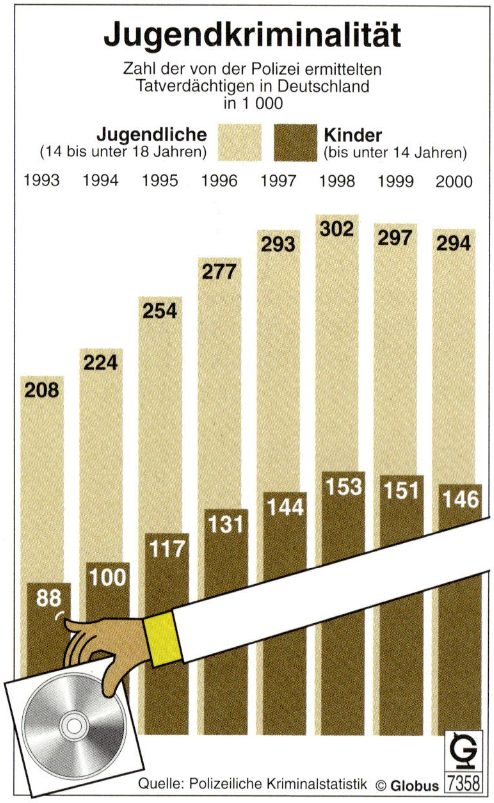

3 Fragen, die immer weiterhelfen

- Was ist das Thema der Statistik?
- Welchen Zeitraum erfasst die Statistik?
- Welche Entwicklungen zeigen die Zahlen? Prüfe nach, ob sie über einen bestimmten Zeitraum einen Trend (nach unten oder oben) zeigen, ob sie Kurven, Spitzen oder Einbrüche in bestimmten Jahren aufweisen.

Die Zahl der Straftaten ist insgesamt …
Die Zahl der tatverdächtigen Kinder und Jugendlichen …
Der Vergleich mit der allgemeinen Entwicklung der Straftaten mit der Entwicklung der Jugendkriminalität zeigt …
Zu den häufigsten Straftaten zählen …
Für Experten: Die Statistiken erfassen …
Das sagt allerdings nichts aus über …

Jugendliche vor Gericht: Entscheidet das Alter über die Strafe?

1. Drei Straftaten – wie könnte ein Urteil aussehen? Informiert euch dazu über Aufgaben und Arbeitsweise eines Jugendgerichts.

Ladendiebstahl
Die 12-jährige Svenja wird bereits zum dritten Mal beim Ladendiebstahl ertappt. Dieses Mal hat sie Kleidung und Kosmetika im Wert von 200 Euro in einem Kaufhaus gestohlen.

Unerlaubtes Fahren
Der 16-jährige Tim „leiht" sich bei seinem Vater ohne dessen Wissen das Auto aus und richtet bei einem selbst verschuldeten Unfall erheblichen Sachschaden (1500 Euro) an einem parkenden Pkw an.

Bewaffneter Raubüberfall
Stefan (19 Jahre) ist als Fahrer des Fluchtfahrzeuges an einem Tankstellenüberfall beteiligt. Der Pächter wird bei dem Überfall verletzt.

Das Jugendgericht tagt

Das Jugendgericht ist zuständig für Jugendliche im Alter von 14 bis 18 Jahren. Wer jünger als 14 Jahre ist, gilt als nicht strafmündig. Das bedeutet, dass Mädchen und Jungen in diesem Alter noch nicht bestraft werden können. Heranwachsende im Alter von 18 bis 21 Jahren können ebenfalls nach dem Jugendgerichtsgesetz verurteilt werden, wenn sie zum Tatzeitpunkt in ihrer Reife Jugendlichen gleichstehen. Dies entscheidet der Richter im Einzelfall.
Je nach Schwere der Straftat kann das Jugendgericht verschiedene Strafen aussprechen. Zunächst wird es prüfen, ob so genannte **Erziehungsmaßnahmen** angebracht sind. So kann das Gericht zum Beispiel verfügen, dass der Jugendliche

- eine Lehrstelle oder eine Arbeitsstelle annehmen muss,
- bestimmte Gaststätten nicht mehr besuchen darf,
- gemeinnützige Arbeiten, z. B. in einem Altenheim oder einer Jugendeinrichtung, leisten muss,
- für einige Zeit in einem Heim oder in einer Pflegfamilie untergebracht wird.

Außerdem kann das Jugendgericht eine Erziehungsbeistandschaft anordnen. Dabei unterstützen und beraten Sozialarbeiter vom Jugendamt die Sorgeberechtigten – das sind meistens die Eltern – bei der Erziehung. Aber auch die Jugendlichen selbst erhalten Hilfe bei der Bewältigung ihres Alltags.
Wenn Erziehungsmaßnahmen nicht ausreichen, kann das Jugendgericht auch **Zuchtmittel** anwenden. Es kann z. B.

- eine Verwarnung aussprechen;
- anordnen, den Schaden wiedergutzumachen, z. B. indem der/die Angeklagte eine Geldbuße an eine gemeinnützige Einrichtung zahlt;
- Jugendarrest in Form von Freizeitarrest am Wochenende oder als Dauerarrest bis zu vier Wochen verhängen.

Wenn eine besonders schwere Schuld vorliegt, wird eine **Jugendstrafe** verhängt. Das bedeutet für den Jugendlichen eine Freiheitsstrafe von mindestens sechs Monaten bis höchstens zehn Jahre. Ist ein Jugendlicher bereits mehrfach straffällig geworden, wird das Urteil strenger ausfallen als bei nicht vorbestraften Angeklagten.
Wenn das Gericht nicht absehen kann, wann durch die Haft der gewünschte Erziehungseffekt eintritt, kann es auch eine Freiheitsstrafe von unbestimmter Dauer (höchstens vier Jahre) anordnen.
Ist zu erwarten, dass der Jugendliche künftig nicht mehr straffällig wird, wird das Gericht die Strafe zur Bewährung aussetzen. Das bedeutet, dass der Jugendliche zunächst nicht ins Gefängnis muss, sich aber über einen längeren Zeitraum einwandfrei zu verhalten hat und sich regelmäßig bei der Polizei melden muss. Begeht er in dieser Zeit eine Straftat, muss er seine Haftstrafe antreten.

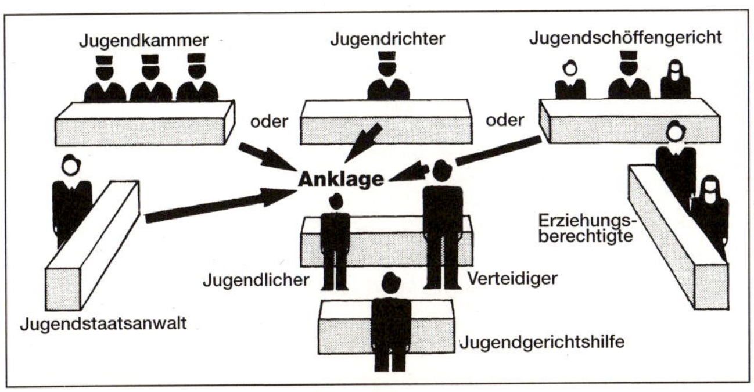

2. Angesichts der zunehmenden Jugendkriminalität wird zurzeit diskutiert die Strafmündigkeit von Jugendlichen auf 12 Jahre herabzusetzen. Was spricht dafür, was dagegen?

4. Was passiert in einem Strafprozess?

Wir spielen eine Gerichtsverhandlung nach

Im Folgenden wird ein Fall vorgestellt, der sich tatsächlich so abgespielt hat. Wir haben lediglich die Namen der Beteiligten geändert.

Ausflugsfahrt nahm böses Ende
Trier. Unangenehme Konsequenzen wird eine Ausflugsfahrt für einen 23-jährigen, mehrfach vorbestraften Elektriker haben. Ohne im Besitz einer Fahrerlaubnis zu sein, war Sebastian Wild zusammen mit zwei Freunden am Sonntag zu einer Ausflugsfahrt aufgebrochen. Dabei überfuhr er nicht nur mit dem völlig überladenen Kombi eine Ampel bei Rot, sondern richtete auch bei einem missglückten Parkmanöver vor der Gaststätte „Zum bösen Buben" an einem geparkten Pkw erheblichen Sachschaden an. Die am Tatort erschienene Polizei schätzte den Schaden auf ca. 4.000 €.

1. Stell dir vor, du sprichst mit Sebastian Wild. Erkläre mithilfe des Schaubildes, was auf ihn zukommt.

Rollenspiel Gerichtsverhandlung

Die Gerichtsverhandlung gegen Sebastian Wild könnt ihr im Rollenspiel nachspielen. Folgende Rollen sind dabei zu besetzen:

- Richterin
- Zwei Schöffen
- Staatsanwalt
- Verteidiger
- Angeklagter
- Zeugen: Klaus Machmayer
- Emil Radler, Wirt der Gaststätte „Zum bösen Buben"
- Michael Winkler, Martin Kasel, Erik Herb – Freunde des Angeklagten
- Journalisten
- Zuschauer

Die Zeugenrolle könnt ihr auch mehrfach besetzen.
Ihr bereitet euch auf die Verhandlung vor, indem ihr euch zunächst allein oder in Partnerarbeit – über Verfahrensgrundsätze vor Gericht sowie über den Ablauf einer Gerichtsverhandlung informiert. Studiert dann aufmerksam die Prozessakten – in diesem Fall den Text auf Seite 257. Macht euch Notizen, wie ihr in der Gerichtsverhandlung vorgehen wollt.

Als Zuschauer sind die Prozessbeobachter von zwei Tageszeitungen sowie der lokalen Rundfunkstation anwesend (auch diese Rollen könnt ihr mehrfach besetzen). Die Schulklasse füllt einen vorbereiteten Fragebogen aus, der nach dem Ende des Rollenspiels der ganzen Klasse als Zusammenfassung der Verhandlung zur Verfügung gestellt wird.

Legt schon vor Beginn der Verhandlung einen Zeitplan fest.

2. Ersetze die §§§ durch folgende Begriffe: Unschuld, Rechtsanwalt, Zwang und Drohung, Verfahrensgrundsätze, Im Zweifel für den Angeklagten, Aussage, Strafprozessordnung, Staatsanwaltschaft, Gesetzesgrundsatz, Gesetzesverstöße, Angaben zu seiner Person, Beweisanträge.
3. Die Medien berichten gerne über Aufsehen erregende Mordprozesse. Welches Verfahrensprinzip gerät dadurch in Gefahr, missachtet zu werden?

Auch Angeklagte haben Rechte – Verfahrensgrundsätze vor Gericht

Der Ablauf eines Gerichtsprozesses wird durch bestimmte §§§ geprägt. Diese sind in der §§§ niedergeschrieben. Weil die richterliche und die ermittelnde Tätigkeit nicht in einer Hand liegen, darf sich das mit der Urteilsfindung befasste Gericht erst dann mit der Strafsache befassen, wenn die §§§ Anklage erhoben hat. Da Straftaten nur streng auf der Grundlage der Gesetze verfolgt werden dürfen, gilt der §§§. Dieser besagt auch, dass der Staatsanwalt als „Vertreter der öffentlichen Ordnung" alle ihm bekannt gewordenen §§§ – außer bei Bagatelldelikten – verfolgen muss. Das Gericht muss die Wahrheit ohne jeden Zweifel mithilfe von Zeugenaussagen und anderen Beweisen ermitteln. Andernfalls wird nach dem Grundsatz: §§§ geurteilt. Der Angeklagte muss vor Gericht seine §§§ nicht beweisen, sondern das Gericht muss ihm seine Schuld beweisen. Er gilt also bis zum Ende des Prozesses als unschuldig. Er hat das Recht die §§§ zu verweigern. Zu Beginn des Prozesses ist er allerdings verpflichtet §§§ zu machen; das heißt, dass er Fragen nach dem Namen, Alter, Wohnsitz und Beruf wahrheitsgemäß zu beantworten hat. Er hat das Recht sich vor Gericht von einem §§§ vertreten zu lassen. Er hat aber auch selbst einen Anspruch darauf, vom Gericht angehört zu werden und darf auch §§§ stellen. Vernehmungsmethoden, die seine freie Willensentscheidung beeinträchtigen, sind ebenso verboten wie §§§.

Wie verläuft ein Strafprozess?

Lies den folgenden Text aufmerksam durch und stelle den Ablauf der Gerichtsverhandlung in einem Schaubild dar.

Eröffnung der Hauptverhandlung

Urteil

„Ich eröffne die Hauptverhandlung in der Sache gegen Sebastian Wild wegen unerlaubten Fahrens. Vor Gericht erschienen sind: ..." Namentlich ruft der **Richter** alle Beteiligten auf und stellt fest, ob z. B. alle Zeugen der Ladung vor Gericht gefolgt sind. Der Richter leitet die Gerichtsverhandlung. Er hat Rechtswissenschaften studiert und ist in der Regel Beamter auf Lebenszeit. In seinen Entscheidungen ist er nur an die geltenden Gesetze gebunden, sonst ist er unabhängig. Niemand darf ihm Anweisungen erteilen. Ihm zur Seite stehen – wenn Freiheitsstrafen über einem Jahr zu erwarten sind – **Schöffen.** Sie sind Laien, ehrenamtlich tätig und sollen den „gesunden Menschenverstand des Bürgers" in das Verfahren einbringen. Gemeinsam mit dem Richter beraten sie über das Urteil. Dabei haben sie die gleichen Rechte wie die Berufsrichter.

Nun befragt der Richter den **Angeklagten** zur Person: wann er geboren ist, nach seinen Eltern, nach seinem bisherigen Lebensweg. Diese Angaben darf er nicht verweigern.
Anschließend verliest der **Staatsanwalt** die Anklageschrift. Sie fasst die bisherigen Ermittlungsergebnisse der Polizei zusammen und führt auf, welcher Straftaten der Angeklagte beschuldigt wird.
Er befasst sich schon seit Monaten mit dem Fall Wild: Sobald er von einer Straftat erfährt – etwa durch eine Anzeige oder durch die Polizei – ist er verpflichtet zu ermitteln. Erweist sich der Tatverdacht als begründet, reicht er eine Anklage bei dem zuständigen Gericht ein. In der Mehrzahl aller Fälle stellt er jedoch das Verfahren ein.
Schließlich erhält der Angeklagte die Gelegenheit, den Tathergang aus seiner Sicht zu schildern.

Die Ermittlung des Sachverhalts, also die Frage, wie sich die Tat in Wirklichkeit abgespielt hat, zählt zu den schwierigsten Aufgaben des Richters. Bei der Wahrheitsfindung helfen ihm die Aussagen der **Zeugen.** Sie sind verpflichtet, die Wahrheit zu sagen. Sonst machen sie sich strafbar. Alle Beteiligten am Prozess dürfen Fragen an die Zeugen stellen – auch der Angeklagte. Die Zeugen sind während der Verhandlung nicht im Gerichtssaal anwesend. Sie werden aufgerufen, wenn sie benötigt werden. Neben den Zeugen werden in dieser Phase der Beweisaufnahme auch Sachverständige hinzugezogen. Bei der Zeugenbefragung wird der **Verteidiger** des Angeklagten bestrebt sein, alles herauszustellen, was seinen Mandanten entlastet. Er ist in der Regel Rechtsanwalt und wurde von dem Angeklagten beauftragt ihn in der Verhandlung zu verteidigen.
Nach Abschluss der Beweisaufnahme fasst der Staatsanwalt in seiner Schlussansprache (Plädoyer) die Ergebnisse der Verhandlung zusammen, bewertet sie im Hinblick auf die Bestimmungen der Strafgesetze und stellt einen Strafantrag. Auch der Verteidiger hält ein Plädoyer. Er führt noch einmal alle Fakten auf, die zugunsten des Angeklagten sprechen und stellt ebenfalls einen Strafantrag, der meist deutlich unter dem des Staatsanwalts liegt. Dann erhält der Angeklagte nochmals die Gelegenheit, sich abschließend zum Tatvorwurf zu äußern.
Anschließend ziehen sich Richter und Schöffen zur geheimen Urteilsberatung zurück. Sind sie zu einer Entscheidung gekommen, verkündet der Richter das Urteil und begründet es. Die Kosten trägt bei einem Schuldspruch der Angeklagte, im anderen Fall der Staat.

Der „Fall Wild" – zwei mögliche Urteile

Aus dem Plädoyer des Staatsanwalts:

... und deshalb fordere ich für den Angeklagten wegen Fahrens ohne Fahrerlaubnis eine Freiheitsstrafe von 12 Monaten sowie eine Geldstrafe von 90 Tagessätzen zu je 60 Euro. Die Verwaltungsbehörde darf dem Angeklagten vor Ablauf von zwei Jahren keine Fahrerlaubnis erteilen. Die Kosten des Verfahrens trägt der Angeklagte, § 21, Abs. 1, Nr. 1 STVG; § 69 a STGB

Aus dem Plädoyer des Rechtsanwalts:

... und deshalb halte ich wegen Fahrens ohne Fahrerlaubnis eine Freiheitsstrafe von sechs Monaten sowie eine Geldstrafe von 30 Tagessätzen zu je 60 Euro für angemessen. Die Verwaltungsbehörde darf dem Angeklagten vor Ablauf von einem Jahr keine Fahrerlaubnis erteilen. Die Kosten des Verfahrens trägt der Angeklagte, § 21, 1 Nr. 1 STVG; § 69 a STGB

Was ist im „Fall Wild" wichtig für die Urteilsfindung?

Nach seinem Geständnis befuhr der Angeklagte am 12. Januar 2000 mit dem Pkw-Kombi des Zeugen Klaus Machmeyer, bei dem der Angeklagte beschäftigt ist, über öffentliche Straßen in Trier, ohne im Besitz einer Fahrerlaubnis zu sein. Das Kraftfahrzeug war außerdem erheblich überladen, und der Angeklagte überfuhr eine Ampel bei „Rot". Bei einem Parkmanöver vor einer Gaststätte richtete er zudem bei dem geliehenen Pkw erheblichen Sachschaden an. Zu dieser Zeit war der Angeklagte im Besitz einer Urkunde des Straßenverkehrsamtes Koblenz, in der ihm bescheinigt wurde, im Besitz einer Fahrerlaubnis zu sein. Diese falsche Urkunde hatte er einige Zeit zuvor in einer Gaststätte in Trier für 50 Euro erworben. Er führte sie allerdings am Tattage nicht bei sich. Sie ist nach seinen Angaben inzwischen von der Polizei in Kassel sichergestellt worden. Der Angeklagte hat sich damit wegen Fahrens ohne Fahrerlaubnis gemäß 21 Abs. 1 Nr. 1 StVG strafbar gemacht.
Bei der Strafzumessung ist zwar einerseits zu berücksichtigen, dass der Angeklagte geständig ist und einsieht, dass er sich falsch verhalten hat. Andererseits fällt aber ins Gewicht, dass er ganz erheblich vorbestraft ist (insgesamt 8 Vorstrafen). Zuletzt wurde er 1998 wegen Trunkenheit im Straßenverkehr in Tateinheit mit Fahren ohne Fahrerlaubnis und Fahren ohne Versicherungsschutz zu einer Freiheitsstrafe von vier Monaten verurteilt, die er auch verbüßt hat. Das hat aber offensichtlich nicht den gewünschten Eindruck auf ihn gemacht. Unter Berücksichtigung dieser Umstände ist deshalb erneut eine Freiheitsstrafe festzusetzen. Der Angeklagte muss wissen, dass er bei Straftaten der vorliegenden Art mit Nachsicht nicht mehr rechnen kann. Die Vollstreckung der Strafe sollte deshalb nicht mehr zur Bewährung ausgesetzt werden. Gegen den Angeklagten muss erneut eine weitere Sperrfrist für die Erteilung einer Fahrerlaubnis festgesetzt werden.

Amtsgericht Trier

Im Namen des Volkes

URTEIL

In der Strafsache

gegen	Sebastian Wild	geb. 12.08.1977
wegen	Fahrens ohne Fahrerlaubnis	

Das Amtsgericht hat in der Sitzung vom 11. September 2000 für Recht erkannt:

? ? ?

5. Vor dem Zivilgericht: Welche Folgen kann eine Schulhofkeilerei haben?

1. Der Fall: Schlägerei auf dem Schulhof

Schon seit Jahren nehmen Gewalttaten in Schulen zu – und immer häufiger befassen sich Gerichte mit den Folgen solcher Straftaten. So geschah es auch im Fall des 14-jährigen Armin S., der von zwei 16-Jährigen auf dem Schulhof brutal niedergeschlagen wurde. Armins Vater will die Schläger für die Folgen ihrer Tat haftbar machen. Möglicherweise steht Armin S. ein beträchtliches Schmerzensgeld zu. Zahlen müssten die Schläger.

Die Aussichten auf Erfolg der Klage sind günstig, denn immer häufiger bestrafen Jugendgerichte Gewalttaten unter Jugendlichen strenger als bisher. Auch die Schulbehörden unterstützen diesen strengen Kurs: Sie raten Eltern und Lehrern bei Ausschreitungen in der Schule sofort Anzeige zu erstatten.

Dies scheint in der Tat der einzig Erfolg versprechende Weg, den immer häufiger werdenden Keilereien auf dem Schulhof wirksam zu begegnen. Viele in Schulhofschlägereien verwickelte Schüler wissen nämlich nicht, dass in solchen Fällen die gleichen strafrechtlichen Bestimmungen gelten wie für Schlägereien unter Erwachsenen. Lediglich das Strafmaß kann im Jugendrecht anders ausfallen. Vor dem Zivilgericht jedoch kann ein Jugendlicher für die Folgen seiner Tat genauso verantwortlich gemacht werden wie ein Erwachsener. Allerdings vertritt der Erziehungsberechtigte vor Gericht die Ansprüche des Opfers, wenn dieses minderjährig ist. Wenn Schüler bei einer Schlägerei erhebliche Verletzungen erleiden, sind die Lehrer verpflichtet die Schläger anzuzeigen. Die Frage nach den Tätern spielt auch eine Rolle, wenn die Schülerhaftpflicht in Anspruch genommen wird: Bewertet der Lehrer nämlich eine Schlägerei als „Unfall" und verschleiert also den wahren Charakter des Vorfalls, macht er sich strafbar. Er ist also verpflichtet, die tatsächlichen Ursachen und die Schläger zu benennen. Die Folgen für die Täter liegen auf der Hand: Die Erziehungsberechtigten des Opfers können vor einem Zivilgericht auf Schadensersatz klagen. Ein Schadensersatz ist z. B. dann gerechtfertigt, wenn der verletzte Schüler Unterricht versäumt und dadurch seine Versetzung gefährdet ist.

2. Die Folgen: Die Eltern des Opfers erheben Anklage

Der verprügelte Junge hat neben schmerzhaften Prellungen eine schwere Gehirnerschütterung davongetragen. Er muss daraufhin drei Wochen lang stationär in einer Klinik behandelt werden. Bei der Schlägerei ist zudem seine Brille zerbrochen. Als er schließlich wieder die Schule besuchen darf, empfiehlt ihm sein Mathematiklehrer, 20 Nachhilfestunden zu nehmen, um den versäumten Stoff nachzuholen.

Die Eltern der Schläger sind nicht bereit für den Schaden ihrer Söhne aufzukommen. So wenden sich die Eltern des Opfers an einen befreundeten Rechtsanwalt. Dieser rät ihnen eine Zivilklage zu erheben, um den

Anspruch auf Schadenersatz durchzusetzen.
Der Rechtsanwalt verfasst eine Klageschrift und reicht diese beim Amtsgericht ein. Darin fordert er die Kosten für eine neue Brille (220 Euro), für Nachhilfeunterricht (450 Euro) zu ersetzen und ein einmaliges Schmerzensgeld von 800 Euro. Er weist die Eltern auch darauf hin, dass sie nicht verpflichtet sind, sich vor dem Zivilgericht durch einen Rechtsanwalt vertreten zu lassen.

3. Vor Gericht: Hat das Opfer Anspruch auf Schadenersatz?

Vor Gericht stehen sich die Eltern des Opfers als Kläger und die Eltern der beiden 16-Jährigen als Beklagte gegenüber. Auch die Eltern der Schläger lassen sich durch einen Rechtsanwalt vertreten. Manchmal hängt nämlich das Ergebnis eines Prozesses davon ab, wie geschickt die Anträge abgefasst werden, ob sie vor Gericht überzeugend vorgetragen und begründet werden. Die Kläger führen als Beweise für ihre Forderung das Protokoll der Aufsicht führenden Lehrerin, die Empfehlungen des Mathematiklehrers und ein Gutachten des behandelnden Krankenhausarztes an.
Die Beklagten weisen die Forderungen zurück. Sie behaupten in der Klageerwiderung, dass der 14-Jährige an dem Vorfall mitschuldig sei. Er habe die Angeklagten provoziert und mit Schimpfwörtern beleidigt bis sich diese nicht mehr anders wehren konnten als ihre Fäuste zu gebrauchen.
Daraufhin setzt der Amtsrichter einen neuen Beweistermin fest. An diesem Tag wird die Aufsicht führende Lehrerin vernommen. Sie sagt aus, dass die beiden 16-Jährigen gleich zu Beginn auf den 14-Jährigen losgegangen seien und eine Prügelei angefangen hätten. Daraus schließt der Richter, dass Armin S. sich ordnungsgemäß verhalten hat und gibt der Klage des Eltern statt. Unter Berufung auf § 287 der Zivilprozessordnung wird im Urteil festgelegt, dass die Beklagten die Forderungen der Kläger voll zu erfüllen haben und die Kosten des Verfahrens tragen. Am Ende der Verhandlung weist der Richter die Beklagten darauf hin, dass sie gegen das Urteil Berufung einlegen können. Der Vater des geprügelten Jungen überlegt, ob er nicht auch noch ein Strafverfahren gegen die beiden Schläger einleiten soll.

§ 287 Zivilprozessordnung – Schadensermittlung
Ist unter den Parteien streitig, ob ein Schaden entstanden sei und wie hoch sich der Schaden oder ein zu ersetzendes Interesse belaufe, so entscheidet hierüber das Gericht unter Würdigung aller Umstände nach freiem Ermessen.

Wofür ist ein Zivilgericht zuständig?
Das Zivilgericht verhandelt Rechtsstreitigkeiten zwischen Bürgern. Jeder, der sich in seinen Rechten verletzt sieht und sich mit seinem Gegenüber auf andere Weise nicht einigen kann, kann eine Klage einreichen. Meistens stützt sich eine solche Klage auf Bestimmungen aus dem Bürgerlichen Gesetzbuch. Dieses regelt die rechtlichen Beziehungen zwischen Privatpersonen. Bei dem Gerichtstermin tragen Kläger und Beklagte wichtige Tatsachen und Argumente vor, die die Grundlage für die Entscheidung des Richters bilden. Das Verfahren kann entweder in einem Vergleich enden, auf den sich die Parteien vor Gericht einigen oder einem Urteil: Der Richter weist z. B. die Klage ab oder gibt ihr teilweise oder vollständig statt. In diesem Fall muss der Beklagte die Forderungen des Klägers erfüllen. Eine Strafe kann ein Zivilgericht nicht aussprechen.

1. Arbeitet die einzelnen Stationen dieses Zivilprozesses heraus.
2. Welche Konsequenzen hätte es, wenn die Eltern des verprügelten Jungen auf eine Anzeige verzichtet hätten?
3. Was unterscheidet diesen Zivilprozess von einem Strafprozess? Nennt drei Unterschiede.
4. Auch Sebastian Wild muss im Anschluss an das Strafverfahren mit einem Zivilprozess rechnen. Wer könnte ihn verklagen? Welche Forderungen könnten erhoben werden?

Nicht jedes Urteil schließt einen Rechtsstreit ab

Das Urteil des Zivilgerichts bedeutet für die Eltern der beiden 16-jährigen Jugendlichen, dass sie eine hohe Summe für die Unbedachtheit ihrer Kinder zahlen müssen. Was wäre, wenn ihnen die Schadenersatzsumme nach dem Urteil unberechtigt oder zu hoch erscheint? Dann könnten sie Berufung einlegen. Das bedeutet, dass der Fall noch einmal, und zwar vor einem höheren Gericht verhandelt wird. Wenn sie auch in dieser Instanz unterliegen, müssen sie allerdings die Kosten für das gesamte Rechtsverfahren übernehmen. Wenn sie vermuten, dass bei der Verhandlung oder im Urteil Form- oder Verfahrensfehler vorgekommen sind, bleibt ihnen auch die Möglichkeit in die Revision zu gehen. Der Fall wird dann noch einmal auf Verfahrensfehler überprüft, aber nicht mehr grundsätzlich neu aufgerollt.

1. Prüfe mithilfe des Schaubildes, vor welchem Gericht die Eltern der beiden Jugendlichen Berufung einlegen müssten.
2. Erklärt die Gerichtszuständigkeiten und Instanzen mithilfe des Schaubildes und des Textes.

Der Instanzenweg (vereinfacht)

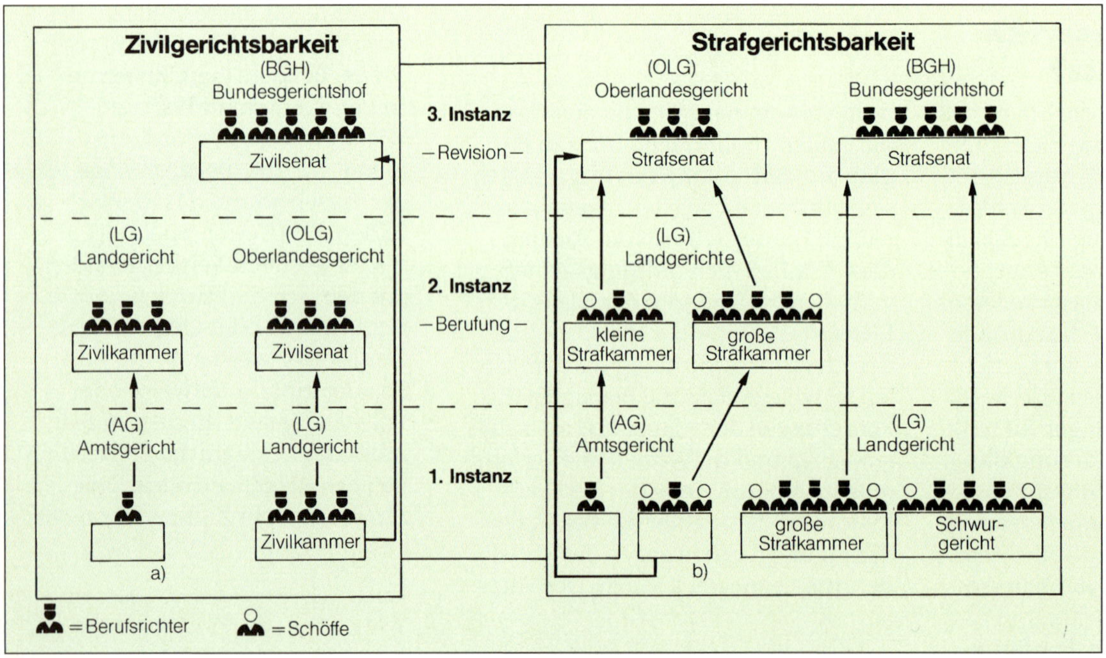

a) In Familien- und Kindschaftssachen ist das Oberlandesgericht Berufungsinstanz.
b) In umfangreichen Strafsachen kann ein weiterer Amtsrichter hinzugezogen werden (erweitertes Schöffengericht).

In Zivilsachen ist das Amtsgericht zuständig für Gegenstände bis zu einem Streitwert von ca. 5.000 Euro. Bei Strafsachen ist das Amtsgericht zuständig für Vergehen und „leichte“ Verbrechen, für die höchstens drei Jahre Freiheitsstrafe zu erwarten sind. Bei Zivilsachen und kleineren Vergehen – bis zu einer Freiheitsstrafe von einem Jahr – liegt das Verfahren in der Hand eines Einzelrichters. Die übrigen Fälle kommen vor das Schöffengericht, das mit einem Berufsrichter und zwei Schöffen (ehrenamtliche Laienrichter) besetzt ist.
Das Landgericht ist zuständig für Zivilsachen von mehr als 2.500 Euro, außerdem für Strafsachen, die eine Freiheitsstrafe von mehr als drei Jahren erwarten lassen. Besonders schwerwiegende Verbrechen, wie Mord und Totschlag, werden vor dem Schwurgericht verhandelt, das mit drei Richtern und zwei Schöffen besetzt ist.

Methodenkarte 10

Besuch einer Gerichtsverhandlung

Vorbereitung, Verhaltensregeln, Auswertung

Thema: Strafprozess

Gerichtsverhandlungen sind bis auf wenige Ausnahmen öffentlich, können also auch von Schulklassen besucht werden. Bei einem solchen Besuch könnt ihr selbst beobachten, wie ein Straf- oder Zivilprozess abläuft, wie sich die Beteiligten vor Gericht verhalten und mit welchem Urteil der Prozess endet. Das kann für Zuschauer sehr eindrucksvoll, aber auch beklemmend sein. Anders als im Fernsehen handelt es hierbei nicht um ein inszeniertes Schauspiel, sondern das Gericht muss über Schuld und Unschuld eines Angeklagten urteilen, muss häufig Entscheidungen treffen, die das ganze weitere Leben des Angeklagten beeinflussen.

1. Wie könnt ihr den Besuch vorbereiten?

Nicht jede Gerichtsverhandlung ist für euch interessant. Informiert euch daher zuvor bei den Gerichten über die Tagesordnung. Die Termine hängen öffentlich aus. Oder fragt bei Gericht nach einer für euch geeigneten Verhandlung. Günstig ist es auch, wenn der gewählte Termin vor einer Pause oder am Ende eines Verhandlungstages liegt. Dann kann der Richter nach der Verhandlung noch eure Fragen beantworten.

Überlegt, auf welche Punkte ihr bei Gericht besonders achten wollt. Sinnvoll ist es, am Computer einen Beobachtungsbogen zu entwerfen, der allen Schülern zur Verfügung gestellt wird. Ihr könnt euch z. B. fragen:

- Welche Personen sind an diesem Verfahren beteiligt?
- Was hat der Angeklagte verbrochen?
- Hat der Angeklagte einen Verteidiger?
- Wie verhält sich der Angeklagte? Verweigert er die Aussage?
- Welche Argumente trägt der Staatsanwalt vor, welche der Verteidiger?
- Welche Fragen werden an die Zeugen gestellt?
- Welche Anträge stellen Staatsanwalt und Verteidiger?
- Macht der Angeklagte von seinem Recht auf das „letzte Wort" Gebrauch?
- Wie fällt das Urteil aus?
- Welche Reaktion zeigen der Angeklagte und ggf. das Publikum und die Pressevertreter?

Ihr könnt euch auch darauf einigen, dass jeweils eine Gruppe von Schülern nur eine Person, z. B. Staatsanwalt, Richter usw. während des Prozesses beobachtet und ihre Ergebnisse schriftlich für die anderen Schüler festhält.

2. Wie verhaltet ihr euch während der Verhandlung?

Vielleicht habt ihr schon Fernsehsendungen wie „Ehen vor Gericht" oder auch „Richterin Salesch" gesehen und euch daraus eine Vorstellung gebildet, wie eine Gerichtsverhandlung verläuft. Möglicherweise seid ihr erstaunt, wie unspektakulär es dabei vor Gericht zugeht. Nicht immer sind bei einem Prozess Zuschauer anwesend. Wenn dann gleich eine ganze Schulklasse als Beobachter anwesend ist, könnte das natürlich Unruhe in den Gerichtssaal bringen. Bemüht euch daher, euch ruhig zu verhalten.

3. Wie wertet ihr den Besuch aus?

Wertet den Besuch anhand eurer Beobachtungsbögen aus. Redet auch darüber, wie die Atmosphäre bei Gericht auf euch wirkte. Hat die Gerichtsverhandlung euren Vorstellungen entsprochen? Oder war es ganz anders, als ihr euch vorgestellt habt?

6. Warum straft die Gesellschaft?

Strafe muss sein – ein Spruch, den viele von euch sicherlich kennen. Doch wie viel Strafe ist richtig? Welchen Zweck soll Strafe haben? Da kann man unterschiedlicher Meinung sein, z. B., wenn es um die Bestrafung von Ladendieben geht. Darüber wird in Deutschland seit einiger Zeit diskutiert. Einige Politiker forderten, Ladendiebstahl und andere Bagatell-Delikte mit einem Schaden unter 50 € nicht mehr zu bestrafen, da die Gerichte ohnehin überlastet seien. Andere fordern das Gegenteil, nämlich härtere Bestrafung von Ladendieben:

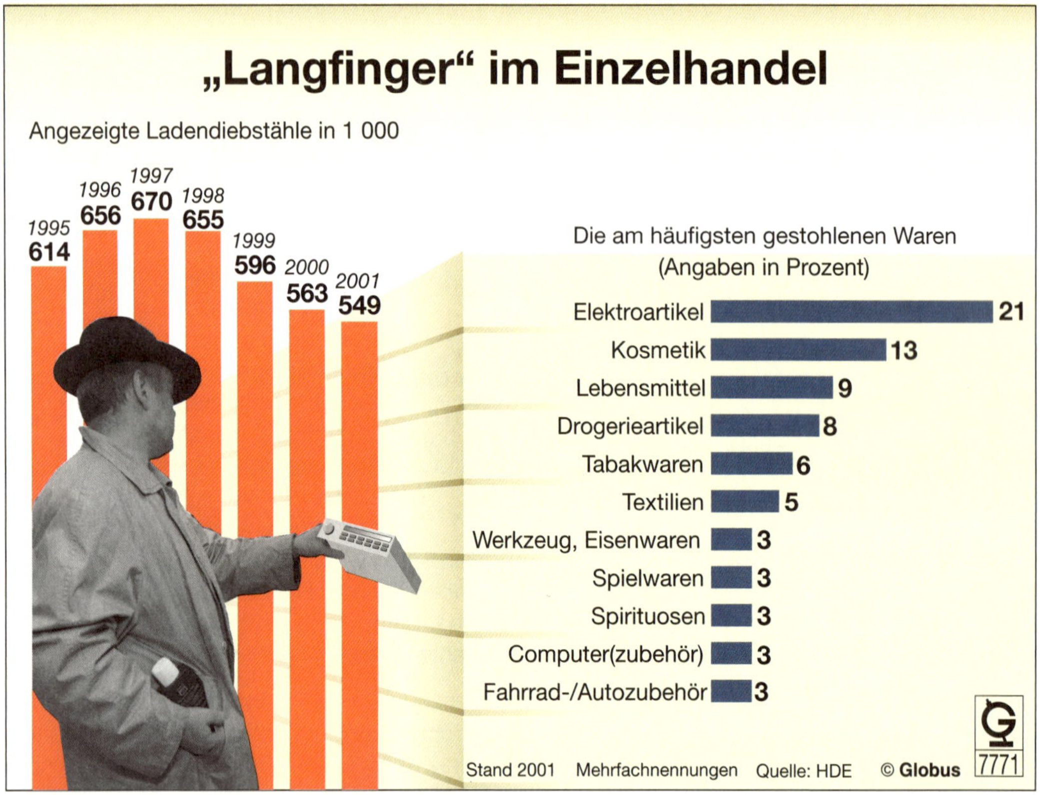

Fahrverbot für Ladendiebe?

Nach dem Willen der CDU/CSU sollen Ladendiebe künftig auch mit einem mehrmonatigen Fahrverbot bestraft werden können. Besonders Jugendliche hofft man so stärker beeindrucken zu können als mit Geldstrafen. „Nichts ist schlimmer als mit dem Bus in die Disko fahren zu müssen", sagte CDU-Vize-Fraktionschef Wolfgang Bosbach bei der Vorstellung eines Unionspapiers. Einen ähnlichen Strafen-Katalog hatte kürzlich für dieses Jahr auch die rot-grüne Regierungskoalition angekündigt. Allerdings sollen laut SPD und Grünen die Gerichte Fahrverbote nur dann verhängen dürfen, wenn das Auto als Tatmittel eingesetzt wurde, also etwa ein Graffiti-Sprayer, der mit dem Wagen flüchtete. Der Union geht das allerdings nicht weit genug. Ihrer Ansicht nach ist es egal, ob ein Täter mit dem Auto auf Diebestour geht oder zu Fuß. Geldstrafen würden vor allem von jüngeren Straftätern nicht wirklich ernst genommen, meinte CDU-Fraktionschef Friedrich Merz. Kurzzeitige Fahrverbote seien da wesentlich besser geeignet, den Übeltätern die „Notwendigkeit einer Verhaltensänderung vor Augen zu führen", meinte Merz. Eine Meinung, die auch vom Richterbund geteilt wird. „Für sämtliche Delikte müssten künftig auch Fahrverbote ausgesprochen werden können", sagte der Richterbund-Sprecher Viktor Weber auf TV-Anfrage. Kritik äußerte Weber an der Forderung der Union, Heranwachsende künftig „in der Regel" nach dem schärferen Erwachsenen- statt nach dem Jugendstrafrecht zu verurteilen. „Die gegenwärtige Praxis ist schon in Ordnung."

(Aus: Trierischer Volksfreund vom 29. Juni 2000, S. 2)

1. Keine Bestrafung von Ladendieben oder härtere Bestrafung als bisher? Sammelt Argumente und Gegenargumente für beide Vorschläge. Was haltet ihr von diesen Vorschlägen?
2. Was soll mit der Bestrafung von Ladendieben erreicht werden?

Zuordnung: Welchen Sinn soll Strafe haben?

Informiere dich zunächst über Strafziele (grüne Kästen).
Ordne dann den fünf Fällen Strafziele zu. Beachte: Einigen Fällen könnt ihr mehrere Strafziele zuordnen.

Tipp: Arbeite zunächst alleine, setzt euch dann in der Gruppe zusammen und vergleicht eure Ergebnisse.
Redet über die Fälle, die ihr unterschiedlich bewertet habt. Stellt eure Lösungen in der Klasse vor.

1. Eine Gruppe rechtsradikaler Jugendlicher verübt in angetrunkenem Zustand einen Brandanschlag auf ein türkisches Haus. Fünf Bewohner des Hauses kommen qualvoll in den Flammen um.
2. Inge S. schloss sich als junge Frau in den 70er-Jahren des letzten Jahrhunderts einer linksextremen Terroristengruppe an. Als Mitglied dieser Gruppe war sie an mehreren Straftaten aktiv beteiligt, u. a. an der Ermordung eines Bankiers. Es gelang ihr danach, in Norwegen unterzutauchen. Dort lebte sie viele Jahre lang als unauffällige Bürgerin, heiratete und bekam ein Kind. Sie wird verhaftet und an die Bundesrepublik ausgeliefert.
3. Anna W., 36, hat es sehr eilig: Sie war im Büro aufgehalten worden und befürchtet nun ihre Kinder an der Schule zu verpassen. In ihrer Hast übersieht sie den Radfahrer neben sich und schneidet ihm die Vorfahrt ab. Der Radfahrer kommt zum Glück mit einigen leichten Verletzungen davon, sein Fahrrad ist jedoch völlig zerstört.
4. Bruno G., 22, ist seit mehreren Monaten arbeitslos. Ohne Schulabschluss und Beruf hat er auf dem Arbeitsmarkt denkbar schlechte Chancen. Von einigen Freunden lässt er sich zu mehreren Autodiebstählen verleiten. Bruno war bereits im Alter von siebzehn Jahren wegen eines ähnlichen Delikts zu einer Jugendstrafe verurteilt worden.
5. Kai M., 40, hat zwei 11-jährige Mädchen stundenlang gequält, sexuell misshandelt und anschließend ermordet.

Vergeltung

„Auge um Auge, Zahn um Zahn“, heißt es in der Bibel. Jeder, der einem anderen ein Leid zugefügt hat, soll dafür büßen – schon aus Gründen der Gerechtigkeit. Je schwerer die Tat ist, desto mehr steht bei einer Strafe der Gedanke der Vergeltung im Vordergrund.

Sühne

Der Täter soll durch Strafe zum Nachdenken bewegt werden. Es soll ihm bewusst werden, welchen Schaden er dem Opfer zugefügt hat. Erst dann wird er Reue zeigen und sich künftig gesetzestreu verhalten.

Abschreckung

Strafe soll andere vor Straftaten abschrecken. Jeder muss wissen: Wenn ich eine Straftat begehe, werde ich dafür bestraft. Deswegen soll Strafe so hart ausfallen, dass man Angst bekommt, eine Straftat zu begehen.

Verhütung weiterer Straftaten (Prävention)

Eine Strafe soll verhindern, dass der Täter noch einmal eine Straftat begeht. Wenn der Täter besonders gefährlich ist, muss die Gesellschaft vor ihm geschützt werden, oft über viele Jahre hinweg. Strafe soll einem Täter zudem ermöglichen, sich wieder in die Gesellschaft einzugliedern und anschließend ein normales Leben zu führen. Man nennt das Resozialisierung.

Zur Diskussion: Wie können jugendliche Straftäter wieder in die Gesellschaft eingegliedert werden?

A Gefängnisstrafen können sinnvoll sein

Jede Gesellschaft hat Regeln für das Zusammenleben. Wenn ein Jugendlicher diese immer wieder verletzt, so muss ihm nachdrücklich gezeigt werden, wo die Grenzen liegen. Manche Jugendliche werden erst durch eine verschlossene Tür zum Nachdenken über ihre Straftaten gebracht. Zudem haben die Bürger ein Anrecht darauf, vor kriminellen Jugendlichen geschützt zu werden.

Die Jugendgerichte verurteilen ohnehin nur 10-15 % der jugendlichen Angeklagten zu Freiheitsstrafen (die anderen werden zu Sozialarbeit, Geldbußen und Jugendstrafe auf Bewährung verurteilt). Es handelt sich also bei den Insassen der Jugendgefängnisse um den besonders problematischen „harten" Kern jugendlicher Straftäter. Darauf weisen auch andere Fakten: Fast die Hälfte der jugendlichen Häftlinge hat keinen Hauptschulabschluss.

Während der Haft können sie einen qualifizierten Abschluss nachholen, ja vielleicht sogar eine Lehre abschließen. Sie können sich voll auf ihre Ausbildung konzentrieren und werden durch äußere Einflüsse nicht abgelenkt, während die Jugendlichen im offenen Vollzug häufig weiterhin in Kontakt mit ihrem alten Milieu bleiben.

B Gefängnisstrafen nützen nichts

Indem man Jugendliche in Gefängnisse einsperrt, bessert man sie nicht automatisch. Darauf weist auch die außerordentlich hohe Rückfallquote von über 80 % hin. Im Gegenteil: Viele Jugendliche behaupten, im Gefängnis erst wirklich kriminell geworden zu sein. Dort hätten sie von Mitgefangenen kriminelle Tricks und Fertigkeiten erlernt.

Man darf die Jugendlichen nicht noch mehr ausgrenzen, als sie es ohnehin schon sind. Viele kommen aus außerordentlich problematischen Familien. Sie brauchen Erziehung statt Strafe. Deshalb sind offene Heime und betreute Wohngruppen eine wirksame Alternative zur Haft. Nur dort können die Jugendlichen trainieren, Probleme im Alltag zu lösen, ohne sofort Gewalt anzuwenden, ohne gleich alles hinzuschmeißen und davonzulaufen. Das können sie hinter Mauern nicht. Da fangen die Probleme erst nach der Entlassung richtig an.

Soziale Fähigkeiten kann man nur in vielfältigen Kontakten mit anderen Menschen trainieren. Auch wenn Jugendliche unter Druck eine Ausbildung vollenden, so sind sie damit noch lange nicht gerüstet für den Berufsalltag, der eben diese Fähigkeiten in hohem Maße fordert.

3. Welche Argumente sprechen für den geschlossenen Vollzug, welche für andere Betreuungsformen? Notiert, bewertet und diskutiert miteinander.

7. Menschenrechte als Grundlage der Verfassung

Das deutsche Grundgesetz beginnt mit einer Auflistung der Menschenrechte, auf die jeder Mensch, der sich in Deutschland aufhält, einen Rechtsanspruch hat. Die Menschenrechte, die in der Verfassung schriftlich garantiert sind, werden als Grundrechte bezeichnet. Mithilfe des folgenden Beispiels könnt ihr herausfinden, warum um die Grundrechte manchmal auch gestritten wird und wie das Bundesverfassungsgericht in Karlsruhe versucht, die Einhaltung der Grundrechte zu schützen.

Der Fall: Bundesverfassungsgericht beschließt: Kruzifix im Klassenzimmer verstößt gegen das Grundrecht auf Glaubensfreiheit

Wirbel um ein Kruzifix-Urteil

Fast neun Jahre haben die Eheleute S. aus dem Städtchen Reuting in Bayern darum gekämpft, dass ihre drei Kinder in der Schule nicht in Klassenzimmern sitzen müssen, in denen Kreuze hängen – wie dies die Schulordnung Bayerns für Volksschulen vorschreibt.
Ohne Erfolg sind sie vor das Verwaltungsgericht Regensburg und den Bayerischen Gerichtshof gezogen.
Erst das Bundesverfassungsgericht in Karlsruhe gab ihrer Beschwerde statt. Das behördlich angeordnete Anbringen von Kreuzen staatlicher Schulen verstoße gegen die Religionsfreiheit und sei somit grundgesetzwidrig befinden die Richter des Ersten Senats mit 5:3 Stimmen. Das Grundrecht der Religionsfreiheit verpflichte grundsätzlich zu „staatlicher Neutralität gegenüber den unterschiedlichen Religionen und Bekenntnissen" führten die Richter aus. Aufgrund der Schulpflicht führten Kruzifixe in Klassenzimmern dazu, dass Schüler gezwungen würden, „unter dem Kreuz zu lernen."
Obwohl das Urteil nichts enthält, was die Karlsruher Richter nicht schon früher verkündet hatten, erzürnt der Spruch gläubige Christen und sorgt für erregte politische Diskussionen. 47 Prozent der Bundesbürger finden das Urteil falsch, nur 24 Prozent halten es für richtig, ergibt eine Umfrage, wobei 77 Prozent erklären, sie hielten Kruzifixe in Klassenräumen nur dann für sinnvoll, „wenn alle Beteiligten einverstanden sind."

(Aus: Ulrich Deppendorf, Bernard Wabnitz (Hrsg.): Tagesschau 1995 – Die Ereignisse des Jahres, Verlag Hoffmann und Campe 1996, S. 135)

Grundschulkinder blicken täglich auf den Gekreuzigten: zumutbar oder nicht?

Grundgesetz, Artikel 4

(1) Die Freiheit des Glaubens, des Gewissens und die Freiheit des religiösen und weltanschaulichen Bekenntnisses sind unverletzlich.
(2) Die ungestörte Religionsausübung wird gewährleistet.

Zustimmung zum Urteil und wütende Proteste

Artikel 4 Absatz 1 des Grundgesetzes garantiert die Glaubensfreiheit. Die Entscheidung für oder gegen einen Glauben ist danach Sache des Einzelnen, nicht des Staates. Der Staat darf ihm einen Glauben oder eine Religion weder vorschreiben noch verbieten. [...]
Zusammen mit der allgemeinen Schulpflicht führen Kreuze in Unterrichtsräumen dazu, dass die Schüler während des Unterrichtes von Staats wegen und ohne Ausweichmöglichkeiten mit diesem Symbol konfrontiert sind und gezwungen werden „unter dem Kreuz" zu lernen. Dadurch unterscheidet sich die Anbringung von Kreuzen in Klassenzimmern von der im Alltagsleben häufig auftretenden Konfrontation mit religiösen Symbolen der verschiedenen Glaubensrichtungen.

(dpa/AP-Meldung, in: Süddeutsche Zeitung vom 11.8.1995, S. 6)

Die Verfassungsrichter wiesen weiterhin im Mehrheitsgutachten darauf hin, dass es nach wie vor möglich sei, Kreuze im Klassenzimmer aufzuhängen, wenn niemand der beteiligten Eltern, Lehrer oder Schüler dagegen protestiert.

„Das Kreuz ist das Symbol des abendländischen Menschen schlechthin geworden: solidarisch offen und allen helfend. Da kann man ja gleich das Rote Kreuz und die Weg- und Bergkreuze abschaffen."

Joachim Kardinal Meisner, Erzbischof des Bistums Köln

„Ich habe Verständnis für das Urteil. Es ist sehr gut nachvollziehbar und logisch. Der Staat ist gegenüber den Religionen zur Neutralität verpflichtet."

Elisabeth Lingner, Präsidentin der Synode der Nordelbischen Evangelisch-Lutherischen Kirche.

„Das bloße Vorhandensein des Kreuzes zwingt niemandem den christlichen Glauben und die Religionsausübung auf. Es ist über seinen religiösen Inhalt hinaus ein Symbol für die abendländische Kultur und Wertvorstellungen."

Edmund Stoiber (CSU), bayerischer Ministerpräsident

1. Jahrzehntelang hingen Kruzifixe unbehelligt in bayerischen Schulen: Wie kam es dann im Sommer 1995 zum Beschluss, das sei ein Verstoß gegen das Grundrecht der Religionsfreiheit?
2. Verstoßen Kruzifixe in Klassenräumen gegen das Grundgesetz auf Meinungsfreiheit? Wie beurteilt das BVG diese Frage?
3. Hat das BVG richtig entschieden? Die abgedruckten Stimmen zum Urteil können die Grundlage für eine Diskussion sein. Jeder wählt den Kommentar aus, der seine Ansicht am besten widerspiegelt und formuliert seine eigene Bewertung. Nach einer kurzen Zeit der Auswahl und des Nachdenkens beginnt die Diskussion mit dem Vortrag der Bewertungen.

Wütende Proteste und viel Verständnis: eine Demonstration gegen das BVG-Urteil

4. Am Ende dieses Grundrechtsstreites solltet ihr zusammenfassen:
   Das Kruzifix-Urteil:
   (A) der Anlass (B) die Rolle des Bundesverwaltungsgerichts
   (C) die Urteilsbegründung
   (D) Gründe für den Streit
   (E) „meine Bewertung".

Zur Diskussion: Gelten in Deutschland die Menschenrechte für alle gleich?

Ablehnung wegen Hautfarbe

Südthüringer Dorf „vertreibt" Postzusteller

Vachdorf/Erfurt. Wegen seiner schwarzen Hautfarbe musste die Post einen Briefträger in Vachdorf (Süd-Thüringen) versetzen. Bewohner des 800-Einwohner-Dorfes hatten den Afrikaner wissentlich in die falsche Richtung geschickt, als er wegen fehlender Namensschilder um Auskunft bat. Dadurch verzögerte sich die Zustellung in den ersten Arbeitstagen um Stunden. Anschließend beschwerten sich die Dorfbewohner über ihn. Daraufhin versetzte ihn die Post zum Fahrdienst. Der Mann aus Mosambik wird bei der Post als zuverlässige Arbeitskraft geschätzt. Er stimmte der Versetzung zu, weil die täglichen Konfrontationen ihn erschütterten.

(Aus: Trierischer Volksfreund vom 15.8.1995, S. 2)

1. Welche Gedanken und Gefühle lösen der Fall und die Karikatur unten in euch aus?
2. Vergleicht den Fall mit den Auszügen aus dem Grundgesetz und beschreibt, worin die Menschenrechtsverletzung besteht.
3. These:
   „Obwohl Grundrechte für alle Menschen in gleicher Weise gelten müssen, werden sie Ausländern in Deutschland zu oft verwehrt."
   Ja, das stimmt.
   Nein, das stimmt nicht.
   Diskutiert miteinander.

Auszüge aus dem Grundrechtsteil des Grundgesetzes:

Artikel 1

(1) Die Würde des Menschen ist unantastbar. Sie zu achten und zu schützen ist Verpflichtung aller staatlichen Gewalt.

(2) Das Deutsche Volk bekennt sich darum zu unverletzlichen und unveräußerlichen Menschenrechten als Grundlage jeder menschlichen Gemeinschaft, des Friedens und der Gerechtigkeit in der Welt.

Artikel 2

(1) Jeder hat das Recht auf die freie Entfaltung seiner Persönlichkeit, soweit er nicht die Rechte anderer verletzt

Artikel 3

(3) Niemand darf wegen seines Geschlechtes, seiner Abstammung, seiner Rasse, seiner Sprache, seiner Heimat und Herkunft, seines Glaubens, seiner religiösen oder politischen Anschauungen benachteiligt oder bevorzugt werden. Niemand darf wegen einer Behinderung benachteiligt werden.

Artikel 19

(4) Wird jemand durch die öffentliche Gewalt in seinen Rechten verletzt, so steht ihm der Rechtsweg offen.

Wir und die Menschenrechte

Wir diskutieren Ansichten über die Bedeutung der Menschenrechte

Den folgenden Fragebogen sollte zunächst jede Schülerin und jeder Schüler für sich beantworten. Wenn ihr einer These voll zustimmt, könnt ihr sie mit 2 Punkten bewerten, bei voller Ablehnung mit -2 Punkten. Danach solltet ihr euch in Gruppen zusammensetzen und euch die Bewertungen gegenseitig vortragen und begründen. Diskutiert dann in den Gruppen über die Thesen, bei denen eure Meinungen am stärksten auseinander gehen. Einigt euch am Ende der vereinbarten Gruppenarbeitszeit auf eine These, die euch besonders interessant erscheint. Stellt dazu eure Gruppenansichten in der Klasse zur Diskussion.
Zum Abschluss dieser Phase könnt ihr ein vorbereitetes Plakat mit farbigen Klebepunkten bewerten lassen.

	+2	+1	-1	- 2
1. Die Durchsetzung der Menschenrechte ist ein Thema, das Jugendliche kaum interessiert. In Wirklichkeit haben junge Leute ganz andere Sorgen.				
2. Weil Menschenrechte für alle gelten, dürfen sie auch den Menschen nicht vorenthalten werden, die mit dem Gesetz in Konflikt geraten oder gar kriminell geworden sind.				
3. Wenn wir uns in unserer persönlichen Umgebung umschauen, können wir tagtäglich erleben, wie Menschenrechte verletzt werden.				
4. Für mich ist es eine Selbstverständlichkeit, dass Inländer und Ausländer in gleicher Weise Anspruch auf den Schutz ihrer Menschenrechte haben.				
5. Die Massenmedien – insbesondere das Fernsehen – bringen Menschenrechtsverletzungen in die Öffentlichkeit. Das hat zur Folge, dass die Menschen besser informiert sind und sich stärker empören und engagieren.				
6. Jeder Staat muss in seinem Inneren selbst dafür sorgen, dass die Menschenrechte eingehalten werden. Von außen soll sich da niemand einmischen.				
7. Ich kann mir gut vorstellen, dass ich einmal Mitglied in einer Organisation werde, welche für die Durchsetzung der Menschenrechte kämpft.				
8. Wer keinen Arbeitsplatz findet, dem nützen die Menschenrechte gar nichts.				
9. Ich glaube, dass sich die Situation der Menschenrechte auf der Erde in Zukunft eher verbessern als verschlechtern wird.				
10. Wer die Menschenrechte schützen will, muss bereit sein Pflichten gegenüber den anderen Menschen zu übernehmen.				

INFORMATION

Menschenrechte und Grundrechte

Menschenrechte

sind Rechte, die jedem Menschen zustehen. Zu den Menschenrechten gehören unter anderem das Recht auf persönliche Freiheit, auf körperliche Unversehrtheit, auf Glaubens- und Meinungsfreiheit, auf die Gleichheit aller Menschen vor dem Gesetz, auf die Gleichberechtigung von Mann und Frau.
Persönliche Freiheit bedeutet, dass jeder Mensch arbeiten, wohnen und leben kann, wo und wie er will, solange er anderen Menschen nicht Schaden zufügt. Körperliche Unversehrtheit bedeutet, dass Menschen nicht gefoltert, geschlagen und misshandelt werden dürfen.
Die Menschenrechte sind unantastbar: Kein Mensch und keine Regierung darf einem Menschen diese Rechte absprechen. Sie sollen die Würde des Menschen schützen.
Die Verfassungen vieler Staaten sichern in Form der Grundrechte ihren Bürgern die Menschenrechte zu. Trotzdem wird immer wieder gegen Menschenrechte verstoßen.

Als **Grundrechte** werden Menschenrechte und Bürgerrechte bezeichnet, die jedem Bürger der Bundesrepublik Deutschland im Grundgesetz zugesichert sind.
Das Grundgesetz ist die Verfassung der Bundesrepublik: Es bestimmt unter anderem, welche Rechte jeder Bürger hat und welche Aufgaben und Befugnisse Regierung und Parlament haben.
Grundrechte sind die Rechte, die jedem Menschen in der Bundesrepublik zustehen, gleichgültig, ob er deutscher Staatsangehöriger ist oder nicht: zum Beispiel das Recht auf menschliche Würde, das Recht auf freie Entfaltung der Persönlichkeit und persönliche Freiheit.

Die Grundrechte im Grundgesetz

Die Grundrechte schützen jeden einzelnen Menschen gegen Angriffe und Übergriffe der Staatsgewalt. Sie schützen damit auch die Ordnung aller Menschen in einem Staat. Die Staatsgewalt ist in allen Handlungen und Entscheidungen an die Grundrechte gebunden.

Verfassungsbeschwerde

Mit einer Verfassungsbeschwerde kann sich jeder Bürger an das Bundesverfassungsgericht in Karlsruhe wenden, wenn er glaubt, durch einen Übergriff des Staates in seinen Grundrechten verletzt zu sein. Das Bundesverfassungsgericht wacht über die Einhaltung der Grundrechte und wird daher auch als „Hüterin der Verfassung" bezeichnet. Verfassungsbeschwerde kann allerdings erst dann eingelegt werden, wenn der Rechtsweg ausgeschöpft ist, das heißt, wenn der Fall bereits in allen zuständigen Gerichtsinstanzen behandelt wurde.

GRUND- RECHTE

ART. 1: SCHUTZ DER MENSCHENWÜRDE
ART. 2: FREIHEIT DER PERSON
ART. 3: GLEICHHEIT VOR DEM GESETZ
ART. 4: GLAUBENS- UND GEWISSENSFREIHEIT
ART. 5: FREIE MEINUNGSÄUSSERUNG
ART. 6: SCHUTZ DER EHE UND FAMILIE
ART. 7: STAATLICHE SCHULAUFSICHT, ELTERNRECHTE
ART. 8: VERSAMMLUNGSFREIHEIT
ART. 9: VEREINIGUNGSFREIHEIT
ART. 10: BRIEF- UND POSTGEHEIMNIS
ART. 11: RECHT DER FREIZÜGIGKEIT
ART. 12: FREIE BERUFSWAHL
ART. 13: UNVERLETZLICHKEIT DER WOHNUNG
ART. 14: GEWÄHRLEISTUNG DES EIGENTUMS
ART. 15: ÜBERFÜHRUNG IN GEMEINEIGENTUM
ART. 16: STAATSANGEHÖRIGKEIT
ART. 16A: ASYLRECHT
ART. 17: PETITIONSRECHT
ART. 18: VERWIRKUNG DER GRUNDRECHTE
ART. 19: EINSCHRÄNKUNG DER GRUNDRECHTE

1. Was unterscheidet Menschenrechte und Grundrechte? Was haben sie gemeinsam?
2. In welchem Bezug stehen die Grundrechte zum Staat bzw. zur Staatsgewalt?
3. Welche Möglichkeiten hat ein Bürger, der sich in seinen Grundrechten verletzt fühlt?

Menschenrechte – Menschenpflichten

Wir formulieren Regeln zur gegenseitigen Achtung der Menschenwürde

Jeder Mensch hat einen Anspruch auf Schutz seiner Menschenrechte. Es genügt aber nicht, dass wir diese Rechte nur für uns selbst beanspruchen. Wir müssen sie auch allen anderen Menschen zugestehen.
Wer zum Beispiel für sich das Recht auf eine eigene Meinung beansprucht, übernimmt zugleich die Pflicht, auch andere Meinungen zu respektieren.
Aus jedem individuellen Recht erwächst so auch eine allgemeine Verpflichtung.

- Welche Menschenpflichten ergeben sich aus den Menschenrechten?
- Einen Katalog an Menschenpflichten könnt ihr mithilfe der folgenden Übung erstellen. Diese Kataloge könnt ihr dann in der Klasse oder als Plakat im Schulgebäude zur Diskussion stellen.
- Notiert, wenn möglich auf einem Plakat:

Das sind unsere Rechte:	Daraus ergeben sich folgende Pflichten:
Ich habe das Recht ...	***Ich habe die Pflicht ...***
1. auf Leben und körperliche Unversehrtheit (Artikel 2 des Grundgesetzes)	1. die körperliche Unversehrtheit bei anderen zu achten und keine Gewalt anzuwenden.
2. auf die freie Entfaltung einer Persönlichkeit (Artikel 2)	2.
3. auf Gleichberechtigung, egal, ob ich ein Mädchen oder ein Junge bin (Artikel 3)	3.
4. auf die ungestörte Ausübung meiner Religion (Artikel 4)	4.
5. meine Meinung frei zu äußern (Artikel 5)	5.
6. an einer friedlichen Versammlung oder Demonstration unter freiem Himmel teilzunehmen (Artikel 8)	6.
7. mich in einem Verein meiner Wahl anzumelden (evtl. mit Zustimmung meiner Eltern) (Artikel 9)	7.
8. Eigentum zu besitzen, das mir niemand wegnehmen darf (Artikel 14)	8.

8. Datenschutz: ein wichtiges Grundrecht?

Montagmorgen in der Schule. Die Klassenlehrerin Frau Pleitgen betritt die 10 a. Aus ihrer Schultasche zückt sie zur Überraschung ihrer Schüler einen Laptop.
„Wir müssen heute erst etwas Organisatorisches klären“, sagt sie, „von heute ab werden die alten Klassenbücher abgeschafft und auf elektronische Datenverarbeitung umgestellt. Die Schule braucht unbedingt genauere Angaben, denn wir möchten jeden Einzelnen von euch individuell so gut beraten wie möglich. Also, beginnen wir.“
Frau Pleitgen beginnt mit dem Eingeben der Daten. Als Erste im Alphabet wird Claire Adams aufgerufen: „Name und Beruf des Vaters?“ Beschämt schaut Claire ihre Klassenlehrerin an. „Kennst du ungefähr die Höhe des monatlichen Nettoeinkommens eurer Familie?“
Claire muss überlegen. „Warum wollen Sie das denn wissen und auch noch in den Computer eingeben?“, fragt sie erstaunt und ihre Mitschüler merken, dass ihr Gesicht rot angelaufen ist.
„Sieh mal, liebe Claire, wenn das Einkommen eurer Familie ein gewisse Grenze unterschreitet, kann die Schule von sich aus entscheiden, ob dir gewisse Vergünstigungen zustehen, z. B. Zuschüsse für Lernmittel, für Klassenfahrten, Wandertage usw. Für deine Eltern fällt das lästige Ausfüllen von Antragsformularen weg. Auch können die Daten direkt an die Aufsicht führende Schulbehörde weitergeleitet werden. Das erleichtert die Erledigung aller Vorgänge ungemein.“
„Wer garantiert mir, dass meine Daten nicht in fremde Hände geraten? Wer hat Zugang zu den Computern?“, fragt die Schülerin aufgeregt, aber mutig nach.
„Du solltest mehr Vertrauen zu den Lehrern haben und dich darauf verlassen, dass wir und die übergeordnete Behörden sorgfältig mit allen Angaben umgehen werden.“
Nun meldet sich der Schüler Patrick zu Wort: „Ich beantrage, dass wir in der Klasse darüber abstimmen, ob wir diese Datenerhebung zulassen oder nicht“, sagt er unmissverständlich. An die Klasse gewendet fragt er: „Wer ist dafür, wer dagegen?“

1. Wie würdest du dich bei der Befragung und bei der Abstimmung verhalten?

Legt eine Übersicht an und ordnet nach folgenden Unterscheidungsmerkmal:
A Diese Angaben über mich kann jeder wissen. Sie brauchen keinen besonderen Schutz.
B Diese Angaben möchte ich in besonderem Maße geschützt wissen.

- ❒ Alter und Geschlecht (m/w)
- ❒ Größe und Anzahl der Räume in unserer Wohnung
- ❒ meine bisher durchlebten Krankheiten
- ❒ meine Lieblingsband
- ❒ berufliche Tätigkeit meiner Eltern
- ❒ Anzahl und Gründe meiner Klassenbucheinträge
- ❒ Informationen über die Strafzettel, die ich bei Verkehrskontrollen erhalten habe
- ❒ Wohnort und Straße
- ❒ Zahl und Alter meiner Geschwister
- ❒ meine Lieblingsgetränke
- ❒ Name der Person, für die ich schwärme, in die ich verliebt bin
- ❒ Anzahl der Tage, die ich in der Schule gefehlt habe
- ❒ meine Religionszugehörigkeit
- ❒ persönliche Hobbys
- ❒ meine Telefonnummer
- ❒ was meine Eltern im Monat verdienen
- ❒ die von mir verwendeten Hautpflegemittel, Cremes, Gesichtswasser
- ❒ Höhe meines Taschengeldes
- ❒ meine Zeugnisnoten
- ❒ Informationen über Krankenhausaufenthalte
- ❒ Anzahl der Stunden, die ich täglich vor dem Fernseher verbringe

Haben wir ein Grundrecht auf Datenschutz oder nicht?

Datenschutz | Datenmissbrauch | Bundesverfassungsgericht | Bundesdatenschutzgesetz

Frau Y versuchte mehrmals vergeblich, verschiedenen Krankenkassen beizutreten. Nach wiederholtem Nachfragen ergibt sich: „Frau Y hatte früher einmal Tuberkulose. Die Krankheit ist allerdings längst ausgeheilt. Nur die Krankheit war im Computer abgespeichert, nicht aber die spätere Heilung. Die Krankenkassen verweigerten die Aufnahme wegen des hohen Risikos."
Was kann man gegen solche falschen Daten und Schlüsse tun? – Die einfachste Lösung wäre, möglichst wenig Daten registrieren zu lassen und vorhandene Datensammlungen so gut wie möglich zu kontrollieren. Das ist einfacher gesagt als getan. Daten werden von einer fast unüberschaubaren Zahl von Institutionen gesammelt, bei jeder erdenklichen Möglichkeit, von der Geburt eines Menschen bis zu seinem Tod. Datensammlungen gab es schon immer. Neue Wege und damit ganz neue Gefahren sind aber durch die Möglichkeit der Computerspeicherung entstanden. Datenschutz ist heute wichtiger denn je. […]
Der Begriff Datenschutz ist leicht missverständlich, hat sich aber so eingebürgert. Nicht die Daten sollen geschützt werden, sondern der einzelne Bürger vor eventuellen Nachteilen durch die Datenverarbeitung

(Aus: PCProfi, Deutscher Sparkassenverlag , 12/189, Bestell-Nr. 33 0 242/00 5).

In unserer computerisierten Gesellschaft ist der rechtliche Schutz vor Datenmissbrauch zu einer wichtigen Forderung für den Schutz der Freiheit des Einzelnen geworden. Das hat auch das Bundesverfassungsgericht in seinem Urteil von 1983 so entschieden. Danach muss jeder Bürger, jede Bürgerin das Recht haben, selbst zu entscheiden, wem er oder sie welche Angaben über seine oder ihre Person zur Verfügung stellt. Das Bundesverfassungsgericht bezeichnet dies als das **Recht auf informationelle Selbstbestimmung.** Weil es für die Lebensgestaltung und für die Freiheit und Unabhängigkeit jedes Menschen von höchster Bedeutung ist, hat das oberste deutsche Gericht dem informationellen Selbstbestimmungsrecht den Wert eines Grundrechtes zuerkannt.

Um den Datenschutz zu gewährleisten gibt es ein Bundesdatenschutzgesetz. Darin lautet der erste Satz:
„Zweck dieses Gesetzes ist es, den Einzelnen davor zu schützen, dass er durch den Umgang mit seinen personenbezogenen Daten in seinem Persönlichkeitsrecht beeinträchtigt wird."
Für den Datenschutz vor Landesbehörden gibt es entsprechende Landesdatenschutzgesetze für die einzelnen Bundesländer.
Im Datenschutzgesetz ist festgelegt, dass von einer staatlichen Stelle nur solche Daten gespeichert werden dürfen, die zur Erfüllung einer Aufgabe unbedingt erforderlich sind. Jeder Bürger hat ein Auskunftsrecht darüber, wo welche Daten über ihn gespeichert sind. Er kann verlangen, dass unrichtige Angaben über seine Person unverzüglich gelöscht werden. Ein vom Deutschen Bundestag gewählter Bundesbeauftragter für den Datenschutz kontrolliert die Einhaltung des Gesetzes. Seit der Neufassung des Bundesdatenschutzgesetzes im Jahre 2002 kann ein von Datenmissbrauch betroffener Bürger bis zu 130 000 Euro Schadensersatzleistungen einklagen.

2. Grundrecht auf Datenschutz: ja oder nein? Wie hat das Bundesverfassungsgericht entschieden?
3. Was macht den Datenschutz zu einem Problem, das einer gesetzlichen Regelung bedarf.

Wähle dein Thema

Ich erkläre und stelle anschaulich dar,

Ein Thema aus 6

- welche Rechte und Pflichten ich als Jugendlicher in meinem Alter habe.
- wie sich Jugendkriminalität entwickelt hat und welche Ursachen sie hat.
- wie eine Gerichtsverhandlung abläuft.
- wie man sich auf den Besuch einer Gerichtsverhandlung vorbereiten kann.
- warum Strafe sein muss und wozu sie dienen kann.
- wie es dazu gekommen ist, dass das Recht auf informationelle Selbstbestimmung in den Grundrechtskatalog aufgenommen worden ist.

Quiz

1. Sie ist in den letzten Jahren stark gestiegen.
2. Sie ist ein Strafziel, bei dem die Wiedereingliederung des Täters in die Gesellschaft im Vordergrund steht.
3. Jeder Bürger hat das Recht die Gerichte anzurufen.
4. Er sagt vor Gericht aus und ist verpflichtet, die Wahrheit zu sagen.
5. Diese Rechte stehen jedem Menschen von Geburt an zu. Sie sind in Artikel 1 bis 19 des GG niedergeschrieben.
6. Er vertritt in einem Prozess die Anklage.
7. Ehrenamtlicher Richter bei Strafprozessen
8. Überprüfung eines Verfahrens auf Verfahrensfehler
9. Diese Strafe ist in Deutschland durch das Grundgesetz verboten.
10. Göttin der Gerechtigkeit
11. Es ist zuständig für Strafsachen mit einem Streitwert unter 5.000 Euro.
12. Die Strafe wird für eine bestimmte Zeit ausgesetzt. Während dieser Zeit hat sich der Verurteilte gesetzestreu zu verhalten. Sonst muss er die Strafe antreten.
13. Jeder kann selbst entscheiden, wem er welche Angaben über seine Person zur Verfügung stellt.
14. So werden vor dem Gesetz junge Menschen im Alter von 18 – 21 Jahren bezeichnet.
15. Die Gesamtheit aller Regeln und Gesetze in einem Staat.

A Grundrechte

B Zeuge

C Rechtswegegarantie

D Heranwachsende

E Schöffe

F Rechtsordnung

G Recht auf informationelle Selbstbestimmung

H Staatsanwalt

I Revision

J Todesstrafe

K Bewährung

L Resozialisierung

M Amtsgericht

N Jugendkriminalität

O Justitia

10 Der Prozess der europäischen Einigung

Der kleine Junge weiß noch wenig über den Kontinent, in dem er geboren wurde. Was vermutet ihr: Wird er in einem friedlichen oder zerstrittenen Europa leben?

„Brainstorming“
Brainstorming ist eine Methode, bei der die Gesprächsteilnehmer ihren Gedanken und Gefühlen zu einem Thema freien Lauf lassen und alles äußern, was ihnen zu diesem Thema spontan durch den Kopf geht. Mit einem Brainstorming könnt ihr in das Thema ***Europas Zukunft*** einsteigen. Schreibt es an die Tafel. Äußert und notiert nacheinander, was euch dazu einfällt.

Wie denkst du über Europa?

Diese Frage legten wir Schülerinnen und Schülern der zehnten Klasse zur schriftlichen Bearbeitung vor. Zwei Auszüge aus den Aufsätzen sind hier abgedruckt. Findet ihr einen oder beide Aufsätze oder keinen von beiden besonders gelungen? Sprecht in der Klasse darüber.

Martin:

Die Staaten Europas müssen viel intensiver zusammenarbeiten.

Ich persönlich sehe ein starkes und vor allen Dingen friedliches Europa in naher Zukunft, da die Regierungen der Mitgliedstaaten noch nie den Lösungen für ein friedliches Zusammenleben der verschiedenen Völker so nahe gewesen sind.
Europa in der Zukunft wird stark in der Weltwirtschaft sein, da alle Staaten zusammen flexibler und konkurrenzfähiger sind gegenüber dem asiatischen und dem amerikanischen Markt, stark in der Außenpolitik durch eine neu zusammengestellte europäische Sicherheitsarmee und durch die Zusammenarbeit in der NATO. Die Europäer müssen Macht demonstrieren, um sich gegenüber zerstörerischen Gefahren behaupten zu können.
Gegenwärtig gibt es noch eine Reihe ungelöster Fragen in Europa. Da aber viele wichtige Zukunftsprobleme, zum Beispiel im Umweltschutz, besser in Zusammenarbeit gelöst werden können, als dann, wenn jeder für sich etwas versucht, bin ich insgesamt dafür, dass die Staaten der EU in der Zukunft noch viel intensiver zusammenarbeiten sollen.

Verena:

Die Europäer sind noch immer zu zerstritten.

Heute finde ich, dass die Europäer immer noch zu egoistisch sind. Jedes Land denkt nur an sich und deshalb geht es in Europa auch nur so langsam weiter. Die Politiker halten Reden und denken dabei nur an ihre Karriere. Die Sorgen der Menschen in Europa interessieren sie in Wirklichkeit nur wenig. Dabei wäre eine engere Zusammenarbeit sehr wichtig und erforderlich, um die Probleme zu lösen wie zum Beispiel die Arbeitslosigkeit und den Umweltschutz. Statt sich stärker zusammenzuschließen, gehen viele Völker in Europa immer weiter auseinander.
Es hat sich zwar schon einiges zum Positiven entwickelt in Europa, aber es ist noch immer zu wenig. Im Prinzip finde ich auch den Euro gut, denn es schafft mehr Zusammengehörigkeitsgefühl, wenn man überall in Europa mit einer Währung bezahlen kann.
Ich stelle mir Europa gerne als ein großes Land vor, in dem es keine Grenzen mehr gibt, wo viele Völker miteinander leben und wo Gleichberechtigung und Frieden herrschen.

1. Was ist Europa?

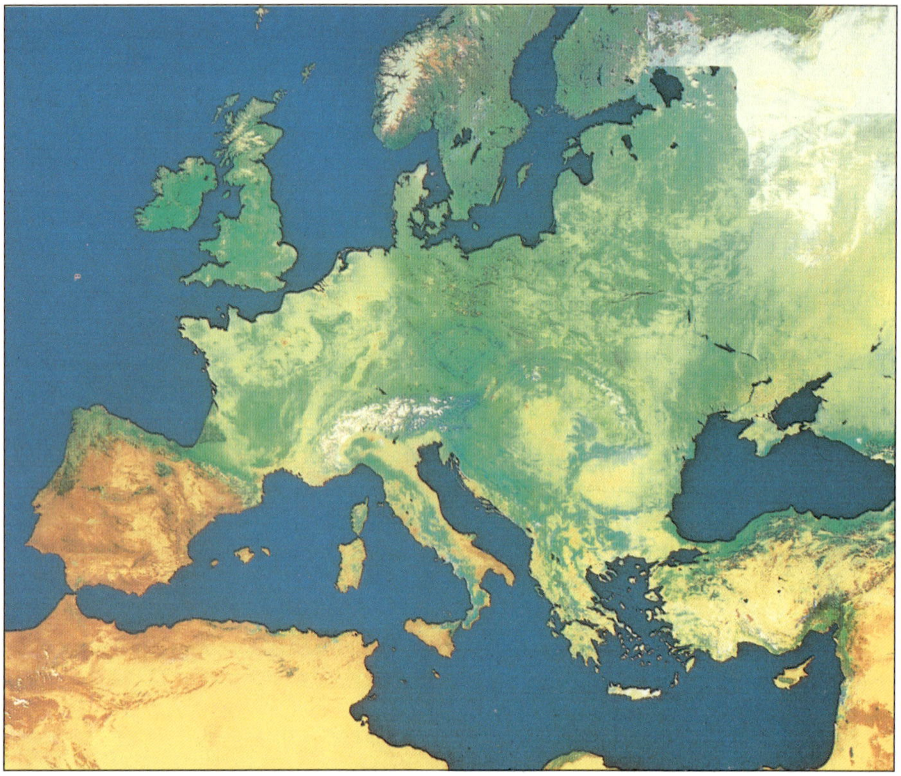

Ein Name voller Geheimnisse ...

„Fern von Griechenland, in Phoinikien, wo König Agenor über die Städte Tyros und Sidon herrschte, wuchs die wunderschöne Europa heran. Niemand, so sagten alle Leute, war der Jungfrau an Schönheit gleich, und im Lande ringsum rühmte man die liebreiche Art, mit der sie jedermann begegnete. Wenn sie mit den Gespielinnen am Strande einherwandelte oder blumenbekränzt den Reigentanz der Mädchen anführte – stets war sie die Schönste, der sich alle willig unterordneten.
Eines Tages schritt Europa wieder zum Spiel aus dem Palast des Vaters ..."

So beginnt die antike Sage der Königstochter Europa. Göttervater Zeus hatte sich in das Mädchen verliebt, und er wendete einen Trick an, um sie für sich zu gewinnen. In der Gestalt eines weißen Stieres landete Zeus am Strand Phoinikiens und entführte die schöne Prinzessin auf die Mittelmeerinsel Kreta. Dort nahm er seine Göttergestalt wieder an, vermählte sich mit Europa und zeugte im Laufe der Zeit drei Söhne mit ihr. Europas Sohn Minos begründete auf Kreta eine der ersten blühenden Hochkulturen in Europa.
Von diesem Ort im Mittelmeer ausgehend, nahm die kulturelle Entwicklung in Europa ihren Ausgang. Die alte Sage berichtet so von der Entstehung der abendländischen Kultur und der Namensgebung für den Kontinent Europa.

(Die Sage von der Prinzessin Europa kann man zu Ende lesen in: Griechische Sagen – Die schönsten Sagen des klassischen Altertums, dtv Junior, 17. Aufl. 1993. S. 23ff., © Ensslin und Laiblin Verlag)

Unter einer gemeinsamen Kultur der Europäer verstehen wir, dass es – trotz aller Vielfalt und Verschiedenartigkeit zwischen den Völkern und Staaten in Europa – eine Übereinstimmung in wichtigen geistigen, künstlerischen und religiösen Grundhaltungen gibt, die in der Vergangenheit entwickelt wurden.
Dazu gehören die Idee der Demokratie, welche die Europäer bei den alten Griechen gelernt haben, die gemeinsame Tradition im Christentum, europäische Entwicklungen in der Kunst, der Architektur der Wissenschaft, der Philosophie, der Technik. Die gemeinsamen Wurzeln und die Sage machen deutlich, dass Europa mehr ist als eine geographische Bezeichnung.

1. „Wie der Kontinent Europa zu seinem Namen kam ..."
   Erzählt die Geschichte in einem freien Vortrag vor der Klasse.
2. Erklärt, was man unter der gemeinsamen Kultur der Europäer versteht und sucht nach einzelnen Beispielen aus den Bereichen Kunst und Architektur.

10-mal Europa

Welche Behauptungen hältst du für zutreffend? Welche sind falsch?

Auch wenn ihr euch noch nicht mit allen Fragen, die Europa betreffen, beschäftigt habt, sollte es euch jetzt nicht schwer fallen, die drei eindeutig falschen Aussagen über Europa herauszufiltern und euch die sieben zutreffenden zu merken.

1. Geschichtlich gesehen ist Europa ein Kontinent mit vielen kulturellen Gemeinsamkeiten. Die Wiege der europäischen Kultur stand einst in Griechenland.
2. Geographisch gesehen ist Europa ein Kontinent, der sich genau so klar abgrenzen lässt wie Afrika, Amerika, Asien und Australien.
3. Religiös gesehen ist Europa mit einem Anteil von 90 Prozent Christen das Zentrum der Christenheit in der Welt und gilt daher auch als christliches Abendland.
4. Wirtschaftlich gesehen spielt Europa heute keine führende Rolle in der Welt.
5. Als Wertegemeinschaft gesehen ist Europa der Kontinent, in dem die Einzigartigkeit des Menschen, seine Freiheit und die Forderung nach verantwortungsbewusstem Handeln jedes Einzelnen von zentraler Bedeutung waren und sind.
6. Militärisch gesehen hat sich Europa in seiner langen Geschichte eher durch Kriegszeiten hervorgetan als durch Epochen des Friedens.
7. Politisch gesehen hat die Zusammenarbeit zwischen den europäischen Staaten seit dem Ende des Zweiten Weltkrieges immer weiter abgenommen.
8. Von der künstlerischen Tradition her gesehen gibt es zwar große Unterschiede in Europa, aber auch gemeinsame Entwicklungslinien, die sich im Laufe von Jahrhunderten herausgebildet haben.
9. In die nähere Zukunft hineingesehen werden sich im europäischen Binnenmarkt die Lebensbedingungen der Menschen immer stärker einander angleichen.
10. Langfristig gesehen werden sich mehrere osteuropäische Staaten der Europäischen Union anschließen.

Europa heute:
Das sind knapp 800 Millionen Menschen, von denen knapp die Hälfte (376 Millionen) in Staaten der Europäischen Union lebt. Insgesamt machen die Europäer 13 Prozent der Erdbevölkerung aus. Sie leben, lernen und arbeiten in 48 Staaten (2001) und sprechen 64 verschiedene Sprachen. Europa ist der Kontinent der Vielfalt der Menschen und Landschaften. Trotzdem: Wo liegen die Gemeinsamkeiten?

2. Wie entstand der Wunsch nach der Vereinigung der Staaten Europas?

Die Geschichte Europas bis zum Jahre 1945 war vor allem eine Geschichte der Kriege. Insgesamt hat es in Europa viel mehr Kriegsjahre als Friedensjahre gegeben. Die schlimmsten Katastrophen des 20. Jahrhunderts waren der Erste und der Zweite Weltkrieg. Allein im Zweiten Weltkrieg gab es die unvorstellbare Zahl von 55 Millionen Kriegstoten. Das Schicksal des Franz Poss ist eines von diesen 55 Millionen.

Der deutsche Franz Poss wurde am 11. November 1918 in Hamburg geboren, an dem Tag, an dem der Erste Weltkrieg zu Ende ging. Franz litt Hunger in seinen ersten Lebensjahren. Lebensmittel waren knapp. Zu viel Kraft hatte der Krieg gekostet. Als Franz fünf Jahre alt war, zahlte seine Mutter 78 Milliarden Reichsmark für ein Brot. Sein Vater verlor als Folge der Weltwirtschaftskrise 1932 seine Arbeit. Bei den Reichstagswahlen im gleichen Jahr gab er seine Stimme der NSDAP, weil er auf bessere Zeiten hoffte. 1940, ein Jahr, nachdem Hitler seinen Vernichtungskrieg begonnen hatte, heiratete der Soldat Poss. Seine junge Frau kam bei einem Luftangriff auf Hamburg am 3. August 1943 ums Leben. Er selbst starb, siebenundzwanzigjährig, bei der Invasion der Amerikaner und Briten in der Normandie. Da sein Leichnam nicht identifiziert werden konnte, wurde er mit anderen unbekannten Soldaten in einem Massengrab irgendwo im Norden Frankreichs beigesetzt.

1. Was erzählt es euch über das Leben junger Menschen damals?

Auf den folgenden Seiten wird der Prozess vom Krieg zum Frieden in Europa an zwei Beispielen vorgestellt
(A) Deutschland – Frankreich,
(B) Deutschland – Polen. Sollte die Bearbeitungszeit knapp sein, könnt ihr euch für ein Beispiel entscheiden.

Beispiel A: Deutschland und Frankreich

Das Verhältnis zwischen den Nachbarstaaten Deutschland und Frankreich war durch tiefe Feindschaft und blutige Auseinandersetzungen geprägt. Die beiden Nationen galten als „Erbfeinde“ und die Wurzeln dieser Feindschaft reichen weit über tausend Jahre in die Geschichte zurück. Es begann mit der Teilung des Frankenreichs im Jahre 843. Damals wurde das Reich Karls des Großen auf seine Enkel aufgeteilt.

1

August 1914: Deutsche Soldaten werden zur Kriegsfront nach Frankreich geschickt. Die deutsche Öffentlichkeit bejubelt den Kriegsausbruch gegen den Erbfeind Frankreich.

Der germanisch sprechende Ostteil wurde zur Wiege Deutschlands. Aus dem romanisch sprechenden Westteil ging Frankreich hervor. Dazwischen lag ein Landstreifen, benannt nach dem Erben Lothar: Lotharingien, heute Lothringen einschließlich Elsass. Dieses Land geriet zum dauernden Zankapfel und Kriegsgrund zwischen Deutschen und Franzosen. Die schwerste Belastung des deutsch-französischen Verhältnisses stellten die beiden Weltkriege dar. Auch in der Zeit tiefster Feindschaft hatte es immer wieder Bemühungen einzelner Personen oder privater Gruppen gegeben, die sich für eine Aussöhnung zwischen den verfeindeten Nationen eingesetzt haben. Oft waren sie selbst Opfer der Feindschaft gewesen. Einige hatten Jahre ihres Lebens in deutschen Konzentrationslagern verbracht und riefen nun – vor dem Hintergrund des Leides, der Zerstörung und der Opfer der Weltkriege – zu einer Beendigung der sinnlosen Feindschaft auf.
Die Aussöhnung zwischen Deutschland und Frankreich ist ein besonders gelungenes Beispiel für den Wandel Europas vom Kriegs- zum Friedenskontinent.

2. Wie konnten aus Feinden Freunde werden? Erzählt die Geschichte mithilfe der Fotos auf dieser Doppelseite.
3. Was sollten wir heute über die Vergangenheit Europas wissen, wenn wir über seine Zukunft diskutieren?

Fotos erzählen vom Wandel einer Beziehung

2

Juni 1916:
Vor der französischen Stadt Verdun kämpfen Deutsche und Franzosen um jeden Meter Boden.

3

Juni 1940:
Deutsche Soldaten marschieren über die Champs Elysées. Noch nicht ein Jahr nach Beginn des Zweiten Weltkriegs wird Paris von deutschen Einheiten besetzt.

4

September 1944:
Nach der Befreiung Frankreichs wird eine kahl geschorene Französin bestraft, weil sie ein Verhältnis mit einem deutschen Soldaten hatte.

5

7. August 1950:
Europabegeisterte junge Leute treffen sich an der deutsch-französischen Grenze und verbrennen die Grenzpfähle. Sie fordern Frieden zwischen den Völkern und ein vereintes Europa.

6

1954:
Junge Deutsche und Franzosen treffen sich zur gemeinsamen Pflege eines französischen Soldatenfriedhofs. Das deutsch-französische Jugendwerk bringt immer mehr junge Leute aus beiden Ländern zusammen.

7

September 1984:
Der französische Staatspräsident François Mitterand und der deutsche Bundeskanzler Helmut Kohl reichen sich an den Gräbern von Verdun zum Zeichen der Freundschaft die Hand. „Beide Völker haben unwiderruflich den Weg des Friedens und der freundschaftlichen Zusammenarbeit eingeschlagen", hieß es damals in einer gemeinsamen Erklärung.

Beispiel B: Deutsche und Polen: Können auch sie Freunde werden?

Seit der deutschen Wiedervereinigung 1990 sind die Polen und alle Deutschen Nachbarn mit einer gemeinsamen Grenze geworden. Polen hat als einer der ersten osteuropäischen Staaten die Mitgliedschaft in der EU beantragt. Vor diesem Hintergrund stellt sich die Frage nach der Zukunft des deutsch-polnischen Verhältnisses in einer ganz neuen aktuellen Bedeutung.

1. Warum ist das Verhältnis zwischen Polen und Deutschland so sehr durch die jüngste Vergangenheit belastet?
2. Können Deutsche und Polen ebenso Freunde werden wie Deutsche und Franzosen?

Auf diese beiden Fragen könnt ihr nach der Bearbeitung des Materials nach Antworten suchen.

Warum hat die jüngste Vergangenheit das Verhältnis so sehr belastet?

Zum 60. Jahrestag des Angriffes von Hitler auf Polen am Beginn des Zweiten Weltkriegs veröffentlichte die deutsche Presseagentur die folgende Zusammenfassung:

Mit dem deutschen Angriff auf Polen am 1. September 1939 begann der Zweite Weltkrieg.
Die deutschen Truppen überrannten Polen in einem „Blitzkrieg" in nur wenigen Wochen. Die letzten polnischen Soldaten ergaben sich am 6. Oktober. Das Leiden der Besatzungszeit begann. Ab Ende Oktober 1939 wurde die polnische Bevölkerung von Haus und Hof vertrieben. Viele Intellektuelle wurden von der Sicherheitspolizei ermordet. Die „Polenerlasse" degradierten die Polen zu einem Volk der „Rechtlosen". In polnischen Städten wie Lodz und Warschau lebte die jüdische Bevölkerung zusammengedrängt in Gettos unter katastrophalen Bedingungen. Hunderttausende wurden in Konzentrationslagern getötet. Insgesamt kamen mindestens sechs Millionen Polen zwischen 1939 und 1945 ums Leben.

Noch heute sind die Spuren des Krieges in Polen sichtbar. Viele Besucher etwa der polnischen Hauptstadt Warschau gehen jedoch meist achtlos an den schlichten Steintafeln an vielen Gebäuden der Altstadt oder der Flanierstraße Nowy Swiat vorbei. Oft sind sie mit Blumen geschmückt. Manchmal brennen Kerzen: Erinnerungen an Massenerschießungen, Menschenjagden und Terror während der deutschen Besatzung im Zweiten Weltkrieg. […] Für die Nationalsozialisten waren die Polen „Untermenschen", nur als Sklavenarbeiter geeignet. […] Hunderttausende von Polen wurden während des Krieges zur Zwangsarbeit nach Deutschland verschleppt. Vor allem die jüdische Bevölkerung Polens, die in Warschau und anderen Städten ein Drittel der Einwohner stellte, fiel der deutschen Besatzung zum Opfer. […] In der Zeit nach dem Zweiten Weltkrieg gingen die Vorbehalte gegen die Deutschen nur langsam zurück. Doch nach einer 1999 veröffentlichten Umfrage halten inzwischen fast 73 Prozent der Polen eine Aussöhnung für möglich.

(Nach einer dpa-Meldung vom 28./29. August 1999 anlässlich des 60. Jahrestages seit Beginn des Zweiten Weltkriegs)

1943 treiben Nationalsozialisten Juden aus dem Warschauer Getto zum Abtransport in ein Konzentrationslager, wo sie in den Gaskammern den Tod finden werden. Welche Gefühle zeigen die Gesichter der Opfer und der Besatzer?

Wie wird die Zukunft des deutsch-polnischen Verhältnisses aussehen?

Am 1. September 1999 gedachten die Präsidentenpaare Deutschlands und Polens des Überfalls auf Polen am 1. September 1939. Zu diesem Jubiläum schrieb der polnische Schriftsteller Andrzej Szczypiorski: „Auch wenn ich mich heute in Deutschland wohl fühle, begleitet mich immer noch die Angst, dass ich eines Tages hinter der nächsten Straßenecke einen Deutschen treffe, der sich für besser hält als alle anderen."

(Aus: DIE WELT vom 2.9.1999, S. 2)

Auf dem besten Wege

Die deutsch-polnischen Beziehungen haben in den vergangenen zehn Jahren einen guten Stand erreicht. [...] Außenpolitisch gibt es in den Grundfragen keine Dissonanzen. Die Bundesrepublik unterstützt den Beitritt Polens in die EU. [...] Realität ist bereits die Mitgliedschaft Polens in der NATO geworden. Auch den Umzug der deutschen Regierung und des Parlaments nach Berlin sehen die Polen gelassen, mitunter erhoffen sie sich sogar neue Impulse für das deutsch-polnische Verhältnis.
„Ich habe keine Befürchtungen, dass die Rückkehr der Hauptstadt Berlin auch eine Rückkehr zur hegemonistischen, preußischen Tradition bedeutet", meinte der polnische Staatspräsident Kwasniewski kürzlich in einem Interview.
Die wirtschaftlichen Beziehungen haben sich ebenfalls positiv entwickelt. Deutsche Unternehmen sind in Polen die Investoren Nummer eins. Deutschland ist auch der größte Handelspartner geworden. Dennoch ist Polen für viele Deutsche noch ein weitgehend unbekanntes Land.

(Mit Verzicht auf hegemonistische Politik meint der polnische Staatspräsident, dass Deutschland keine Vormachtspolitik in Europa mehr betreiben wird, wie es unter Hitler und im Ersten Weltkrieg der Fall war.
Nach: U. Scharlack: Deutschland und Polen auf dem besten Wege, in: Trierischer Volksfreund vom 28./29.8.1999, S. 4)

Was man unbedingt wissen sollte ...

Polen blickt auf eine über tausendjährige Geschichte zurück. Zwischen dem 14. und dem 17. Jahrhundert hatte das polnische Königreich eine starke Stellung in Europa. Danach wurde das Land mehrfach geteilt und verschwand ab 1775 sogar für mehr als hundert Jahre völlig von der Landkarte. Hitlers Truppen löschten den Staat ein zweites Mal aus. Nach dem Zweiten Weltkrieg wurden Polens Grenzen neu bestimmt. Unter dem Führungsanspruch der ehemaligen Sowjetunion wurde es ein kommunistischer Staat. Zwischen 1989 und 1990 erkämpften die Polen unter der Führung der Gewerkschaft Solidarnosc das Ende des Kommunismus. 1991 schlossen Deutsche und Polen den Vertrag über gut nachbarschaftliche Beziehungen. 1997 verabschiedete die polnische Nationalversammlung eine neue Verfassung. Polen wurde zur parlamentarisch freiheitlichen Demokratie nach westlichem Muster. Im gleichen Jahr begannen die Beitrittsverhandlungen über die Aufnahme Polens in die EU.

3. Das Leid der Polen unter den Nationalsozialisten: Stellt dazu die wichtigsten Fakten übersichtlich zusammen.
4. Welche Meinung habt ihr: Das Verhältnis zwischen Polen und Deutschen
A wird sich immer weiter verbessern
B wird wahrscheinlich noch lange belastet bleiben.

3. Was ist das eigentlich: Die Europäische Union?

Welchen Teil der Themenfrage beantwortet diese Karte?

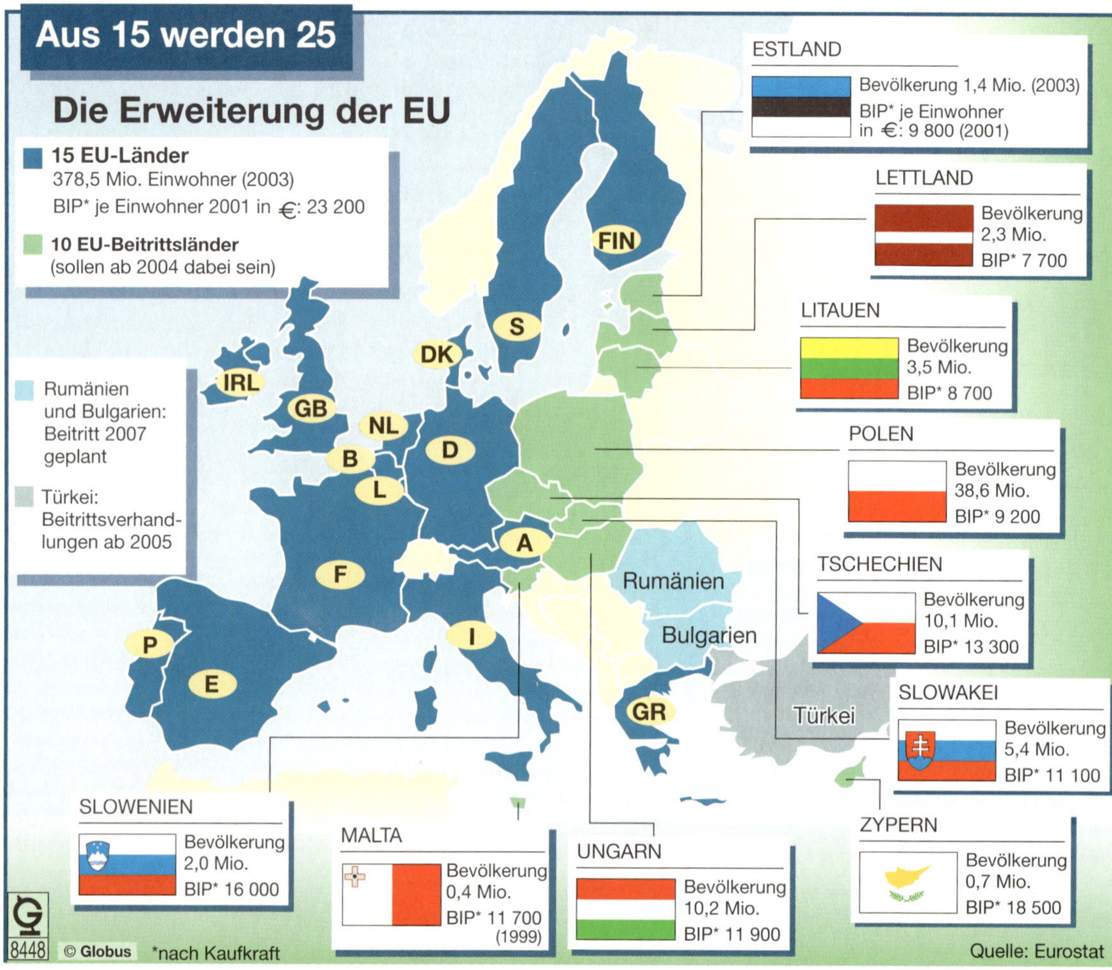

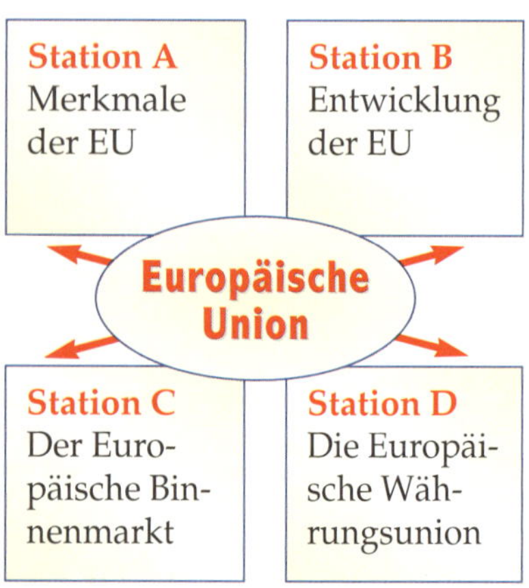

Tipp: Lernen an Stationen

Auf den folgenden Seiten werden in vier Lernstationen grundlegende Informationen zum Gesamtthema Europäische Union vorgestellt. Die Materialien wurden so angelegt, dass sie als einzelne Lernstationen angesehen werden können. Ihr könnt zum Beispiel vereinbaren, dass jeder von euch mindestens eine oder zwei der Stationen A, B, C oder D als Pflichtstationen bearbeitet und den Rest eventuell freiwillig (oder als Hausaufgabe). Wichtig ist, dass ihr die Ergebnisse so übersichtlich notiert und präsentiert, dass alle Schülerinnen und Schüler Kenntnis über alle Informationen aus den Stationen erhalten. Natürlich können auch alle Merkmale von allen gelesen und erarbeitet werden.

Vorsicht! Zum Stationenlernen gibt es ein Einsteigerquiz. Bevor ihr mit den Stationen A bis D beginnen könnt, solltet ihr zunächst das Rätsel auf der nächsten Seite lösen.

Quiz
15 plus 10

- Welches Land mit welcher Hauptstadt ist gemeint?
- Welche 10 Länder, die seit 2004 zur EU gehören, fehlen in dieser Aufzählung? (Siehe Karte auf der S. 282.)

1. Der Europäische Ministerrat, die Europäische Kommission und zahlreiche andere Einrichtungen der EU haben in dieser so genannten Hauptstadt Europas ihren Sitz.
2. Von den gut fünf Millionen Einwohnern dieses nordischen Landes gehören 179 als gewählte Abgeordnete dem Parlament *Folketing* an, in einer Stadt, deren Wahrzeichen eine kleine Meerjungfrau ist.
3. In seiner jüngsten Geschichte hat dieses Land die Hauptstadt gewechselt und eine Teilung überwunden.
4. Die Stadt liegt an einem „Meerbusen" in einem kühlen Land, in dem man 35000 Seen zählt.
5. Viele Menschen möchten in dieser Weltstadt leben, aber einen König mussten die Menschen in einer großen Revolution dazu zwingen.
6. Dieses Land hat vor 2500 Jahren die europäische Kultur geprägt. Seine Hauptstadt gilt als „Wiege der Demokratie".
7. Das Parlament in der Hauptstadt des traditionsreichen Königreiches besteht aus einem Unter- und einem Oberhaus.
8. Hierhin führen alle Wege und die Eroberung großer Teile Europas ging einst von hier aus.
9. Die erste Amtssprache gälisch wird in diesem grünen Land nur von fünf Prozent der Bevölkerung gesprochen. Nicht nur in der Hauptstadt sprechen fast alle Menschen englisch.
10. In diesem kleinen, aber wohlhabenden Land im Herzen Europas wacht der Europäische Gerichtshof über die Einhaltung der gemeinsamen Rechtsvorschriften in der EU.
11. Die Landesregierung befindet sich nicht in der mit so genannten Grachten durchzogenen Hauptstadt in einem Königreich, in dem die Menschen als sehr freiheitlich und weltoffen gelten.
12. In der Hauptstadt regierte einst Kaiserin Maria Theresia, Mutter von 16 Kindern, in einem Land, das 1938 von den Nationalsozialisten an Deutschland angeschlossen worden war.
13. Das Land im Westen mit der Hauptstadt am Tejo galt einst als eines der Armenhäuser in Europa und hat seit seiner Mitgliedschaft in der EU (1986) einen erheblichen Anstieg seiner Wirtschaftskraft erlebt.
14. In der Landeshauptstadt verleihen Königin und König regelmäßig den Nobelpreis in einer parlamentarischen Demokratie im Norden Europas, die sich erst 1995 der EU angeschlossen hat.
15. Dieses Land, von dem die Entdeckung Amerikas ausging, war noch bis 1975 eine Diktatur. Mit Unterstützung des reformfreudigen Königs Juan Carlos hat es sich rasch zu einer modernen Demokratie entwickelt.

Station A:
Was ist die Europäische Union?

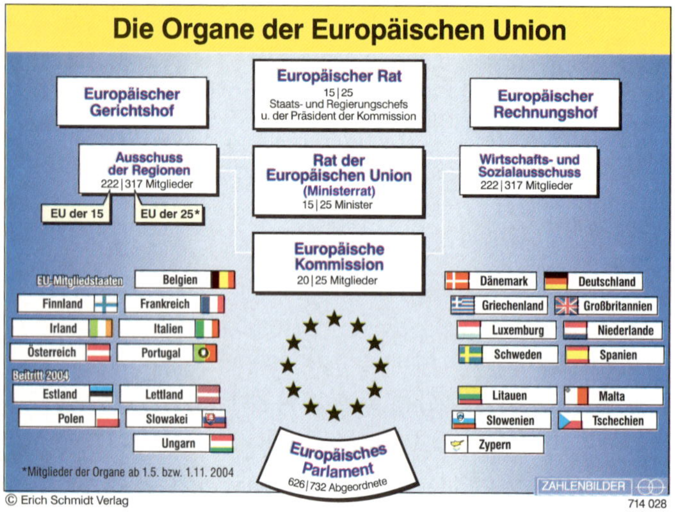

© Erich Schmidt Verlag

Die Europäische Union ist kein Staat. Deshalb ist in der Union vieles anders als in ihren Mitgliedstaaten. Sie hat keine Hauptstadt und keine Regierung, und doch haben mehr als 140 Staaten der Welt diplomatische Beziehungen mit ihr. Sie erlässt Gesetze und hat ein Parlament, das gewählt wird. Sie erhebt keine Steuern, stellt aber einen Milliarden-Haushalt auf. Ihre Mitgliedstaaten sind enger miteinander verbunden als in jedem herkömmlichen Bündnis von Staaten dieser Welt. Was also ist das für ein Gebilde, die Europäische Union?
Die Europäische Union ist ein Verbund von 25 europäischen Staaten, die miteinander vertraglich vereinbart haben:
Unsere Regierungen handeln in einigen Politikbereichen gemeinschaftlich, fassen also Beschlüsse gemeinsam, die für uns alle verbindlich sind, als wären es unsere eigenen Gesetze; dafür werden gemeinsame „europäische Organe" geschaffen: eine Kommission, die Vorschläge für alle Beschlüsse macht, ein Parlament, das an den Beschlussfassungen beteiligt ist, ein Gerichtshof, ein Rechnungshof (siehe auch später auf den Seiten 292ff.).
In anderen Politikbereichen arbeiten die Regierungen eng zusammen und beschließen wichtige Dinge gemeinsam, ansonsten aber entscheiden sie nach wie vor allein, verfolgen dabei aber auch gemeinsame Ziele und stimmen ihr Handeln weitgehend aufeinander ab.
In allen übrigen Bereichen der Politik entscheidet jede Regierung weiterhin allein, nimmt dabei jedoch auf die Interessen der anderen Mitgliedstaaten Rücksicht.
Die Europäische Union ist noch kein fertiges Gebilde. Sie wird sich mit der Zeit weiterentwickeln und zu einem immer engeren Bund der Völker zusammenwachsen. Welche Gestalt dieser Bund einmal haben wird, ist noch offen.
Manche wünschen sich die Europäische Union als Bundesstaat (Föderation) mit einer europäischen Regierung und einem starken Europäischen Parlament.
Andere hätten die Europäische Union lieber als lockeren Staatenbund (Konföderation), in der die Regierungen der Mitgliedstaaten zwar zusammen arbeiten, aber keine gemeinschaftliche Politik machen, also keine gemeinsamen Beschlüsse fassen, die für alle verbindlich sind.

(Aus: Presse- und Informationsamt der Bundesregierung (Hrsg.), Europa 2000, Bonn 1997, S. 5f.)

Heute werden bereits 50 Prozent aller Gesetzesentscheidungen innerhalb der EU auf europäischer Ebene entschieden.
Vertraglich festgelegt ist, dass Entscheidungen nach dem **Subsidiaritätsprinzip** erfolgen müssen. Das heißt auf deutsch: immer auf der untersten Ebene. Also: Stadtpolitik soll weiter in den Städten gemacht werden, Regionalpolitik weiter in den Bundesländern, nationale Politik weiter in den einzelnen Parlamenten der Mitgliedstaaten. Europäisch soll nur da entschieden werden, wo es sinnvoll für die Gemeinschaft ist. Zu diesen Bereichen gehört heute schon unbestritten der Umweltschutz.
80 Prozent aller Umweltschutzentscheidungen sind mittlerweile europäische Rechtsakte.

So kannst du deine Ergebnisse präsentieren:

1. Erkläre, was die EU ist, was sie nicht ist und warum sie noch „kein fertiges Gebilde" ist.
2. Veranschauliche, in welchen Formen die Mitgliedstaaten in drei Politikbereichen zusammenarbeiten.
3. Der Begriff „Subsidiaritätsprinzip" klingt kompliziert. Findest du eine anschauliche Erklärung dafür?

Station B:
Was waren wichtige Etappen auf dem Weg zur EU?

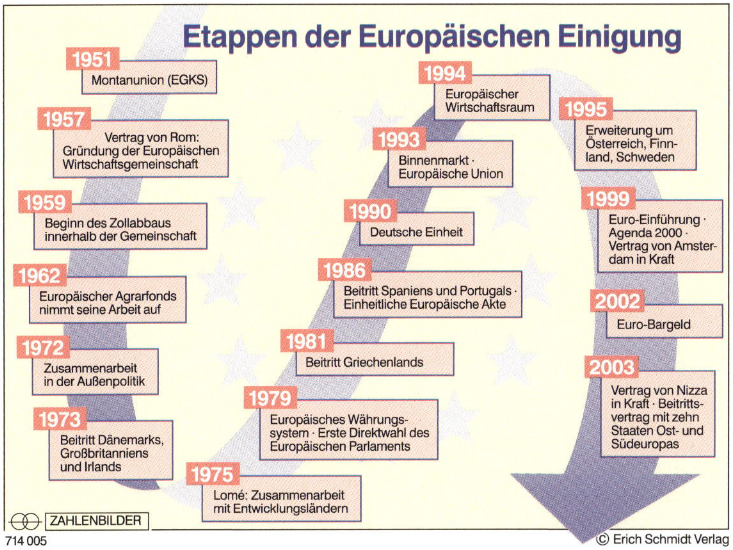

Die Grafik enthält auch Stationen, die im Text nicht genannt sind.

Nach dem Ende des Zweiten Weltkriegs 1945 gab es überall in Europa eine große Sehnsucht nach Frieden. Es entstand eine „Europabewegung“, die den friedlichen Zusammenschluss der Völker Europas forderte.
Kurz nach Kriegsende legte der französische Außenminister Robert Schuman einen Plan vor, der die Europäer in einem Bündnis zusammenschließen sollte. Die Idee war, dass Nationen, die in einem Bündnis zusammenarbeiten, nicht mehr aufeinander schießen werden. 1951 gründeten Frankreich, Italien, Belgien, Luxemburg, die Niederlande und die Bundesrepublik Deutschland die *Europäische Gemeinschaft für Kohle und Stahl (EGKS).*
In der EGKS, die unter dem Namen Montanunion bekannt wurde, ging es „nur“ um einen gemeinsamen Markt für zwei wichtige industrielle Güter. Doch schon sechs Jahre nach Kriegsende war ein erster Schritt zur Einigung Europas vollbracht.
Das Gründungsdatum der *Europäischen Gemeinschaft* ist der 25. März 1957. Mit der Unterzeichnung der „Römischen Verträge“ schlossen sich die sechs Gründernationen (wie oben genannt) in der Hauptstadt Italiens zur *Europäischen Wirtschaftsgemeinschaft* zusammen (*EWG*).
Von der Gründung an erlebte das Europa der Sechs einen starken wirtschaftlichen Aufschwung und wurde zunehmend für weitere Staaten attraktiv. 1973 traten Großbritannien, Dänemark und Irland der Europäischen Gemeinschaft bei. 1981 wurde Griechenland der zehnte Mitgliedstaat der EG. Im Jahr 1986 erweiterten Portugal und Spanien die EG zur Gemeinschaft der Zwölf.
Der europäische Binnenmarkt begann am 1. November 1993.
Im allgemeinen Sprachgebrauch wurde die Abkürzung EG durch EU ersetzt. Die neue Bezeichnung *Europäische Union* drückt aus, dass die ehemalige Gemeinschaft nun zu einer „Vereinigung“ mit vertraglich festgelegten politischen Zielen geworden ist. Zwei der damals vereinbarten Zielsetzungen sind heute umgesetzt, nämlich der *Binnenmarkt* und die *Währungsunion.* An zwei weiteren Zielen muss noch gearbeitet werden: die Schaffung einer gemeinsamen Außen- und Sicherheitspolitik der EU und die engere Zusammenarbeit in der Rechtspolitik und der Innenpolitik.
1995 traten die Länder Österreich, Finnland und Schweden der Europäischen Union bei. Seit dem Jahre 2002 ist der Euro als gemeinsame Währung der Europäer überall im Umlauf. Am 1. Mai 2004 wurde die EU um 10 weitere Staaten auf nun 25 Mitglieder erweitert.
Im Prozess der Einigung Europas hat es immer wieder Rückschläge gegeben. Dazu gehört, dass die geplante Verfassung für Europa 2003 wegen Meinungsunterschieden scheiterte. Als einer der schlimmsten Rückschläge für den Frieden in Europa galt der Krieg im ehemaligen Jugoslawien, der Europa und die Welt die gesamten Neunzigerjahre in Atem hielt. Es zeigte sich, dass die Sehnsucht der Menschen nach Frieden, die am Anfang der Europabewegung stand, immer wieder zerstört werden kann.

So kannst du deine Ergebnisse präsentieren:

1. Lege eine Zeitleiste der fünf bis zehn wichtigsten Etappen in der Entwicklung zur EU an und erkläre sie in klar formulierten Sätzen.
2. Nimm selbst Stellung zu der folgenden These und sprich mit deinen Mitschülern darüber: „Für den Frieden in der EU braucht man nichts mehr zu tun, der ist absolut sicher.“

Station C:
Was ist der europäische Binnenmarkt?

Ein Binnenmarkt ist ein Gebiet ohne Grenzen für alles, was sich im wirtschaftlichen Geschehen von einem Ort zu einem anderen bewegen soll. Verkaufte Waren dürfen frei zirkulieren, Menschen dürfen im gesamten Binnenmarkt Arbeit suchen. Dienstleistungen können überall angeboten werden und Kapital kann frei fließen. Der europäische Binnenmarkt trat am 1. November 1993 in Kraft und ist seit der Erweiterung 2004 mit knapp 500 Millionen Verbrauchern der Markt mit der größten Wirtschaftsleistung auf der ganzen Welt. Zwischen den Mitgliedstaaten eines Binnenmarktes gibt es nur noch Innenhandel, keinen Außenhandel mehr. Verkaufte zum Beispiel eine deutsche Firma vor 1993 ein Produkt nach Frankreich, so war das Außenhandel. Jetzt ist es Innenhandel. Damit dies möglich wurde, mussten die großen Unterschiede von Land zu Land in der Besteuerung oder in den Anforderungen zum Schutz von Verbrauchern und Umwelt einander angeglichen werden. Insgesamt waren fast 300 unterschiedliche Rechtsvorschriften und Gesetze in Übereinstimmung zu bringen. Dieser Prozess ist noch nicht ganz abgeschlossen. Besonders in der Angleichung unterschiedlicher Steuersätze und in der gegenseitigen Anerkennung von Schul- und Berufsabschlüssen gibt es auch nach dem Jahr 2003 noch Probleme.

Für viele Unternehmen hat sich im europäischen Binnenmarkt die Konkurrenzsituation verschärft. Dies kann zur Folge haben, dass nicht wettbewerbsfähige Unternehmen auf der Strecke bleiben und dass es verstärkt zur Unternehmenskonzentration kommt. Auch wird es den Unternehmen leichter gemacht, Teile von Betrieben oder ganze Unternehmen ins Ausland zu verlagern. In den deutschen Gewerkschaften befürchtet man, dass der erhöhte Wettbewerbsdruck negative Auswirkungen auf die Höhe der Löhne und die Sozialleistungen haben kann. Andererseits sparen die Unternehmen in erheblichem Maße Kosten ein, weil die teuren Grenzformalitäten entfallen sind. Die europäische Zusammenarbeit wird gefördert und europäische Produkte können auf den Weltmärkten günstiger angeboten werden. Die Verbraucher können mit spürbaren Preissenkungen für europäische Waren und einem größeren Waren- und Dienstleistungsangebot rechnen. Junge Leute können viel leichter als früher ins europäische Ausland gehen um dort ganz oder zeitweise zu leben, zu lernen und zu arbeiten.

So kannst du deine Ergebnisse präsentieren:

1. Erkläre, was ein Binnenmarkt ist, und erläutere die vier Freiheiten mithilfe des Schaubildes.
2. Stelle die Risiken und die Chancen einander gegenüber.
3. Bietet der europäische Binnenmarkt mehr Chancen als Risiken? Nimm dazu Stellung und sprich mit den Mitschülern darüber.

Station D:
Wie funktioniert die Europäische Währungsunion?

Eine Währungsunion ist der freiwillige Zusammenschluss mehrerer Staaten mit dem Ziel, ihre unterschiedlichen Währungen abzuschaffen und einen gemeinsamen Währungsraum zu bilden. Zu einer Währungsunion gehört die Bereitschaft der Teilnehmerstaaten zum Verzicht auf ihre eigene, von den übrigen Staaten isolierte Währungspolitik. Sie übergeben dieses ehemals nationale Recht an die Gemeinschaft. In der EU begann die Währungsunion mit der Einführung des Euro (als Buchgeld am 1. Januar 1999 und als Bargeld seit dem 1. Januar 2001). Mittlerweile haben zwölf europäische Staaten den Euro als gemeinsame Währung eingeführt (Belgien, Dänemark, Deutschland, Finnland, Frankreich, Irland, Italien, Luxemburg, Niederlande, Österreich, Portugal, Spanien). Schweden, Dänemark, Großbritannien und die neuen Mitgliedstaaten nehmen noch nicht an der Währungsunion teil.

Disziplin und „blaue Briefe“

Eurostaaten müssen strikte Haushaltsdisziplin wahren. Die öffentliche Hand muss eine übermäßige Neuverschuldung vermeiden. Die Grenze liegt bei 3 % des Bruttoinlandproduktes. Das heißt, dass die jährliche Neuverschuldung zur Finanzierung des Staatshaushaltes nicht höher sein darf, als 3 Prozent des gesamten Wertes der im gleichen Jahr produzierten Güter und Dienstleistungen in diesem Land.
Diese Stabilitätspflicht hat dazu geführt, dass 2001 schon zehn EU-Staaten ihren Haushalt ganz ohne Neuverschuldung finanzierten. Deutschland und Frankreich überschritten im Jahr 2004 zum dritten Mal die dreiprozentige Verschuldungsgrenze und führten damit den Stabilitätspakt in seine erste Krise. Führt ein Staat seine Verschuldung nicht in angemessener Zeit wieder auf das erlaubte Maß zurück, droht ihm zunächst der gefürchtete „blaue Brief“ als Warnung der Europäischen Kommission. Danach muss er mit empfindlichen Geldstrafen rechnen.

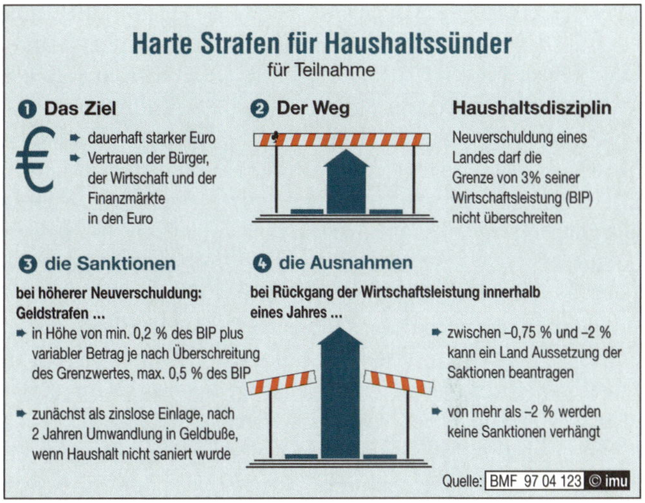

In ganz Euroland herrscht seit Jahren eine Preisstabilität, wie sie früher unvorstellbar war. Noch vor zehn Jahren galten in einigen Ländern zweistellige Inflationsraten als normal, heute liegt die durchschnittliche Teuerung in allen Euroländern knapp über zwei Prozent. Der Euro verbilligt auch bargeldloses Zahlen. Seit Mitte 2002 kostet Abheben am Geldautomat und Zahlen mit der Bankkarte in ganz Euroland nicht mehr als zu Hause.

Die Europäische Zentralbank – Hüterin des Euro

Die neu geschaffene Europäische Zentralbank mit Sitz in Frankfurt hat die Aufgabe, über die Stabilität des Euro zu wachen:
Euro können nur auf Weisung der Europäischen Zentralbank (EZB) gedruckt und in Umlauf gebracht werden. Sie ist allein für die Geldpolitik in allen Ländern der Währungsunion verantwortlich.
Die EZB
- hat die Aufgabe, Preisstabilität zu wahren; das hat Vorrang vor allen anderen Aufgaben.
- ist in jeder Hinsicht völlig unabhängig von Regierungen und Organen der EU; niemand darf ihr Weisungen erteilen.
- darf Regierungen keine Kredite zur Staatsfinanzierung geben.

So kannst du deine Ergebnisse präsentieren:

1. Erkläre, was man unter einer Währungsunion versteht und welche Aufgaben die Europäische Zentralbank hat.
2. Die Gründe für harte Strafen für Haushaltssünder sind nicht leicht zu erklären. Versuche es mithilfe des Schaubildes.
3. Wohin siehst du die Vorteile und die Nachteile des Euro?

4. Was geht uns Europa eigentlich an?

Europäischer Alltag

Unser europäischer Alltag beginnt morgens im Bad, denn wie sauber unser Leitungswasser sein muss, damit es als hygienisch einwandfrei gilt, ist durch europäisches Recht für alle Staaten der EU verbindlich festgelegt.
1980 beschloss die EU eine Trinkwasserverordnung, um dieses lebensnotwendige Gut besonders zu schützen. Die EU-Richtlinie legt die zulässigen Höchstgrenzen für den Pestizid- und Nitratgehalt im Trinkwasser fest. Die Bundesrepublik Deutschland wurde 1990 von der Brüsseler EU-Kommission vor dem Europäischen Ge-

richtshof in Luxemburg verklagt, weil bis dahin rund drei Millionen Bundesbürger ein Wasser trinken mussten, das der Qualität der EU-Vorschrift nicht entsprach. Steht an einem Fluss oder an einem See das Schild „Baden verboten“, so beruht auch das auf europäischem Recht. Die EU-Badegewässerverordnung legt fest, bei welcher Gewässergüte Schwimmen als unbedenklich gilt und bei welcher nicht mehr.
Öffnen wir morgens den Kühlschrank, begegnen wir Europa. Unser Kühlaggregat hat in Fragen der Sicherheit und des Umweltschutzes dem europäischen Standard zu entsprechen. Völlig europäisch wird es angesichts der Lebensmittel im Kühlschrank. Käse aus Frankreich, Tomaten aus Holland, Orangensaft aus Portugal, Fischkonserven aus Dänemark und seit 1995 auch Butter aus Österreich gehören für uns alle wie selbstverständlich zum täglichen Warenangebot. Da es im europäischen Binnenmarkt keine Handelshemmnisse und keine zeitlichen Verzögerungen an den Grenzen gibt, dauert es oft nur 24 Stunden, bis Waren aus allen Ländern der Union hier frisch angeboten werden können. Hat man Glück, kann man zum Beispiel frischen Spargel kaufen, den ein Bauer in Thessaloniki erst am Vortag geerntet hat. Der unkomplizierte Warenverkehr wirkt sich auf die Preise aus.

Musste zum Beispiel ein Kunde 1994 in einem Supermarkt in Köln, Leipzig oder Frankfurt 5,30 DM[1] für Obst und Gemüse bezahlen, so hätte er, nach Berechnungen der Europäischen Kommission, im Nicht-EU-Land Schweiz für die gleiche Menge wahrscheinlich stolze 10,80 DM zahlen müssen.
Wer Auto fährt, fährt europäisch. Seit 1988 verpflichtet europäisches Recht die Automobilproduzenten zum Katalysatoreinbau und aus den Zapfsäulen der EU muss seit 1989 bleifreies Benzin fließen.
Nach dem Jahr 2000 müssen die Automobilhersteller Altautos kostenfrei zurücknehmen und recyclen. So hat es die EU für alle Mitgliedstaaten beschlossen.

[1] 1 DM = 0,51 €

1. Wo überall greift Europa in unseren Alltag ein?
2. Vergleicht man die Äußerungen der Comicfigur mit den Aussagen im Text, so fällt auf …

9-mal Europa

Wir diskutieren Veränderungen in den Rechten der EU-Bürger
Mit dem Fortschreiten des europäischen Integrationsprozesses hat sich auch die Rechtsstellung der Bürgerinnen und Bürger verändert. Auf dieser Seite lernt ihr 9 konkrete Veränderungen kennen, deren Auswirkungen man unterschiedlich bewerten kann. 6 Punkte zu vergeben bedeutet, dass ihr dieses Recht für sehr gut haltet. 1 Punkt heißt, dass ihr es überhaupt nicht gut findet. Alle anderen Zahlen sind Zwischenwerte. Füllt den Fragebogen zuerst in Einzelarbeit aus und sprecht dann in Gruppen und in der Klasse über eure Bewertungen der Rechte für EU-Bürger.

1. Für den privaten Gebrauch können alle Verbrauchsgüter wie Lebensmittel, Tabakwaren, alkoholische Getränke, Parfüm, Benzin ungehindert über die Grenzen innerhalb der EU transportiert werden. Allerdings gibt es weiterhin gewisse Höchstgrenzen.	6	5	4	3	2	1
2. Ob ein Kühlschrank in Paris, London, Kopenhagen oder Köln gekauft wird, macht keinen Unterschied. Man kauft das Gerät und stellt es zu Hause auf. Es gibt keine Einfuhrsteuern und keine Anmeldepflicht an den Grenzen.	6	5	4	3	2	1
3. Italien muss die Einfuhr deutscher Spagetti erlauben. Das hat der europäische Gerichtshof in seinem „Spagetti-Urteil" entschieden. Deutsche Hersteller hatten geklagt, weil Italien die Einfuhr deutscher Nudeln mit Hinweis auf das italienische Reinheitsgebot nicht zulassen wollte.	6	5	4	3	2	1
4. Für Fußballprofis, die einen Vereinswechsel von einem Land der EU in ein anderes vornehmen wollen, dürfen die abgebenden Vereine keine Ablösesummen mehr verlangen. Nach einem Urteil des Europäischen Gerichtshofes ist eine Ablösesumme eine Benachteiligung für die betroffenen Profis und mit der Freiheit der Berufsausübung in allen Staaten der EU nicht zu vereinbaren.	6	5	4	3	2	1
5. Seit 1993 gibt es die Unionsbürgerschaft für alle EU-Bürger. Sie ersetzt nicht die nationale Staatsangehörigkeit, erweitert aber die Rechte für jeden Bürger in einem anderen Staat der EU.	6	5	4	3	2	1
6. Jeder Bürger aus der EU hat das Recht an den Kommunalwahlen des EU-Landes teilzunehmen, in dem er wohnt.	6	5	4	3	2	1
7. Deutschland muss die Einfuhr von Wurst aus allen EU-Staaten zulassen, auch wenn sie nicht nach den Vorschriften der deutschen Fleischverordnung hergestellt ist. Nach einem Urteil des Europäischen Gerichtshofes muss die Freiheit des Warenverkehrs und das Zulassen ausländischer Konkurrenz Vorrang haben.	6	5	4	3	2	1
8. Beim Kauf einer Flasche Bier können sich die deutschen Biertrinker nicht länger auf das Reinheitsgebot verlassen. Ausländische Biere, die nicht nach dem deutschen Reinheitsgebot für Bier gebraut sind, können im Binnenmarkt ungehindert angeboten werden.	6	5	4	3	2	1
9. An den Grenzen zwischen den Mitgliedstaaten der EU gibt es so gut wie keine Kontrollen mehr. Reisende können sie ungehindert passieren.	6	5	4	3	2	1

Seit der Einführung des europäischen Binnenmarktes haben die Freiheiten zugenommen. Könnt ihr ein Beispiel aus der Liste auswählen und daran aufzeigen, wem diese Freiheit Vorteile bringt.

5. Warum Europa?

Europa im dritten Jahrtausend

Heute gehen rund 75 Millionen junge Menschen in den 25 Staaten der Europäischen Union (EU) zur Schule. Werden Binnenmarkt und Währungsunion ihnen bessere Aussichten für Ausbildung, Beruf und Freizeit bieten, als ihre Großeltern sich je erträumen konnten? Oder werden Krisen, Arbeitslosigkeit und Rückfall in Kleinstaaterei die Zukunft verdüstern?

Integration schafft Frieden

Wie sehr die Europäische Union auch vor Problemen stehen mag, wie berechtigt man ihr Mängel und Schwerfälligkeit vorwerfen kann – nie darf darüber vergessen werden, dass die europäische Einigung manches erreicht hat, das über allem steht und von Dauer ist:

- Sie hat aus 25 Staaten einen Binnenmarkt gemacht mit den „vier Freiheiten“: freier Handel, Freizügigkeit für alle EU-Bürger, Dienstleistungs- und Kapitalverkehrsfreiheit.
- Sie hat wirtschaftliche Entwicklung in Gebiete gebracht, die zu den ärmsten Europas gehört hatten.
- Und vor allem: Sie hat Frieden geschaffen und Frieden bewahrt in einer Region Europas, die sich zwei Jahrtausende lang in Hunderten von Kriegen zerstört, neu geordnet und wieder zerstört hat.

Europa in der Zukunft: Einig oder uneins?

Europa kann im nächsten Jahrhundert ein Kontinent des Friedens und des Wohlstands sein. Es kann das Modell sein für gedeihliches Miteinander der Regionen und Staaten, der Völker und Sprachen, der Kulturen und Religionen – ein Miteinander, das eine Voraussetzung hat: Demokratie. Mit ihr sind untrennbar verbunden Rechts- und Sozialstaatlichkeit und Freiheit.
Es könnte aber auch anders aussehen: Wieder zerstritten und zersplittert, uneins im Wollen und Handeln, unfähig zur Bewältigung seiner Probleme und erst recht zur Hilfe bei Problemen anderswo in der Welt, ein Herd dauernder Unruhe, ein Kontinent ohne Zukunft.

(Nach: Europa 2000: Die europäische Union der 15, Omnia Verlag, Ausgabe 1998, verf. von Claus D. Grupp)

Ergebnis europäischer Politik vor 1945 …

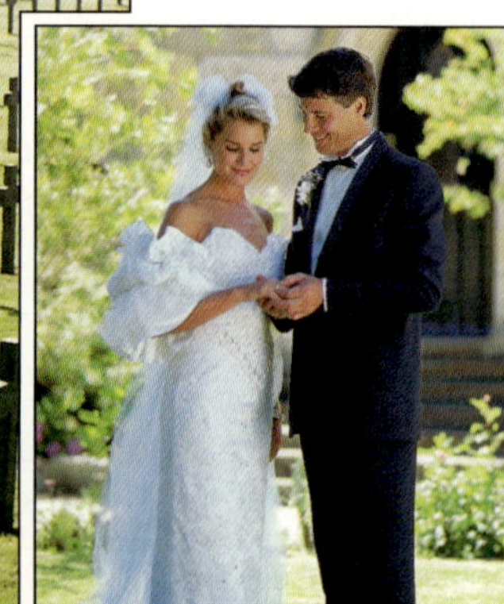

… und danach
Eine deutsch-italienische Hochzeit

Gründe für die Zusammenarbeit in Europa

Das Zitat auf diesem Plakat stammt aus einer Rundfunkrede Konrad Adenauers vom 6.3.1946. Ist das, was damals eine Zukunftsvision war, heute selbstverständliche Wirklichkeit?

Bis heute sind viele Gespräche über den europäischen Einigungsprozess nicht selten von der Frage mitgeprägt: Wozu soll der ganze Prozess eigentlich dienen? In dem Text auf dieser Seite wird versucht auf diese Frage Antworten zu finden.
Er unterscheidet verschiedene Gründe aus verschiedenen Bereichen der Politik:

(a) Friedens- und Sicherheitspolitik
(b) Außenpolitik
(c) Innenpolitik
(d) Sozialpolitik
(e) Umweltpolitik
(f) Wirtschaftspolitik

↗ Friedenssicherung: Die Staaten der heutigen EU haben in vergangenen Jahrhunderten und bis 1945 viele Kriege gegeneinander geführt, nahezu jeder gegen jeden. Ein Krieg Preußens gegen Bayern ist seit Gründung des Deutschen Reichs, ein Krieg Deutschlands gegen Frankreich oder England seit Gründung der EWG undenkbar geworden. Einigung schafft Frieden.
Die EU wird in Zukunft mehr als bisher Verantwortung übernehmen für ihre eigene Sicherheit und für die Sicherheit in Europa, in der Welt – in enger Partnerschaft mit den USA. Aber nur bei wachsender Gemeinsamkeit können die EU-Staaten mehr als heute zur Lösung von Konflikten und Kriegen anderswo in Europa oder in der Welt beitragen.

↗ Zollschranken störten nicht in einer Zeit, als Marktgebiete mit wenigen Hunderttausenden von Menschen ausreichend groß waren für alle erdenklichen Unternehmungen. Heute sind Märkte mit Hunderten von Millionen Menschen nötig, damit Entwicklungskosten neuer Produkte sich lohnen. Kein Staat Europas ist einzeln wettbewerbsfähig gegen die USA oder Japan.

↗ In Europa gibt es arme Regionen neben reichen. Den armen Regionen muss geholfen werden, aus Gründen der Solidarität, aber auch, weil ein zu starkes Wohlstandsgefälle letztlich für ganz Europa Gefahren in sich birgt.

↗ Gemeinsam können die EU-Staaten den neuen marktwirtschaftlichen Demokratien in Europa (früheren Ostblockstaaten) besser helfen beim Aufbau der Wirtschaft, bei der Festigung der Demokratie. Gemeinsam können sie den Entwicklungsländern wirksamer helfen, wirtschaftliche, soziale und politische Probleme zu lösen.

↗ Schadstoffe in Luft und Wasser machen an Grenzen nicht halt. Unsere Zukunft hängt aber davon ab, ob die Umweltschäden zunehmen der allmählich abgebaut werden. Wirksame Umweltpolitik ist weltweit auf nationaler Basis nicht mehr möglich.

↗ Das Asyl- und Einwanderungsrecht kann nur gemeinsam zufriedenstellend geregelt werden; Drogenhandel und andere internationale Kriminalität können nur gemeinsam wirksam bekämpft werden.

(Aus: Europa 2000: Die europäische Union der 15, Omnia Verlag, Ausgabe 1998, S. 10f., verf. von Claus D. Grupp)

1. Ordnet zunächst die verschiedenen Textabschnitte den genannten Politikbereichen zu.
2. Haltet die genannten Leistungen der Europäischen Union, die Sorgen und die Gründe für die europäische Einigung fest.
3. Setzt euch mit den Begründungen für Europa auseinander: Wie überzeugend wirken sie auf euch?
4. Ihr könnt dann ein Plakat zum Thema „Warum Europa?" entwerfen, in dem ihr euren wichtigsten Grund für die europäische Einigung in Form eines Bildes und einer wirkungsvollen Textzeile ausdrückt.

6. Wie wird in Europa für Europa Politik gemacht?

Vorsicht!
Die Fotos auf dieser Seite zeigen die wichtigsten Einrichtungen der Europäischen Union. Doch es hat sich ein Foto eingeschlichen, das keine europäische Institution darstellt. Dafür fehlt hier eine ganz wichtige europäische Einrichtung. Wer kann den „Fehler“ klarstellen?

Der **Europäische Rat der Staats- und Regierungschefs** trifft sich zu Gipfeltreffen in dem Land der EU, das die Präsidentschaft übernommen hat. Hier wird auf höchster Ebene über die Richtung des Einigungsprozesses verhandelt.
Dieses „Familienfoto“ entstand 2002.

Hier tagt der **Rat der Europäischen Union** in Berlin, der in den Nachrichten oft als „Ministerrat“ bezeichnet wird. Er besteht mal aus den Außenministern, mal aus den Landwirtschafts-, Umwelt- oder sonstigen Ministern, je nachdem, worüber entschieden werden soll.

In Brüssel arbeitet regelmäßig die **Europäische Kommission** mit ihren 20 Kommissaren und 15500 Bediensteten.

Im **Europäischen Gerichtshof** entscheiden 15 Richterinnen und Richter, die in den Mitgliedstaaten für sechs Jahre ernannt werden, bei europäischen Rechtsstreitigkeiten.

Was tun eigentlich die Abgeordneten im Europäischen Parlament?

Alle fünf Jahre wählen die Bürger Europas die Abgeordneten des Europäischen Parlaments. Dabei stehen dem bevölkerungsreichsten Land Deutschland zur Zeit 99 der 626 Parlamentssitze zu und dem kleinsten Land Luxemburg sechs Sitze. Die beiden Beispiele geben euch einen Einblick in die Arbeit der Parlamentarier.

Blick auf das im Jahr 2000 neu eröffnete Parlamentsgebäude, die Büros der Abgeordneten und den Plenarsaal des Europäischen Parlaments in Straßburg. Mit den Neubauten will sich die EU auf weitere Mitgliedstaaten einstellen.

Beispiel A:
Entwicklungspolitik

Die Länder der Dritten Welt sollen besser vor den Auswirkungen der Globalisierung geschützt werden. Zum Abschluss einer entwicklungspolitischen Debatte forderte das Europäische Parlament in Straßburg am 16. Februar die Europäische Union dazu auf, der Armutsbekämpfung Vorrang vor der Liberalisierung des Welthandels einzuräumen.
Als amtierender Ratspräsident bekannte sich der portugiesische Staatssekretär Luis Amado zur Eröffnung der Debatte zu der Notwendigkeit, von europäischer Seite dazu beizutragen, die Lebensqualität aller Menschen auf der Welt zu verbessern.
Die Schuldensituation in den Entwicklungsländern müsse ebenso verbessert werden, wie der Kampf gegen Korruption und die Unterstützung demokratischer Entwicklungen.
Die Rolle der EU in der Entwicklungspolitik müsse aktiver werden.
(Nach: Das Parlament Nr. 9 vom 25. April 2000, S. 11, verf. von Hartmut Hausmann)

Beispiel B:
Bessere Drogenbekämpfung

Zur Bekämpfung des Drogenmissbrauchs will die Europäische Union die Zusammenarbeit auf internationaler Ebene verstärken. [...] Der Verordnungsvorschlag sieht vor, dass die Überwachung des Handels mit den Drogen-Verkaufssubstanzen Kokain und Mohn verstärkt werden. Weitere Ansatzpunkte liegen in der Verringerung der Nachfrage sowie bei der Behandlung von Drogenabhängigen. Maßnahmen zur Bekämpfung der Armut im Süden sollen den Menschen eine legale Alternative zum Anbau illegaler Erzeugnisse bieten.
(Nach: Das Parlament, Nr. 15–16 vom 4./11. April 1997, S. 13, verf. von Hartmut Hausmann)

1. Notiert für die beiden Beispiele:
   - Was will das Europäische Parlament erreichen?
   - Für wie wichtig hältst du das angesprochene Problem?
   - Ist es gut, dass diese Probleme auf europäischer Ebene behandelt werden oder sollten das die einzelnen Mitgliedstaaten besser nur für sich tun?
   - Tauscht eure Bewertungen aus.

Welche Aufgaben haben die europäischen Institutionen? Wir vergleichen die EU mit einem Bus

Der Vergleich der europäischen Institutionen mit einem Bus soll dazu führen, dass ihr euch die fünf wichtigsten Einrichtungen und ihre Aufgaben langfristig einprägen könnt. Wenn ihr den Text aufmerksam durchgelesen habt, könnt ihr die Zusammenarbeit der europäischen Institutionen mithilfe dieses Bildes erklären. Die Darstellung entspricht dem Stand nach der Erweiterung 2004.

Um politische Entscheidungen treffen zu können und um eine beständige Ordnung zu schaffen, braucht die EU staatliche Einrichtungen, so genannte „Institutionen“, die mit Rechten und Pflichten ausgestattet sind. Ohne solche Institutionen wäre ein Bündnis wie die EU nicht funktionsfähig. Die wichtigsten Einrichtungen der EU sind:

- **die Europäische Kommission in Brüssel**
- **der Rat der Minister in Brüssel**
- **das Europäische Parlament in Straßburg**
- **der Europäische Gerichtshof in Luxemburg**
- **der Rat der Regierungschefs.**

Um die Aufgaben und die Zusammenarbeit dieser Institutionen besser zu verstehen, können wir uns die Europäische Union als einen Bus vorstellen, der besetzt mit Menschen aus allen Ländern der EU in Richtung Europäische Einheit fährt. Im Bild des Busses prägen wir uns die folgenden Teile ein und ordnen sie den dazu passenden europäischen Einrichtungen zu.

Motor **Polizei**

Fahrgäste

Wegweiser **Busfahrer**

In jedem Bus muss es einen Motor geben. Er hat die Aufgabe, das Fahrzeug anzutreiben und zu beschleunigen.

1 Merke: Der Motor der EU ist die Europäische Kommission.

Sie hat ihren Sitz in Brüssel und wird als die Regierung der EU bezeichnet. Nur die Kommission darf Vorschläge für europäische Gesetze vorlegen, weil ihre Mitglieder unabhängig von den einzelnen Länderinteressen handeln können. Wer das *Initiativrecht für Gesetze* hat, ist der Motor. Der Motor des Busses nach Europa ist sozusagen ein Gemeinschaftserzeugnis aus allen Mitgliedstaaten.
Mit der Erweiterung der EU wird sich

die Zusammensetzung der Kommission ändern. Zukünftig wird jedes Land einen Kommissar entsenden. Ab 2009 sollen es nur noch 13 sein und zusätzlich alle Außenminister. Das bedeutet, dass mehrere Länder zeitweise keinen Kommissar stellen werden. Den Vorsitz führt der vom Parlament gewählte Kommissionspräsident. Die Kommission entscheidet nicht, aber sie treibt den Bus wie ein Motor voran.

In jedem Fahrzeug trifft der Fahrer die wichtigsten Entscheidungen.

❷ Merke: Der Fahrer des Busses ist der Ministerrat der EU.

Im Ministerrat werden alle Entscheidungen getroffen, die für die Mitgliedstaaten den Charakter von Gesetzen haben.
Der Ministerrat besteht aus je einem Minister aus den Mitgliedsländern. Je nach anstehender Entscheidung sind es mal die Landwirtschaftsminister, dann wieder die Umwelt- oder Finanzminister. Die zukünftige Verfassung der EU sieht folgendes Verfahren vor: Bei den Entscheidungen verfügt jedes Mitgliedsland über eine gewisse Anzahl von Stimmen. Diese Zahl schwankt zwischen 29 (z.B. Deutschland) und 3 (Malta) und hängt von der Einwohnerzahl des Landes ab. Insgesamt werden die 25 Mitgliedstaaten über 321 Stimmen verfügen, wobei eine qualifizierte Mehrheit dann zustande kommt, wenn ein Gesetz mindestens 232 Stimmen erhält. Zusätzlich soll das Prinzip der doppelten Mehrheit gelten. Das bedeutet: Erstens benötigen die meisten Gesetze im Ministerrat mindestens 232 der vorhandenen 321 Stimmen. Zweitens müssen die Länder, die für ein neues Gesetz gestimmt haben, mindestens 60 Prozent der Bevölkerung der EU repräsentieren.
Wer hat welchen Anteil an den Entscheidungen im Ministerrat? Über diese Frage gerieten die Europäer Ende 2003 in Streit und fanden keine Einigung. Daher konnte die Verfassung, die 2004 in Kraft treten sollte, noch nicht verabschiedet werden. Man kann auch daran sehen, wie wichtig der Fahrer im EU-Bus ist. Nach der neuen Verfassung soll der Ministerrat das Recht der Gesetzgebung mit dem Europäischen Parlament teilen.

Vierteljährlich treffen sich in Zukunft die Staats- und Regierungschefs der einzelnen Länder mit ihren Außenministern und dem Präsidenten der Europäischen Kommission. Sie bilden den Europäischen Rat. Der Europäische Rat legt die grundlegende Richtung für das weitere Zusammenwachsen in Europa fest.

❸ Merke: Der Wegweiser nach Europa ist der Europäische Rat der Staats- und Regierungschefs.

Zukünftig soll der Europäische Rat aus seiner Mitte einen Präsidenten für die Dauer von zweieinhalb Jahren wählen. Er oder sie kann einmal wiedergewählt werden.

Das Europäische Parlament ist die demokratische Bürgervertretung der zukünftig 450 Millionen Menschen in den Staaten der EU und besitzt die Rolle der Fahrgäste, um die es eigentlich bei dem ganzen Unternehmen geht.

❹ Merke: Die Fahrgäste im Bus sind die gewählten Mitglieder des Europäischen Parlaments.

Das Europäische Parlament wird seit 1979 in allgemeinen Wahlen alle fünf Jahre direkt gewählt. Im Lauf der Jahre hat es seine Rechte nach und nach erweitern können. Mit der neuen Verfassung sollen seine Befugnisse weiterhin verstärkt werden. Es wählt zukünftig den Präsidenten der Europäischen Kommission und entscheidet gleichberechtigt mit dem Ministerrat über die Gesetzgebung der EU. Man kann sagen, dass der Fahrer des Busses nicht mehr länger alleine entscheiden kann, wohin die Reise geht. Die Volksvertreter bestimmen mit. Darin kann man einen wesentlichen Fortschritt der EU auf dem Weg zu mehr Bürgernähe sehen.
Weiterhin kontrolliert das Parlament die Europäische Kommission. Es kann sie mit einer Zweidrittelmehrheit zum Rücktritt zwingen und hat von diesem Recht auch bereits Gebrauch gemacht. Es besitzt das Haushaltsrecht, das bedeutet, es hat „das letzte Wort" in der Frage, wofür das zur Verfügung stehende Geld der EU ausgegeben wird. Es entscheidet mit über die Aufnahme neuer Mitglieder. Es bestimmt also, wer noch im Bus nach Europa Platz nehmen darf.

Fehlt noch eine Polizei, die aufpasst, dass auf dem Weg in das vereinte Europa die vereinbarten Regeln nicht verletzt werden. Diese Rolle übernimmt der Europäische Gerichtshof in Luxemburg. Seit dem Beitritt der zehn neuen Mitgliedstaaten gibt es darin einen Richter pro Mitgliedsland, also insgesamt 25. Sie werden von den Mitgliedsregierungen ernannt. Mit ihren Entscheidungen können sie die Mitgliedsländer zur Einhaltung der europäischen Gesetze zwingen.

❺ Merke: Die Rolle der Polizei übernimmt der Europäische Gerichtshof in Luxemburg.

Wir ordnen zu 1 + 1 + 1

In dieser Übung musst du die einzelnen Satzteile so zusammenfügen, dass fünf Merksätze über die europäischen Institutionen entstehen. Nach dem Lesen des Textes auf der vorangegangenen Doppelseite wird dir das nicht schwer fallen.

Je eine Institution

- **Das Europäische Parlament**
- **Die Europäische Kommission**
- **Der Ministerrat**
- **Der Rat der Staats- und Regierungschefs**
- **Der Europäische Gerichtshof**

plus eine Aufgabe …

- entscheidet gemeinsam mit dem Ministerrat über die europäischen Gesetze, wählt den Präsidenten der Kommission und
- wacht über die Durchsetzung und Einhaltung des europäischen Rechts und
- legt in seinen Gipfeltreffen die grundlegende Richtung für die Weiterentwicklung der EU fest und
- trifft die wichtigsten Entscheidungen, beschließt die Gesetze für die Europäische Union und
- regiert die EU, erarbeitet Vorschläge für neue europäische Gesetze und

plus eine Zusammensetzung …

- besteht aus Kommissaren, die von den Regierungen der Mitgliedsländer ernannt werden, dem Kommissionspräsidenten sowie zukünftig auch den Außenministern.
- besteht aus gewählten Abgeordneten, die alle fünf Jahre von den Bürgerinnen und Bürgern der EU gewählt werden.
- besteht aus Richtern, die von den Mitgliedsländern ernannt werden.
- besteht aus den Staats- und Regierungschefs der Mitgliedsländer, den Außenministern, dem Präsidenten der Europäischen Kommission und (zukünftig geplant) dem für zweieinhalb Jahre gewählten Ratspräsidenten.
- setzt sich aus den jeweiligen Fachministern der Regierungen aus allen Mitgliedstaaten zusammen.

passen zusammen.

Von wegen einheitliches Europa … Luxemburger Meistertitel wird in Deutschland nicht anerkannt

Das folgende Beispiel zeigt, dass es noch eine Menge zu tun gibt, bis die Europäische Union wirklich so funktioniert, wie die Menschen es sich wünschen.

Sven Wanscheid (Name wurde wegen des Personenschutzes geändert, Anm. des Herausgebers) ist sauer. 1998 bestand er in Luxemburg die Prüfung zum Tischlermeister. Doch nun wird ihm bei seinem Arbeitgeber in Deutschland die Beförderung verweigert, weil die Handwerkskammer Trier sich gegen die Anerkennung seines Meistertitels ausgesprochen hat. „Ich verstehe das nicht. Alle sprechen von Europa, aber meine luxemburgische Meisterprüfung wird wenige Kilometer weiter in Trier nicht anerkannt", klagt Wanscheid. Er fühlt sich ungerecht behandelt, denn laut EU-Recht müssen gleichwertige Prüfungen, die in einem anderen Land der Europäischen Union abgelegt wurden, in Deutschland anerkannt werden. Die Handwerkskammer Trier bezweifelt jedoch, dass die luxemburgische Meisterprüfung ein „Nachweis meisterlicher Kenntnisse" auf deutschem Niveau ist. […] Die Handwerkskammer Koblenz vertritt eine völlig andere Position. Einer ihrer Sprecher sagte, das Urteil stelle die Welt auf den Kopf. EU-Bürger, die in ihren Heimatland den Meistertitel erworben haben und sich in Deutschland niederlassen wollen, müssen laut EU-Recht in die Handwerksrolle eingetragen werden, wenn sie eine dem großen Befähigungsnachweis entsprechende Qualifikation nachweisen können. […] Christa Maß, Europa-Abgeordnete der Christdemokraten, ist entsetzt angesichts des Europaverständnisses der Trierer Handwerkskammer. Deren Verhalten sei nicht im Sinne eines offenen Europa.
Die Europa-Abgeordnete fordert von der Bundesregierung eine zügige Umsetzung der „europäischen Richtlinie zur Anerkennung von Ausbildungsnachweisen" von 1999. Die europäische Richtlinie schreibt vor, dass „bei grundlegenden Unterschieden" zwischen den Anforderungen an eine Ausbildung etwa in Deutschland und dem Land, in dem der Niederlassungswillige ausgebildet wurde, diesem die Möglichkeit zu einem „Anpassungslehrgang" oder zu einer „Eignungsprüfung" gegeben werden muss. Mit solch einer Bedingung für die Eintragung in die Handwerksrolle könnte wohl auch Wanscheid leben.
Bei seiner Meisterfeier in Luxemburg vor zwei Jahren hatte der luxemburgische Ministerpräsident die Ansprache gehalten. Jetzt sitzt Sven Wanscheid vor seinem Meisterstück in seinem Wohnzimmer, einer kunstvollen Standuhr, und darf sich trotzdem nicht Tischlermeister in Deutschland nennen. Er versteht die Welt nicht mehr…

(Nach: Trierischer Volksfreund vom 29. Mai 2000, S. 1 und 3, verf. von Claudia Specht)

Über die Anerkennung von Meisterbriefen in der EU herrscht trotz Binnenmarkt Unklarheit.

Stichwort „Europäische Richtlinie":
Gesetze heißen in der Sprache der EU „Richtlinien" oder „Verordnungen". Verabschiedet die EU eine Richtlinie, so ist diese für Bürger und Behörden erst dann rechtskräftig, wenn sie von den nationalen Parlamenten in ein Gesetz umgewandelt wurde. Dies hatte das deutsche Parlament mit der „Richtlinie über die Anerkennung von Ausbildungsnachweisen" bis zum Jahr 2001 noch nicht getan. Verabschiedet die EU hingegen eine Verordnung, so muss diese in allen Mitgliedstaaten mit dem Tag des Inkrafttretens angewendet werden.

1. Hat Sven Wanscheid Recht, wenn er die Welt nicht mehr versteht, oder hat die Handwerkskammer Trier Recht?
2. Was muss deiner Meinung nach in Europa politisch noch geschehen, damit solche Konfliktfälle nicht mehr vorkommen können. Diskutiert miteinander.

7. Die Zukunft der EU: Soll sie immer mehr Mitgliedstaaten aufnehmen?

Europa 2004:

2004 ist die Mitgliederzahl der EU von ursprünglich 6 auf 25 Staaten angewachsen. Bulgarien und Rumänien sollen in Kürze folgen. Auch die Türkei möchte lieber heute als morgen Mitglied der EU sein. Vor diesem Hintergrund kreist die Diskussion um die Zukunft der Europäischen Union ganz wesentlich um zwei Fragen:

- Soll die EU immer mehr Mitglieder aufnehmen, auch wenn es immer schwieriger wird, die Gemeinschaft zu organisieren und Entscheidungen zu treffen?
- Welche Vor- und Nachteile bringt die Erweiterung der EU für die Menschen und die Staaten in Europa?

Welche Länder dürfen in die EU?

Der Vertrag über die Europäische Union sieht vor, dass jeder europäische Staat, dessen Regierungssystem auf demokratischen Grundsätzen beruht, die Mitgliedschaft in der Union beantragen kann. Jeder Staat, der beitreten will, muss im Inneren die Gewähr für eine demokratische und rechtsstaatliche Ordnung bieten, die Wahrung der Menschenrechte sowie den Schutz von Minderheiten verwirklicht haben. Ferner fordert die Beitrittsreife eine funktionsfähige Marktwirtschaft sowie die Fähigkeit, dem Wettbewerbsdruck und den Marktkräften innerhalb der Union standzuhalten. Die Mitgliedschaft setzt weiterhin voraus, dass jeder Kandidat die Verpflichtungen übernehmen kann, die ihm aus dem Beitritt erwachsen (volle Übernahme des geltenden Gemeinschaftsrechts, der politischen Regeln und Beschlüsse sowie des Haushaltsrechts der EU). Und schließlich muss er sich auch die Ziele der politischen Union sowie der Wirtschafts- und Währungsunion zu eigen machen. Seit dem stürmischen Wandel in Europa steht die EU im Spannungsfeld zwischen Vertiefung, d.h. der Verdichtung der europäischen Integration und der Erweiterung der bisherigen Gemeinschaft. Würden alle derzeit existierenden europäischen Staaten der EU beitreten, so hätte das ein Anwachsen auf über 35 Mitglieder mit zusammen rund 550 Millionen Bürgern zur Folge. Es liegt auf der Hand, dass sowohl die politische Handlungsfähigkeit und ihre institutionelle Struktur damit überfordert wäre. [...]

(Aus: Barbara Lippert: Umbruch in Mittel- und Osteuropa – Was tut die EU?, in: Von der EG zur EU. Hrsg. von der Bundeszentrale für politische Bildung, Bonn 1996, S. 203)

Warum nimmt die EU weitere Mitglieder auf?

Mit der Erweiterung nach Osten bereitet sich die EU auf ihre zukünftige Rolle in der Welt des 21. Jahrhunderts vor. Erst wenn Europa zusammengewachsen ist, kann es seine Interessen in der Welt der Globalisierung angemessen vertreten. Erst das vereinte Europa wird auch seine internationalen wirtschaftlichen und politischen Aufgaben wahrnehmen können und nicht länger vor allem mit sich und den Narben seiner Vergangenheit beschäftigt sein. [...] Die Europäische Union wird zum größten Binnenmarkt der Welt. Diese neuen Absatzmärkte und die wachsende Konkurrenz kommen uns allen zugute. Wo das Warenangebot steigt, werden auch die Preise eher fallen. Zugleich wachsen die Chancen europäischer Unternehmen – und gerade auch deutscher Betriebe. Denn unsere Wirtschaft ist auf den Export angewiesen. Das hohe Ausbildungsniveau der Menschen in den Beitrittsländern der Europäischen Union wird der technologischen Entwicklung in Europa Aufschwung verleihen gegenüber den Konkurrenten in den USA und in Ostasien. [...] Die Frage möglicher Arbeitsplatzverluste aufgrund der Erweiterung muss [...] differenziert betrachtet werden. Berechnungen [...] kommen zu dem Ergebnis, dass bisher vor allem der Maschinenbau und die Gummi- und Kunststoffindustrie in der EU Arbeitsplatzgewinne durch die intensivierten Verbindungen mit den EU-Kandidatenländern gemacht haben. Beschäftigungsverluste erlitten hingegen die Bekleidungsindustrie, das Holzgewerbe und die Metall verarbeitende Industrie.

(Aus: Die Europäische Union – Fragen zur Erweiterung, hrsg. vom Auswärtigen Amt, Berlin, April 2003, S. 6f., 32; verfasst von Ludger Kühnhardt)

1. Erstellt eine Liste, die die Aufnahmekriterien für die EU enthält.
2. Diskutiert dann über die Meinungen der beiden Jugendlichen auf dieser Seite.

Wie sehen Karikaturisten die Zukunft Europas?

Sind die Europäer zu zerstritten?

Diskussion über die Richtung, in die Europa sich bewegen soll.

Wie viele Mitgliedstaaten sollen in das europäische Haus einziehen?

„Lehrstunde an der Westgrenze“

Sollen sich die Europäer gegenüber der übrigen Welt abschotten?

Ist die Europäische Union für die Bürger zu kompliziert?

2. Wähle dir eine der Karikaturen aus und erkläre an ihrem Beispiel, auf welches Zukunftsproblem der Karikaturist damit aufmerksam machen möchte.

Übrigens: In vielen Karikaturen über Europa spielt der Stier eine Rolle. Erinnerst du dich, wo dieses Zeichen herstammt? Wenn nicht, schlage auf Seite 276 zurück.

Diskussion und Entscheidung in der Klasse: Soll die Türkei in die EU aufgenommen werden?

Exemplarisch für die Aufnahme neuer Staaten in die EU wird hier die Situation der Türkei dargestellt. Die Aufnahme des Landes gilt aus der Sicht der türkischen Regierung im Jahr 2000 als „der größte außenpolitische Wunsch der Türkei", aus der Sicht der EU-Mitgliedstaaten gilt sie als umstritten. Ihr sollt eine Entscheidung treffen. Dabei muss es nicht nur um die Frage gehen, ob das Land prinzipiell aufgenommen werden soll oder nicht, sondern auch, unter welchen Bedingungen und zu welchem Zeitpunkt. Sollte es türkische Schülerinnen und Schüler in der Klasse geben oder andere Nationalitäten, die noch nicht Mitglied der EU sind, können diese in besonderer Weise die Rolle der Befürworter einer Neuaufnahme in die EU übernehmen. Stellt zunächst mithilfe des Materials Antworten auf die folgenden Fragen zusammen:

1. Warum möchte die Türkei Mitglied der EU werden?
2. Was spricht eher für die Aufnahme, was zurzeit eher dagegen?
3. Wie sieht eure Klassenentscheidung aus?

- Ich bin für die möglichst schnelle Aufnahme der Türkei in die EU.
- Ich bin für die Aufnahme der Türkei zu einem späteren Zeitpunkt.
- Ich bin gegen die Aufnahme der Türkei in die EU.

Die Türkei hat den Fuß in Europa

1997 Absage: Bereits 1963 hatte die Türkei den ersten Antrag auf Beitritt in die EU gestellt. Noch 1997 erteilte der damalige EU-Kommissionspräsident Jaques Santer dem Aufnahmeantrag der Türkei in einer Rede vor dem Europaparlament eine klare Absage. Er warf der Türkei vor, demokratische Prinzipien nur unzureichend verwirklicht zu haben. Der Türkei solle jedoch eine verstärkte Vorbereitung auf einen langfristig möglichen EU-Beitritt angeboten werden. Zunächst müsse die Türkei eindeutige Fortschritte im Bereich der Menschenrechte, der demokratischen Reformen, der Behandlung der türkischen Minderheit und bei der Lösung der Besetzung Nordzyperns vorweisen.

1999 Zusage: Helsinki, 10. Dezember 1999: Die Staats- und Regierungschefs der EU haben die Türkei offiziell in den Kandidatenkreis für die Erweiterung der Union aufgenommen. Im Gegenzug wurden beim EU-Gipfel in Helsinki der griechischen Regierung erhebliche Zugeständnisse wegen eines Beitritts Zyperns gemacht. Demnach ist eine politische Lösung des Konflikts zwischen Griechen und Türken auf der Insel nicht mehr länger Voraussetzung für den Beitritt Zyperns zur EU. Seit dem Einmarsch türkischer Truppen im Jahre 1974 ist die Insel geteilt. Athen hatte bis zum Schluss Bedenken gegen den Kandidatenstatus für die Türkei geäußert. […]

(Aus: Die Welt vom 11. Dezember 1999, S. 1)

Istanbul: größte Stadt der Türkei als Brücke zwischen Europa und Asien

Geradezu euphorisch begrüßten weite Teile der türkischen Öffentlichkeit allen voran die türkische Presse und die türkische Wirtschaft den Beschluss des Europäischen Gipfels in Helsinki vom 10. Dezember 1999, der Türkei den Beitrittsstatus zu verleihen. […] Ob nach dieser Anerkennung des „Beitrittsstatus" nun bereits von einer neuen Dynamik in der Beziehung zwischen der EU und der Türkei auszugehen ist ist mehr als fraglich.

(Aus: Werner Langen: Ist der Beitritt eine realistische Perspektive oder politisches Wunschdenken?, in: Das Parlament, Nr. 12/17. März 2000, S. 7)

Die Aufnahme der Türkei als Beitrittskandidat für die Europäische Union löste in der Öffentlichkeit eine heftige Debatte über das Pro und Contra einer Mitgliedschaft des Landes in der EU aus. Hier werden die wichtigsten Argumente der Gegner und Befürworter zusammengefasst:

Darum soll die Türkei nicht Mitglied der EU werden.

Zum jetzigen Zeitpunkt wäre die Aufnahme der Türkei in die EU ein schwerer Fehler. Noch ist dieses Land viel zu sehr von der westlichen Wertegemeinschaft entfernt, als dass eine Mitgliedschaft ohne Zerreißprobe für die übrigen Mitglieder möglich wäre. Die Türkei ist in ihren kulturellen, religiösen und politischen Traditionen eher der islamischen Welt verhaftet als der christlich geprägten Wertegemeinschaft der Europäer. Daran kann auch die Tatsache nichts ändern, dass eine junge Generation von Türken sich nun einer westlichen Lebensweise annähert.

Die Demokratie in der Türkei ist noch viel zu instabil, als dass man in Europa schon von einem verlässlichen Partner sprechen könnte.

Tagtäglich kommt es in der Türkei zu schlimmen Menschenrechtsverletzungen, gegen welche die Regierung entweder machtlos ist oder bewusst nichts unternimmt und dies ist der entscheidendste Vorbehalt gegen die Aufnahme der Türkei in die EU.

Die offizielle türkische Politik hat es bis vor wenigen Jahren völlig ignoriert, dass auf türkischem Staatsgebiet das Volk der Kurden lebt. Die Kurden, die immerhin 15 bis 20 Prozent der Bevölkerung in der Türkei ausmachen, werden auch heute noch massiv unterdrückt. Ein Staat, der die Minderheiten im eigenen Land so schlecht behandelt, kann und darf nicht Mitglied der Europäischen Union werden.

Dies bedeutet nach Ansicht der meisten Gegner der Aufnahme der Türkei keine anti-türkische Politik der EU. Im Gegenteil: Die EU solle nach wie vor eine kooperative Zusammenarbeit mit dem „Partner am Bosporus" suchen und pflegen.

Vielleicht kann die Frage nach einer Aufnahme der Türkei in die EU zu einem späteren Zeitpunkt neu gestellt werden.

Darum soll die Türkei Mitglied in der EU werden.

Es stimmt: Die Demokratie in der Türkei ist noch nicht stabil und es trifft auch zu, dass die Menschenrechte in der Türkei immer noch verletzt werden. Eine Mitgliedschaft der Türkei in der EU würde allerdings in entscheidender Weise dazu beitragen, dass die Demokratie in der Türkei sich weiter stabilisieren könnte und dass Verstöße gegen die Menschenrechte besser kontrolliert würden und letztlich ganz beseitigt werden könnten.

Die Türkei ist ein Staat, der sehr wohl in die westliche Wertegemeinschaft hineinpasst. Sie wird unbestritten von einer Regierung geführt, die aus freien und demokratischen Wahlen hervorgegangen ist, hat ein demokratisches Parlament und eine freie Presse, die teilweise sehr kritisch über die Zustände im eigenen Land berichtet.

Wenn die EU die Türkei aufnimmt, wird ein weiteres wichtiges Land den politischen Idealen Westeuropas folgen. Für die Türkei hat die Aufnahme in die EU den großen Vorteil eines kräftigen Schubes für das Wirtschaftswachstum. Es wird zu einem Anstieg der Beschäftigungszahlen kommen. Das Land wird offener und moderner werden. Damit wird die Türkei als Handelspartner auch für die übrigen EU-Staaten in zunehmendem Maße attraktiv.

Jede weitere Zurückweisung der Türkei wäre Wasser auf die Mühlen der Fundamentalisten und Extremisten. Dies kann nicht im Interesse der EU sein.

Die Bundesrepublik Deutschland muss sich in besonderer Weise für eine Mitgliedschaft der Türkei in der EU einsetzen, handelt sie doch auch im Auftrag von über zwei Millionen türkischen Mitbürgern, die hier leben und arbeiten.

Schule führt erfolgreiches Projekt zum Thema Europa durch

Die engagierten Jugendlichen der Europaschule in Köln unterstrichen im Rahmen des interkulturellen Projektunterrichts der Europaschule das Thema „Zukunft Europa – was bringt der Euro?" und brachten realistische und utopische Aspekte der europäischen Einigung zutage. „Die Beschäftigung mit der bevorstehenden europäischen Währung stand dabei im Vordergrund", erklärte Schulleiterin Dagmar Naegele.
Die Projektgruppe 1, von Laura und Florian vertreten, führte eine Umfrage über die EU und den Euro durch. Da wurde z.B. geklärt, welche Länder zu den 15 europäischen Staaten der EU gehören. Auch die Hauptgemeinsamkeiten der Mitgliedsländer sollten beschrieben werden. Genannt wurden der Euro, der Kontinent, das Bündnis gegen Feinde und „Eh … die EU-Bestimmungen, auch wenn ich die nicht so genau kenne".
Cijan, Patrick und Nadine stellten das große Puzzel vor, das die Projektgruppe 2 angefertigt hatte. Mit diesem Puzzle informierten sie sich und ihre Zuschauer über die anderen EU-Länder und natürlich die Bundesrepublik hinsichtlich Rohstoffen, Einwohnern, Fläche, Geschichte, Politik etc. Für das „Europamodell zogen sie eine Europakarte auf ein Puzzle auf, vergrößerten das Bild mithilfe eines Overhead-Projektors und projizierten es an die Wand. […]
Eine E-Mail-Aktion hatten Sinan, Rocco und Peter mit der Projektgruppe 3 gestartet. Sie kontaktierten ihre Partnerschulen aus Belgien und Holland zum Thema Preisvergleich und Einführung des Euro. Dabei verglichen sie 47 Preise miteinander, darunter auch den Eintritt in eine Disko. […] Im Wirtschaftskundeunterricht setzte sich die Gruppe 4, vertreten durch Marko, mit Meinungen über den Euro auseinander. Auf Euro-Sternen aufgeschrieben und an einer Stellwand aufgehängt, waren die Ergebnisse einer öffentlichen Interview-Aktion zu sehen.
Eine Schülerin antwortete z.B.: „Der Euro wird das Gemeinschaftsgefühl stärken …"
Nadine und Jonas berichteten anschließend über den Besuch beim Europäischen Währungsinstitut in Frankfurt.
Lehrerin Ursula Behr-Heyder, die das Europaprojekt besonders unterstützte, stellte fest, dass die Schülerinnen und Schüler für den Projektunterricht sehr viel gearbeitet hätten, aber mit Erfolg.
In der Europaschule Köln setzt sich die fast 900-köpfige Schülerschaft aus 75 Prozent deutschen und circa 25 Prozent ausländischen Schülerinnen und Schülern aus über 30 Nationen zusammen.

(Der Erfahrungsbericht findet sich in: Per Saldo, herausgegeben vom Bundesministerium der Finanzen, Ausgabe 3/1997, S. 4ff.)

1. An welchem der vorgestellten Projekte hättet ihr gerne mitgearbeitet?
2. Glaubt ihr, dass solche Projekte das Gemeinschaftsgefühl unter den Schülerinnen und Schülern, den Lehrerinnen und Lehrern stärken?
3. Findet ihr auch Ideen für ein Projekt „Zukunft Europa"?

Methodenkarte 11

Projekt

Wie gelingen Unterrichtsprojekte?

Thema: Europa

Projekt: Was ist das?

Das Wort Projekt stammt aus der lateinischen Sprache und bedeutet: ein Vorhaben, ein Plan. In einem Projekt stellen sich Lehrer und Schüler eine gemeinsame Aufgabe, die sie in einer vorgegebenen Zeit bewältigen wollen. Die übliche Rollenverteilung zwischen dem Lehrer als dem Lehrenden und den Schülern als den Lernenden ist im Projektunterricht aufgehoben. In Projekten wird nicht nur theoretisch, sondern vor allem praktisch gearbeitet. Ein wichtiges Merkmal des Projektunterrichtes ist die *Öffnung der Schule* nach außen. In einem Projekt Europa kann zum Beispiel eine Exkursion zu einer europäischen Einrichtung organisiert werden, Expertinnen und Experten, auch die Eltern können in die Schule eingeladen werden u.v.a.m. Am Ende eines Projektes steht in der Regel eine Projektpräsentation. Dies kann ein Plakat, eine Wandzeitung, eine Ausstellung aber auch eine Theaterszene, ein Artikel für die Schülerzeitung und vieles andere mehr sein.
Im Projektunterricht übernehmen die Schülerinnen und Schüler eine große Verantwortung für das Gelingen. Über weite Strecken wird eigenverantwortlich in Gruppen gearbeitet.

Wie macht man das?

Unterrichtsprojekte gehen über den 45-Minuten-Rhythmus der Einzelstunden hinaus. Für ein Projekt sollte mindestens ein Schultag zur Verfügung stehen. Im Rahmen von Projekttagen oder gar einer Projektwoche kann man sich auch am Nachmittag in der Schule oder an einem anderen Ort treffen.
Ein Projekt kann von einer einzelnen Klasse durchgeführt werden. Oft ist die gesamte Schule an der Planung und Durchführung von Projekten beteiligt. Das muss dann langfristig vorbereitet werden. Die Schülervertretung kann eine wichtige Rolle übernehmen, zum Beispiel, indem sie Themen vorschlägt und bei der Organisation mithilft.
Ein Projekt beginnt mit der Aufstellung eines Organisations- und Ablaufplanes. Absprachen zwischen Schulleitung, Lehrerkollegium und Schülerschaft sind notwendig. Projektthemen müssen vorgestellt werden, damit alle Schülerinnen und Schüler die Chance haben, sich für ein Projekt zu entscheiden. Materialien sind zu besorgen, Besuche von Einrichtungen und Personen sollten frühzeitig angemeldet werden usw.

An welche Regeln muss man sich im Projektunterricht halten?

Wenn man eigenverantwortlich und im Team mit anderen arbeitet, ist es besonders wichtig, dass man sich an bestimmte Regeln hält. Sonst kann ein Projekt leicht in ein Chaos umschlagen. Eine wichtige Regel ist, dass sich jeder auf den anderen verlassen kann und dass man bereit ist, Verantwortung zu übernehmen. Jeder Einzelne bzw. jede Gruppe, der/die eine bestimmte Aufgabe übernommen hat, z.B. die Produktion einer Wandzeitung, sorgt dafür, dass die Arbeit zum vereinbarten Termin fertig gestellt ist. Wichtig ist auch, dass alle Schülerinnen und Schüler mitarbeiten und dass man sich nicht auf die sowieso fleißigen Schüler verlässt. Für ein gutes Gelingen muss miteinander und nicht gegeneinander gearbeitet werden. Schülerinnen und Schüler, Lehrerinnen und Lehrer, die an gelungenen Projekten teilgenommen haben, berichten immer wieder, dass sie diese Erfahrungen nicht vergessen werden und dass der Unterricht in dieser Form sehr lehrreich ist und viel Freude macht.

8. Wie machen wir uns fit für Europa?

A persönlich:

Was sind die wichtigsten Euroqualifikationen?

Mit Beginn des Jahres 1993 ist der europäische Binnenmarkt Wirklichkeit geworden. Besondere Möglichkeiten bieten sich seitdem für junge Arbeitnehmerinnen und Arbeitnehmer. Als Arbeitsplatz steht ihnen der gesamte europäische Binnenmarkt zur Verfügung. Wer mobil ist, neugierig, offen, selbstbewusst und gesund, wird leichter seinen Lebensunterhalt in einem anderen Land Europas – zeitweise oder für immer – verdienen können. Im vereinten Europa nehmen für jeden Einzelnen die Chancen und Möglichkeiten zu.
Andererseits ist auch mit einer verstärkten Konkurrenz am Arbeitsmarkt zu rechnen. Jugendliche aus anderen Ländern der EU können sich auch um Stellen hierzulande bewerben.

Rechts sind zehn wichtige Euro-Qualifikationen aufgeführt. Ihr sollt diese bewerten und in eine Rangliste einordnen. Der euch am wichtigsten erscheinenden gebt 10 Punkte, der zweitwichtigsten neun usw.

Tipp: Nachdem ihr in Einzelarbeit eure Rangliste der Europaqualifikationen erstellt habt, vergleicht ihr eure Ergebnisse mit dem Nachbarn und versucht euch auf eine gemeinsame Liste zu einigen.

1. Es ist gut, wenn man nach der Berufsausbildung mindestens ein Jahr im Ausland Berufspraxis sammeln kann.
2. In Zukunft wird es unerlässlich sein, zumindest eine Fremdsprache perfekt in Wort und Schrift zu beherrschen.
3. Wichtig ist es, die Gewohnheiten, Erwartungen und kulturellen Besonderheiten eines Geschäftspartners aus einem europäischen Land möglichst genau einschätzen zu können.
4. Gefordert wird die Fähigkeit mit Menschen aus verschiedenen Ländern im Team zusammenzuarbeiten.
5. Wichtig ist die Fähigkeit aktiv mit Menschen aus verschiedenen Kulturkreisen Kontakte zu schließen.
6. Die gesetzlichen Vorschriften anderer Länder sowie die EU-Vorschriften im jeweiligen Arbeitsgebiet sollte man beherrschen.
7. Gefordert wird die Fähigkeit auf andere Menschen einzugehen.
8. Einen guten Schul- und Berufsabschluss zu haben ist immer noch die beste Voraussetzung um überall erfolgreich arbeiten zu können.
9. Man muss auch die jeweilige Fachsprache (z.B. technisches Englisch oder Wirtschaftsfranzösisch) können, weil sie für die Berufsausübung unerlässlich ist.
10. Gefordert ist die Bereitschaft immer wieder Neues dazuzulernen.

B politisch:

Welche Karten setzt ihr auf Europas Zukunft?

Wenn Europa in der Zukunft politisch noch stärker zusammenwächst, so bedeutet das, dass die nationalen Parlamente weitere Aufgaben an die europäische Union abtreten, damit diese Aufgaben für alle Staaten der EU in gleicher Weise geregelt werden können.
Auf dieser Seite findet ihr neun politische Aufgabenbereiche, von denen viele glauben, dass sie in den Zuständigkeitsbereich der EU übergehen sollten. Andererseits enthält die Aufstellung auch Politikbereiche, die viele Menschen lieber in den Mitgliedsländern belassen wollen. Da die Meinungen unterschiedlich sind, sollt ihr selbst entscheiden:

Was soll europäisch entschieden werden, was besser nicht?

Vergleicht verschiedene Ergebnisse und diskutiert über die unterschiedlichen Bewertungen.

A Europäisch entschieden werden sollen die Nummern: …

B Zum Teil europäisch entschieden werden sollen die Nummern: …

C Nicht europäisch entschieden werden sollen die Nummern: …

Die Einrichtungen der EU, insbesondere das Europäische Parlament, sollen das Recht erhalten, …

1

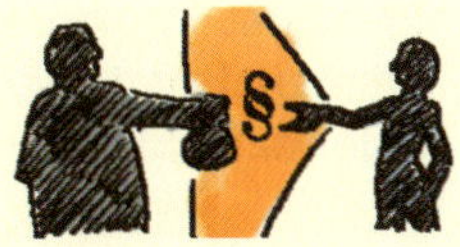

… die gesetzlichen Grundlagen für eine europäische Sozialpolitik zu schaffen, die einen Ausgleich zwischen den armen und den reichen Regionen Europas herbeiführen soll.

2

… die Ladenöffnungszeiten für alle Geschäfte in den Staaten der EU einheitlich zu regeln.

3

… Hilfsmaßnahmen für die Entwicklungsländer gesamteuropäisch zu regeln nach dem Grundsatz: Hilfe zur Selbsthilfe.

4

… über die Einführung eines einheitlichen Schulsystems in allen Staaten der EU ein Gesetz zu verabschieden.

5

… ein europäisches Staatsoberhaupt wählen zu lassen, das für Europa mit einer Stimme sprechen kann und die Gesamtinteressen der EU international vertritt.

6

… die nationalen Streitkräfte zu einer europäischen Armee zusammenzufassen, einen europäischen Verteidigungsminister zu wählen und die gesamteuropäische Sicherheitspolitik im Rahmen des Natobündnisses neu zu bestimmen.

7

… im Bereich der überregionalen Verkehrsplanung ein europäisches Konzept zu beschließen, das zu einer Entlastung des Straßenverkehrs führt und zu einem Ausbau der Schienen und Schifffahrtswege.

8

… den Umweltschutz europäisch zu gestalten und für alle Mitgliedstaaten verbindliche Gesetze zur Reinhaltung der Luft, des Wassers und des Bodens zu beschließen.

9

… die Ziele einer gesamteuropäischen Außenpolitik gegenüber den anderen Mächten auf der Welt festzulegen und einen Außenminister der Europäischen Union zu berufen.

Die Europäische Union im Internet

Das Thema Europa ist so vielschichtig und die Menge der angebotenen Informationen ist so groß, dass nicht alles in einem Schulbuch Platz hat. Ihr könnt natürlich auf die Suche nach weiterem aktuellen Informationsmaterial zum Thema Europa und Europäische Union gehen. Dazu bietet sich wieder eine Internetrecherche an.

Mit diesem Bild lädt das Europäische Parlament zum Besuch seiner Homepage ein.
Von hier aus könnt ihr euch gezielt zu den verschiedenen Einrichtungen der EU einklicken, zu verschiedenen Politikbereichen, zur Bestellung von kostenlosen Broschüren und weiterem Informationsmaterial.
Hier einige Themenvorschläge, mit der ihr gezielt auf Informationssuche gehen könnt: Europäischer Binnenmarkt, Europäische Wirtschafts- und Währungsunion, EU Erweiterung, EU Außenhandel, EU Arbeitslosigkeit, EU Haushalt, EU Sozialpolitik, EU Umweltschutz etc.

Adressen für die Informationsbeschaffung:

www.europarl.de
Damit kommt ihr auf die Internetseite des Europäischen Parlaments. Der Server ist voll mit News und Infos über die Aufgaben und die Arbeit des Parlaments. Die europäischen Institutionen werden vorgestellt. Zu den Stationen A bis D gibt es vielfältige Informationen und kostenlose Broschüren.

http://europa.eu.int
Das ist die offizielle Homepage der Europäischen Union. Hier gibt es zahlreiche Informationen über aktuelle europäische Richtlinien.

Broschüren können kostenlos bestellt werden.

www.eu-erweiterung.de
Hier findet ihr aktuelles Material zur Zukunft der EU und zu den Stationen A bis D.

www.europa-wird-bunter.de
Hier findet ihr Informationen über die neuen Beitrittsländer der EU sowie weitere Materialien und Kommentare zur EU-Erweiterung.

www.mehr-europa.de
Hier gibt es besonders viele Informationen zu allen Fragen der Erweiterung der EU.

www.eu-kommission.de
Die Homepage der Europäischen Kommission informiert besonders gut über aktuelle Maßnahmen und Gesetzesvorschläge.

www.euro4young.de
Diese Homepage spricht vor allem junge Leute mit einer Menge an gut verständlichen und aktuellen Informationen an.

Wähle dein Thema

Ich erkläre oder schreibe auf, …

Ein Thema aus 6

- was die Europäische Union ist und was sie nicht ist.
- was der europäische Binnenmarkt ist und welche Freiheiten dazu gehören.
- welche Gründe für eine noch intensivere Zusammenarbeit der Europäer sprechen.
- welche Aufgaben die fünf wichtigsten Institutionen der EU haben und wie sie zusammenarbeiten.
- was man unter Erweiterung und Vertiefung der EU versteht.
- was derzeit für und was gegen eine Aufnahme der Türkei in die EU spricht.

Quiz

1. Der Begriff bezeichnet Übereinstimmungen der Europäer in geistigen, künstlerischen und religiösen Grundhaltungen.
2. Das war nach 1945 der wichtigste Grund für den Wunsch nach stärkerer Einheit der Europäer.
3. Mit diesem Begriff wird ausgedrückt, dass alle Entscheidungen in der EU möglichst auf der untersten Ebene getroffen werden sollen.
4. Dieses Ereignis gilt als Gründungsdatum für die Europäische Gemeinschaft.
5. Das ist eine der vier Freiheiten im europäischen Binnenmarkt.
6. So heißt der Zusammenschluss von Staaten für eine gemeinsame Währung.
7. Diesen Vorteil bringt der Euro für die europäischen Unternehmen.
8. Mit diesem Nachteil haben Unternehmen im europäischen Binnenmarkt zu rechnen.
9. Für die Zukunft ist das eines der sozialen Ziele der Europäischen Union.
10. Dieses Recht besitzt das Europäische Parlament nicht.
11. Hier werden alle wichtigen Entscheidungen für die EU gefällt.
12. Diese Einrichtung wird als „Motor der EU“ bezeichnet.
13. Er achtet auf die Einhaltung der europäischen Gesetze.
14. Diese Bedingung muss ein Staat erfüllen, der in die EU aufgenommen werden möchte.
15. Sie treten mit dem Tag der Verabschiedung in der EU in allen Mitgliedstaaten in Kraft.

A Kostenersparnisse

B Europäischer Gerichtshof

C Sehnsucht nach Frieden

D Währungsunion

E Ministerrat in Brüssel

F Subsidiaritätsprinzip

G Keine Grenzen für Menschen aus allen Ländern der EU

H Europäische Kommission

I Gemeinsame Kultur

J Unterzeichnung der „Römischen Verträge“ 1957

K Hilfsmaßnahmen für die armen Regionen

L Verordnungen

M Initiativrecht

N Achtung der Menschenrechte

O Verschärfte Konkurrenzsituation

11 Friedenssicherung als Aufgabe internationaler Politik

Konzert für den Frieden

Krieg und Frieden liegen oft nahe beieinander. Das zeigte sich, als der bosnische Cellist Vedran Smailovic 1992 in der Ruine der Nationalbibliothek von Sarajewo ein Konzert für den Frieden gab. Weltweit sterben in jedem Jahr Tausende unschuldiger Menschen an den Folgen von Kriegen. Wieso kommt es immer wieder zu Kriegen?

Welchen Beitrag können die Bundeswehr, internationale Organisationen, aber auch jeder Einzelne zur Friedenssicherung leisten? Darum geht es in diesem Kapitel.

Zum Begriff „Frieden“ fällt mir spontan ein …

1. Wie ist es um Krieg und Frieden auf der Welt bestellt?

Für die Kinder in Deutschland ist Krieg wahrscheinlich nur schwer vorstellbar – für Millionen Kinder auf der Welt ist er trauriger Alltag. Sie müssen als Kindersoldaten in Armeen kämpfen, werden verfolgt, vertrieben und getötet.

Ist die Welt zu Beginn des 3. Jahrtausends friedlicher geworden?

Jedes Jahr am 6. August läutet in Hiroshima die Friedensglocke. Sie erinnert die Menschen dieser Stadt an das unsägliche Leid, das der Abwurf der ersten Atombombe 1945 über die Stadt brachte. Nahezu 130 000 Menschen verloren in dem flammenden Inferno ihr Leben. Die Glocke erinnert die Menschen auf der ganzen Welt daran, dass die Menschheit einen dritten Weltkrieg nicht überleben würde. Zugleich drückt sie die Sehnsucht aller Menschen nach Frieden aus – ein Wunsch, der manchmal vermessen scheint: In Mitteleuropa herrscht zwar seit über 50 Jahren Frieden, doch weltweit haben seit dem Ende des Zweiten Weltkriegs über 18 Millionen Menschen in mehr als 200 Kriegen das Leben verloren. Einige Schätzungen gehen sogar von 25 Millionen Toten aus.

Nach dem Ende des Ost-West-Konflikts hatten viele Menschen große Hoffnungen, dass es künftig weniger Kriege geben werde. Diese Hoffnung erfüllte sich nur teilweise. So gibt es immer wieder ermutigende Friedenssignale: Z. B. befinden sich Nord- und Südkorea, ein Land, das ähnlich wie Deutschland seit fast fünfzig Jahren geteilt ist, auf dem Weg der Versöhnung. Doch erreichen uns auch fast täglich schreckliche Nachrichten aus Gegenden, in denen Menschen gegeneinander kämpfen – vom Balkan, aus Afrika oder aus Südamerika.

Warum ist es so schwierig in Frieden zusammenzuleben? Warum kommt es immer wieder zu Kriegen? Welche Voraussetzungen müssen gegeben sein, damit Frieden von Dauer ist? Kann man rechtfertigen, Frieden mit Gewalt zu erzwingen? Schwierige Fragen, mit denen sich auch die Friedensforscher intensiv beschäftigen. Wir benötigen dieses Wissen, denn: Wenn die Voraussetzungen für Frieden nicht erfüllt sind, droht Krieg. Erhofft man sich von Frieden einen Zustand vollkommener Harmonie, so wird dieses Ziel allerdings unerreichbar bleiben. Eine Welt ohne Konflikte wird es niemals geben. Wege zu finden, um Konflikte mit friedlichen Mitteln beizulegen, zählt daher zu den wichtigsten Aufgaben von Politik.

A Kriege hat es immer gegeben. Damit müssen wir auch in Zukunft leben. Ich glaube nicht, dass die Menschen einmal fähig sein werden, ihre Konflikte friedlich auszutragen.

B Menschen können lernen miteinander in Frieden zu leben. Das zeigt das Beispiel der Europäischen Union. In Mitteleuropa haben wir immerhin seit über einem halben Jahrhundert Frieden.

1. Nach dem Ende des Ost-West-Konflikts und der Wiedervereinigung Deutschlands hatten viele Menschen große Hoffnungen auf eine friedlichere Welt. Haben sich diese Hoffnungen erfüllt?
2. Welcher Meinung stimmst du zu, A oder B?

Was bedeutet Krieg für die betroffenen Menschen?

Seit Anfang der Neunzigerjahre ist der Krieg nach Europa gekommen – auf den Balkan. Millionen Menschen erlebten in Kroatien, Jugoslawien, Bosnien-Herzegowina und zuletzt im Kosovo, wie ihre Welt in Trümmern versank. Stellvertretend für Hunderttausende von Menschen wird in dem folgenden Text das Schicksal des 52-jährigen Shaquir Kokollari vorgestellt. Er wurde im Frühjahr 1999 aus seinem Dorf im Kosovo vertrieben und lebte in einem Flüchtlingslager. Kurz nach Kriegsende kehrte er in sein Heimatdorf zurück.

3. Wie hat sich das Leben von Shaquir Kokollari durch den Krieg verändert?

Wie Shaquir Kokollari befanden sich im Frühjahr 1999 rund 750.000 Menschen auf der Flucht vor dem Krieg im Kosovo.

„Wo sind meine Söhne?"

Wir haben Kokollari in einem Flüchtlingslager in Kukes getroffen. Und wir haben ihn über die Grenze mitgenommen, um nach seinen Söhnen zu suchen. Für die Zerstörungen hat der 52-jährige Mann, der bei uns im Auto sitzt, jetzt kein Auge. Er sucht seine drei ältesten Kinder: „Mein Gott, hoffentlich leben sie noch!", sagt er.
(Shaquir Kokollari lebte fast dreißig Jahre in Hannover. 1998 kehrte er in den Kosovo zurück.) Damals saßen der 27-jährige Ramadan und der 26 Jahre alte Nexhat schon im Gefängnis in Prizren. Man hatte sie in Savrova verhaftet, einen Grund nannte man nicht. Vielleicht war es, weil jemand mit weißer Farbe auf die Mauer des kleinen Gehöfts „Republik Kosovo" gepinselt hatte.
Immer wieder kamen die Serben ins Dorf. Mal drohten sie nur, mal machten sie Ernst. Shaquir flüchtete mit seiner Familie in die Wälder.
Was aus den Gefangenen wurde, weiß bislang niemand. Man habe sie nach Serbien verschleppt, sagen manche. Man habe sie umgebracht, sagen andere. Eine Schotterstraße führt nach Savrova. Davor liegt Sopina, ein Dorf, in dem Serben und Albaner einmal gemeinsam lebten. Aus manchen Ruinen qualmt es noch. Die Serben haben bei ihrem Abzug auch die eigenen Häuser angesteckt. Damit nichts mehr übrig ist.
Ein ausgemergelter Mann mit seinem Sohn hält uns an und fällt uns um den Hals. Drei Monate hat er im Wald gelebt. Vom Salz, das er in seiner Hosentasche hatte, und von Wurzeln und Gräsern. Vor Savrova hütet ein Mann eine Kuh. Der Kuhhirte hat Shaquir die Geschichte erzählt, wie es weiterging nach seiner Vertreibung am 2. Juni. Gleich nachdem der Flüchtlingstreck das Dorf verlassen hat, waren vier zurückgehaltene junge Männer an den Dorfbach geführt und erschossen worden. Auch Shaquirs Sohn Sedat, der etwas später auf der Straße nach Prizren von serbischen Militärs vom Traktor geholt wurde, war mit sechs jungen Männern auf einem Feldweg hinunter zum Fluss geführt worden. Der Mann spricht nicht weiter. Den Rest muss man sich vorstellen.
Shaquirs kleines Gehöft liegt am Rande von Savrova. Seine Schwester hat den Motor unseres Wagens gehört und kommt herausgelaufen. Sie kann nicht sprechen, zitternd klammert sie sich an ihren Bruder und weint hemmungslos. Was von den beiden Häusern übrig ist, sind schwarze Löcher. Dreißig Jahre Arbeit in Deutschland – aufgegangen in Rauch. Kein einziges Möbelstück ist mehr vorhanden. Hinter einer Mauer kommt ängstlich der 15-jährige Bashkom hervor, Sohn der Schwester. In der ganzen Zeit, in der wir die Trümmer besichtigen, redet er kein Wort. Es hat ihm die Sprache verschlagen.
Niemand weiß etwas von Shaquirs Söhnen. Auf der Rückfahrt nach Kukes ins Flüchtlingslager starrt Shaquir lange stumm aus dem Fenster. „Die Dächer kann man wieder decken", sagt er schließlich, „und die Wände wieder streichen. Das ist nicht das Schlimmste."

(Nach: Philipp Maußhardt: Wo sind meine Söhne?, in: PZ – Der Krieg nebenan, September 1999, S. 6)

4. Nicht die Zerstörung seines Dorfes ist für Shaquir das Schlimmste, sondern …

Ursachen von Kriegen

INFORMATION

Menschliches Verhalten

Warum kämpfen Menschen gegeneinander? Die Suche nach den Ursachen führt zunächst einmal zu den Menschen selbst – zu ihrem Verhalten und Wesen. Gefühle wie Herrschsucht, Neid, Aggressivität, Intoleranz verleiten Menschen immer wieder dazu, ihre Interessen mit Gewalt durchzusetzen und andere Menschen anzugreifen oder sogar zu töten. Das war schon seit Jahrtausenden so und hat sich bis heute nicht geändert. Allerdings sind sich Wissenschaftler noch nicht einig, ob die Bereitschaft zur Gewalt den Menschen angeboren ist, oder ob sie erst im Laufe des Lebens erworben wird.

Kriege zwischen Staaten

Ursachen dafür können sein

- Territorialansprüche: Die Beteiligten streiten sich um den genauen Verlauf von Grenzen.
- Konkurrenz um knappe Rohstoffe: Streitpunkt ist der Zugang zu wichtigen Rohstoffen, wie z. B. Erdöl, oder auch zu Wasser.
- Herrschaftsansprüche: Staaten kämpfen um eine Vormachtstellung in einer Region.
- Innenpolitische Schwierigkeiten: Ein Staat beginnt einen Krieg, um von seinen innenpolitischen Problemen, wie z. B. Arbeitslosigkeit, Armut, Korruption in der Regierung, abzulenken.

Kriege innerhalb von Staaten

Die meisten Kriege sind heute Bürgerkriege. Das heißt, es kämpfen verfeindete Gruppen innerhalb eines Staates miteinander. Die Ursachen für diese Konflikte sind vielfältig; häufig treffen mehrere Ursachen für einen Konflikt zusammen.

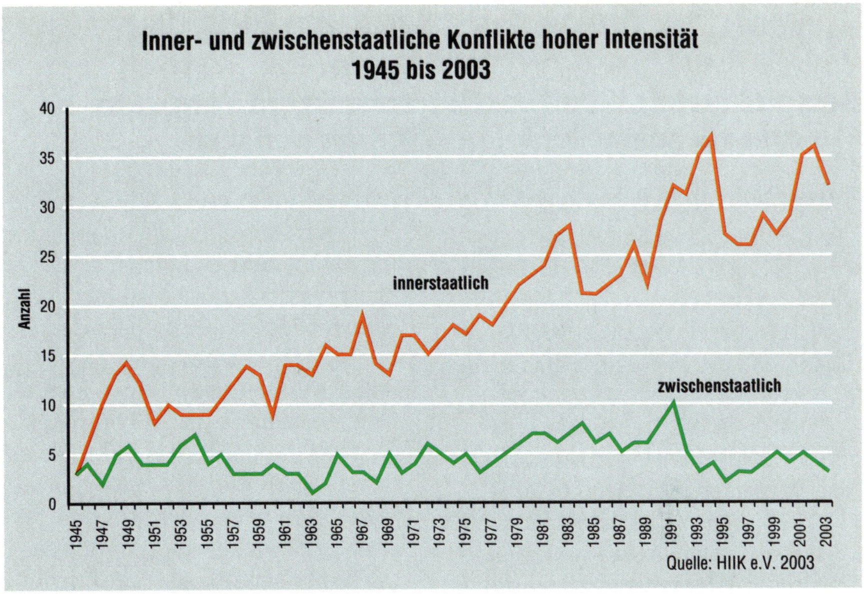

Wenn in einem Staat viele Völker zusammenleben, ist es wichtig, dass alle Bevölkerungsgruppen gerecht an der politischen Macht beteiligt werden, dass kein Volk sozial benachteiligt wird. Wird ein Volk über längere Zeit unterdrückt, kann das der Auslöser für **ethnische Kriege** sein. Die Benachteiligten versuchen ihre Rechte gewaltsam durchzusetzen.
Auch wenn in einem Staat immer wieder **Menschenrechte verletzt** werden, z. B. wenn die Opposition unterdrückt wird, Menschen willkürlich verhaftet werden, die Pressefreiheit nicht gewährleistet ist, besteht die Gefahr, dass Regierungsgegner ihre Ansprüche gewaltsam durchsetzen wollen und einen Putsch inszenieren. Demokratische Staaten, die sich zu einer rechtsstaatlichen Ordnung bekennen und die Menschenrechte gewährleisten, sind daher sehr viel weniger bürgerkriegsgefährdet.
Natürlich spielt auch in den meisten Bürgerkriegen die Gier nach Macht und **Herrschaftsinteressen** eine Rolle. Z.B. in Afrika gibt es Staaten, in denen sich die herrschenden Clans seit Jahrzehnten bekriegen. Jede Gruppe erhofft sich von einem Sieg Macht und Reichtum.
Die wichtigsten Ursachen für Bürgerkriege sind jedoch **soziale Ungerechtigkeit und Armut.** Der soziale Sprengstoff, der sich in den Elendsvierteln in den Entwicklungsländern angehäuft hat, entlädt sich immer wieder in grausamen und blutigen Bürgerkriegen. Wirtschaftliche Entwicklung und die Beseitigung von Unterernährung und Armut zählen daher zu den wirksamsten Instrumenten der Friedenssicherung.

Welche Ursachen können Bürgerkriege haben? Nennt aktuelle Beispiele und ordnet sie jeweils zu.

2. Welche Wege führen zum Frieden?

Beispiel Nahostkonflikt: Der schwierige Weg zum Frieden zwischen Israel und Palästinensern

Worum geht es in dem Konflikt?

Der Konflikt zwischen Palästinensern und Israel ist die Geschichte des Hasses zwischen zwei Völkern. Beide erheben zu Recht Anspruch auf dasselbe Land – Palästina, das heilige Land der Bibel.

Die Ursachen des Konflikts reichen bis ins 19. Jahrhundert zurück. Damals begannen jüdische Siedler sich in Palästina niederzulassen. Sie wollten einen jüdischen Staat gründen, wo die auf der Welt versprengten Juden zusammenleben können. Dort stießen sie auf palästinensische Araber, die seit Jahrhunderten in diesem Gebiet lebten – zunächst unter türkischer Herrschaft, seit 1920 dann unter britischer Verwaltung. Auch sie wollten einen unabhängigen Staat gründen. Als 1948 Israel gegründet wurde, weigerten sich Palästinenser und die arabischen Nachbarn den neu gegründeten Staat anzuerkennen. Erst 1993 erkannte die PLO, die politische Vertretung der Palästinenser, die Existenz Israels an.

Bis heute gibt es jedoch keinen palästinensischen Staat. Allerdings können sich die Palästinenser im Westjordanland und im Gaza-Streifen seit 1995 selbst verwalten. Diese Gebiete gelten als autonom.

Wem gehört Jerusalem?

Jerusalem ist eine einzigartige Stadt. Auf engstem Raum befinden sich im Tempelbezirk Heiligtümer von drei Weltreligionen. Christen, Juden und Muslime besuchen Jerusalem als Pilger. Wer soll die Stadt regieren? Beide Konfliktparteien fordern die Herrschaft über die „Stadt des Friedens", wie Jerusalem übersetzt heißt. Seit 1981 beanspruchen die Israelis ganz Jerusalem „auf ewig" als „ungeteilte Hauptstadt" Israels. Auf der anderen Seite fordern Palästinenser den Osten der Stadt (manche sogar die ganze Stadt) als Hauptstadt ihres künftigen Staates. Immer wieder kommt es zu Gewalttätigkeiten. Als der radikale israelische Politiker Ariel Scharon im Herbst 2000 demonstrativ den Tempelberg besuchte und damit den Anspruch Israels auf die Stadt demonstrierte, wird dies zum Auslöser einer neuen Welle von Gewalt zwischen den verfeindeten Parteien.

Warum ist der Weg zum Frieden so langwierig?

Die meisten Israelis und Palästinenser wünschen sich Frieden für ihr Land. Doch gibt es in beiden Völkern Gruppen, die sich mit Kompromissen in Friedensverhandlungen nicht abfinden wollen. So sind radikale israelische Siedler nicht bereit die Autonomie der Palästinenser zu akzeptieren. Die fundamentalistische Organisation Hamas fordert dagegen die unverzügliche Ausrufung eines palästinensischen Staates, auch wenn dies zu weiterem Blutvergießen in einem Krieg führen sollte. Deswegen gibt es immer wieder Rückschläge im Friedensprozess: durch Terror, Attentate, Übergriffe der israelischen Armee und gewaltsame Aufstände der Palästinenser.

Chronik des Konflikts

1948	Gründung des Staates Israel, erster israelisch-arabischer Krieg
1949	Waffenstillstand
1967	Sechstagekrieg: Israel erobert die Golanhöhen, Westjordanland, den Gaza-Streifen, Sinai und Ostjerusalem
1973	Jom-Kippur-Krieg: Am höchsten jüdischen Feiertag greifen Ägypten und Syrien Israel an. Israel kann sich behaupten.
1979	Friedensschluss zwischen Ägypten und Israel
1987	Intifada: Aufstand der Palästinenser in den besetzten Gebieten.
1993/4	Abkommen zwischen Israel und der PLO über die Autonomie der Palästinenser
1998	Wye-Abkommen zwischen Israel und „Palästina". Bald darauf Verschlechterung der Beziehungen, weil Israel die Ausführung durch neue Bedingungen verzögert.
2000	Verhandlungen über ein Friedensabkommen in Camp David werden ohne Ergebnis abgebrochen. Herbst 2000: Beginn neuer Kämpfe zwischen Palästinensern und der israelischen Armee.

1. Im Nahostkonflikt gab es sowohl Friedenssignale als auch immer wieder neue Kriege. Stelle beide in einer Tabelle einander gegenüber. Informiere dich im Internet über die jüngsten Entwicklungen im Nahen Osten.
2. Jerusalem ist zum Brennpunkt des Konflikts geworden. Erkläre, warum.

Wie könnte der Weg zum Frieden zwischen Israelis und Palästinensern aussehen?

Beinahe 100 Jahre dauert nun das Blutvergießen im Nahen Osten. Viele Menschen im Nahen Osten sehnen sich nach Frieden. Wie könnte der Weg zu diesem Ziel aussehen?
Friedensforscher beschäftigen sich schon seit Jahrzehnten mit dieser Frage Natürlich können auch sie keine Patentrezepte aus der Tasche ziehen. Doch viele sehen den Frieden als einen langjährigen Prozess, in dem Schritt für Schritt Misstrauen abgebaut wird und die Grundlagen für ein freundschaftliches Verhältnis zwischen den Völkern gelegt werden. Vorbild für einen solchen Prozess könnte das deutsch-französische Verhältnis sein: Aus den ehemaligen Gegnern in zwei Weltkriegen sind inzwischen Freunde geworden.

3. Die Begriffe unten markieren mögliche Etappen auf dem Weg zum Frieden zwischen den beiden Völkern. Ordne sie den einzelnen Stufen zu.
4. Auf welcher Stufe befindet sich der Friedensprozess zurzeit? Begründe.

Gewaltverzicht

Abbau von Grenzkontrollen

Palästinenser anerkennen die Existenz Israels.

Jugendaustausch

Israelisch-palästinensischer Freundschaftsvertrag

Abrüstung

Die politischen Führer verhandeln miteinander.

Regelmäßige Kontakte zwischen den Regierungen

gemeinsame Wirtschaftsprojekte

Respekt vor den religiösen Traditionen und der Kultur des anderen Volkes

Städtepartnerschaften

Radikale Gruppen in beiden Völkern akzeptieren Kompromisslösungen, die in Friedensverhandlungen erarbeitet werden.

Abbau von Vorurteilen durch Erziehung in Kindergärten und Schulen

Israelis anerkennen das Recht der Palästinenser auf einen eigenen Staat.

INFORMATION

Frieden – was ist das eigentlich?

Die meisten Menschen haben eine sehr genaue Vorstellung davon, was Krieg heißt: Gewalt, Tod vieler, meist unschuldiger Menschen, Zerstörung, Vertreibung … Schließlich sehen wir fast täglich schreckliche Bilder im Fernsehen zu diesen Themen. Schwieriger wird es, wenn man beschreiben möchte, was Frieden bedeutet. Die einen sagen, Frieden herrscht, wenn die Waffen schweigen. Und sicherlich ist es ein großer Fortschritt, wenn sich ehemals erbitterte Gegner einigen, auf Gewalt zu verzichten und einen Waffenstillstand schließen. Doch ist das schon Frieden? Lange Zeit dachte man so. Doch dann kam man zu der Einsicht, dass Konflikte häufig soziale Ursachen haben, wenn zum Beispiel in einem Staat Minderheiten unterdrückt oder wirtschaftlich ausgebeutet werden. Darauf deutet auch die weltweit abnehmende Zahl von Kriegen zwischen Staaten und die zunehmende Zahl von Bürgerkriegen, in denen verfeindete Gruppen in einem Staat gegeneinander kämpfen. In solchen Fällen wird die Gewalt nicht enden, bis die Ursachen beseitigt sind. Einige Forscher definieren deswegen Frieden als Zustand größtmöglicher sozialer Gerechtigkeit. Eine weitere wichtige Voraussetzung für Frieden ist, dass in einem Staat die Menschenrechte beachtet werden. Wo Menschen willkürlich verfolgt werden, wo gefoltert wird, wo keine Meinungsfreiheit garantiert wird, ist auch kein Frieden möglich. Dies ist zum Beispiel in Diktaturen der Fall. Dort tritt Willkürherrschaft an die Stelle von Recht und Gesetz. Deswegen sind Rechtsstaatlichkeit und Demokratie weitere wichtige Bedingungen für einen stabilen Frieden. Tatsächlich hat die Geschichte gezeigt, dass demokratische Staaten seltener von Bürgerkriegen betroffen sind und auch weniger Kriege mit anderen Staaten führen.
Man nennt diesen umfassenderen Begriff von Frieden „positiven Frieden" im Gegensatz zum „negativen Frieden", den lediglich die Abwesenheit von Krieg" kennzeichnet.

Friedenssicherung

Wenn man Frieden so versteht, wird deutlich, dass Frieden nicht nur mit militärischen Mitteln gesichert werden kann. Friedenspolitik ist demnach auch Sozialpolitik, die das Ziel verfolgt, allen Gruppen in der Bevölkerung einen gerechten Anteil am wirtschaftlichen Wohlstand zu ermöglichen. Bildungspolitik kann ebenfalls Friedenspolitik sein, indem sie allen den Zugang zu Schulen und Bildungseinrichtungen ermöglicht und jeder Bürger soziale Aufstiegschancen wahrnehmen kann. Auch Entwicklungspolitik leistet einen wichtigen Beitrag zum Frieden. Sie mindert soziale Spannungen in Entwicklungsländern und versucht die Benachteiligung dieser Länder im Welthandel auszugleichen. Das ist bisher allerdings noch nicht gelungen.
Friedenspolitik auf internationaler Ebene bedeutet, dass Staaten untereinander Kontakte pflegen, bei Problemen miteinander verhandeln und sich politisch zusammenschließen. Frieden kann nur da sein, wo man sich kennt und einander vertraut. Das zeigt auch das Beispiel der Europäischen Union, die den Staaten in Mitteleuropa die längste Friedensperiode in ihrer Geschichte beschert hat.

1. Frieden herrscht, wenn die Waffen schweigen. Welcher Friedensbegriff liegt dieser Aussage zu Grunde? Welcher Ansicht sind Friedensforscher heute?
2. Nenne vier wichtige Bedingungen für Frieden. Suche nach Beispielen für Staaten, in denen diese Bedingungen erfüllt/nicht erfüllt sind. Begründe.

Was kann der Einzelne für den Frieden tun?

Nicht nur in der internationalen Politik, sondern gerade auch innerhalb unserer Gesellschaft begegnen wir täglich vielfältigen Formen von Aggression und Gewalt. Viele Friedensforscher sind der Ansicht, dass dauerhafter Frieden erst entstehen kann, wenn wir unser Verhalten ändern und lernen, Konflikte ohne Aggression und Gewalt auszutragen. Der Erziehungswissenschaftler Hartmut von Hentig formulierte zehn Thesen zur Friedenserziehung. Sie lauten sinngemäß:

Wir müssen lernen	fällt mir leicht	fällt mir schwer
1. uns einzumischen, wenn einem Menschen Unrecht geschieht,		
2. Gewalt zu verachten,		
3. zu verstehen, dass der nächste Weltkrieg der letzte wäre,		
4. Rücksicht auf die Interessen und Bedürfnisse anderer Menschen nehmen,		
5. Überheblichkeitsdenken gegenüber anderen abzulegen,		
6. Ungehorsam und mutig zu sein, wenn Skandale unter den Tisch gekehrt werden,		
7. andere Meinungen zu akzeptieren, fair zu streiten und einen Streit zu beenden,		
8. uns für Politik zu interessieren,		
9. uns aktiv für soziale Gerechtigkeit und Frieden einzusetzen, z. B. indem wir ehrenamtlich in Projekten für sozial benachteiligte Menschen mitarbeiten,		
10. uns für Menschen in Entwicklungsländern einzusetzen und sie mit Entwicklungshilfe zu unterstützen.		

1. Jeder beantwortet zunächst die Fragen für sich.
2. Stellt dann die Ergebnisse in der Klasse vor.
3. Welche der Forderungen fallen euch eher leicht, welche sind besonders schwer zu verwirklichen?
4. Nehmt euch in einer Kleingruppe die Ergebnisse vor, die euch besonders schwer fallen, und diskutiert über die Gründe. Stellt dann die Ergebnisse im Plenum vor.

Kriege beginnen in den Köpfen der Menschen.

3. Was trägt die UNO zur Sicherung des Friedens bei?

Im Einsatz für den Frieden

Weltweit sind im Auftrag der UNO Soldaten und zivile Mitarbeiter für den Frieden tätig. UN-Soldaten sorgen z. B. dafür, dass Waffenstillstandsabkommen eingehalten werden, schaffen entmilitarisierte Pufferzonen zwischen Gegnern, überwachen Abrüstungsmaßnahmen, räumen Minenfelder ab, sichern die Versorgung der Zivilbevölkerung und vieles mehr. Zivile Mitarbeiter verfolgen Kriegsverbrecher, überwachen Wahlen und helfen Kriegsflüchtlingen und versorgen die Bevölkerung in Kriegsgebieten medizinisch.

Welche Aufgaben hat die UNO?

Die UNO ist die größte und wichtigste internationale Organisation zur Sicherung des Friedens in der Welt. Ihr gehören heute 189 der 195 Staaten der Welt an. Sie stellt bereits den zweiten Versuch dar, den Weltfrieden durch eine internationale Organisation zu sichern. Nach den Erfahrungen des Ersten Weltkrieges wurde 1920 der Völkerbund gegründet. Er scheiterte, weil die Mitglieder nicht bereit waren, sich der Organisation unterzuordnen. Nach dem Zweiten Weltkrieg schlossen sich am 26. Juni 1945 51 Staaten zu den „United Nations Organisations (UNO)" zusammen. Deutschland gehört der UNO seit 1973 an. Die UNO hat zum Ziel

- den Weltfrieden und die internationale Sicherheit zu wahren
- weltweit die Achtung der Menschenrechte durchzusetzen
- freundschaftliche Beziehungen zwischen den Nationen zu wahren und zu fördern. Es gilt dabei der Grundsatz der Gleichberechtigung.

Alle Mitglieder der UNO haben die „Charta der Vereinten Nationen" unterschrieben. Damit verpflichten sie sich

- Streitigkeiten untereinander ausschließlich mit friedlichen Mitteln beizulegen,
- jede Androhung und Anwendung von Gewalt gegen die Unabhängigkeit oder das Territorium eines anderen Staates zu unterlassen,
- die Weltorganisation bei allen Maßnahmen zu unterstützen.

1. Formuliere selbst W-Fragen zu dieser Seite.
   Tipp: Partnerarbeit. Einer formuliert die Frage, der andere beantwortet sie. Wechselt euch dabei ab.
   Wer ...? Wann ...? Was ...? Wo ...? ...?
2. Schreibt weitere Fragen auf, die euch im Zusammenhang mit der UNO interessieren. Zusätzliche Informationen findet ihr unter www.uno.de; www.un.org.

Mit welchen Mitteln sichert die UNO den Frieden?

Wenn die internationale Sicherheit gefährdet ist, versucht der Weltsicherheitsrat (er ist als wichtigstes Organ der UNO für die Wahrung des Weltfriedens zuständig) zunächst, den Konflikt durch Verhandlung, Untersuchung, Vermittlung, Vergleich oder durch andere friedliche Mittel beizulegen. Erst wenn ein Friedensbruch, eine Friedensbedrohung oder eine andere Angriffshaltung vorliegt, kann er Vorbeugungs- und Zwangsmaßnahmen verhängen. Dabei ist die Staatengemeinschaft zunächst nur zur Mitwirkung an Sanktionsmaßnahmen nichtmilitärischer Art aufgefordert. Darunter fallen Wirtschaftsembargos, die Unterbrechung von Verkehrs- und Kommunikationswegen. Erst wenn diese Mittel nicht ausreichen, ist der Einsatz militärischer Mittel vorzusehen. Der Einsatz von Streitkräften kann demonstrativ erfolgen, um dem Friedensstörer die Entschlossenheit der Vereinten Nationen vor Augen zu führen. Er kann auch zu Blockadezwecken dienen oder letztlich zur Friedenserzwingung gegenüber einem Aggressor.

Dazu haben sich zwei unterschiedliche Arten von Friedensmissionen herausgebildet, nämlich die friedensschaffenden (peace-making-operations) und die, in der Charta so nicht verankerten, friedenssichernden bzw. friedenserhaltenden (peace-keeping-operations) Maßnahmen, worunter die so genannten Blauhelmeinsätze zu zählen sind.
Mit Zustimmung aller Konfliktbeteiligten werden in der Regel leicht bewaffnete Soldaten, zivile Berater oder Polizisten zur Überwachung von Waffenstillstandsvereinbarungen sowie Wahlen eingesetzt. Die Blauhelmtruppen verhalten sich strikt neutral. Sie werden oft zwischen den Waffenstillstandslinien stationiert. Die Friedenstruppen der Vereinten Nationen – wegen der Farbe ihrer Kopfbedeckungen Blauhelme genannt – bestehen aus bewaffneten Einheiten von Mitgliedstaaten. Friedensschaffende Missionen bedürfen eines Mandates des Sicherheitsrats. In der Praxis haben die Vereinten Nationen in der Vergangenheit Mitgliedstaaten mit der Durchführung solcher Operationen beauftragt, z. B. beim Golfkrieg 1991 die USA.

(Nach: UNO, Deutschland und die Vereinten Nationen, hrsg. vom Presse- und Informationsamt der Bundesregierung, Bonn 1996, S. 13 f.)

Deutsche Blauhelmsoldaten in Somalia. 1993/4 beteiligte sich Deutschland erstmals mit einem größeren Kontingent an einer UN-Friedensmission.

Als unerwünschte Helfer werden Blauhelmsoldaten manchmal selbst Zielscheibe von verfeindeten Bürgerkriegsparteien, wie hier in Somalia.

Friedensmissionen der UNO

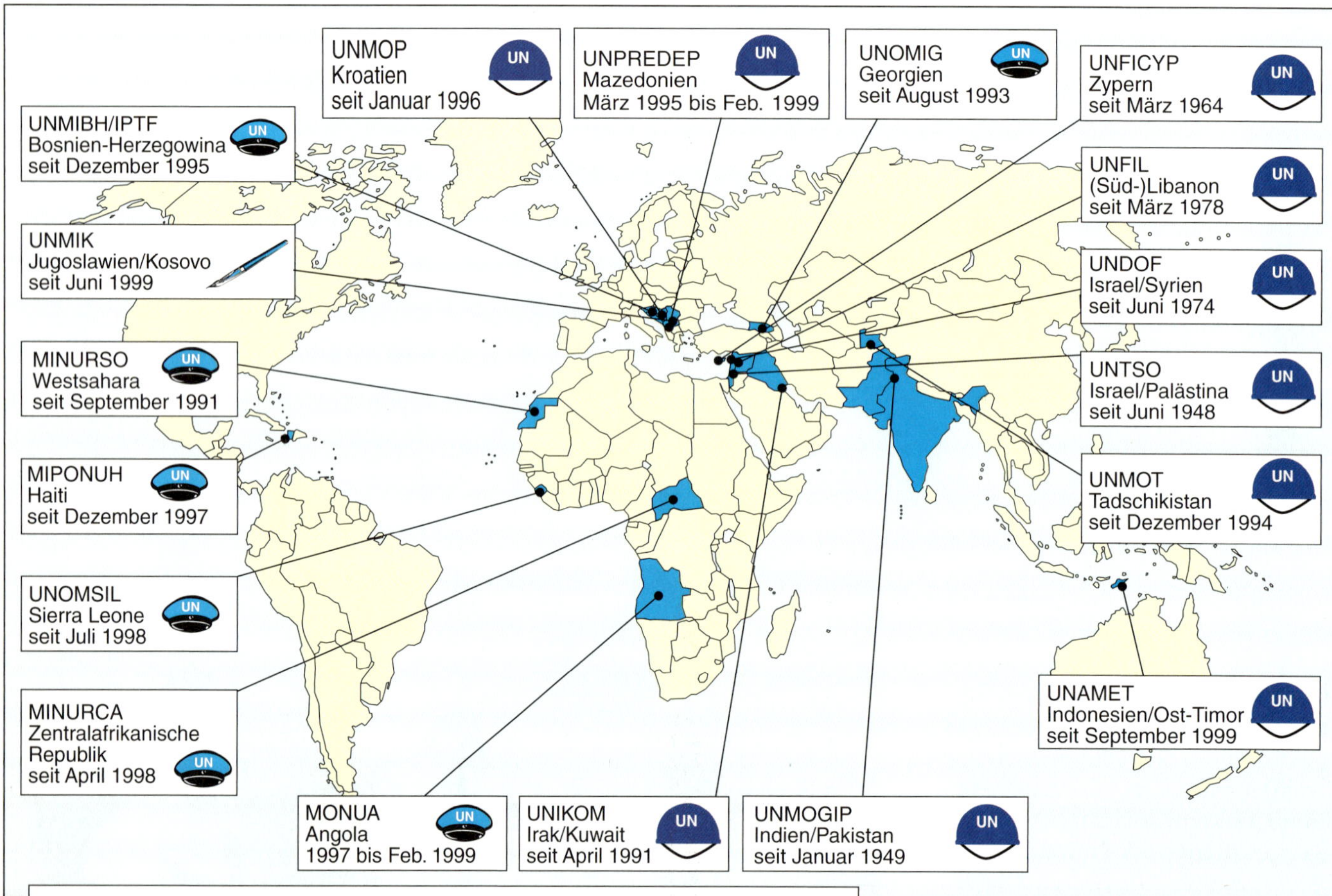

Friedensmissionen 1999

Klassische Missionen zur Friedenssicherung, die die Einhaltung von Waffenstillständen überwachen, ihre Verletzung untersuchen und den Abzug von Truppen bzw. Konfliktparteien kontrollieren.

Kombinierte und erweiterte Missionen der Friedenssicherung, die neben den militärischen umfangreiche zivile Aufgaben übernehmen.

Zivile Missionen ohne militärischen Auftrag, z. B. zum Aufbau neuer Verwaltungsstrukturen nach Kriegen/Bürgerkriegen oder zur Überwachung von Wahlen.

Karte nach: Fischer Weltalmanach 2000, S. 1013

1. Drei wichtige Aufgaben von Blauhelmsoldaten sind …
2. Welche Gründe sprechen dafür, dass die Teilnahme von Blauhelmsoldaten grundsätzlich freiwillig ist?
3. Betrachte die Karte. Welche Aussage trifft zu?
   a) Die meisten Friedensmissionen sind Blauhelmeinsätze.
   b) Die UNO ist in allen Regionen der Welt tätig.
   c) UNO-Friedensmissionen sind kurzfristige Einsätze.

Wie werden in der UNO Entscheidungen getroffen?

Wichtige Organe der UN

GENERALVERSAMMLUNG

Blick in den Plenarsaal der Vollversammlung

besteht aus allen Mitgliedsländern der UNO. Der Hauptsitz der UNO ist New York. Jedes der 185 Länder hat eine Stimme. Auf der jährlichen Vollversammlung setzt sie sich für die Verwirklichung von Menschenrechten ein, lenkt die Aufmerksamkeit des Sicherheitsrates auf Situationen, die den Weltfrieden gefährden könnten, erörtert Fragen der Abrüstung. Sie kann an internationalen Krisenherden Untersuchungen durchführen und Empfehlungen zur Konfliktregelung aussprechen. Da die meisten Mitglieder der Vereinten Nationen zu den Entwicklungsländern zählen, beschäftigt sich die Vollversammlung häufig mit Fragen der Entwicklungspolitik. Alle zwei Jahre wählt sie die zehn nichtständigen Mitglieder des Sicherheitsrates. Alle fünf Jahre wählt sie auf Empfehlung des Sicherheitsrates den Generalsekretär.

GENERALSEKRETÄR

ist oberster Verwaltungsbeamter der UN. Er reist in Krisengebiete und führt Gespräche mit Regierungen; er macht Vorschläge zur Beilegung von Konflikten. Er nimmt an den Sitzungen des Sicherheitsrates teil und lenkt dort die Aufmerksamkeit auf die Probleme in der Welt. Er erstattet der Generalversammlung jährlich Bericht. Seit Ende 1996 bekleidet der Afrikaner Kofi Annan dieses Amt.

SICHERHEITSRAT

ist verantwortlich für die Wahrung des Weltfriedens und die internationale Sicherheit. Er setzt sich aus fünf ständigen, nämlich China, Frankreich, Großbritannien, Russland und USA, und zehn nichtständigen Mitgliedern zusammen. Diese werden von der Generalversammlung auf zwei Jahre gewählt. Er kann Empfehlungen aussprechen, wie die streitenden Länder ihre Konflikte friedlich beilegen können, aber auch Zwangsmaßnahmen – wie z. B. Handelsboykott, Waffenembargo – anordnen oder die Entsendung von Friedenstruppen beschließen. Gegen die Beschlüsse des Sicherheitsrates können die ständigen Mitglieder von ihrem Vetorecht Gebrauch machen. Sie können damit mit einer einzigen Stimme einen Beschluss blockieren.

1. Die Aufgaben der Organe der Vereinten Nationen lassen sich in einem Schaubild darstellen.
2. Zurzeit wird diskutiert, ob im Sicherheitsrat das Vetorecht abgeschafft und das Prinzip der Mehrheitsentscheidung eingeführt werden soll. Was spricht dafür, warum können einzelne Mitglieder des Sicherheitsrates gegen diese Änderung sein?

Rollenspiel:

Der Sicherheitsrat tagt

Der Weltsicherheitsrat ist für die Wahrung des Weltfriedens zuständig. Zur Verhütung und Beendigung von Konflikten stehen ihm verschiedene Mittel zur Verfügung. Ihr könnt eine Sitzung des Sicherheitsrates im Rollenspiel nachspielen. Teilnehmer sind die fünf ständigen Mitglieder des Sicherheitsrates: China, Frankreich, USA, Russland und Großbritannien. Eure Aufgabe besteht darin, Empfehlungen zur Entschärfung eines (erfundenen, aber an tatsächlichen Vorfällen orientierten) Konfliktes zu erarbeiten bzw. zu entscheiden, ob die UNO in diesen Konflikt eingreifen soll. Natürlich könnt ihr in diesem Spiel nicht die tatsächliche Position dieser Staaten vertreten, da sie nicht bekannt ist. Wie in Wirklichkeit jedoch müssen eure Entscheidungen im Sicherheitsrat einstimmig gefasst werden.
Bildet Gruppen mit jeweils fünf Teilnehmern. Jedes Gruppenmitglied vertritt die Meinung eines Mitgliedes des Sicherheitsrates. Nach einer vorher vereinbarten Zeit stellen die Gruppen ihre Entscheidung in der Klasse vor.

Bürgerkrieg in Malawesi

Stellt euch Malawesi als einen kleinen Staat irgendwo im tropischen Afrika vor. Bis 1963 war Malawesi eine französische Kolonie. Noch heute leben dort viele französische Staatsbürger, die sich auf dem Land als Farmer niedergelassen haben. Wie viele Staaten in Afrika ist Malawesi heute ein Vielvölkerstaat. Die beiden größten Bevölkerungsgruppen sind die wirtschaftlich und politisch sehr einflussreichen Tulugis sowie das Hirtenvolk der Kawangas.
Die Natur hat das Land reichhaltig ausgestattet: mit fruchtbarem Ackerboden, der bis zu drei Ernten erlaubt, und ergiebigen Bodenschätzen – Zinn und Erdöl, das von einer großen amerikanischen Ölförderungsgesellschaft ausgebeutet wird. Doch kam es in der noch jungen Geschichte immer wieder zu blutigen Machtkämpfen zwischen diesen rivalisierenden Stämmen.
Zuletzt 1990, als General Makuti, ein Kawanga, gegen den sozialistischen Regierungschef Pierre Solonga putschte. Die Staatskrise wurde durch den Zusammenbruch der Sowjetunion ausgelöst. Bis dahin hatte die Sowjetunion die marode Wirtschaft mit beträchtlicher Entwicklungshilfe unterstützt. General Makuti versprach baldige Wahlen, errichtete jedoch entgegen seinem Versprechen eine Diktatur. Die wichtigsten Schlüsselpositionen in Wirtschaft und Politik besetzte er mit seinen Stammesgenossen aus dem Volk der Kawangas.
Während der schweren Wirtschaftskrise in den letzten beiden Jahren konnte die verbotene Bewegung „Demokratie jetzt" viele neue Anhänger gewinnen, besonders unter den Tulugis. Sie fordern die Abhaltung freier Wahlen und die Errichtung einer Demokratie. Als General Makuti eine Versammlung der Demokratiebewegung mit Waffengewalt auflöst, kommt es zu blutigen Auseinandersetzungen zwischen den Völkergruppen. In kürzester Zeit greift der Krieg auf das ganze Land über. Die Truppen Makutis ziehen plündernd und mordend über das Land. Auch unter den Rebellen kommt es zu zahlreichen Menschenrechtsverletzungen, Tausende unschuldiger Zivilisten verlieren ihr Leben. Hunderttausende fliehen in die Nachbarstaaten. Aufgrund der Unruhen sind die Bauern in diesem Jahr nicht in der Lage, ihre Felder zu bestellen, eine dramatische Hungersnot bricht aus. Wegen der unkalkulierbaren Gefahren können Hilfsgüter nicht mehr verteilt werden. Fast täglich erscheinen in den Medien Bilder von verhungernden Menschen. In den überfüllten Flüchtlingslagern der Nachbarstaaten ist die Cholera ausgebrochen.
Nachdem die Rebellen die Hauptstadt erobert haben, schließen die beiden Parteien einen Waffenstillstand. Nach wie vor herrscht jedoch kein Frieden. Versprengte Anhänger des Generals überfallen immer wieder die Dörfer der Tulugis, immer wieder kommt es zu kleineren Scharmützeln zwischen diesen und ehemaligen Rebellengruppen. Die Zivilbevölkerung sehnt sich nach über zwei Jahren Bürgerkrieg nur nach Frieden. Soll die UNO in diesem Fall eingreifen?

Das müsst ihr in den Gruppen tun:

1. Haltet euch an eure Rollenvorgabe und begründet, warum die UNO – eurer Meinung nach – eingreifen soll oder warum nicht.
2. Bereitet für den Weltsicherheitsrat eine kurze Rede vor, in der ihr euren Standpunkt begründet.
3. Diskutiert im Weltsicherheitsrat, ob und welche UNO-Maßnahme hier sinnvoll ist.
4. Testet die Möglichkeiten einer einstimmigen Entscheidung.

Frankreich
tritt für ein Engagement der UNO ein. Es befürchtet einen großen Flüchtlingsandrang aus der ehemaligen Kolonie. Zudem sieht es die Sicherheit der französischen Siedler gefährdet.

Russland
ist gegen ein Eingreifen. Es befürchtet, dass sein Einfluss in Afrika weiter schwindet, wenn eine internationale Truppe unter Führung der Amerikaner entsendet wird. Zudem hat Russland General Makuti in der Endphase des Kampfes mit Waffen beliefert.

China
ist noch unentschlossen. Einerseits möchte es verhindern, dass Amerika, als einzige Supermacht, seinen Einfluss in der Weltorganisation weiter ausdehnt, auf der anderen Seite möchte es sicherstellen, dass sich die UNO bei möglichen Konflikten an seiner Südgrenze, etwa in Kambodscha, weiterhin engagiert.

Großbritannien
sieht die Kostenfrage als Haupthindernis für ein Eingreifen der UNO. Schon jetzt befinde sich die UNO in großen finanziellen Problemen. Zudem sind die bisherigen Erfahrungen der UNO in Afrika nicht ermutigend.

Die USA
weisen vor allem auf die Menschenrechtsverletzungen hin. Außerdem möchten sie ihre Interessen an den Rohstoffen, besonders dem Erdöl, wahren.

Die UNO im 21. Jahrhundert: Welche Reformen sind notwendig?

Anfang der Neunzigerjahre setzten viele Menschen großes Vertrauen in die UNO. Sie sahen in ihr eine Art Weltpolizei, die weltweit bei Konflikten Frieden schaffen könne. Doch schon bald zeigten sich auch die Grenzen der Weltorganisation: Weder in Somalia noch in Ruanda noch im Konflikt in Bosnien-Herzegowina konnten UN-Truppen entsetzliche Gewalttaten verhindern oder gar Frieden schaffen. Auch als 1999 auf dem Balkan ein Krieg zwischen Serben und Kosovo-Albanern ausbrach, erwies sich die UNO als handlungsunfähig. Die Folge: Die NATO griff ohne Mandat (Auftrag) in den Konflikt ein und drängte durch Luftangriffe die Serben aus dem Kosovo zurück. Die offenkundige Machtlosigkeit der UNO schürte die Diskussion um eine Reform der Weltorganisation: Soll die UNO künftig auch bei massiven Menschenrechtsverletzungen eingreifen? Was muss passieren, damit die UNO wieder handlungsfähig wird?

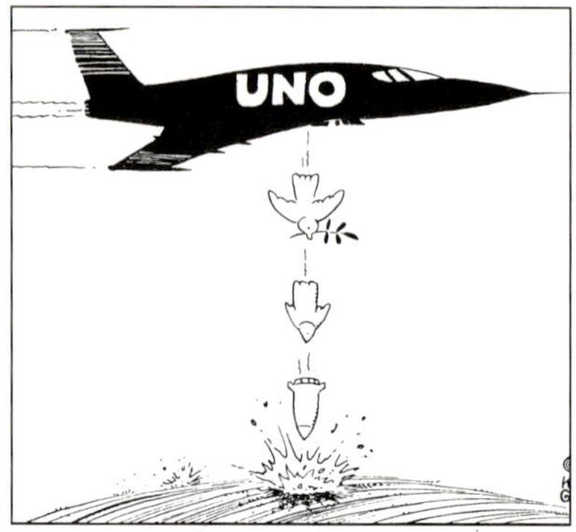

Welche Reformvorschläge werden diskutiert? Welche Probleme verzögern die Reform der Weltorganisation?

Die UN-Charta sagt im Prinzip: Die UNO darf sich nicht in die inneren Angelegenheiten von Staaten einmischen. Ausnahme: Der UN-Sicherheitsrat darf gegen schwerwiegende und massenhafte Menschenrechtsverletzungen einschreiten, wenn sie den internationalen Frieden gefährden. UN-Generalsekretär Kofi Annan will einen Schritt weitergehen: Die Menschenrechte sollen über die Rechte souveräner Staaten gestellt werden. Militärische Intervention also auch, wenn massive und systematische Menschenrechtsverletzungen den Weltfrieden bedrohen. Kofi Annan zieht damit die Konsequenz aus der veränderten Weltlage. Kriege zwischen Staaten gibt es kaum noch. Doch die Zahl von blutigen Bürgerkriegen innerhalb von Staaten nimmt zu.
Damit liegt das Dilemma auf der Hand: Staatliche Souveränität darf nicht länger der Schutzschild für Diktatoren und Mörder sein – aber militärisches Eingreifen braucht die Zustimmung des UN-Sicherheitsrates, will man nicht Willkür und Anarchie in der Welt befördern. Einziger Ausweg aus dieser Zwickmühle: eine Erneuerung der Vereinten Nationen, die sie mit größeren Machtbefugnissen ausstattet. So wie sie heute ist, kann die UNO nicht als handlungsfähiger Akteur der Weltpolitik gelten. Sie hat weder Geld noch Soldaten. Der Sicherheitsrat, und nur er, darf militärische Zwangsmaßnahmen beschließen, ist oft genug blockiert durch das Vetorecht der fünf ständigen Mitglieder.
Eine Reform der Weltorganisation muss kommen, da sind sich alle einig. Darüber, wie die UNO künftig aussehen soll, herrscht endloser Zwist. Der Sicherheitsrat soll größer werden, um die internationale Organisation zu „demokratisieren". Aber wie groß? Die Amerikaner wollen 21 Mitglieder – Deutschland meint, dass das nicht reicht. Afrika und Asien streiten, wer sie im Sicherheitsrat vertreten soll.
Der deutsche Außenminister fordert, dass ein Veto im Sicherheitsrat begründet werden muss. China hat sofort erklärt: „Das kommt nicht in Frage!" Auch dem Vorstoß von Kofi Annan hat China eine Abfuhr erteilt. Aber auch die Reaktionen aus der Dritten Welt waren sehr gemischt: Manche Regierung dort müsste sich von einer solchen Entwicklung bedroht fühlen.

(Nach: Michael Bechtel, Kein Schutzschild für Tyrannen, in: PZ Nr. 100, Dez. 1999, S. 24f.)

Braucht die UNO mehr Macht?

Nein!

Die UNO ist kein Militärbündnis. Wer verlangt, dass die UNO aus humanitären Gründen eingreifen soll, wenn sich in einem Bürgerkrieg die Gegner zerfleischen, überfordert die Weltorganisation. Das ist zudem nicht mehr finanzierbar. Schon jetzt hat die UNO große finanzielle Probleme. Sie sollte sich vielmehr auf Aufgaben konzentrieren, die sie schon seit über 50 Jahren hervorragend bewältigt: friedenserhaltende Maßnahmen durchführen und die Einhaltung von Friedensabkommen überwachen, Hilfe für Flüchtlinge organisieren, Entwicklungshilfe leisten und sich für die Rechte von Kindern einsetzen.

Ja!

Die UNO ist zurzeit nicht handlungsfähig. Sie braucht deswegen mehr Macht und mehr Geld. Die UNO muss sich in Zukunft bei schweren Menschenrechtsverletzungen einschalten können, um Völkermorde zu verhindern. Damit Entscheidungen zügiger getroffen werden können, muss der Sicherheitsrat reformiert werden.

4. Wie wichtig ist die NATO für den Frieden in Europa?

Deutschland ist ringsum von Freunden umgeben. Sollten wir wirklich einmal angegriffen werden, kann uns die Bundeswehr verteidigen. Brauchen wir eigentlich ein Militärbündnis wie die NATO?

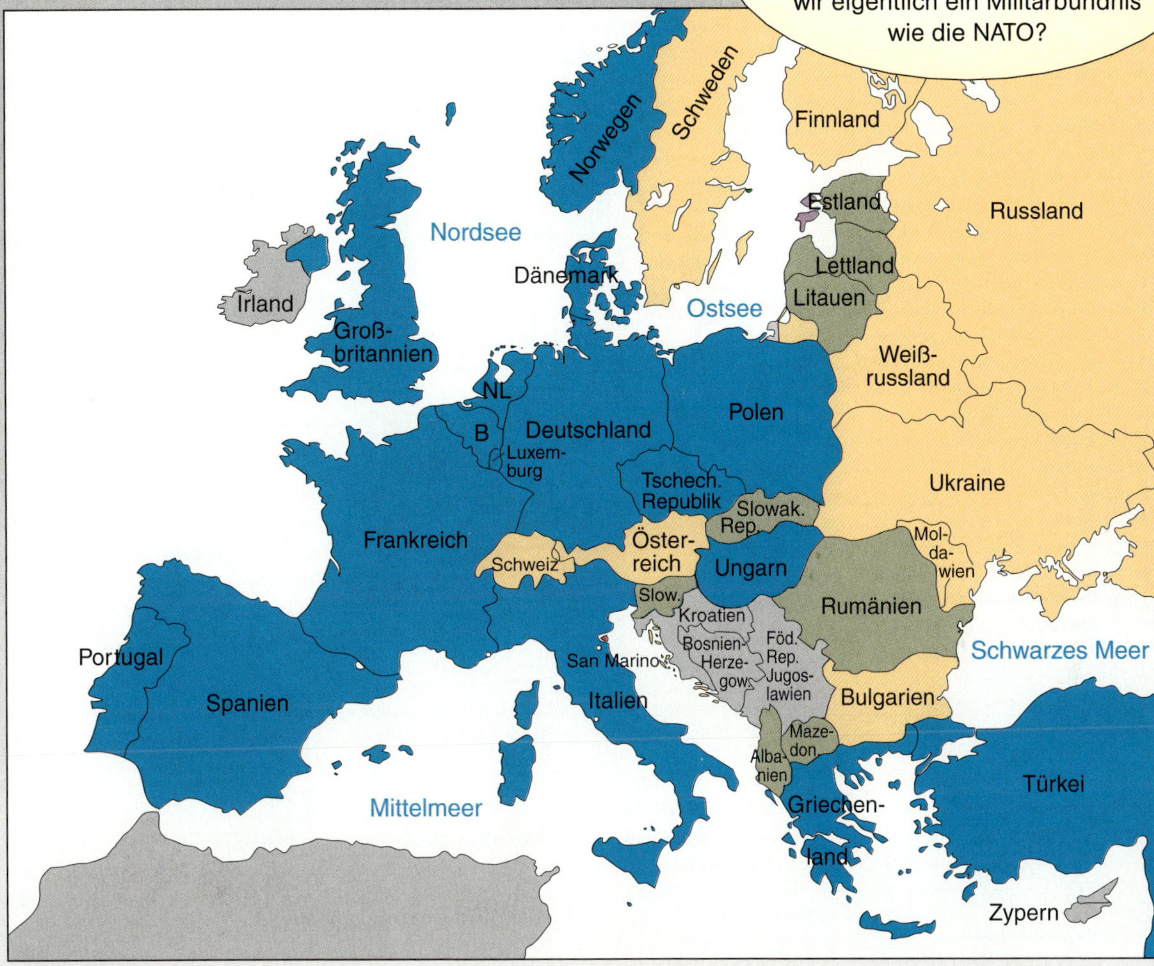

Natomitglieder
(+USA u. Kanada)

Weitere Natokandidaten
Staaten, die aufgenommen werden wollen

Partnerschaft für den Frieden
Die NATO hat mit ehemals kommunistischen oder neutralen Staaten eine Partnerschaft für den Frieden (PFP) geschlossen. Ziel ist eine Zusammenarbeit, ohne dass den Staaten gleich die NATO-Mitgliedschaft angeboten wird.

Von der Konfrontation zur Partnerschaft für Frieden – wie entwickelte sich die NATO?

Die NATO ist ein Militärbündnis. Ihr gehören heute 19 Mitglieder an. Gegründet wurde das Bündnis im Jahr 1949 – wenige Jahre nach dem Zweiten Weltkrieg. Im NATO-Vertrag verpflichteten sich alle Mitglieder, einander im Verteidigungsfall militärisch beizustehen. 1955 entstand der Warschauer Pakt als östliches Militärbündnis.
Innerhalb weniger Jahre waren aus den im Weltkrieg verbündeten Staaten Gegner geworden, die zwar nicht direkt gegeneinander kämpften, sich aber mit ihren riesigen Waffenarsenalen bedrohten. Man spricht in diesem Zusammenhang auch vom „Kalten Krieg", weil keine direkte militärische Konfrontation stattfand.
Viele Jahre lang sicherte militärische Abschreckung den Frieden in Europa, das zu dieser Zeit in zwei Militärblöcke gespalten war. Mitten durch Deutschland verlief der „Eiserne Vorhang" – die Grenze zwischen dem West- und Ostblock. Im Falle eines Krieges wäre Deutschland zum Hauptschlachtfeld geworden. Doch für beide Gegner war das Risiko eines Angriffes zu groß. Allerdings setzte sich in den Siebzigerjahren immer mehr die Erkenntnis durch, dass Sicherheit nicht allein mit militärischen Mitteln garantiert werden kann. NATO und Warschauer Pakt verbesserten ihre Kommunikation und versuchten mit vertrauensbildenden Maßnahmen die Situation in Europa zu entschärfen. Die Phase der Entspannungspolitik begann.
Nach dem Zerfall der kommunistischen Regime im Osten löste sich 1991 der Warschauer Pakt auf. Die NATO geriet dadurch in eine schwierige Situation: Der ehemalige Feind existierte nicht mehr, doch entstanden in Ost- und Südosteuropa neue Sicherheitsrisiken durch wirtschaftlichen Niedergang, Korruption und politische Unsicherheit in diesen Staaten. Viele der ehemaligen Warschauer-Pakt-Staaten wollten sich militärisch an den Westen binden – auch aus Angst vor der russischen Übermacht. Die NATO war bereit sich für neue Mitglieder zu öffnen. Zunächst kam sie den Sicherheitsbedürfnissen dieser Staaten mit dem Angebot der „partnership for peace" entgegen. Dieses Vertragswerk sieht eine enge militärische Zusammenarbeit und gemeinsame UNO-Missionen vor. Auch Russland, das die NATO-Mitgliedschaft von Ungarn, Polen und Tschechien nur zähneknirschend akzeptierte, ist Mitglied. Die NATO plant, in den nächsten Jahren weitere Mitglieder aufzunehmen.

1. 2004 ist die NATO 55 Jahre alt. Jubiläen sind immer ein Anlass zurückzublicken, Leistungen zu würdigen, aber auch Probleme anzusprechen. Stellt euch vor, ihr seid Reporter einer lokalen Radiostation und erhaltet den Auftrag einen Radiobeitrag zum 55. Jubiläum zu verfassen. Euer Beitrag sollte nicht länger als drei Minuten sein. Ihr könnt ihn auf Kassette aufnehmen und der Klasse präsentieren. Benutzt dazu auch die Informationen auf der folgenden Seite.

Welche Aufgaben hat die NATO heute?

Die Nachkriegszeit ist in Europa und in der Welt endgültig vorüber: Sowjetunion und so genannter „Ostblock“ existieren nicht mehr, ebenso wenig wie eine kommunistische Bedrohung. Ist damit die Nachkriegs„ordnung“, d. h. sind damit die Vereinten Nationen und die NATO überflüssig geworden?
Im Gegenteil: Auf eine einfache Formel gebracht, kann – angesichts von Instabilität in der Welt, von Krisen und Kriegen auch in Europa – für ein friedliches Europa über die Jahrtausendwende hinaus nur weitere Integration (= Eingliederung) angesagt sein.
Beruhte unsere Sicherheit bis 1989 auf der Bewahrung der Machtverhältnisse in Europa, so geht es heute darum, den ständigen Wechsel zu bewältigen und zu beherrschen. Der Feind heißt heute nämlich Instabilität und ausufernde Krisenherde. Friedens- und Sicherheitspolitik muss daher heute in erster Linie Stabilitätspolitik sein. Stabilität aber bildet sich durch Integration und Zusammenarbeit. Somit gehört zu den erweiterten Aufgaben der NATO auch, dass sie sich den neuen Demokratien im Osten öffnet […]

(Nach: Dieter Ose: Integration und Kooperation. Die Neue NATO im Entscheidungsjahr 1997, in: IFDT, Januar 1997, S. 8 f.)

Die langfristigen Aufgaben der NATO

An den Rändern Europas sind neue Sicherheitsrisiken entstanden: ethnische Konflikte, aber auch religiöser Fundamentalismus. Der Krisenbogen spannt sich vom Balkan über Nordafrika bis in den Nahen Osten. Verhütung von Krisen durch politische Konsultationen, aber auch Krisenmanagement durch militärische Intervention ist daher eine der neuen Aufgaben der NATO.

General Klaus Naumann, bis 1999 Vorsitzender des Militärausschusses der NATO, sieht insgesamt vier langfristige Aufgaben für die neue NATO:

1. Wir müssen die transatlantische Sicherheitspartnerschaft festigen und vertiefen und zugleich die Rolle Europas stärken. Wir Europäer müssen alles daransetzen, für die USA ein ernst zu nehmender Partner zu bleiben. Das aber können wir nur, wenn Europa endlich mit einer Zunge spricht und wenn nötig auch gemeinsam handelt.
2. Wir müssen mit Russland ins Reine kommen. Die NATO hat nach dem Zusammenbruch des Eisernen Vorhangs die Hand zur Partnerschaft gereicht und die Beziehungen zu Russland ständig weiterentwickelt. Der ständige NATO-Russland-Rat gibt Russland die Möglichkeit in nahezu allen sicherheitsrelevanten Fragen zu konsultieren und, wenn nötig, auch gemeinsam zu handeln.
3. Wir dürfen keine neue Konfrontation in Europa und an seiner Peripherie (= Rändern) aufkommen lassen. Die zunehmende Globalisierung erlaubt es nicht mehr, Sicherheit rein geographisch zu definieren. Entfernungen und Grenzen spielen eine immer geringere Rolle. Kooperation und Vertrauensbildung im Dialog müssen zunehmend gegenseitige Kontrolle ersetzen.
4. Wir müssen militärisch einsatzfähig bleiben, weil nur damit die Zusage glaubwürdig bleibt, dass das Risiko für ein Bündnismitglied auch als Risiko für alle Bündnismitglieder angesehen wird. Sie [die NATO-Streitkräfte] sollen Risiken für das NATO-Gebiet abwenden und Einsätze außerhalb des NATO-Vertragsgebietes durchführen.

(Aus: Klaus Naumann: Leistungsfähig zu guten Konditionen, in: IFDT, 50 Jahre NATO, Frieden in Freiheit, März 1999, S. 12 ff.)

Neue Sicherheitsrisiken …

erfordern neue Antworten

Im Krieg in Bosnien war die NATO 1995 erstmals im Auftrag der UNO im Kampfeinsatz – außerhalb des eigentlichen Bündnisgebietes. Die NATO-Truppen setzen sich dabei stets aus Soldaten vieler Nationen zusammen. Nach Kriegsende halfen NATO-Soldaten beim Wiederaufbau in Bosnien. Der Kampfeinsatz im Kosovo-Krieg 1999 war in Deutschland umstritten, weil die NATO nicht im Auftrag der UNO handelte.

2. Friedens- und Sicherheitspolitik heißt heute, dass …
3. Welche Aufgaben muss die neue NATO in den nächsten Jahren bewältigen?

Die neue NATO – wie Karikaturisten sie sehen

Interpretation von Karikaturen

Suche dir eine Karikatur aus und formuliere dazu einen Text. Richtig verstehen kann man diese nur, wenn man den Text auf den vorhergehenden Seiten gelesen hat. Gehe bei der Interpretation am besten nach dem 3-Fragen-Schema vor: a) Was ist zu sehen? b) Auf welches Problem will der Karikaturist aufmerksam machen? c) Welche Gedanken und Gefühle löst die Karikatur in mir aus? Stellt eure Texte anschließend in der Klasse vor.

Tipp: Partnerarbeit

5. Die Bundeswehr: Kann eine Armee dem Frieden dienen?

Die Bundeswehr ist dazu da, um uns bei einem Angriff zu verteidigen. Glücklicherweise ist dieser Fall bisher nicht eingetreten. Während des Kalten Krieges standen die hoch gerüsteten Militärblöcke allerdings mehrmals am Rande eines Krieges. Heute, wo kein Feind mehr im Osten steht, nimmt die Bundeswehr verstärkt andere, teilweise neue Aufgaben wahr. Ist das, was man auf den Bildern sieht, Friedensdienst?

Kambodscha 1991–1993: Nach einem Bürgerkrieg errichten Bundeswehrsoldaten ein Hospital und versorgen die Bevölkerung medizinisch.

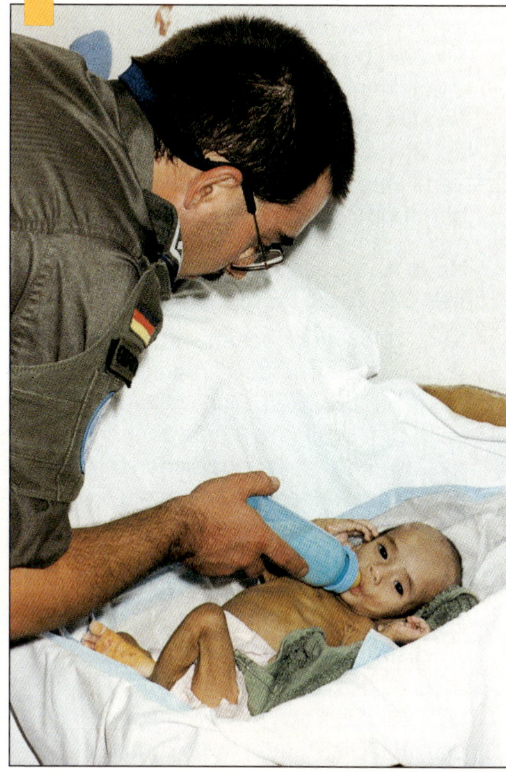

1997: Bei der „Jahrhundertflut" an der Oder helfen 15000 Soldaten den Bruch der Dämme zu verhindern und die Folgen der Überschwemmungen zu beseitigen.

Kosovo 1999: Erstmals beteiligt sich die Bundeswehr an einem Kampfeinsatz der NATO: 14 deutsche Tornados fliegen von Italien aus Luftangriffe auf die jugoslawische Luftabwehr, um den serbischen Diktator Milosevic zum Abzug aus dem Kosovo zu bewegen. (Foto: Bildarchiv IMZBw)

Bosnien-Herzegowina: Seit 1995 beteiligt sich die Bundeswehr an der Überwachung des Friedensabkommens und hilft beim Wiederaufbau des Landes mit, z. B. bei der Reparatur von zerstörten Brücken.

INFORMATION

Aufgaben der Bundeswehr

Die Bundeswehr ist ein Kind des Kalten Krieges: Sie entstand 1955, als in Mitteleuropa die Sorge vor einem möglichen Krieg zwischen den West- und Ostmächten immer größer wurde. Sie sollte im Verteidigungsfall den Feind im Osten mit starken Bodentruppen und Panzern aufhalten.

Neue Aufgaben nach dem Ende des Ost-West-Konflikts

Nach dem Grundgesetz darf die Bundeswehr nur zur Verteidigung eingesetzt werden. Man wollte damit nach den schlimmen Erfahrungen des Zweiten Weltkriegs sicherstellen, dass von deutschem Boden nie wieder ein Krieg ausgehen kann.
Mit dem Ende des Kalten Krieges wandelten sich die Aufgaben der Bundeswehr grundlegend. Seit sich 1991 der Warschauer Pakt aufgelöst hatte, war die Gefahr eines Atomkrieges in Europa praktisch ausgeschaltet. Die Bundeswehr konnte nun ihren Umfang erheblich verringern. 1990 gab es in Deutschland noch über 610 000 Soldaten (in der Bundeswehr und der Volksarmee der DDR); im Jahr 2000 umfasste die Bundeswehr noch ca. 320 000 Soldaten. Es ist geplant, die Streitkräfte auf ca. 250 000 Soldaten zu reduzieren.

Mit dem Wegfall der Bedrohung stellte sich auch die Frage nach den zukünftigen Aufgaben einer deutschen Armee. Seit 1992 werden der Bundeswehr in den „Verteidigungspolitischen Richtlinien“ folgende Aufgaben zugewiesen: Sie

- schützt Deutschland und seine Staatsbürger gegen politische Erpressung und äußere Gefahr
- fördert die militärische Stabilität und die europäische Einigung
- dient dem Weltfrieden und der internationalen Sicherheit im Einklang mit der Charta der Vereinten Nationen
- hilft bei Katastrophen, rettet aus Notlagen und unterstützt humanitäre Aktionen.

Zwar bleibt die Landesverteidigung nach wie vor eine wichtige Aufgabe der Bundeswehr, doch wird seit den Neunzigerjahren die Teilnahme an weltweiten Krisen- und Konflikteinsätzen immer wichtiger. 1994 entschied das Bundesverfassungsgericht, dass so genannte „out of area“ -Einsätze (Einsätze außerhalb des Nato-Gebietes) der Bundeswehr rechtlich unter bestimmten Bedingungen zulässig sind: wenn die Bundeswehr an friedenserhaltenden Maßnahmen im Auftrag der UNO oder NATO teilnimmt und wenn zuvor der Bundestag einer Teilnahme mehrheitlich zugestimmt hat. Seither hat die Zahl der Bundeswehreinsätze im Ausland erheblich zugenommen, sie sind auch gefährlicher für die Soldaten geworden. So wurde erstmals 1995 bei einer Aktion scharf geschossen: Bundeswehrsoldaten evakuierten in Tirana (Albanien) 120 bedrohte Europäer. Große innenpolitische Diskussionen löste 1999 die Beteiligung der deutschen Luftwaffe an Luftangriffen der Nato gegen Jugoslawien aus.

Aus dem Grundgesetz

Art. 87

(1) Der Bund stellt Streitkräfte zur Verteidigung auf.
(2) Außer zur Verteidigung dürfen die Streitkräfte nur eingesetzt werden, soweit dies das Grundgesetz ausdrücklich zulässt.

Art. 26

(1) Handlungen, die geeignet sind und in der Absicht vorgenommen werden, das friedliche Zusammenleben der Völker zu stören, sind verfassungswidrig und unter Strafe zu stellen.

1. Welche Aufgaben hat die Bundeswehr von Anfang an wahrgenommen, welche sind neu dazugekommen?
2. „Out of area“-Einsätze waren und sind in Deutschland umstritten:
   a) Gegner verweisen auf das Grundgesetz. Auf welchen Artikel könnten sie sich berufen?
   b) Wie entschied das Bundesverfassungsgericht in dieser Frage?
   c) Erkläre die Aussage der Karikatur mithilfe von Beispielen im Text.

Soll sich die Bundeswehr an Kampfeinsätzen der NATO beteiligen? Das Beispiel Kosovo

Kosovo-Albaner trauern um ihre von Serben ermordeten Angehörigen. Wie sollte Deutschland auf den Völkermord im Kosovo reagieren?

Im Frühjahr 1999 entschloss sich die NATO zum militärischen Eingreifen im Kosovokonflikt im ehemaligen Jugoslawien. Im Kosovo, einer Provinz Rest-Jugoslawiens, hatte eine serbische Minderheit, unterstützt von den Serben in den übrigen Teilen Restjugoslawiens, die albanische Mehrheit der Bevölkerung massiv unterdrückt. Die NATO griff in den Konflikt erst ein, als alle Verhandlungen und Vermittlungsversuche gescheitert waren. Als Verantwortlicher für das Scheitern galt der Serbenführer Slobodan Milosevic, der nicht bereit war, seine Unterschrift unter das Vertragswerk zwischen Serben und Albanern zu setzen.
Der deutsche Bundestag beschloss mit großer Mehrheit, dass Einheiten der Bundeswehr an den Luftangriffen der NATO auf militärische Einrichtungen der Serben teilnehmen sollten. Der erste Kampfeinsatz der Bundeswehr nach dem Zweiten Weltkrieg war und ist in Deutschland umstritten, zumal auch die serbische Zivilbevölkerung Ziel von NATO-Bomben war. Durfte sich die Bundeswehr ohne entsprechenden Auftrag der UNO an einem Angriffskrieg beteiligen, um dem Morden im Kosovo ein Ende zu bereiten? In einem Gespräch mit dem Spiegel äußerten sich dazu Verteidigungsminister Rudolf Scharping und der Verfassungsrechtler Erhard Denninger.

☞ **Blitzlicht:** Wie ist eure Meinung in dieser Frage? Jeder äußert knapp seine Ansicht. Die anderen verzichten zunächst auf Kommentare. Wendet euch dann den beiden Texten zu.

Ja! Wir mussten eine humanitäre Katastrophe verhindern

Alle in der Regierung hatten Skrupel. Um eine humanitäre (= menschliche) Katastrophe im Kosovo zu verhindern, blieb uns jedoch keine andere Wahl. Die Verantwortung für die Luftschläge liegt allein bei Präsident Slobodan Milosevic, der im Kosovo mit unglaublicher Brutalität Krieg führt gegen sein eigenes Volk. Wir können einen militärischen Einsatz nur dann verantworten, wenn alle politischen und diplomatischen Mittel ausgeschöpft sind. Das ist der Fall. Und wir wollten nicht wegschauen angesichts der Herausforderung, dass dem Völkermord vergleichbare Entwicklungen im Gange sind. Entscheidend ist, ob wir den 250 000 Menschen helfen, die im Kosovo auf der Flucht sind. Es geht darum, ihnen endlich eine Perspektive zu geben, nicht länger Opfer einer erbarmungslosen Mordmaschine zu sein. Unsere Verantwortung ist es, das zu beenden.

(Nach: Rudolf Scharping: Alle hatten Skrupel, in: Der Spiegel, 13/99, S. 218f.)

Nein! Die Beteiligung der Bundeswehr war völkerrechtswidrig

Das ist eine ganz neue Art Krieg. Die NATO spricht ja nicht einmal von Krieg, die Militärs reden nicht zufällig von „Luftanschlägen" oder „Militäraktionen". Nach dem Vertragstext ist die NATO nur zuständig, wenn ein Mitgliedstaat verteidigt werden muss. Aber ich bezweifle, dass dazu auch humanitäre, nicht von der UNO genehmigte Kampfeinsätze gehören. Auch das Grundgesetz erlaubt nur Einsätze zur Landesverteidigung sowie im Auftrag der Vereinten Nationen und im Rahmen des NATO-Verteidigungsauftrages. Keiner dieser Fälle liegt vor. Die Befugnis, mit moralischen Argumenten in anderen Staaten einzufallen, ist ohne Frage eine hoch gefährliche Sache. Das ist Einladung zum Missbrauch. Deshalb habe ich ja so große Bedenken angemeldet. Das Bundesverfassungsgericht müsste zumindest ganz enge Grenzen setzen. Besser wäre eine Klarheit schaffende Ergänzung des Grundgesetzes.

(Nach: Erhard Denninger: Einladung zum Missbrauch, in: Der Spiegel, 13/1999, S. 222)

1. Wie begründen Scharping und Denninger in dem Interview ihre Haltung? Listet die einzelnen Argumente auf und nehmt Stellung dazu.
2. Das Bombardement zwang Milosevic zwar zum Rückzug aus dem Kosovo. Doch im Kosovo herrscht immer noch kein Frieden zwischen Kosovo-Albanern und Serben. Kann man Frieden mit militärischen Mitteln erzwingen? Was kann man damit erreichen, was nicht? Diskutiert in der Klasse über diese Frage.

Ist die Wehrpflicht noch zeitgemäß?

In Deutschland wurde 1955 die Wehrpflicht eingeführt. Dahinter stand die Auffassung, dass in einem demokratischen Staat Bürger nicht nur Rechte, sondern auch Pflichten haben. Dazu zählt die Bereitschaft, die freiheitliche Demokratie notfalls mit Waffen zu verteidigen. Die Verteidigung ist danach grundsätzlich Aufgabe aller Bürger.

Seit damals ist vieles anders geworden: Die Bundeswehr hat keine möglichen Feinde mehr und die Aufgaben der Bundeswehr haben sich infolgedessen verändert.

Deshalb wird seit einiger Zeit in der Öffentlichkeit über die Abschaffung der Wehrpflicht diskutiert.

Nein, Deutschland braucht die Wehrpflicht nicht mehr.

Seit der Auflösung der Sowjetunion und des Warschauer Pakts ist bei den Nato-Partnern das Feindbild abhanden gekommen – und damit das Bedürfnis nach einer schlagkräftigen Großarmee.

Wissenschaftler – auch solche von der Bundeswehr – rechnen den Steuerzahlern vor, dass eine Freiwilligenarmee mehr Kampfkraft fürs Geld biete. Selbst Wehrpflicht-Anhänger Rühe (ehemaliger Verteidigungsminister) muss zugeben, dass am Konzept etwas nicht mehr stimmt: Für den „unwahrscheinlichsten Fall“ – die Landesverteidigung – sei die Bundeswehr am besten gerüstet. Auf die „neue Aufgabe“ als Teilhaber internationaler Friedensmissionen sei sie dagegen nur schlecht vorbereitet.

Dabei ist die Wehrpflicht schon seit der Abschaffung der Gewissensprüfung für Wehrdienstverweigerer erledigt. De facto haben die jungen Männer längst „Wahlfreiheit“ zwischen Wehrdienst und Zivildienst: Postkarte genügt.

Der Zivildienst ist zu einem der stärksten Argumente der Wehrpflicht-Befürworter avanciert: Denn das Ende der Wehrpflicht würde zwangsläufig zur Abschaffung des zivilen Ersatzdienstes führen.

Die Bundeswehr könnte weiter verkleinert werden, wenn Freiwillige an die Stelle der Wehrpflichtigen träten. Die Hälfte der mit Grundwehrdienst Leistenden besetzten Posten ließe sich einsparen. Viele Millionen Mark im Jahr würden allein dadurch gespart, dass ohne Wehrpflicht ein gigantischer Apparat zur Verwaltung überflüssig wäre. Ganz zu schweigen davon, dass weniger Ausrüstung beschafft werden müsste.

Die Beibehaltung der Wehrpflicht führt zu einer schönen Verschwendung menschlicher Intelligenz, die sich die Gesellschaft nicht mehr leisten kann. Das Mathe-Talent lernt als Rekrut in zehn Monaten beim Heer bestenfalls, wie man einen Panzer fährt und mit Sturmgewehr im Arm das Kasernentor bewacht.

Dass sich die Bundeswehr nach dem unseligen Muster der Reichswehr zu einem „Staat im Staat“ entwickeln könnte, erscheint auch den Bürgern fern liegend. Eine Mehrheit der Deutschen, so ergab eine Umfrage, würde derzeit einer Berufsarmee positiv gegenüberstehen.

(Nach: Kleiner, aber feiner, in: Der Spiegel 23/1996, S. 22 f.)

Nato-Länder ohne Wehrpflicht*

	Soldaten
Großbritannien	226 700
Kanada	73 200
Belgien	45 400
Luxemburg	700
seit September 1996: Niederlande	71 000
seit Januar 1997: Frankreich	394 000
bisher Wehrpflichtige	188 000
Dauer der Wehrpflicht in Monaten	10

*oder mit ruhender Wehrpflicht

Quelle: IFDT / Military Balance

Ja, die Wehrpflicht muss erhalten werden.

Die Geschichte der Bundeswehr als Armee von Wehrpflichtigen ist eine Geschichte erfolgreicher Integration in Staat und Gesellschaft. Sie ist aber auch eine Geschichte der Kriegsverhinderung in der schwierigen Zeit des Kalten Krieges. Und schließlich kommt in den letzten Jahren eine dritte historische Leistung der Bundeswehr hinzu: die Auflösung der Nationalen Volksarmee und der Aufbau einer Armee der Einheit. Der gemeinsame Dienst für das gleiche Ziel ist ein wesentlicher Beitrag zur inneren Einheit der Deutschen. Wir haben berücksichtigt, dass der Feind von gestern verschwunden ist. Aber es gilt in Rechnung zu stellen, dass das Spektrum möglicher und tatsächlicher Krisen und Konflikte breiter geworden ist, dass neue Risiken an die Stelle der früheren Bedrohung getreten sind. Für eine grundsätzliche Sicherheitsvorsorge hält die Bundesrepublik Deutschland einen Friedensumfang von rund 285 000 Soldaten für ausreichend. In einer Krise aber stellt die Bundesrepublik mit einem Verteidigungsumfang von rund 680 000 Soldaten dann die Hauptkräfte für die Verteidigung Zentraleuropas. Nur eine Wehrpflichtarmee ist in der Lage hierfür genügend Reservisten entsprechend gut auszubilden. Auch gesellschaftspolitisch gibt es überzeugende Gründe für die Beibehaltung der Wehrpflicht. Sie bindet den jungen Bürger an seinen Staat, macht die Landesverteidigung zur Angelegenheit ihrer Staatsbürger, stellt sicher, dass zwischen den Streitkräften und deren zivilem Umfeld ein ständiger Personalaustausch stattfindet, erfasst die männlichen Bürger unabhängig von Herkunft, Beruf und Bildung und beugt so der Gefahr vor, dass Streitkräfte ein gesellschaftliches Eigenleben führen. Wehrpflichtige repräsentieren die volle Bandbreite an Bildung, Ausbildung und Fertigkeiten der Bevölkerung. Nur die Wehrpflicht schafft die Möglichkeit, Intelligenz, Fähigkeiten und berufliche Ausbildung unserer Bürger zu nutzen.

Der wirtschaftliche Aspekt der Wehrpflichtarmee darf besonders in Zeiten eisernen Sparens nicht unterschätzt werden. Zur Kostenreduzierung hat auch der Bundesminister der Verteidigung in den letzten Jahren beigetragen. Allerdings darf die Sicherheit der Bundesrepublik Deutschland nicht nach Kassenlage definiert werden.

(Nach: Volker Hausbeck: Im Austausch mit der Gesellschaft, in: Informationen für die Truppe, April 1997, S. 4f. u. Marcus Harun, Professionell und vital, in: Informationen für die Truppe, Januar 1998, S. 30)

Profis statt Rekruten

Länder mit Wehrpflicht

Nato-Länder	Soldaten gesamt	Wehrpflichtige	Dauer der Wehrpflicht in Monaten
Türkei	630000	500000	9–18
Deutschland	340000	160000	9
Italien	321000	176000	10–12
Spanien	204100	180000	9
Griechenland	178200	124400	18–21
Portugal	50000	12800	4
Norwegen	33900	20100	6–9
Dänemark	25700	8400	9–11
andere europäische Länder			
Russland	1520000	400000	24
Polen	278600	158100	18
Tschechien	86400	40400	12
Ungarn	70500	47500	12
Schweden	61600	32400	7–12
Österreich	39300	18800	8
Finnland	30050	21500	8–11

Wehrdienst Leistende treffen in der Kaserne ein.
(Foto: Bildarchiv IMZBw/Horn)

Legt eine Tabelle an, in der ihr die Argumente pro und kontra einander gegenüberstellt. Diskutiert dann über die einzelnen Argumente. Welches überzeugt euch am meisten? Begründet.

Methodenkarte 12

Debatte

Welche Regeln müssen eingehalten werden?

Thema: Wehrpflicht – ja oder nein?

Was ist eine Debatte?

Eine Debatte ist eine Diskussion zwischen zwei Gruppen, die nach genau festgelegten Regeln verläuft. Sie bereitet eine Abstimmung vor. Zugrunde liegt stets eine Entscheidungsfrage, wie etwa: „Soll die Wehrpflicht abgeschafft werden?“ Während der Debatte versucht jeder Redner durch überzeugende Argumentation das Abstimmungsergebnis in seinem Sinne zu beeinflussen.

Wie führt man sie durch?

Erster Schritt: Vorbereitung

Bildet zwei (oder vier) Gruppen in der Klasse. Diese bestimmen jeweils einen Gruppenleiter, der die Arbeit innerhalb der Gruppe koordiniert. Nachdem die Gruppen ihren Antrag in Form von Thesen formuliert haben, befassen sie sich mit der Erarbeitung des Themas. Dabei könnt ihr euch an folgenden Gesichtspunkten orientieren:

- Welche Aspekte umfasst das Thema?
- Welche Informationen sind zur Klärung offener Fragen notwendig?
- Auf welchem Weg können wir uns diese Informationen beschaffen?
- Wie können wir unsere Thesen möglichst überzeugend begründen und im Plenum vortragen?
- Auf welche Argumente der Gegenseite müssen wir uns einstellen?

Am besten arbeitet ihr in der Vorbereitungsphase arbeitsteilig. Jede Gruppe bearbeitet einen speziellen Aspekt des Themas, so z. B. beim Thema Abschaffung der Wehrpflicht finanzielle Aspekte, Eingliederung in die Gesellschaft, Auswirkung auf Ausbildung etc.

Vor der Debatte solltet ihr eure Ergebnisse in den Untergruppen zusammenfassen und allen Mitgliedern der Gruppe zugänglich machen. Formuliert dann auf der Grundlage eurer Ergebnisse euren Antrag und begründet ihn kurz.

Zweiter Schritt: Durchführung

Hierfür gelten ähnliche Regeln wie im Parlament. Bestimmt zuvor einen Sitzungspräsidenten und zwei Protokollanten.
Der Präsident eröffnet die Debatte mit der Verlesung der Anträge. Anschließend wird die Diskussion über die Anträge eröffnet; jedes Gruppenmitglied kann sich zu Wort melden. Es ist ratsam, die Redezeit des Einzelnen zu begrenzen, z. B. auf eine Minute pro Redner. Jeder sollte darauf achten, in seinen Beiträgen auf die Argumente des Vorredners einzugehen. Nach einer vorher festgesetzten Zeit stimmt das Plenum über die Anträge ab. Dabei sollten sich die Teilnehmer in ihrem Abstimmungsverhalten ausschließlich von der persönlichen Meinung leiten lassen.

Dritter Schritt: Auswertung

Ihr könnt eure Debatte unter folgenden Fragestellungen auswerten:

- Wie verlief die Diskussion? Haben sich alle an die Regeln gehalten?
- Welche Argumente haben euch besonders beeindruckt? Habt ihr eure Meinung im Verlauf der Debatte geändert?

Antrag auf Abschaffung
der Wehrpflicht

Wir beantragen

....

....

.... keine Feinde mehr ....

....

....

Berufsarmee ....

....

....

Nachbarländern ....

6. Wehrdienst oder Zivildienst? Eine schwierige Entscheidung

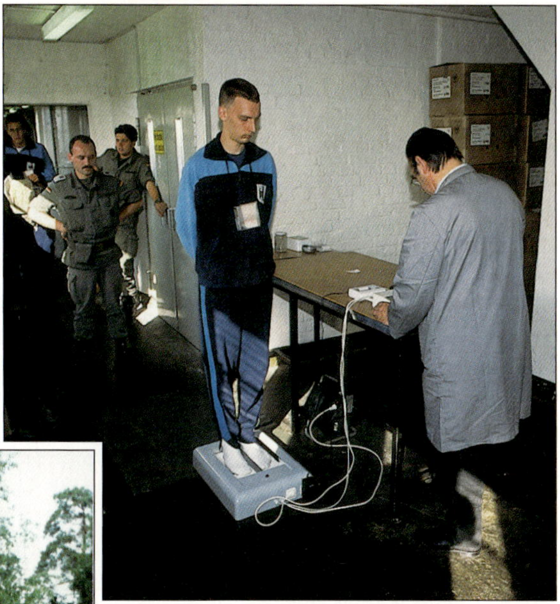

Was leisten Wehrdienst- und Zivildienstleistende für die Gesellschaft?

Der 18. Geburtstag ist für Jugendliche ein wichtiges Datum: Männer werden an diesem Tag nicht nur volljährig, sondern auch wehrpflichtig. Was bedeutet das für junge Menschen? Was erwartet sie bei der Bundeswehr oder im Zivildienst? Lest dazu die beiden folgenden Texte.

Wenn Alexander zur Bundeswehr geht ...

(Foto unten: Bildarchiv IMZBw)

„Sicherlich riskiert niemand gerne sein Leben. Aber wenn Deutschland angegriffen würde, wäre ich bereit, unsere Freiheit zu verteidigen", beschreibt Alexander seine Einstellung zum Dienst in der Bundeswehr. Als durchtrainierter Sportler war er nicht überrascht, dass der Arzt ihn bei der ärztlichen Untersuchung als voll tauglich einstufte. Die ärztliche Untersuchung ist Teil des Musterungsverfahrens, bei dem der Musterungsausschuss ermittelt, ob ein Wehrpflichtiger dem Dienst in der Bundeswehr gesundheitlich gewachsen ist. Anders erging es Alexanders Freund Ulf, der wegen eines angeborenen Herzfehlers als nicht wehrdienstfähig eingestuft wurde. Der Musterungsausschuss ist auch Anlaufstelle für Anträge auf Befreiung (z. B. bei Geistlichen) oder Zurückstellung vom Wehrdienst aus persönlichen Gründen. Als sein Einberufungsbescheid eintraf, wusste Alexander: Jetzt wird es ernst. In wenigen Wochen würde er seinen Dienst antreten. Mit dem Dienstantritt veränderte sich Alexanders Leben von Grund auf. Er lebt nun in der Kaserne zusammen mit mehreren Kameraden auf dem Zimmer; sein persönlicher Freiraum ist erheblich eingeschränkt. Anfangs kommt er sich in der Uniform richtig verkleidet vor. Auch an den „Kasernenton" und die Pflicht dienstlichen Befehlen unbedingten Gehorsam leisten zu müssen, muss er sich erst gewöhnen – zumal er aus einem sehr liberalen Elternhaus kommt. In der ersten Phase der Ausbildung, der dreimonatigen Grundausbildung lernt Alexander das „kleine Einmaleins" des Soldaten: Waffen- und Schießausbildung, Sport und Staatsbürgerkunde stehen auf dem Stundenplan. Sein Tagesablauf ist straff durchorganisiert: Vom morgendlichen Wecken um 5:30 Uhr bis zum Zapfenstreich um 22 Uhr bleibt keine Zeit für Leerlauf.

Nach der Grundausbildung erfolgt die Spezialisierung. Alexander z. B. wird als Lkw-Fahrer ausgebildet. „Davon profitiere ich auch im zivilen Leben." Seine Freunde werden an speziellen Waffensystemen, als Fernmelder oder als Rettungssanitäter ausgebildet. Höhepunkte im manchmal doch eintönigen Soldatenalltag bilden die Großübungen mit den alliierten Streitkräften: „Dann liegt ein Hauch von Abenteuer über der Truppe und ich lerne viele interessante Leute kennen", freut sich Alexander.

Wenn Lars Zivildienst leistet

Lars hat lange mit sich gerungen, bis für ihn feststand: Ich werde den Kriegsdienst verweigern. Als gläubiger Christ wäre es für mich unerträglich, eine Waffe in die Hand zu nehmen.

Wenige Wochen vor seinem 18. Geburtstag stellte er beim Bundesamt für Zivildienst einen Antrag auf Kriegsdienstverweigerung. Mithilfe eines auf diesem Gebiet erfahrenen Freundes formulierte er eine ausführliche Begründung seiner Gewissensentscheidung. Lars fühlte sich sehr erleichtert, als er als Kriegsdienstverweigerer anerkannt wurde. Es hätte auch anders kommen können: Wenn das Bundesamt für Zivildienst den Wahrheitsgehalt seiner Angaben bezweifelt hätte, wäre Lars vom Ausschuss für Kriegsdienstverweigerung nochmals bei einer mündlichen Anhörung befragt worden. Im Falle einer Ablehnung wäre ihm noch die Möglichkeit geblieben, vor dem Verwaltungsgericht zu klagen.

Wo sollte er seinen Zivildienst ableisten? Im Gegensatz zu Wehrdienstleistenden konnte sich Lars seinen Einsatzbereich frei wählen: etwa im Umwelt- und Naturschutz, beim Roten Kreuz, in Krankenhäusern oder in Altenheimen. Er entschied sich schließlich für die individuelle Schwerstbehindertenbetreuung, die besonderes Engagement erfordert. Deswegen werden dort nur Freiwillige eingesetzt. Ein mehrwöchiger Kurs bereitete ihn auf seinen Einsatz vor.

Nun betreut Lars einen querschnittsgelähmten älteren Mann. Jeweils eine Woche lang ist er Tag und Nacht mit seinem Schützling zusammen. Er wäscht ihn, kauft für ihn ein, kocht für ihn, begleitet ihn bei Arzt- und Behördengängen, verbringt seine Freizeit mit ihm, ist einfach rund um die Uhr für ihn da. Danach hat er zwei Wochen frei. Diese Ruhepause hat er nach dieser Woche ununterbrochenen Dienstes auch dringend nötigt: „Nicht die körperlichen, sondern die psychischen Belastungen machen mir sehr zu schaffen. Tag und Nacht da zu sein für einen zunächst wildfremden Menschen, seine Probleme mitzutragen, aber auch gelegentlich seine Launen zu ertragen, das fällt mir nicht leicht, zumal ich aus einem sehr behüteten Elternhaus stamme. Manchmal fühle ich mich ganz und gar nicht als der edle Samariter, als der ich in der Öffentlichkeit gerne gesehen werde."

Der Hamburger Ivo Garbe leistete seinen 13-monatigen Zivildienst für die Schutzgemeinschaft Wattenmeer. Sein „Stationierungsort" war Hörnum auf Sylt.

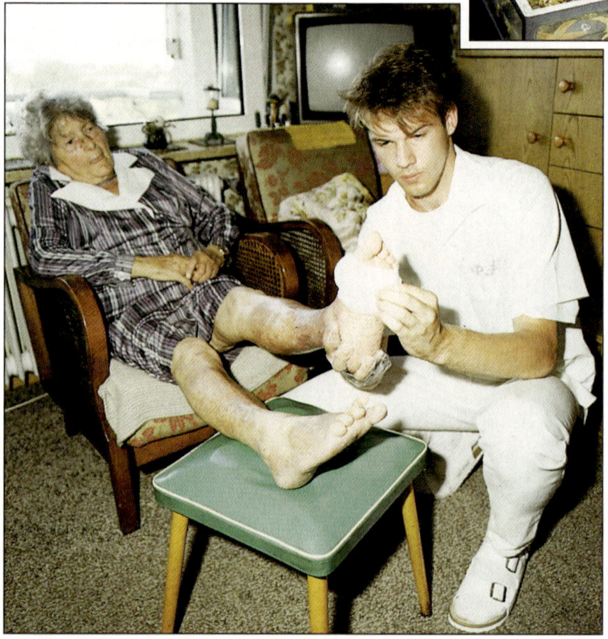

1. Welche neuen Erfahrungen macht Alexander, welche Lars?
2. Lars und Alexander erbringen beide Leistungen für die Gemeinschaft. Wie bewertest du ihren Beitrag? a) Wehrdienst und Zivildienst sind gleich wichtig. b) Wehrdienst ist wichtiger als Zivildienst. c) Zivildienst ist wichtiger als Wehrdienst. Begründe deine Meinung.

Wehrdienst – Zivildienst – Frauen in der Bundeswehr

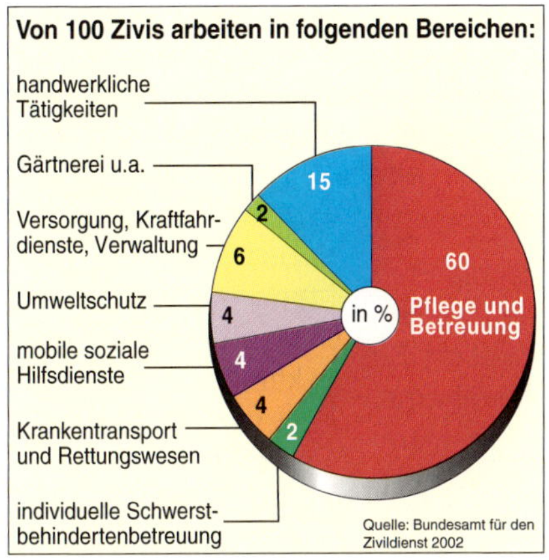

Mit Vollendung des achtzehnten Lebensjahres werden alle deutschen Männer wehrpflichtig. Sie werden zunächst gemustert und dann zu einem späteren Zeitpunkt einberufen. Der Grundwehrdienst dauert neun Monate im Regelfall, sieben Monate im Ausnahmefall. Dienende auf Positionen, für die spezielle Kenntnisse erforderlich sind, sollen die volle Zeit ableisten. Die Übrigen müssen die restliche Zeit in den folgenden Jahren bei Wehrübungen absolvieren.

Seit 2001 können auch Frauen in Kampfeinheiten der Bundeswehr dienen. Sie sind allerdings nicht wehrpflichtig. Bis zu diesem Zeitpunkt stand ihnen lediglich der Sanitätsdienst und der Dienst in Musikeinheiten offen. Den Dienst an der Waffe verbot das Grundgesetz (Art. 12 a). Ein Urteil des Europäischen Gerichtshofes (Januar 2000) verpflichtete die Bundesregierung, die Bundeswehr für Frauen zu öffnen.

Nach Artikel 4 Absatz 3 des Grundgesetzes darf allerdings niemand zum Dienst an der Waffe gezwungen werden. Das schlimme Schicksal von Kriegsdienstverweigerern in der Zeit des Nationalsozialismus gab den Ausschlag, dass heute das Recht, den Kriegsdienst aus Gewissensgründen zu verweigern, ausdrücklich im Grundgesetz garantiert wird. Damit sind jedoch keine zwei gleichwertigen Formen des Dienstes für das Gemeinwesen geschaffen worden. Der Wehrdienst soll die Regel bleiben, die Kriegsdienstverweigerung aus Gewissensgründen die Ausnahme sein.

Wer den Kriegsdienst verweigern möchte, muss einen Antrag stellen. Das Anerkennungsverfahren für Kriegsdienstverweigerer wurde in den Achtzigerjahren wesentlich vereinfacht. Der Antragsteller muss seine Entscheidung ausführlich schriftlich begründen – was er wirklich denkt, kann jedoch niemand überprüfen. Deshalb wird diese Regelung immer wieder kritisiert.

Kriegsdienstverweigerer können zu einem zivilen Ersatzdienst verpflichtet werden. Dieser dauert zehn Monate. Nach Artikel 12 a des Grundgesetzes darf die Dauer des Ersatzdienstes die Dauer des Wehrdienstes nicht übersteigen. Trotzdem verstößt diese Regelung nicht gegen das Grundgesetz. Die längere Dauer des Zivildienstes wird damit begründet, dass Wehrdienstleistende oft weit von ihrem Heimatort entfernt eingesetzt sind, dass sie in der Kaserne leben müssen und zu Reserveübungen herangezogen werden können. Diese vielfältigen Belastungen im Vergleich zu Zivildienstleistenden versuchten die Gesetzgeber mit der längeren Dauer des Zivildienstes auszugleichen. Natürlich wollte man damit auch dem Missbrauch des Rechts auf Kriegsdienstverweigerung vorbeugen.

Mit der Diskussion um die Abschaffung der Wehrpflicht und die weitere Verkleinerung der Bundeswehr auf 250 000 Mann wird ab 2004 auch der Zivildienst in Frage gestellt. Mittlerweile gehen die Wohlfahrtsverbände davon aus, dass es den Zivildienst in der jetzigen Form nur noch für eine begrenzte Zeit geben wird. Aktuelle Informationen findet man unter www.zivildienst.de.

1. Zivildienst dauert länger als Wehrdienst. Welche Gründe werden dafür angeführt?
2. Welchen Trend zeigen die Zahlen der Kriegsdienstverweigerer und Wehrdienstleistenden? Welche Probleme entstehen daraus für die Bundeswehr?

Soll in Deutschland ein soziales Pflichtjahr für alle jungen Leute eingeführt werden?

Vorbereitung einer Diskussion

Soziales Pflichtjahr für alle?

Schon seit längerer Zeit wird in Deutschland über die Einführung einer „allgemeinen Dienstpflicht für junge Frauen und Männer“ diskutiert. Sie soll den immer größer werdenden Arbeitskräftemangel bei den sozialen Diensten ausgleichen. Männer und Frauen könnten dann zwischen Wehrdienst oder Sozialdienst oder Umweltschutz wählen.

→ In einer Diskussion kann nur überzeugen, wer gute Argumente hat. Deshalb ist es sinnvoll, sich auf eine Diskussion gut vorzubereiten. Lest euch zunächst einmal Argumente für und gegen ein soziales Pflichtjahr in Ruhe durch. Fallen euch noch weitere Pro- bzw. Kontra-Argumente ein?

→ Überlegt euch dann, welche Meinung ihr in dieser Frage vertreten wollt. Wählt aus dem Argumentepool besonders überzeugende Argumente aus, mit denen ihr eure Meinung begründen könnt.

→ Verfasst dann eine schriftliche Stellungnahme pro oder kontra Pflichtjahr:
Ich bin für die Einführung eines sozialen Pflichtjahres, weil …
Ich bin gegen die Einführung, weil …

→ Anschließend könnt ihr eure Argumente in einer Diskussion in der Klasse vertreten. Ihr könnt auch über diese Frage abstimmen.

Argumentepool

Frauen fordern heute gleiche Rechte, dann sollen sie auch gleiche Pflichten in der Gesellschaft haben. Es gibt eigentlich keinen Grund, warum Frauen nicht auch einen Beitrag für die Gemeinschaft leisten sollen.

Während des sozialen Jahres lernt man für das ganze Leben. Und: Was ist schon ein Jahr in einem langen Leben?

Es ist abzusehen, dass die Truppenstärke der Bundeswehr weiter reduziert werden wird. Schon heute müssen nicht alle als tauglich eingestuften Männer ihren Dienst in der Bundeswehr tatsächlich antreten. Es wäre nicht gerecht, wenn die nicht Dienenden keinen Einsatz für die Gemeinschaft leisten müssten.

In keinem demokratischen Land der Welt gibt es das soziale Pflichtjahr. Zwangsarbeit ist undemokratisch.

Wer pflegt denn in unserer Gesellschaft die Alten und Kranken? Frauen stellen doch heute schon viele persönliche Ziele zugunsten der Gemeinschaft zurück. Es ist ungerecht, von ihnen noch mehr Einsatz zu verlangen.

Es ist scheinheilig, ausgerechnet in diesem Bereich Gleichberechtigung zu wollen. Gerade Frauen bringen schon genügend Opfer für die Gemeinschaft, indem sie Kinder großziehen. Dafür müssen sie berufliche Nachteile in Kauf nehmen.

Jeder Dritte eines Jahrgangs stellt heute einen Antrag auf Kriegsdienstverweigerung. Zivildienst ist längst nicht mehr die Ausnahme von der Regel. Warum nicht gleich die Wahlmöglichkeit zwischen Wehrdienst oder Sozialdienst einführen?

Ein allgemeines Dienstjahr erzieht Jugendliche zu Gemeinsinn und Verantwortungsbewusstsein. Es setzt ein Zeichen gegen den wachsenden Egoismus in unserer Gesellschaft.

Das Verfahren der Anerkennung als Kriegsdienstverweigerer war von Anfang an umstritten. Mit der Einführung der allgemeinen Dienstpflicht würde es überflüssig.

Bei einer Umfrage (2000) sprachen sich 71 % der Bürger für ein soziales Pflichtjahr aus. 29 % waren dagegen, 3 % unentschlossen.

Soziale Hilfsdienste haben keinen Nutzen von jungen Leuten, die unter Zwang ihren Dienst antreten. Sie sind unmotiviert und leisten schlechte Arbeit.

Soziale Dienste benötigen vor allem gut ausgebildete Fachkräfte. Diese Lücke kann nicht durch unerfahrene junge Leute geschlossen werden. Die Qualität der Arbeit würde darunter leiden.

Memo

Wähle dein Thema

Ich erkläre und stelle anschaulich dar,

Ein Thema aus 6

- wie Menschen lernen können in Frieden miteinander zu leben.
- welche Ursachen Kriege haben können.
- mit welchen Maßnahmen die UNO den Weltfrieden sichert und welche Probleme dabei auftreten.
- wie sich die Aufgaben von NATO und Bundeswehr nach 1990 verändert haben.
- welche Pro- und Kontra-Argumente in der Debatte um die Zukunft der Wehrpflicht fallen.
- wie meine eigene begründete Stellungnahme zum Thema „soziales Pflichtjahr für alle“ ist.

Quiz

1. Vertragswerk, das eine enge Zusammenarbeit der NATO mit osteuropäischen Staaten vorsieht
2. Sie können von 2001 an freiwillig in der Bundeswehr dienen.
3. Konflikt zwischen dem West- und Ostblock, bei dem sich die Gegner zwar bedrohten, die direkte militärische Konfrontation aber nicht stattfand
4. Abwesenheit von Gewalt
5. Oberbegriff für den Prozess der Aufnahme neuer Mitgliedstaaten in die NATO
6. So bezeichnete die NATO die Bombardierung serbischer Stellungen im Kosovo.
7. Dieses Recht haben die Mitgliedstaaten des Weltsicherheitsrates.
8. Diese Art von Krieg verbietet das Grundgesetz für die Bundeswehr.
9. Eine Forderung der Wehrpflichtgegner
10. Vertragswerk, in dem die Ziele der UNO sowie die Pflichten der Mitglieder festgeschrieben sind
11. Eine wichtige Ursache für Bürgerkriege
12. Einsätze der Bundeswehr außerhalb des NATO-Vertragsgebietes
13. Truppen, die im Auftrag der UNO an friedenserhaltenden Maßnahmen teilnehmen
14. Nach wie vor eine wichtige Aufgabe der Bundeswehr
15. Dieses Recht haben Wehrpflichtige nach Art. 12 a GG.

A Vetorecht	**B** „Out of area“-Einsätze	**C** Kalter Krieg
D Ethnische Konflikte		**E** Negativer Frieden
F Humanitäre Intervention		**G** UN-Charta
H Landesverteidigung		**I** Abschaffung der Wehrpflicht
J Blauhelmtruppen	**K** Osterweiterung	**L** Frauen
M Angriffskrieg	**N** Kriegsdienstverweigerung	**O** „partnership for peace“

Glossar

Arbeit

Darunter versteht man die Summe aller Tätigkeiten, die Menschen verrichten, um ihren Lebensunterhalt zu verdienen. Man kann zwischen bezahlter und unbezahlter Arbeit unterscheiden. Es fehlt hier und in anderen Ländern an bezahlter Arbeit. Die Beseitigung von Arbeitslosigkeit bzw. die Sicherung und Schaffung neuer Arbeitsplätze gilt als eine der wichtigsten Zukunftsaufgaben für die Politik.

Betrieb

In den Betrieben werden die Güter, die wir zum Leben brauchen, hergestellt und auf den Märkten angeboten. Das kann in einem Ein-Personen-Betrieb geschehen bis hin zu einem Unternehmen, in dem Tausende von Mitarbeitern mit der Herstellung eines Produktes beschäftigt sind. Neben der Größe unterscheiden sich die vielen Betriebe nach der Art der Güter, die darin hergestellt werden, und nach der Rechtsform. Zum Beispiel kann ein Betrieb eine Personengesellschaft sein mit einer Chefin oder einem Chef an der Spitze oder eine große Aktiengesellschaft. Zu einem Unternehmen können mehrere Betriebe gehören.

Betriebsrat

Er ist die gewählte Interessenvertretung der Arbeitnehmerinnen und Arbeitnehmer in einem Wirtschaftsbetrieb. Er wird in Betrieben mit einer Mindestzahl von fünf Personen alle drei Jahre gewählt. Die wichtigste Aufgabe des Betriebsrates besteht darin, alle Belange der Belegschaft gegenüber der Leitung des Betriebes zu vertreten. Seine Rechte sind im Betriebsverfassungsgesetz geregelt.

Bruttosozialprodukt

Den Wert aller in einer Volkswirtschaft erstellten Waren und Dienstleistungen in einem Jahr bezeichnet man als Bruttosozialprodukt. Dies wird in einer Geldsumme ausgedrückt. Die Höhe des Bruttosozialprodukts gilt als Maßstab für den Wohlstand und die wirtschaftliche Leistungsfähigkeit einer Gesellschaft. Nach wie vor ist eines der wichtigsten Ziele der Wirtschaftspolitik ein hohes und gleichmäßiges Wachstum des Bruttosozialproduktes zu erreichen.

Bundeskanzler

Er wird vom Bundestag gewählt und ist der mächtigste Politiker in der Bundesrepublik Deutschland. Der Bundeskanzler ist gegenüber dem Parlament für die Politik der gesamten Bundesregierung verantwortlich. Als Chef der Regierung bestimmt er die Richtlinien der Politik. Ihm steht das Recht zu, die Ministerinnen und Minister zu entlassen und neue zu berufen.

Bundespräsident

Er ist das Staatsoberhaupt der Bundesrepublik Deutschland. Zu seinen Aufgaben gehört, dass er Deutschland bei Staatsbesuchen im In- und Ausland vertritt. Er empfängt die Staatsgäste, unterzeichnet Bundesgesetze und internationale Verträge. Er wird von der Bundesversammlung für einen Zeitraum von fünf Jahren gewählt und kann sich einmal zur Wiederwahl stellen. Im Vergleich zum Bundeskanzler hat der Bundespräsident wenig direkte Macht. Zu den wirkungsvollsten Mitteln Einfluss auf die Politik zu nehmen, gehört die öffentliche Rede bei besonderen Anlässen.

Bundesrat

Er ist die politische Vertretung der 16 Bundesländer. Seine Mitglieder werden nicht vom Volk gewählt, sondern von den Landesregierungen der 16 Länder entsendet. Durch den Bundesrat wirken die Länder an der Gesetzgebung des Bundes mit. Alle Bundesgesetze, die die Interessen der Bundesländer betreffen, bedürfen der Zustimmung des Bundesrates, bevor sie in Kraft treten. Bundesrat und Bundestag bilden zusammen das Parlament der Bundesrepublik Deutschland.

Bundesregierung

Sie besteht aus dem Bundeskanzler und den Bundesministern. Die Bundesregierung übt für den Zeitraum zwischen zwei Wahlen die politische Herrschaft im Staate aus. Sie berät und entscheidet darüber, was im eigenen Land geschehen soll. Sie regelt die Beziehungen zu anderen Staaten. Bei ihren Entscheidungen muss sich die Regierung an die Gesetze halten. Sie hat das Recht, Gesetzesvorschläge vorzubereiten und beim Parlament einzureichen.

Bundestag

Der Bundestag ist die gewählte Volksvertretung der Bundesrepublik Deutschland. Er gilt als wichtigste Bundeseinrichtung und als „Herz der Demokratie". Die Abgeordneten zum Deutschen Bundestag werden alle vier Jahre in allgemeiner, unmittelbarer, freier, gleicher und geheimer Wahl gewählt. Zu den wichtigsten Aufgaben des Bundestags gehören die Wahl des Bundeskanzlers, die Überwachung der Bundesregierung, das Recht über die Einnahmen und die Ausgaben des Bundes zu beschließen und die Verabschiedung aller Bundesgesetze.

Bundesverfassungsgericht

Es ist das oberste deutsche Gericht und hat die Aufgabe zu entscheiden, ob das Grundgesetz verletzt worden ist. Das BVG wird als „Hüterin der Verfassung" bezeichnet. Es kann ein Gesetz, das nach seinem Urteil gegen das Grundgesetz verstößt, außer Kraft setzen. Jeder Bürger der Bundesrepublik Deutschland hat die Möglichkeit Verfassungsbeschwerde zu erheben, wenn er oder sie sich in den im Grundgesetz festgelegten Grundrechten verletzt fühlt.

Bundesversammlung

Sie tritt in der Regel nur einmal alle fünf Jahre zusammen und hat nur eine Aufgabe: die Wahl des Bundespräsidenten. Sie setzt sich zur Hälfte ihrer Mitglieder aus allen Abgeordneten des Bundestages zusammen und zur anderen Hälfte aus Bürgerinnen und Bürgern, die von den Landtagen in den Bundesländern gewählt wurden. Von der Mitgliederzahl her gesehen ist die Bundesversammlung das größte Staatsorgan in Deutschland.

Bürgerbegehren/Bürgerentscheid

In den meisten Bundesländern in Deutschland sind Bürgerbegehren und Bürgerentscheide als eine Form direkter Demokratie auf der Ebene der Gemeindepolitik vorgesehen. Mit diesem Instrument können sich die Bürger für oder gegen ein Vorhaben einsetzen. Das Verfahren sieht immer zwei Stufen vor: Zunächst müssen die Bürger für ihr Vorhaben ein Begehren durchführen. Dazu müssen zwischen 6 und 10 Prozent der Stimmberechtigten unterschreiben. Lehnt der Rat das Begehren ab, kommt es zur zweiten Stufe: dem Bürgerentscheid. Er gilt als angenommen, wenn die Mehrheit dafür ist. In den meisten Bundesländern gibt es die Bedingung, dass ein bestimmter Prozentsatz der Stimmberechtigten an der Abstimmung teilgenommen haben muss (= Entscheidungsquorum).
(siehe auch: Volksinitiative, Volksbegehren, Volksentscheid auf Landesebene)

Bürgerinitiative

Wenn man „initiativ" wird, unternimmt man etwas. Man wehrt sich zum Beispiel gegen eine politisch geplante Maßnahme. Eine Bürgerinitiative ist ein Zusammenschluss von Bürgern, die sich gegen bestimmte Maßnahmen wehren – zum Beispiel gegen den Ausbau von Flughäfen, den Bau von Straßen, Kernkraftwerken, Fabriken etc. Bürgerinitiativen setzen sich meist für den Schutz der Umwelt, die Verbesserung der Lebens- und Wohnverhältnisse und für die Gleichberechtigung von Frauen und Männern ein. Sie üben mit vielfältigen Mitteln Druck auf die Politiker, Parteien, Verbände und Wirtschaftsunternehmen aus. Sie sind eine Form spontaner und direkter politischer Aktivität und gelten in einer lebendigen Demokratie als erwünscht.

Bürgermeister

Eine Bürgermeisterin oder ein Bürgermeister ist Leiterin bzw. Leiter einer Gemeinde, ob haupt- oder ehrenamtlich, hängt von der Größe der Gemeinde ab. In kreisfreien Städten heißt der Bürgermeister Oberbürgermeister. Bürgermeister führen den Vorsitz in den Gemeinde- und Stadträten. Ihre Rechte und Pflichten sind in den Gemeindeordnungen festgeschrieben, die von Bundesland zu Bundesland unterschiedlich sind. Zum Beispiel werden die Bürgermeister in Nordrhein-Westfalen seit 1994 von der Bevölkerung direkt gewählt. In anderen Bundesländern gilt die Regelung, dass ein Bürgermeister vom Gemeinde- oder Stadtrat gewählt wird.

Clique

Im Wort „Clique" steckt das französische Verb „cliquer", was so viel wie „klatschen" oder „miteinander tratschen" bedeutet. Für Jugendliche spielt die Clique eine große Rolle. Hier trifft man sich um zu reden und um etwas gemeinsam zu unternehmen. Meist gibt es bestimmte Verhaltensregeln, an die die Mitglieder der Clique sich halten müssen, weil sie sonst ausgeschlossen werden.

Demokratie

Wörtlich übersetzt heißt das aus der griechischen Sprache stammende Wort „Herrschaft des Volkes". Für unsere moderne Zeit bedeutet Demokratie, dass alle Herrschaft im Staat vom Volk ausgeht. Das Volk wählt seine Vertreter in die Gemeinderäte, die Landtage und in den Bundestag. Weil diese Vertreterinnen und Vertreter das Volk repräsentieren, nennt man unsere Demokratie auch repräsentative Demokratie. Der wichtigste Wert in einer Demokratie ist, dass die Menschen frei sind und gleiche Rechte haben.

Diktatur

ist das Gegenteil einer Demokratie. Hier sind die Menschen nicht frei. An der Spitze einer Diktatur steht ein Alleinherrscher oder eine Gruppe von Herrschenden, die alle Macht in Händen hält. Die Bevölkerung hat den Befehlen der Mächtigen zu gehorchen. Politisch Andersdenkende werden häufig verfolgt.

Emanzipation

Das Wort stammt aus der lateinischen Sprache und bedeutet ursprünglich, dass man sich als Sklave von seinen Fesseln befreit und in die Selbstständigkeit entlassen wird. Heute versteht man unter dem Begriff den Kampf der Frauen um Gleichberechtigung bzw. um die Beseitigung vielfältiger Benachteiligungen gegenüber den Männern.

Emissionen

Das ist die Bezeichnung für die Abgabe von festen, flüssigen oder gasförmigen Schadstoffen (z.B. Gase, Stäube), welche die Luft, das Wasser und den Boden verunreinigen, sowie für Geräusche, Erschütterungen und Strahlen, welche die Umwelt belasten.

Entwicklungsländer

So werden die armen Länder der Erde genannt. Vor allem auf wirtschaftlichem Gebiet sind sie im Vergleich zu den hoch entwickelten Industrieländern „unterentwickelt". Mehr als drei Viertel der Menschen leben in diesen Staaten, die auch als Länder der „Dritten Welt" bezeichnet werden. Wichtige Merkmale der Armut sind: hohes Bevölkerungswachstum, mangelnde Ernährung, mangelhafte Infrastruktur und hohe Arbeitslosigkeit. Der Begriff Entwicklungsländer wird zunehmend als problematisch angesehen, weil er den Eindruck erweckt, als müssten sich alle Länder in Richtung der Ziele bewegen, die von den Wertvorstellungen und Kulturen der Industrieländer geprägt sind.

Europäische Union

Die EU ist ein Verbund europäischer Staaten, zu dessen wichtigsten Zielen die Sicherung des Friedens, der Freiheit und die Förderung des wirtschaftlichen Wohlergehens gehört.
Seit 2004 gehören 25 Mitgliedstaaten der Europäischen Union (EU) an. Sie haben sich vertraglich verpflichtet, weite Bereiche der Politik gemeinsam zu gestalten und zu einem immer festeren wirtschaftlichen und politischen Bündnis zusammenzuwachsen. Dabei sollen die einzelnen Mitgliedstaaten ihre Selbstständigkeit behalten. Die EU verfügt über gemeinsame „europäische Organe", die in der Lage sind, verbindliche Entscheidungen für alle Menschen in der EU zu treffen. Dazu gehören das Europäi-

sche Parlament, die Europäische Kommission, der Rat der Minister sowie der Rechnungshof und der Europäische Gerichtshof. Die Europäische Union ist noch kein fertiges Gebilde. In der Zukunft soll eine gemeinsame Verfassung die Ziele der EU, ihre Organisation und die Form ihrer gemeinsamen Institutionen festlegen.

Europäischer Binnenmarkt

Ein Binnenmarkt ist ein Gebiet ohne Grenzen für alles, was sich im wirtschaftlichen Geschehen von einem Ort zum anderen bewegen soll. Das gesamte wirtschaftliche Geschehen spielt sich im Binnenmarkt nach einheitlichen Regeln und gleichen Bedingungen ab. Der Europäische Binnenmarkt umfasst die Mitgliedstaaten der Europäischen Union (EU). Grundlegend gelten vier Freiheiten: 1. Waren können ungehindert in allen Mitgliedstaaten verkauft werden. 2. Personen eines Mitgliedlandes der EU können in jedem anderen EU-Land leben, arbeiten oder eine Ausbildung machen. 3. Dienstleistungen können von jedem EU-Bürger über die nationalen Grenzen hinweg erbracht werden. 4. Geld und Kapital kann von jedem Mitgliedsland in ein anderes frei bewegt werden.
Zwischen den Mitgliedstaaten des Europäischen Binnenmarktes gibt es nur noch Innenhandel und keinen Außenhandel mehr.

Europarat

Er ist ein Zusammenschluss europäischer Staaten, der sich zum Ziel gesetzt hat, die Völker Europas dauerhaft zusammenzuschließen, den Gedanken der Demokratie zu fördern, die europäische Kultur zu pflegen und die Zusammenarbeit in wirtschaftlichen, sozialen, wissenschaftlichen und rechtlichen Angelegenheiten zu fördern. Vor dem Hintergrund der Schrecknisse des Zweiten Weltkriegs wurde er 1949 von zehn Staaten gegründet. 1990 erweiterten Ungarn und die Tschechoslowakei als erste Mitglieder des ehemaligen Ostblocks den Zusammenschluss auf 25 Mitglieder. Er hat seinen Sitz in Straßburg.

Familie

Die Familie ist die erste und die wichtigste Gruppe, in die ein Mensch hineingeboren wird. Niemand kann sie sich aussuchen. Ihre Form kann sehr unterschiedlich sein. Oft verstehen wir darunter eine Gemeinschaft, die aus Eltern und einem oder mehreren Kindern besteht. Sie kann aber auch aus einer allein erziehenden Mutter oder einem allein erziehenden Vater bestehen. Die häufigste Form in Deutschland ist gegenwärtig das Ehepaar ohne Kinder.

Gemeinde

Sammelbegriff, der vom Dorf bis zur Großstadt reichen kann. Eine Gemeinde hat das Recht sich selbst zu verwalten und ihre Angelegenheiten selbst zu regeln. Gemeinden sind so genannte Gebietskörperschaften. Das heißt, sie sind für ihr Gebiet mit bestimmten Aufgaben, Rechten, Pflichten und Einrichtungen ausgestattet. Für Gemeinden verwendet man auch den Begriff Kommunen.

Gemeinderat (siehe Stadtrat)

Gemeinwohl

Die Politik in einer Demokratie, ob in der Stadt, im Land oder im Bund, hat sich am Gemeinwohl zu orientieren, das bedeutet am allgemeinen Wohlergehen aller Menschen. Regierungen dürfen also nicht nur Gesetze beschließen, die bestimmten Gruppen nützen, sondern sie müssen versuchen, die Interessen und Bedürfnisse aller angemessen zu berücksichtigen. Die Orientierung am Gemeinwohl ist ein Ziel, das in politischen Auseinandersetzungen oft angezweifelt wird.

Gesellschaft

bedeutet dem Wortursprung nach eine Vereinigung mehrerer Gefährten oder ein freundliches Beisammensein. Wenn wir von *unserer Gesellschaft* sprechen, meinen wir damit in der Regel die Gesamtheit der Menschen, die in diesem Staat leben. Der Mensch braucht die Gesellschaft, weil er als soziales Wesen auf andere Menschen angewiesen ist. Man unterscheidet verschiedene Gesellschaftsformen. Die deutsche Gesellschaft wird – je nach Sichtweise – als eine demokratische, offene bezeichnet, die sich im Wandel von einer Industrie- zu einer Dienstleistungsgesellschaft befindet.

Gesetze

Gesetze sind die aufgeschriebenen und vom Parlament verabschiedeten Regeln, an die alle Menschen in einem Staat sich halten müssen. Damit die Gesetze eingehalten werden, gibt es Strafen für die Nichtbeachtung. Im Rechtsstaat ist auch der Staat an die Einhaltung der Gesetze gebunden. Im Streitfall entscheiden die Gerichte frei und unabhängig im Rahmen der Gesetze.

Gewaltenteilung

Darunter versteht man die Aufteilung der Macht im Staat auf die drei Gewalten Legislative, Exekutive und Judikative. Die Legislative ist die gesetzgebende Gewalt. Sie wird vom Bundesparlament und den Landesparlamenten wahrgenommen. Die Exekutive ist die ausführende Gewalt, also diejenige, die die Politik für einen begrenzten Zeitraum macht. Diese Aufgabe wird von den Regierungen ausgeübt. Die dritte Staatsgewalt ist die Judikative, also die Rechtsprechung. Sie wird ausgeführt von den unabhängigen Gerichten. Die Staatsgewalten sind geteilt, damit sie sich gegenseitig kontrollieren. Die Teilung soll verhindern, dass zu viel Macht in einer Hand liegen kann.

Gewerkschaften

sind Vereinigungen von Arbeitnehmern, die deren Interessen gegenüber den Arbeitgebern und dem Staat zu vertreten. Sie haben viele Aufgaben, vor allem kümmern sie sich um die Verbesserung der Arbeitsbedingungen, die Sicherung und Erhöhung der Löhne, den Schutz bestehender und die Schaffung neuer Arbeitsplätze und um die Mitbestimmung der Arbeitnehmer in den Betrieben. Die ersten Gewerkschaften entstanden als Arbeitervereine zu Beginn des 19. Jahrhunderts. Über ein Drittel aller Arbeitnehmer sind in den 16 Einzelgewerkschaften des Deutschen Gewerkschaftsbundes (DGB) organisiert.

Gleichberechtigung (siehe Emanzipation)

Grundrechte

Sie sind die in der Verfassung niedergeschriebenen grundlegenden Menschenrechte. Zu ihnen zählen die Freiheits- und Gleichheitsrechte sowie soziale Grundrechte. Sie sind in erster Linie Schutzrechte des Einzelnen gegenüber dem Staat. In der Bundesrepublik Deutschland sind die Grundrechte im ersten Abschnitt des Grundgesetzes aufgeführt.

Inflation

heißt Geldentwertung. Von einer Inflation spricht man, wenn die Verbraucherinnen und Verbraucher für die gleiche Menge Geld weniger kaufen können, weil die Waren teurer geworden sind. Die Inflationsrate wird in der Regel mit einer Prozentzahl ausgedrückt. Diese Zahl drückt aus, wie sich die Waren im Vergleich zum Vorjahr durchschnittlich verteuert haben.

Interaktiv

Der Begriff wird häufig im Zusammenhang mit den neuen Medien verwendet (interaktives Fernsehen). Er bezeichnet die Möglichkeit, Sendungen der Massenmedien nicht nur passiv aufzunehmen, sondern selbst aktiv zu beeinflussen und zu verändern.

Interessenverbände

Sie spielen in der parlamentarischen Demokratie eine große Rolle und sind auf die unterschiedlichsten Arten organisiert. Gemeinsam ist ihnen, dass sie Zusammenschlüsse von Menschen sind, um sich so wirkungsvoller gegenüber der Regierung oder gegenüber anderen Interessengruppen durchsetzen zu können. Interessengruppen versuchen, Druck auf die Politik auszuüben, um die Entscheidungen der Politiker in ihrem Sinne zu beeinflussen. Das ist rechtlich geregelt und legitim. Allerdings wird der Einfluss mächtiger Interessenverbände auf die politischen Entscheidungen auch häufig als zu groß kritisiert.

Jugendliche

Die Jugendphase ist die Zeit zwischen Kindheit und Erwachsensein, auch die Zeit der Ausbildung. Oft werden Leute bis zum Ende des zwanzigsten Lebensjahres als Jugendliche bezeichnet. Unter rechtlichen Gesichtspunkten ist man Jugendliche oder Jugendlicher im Alter zwischen 14 und 18 Jahren. Für diese Altersgruppe gelten in der Regel die Bestimmungen des Jugendrechts. Vor Gericht kann man auch bis 21 als Jugendlicher behandelt werden.

Jugendrecht

ist ein Sammelbegriff für alle Rechtsgrundsätze, die speziell für Jugendliche gelten. Dazu gehören das Jugendschutzgesetz, das Jugendarbeitsschutzgesetz und das Jugendstrafrecht. Die Gesetze zum Schutz der Jugend haben die Aufgabe, Jugendliche vor seelischen und körperlichen Gefährdungen zu bewahren und ihnen eine gesunde Entwicklung zu ermöglichen.

Kommunalpolitik

Das ist die Politik, die in den Gemeinden gemacht wird, also in den Stadt- und Landgemeinden. Kommunal heißt, die Gemeinde betreffend; eine Kommune ist eine Gemeinde. Neben der Bundes- und der Landespolitik ist die Kommunalpolitik die dritte Ebene der nationalen Politik.

Kompromiss

Das lateinische Wort bedeutet „Übereinkunft" bzw. „Ausgleich". Der Kompromiss ist eine Art der Entscheidung zwischen Personen oder Gruppen, die unterschiedliche Interessen vertreten und unterschiedlicher Meinung sind, die sich aber irgendwie einigen müssen. In der Demokratie spielen Kompromisse eine große Rolle, weil es fast immer darum geht, verschiedene Interessen so unter einen Hut zu bringen, dass alle Beteiligten eine Entscheidung akzeptieren können. Kompromissfähigkeit gilt als eine Qualifikation, über die jeder demokratische Mensch verfügen sollte.

Konflikt

Das Wort bedeutet „Zusammenstoß". Es bezeichnet eine Auseinandersetzung, die entsteht, wenn Menschen oder Gruppen aufeinander treffen, die unterschiedliche Interessen vertreten. Die streitenden Parteien versuchen dann mit Argumenten und mit Macht den Streit siegreich zu beenden. Oft gelten Konflikte als unvermeidlich, zum Beispiel wenn alljährlich die Vertreter der Arbeitgeber und Arbeitnehmer über die Höhe der Löhne streiten. In der Demokratie gilt der Konflikt nicht als etwas Schlechtes. Wichtig ist, dass die Konflikte mit friedlichen und fairen Mitteln zu einem vernünftigen Ausgleich gebracht werden.

Landtage

sind die von der wahlberechtigten Landesbevölkerung gewählten Parlamente in den Bundesländern. Ein Landtag beschließt die Landesgesetze, also diejenigen, die nur im eigenen Bundesland gelten. Dazu gehören zum Beispiel die Gesetze über das Schul- und das Polizeiwesen. Er wählt den Ministerpräsidenten und hat die Aufgabe die Landesregierung zu kontrollieren. Da Deutschland aus 16 Bundesländern besteht, gibt es 16 Landesparlamente.

Massenkommunikation

Das Wort „Kommunikation" von lateinisch „communicatio" bedeutet Mitteilung, Unterredung. Gemeint ist die Verständigung zwischen zwei oder mehreren Teilnehmern. Massenkommunikation ist die Form der Übertragung von Informationen und Meinungen, die sich an eine unbegrenzte Zahl von Personen wendet und die – zumindest theoretisch – jedermann zugänglich ist. Eine Zeitung kann sich – theoretisch gesehen – jeder kaufen, auch wenn sie in Amerika oder Asien erscheint. Das Wesen der Massenkommunikation besteht darin, dass sie in der Regel einseitig von einem Sender zu vielen Empfängern verläuft.

Massenmedien

Presse, Rundfunk und Fernsehen werden unter dem Oberbegriff „Massenmedien" zusammengefasst. Auch die als „neue Medien" bezeichneten Computer, die in einem Netzwerk, zum Beispiel im Internet, miteinander verbunden sind, gehören dazu. Sie sind allesamt technische Verbreitungsmittel, mit denen man eine unbegrenzte Zahl von Menschen gleichzeitig erreichen kann.

Sie prägen und verändern das Leben der meisten Menschen in den modernen Gesellschaften. Massenmedien gelten einerseits als unverzichtbar und hilfreich, andererseits können auch Gefährdungen von ihrem falschen Gebrauch ausgehen.

Menschenrechte

Das sind die grundlegenden Rechte, die jedem Menschen zustehen und zwar unabhängig von seinem Geschlecht, seiner Sprache, seiner Heimat und Herkunft, seinem Glauben, seiner religiösen oder politischen Anschauungen. Sie gehören sozusagen zur Natur des Menschen und können von niemandem aberkannt werden. Einige Herrschaftssysteme, Staaten und Kulturen zweifeln allerdings den universalen Gültigkeitsanspruch der Menschenrechte an. (siehe auch Grundrechte)

Mitbestimmung

Für größere Wirtschaftsbetriebe bedeutet dieser Begriff, dass die Arbeitnehmerinnen und Arbeitnehmer an der Leitung des Betriebes mitbestimmend teilnehmen. Die Unternehmer können zum Beispiel nicht alleine darüber entscheiden, was mit den Gewinnen geschieht, wer eingestellt und wer entlassen wird, wie der Betrieb gestaltet wird usw.

NATO

Das ist die Abkürzung für „North Atlantic Treaty Organization", auch Nordatlantikpakt genannt. Die NATO wurde 1949 gegründet und ist ein Verteidigungsbündnis. Die Mitgliedstaaten des Bündnisses haben sich zu gegenseitiger Hilfe verpflichtet, falls einer von ihnen mit Waffengewalt angegriffen wird. Seit der Auflösung des Ostblockes hat sich das Aufgabengebiet der NATO verändert. Im April 1999 wurden Polen, Ungarn und die tschechische Republik als Staaten des ehemaligen Ostblocks in die „neue NATO" aufgenommen. Auf Bitten Albaniens griff die NATO 1999 im jugoslawischen Kosovo zum Schutz der Kosovo-Albaner mit militärischen Luftangriffen ein. Die NATO versteht diese Militäraktion nicht als Kriegseinsatz, sondern als einen Akt humanitärer Hilfe.

Ökologie

Das Wort stammt aus dem Griechischen. Es bezeichnet die Lehre von den Wechselbeziehungen zwischen Mensch und Umwelt. Wichtigstes Ziel der Ökologie ist es, die Zerstörung der Umwelt zu verhindern und das Gleichgewicht der verschiedenen Kräfte in der Natur zu erhalten. Damit leistet diese Wissenschaft einen wichtigen Beitrag zur Bewahrung der Lebensgrundlagen für die Menschheit.

Opposition

Im Parlament besteht die Opposition aus allen Parteien, die nicht an der Regierung beteiligt sind. Das Wort heißt Widerspruch, Gegensatz. Die Opposition ist immer die Minderheit, die einer Mehrheit gegenübersteht und die darauf wartet, zum Beispiel bei der nächsten Wahl, zur Mehrheit zu werden. In der Demokratie hat die Opposition zwei entscheidende Aufgaben: Sie soll die Regierung überwachen und kritisieren. Sie soll eigene politische Pläne entwickeln, die eine Alternative zu denen der regierenden Mehrheit darstellen.

Parteien

In den Parteien finden sich Menschen mit gleichen oder ähnlichen politischen Interessen zusammen. Jede Partei versucht, so groß und einflussreich wie möglich zu werden um alleine oder in Zusammenarbeit mit anderen Parteien Macht auszuüben und ihre Ziele durchzusetzen. Nach dem Grundgesetz der Bundesrepublik Deutschland haben die Parteien die Aufgabe, an der politischen Willensbildung der Bevölkerung mitzuwirken (Artikel 21). Jeder Bürger kann Mitglied einer Partei werden. In der Regel werden Mitglieder von Parteien als Abgeordnete in die verschiedenen Parlamente geschickt. Die Parteien spielen im politischen Leben eine sehr große Rolle. Häufig kritisiert wird der übergroße Einfluss der Parteien und die Art der Parteienfinanzierung.

Politik

Hierin steckt das griechische Wort „Polis", das man mit „Gemeinschaft" übersetzen kann. Heute verstehen wir darunter alle Aufgaben und Zukunftsprobleme, die gelöst werden müssen, damit die Menschen im Staat friedlich, frei und in Sicherheit miteinander leben können. Politik wird von einzelnen Personen, vor allem aber auch von Parteien, Bürgerinitiativen und Interessenverbänden gemacht. Zum Wesen demokratischer Politik gehört, dass die Vorstellungen über die Lösung der Zukunftsaufgaben sehr unterschiedlich sein können.

Rechtsordnung

Darunter versteht man die Gesamtheit aller Regeln und Gesetze, die für die Menschen in einem Land verbindlich gelten. An die bestehende Rechtsordnung muss man sich halten, sonst droht Strafe. Grundlage der Rechtsordnung in der Bundesrepublik Deutschland ist das am 23. Mai 1949 verabschiedete Grundgesetz.

Rechtsstaat

Im Rechtsstaat ist alles staatliche Handeln an die bestehenden Gesetze gebunden. Der Rechtsstaat schützt so die Bürger vor willkürlichen Übergriffen der Staatsgewalt. Kein Gesetz, keine Verordnung, kein Richterspruch darf den in der Verfassung festgelegten Rechtsgrundsätzen widersprechen. Die Aufgaben von Regierung und Parlament sind durch die Verfassung vorgeschrieben. Zur Rechtsstaatlichkeit gehören auch die Garantie der Grundrechte und die Teilung der Staatsgewalt.

Schlüsselqualifikationen

Dieser Begriff aus der Arbeitswelt ist in den vergangenen Jahren mehr und mehr in Mode gekommen. Er bezeichnet die Gesamtheit aller Fähigkeiten eines Menschen, die ihm wie ein Schlüssel die Tür zu einem erfolgreichen Berufsleben öffnen können. Als wichtige Schlüsselqualifikationen unter vielen anderen gelten Selbstständigkeit, Teamgeist und die Fähigkeit Verantwortung zu übernehmen.

Schülervertretung (SV)

Durch die SV wirken die Schülerinnen und Schüler an der Gestaltung des Schullebens mit. Sie hat die Aufgabe die Interessen der Schüler zu vertreten. Sie besteht aus den gewählten Sprecherinnen und Sprechern der Klassen- und Jahrgangsstufen und der Schülersprecherin/dem Schülersprecher (plus Stellvertreter). Die zentrale Einrichtung zur Wahrnehmung der Mitwirkungsrechte ist in NRW der Schülerrat.

Solidarität

Das Wort Solidarität stammt aus dem Lateinischen. Man versteht darunter den engen Zusammenhalt einzelner Personen oder Gruppen. Diese bilden eine Solidargemeinschaft. Man unterstützt sich gegenseitig, kämpft für gemeinsame Interessen und hat gemeinsame Ziele. Das Wesen einer Solidargemeinschaft wird in dem Motto „Einer für alle, alle für einen" deutlich.

Soziale Marktwirtschaft

Nach dem Zweiten Weltkrieg wurde in der Bundesrepublik die soziale Marktwirtschaft eingeführt. In dieser Wirtschaftsordnung ist das Privateigentum auch an Produktionsmitteln garantiert. Die Preise bilden sich auf dem Markt nach Angebot und Nachfrage. Garantiert werden Produktions- und Berufsfreiheit sowie ein freier Kapitalverkehr. Neben diesen marktwirtschaftlichen Elementen erhält die soziale Marktwirtschaft auch sozialpolitische Elemente. Der Staat darf in das Wirtschaftsgeschehen eingreifen, um den Wettbewerb zu sichern. Er übernimmt aber auch eine Schutzfunktion gegenüber seinen Bürgern. Mit einer umfangreichen Sozialgesetzgebung schützt er die Arbeitnehmer und bewahrt den sozialen Frieden.

Sozialhilfe

Im System der sozialen Sicherung ist in Deutschland die Sozialhilfe das letzte Auffangnetz für alle, die in Not geraten sind. Nach dem Bundessozialhilfegesetz (BSHG) soll die Sozialhilfe den Bedürftigen ein menschenwürdiges Leben ermöglichen und sie befähigen, bald wieder selbst ihren Lebensunterhalt zu verdienen. Die Sozialhilfe ist also in erster Linie als Hilfe zur Selbsthilfe gedacht. Sie umfasst die Hilfen zum Lebensunterhalt, mit der die Grundbedürfnisse (wie Ernährung, Kleidung, Wohnung und Heizung) abgedeckt werden sollen und die Hilfen in besonderen Lebenslagen für Personen, deren Einkommen oder Vermögen nicht ausreicht um außerordentliche Notsituationen (wie Krankheit, Behinderung oder Pflegebedürftigkeit) zu bewältigen.

Sozialstaat

Einen Staat, der in seiner Verfassung das Ziel sozialer Gerechtigkeit anstrebt, bezeichnet man als Sozialstaat. Der Sozialstaat hat eine Fürsorgepflicht gegenüber den Schwachen in der Gesellschaft. Er setzt sich das Ziel, allen Bürgerinnen und Bürgern ein Leben zu ermöglichen, das mit der Würde des Menschen vereinbar ist. In der deutschen Geschichte wurde das Sozialstaatsprinzip erstmals im Grundgesetz für die Bundesrepublik Deutschland verankert. Nach Artikel 20 des Grundgesetzes ist die Bundesrepublik ein Sozialstaat. Erstmals haben damit die Bürger einen Rechtsanspruch auf eine soziale Mindestsicherung. Umgekehrt wird von den leistungsstarken Bürgern erwartet, dass sie durch das Bezahlen von Steuern und Sozialabgaben dazu beitragen, dass der Staat diese Aufgabe erfüllen kann.

Staat

Der Staat ist die Gesamtheit aller Bürgerinnen und Bürger, die zu einem Volk gehören. Wörtlich übersetzen kann man das Wort aus dem frühen Mittelalter mit „Lebensweise". Man versteht darunter auch die Organisation, die die Menschen in der Gesellschaft sich gegeben haben, damit sie geregelt und friedlich miteinander leben können. Der Staat fordert von den Menschen, dass sie einen nicht unerheblichen Teil ihres Einkommens in Form von Steuern und Abgaben an ihn entrichten. Er verteilt dieses Geld dann wieder, zum Beispiel an Familien in Form von Kindergeld oder verwendet es zum Bau von Straßen, Schienen, Flugplätzen, Krankenhäusern, Schulen, für die Bundeswehr und für vieles andere mehr.

Stadtrat

Der Stadtrat, auch Gemeinderat genannt, ist die gewählte politische Vertretung der Bürgerinnen und Bürger in einer Gemeinde bzw. Stadt. Er übt das Recht auf Selbstverwaltung einer Gemeinde aus. Nach Artikel 28 des Grundgesetzes haben die Gemeinden das Recht „alle Angelegenheiten der örtlichen Gemeinschaft im Rahmen der Gesetze in eigener Verantwortung zu regeln". Die hierzu notwendigen Beschlüsse werden per Mehrheitsentscheidung in den Stadt- und Gemeinderäten getroffen.

Steuern

Steuern sind Abgaben, die die Bürger an den Staat zahlen. Es besteht Steuerpflicht. Wer sie nicht bezahlt, macht sich strafbar. Mit den Steuern bestreitet der Staat seine Ausgaben. Man unterscheidet direkte und indirekte Steuern. Direkte Steuern werden vom Lohn und Einkommen und dem Besitz der Bürger bezahlt. Indirekte Steuern werden auf Waren und Dienstleistungen aufgeschlagen. Von der Summe, die die Bürger für diese Produkte zahlen, wird ein Teil als Steuer an die Staatskasse abgeführt.

Tarifautonomie

Darunter versteht man das Recht der Vertretungen der Arbeitgeber (Arbeitgeberverbände) und der Vertretungen der Arbeitnehmer (Gewerkschaften) die Löhne, Arbeitszeiten und die übrigen Arbeitsbedingungen selbst, also autonom, auszuhandeln und in einem Tarifvertrag für eine bestimmte Zeit festzulegen (Tarif = Vereinbarung). Die Regierung darf sich grundsätzlich nicht in Tarifverhandlungen einmischen. Die Tarifpartner sind frei in ihren Entscheidungen und selbst dafür verantwortlich.

Umweltpolitik

Darunter versteht man die Summe aller Maßnahmen, die zum Ziel haben a) bestehende Umweltschäden zu beseitigen und b) die Zukunft so zu gestalten, dass neue Belastungen für die Umwelt nicht entstehen können. Umweltpolitik wird vom Staat im Bund, in den Ländern und in den Gemeinden gestaltet. Zahlreiche Umweltbestimmungen werden mittlerweile auf europäischer Ebene innerhalb der Europäischen

Union vereinbart. Umweltpolitik wird auch von zahlreichen Bürgerinitiativen und anderen nicht-staatlichen Verbänden geleistet.

Vereinte Nationen (UNO)

Die englische Abkürzung bedeutet United Nations Organization. Die Vereinten Nationen wurden 1945 nach dem Ende des Zweiten Weltkriegs gegründet. Ihre wichtigsten Ziele, die Sicherung des Weltfriedens, die Förderung der wirtschaftlichen und sozialen Entwicklung in den armen Ländern der Erde und die Durchsetzung der Menschenrechte, sind in der „Charta der Vereinten Nationen" festgelegt. Neben der Generalversammlung ist der Weltsicherheitsrat die Einrichtung von großer weltpolitischer Bedeutung. Seine Hauptaufgabe besteht darin, Streitigkeiten zwischen den Staaten auf der Welt beizulegen. Im Jahr 2000 sind 185 Staaten Mitglied der Vereinten Nationen.

Volksinitiative

Viele Bundesländer sehen das Mittel der Volksinitiative als eine Möglichkeit direkter Demokratie in der Landespolitik vor. Die Bürgerinnen und Bürger können sich dabei mit einem politischen Vorschlag an ihr Landesparlament wenden, also initiativ werden. Das Landesparlament muss sich dann mit dieser Initiative befassen. Für eine Volksinitiative reicht meist schon eine geringe Prozentzahl der Wählerinnen und Wähler aus (z.B. 1 Prozent), welche die Initiative unterschreiben müssen.

Volksbegehren/Volkentscheid

Viele Landesverfassungen haben das Mittel des Volksbegehrens und des Volksentscheids als Element direkter Demokratie aufgenommen. In einem Volksbegehren können die Bürgerinnen und Bürger eines Bundeslandes den Landtag dazu zwingen, einem bestimmten Gesetz innerhalb einer festgelegten Frist zuzustimmen. Das Begehren kommt zustande, wenn eine bestimmte Zahl der Wahlberechtigten (z.B. 15 Prozent) unterschreiben. Lehnt der Landtag mit seiner Mehrheit dieses Volksbegehren ab, so kommt es zu einem Volksentscheid. Der Landtag stellt dann dem Volk das Gesetz zur Abstimmung. Wenn die Mehrheit der Abstimmenden (mindestens aber eine bestimmte Prozentzahl aller Wahlberechtigten, z.B. ein Drittel) dem Gesetz zustimmt, ist der Volksentscheid angenommen. Bestimmte Themenbereiche wie z.B. finanzielle Angelegenheiten sind allerdings von diesen Möglichkeiten ausgenommen.

Wertvorstellungen

Das sind Grundsätze und Zielvorstellungen, die ein einzelner Mensch oder die gesamte Gesellschaft als erstrebenswert ansehen. Werte beziehen sich oft auf die Art und Weise des Umgangs mit anderen Menschen, zum Beispiel die Gerechtigkeit und die Hilfsbereitschaft. In einer Partnerschaft spielen Werte wie Liebe und Treue eine große Rolle. Eine Gesellschaft braucht ein gewisses Maß von gemeinsamen Werten, die alle Menschen teilen, weil sie sonst nicht funktionieren kann. Dazu gehören zum Beispiel die Ablehnung von Gewalt, die Achtung vor den Gesetzen, die Toleranz gegenüber Andersdenkenden etc. Werte können sich im Laufe der Zeit verändern.

Wir-Gefühl

Das ist das Zusammengehörigkeitsgefühl, das zwischen den Mitgliedern einer Gruppe besteht. Das Wir-Gefühl führt dazu, dass man sich mit der eigenen Gruppe identifiziert, sich darin wohl fühlt usw. Es kann auch zur Folge haben, dass man sich ganz bewusst von anderen Gruppen abgrenzt. Das geschieht zum Beispiel zwischen verschiedenen Mannschaften im Sport, auch zwischen verschiedenen Schulklassen usw. Gefährlich wird das Wir-Gefühl, wenn es so weit geht, dass andere Gruppen als Feinde angesehen werden: zum Beispiel: „wir Deutschen" gegen „die Ausländer".

Wirtschaft (auch Ökonomie)

Unter Wirtschaft versteht man die Gesamtheit aller menschlichen Tätigkeiten, die sich auf die Produktion und den Verbrauch von Gütern und Dienstleistungen beziehen. Die Wirtschaft versorgt uns mit diesen Gütern (z. B. Lebensmittel, Kleidung, Autos, Computer) und Dienstleistungen (z. B. ärztliche Versorgung, Haarpflege, Krankenpflege, öffentliche Verwaltungen). In der Wirtschaft sind wir nicht nur Käufer und Verbraucher. In der beruflichen Tätigkeit erbringen wir Leistungen, erzielen dafür Einkommen und erstellen die verschiedensten Güter und Dienstleistungen, die wir als Verbraucher wieder kaufen. Daher sind wir alle Teile in einem großen volkswirtschaftlichen Kreislauf.

Wirtschaftswachstum

Wirtschaftswachstum ist berechenbar und wird in einer Prozentzahl ausgedrückt. Beträgt das Wachstum der Wirtschaft zwei Prozent, so bedeutet dies, dass der Wert aller Güter und Dienstleistungen in diesem Jahr im Vergleich zum vorherigen Jahr um zwei Prozent gestiegen ist. Diese Zahl sagt jedoch nichts über eine sozial gerechte Verteilung des Wohlstands und erst recht nichts über die Umweltschäden aus. Deshalb ist das Ziel heute ein qualitatives Wirtschaftswachstum. Damit ist gemeint, dass Wachstum nur dann vertretbar ist, wenn es mit den Erfordernissen des Schutzes der Umwelt vereinbar ist.

Wirtschaftsordnungen

In einem großen Staatsgebilde muss es für den Bereich der Wirtschaft einen Ordnungsrahmen geben. Er hat die Aufgabe, die wirtschaftliche Versorgung der Menschen möglichst reibungslos zu garantieren. Dazu greift der Staat mithilfe von Gesetzen ordnend und gestaltend in das Wirtschaftsgeschehen ein. Die Wirtschaftsordnung in der Bundesrepublik Deutschland trägt die Bezeichnung soziale Marktwirtschaft.

Register

Bildquellenverzeichnis

http://de.altavista.com/: 114 - Anders, Gebhardt/STERN; © Camera Press (Niagara): 103 - ANTHONY: 44 o.r. (W. Wirth), 54 (Bethmann, alle), 60 (3), 61 (5) (N. Fischer), 142 u. (N. Fischer), 142 u.l. (Schröter), 283 o.r. (Bergmann), 283 o.l. (Marthaler), 283 m.l.+u. (Krautwurst), 283 r.u. (Löhr), 334 u. - AP Photo/Emilio Morenatti/EFE: 164 u.r. - AP Photo/Kamran Jebreili: 109 o.r. - AP Photo/Mikhail Metzel: 108 u. - AP Photo/POOL: 5, 194, 205, 219, 229 (2), 231, 239 - AP Photo/Richard Drew: 109 u.r. - AP-Photo: 309 - Archiv für Kunst und Geschichte, Berlin: 38 m., 279 (2), 280 - Almuth Baron: 122 - Bauer Verlag: 101 o. - Bayer AG: 181 - Foto: Black Star, Montage Zeilbeck; Focus © FOCUS Magazin/Montage: Zeilbeck GmbH: 320 - Bongarts: 60 (4), 61 u.l. - Martin Brockhoff: 3, 32, 41, 47 - Frank Bründel/action press: 333 o.r. - Bundesanstalt für Arbeit, Nürnberg: 147 o., 158/159 (alle), 162 (Manfred Dilling) - Aus: PZ Nr. 92, Dezember 97, hrsg. von der Bundeszentrale für politische Bildung, Bonn, S. 34, Foto: Holger Battefeld: 10 u. - Bundesbildstelle, Berlin: 83, 202 o. (Faßbender), 229 (1 + 4), 230, 233, 235 u., 241, 292 m.l. (Kühler) 292 u.r.+u.l. - Bundeskriminalamt Wiesbaden: 251 - Presse- und Informationsamt der Bundesregierung: 229 (3), 232 - http://www.bundestag.de: 114 - Hans-Jürgen Burkhard, Bilderberg: 190 - http://www.cdu.de/: 209 - Cinetext: 107 o. - Custom Medical/BAVARIA: 142 o.l. - Scott O´Dell: Insel der blauen Delphine © für das Umschlagbild von Dieter Wiesmüller: 1997 Deutscher Taschenbuch Verlag, München: 12 - © Sven Döring/plus49/VISUM: 87 u. - dpa: 11 u., 20 o. (Jansen), 63 r. (Schilling), 79 (Roland Witschel), 92, 96 o. l., 105 u. (Fotoreport), 108/9 (Atta Kenare), 127 (Agence France), 144 o.l. (Wolfgang Thieme), 164 o.l. (Stephan Jansen), 167 (Fuehler), 182, 191 l. (Tim Brakemeier), 202 u.l. (Reeh), 214 (Anna Zieminski), 222 (Fotoreport, Rainer Jensen), 226 (Goll), 237 (Fotoreport), 242 o.l.+u., 258 (Jansen), 266 (Frank Leonhardt), 277 (Haid), 279 (5), 279 (7) (Eilmes), 281 o., 292 o. (Fotoreport), 297 (Wolfgang Thieme), 308, 310, 316, 319, 325 l., 325 r. (Fehim Demir), 327 o.l. (Wolfgang Kumm), 329 - Dritte Welt Haus, Bielefeld: 173 - Foto Europäisches Parlament: 293 r.o.+u., 306 (alle) - Foto Europäisches Parlament/Architektur Studio Europa: 293 l. - Europäische Kommission: 274 - Europäische Kommission, Vertretung der BRD: 292 m.r. - Europaschule, Köln: 302 - Miguel Luis Fairbanks: 33 (3), 37 u.l.+r. - © Fischer Taschenbuch Verlag GmbH, Frankfurt am Main, 1999: 318 - Georg Fischer/Bilderberg: 117 - FOTEX/CH. SCHWEITZER: 242 m., 249 - foto present, Essen: 261, 273 - Hermann Josef Frisch, Köln: 33 (2) - Rolf-Peter Frischmann, Rondeshagen bei Ratzeburg: 86 u.l. - Gaymann/CCC: 161 o.r. - Paul Glaser: 84 (2 Fotos) - T. Grabka/action press: 211 - Peter Granser/argus-Fotoarchiv: 250 - http://www.gruene.de/: 209 - © Paolo Guidotti, Milano: 290 o.r. - Horst Haitzinger/CCC: 324 - © Gerald Hänel/Agentur Focus: 109 u.l. - Walter Hanel/CCC: 326 o. - HB Verlag Hamburg: 3 u., 58, 89 - Christoph Heinz: 120 - S. Heiland: 243 - Shawn G. Henry: 35 (alle) - Amelie Glienke/HOGLI: 267 - HumanAct/Peer Lafrenz: 123 (alle) - IFA-BILDER-TEAM: 40 (Oertel), 304, 290 u.r. - images.de: 108 o.l. - Aus: iwd Nr. 14 vom 2.4.1998, S. 8: 262 - © Thorsten Jansen: 119 - Reinhard Janke/argus-Fotoarchiv: 188 - Jürgens Ost und Europa Foto: 33 (1), 86 r., 88 o. - Flugblatt des Juso-Bezirks Ostwestfalen Lippe vom Januar 1996: 220 - Irmgard Kahl, Köln: 199 - Robb Kendrick/Shawn G. Henry: 36 (alle) - Keystone: 144 u.l.+r., 300 - Gerhard Klein: 28 - KNA-Bild: 88 u.l. - Thomas Knoop/action press: 265 - Stadt Koblenz: 69 m. - Konrad-Adenauer-Stiftung e.V., Archiv für Christlich-Demokratische Politik (ACDP), Plakatsammlung: 291 - D. Lampla/mediacolor's: 44 u.l. - Landtag Rheinland-Pfalz: 81 u. - Lemoyne/Liaison Agency/SIPA: 313 u.l. - Klaus Lipa: 11 o. - © LMZ RP/Harald Goebel: 81 o. - © Stadt Mainz: 66, 69 r. - Luise Mandau: Tödlicher Sektenwahn. Die teuflischen Tricks der Seelenfänger. Bettendorf 1995, Abb. 13: 126 - Marie Marcks, Heidelberg: 160 (2 Bilder), 161 o.l. - Christina Mayer, Ehingen: 14 u. - Johann Mayr/CCC: 39 - Thomas Meyer/action press: 101 u. - MedienPädagogischesZentrum Land Brandenburg: 85 m. - Peter Menzel: 33 (4), 37 o. - Mester/CCC: 124, 138 o.l.+u.l., 299 o.l. - Rudi Miel, Brüssel: 257 u. - Detmar Modes, BMVg: 327 r.o.+u. - Burkhard Mohr/CCC: 56, 112, 161 u., 238 - Burkhard Mohr/CCC, www.c5.net: 314 - © Thomas Müller: 44 u.r. - Luis Murschetz/CCC: 326 u., 328 - Felix Mussil/CCC: 301 u.l. - NetzGegenRechts: 132 - Redaktion Neue Welt: 101 m. - Okapia: 99 - © OMNIA: 282 - Adam Opel AG: 164 u.l. - Philipps-Universität Marburg: 42 - PIB Copenhagen: 100 - PICTOR International, Hamburg: 191 o.r. - Picture Press, Perry Kretz/STERN: 317 r. - Plantu: 138 r. - © Christoph Puschner/laif: 317 l. - Milan Radev/CCC: 172 - Friedrich Rauch/Interfoto: 63 l. - Aus: Rheinische Post vom 30.10.2000, S. 1; Foto: Thomas Bußkamp: 195 o. - Borislav Sajtinac/CCC: 299.u.l. - Gudrun Schecker: 105 o. - Hannelore Schmidt, Hamburg: 43 - Heribert Schulmeyer: 107 u. - Schutzstation Wattenmeer: 334 o. - Siemens-Pressebild: 163 - Norbert Simianer, Ostfildern: 203 - Sipa Press: 106 - Stadt Sondershausen: 69 l. - http://spd.de/: 209 - Aus: SPIEGEL 33/1998, Seite 18: 223 - Der Spiegel: 93 - Spiegel Verlag: 165 l. - http://www.spiegel.de/: 114 - St. Josef Kinderheim, Werne: 53 - Stark/present: 242 o.r. - TONY STONE/Andreas Pollok: 142 r. - TONY STONE/Penny Gentieu: 133 - Strafvollzugsmuseum Ludwigsburg: 264 - Karl Gerd Striepecke/CCC: 322 - Werner Stuhler, Hergensweiler: 164 o.r. - © Succession Picasso/VG Bild-Kunst, Bonn 2001: 313 o.r., 315 o.r., 337 - Bilderdienst Süddeutscher Verlag: 87 o., 278, 279 (4) - TCL/Bavaria: 276 o. - Klaus Thiele, Warburg: 85 o. - Thüringer Landtag: 88 u.r. - Jürgen Tomicek/CCC: 113, 212 - Stadt Trier: 69 u. - TSM/© 94 Ronnie Kaufman: 44 m. - © Ullstein Bilderdienst, Berlin: 279 (3) - Aus: Halt! Keine Gewalt, hrsg. von der Arbeitsgemeinschaft Jugend und Bildung e.V., Universum Verlag, Wiesbaden, S. 20: 130 - Verband Deutscher Realschullehrer: 14 o. - Aus: Realschule. Ein Schulportrait für Eltern, Lehrer und Schüler, hrsg. vom Verband Deutscher Realschullehrer, Landesverband Rheinland Pfalz e.V., Foto: Bernd Karst, Bingen: 10 o. - Verkehrsverein Kaiserslautern: 60 (1) - Verlagsarchiv Schöningh/Johannes Diekhans: 14 m. - Verlagsarchiv Schöningh/Gerhard Sander: 9 m., 13, 31, 34, 50 (2 Fotos), 187, 196 (alle), 268 - Verlagsarchiv Schöningh/Günter Schlottmann: 8, 16 (alle), 24, 44 o.l., 45 (alle), 57, 59, 60 (2), 61 (6), 68, 70, 134 (3 Fotos), 136, 144 o.r., 146, 154/155 (alle), 200, 245, 246, 248 (2 Fotos), 275 o.l.+r. - Verlagsarchiv Schöningh/Susanne Kuhlendahl: 95, 102, 125, 128, 134 o.r., 139, 197, 215 (alle), 216/217 (alle), 244, 247 (alle), 255, 272, 286, 288, 290 l., 291, 298, 305 (alle), 315 u. - Verlagsarchiv Schöningh/Sandrine Mattes: Umschlagfoto, 195 u. - Verlagsarchiv Schöningh/Wolfgang Mattes: 4 o., 30 (2 Fotos), 90, 198 - Verlagsarchiv Schöningh/Detlef Möller: 115, 147 u. (mit freundlicher Genehmigung des Arbeitsamtes Paderborn) - Friedemann Vetter: 20 u. - Volksbund Deutsche Kriegsgräberfürsorge: 279 (6), 290 m.u. - Manfred Vollmer, Essen: 184 - WDV/Michael Völler: 4 m., 9 l., 118 - Jacek Wilk/CCC: 299 o.r. - Jupp Wolter /CCC: 299 u.r. - Karl Heinz Wolf, Trier: 183 - Michael Wolf/VISUM: 193 - Zenit/Paul Langrock: 165 r. - weitere: Verlagsarchiv Schöningh

Sollte trotz aller Bemühungen um korrekte Urheberangaben ein Irrtum unterlaufen sein, bitten wir darum, sich mit dem Verlag in Verbindung zu setzen, damit wir eventuell notwendige Korrekturen vornehmen können.